U邸茶室（四畳半台目席）
設計：西大路建築設計室
施工：名古屋工務店　写真：田畑みなお

I邸茶室（四畳半台目席）
設計：西大路建築設計室
施工：名古屋工務店　写真：田畑みなお

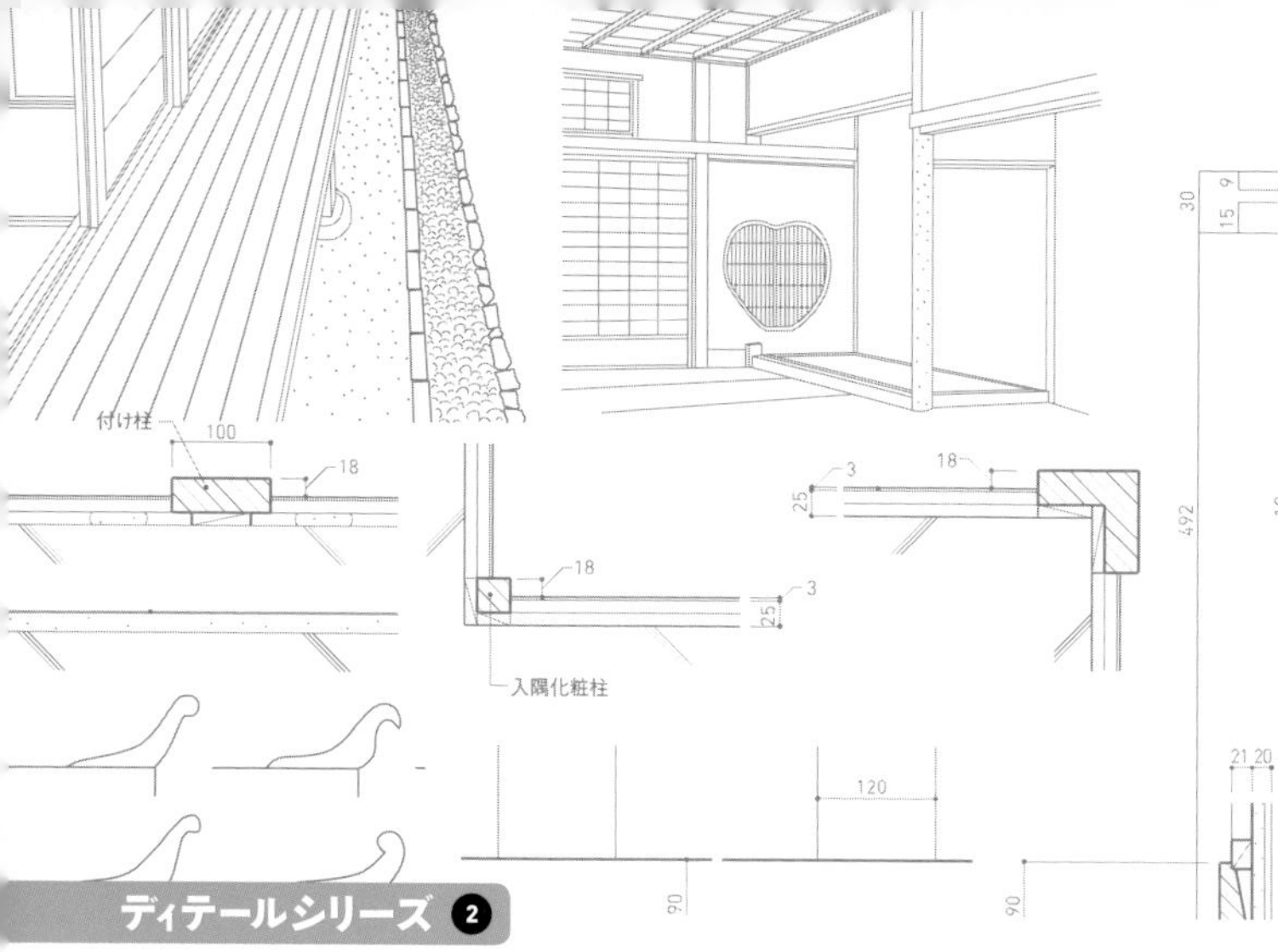

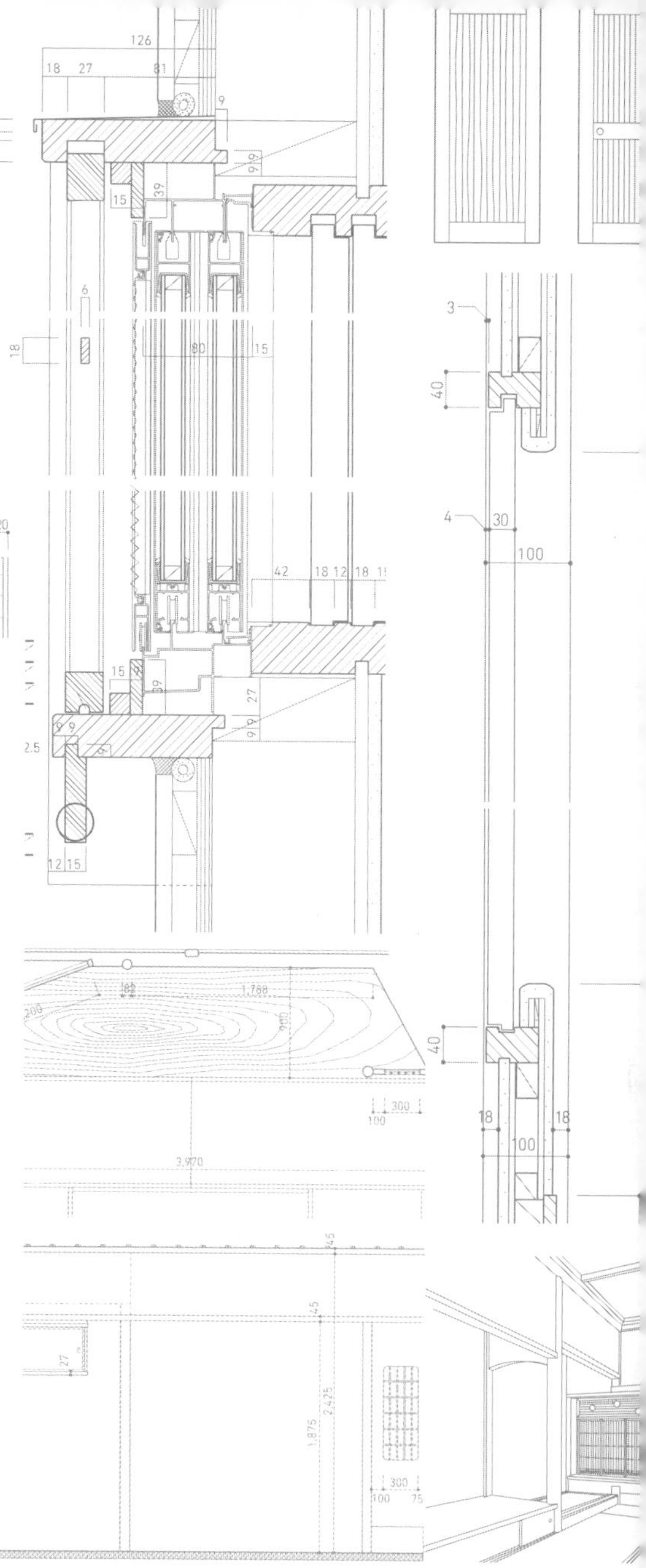

ディテールシリーズ 2

新装版

納まり詳細図集

和風住宅・茶室編

DESIGN DETAILS OF JAPANESE HOUSES AND TEAROOMS

西大路雅司・佐藤洋司・照井春郎・才門俊文

X-Knowledge

［和風住宅・茶室］
納まり
CADデータ集
CD-ROM
付き！

チャートで分かる!

和室に使う銘木の選び方

1 床柱

床柱

- かしこまった感じ → 角柱
  - 材種で選ぶ → ヒノキ・スギ・ツガ・アカマツ・ケヤキ・カエデ・コクタン・シタンなど
  - 色合いで選ぶ → 白（ヒノキ）・黄（ケヤキ）・赤（エンジュ）・茶（タガヤサン）・黒（コクタン）など
- おとなしい感じ → 磨き丸太
  - 材種で・風合いで選ぶ
    - スギ → スギ磨き丸太（基本）、スギ絞り丸太
    - ヒノキ → ヒノキ磨き丸太、ヒノキ錆丸太
    - アテ → アテ磨き丸太、アテ錆丸太
    - その他 → マキやムロ、シイの磨き丸太
- くだけた感じ やさしい感じ → 皮付き丸太
  - 材種・色・風合いで選ぶ → アカマツ皮付き丸太、サクラ皮付き丸太、コブシ皮付き丸太、その他（ツバキ・リョウブ・ウメなど）
- さらに くだけた感じ → 竹類
  - 材種で選ぶ → 孟宗竹・真竹・亀甲竹など
  - 色合い・模様で選ぶ → 白（さらし竹）・茶（煤竹）・斑点（錆竹［胡麻竹］）・模様（図面竹）など

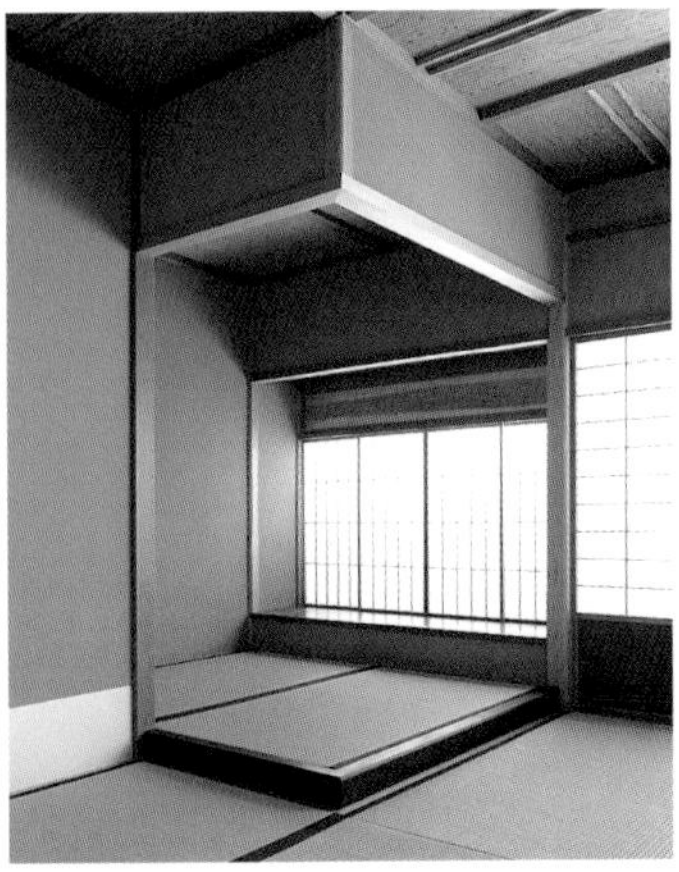

（左）広間席の2畳の床の間。付け書院を入れ込み、落し掛け・床框が矩折りになる形式。向かって左が床柱
（中）床柱（北山杉磨き丸太）と落し掛け・無目鴨居（スギ）の納まり
（右）床柱（クリなぐり）と床框（アテ錆丸太）の納まり
（写真すべて：鳥村鋼一）

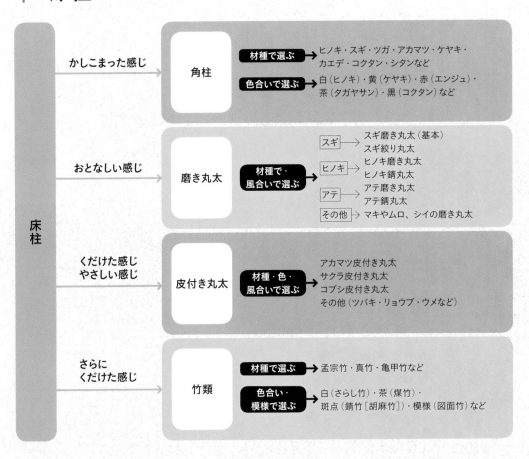

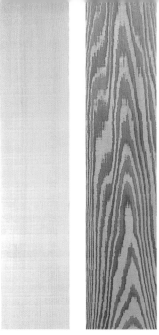

ヒノキ（檜）

日本を代表する木で、語源は火の木や日（太陽）の木の説がある。発火しやすいが、水に強く特有の香りをもつ。床柱には四方柾や二方無節を用いる。木曽檜・吉野檜が特に有名

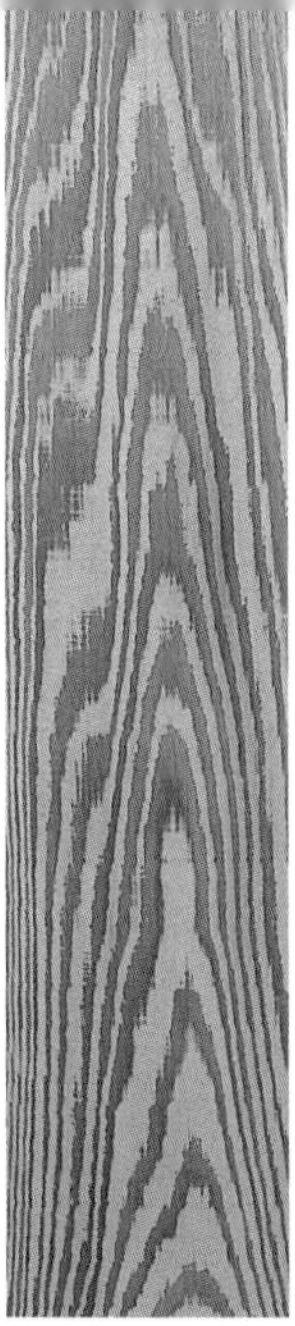

スギ（杉）

ヒノキとともに日本を代表する木で、建築用材として最も多く使われる。床柱には四方柾や前杢が用いられる。秋田杉・吉野杉・薩摩杉（屋久杉）・霧島杉・春日杉などが有名

角柱

ケヤキ（欅）

木目が美しいため、「けやけき（＝秀でたの意味）木」という言葉がケヤキの語源といわれる。床柱には前杢を使う。玉杢や如鱗目など美しい杢目が喜ばれる

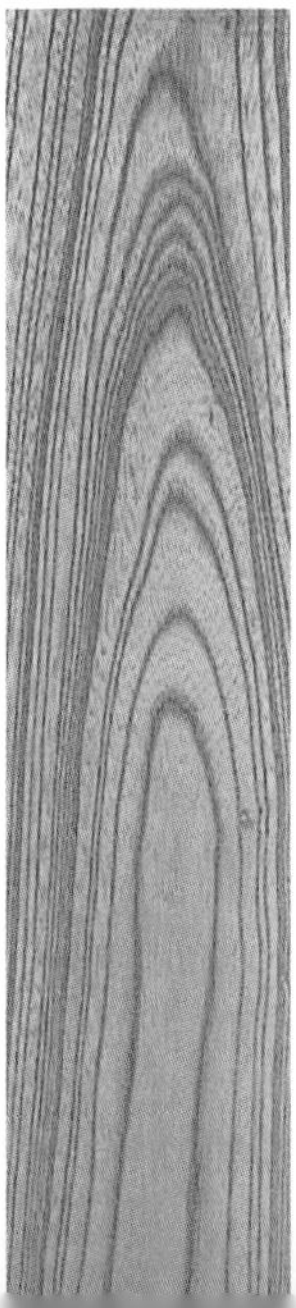

クロガキ（黒柿）

心材が黒いものを黒柿と呼び、黒いしまが出たものを縞柿、べたに黒になるものを真黒（まぐろ）という。床柱ではコクタン・シタンとともに珍重される

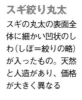

スギ磨き丸太

スギの樹皮を剥ぎ、磨きあげたもの。古くから製造され床柱によく用いられる。数寄屋造りでは柱に使う。北山杉・吉野杉のものが有名

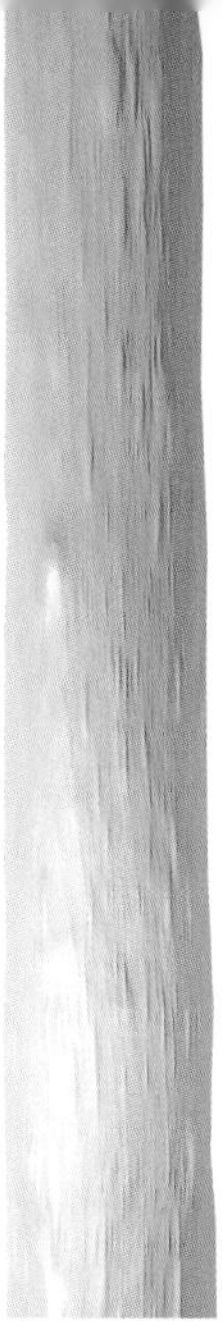

スギ絞り丸太

スギの丸太の表面全体に細かい凹状のしわ（しぼ＝絞りの略）が入ったもの。天然と人造があり、価格が大きく異なる

磨き丸太

ヒノキ錆丸太

ヒノキの樹皮を剥いで林の中に立て掛け、菌を寄生させせることで黒い斑点を付けたもの。茶室で好まれるアテ（錆出節）丸太の代用としても使われる

スギ面皮丸太

スギの無節の磨き丸太の一部を残して四面をはつったもの。磨きのまま残す部分は15㎜程度。四方に木目が現れて美しいが、床柱にはあまり用いない

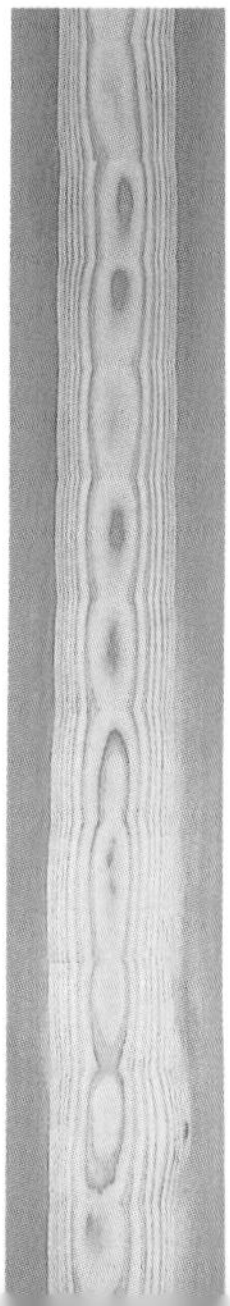

アカマツ（赤松）

光沢のある赤褐色の樹皮が好まれる。特に数寄屋造りや茶室の床柱、中柱には最上とされる。天然のものと樹皮を張った人造のものがある

コブシ（辛夷）

モクレン科の落葉広葉樹でツバキと同様に灰緑色の班点をもつ。材に雅味があり、数寄屋造りや茶室に好まれる。主に関西では香節と表記する

皮付き丸太

竹類

錆竹（胡麻竹）

孟宗竹や真竹などの幹の先端と枝を伐採して立ち枯れ状態にし、菌を付着させて班点を付けたもの。床柱には孟宗竹の丸竹や角竹を使う

図面竹

孟宗竹などの立木の表面に薬液泥（硫酸を水で薄め粘土と混ぜたもの）を塗布し、斑紋を付けたもの。床柱には丸竹、角竹を用いる

2 床框《とこかまち》

床框
- 硬い感じ → 角材
  - 材種で選ぶ → ケヤキ・カエデ・カリン・クワ・コクタン・シタン・タガヤサンなど
  - 漆塗りで選ぶ → 蝋色（呂色）仕上げ・摺り漆（拭き漆）仕上げ・春慶漆塗り・カシュー塗り（安価）など
  - 色合いで選ぶ → 木地の色や漆色（黒・溜・赤など）
- 軟らかい感じ → 丸太
  - 風合いで選ぶ → スギ面皮柱半割［※］
  - 風合いで選ぶ → スギ磨き丸太太鼓落とし［※］

※：削り面を漆塗りする場合もある

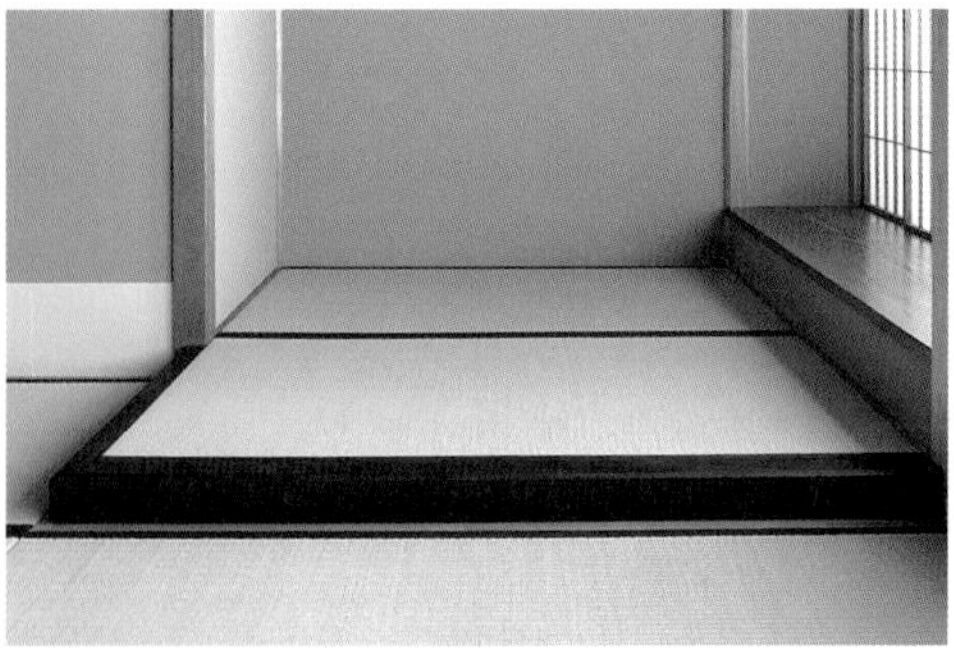

（上）黒漆石地塗りの床框。広間席に設けた床の間
（左）上記床框と相手柱（北山杉面皮柱）との納まり
（写真すべて：鳥村鋼一）

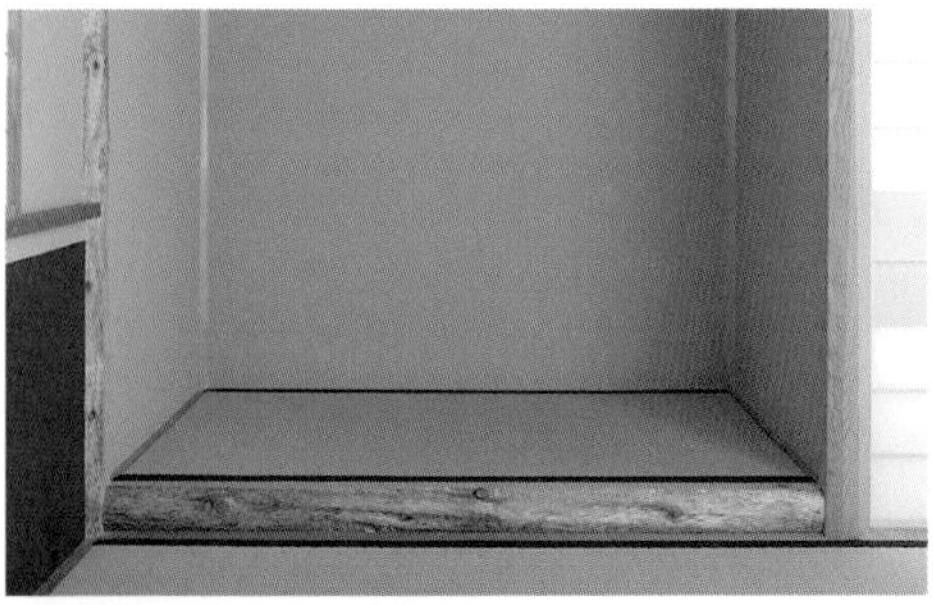

（上）アテ錆丸太の床框。小間席の床の間
（左）上記床框と相手柱（アテ錆丸太）との納まり
（写真すべて：鳥村鋼一）

角材

コクタン（黒檀）

インド・セイロンが産地で、黒色の心材をもつ。肌目はきわめて緻密で、強い光沢がある。床柱、落し掛けにも用いる

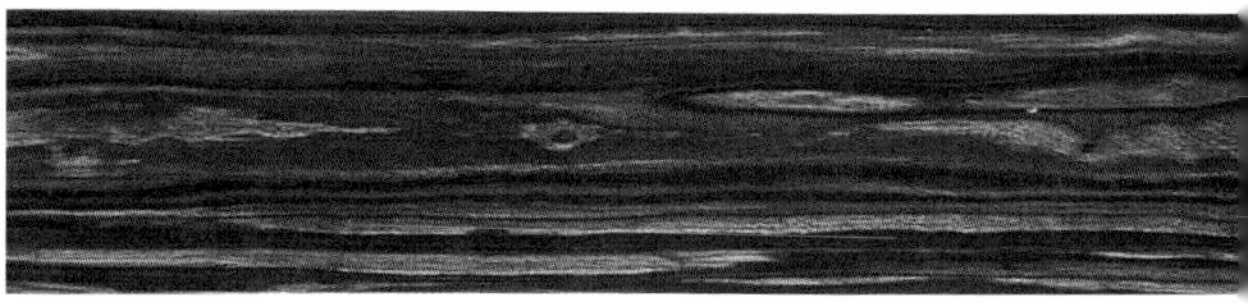

本漆黒蝋色（呂色）仕上げ

下塗り・中塗り後、仕上げに黒蝋色漆を塗り、水研ぎ後に磨いて鏡面仕上げにしたもの。黒のほか茶・赤などがある（写真：田畑みなお）

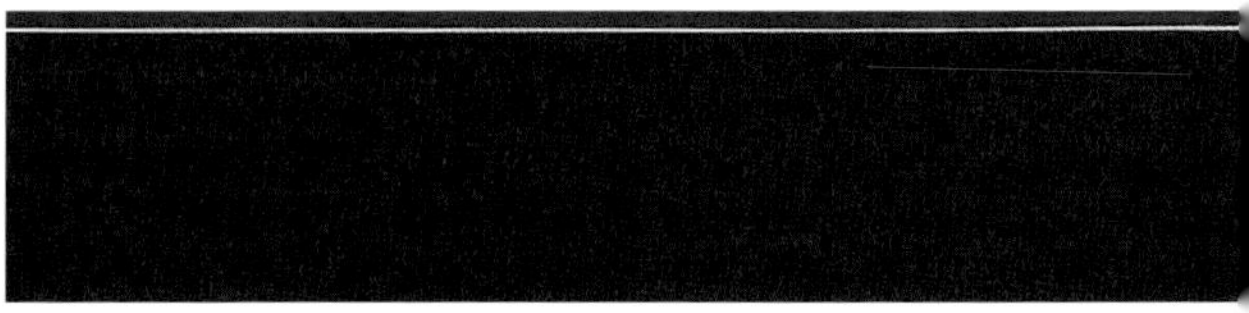

丸太

面皮本漆黒蝋色仕上げ

スギ面皮柱半割の削り面を黒蝋色仕上げとしたもの。そのほか面を取ってスギ磨き丸太の皮を張り、残りを黒蝋色仕上げとする場合もある

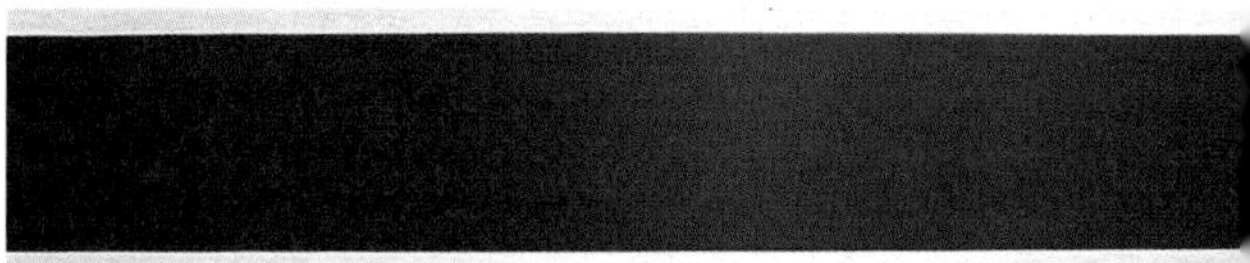

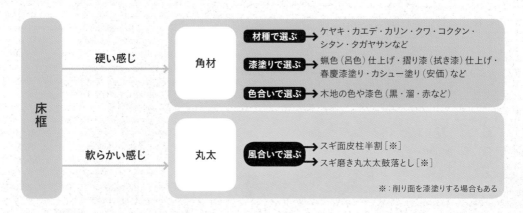

スギ磨き丸太太鼓落とし

スギ磨き丸太を太鼓に落としたもの。茶室などに用いる。特に前面に入り節があるものを「えくぼ」と称し、好まれる（写真：田畑みなお）

3 落し掛け

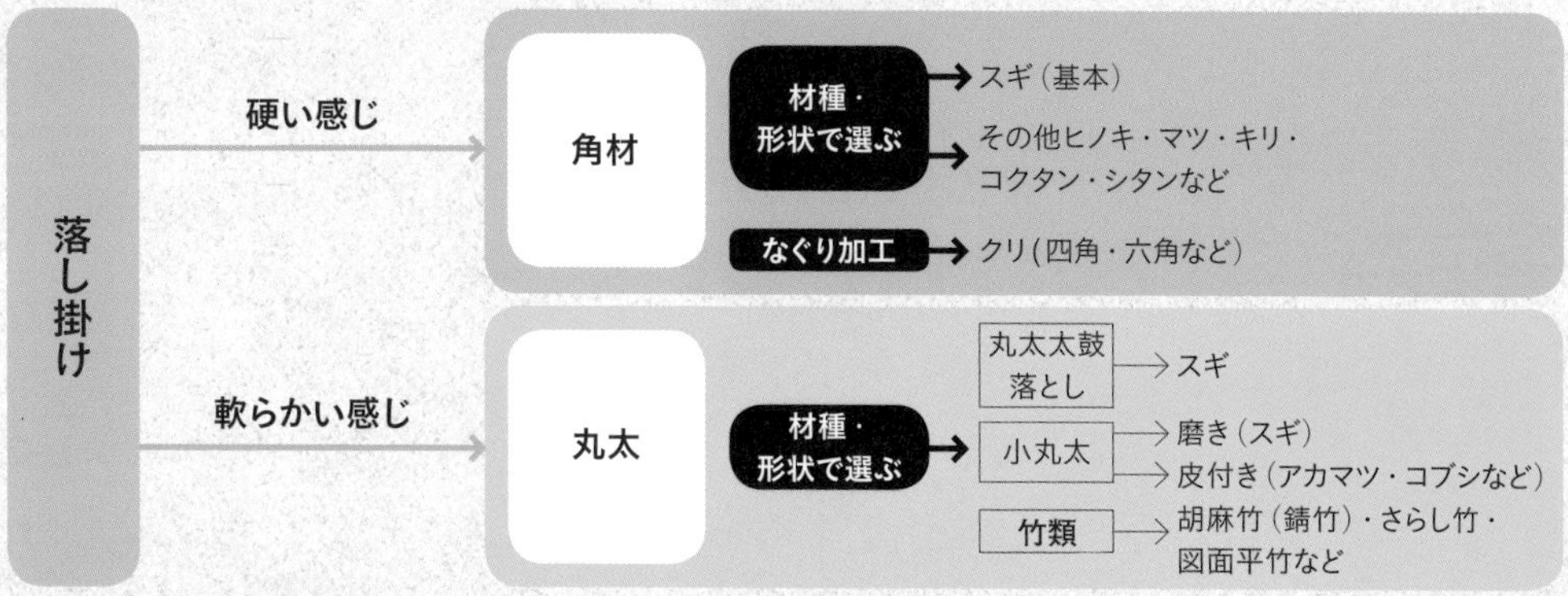

落し掛け
硬い感じ
角材
材種・形状で選ぶ
スギ(基本)
その他ヒノキ・マツ・キリ・コクタン・シタンなど
なぐり加工
クリ(四角・六角など)
軟らかい感じ
丸太
材種・形状で選ぶ
丸太太鼓落とし
スギ
小丸太
磨き(スギ)
皮付き(アカマツ・コブシなど)
竹類
胡麻竹(錆竹)・さらし竹・図面平竹など

角材

スギ(杉)

落し掛けで最も普通に用いられる材。見付け面を柾目、下端を杢目とする。秋田杉、土佐杉、屋久杉などを用いる

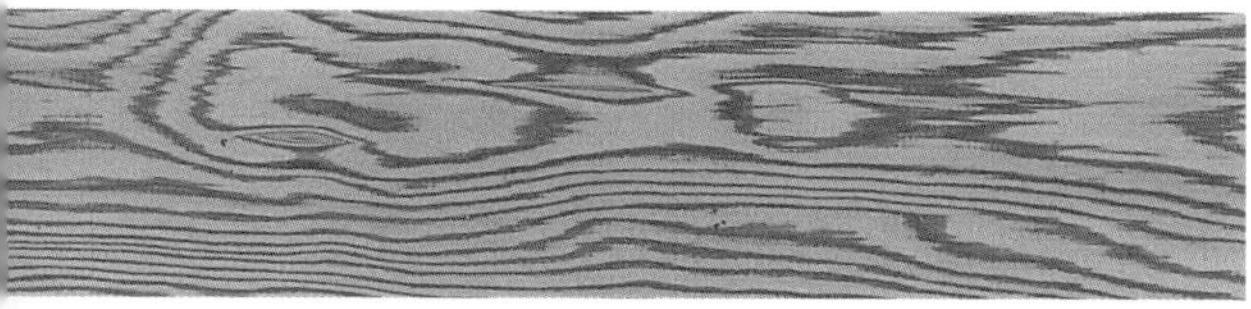

キリ(桐)

淡い褐色で材面を磨くと銀白色の光沢が出る。南部桐と会津桐が有名。軽く、吸水性・浸透性が小さいので、和たんすなどにも使う

クリ(栗)

なぐり(クリを釿ではつったもの)を床柱や化粧垂木、竿縁などに使う。水に強く、外部の濡れ縁などにも向く

丸太

晒《さらし》平竹

孟宗竹などを乾燥させたもの(白竹)。型に入れ長四角や四角断面にしたものを平竹や角竹という。表面加工で錆竹や図面竹になる

(上)矩折りの落し掛け(スギ)。広間席に設けた床の間
(左)上記落し掛けの矩折りの納まり
(写真すべて:鳥村鋼一)

(上)スギの落し掛け。床の間は、袖壁を付け方立を立てた袋床
(左)落し掛けと床柱の納まり。落し掛けは見付けに柾目を、下端に杢目を見せる(写真すべて:鳥村鋼一)

4 板材

- **地板・天板**
  - 高価 → **一枚板** → 材種・木目で選ぶ
    - → アカマツ・クロマツ・ヤニマツ・ケヤキなどの杢板（基本）
    - → その他（トチの縮み杢・屋久杉の杢板・クワ・ツガ・クスノキ・カエデなど）
  - 安価 → **張り物** → 材種で選ぶ → アカマツ・ヤニマツ・ケヤキなどの杢板の単板［※1］を張ったもの
    - ※1：既製の張り物では0.3㎜だが、0.6㎜以上のもの（厚付き）がお薦め
- **天井板**
  - 基本 → **一枚板・張り物** → 材種・木目で選ぶ → スギ（基本）・キリ・ヒノキ・ケヤキなど → 柾目・杢目・中杢・笹杢・鶉杢など
  - 趣味的 → **網代** → 材種・形状で選ぶ → 黒部杉・サワラ・キリ・竹 → 矢羽・四ツ目・亀甲など
  - くだけた感じ → **すのこ** → 材種で選ぶ → 葭《よし》・蒲《がま》芯・萩・蒲の葉・真菰《まこも》など
  - もっとくだけた感じ → **枌《へぎ》板［※2］** → 材種で選ぶ → 黒部杉・サワラ
    - ※2：茶室などではスギ皮も使う

（左上）スギ杢板羽重ね張り天井。竿縁はスギ磨き小丸太
（左下）スギ杢板羽重ね張り天井。竿縁はスギ
（右上）広間席の付け書院の天板（ヤニマツ）
（右下）天板と柱・壁の納まり
（写真すべて：鳥村鋼一）

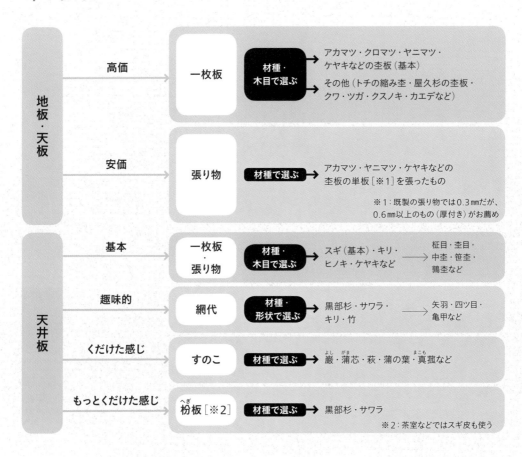

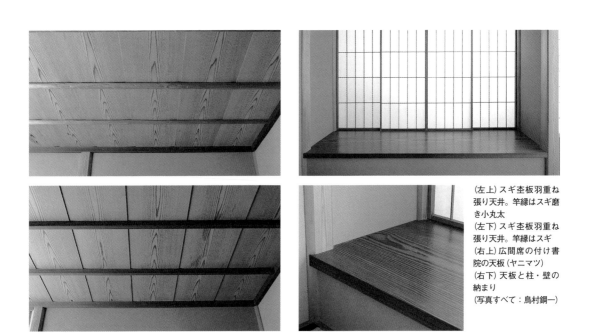

アカマツ（赤松）
ケヤキと並ぶ板材の代表。脂分が多く、肌目は粗い。特に脂分の多いものをヤニマツ、肥（こえ）松と呼ぶ

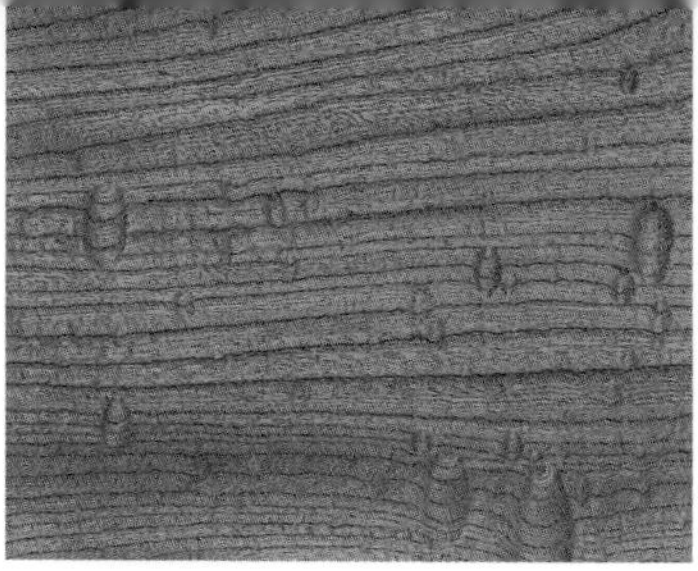

ケヤキ（欅）
肌目は粗いが、仕上面を磨くと光沢が出る。きれいな杢目のものを用いるが、玉杢、如鱗（じょりん）杢、鶉（うずら）杢などは特に評価される

トチノキ（橡）
赤味を帯びた黄白色から淡い黄褐色で、板目面に波状紋が表れる。縮杢、虎斑（とらふ）杢、波杢などが好まれる

地板・天板

天井板

1 板

スギ中杢板（吉野杉）
奈良県吉野地方のスギ。心材が淡紅色で白みを帯びたものがよいとされる。中杢(板の中心のみ杢目を見せ、両端は柾目のもの)は天井板に最適

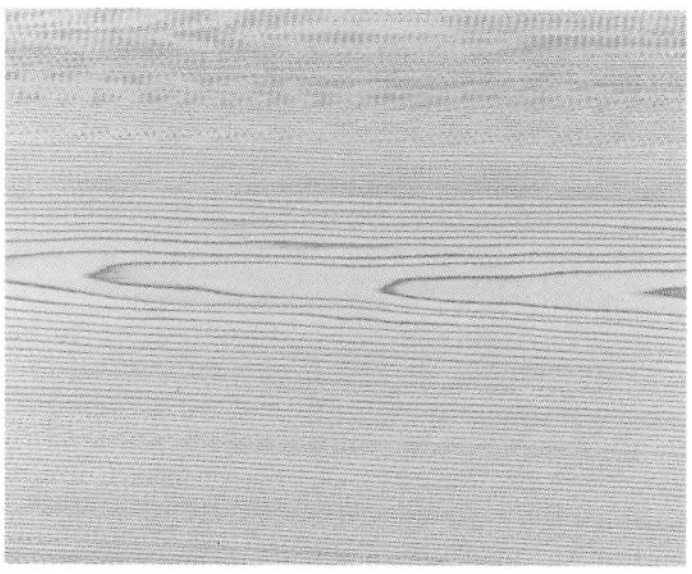

スギ柾目板（秋田杉）
秋田県産のスギで、心材は淡い紅色から淡黄色で赤みの濃いものが多い。柾目の年輪の幅のそろった幅広材が得られる

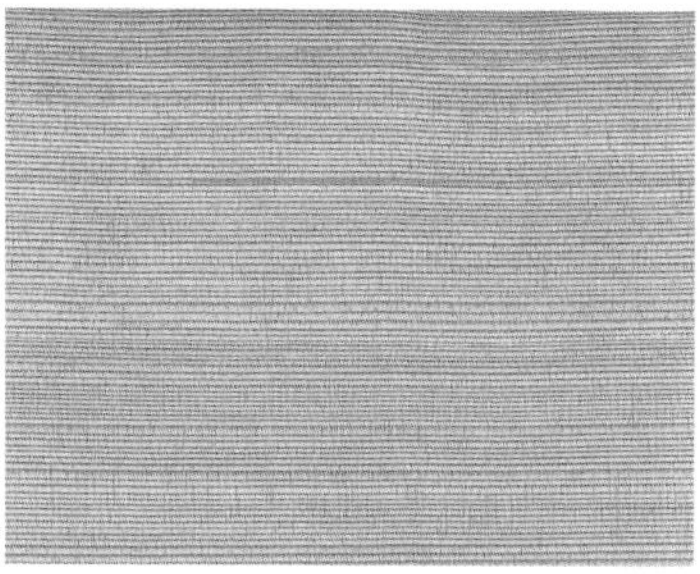

スギ板目枌板（黒部杉）
富山県黒部地方のスギ。ヒノキ科ネズコ属に分類され、ねずことも呼ばれる。枌板（野根板）は9分（27㎜）の板を16枚にまで剥いだもの

2 網代

矢羽根網代（サワラ突き板）
矢羽根と呼ばれる網代の代表的な編み方。黒部杉枌板、スギ柾、竹、スギ皮などの材で編まれる

籠目網代（黒部杉枌板）
編み方が籠目（四ツ目）と呼ばれるもので、黒部杉枌（へぎ）板のほかにキリ柾、スギ柾などで編まれる

亀甲網代（スギ柾）
六角形の亀甲の模様に編んだもの。サワラ柾や3色の材（スギ、キリ、神代杉など）で編んだ既製品もある

3 すのこ

皮付葭
皮付きの葭を糸通しして、すのこ状にしたもの。皮をむいた葭は磨き葭という。薄い合板を張った既製品もある

蒲芯（丸）
蒲の茎に糸を通したもの。薩摩葭ともいう。蒲の葉を糸通ししたものや、真菰（まこも）糸編み（茶室の落ち天井に使う）などもある

萩（丸）
萩を刈り、火であぶって癖を直し、すのこ状にしたもの。萩の代用（代用萩という）でキリンソウやセイタカアワダチソウのものもある

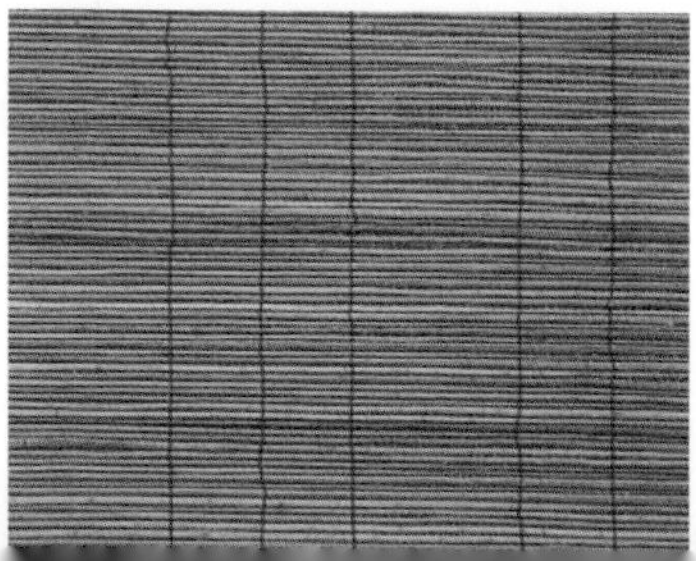

5 柱・内法材・造作材

柱	角柱	→ヒノキ・スギ・ツガ・マツ・ケヤキなど
	面皮柱	→スギ面皮柱・ヒノキ錆面皮柱など
	丸太	→スギ磨き丸太・ヒノキ錆丸太・アテ錆丸太など
内法材	鴨居	→スギ・ヒノキ・ツガ・マツなど
	敷居	→ヒノキ・マツ・サクラ・ツガなど［※］
造作材	廻り縁	→鴨居と同材（基本） →その他（小丸太など）
	竿縁	→内法材と同材（基本） →その他（クリなぐり・竹など）
	長押	→柱と同材（基本） →その他（スギ磨き丸太・面皮丸太・竹など）

※：畳寄せも敷居と同材とする

（左）小間の茶室。天井板：黒部杉枌板、竿縁：白竹、廻り縁：スギ、畳寄せ：ベイマツ、床柱：クリなぐり、床框：アテ錆丸太、落し掛け：スギ
（右）広間の茶室。天井板：スギ笹杢、竿縁：スギ小丸太太鼓落し、格縁・廻り縁：スギ、柱：スギ面皮柱、床柱：アカマツ、床框：黒漆石地塗り、鴨居：スギ、敷居：ベイマツ
（写真すべて：鳥村鋼一）

（左）住宅の和室。天井板：スギ杢、竿縁・廻り縁：スギ、柱：スギ面皮柱、床柱：スギ絞り丸太、床框：スギ面皮漆塗り、落し掛け：キリ、地板：マツ杢、鴨居：スギ、敷居：サクラ
（右）住宅の和室。天井板：スギ杢、廻り縁：スギ、柱：ヒノキ、床柱：スギ磨き丸太、落し掛け：スギ、地板・天板：マツ杢、鴨居：スギ、敷居：ベイマツ
（写真すべて：田畑みなお）

和風との相性バツグン!

木材テクスチュア図録

スギ

板目 常緑針葉樹　スギ科
気乾比重 0.38
産地 本州、四国、九州
材色 辺芯材の境界は明瞭で、辺材は白色、芯材は淡紅色～赤褐色、ときに黒褐色
特徴 木目は通直で肌目はやや粗い。脂気（やにけ）が少なく軽軟なので加工は容易。耐朽性は中程度
用途 構造材、造作材、建具、家具など

スギ

板目 常緑針葉樹　スギ科
気乾比重 0.38
産地 本州、四国、九州
材色 辺芯材の境界は明瞭で、辺材は白色、芯材は淡紅色～赤褐色、ときに黒褐色
特徴 木目は通直で肌目はやや粗い。脂気（やにけ）が少なく軽軟なので加工は容易。耐朽性は中程度
用途 構造材、造作材、建具、家具など

ヒノキ

板目 常緑針葉樹　スギ科
気乾比重 0.41
産地 本州、四国、九州
材色 辺芯材の境界は不明瞭なことが多く、辺材は淡黄白色、芯材は淡黄褐色～淡赤色
特徴 木目は通直で肌目は緻密。狂いが少なく加工性は良い。耐朽性は大
用途 高級建築材、造作材、和風建具、家具など

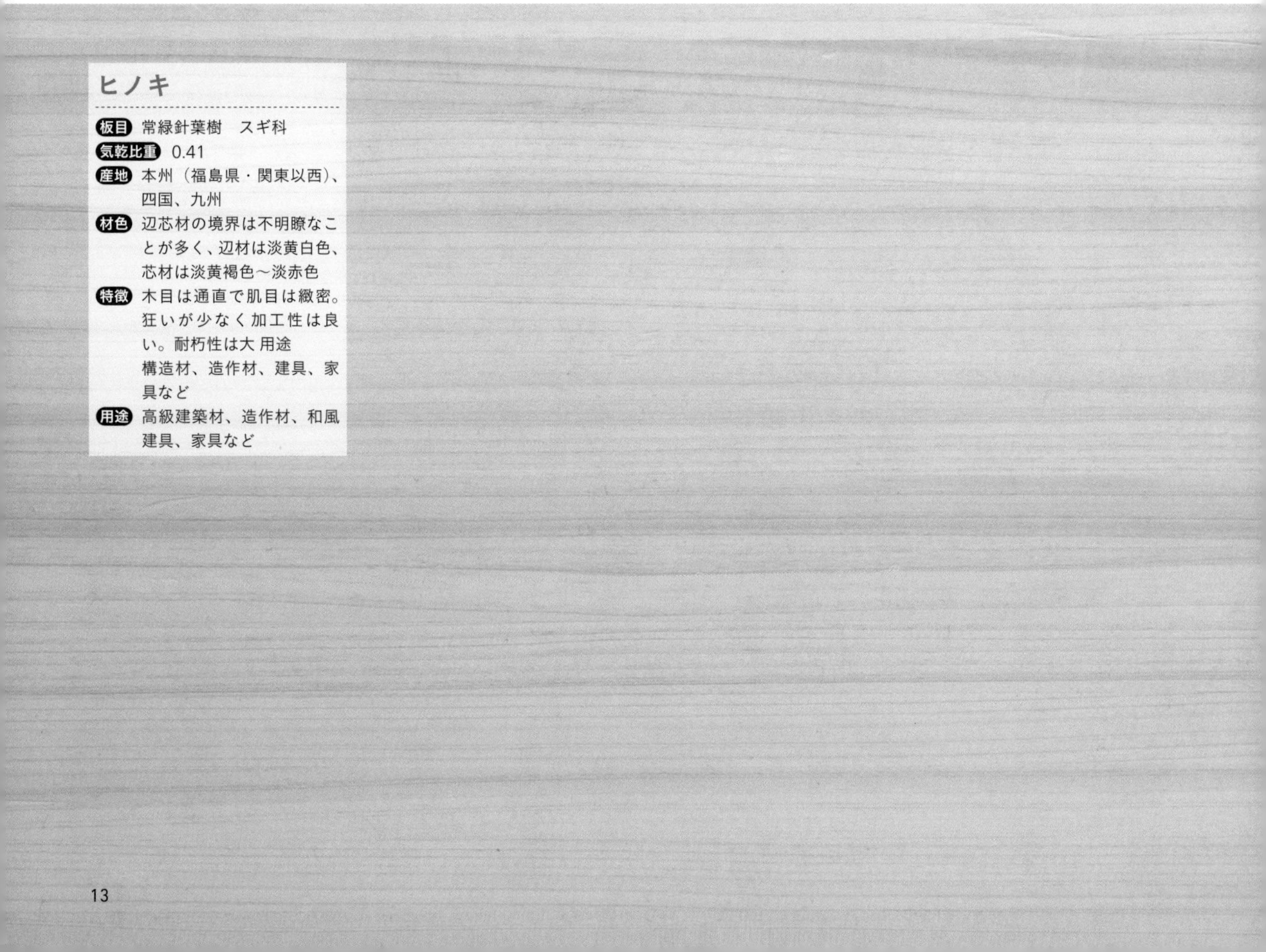

ヒノキ

板目 常緑針葉樹　スギ科
気乾比重 0.41
産地 本州（福島県・関東以西）、四国、九州
材色 辺芯材の境界は不明瞭なことが多く、辺材は淡黄白色、芯材は淡黄褐色～淡赤色
特徴 木目は通直で肌目は緻密。狂いが少なく加工性は良い。耐朽性は大 用途
構造材、造作材、建具、家具など
用途 高級建築材、造作材、和風建具、家具など

ヒバ

板目 常緑針葉樹　ヒノキ科
別名 アスナロ、アテ
気乾比重 0.41
産地 本州（関東以北）
材色 辺芯材の境界はやや不明瞭で、辺材は黄白色、芯材は淡黄色～淡黄褐色
特徴 木目は通直で肌目は緻密。やや軽軟で加工性は良い。耐朽性は大で水湿性に優れる
用途 構造材、造作材、建具、家具、水廻りなど

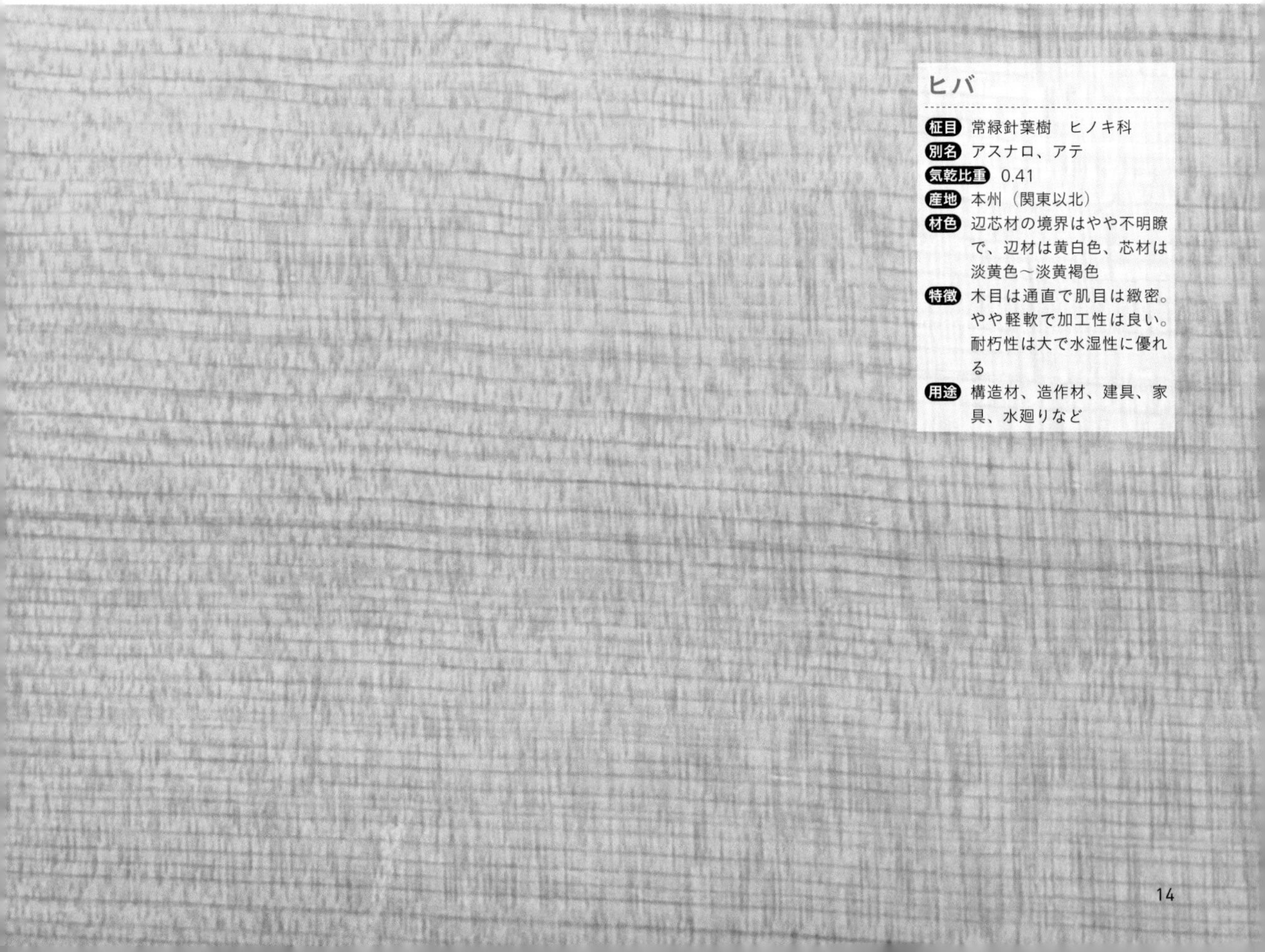

ヒバ

柾目 常緑針葉樹　ヒノキ科
別名 アスナロ、アテ
気乾比重 0.41
産地 本州（関東以北）
材色 辺芯材の境界はやや不明瞭で、辺材は黄白色、芯材は淡黄色～淡黄褐色
特徴 木目は通直で肌目は緻密。やや軽軟で加工性は良い。耐朽性は大で水湿性に優れる
用途 構造材、造作材、建具、家具、水廻りなど

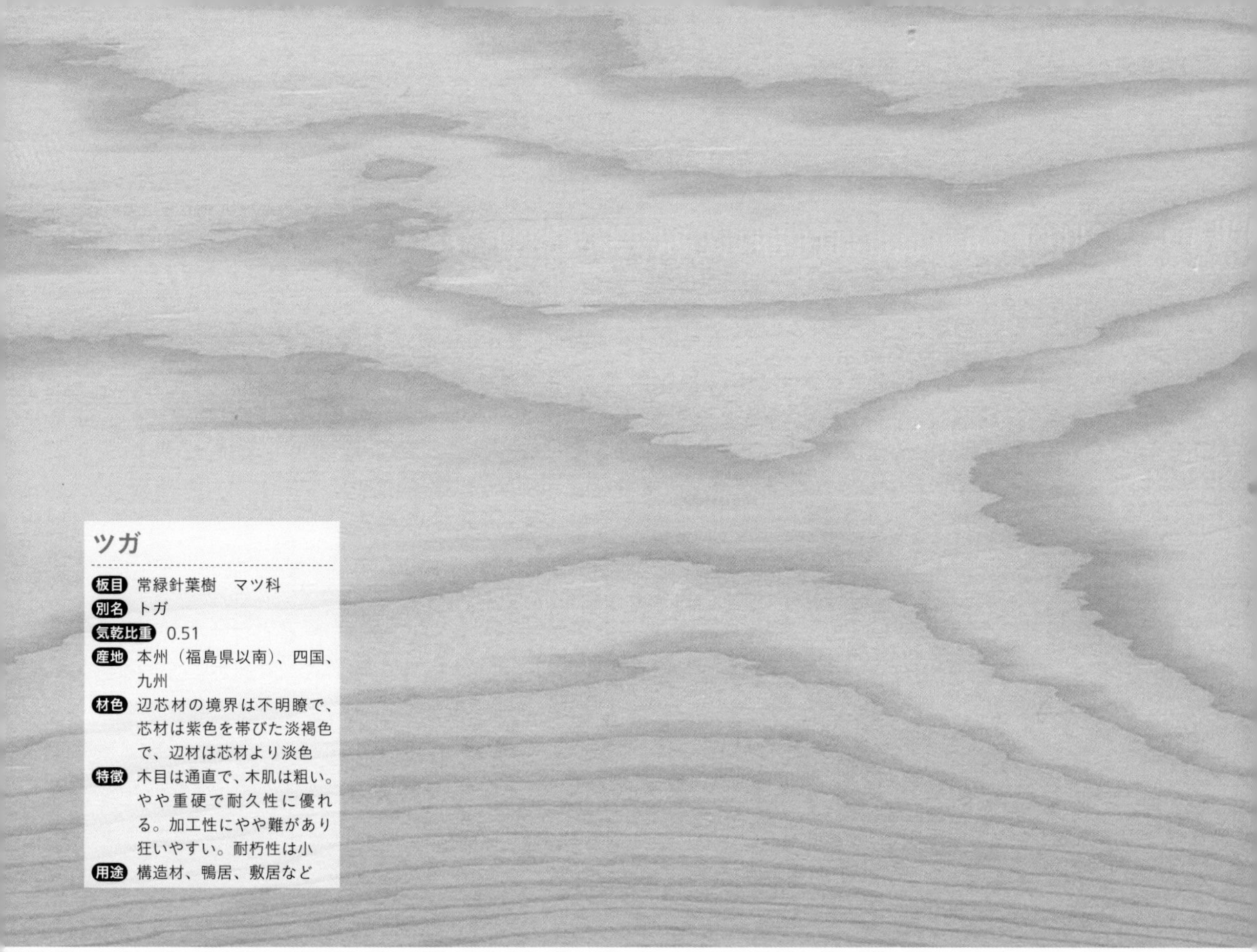

ツガ

板目 常緑針葉樹　マツ科
別名 トガ
気乾比重 0.51
産地 本州（福島県以南）、四国、九州
材色 辺芯材の境界は不明瞭で、芯材は紫色を帯びた淡褐色で、辺材は芯材より淡色
特徴 木目は通直で、木肌は粗い。やや重硬で耐久性に優れる。加工性にやや難があり狂いやすい。耐朽性は小
用途 構造材、鴨居、敷居など

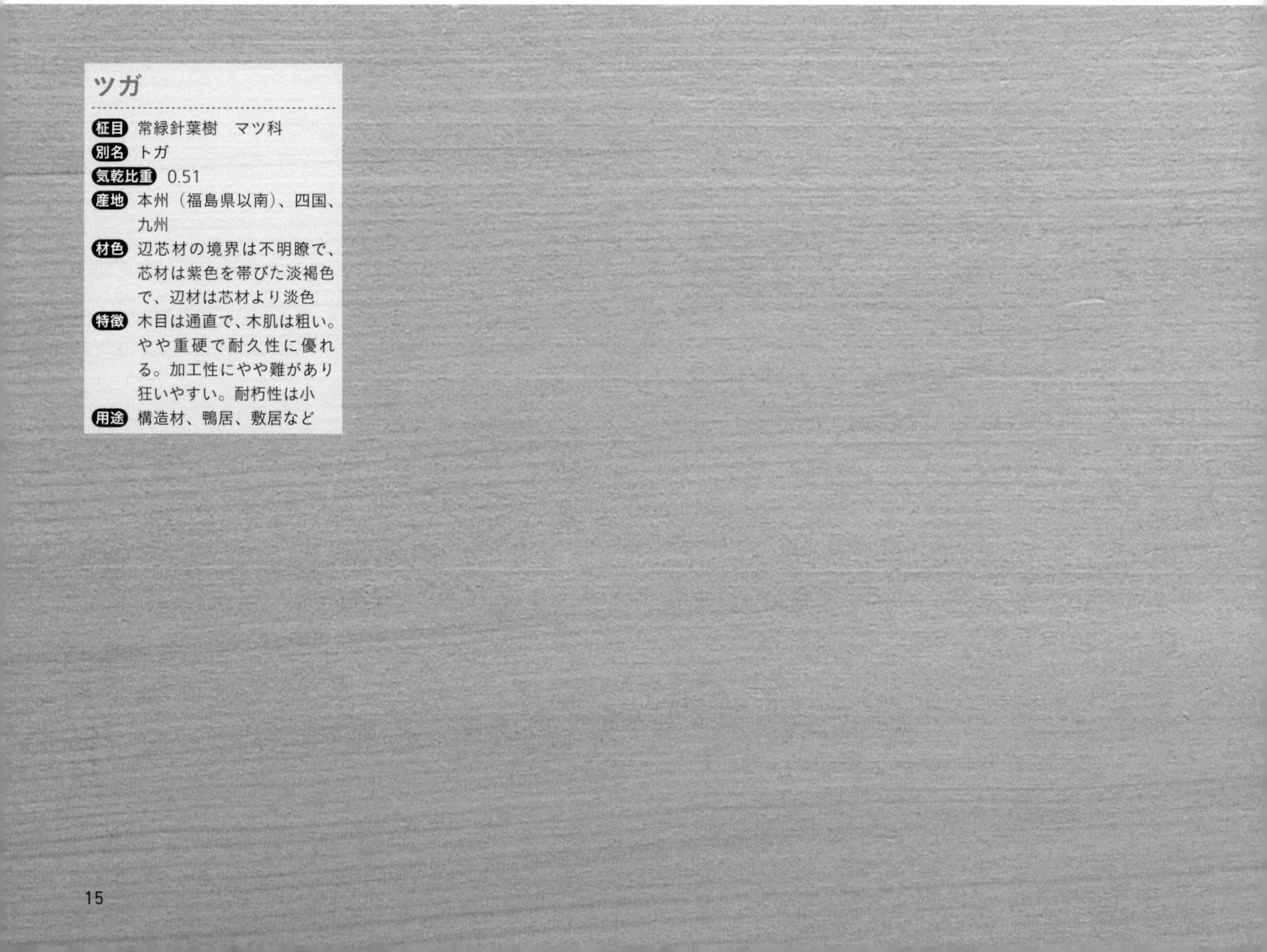

ツガ

柾目 常緑針葉樹　マツ科
別名 トガ
気乾比重 0.51
産地 本州（福島県以南）、四国、九州
材色 辺芯材の境界は不明瞭で、芯材は紫色を帯びた淡褐色で、辺材は芯材より淡色
特徴 木目は通直で、木肌は粗い。やや重硬で耐久性に優れる。加工性にやや難があり狂いやすい。耐朽性は小
用途 構造材、鴨居、敷居など

ブナ

板目 落葉広葉樹　ブナ科
散孔材

別名 シロブナ

気乾比重 0.63

産地 北海道南部、本州、四国、九州

材色 辺芯材の境界は不明瞭で、辺芯材とも淡黄白色～淡褐色

特徴 偽芯材を伴っていることが多い。肌目が緻密でやや重硬だが加工性は比較的よい。耐朽性は極めて小さく狂いは大きい

用途 床材、造作材、家具、合板など

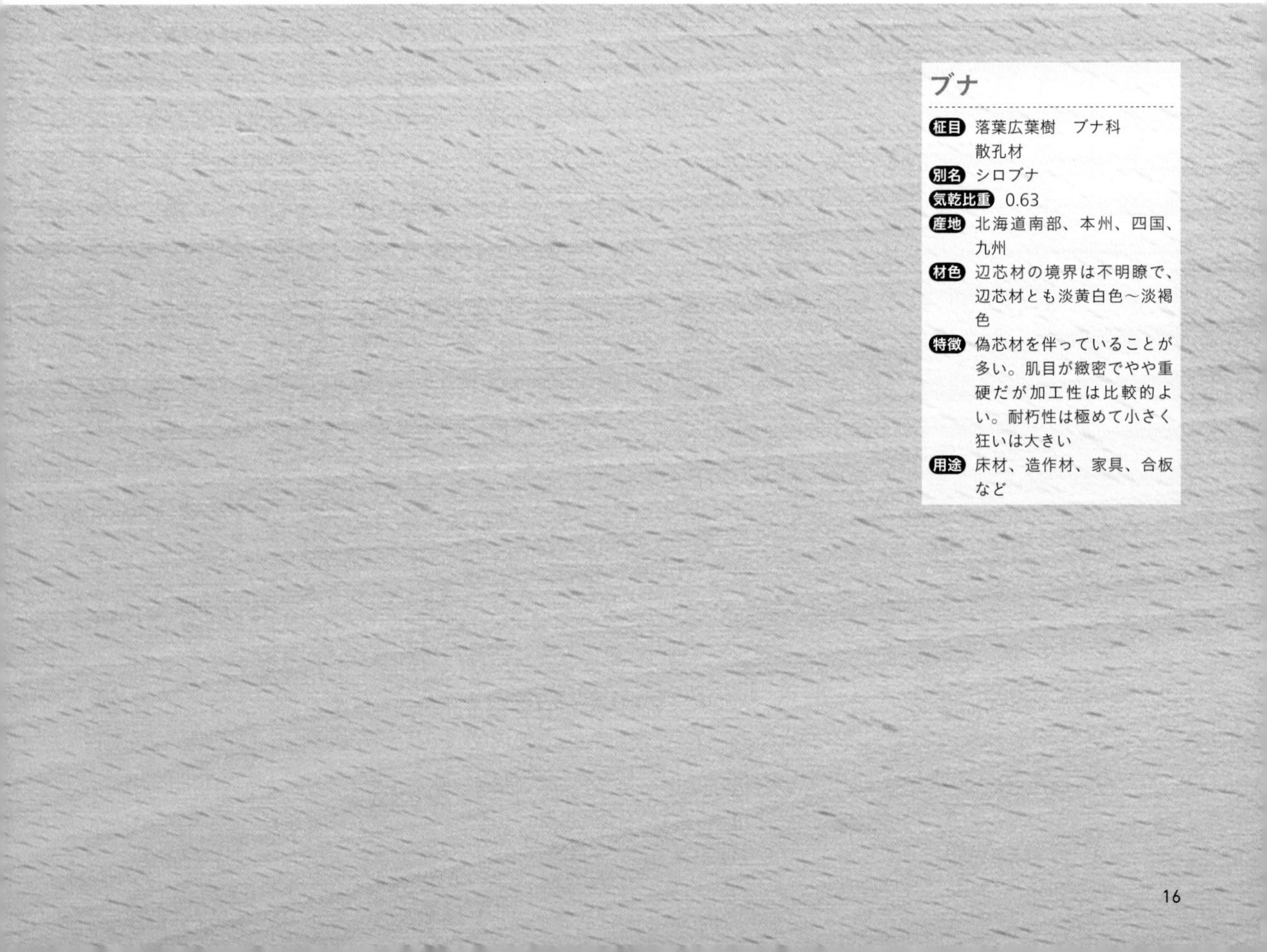

ブナ

柾目 落葉広葉樹　ブナ科
散孔材

別名 シロブナ

気乾比重 0.63

産地 北海道南部、本州、四国、九州

材色 辺芯材の境界は不明瞭で、辺芯材とも淡黄白色～淡褐色

特徴 偽芯材を伴っていることが多い。肌目が緻密でやや重硬だが加工性は比較的よい。耐朽性は極めて小さく狂いは大きい

用途 床材、造作材、家具、合板など

ナラ

板目 落葉広葉樹　ブナ科
環孔材

別名 ミズナラ

気乾比重 0.67

産地 北海道、本州、四国、九州

材色 辺芯材の境界は明瞭で、辺材は淡紅色を帯びた白色、芯材はくすんだ淡褐色

特徴 木目は交錯、肌目も粗い。柾目面に虎斑（とらふ）が現われる。伸張・反張しやすく乾燥には要注意。重硬で加工はやや悪い。耐朽性は中程度

用途 床材、家具、化粧用単板、合板など

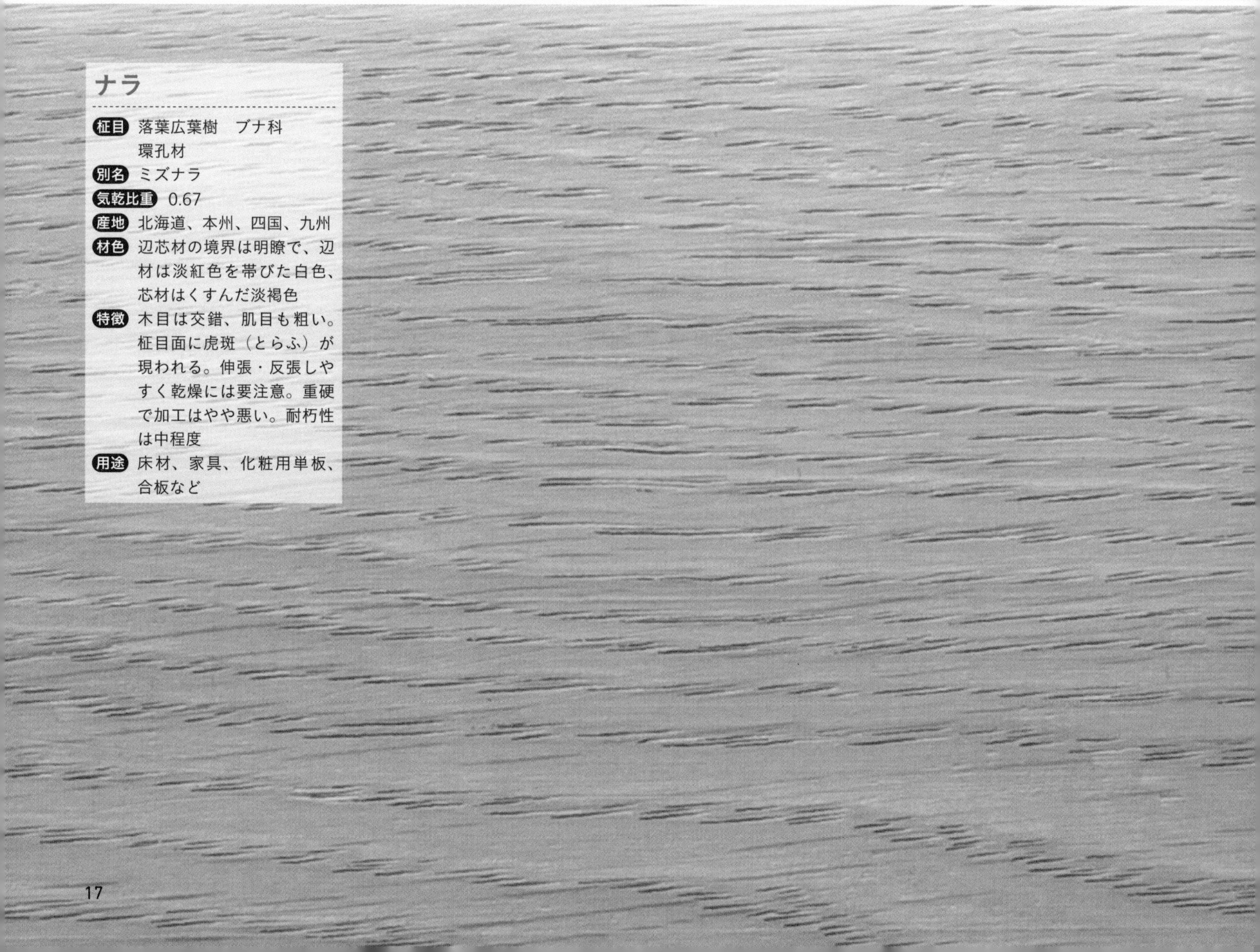

ナラ

柾目 落葉広葉樹　ブナ科
環孔材

別名 ミズナラ

気乾比重 0.67

産地 北海道、本州、四国、九州

材色 辺芯材の境界は明瞭で、辺材は淡紅色を帯びた白色、芯材はくすんだ淡褐色

特徴 木目は交錯、肌目も粗い。柾目面に虎斑（とらふ）が現われる。伸張・反張しやすく乾燥には要注意。重硬で加工はやや悪い。耐朽性は中程度

用途 床材、家具、化粧用単板、合板など

タモ

板目 落葉広葉樹　モクセイ科
環孔材

別名 ヤチダモ

気乾比重 0.65

産地 北海道、本州（長野県以北）

材色 辺芯材の境界は明瞭で、辺材は淡黄白色、芯材は淡灰褐色

特徴 木目は通直で木肌は粗い。重硬で靭性、弾力性に富む。加工性、耐朽性は中程度

用途 造作材、装飾材、家具、化粧用単板、内装用合板など

タモ

柾目 落葉広葉樹　モクセイ科
環孔材

別名 ヤチダモ

気乾比重 0.65

産地 北海道、本州（長野県以北）

材色 辺芯材の境界は明瞭で、辺材は淡黄白色、芯材は淡灰褐色

特徴 木目は通直で木肌は粗い。重硬で靭性、弾力性に富む。加工性、耐朽性は中程度

用途 造作材、装飾材、家具、化粧用単板、内装用合板など

ヤマザクラ

板目 落葉広葉樹　バラ科
散孔材
別名 ホンザクラ
気乾比重 0.6
産地 本州（宮城県・新潟県以西）、四国、九州
材色 辺芯材の境界は明瞭で、辺材は淡黄褐色。芯材は褐色で、時に暗緑色の縞模様を呈する
特徴 木目はほぼ通直で肌目は緻密。やや重硬で反りや曲がりは少なく加工性はよい。耐朽性は中程度
用途 造作材、装飾材、家具など

ヤマザクラ

柾目 落葉広葉樹　バラ科
散孔材
別名 ホンザクラ
気乾比重 0.6
産地 本州（宮城県・新潟県以西）、四国、九州
材色 辺芯材の境界は明瞭で、辺材は淡黄褐色。芯材は褐色で、時に暗緑色の縞模様を呈する
特徴 木目はほぼ通直で肌目は緻密。やや重硬で反りや曲がりは少なく加工性はよい。耐朽性は中程度
用途 造作材、装飾材、家具など

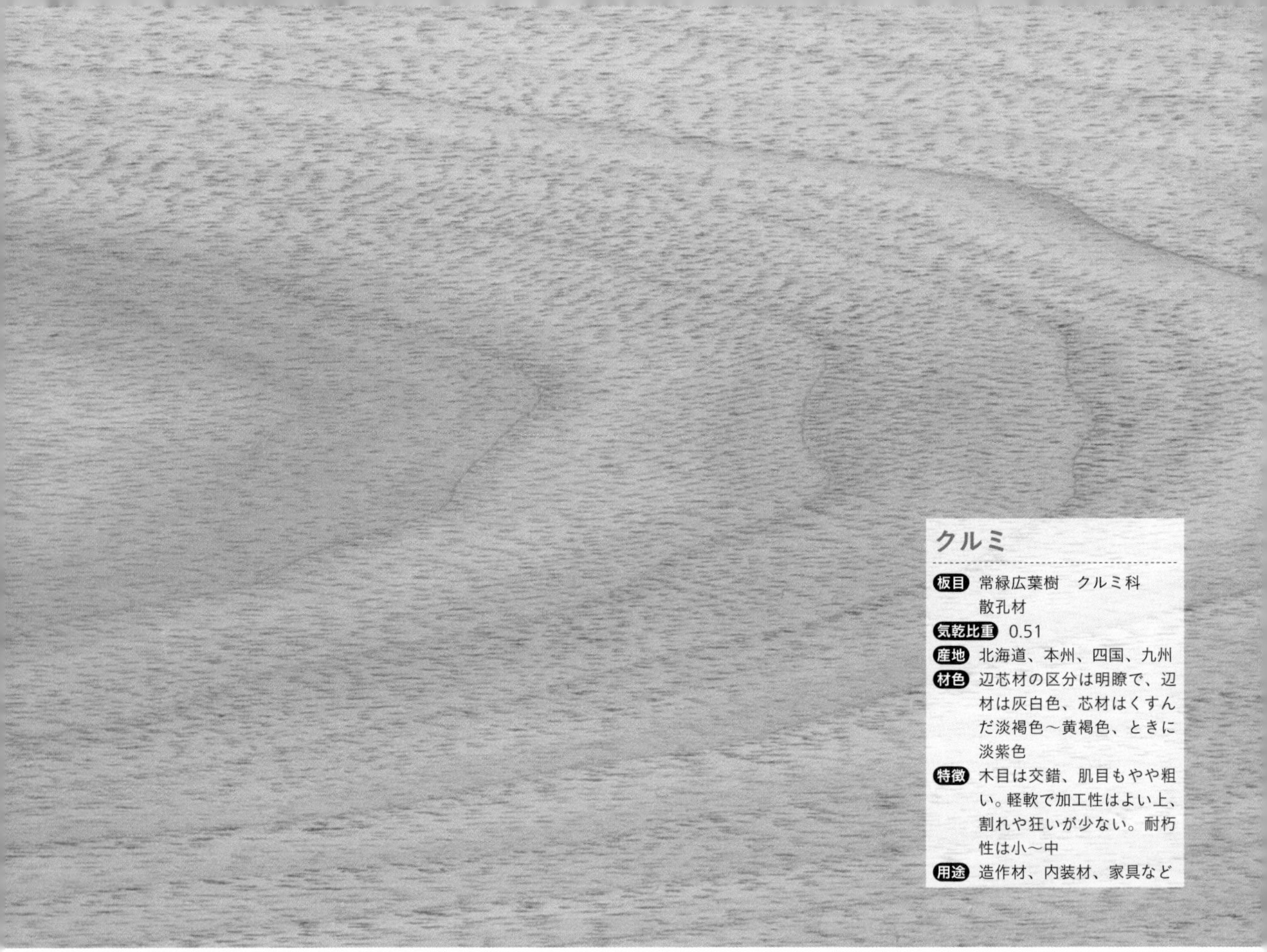

クルミ

板目 常緑広葉樹　クルミ科
散孔材

気乾比重 0.51

産地 北海道、本州、四国、九州

材色 辺芯材の区分は明瞭で、辺材は灰白色、芯材はくすんだ淡褐色～黄褐色、ときに淡紫色

特徴 木目は交錯、肌目もやや粗い。軽軟で加工性はよい上、割れや狂いが少ない。耐朽性は小～中

用途 造作材、内装材、家具など

クルミ

柾目 常緑広葉樹　クルミ科
散孔材

気乾比重 0.51

産地 北海道、本州、四国、九州

材色 辺芯材の区分は明瞭で、辺材は灰白色、芯材はくすんだ淡褐色～黄褐色、ときに淡紫色

特徴 木目は交錯、肌目もやや粗い。軽軟で加工性はよい上、割れや狂いが少ない。耐朽性は小～中

用途 造作材、内装材、家具など

ケヤキ

板目 落葉広葉樹　ニレ科
環孔材

別名 ツキ、ツキケヤキ

気乾比重 0.62

産地 本州、四国、九州

材色 辺芯材の区分は明瞭で、辺材は淡黄褐色で芯材は黄褐色～黄赤褐色

特徴 一般に木目は通直だが肌目は粗く、ときに玉杢、如輪杢（じょりんもく）などを形成。重硬で加工性はやや悪いが強靭で狂いは少ない。耐朽性は大

用途 構造材、造作材全般、家具など

ケヤキ

柾目 落葉広葉樹　ニレ科
環孔材

別名 ツキ、ツキケヤキ

気乾比重 0.62

産地 本州、四国、九州

材色 辺芯材の区分は明瞭で、辺材は淡黄褐色で芯材は黄褐色～黄赤褐色

特徴 一般に木目は通直だが肌目は粗く、ときに玉杢、如輪杢（じょりんもく）などを形成。重硬で加工性はやや悪いが強靭で狂いは少ない。耐朽性は大

用途 構造材、造作材全般、家具など

アカマツ

板目 常緑針葉樹　マツ科
別名 メマツ
気乾比重 0.53
産地 本州、四国、九州
材色 辺芯材の境界はやや不明瞭で、辺材は淡黄白色、芯材は黄色を帯びた褐色
特徴 木目はほぼ通直だが肌目は粗い。重硬で強度は高いが加工性は良好。ただし脂壺などがみられる。耐朽性は中程度
用途 構造材、床材、鴨居、敷居、造作材、床柱など

カラマツ

板目 落葉針葉樹　マツ科
別名 ラクヨウショウ
気乾比重 0.53
産地 本州（宮城県～中部）
材色 辺芯材の区分は明瞭で、辺材は白色、芯材は褐色
特徴 木目は通直だが肌目は粗い。やや重硬で強度は高いが脂気が多い。乾燥時にねじれやすく割れや狂いも出やすい。耐朽性は中程度
用途 構造材、下地材、造作材、家具など

ベイスギ

板目 常緑針葉樹　ヒノキ科
別名 ウェスタンレッドシーダー
気乾比重 0.35
産地 カナダ～米国の国境地帯、アラスカ南部～オレゴン州太平洋沿岸、アイダホ州北部、ロッキー山脈
材色 辺材は白色で芯材は赤褐色
特徴 木目は通直で肌目はやや粗い。軽軟で強度はやや低いが加工性がよい。耐朽性は大
用途 構造材、屋根材、下地材、羽目板、造作材など

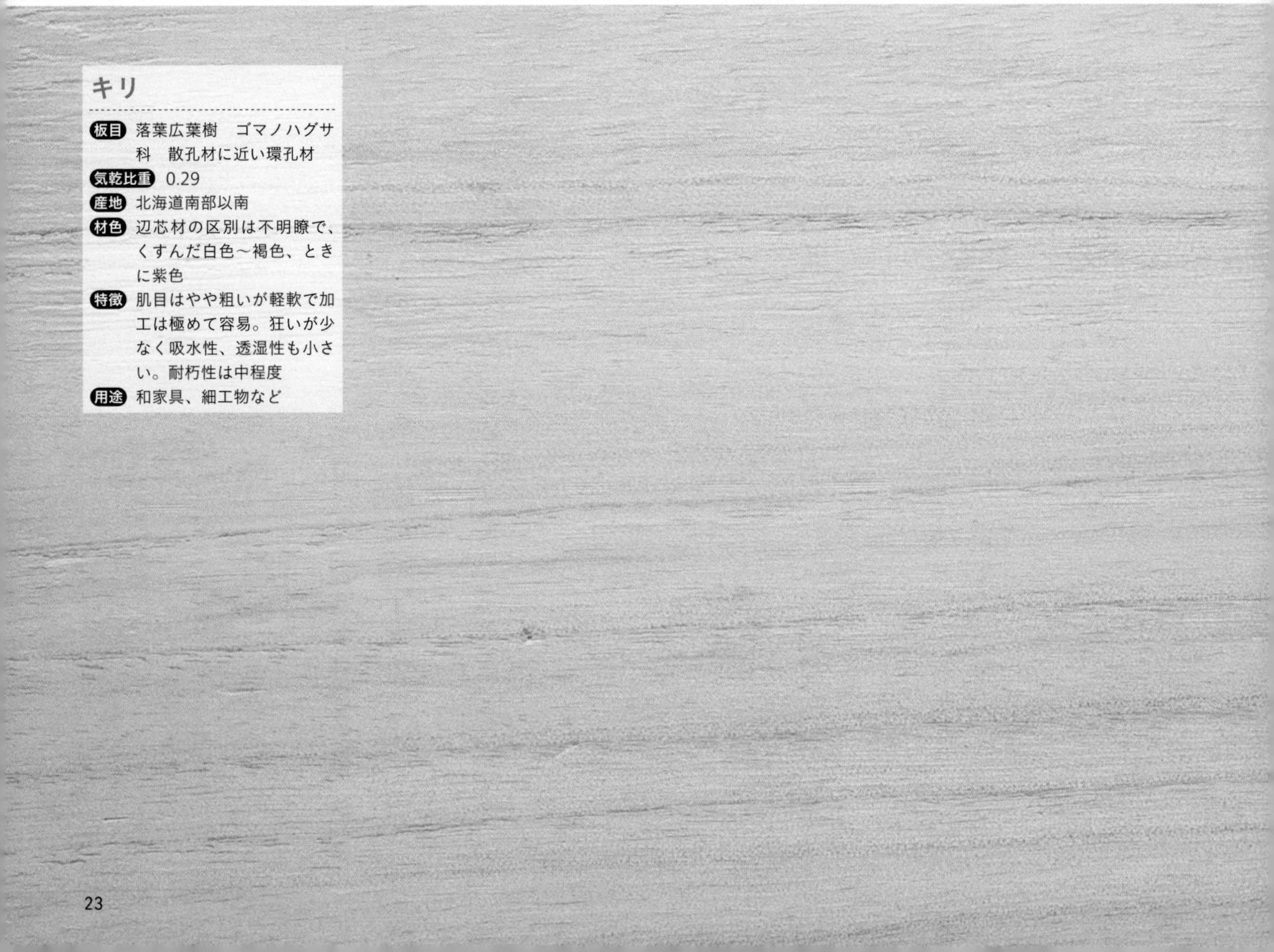

キリ

板目 落葉広葉樹　ゴマノハグサ科　散孔材に近い環孔材
気乾比重 0.29
産地 北海道南部以南
材色 辺芯材の区別は不明瞭で、くすんだ白色～褐色、ときに紫色
特徴 肌目はやや粗いが軽軟で加工は極めて容易。狂いが少なく吸水性、透湿性も小さい。耐朽性は中程度
用途 和家具、細工物など

カバ

板目 落葉広葉樹　カバノキ科
散孔材

別名 マカバ、ウダイカンバ

気乾比重 0.69

産地 北海道、本州（中部以北）

材色 辺芯材の区別は明瞭で、辺材は白色～淡桃灰色、芯材は淡赤褐色～褐色

特徴 木目はほぼ通直で肌目は緻密。重硬で強靭だが加工性は比較的よい。耐朽性は小

用途 床材、内部造作材、家具、化粧用単板、合板など

クリ

板目 落葉広葉樹　ブナ科
環孔材

別名 シバグリ

気乾比重 0.55

産地 北海道（石狩・日高以南）、本州、四国、九州

材色 辺芯材の区別は明瞭で、辺材は褐色を帯びた灰白色、芯材は淡褐色

特徴 木目はほぼ通直で肌目は粗い。やや重硬で弾力に富に加工性は中程度。水潤に強く耐朽性は大

用途 構造材、装飾材、家具、水廻りなど

イタヤカエデ

板目 落葉広葉樹　カエデ科
散孔材

別名 イタヤ、トキワカエデ

気乾比重 0.67

産地 北海道、本州、四国、九州

材色 辺芯材の区別は不明瞭で、全体に桃灰色〜淡桃褐色。波状杢、縮杢が現れる

特徴 木目は通直で肌目は緻密。やや重硬で加工はやや困難。耐朽性は小〜中

用途 床板、床柱、家具など

ホオノキ

板目 落葉広葉樹　モクレン科
散孔材

別名 ホオ

気乾比重 0.48

産地 北海道、本州、四国、九州

材色 辺芯材の区別は明瞭で、辺材は淡灰白色、芯材は時間の経過とともに灰緑色が黒ずむ

特徴 木目は通直で肌目は緻密。軽軟で、加工は容易で狂いは少ない。耐朽性は中〜大

用途 装飾材、建具など

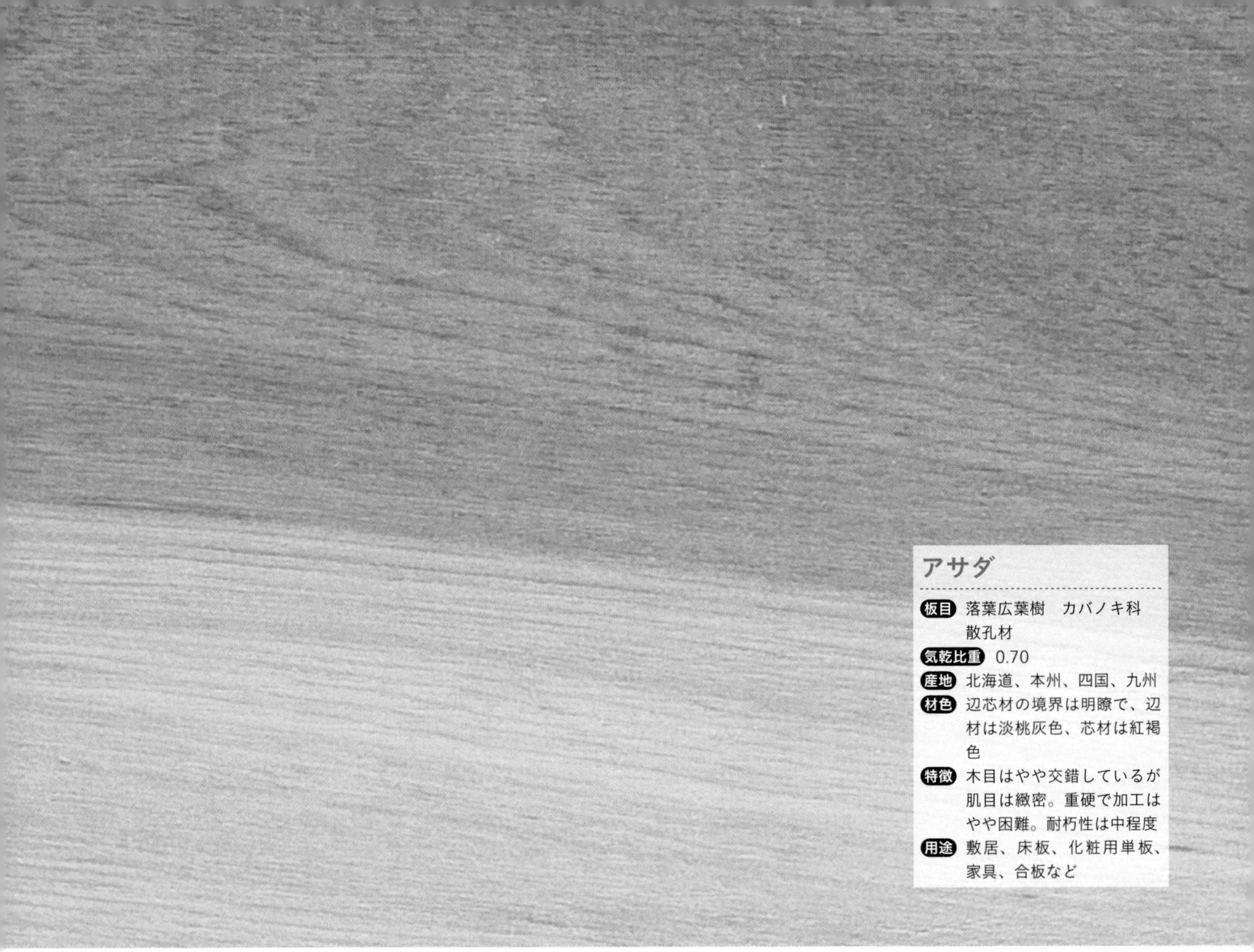

アサダ

板目 落葉広葉樹　カバノキ科
散孔材
気乾比重 0.70
産地 北海道、本州、四国、九州
材色 辺芯材の境界は明瞭で、辺材は淡桃灰色、芯材は紅褐色
特徴 木目はやや交錯しているが肌目は緻密。重硬で加工はやや困難。耐朽性は中程度
用途 敷居、床板、化粧用単板、家具、合板など

ミズキ

板目 落葉広葉樹　ミズキ科
散孔材
気乾比重 0.63
産地 北海道、本州、四国、九州
材色 辺芯材の区別は不明瞭で、白色～淡黄白色～灰褐色
特徴 肌目は緻密。やや重硬で加工性はよいが、耐朽性は低い
用途 建築材

和風住宅の超基礎知識

日本建築は、中国から輸入された大陸系意匠に影響を受けつつも、わが国独自の住居形式を生み出してきた

和風と呼ばれる意匠は主に日本の住宅建築をベースとしている。室町時代に成立した書院と、桃山時代に登場した茶室、そしてこれらのエッセンスを取り混ぜた数寄屋風書院とが、並列あるいは混合して現代に伝えられているものである。この中では、書院造りが最も格式があり、自然素材を随所に使った茶室は対極的なスタイルである。真・行・草でたとえると、書院が真、数寄屋風書院は行、茶室は草と考えられる。現代において「和風」という語からイメージされるのは、この数寄屋風を加味した座敷といえるだろう。

和風デザインと素材

日本建築は、一貫して木で建物をつくってきた。比較的軟質の針葉樹を使い、洗練された技術で空間を造形する。湿度の高い気候に合わせて、壁を必要最小限にとどめ通風を確保し、多量の雨風は、勾配屋根や庇で対処する。このような「柱や内法材による縦横の枠」「柱間いっぱいに開け放たれた開口部」「深い軒」などが、和風を象徴する主なデザイン言語となっている。

用材には、古来より主にヒノキが多く使われてきたが、時代がくだるにつれ、マツやスギ、ケヤキなども多く使われるようになった。現代でも、格式の高い書院にはヒノキを、一方、茶室や数寄屋風書院にはスギを多く使う。これらの材は白木で使い、塗装は施さない。

プランニングの基本

使用する単位は尺。現代ではメートル法に置き換えてもよいが、和室の各要素は尺寸で設計されている。そのほか、1間（約6尺）という単位があり、この半分を半間と呼ぶ。柱は1間ごとに立てるのが基本であるが、プランニングでは半間が平面の基準単位となっている。

また平面計画にあたり、その寸法体系は地域によって異なり、

(1)心々で柱間寸法（通り心）を設定し、これを方眼にして計画するものと

(2)一定の柱間内法寸法を基準に計画していくもの

に大別される［❶］。

(1)は主に東日本に普及していることから江戸間あるいは田舎間ともいう。一方(2)は、畳割りと呼び、主に京都を中心とした関西圏で行われる方法。柱間寸法を畳の長さ（6尺3寸）とし、これを1間として平面を決めていくものである。(1)の江戸間に対し京間ともいう［❷］。京間で設計された座敷はどんな畳数でも畳の寸法は一定で、襖や障子の幅も一定である。逆に江戸間では、部屋の大きさにより畳寸法が異なるが、通り心が一定しているため、梁などの構造材を割り付ける場合に不便を生じない。現代でも、茶事を行う座敷は必ず京間で設計されるので注意したい。

❶ 心々制と内法制

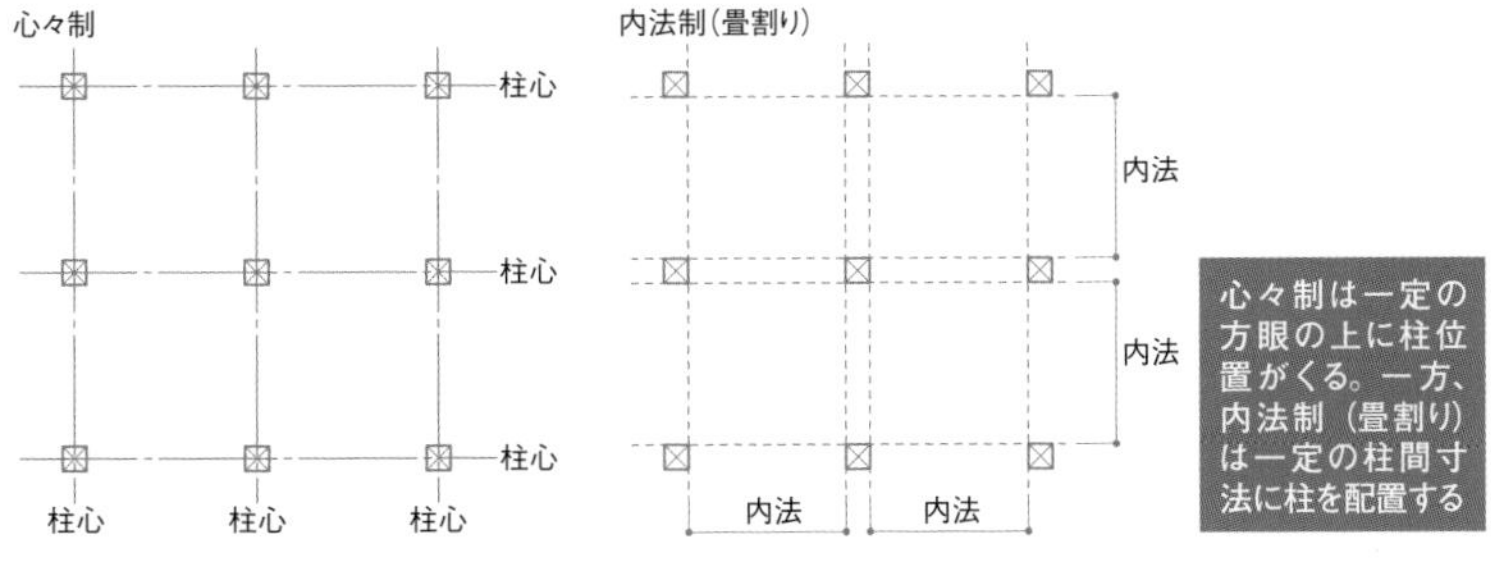
心々制
柱心
柱心
柱心
柱心
柱心
柱心
内法制（畳割り）
内法
内法
内法
内法
心々制は一定の方眼の上に柱位置がくる。一方、内法制（畳割り）は一定の柱間寸法に柱を配置する

❷ 江戸間と京間（柱4寸角の場合）

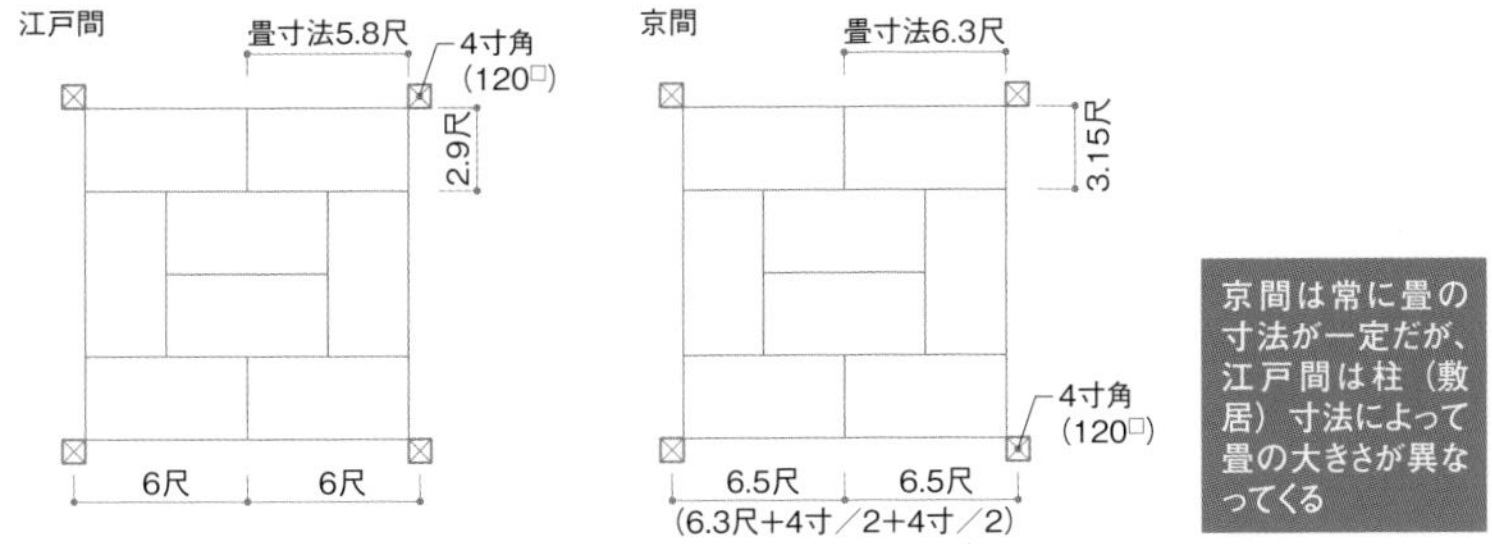
江戸間
畳寸法5.8尺
4寸角（120□）
2.9尺
6尺
6尺
京間
畳寸法6.3尺
3.15尺
4寸角（120□）
6.5尺
6.5尺
（6.3尺+4寸／2+4寸／2）
京間は常に畳の寸法が一定だが、江戸間は柱（敷居）寸法によって畳の大きさが異なってくる

巻頭1

和室に使う銘木の選び方

巻頭2

和風との相性バツグン！木材テクスチュア図録

第1章 内部仕上げ

第2章 外部仕上げ

第3章 建具・開口

第4章
茶室

コラム

装丁デザイン／ｃｈｉｃｈｏｌｓ
本文デザイン／ｃｈｉｃｈｏｌｓ
ＤＴＰ／リングウッド社

第1章

内部仕上げ

オーソドックスな竿縁天井

1｜一般的な納まり［S＝1：5］

❶ 断面図

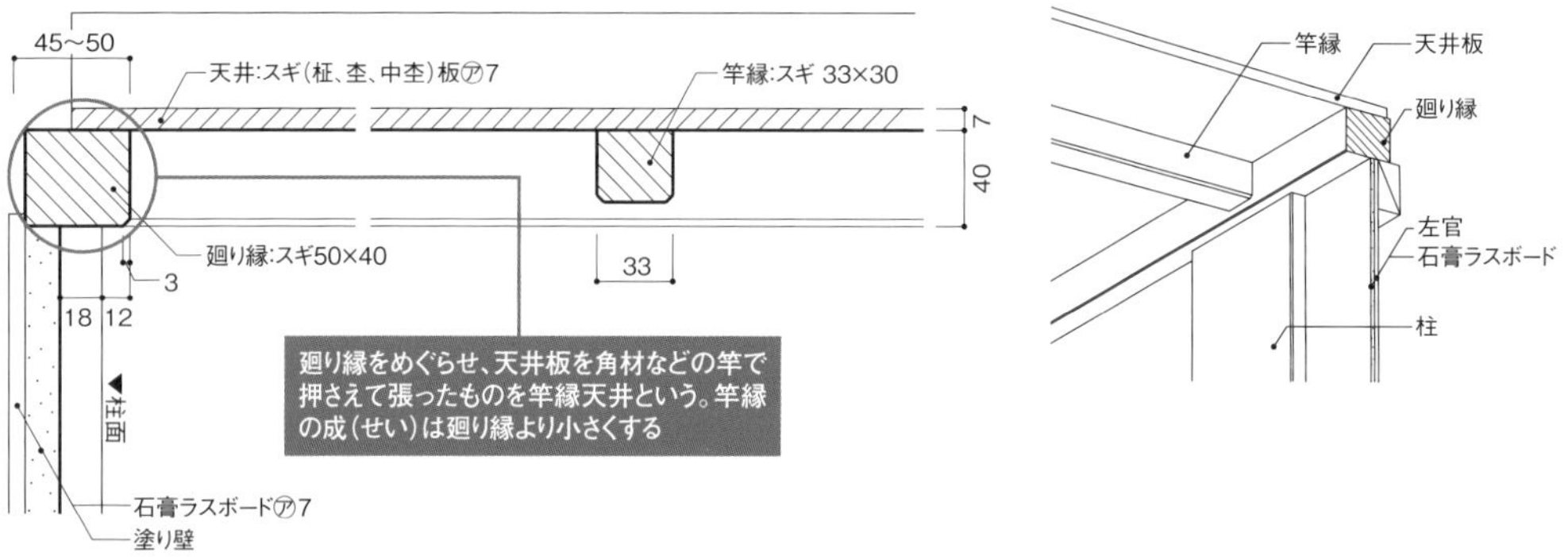
45〜50
天井:スギ(柾、杢、中杢)板㋐7
竿縁:スギ 33×30
7
40
33
廻り縁:スギ50×40
3
18 12
▼柱面
廻り縁をめぐらせ、天井板を角材などの竿で押さえて張ったものを竿縁天井という。竿縁の成(せい)は廻り縁より小さくする
石膏ラスボード㋐7
塗り壁
竿縁
天井板
廻り縁
左官
石膏ラスボード
柱

❷ 伏図

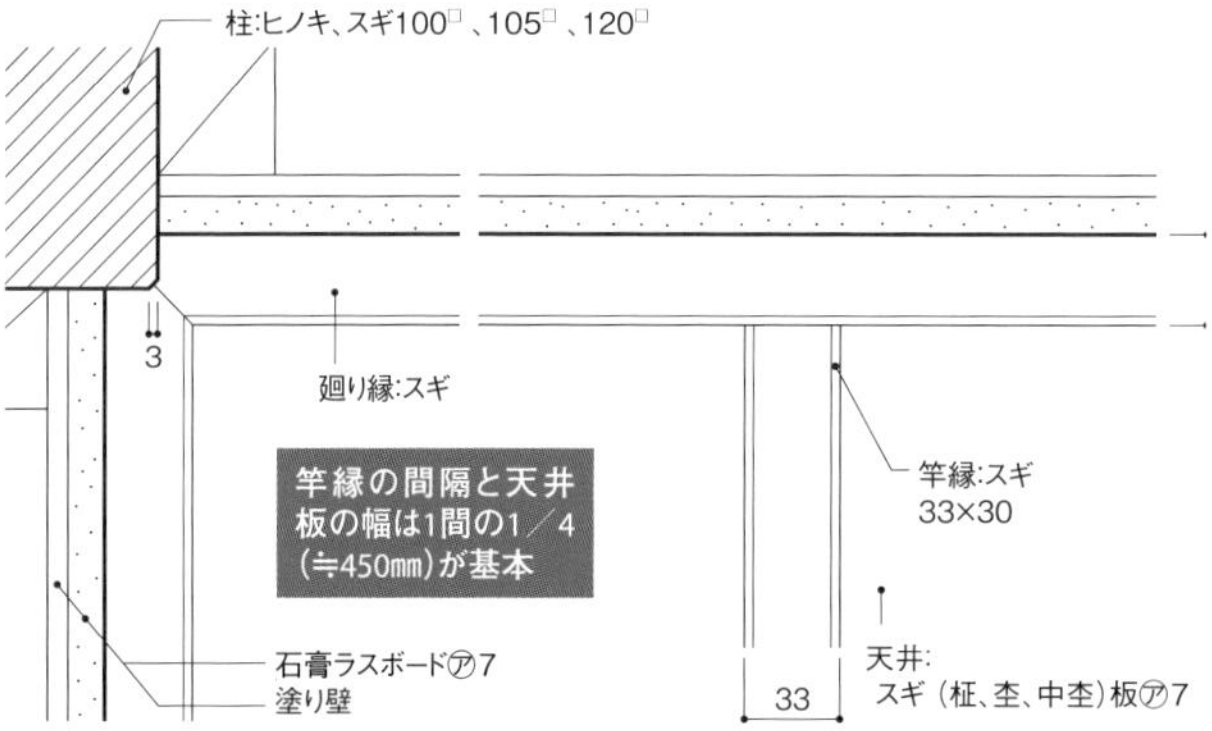
柱:ヒノキ、スギ100□、105□、120□
3
廻り縁:スギ
竿縁の間隔と天井板の幅は1間の1／4(≒450㎜)が基本
竿縁:スギ
33×30
石膏ラスボード㋐7
塗り壁
33
天井:
スギ（柾、杢、中杢）板㋐7

❸ 伏図（関西の場合）

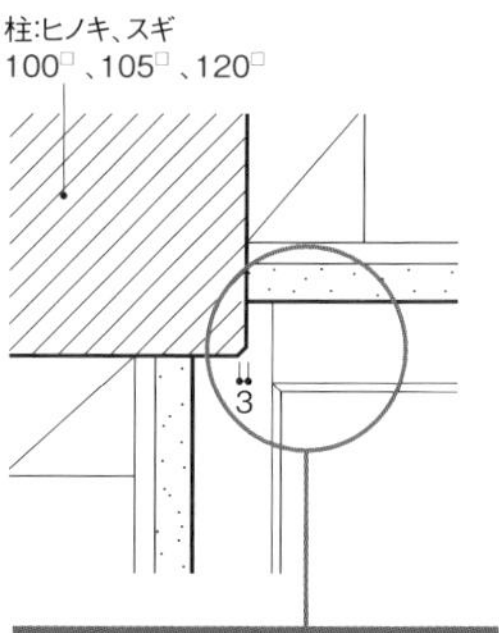
柱:ヒノキ、スギ
100□、105□、120□
3
主に関西では、廻り縁の片側を壁まで突き付け、面は留めとする

竿縁天井の納まり

数寄屋座敷のみならず、一般の和室で多く採用されるのが「竿縁《さおぶち》天井」である【図1】。

竿縁天井とは、廻り縁を四周に廻して柱に固定し、これに竿縁を取り付けて上部に天井板を張ったもの。廻り縁の入隅は関東では留めだが、関西では面部分のみ留めに納めている。

竿縁は床の間と平行に並べ、端部は廻り縁に差し込む。床の間に直交して並べるのは「床差《とこざ》し」と呼ぶが、現代では避けるべき納まりとされている。竿縁の間隔は1間（1818㎜）を4分割（1／4間）することが基本である。材種は内法材と同じものを使い、スギが多く用いられている。

天井板にもスギを使うのが一般的で、さまざまな木目を厳選して使う。ただし、現代では化粧合板を使うことも多い。板の幅は1／4間で使用する。ムク板の場合、厚さは2分3厘（7㎜）が基本である。

天井板の張り方

天井板の張り方は、端部を重ねて

2 | 二重廻り縁 [S＝1：5]

❶ 断面図

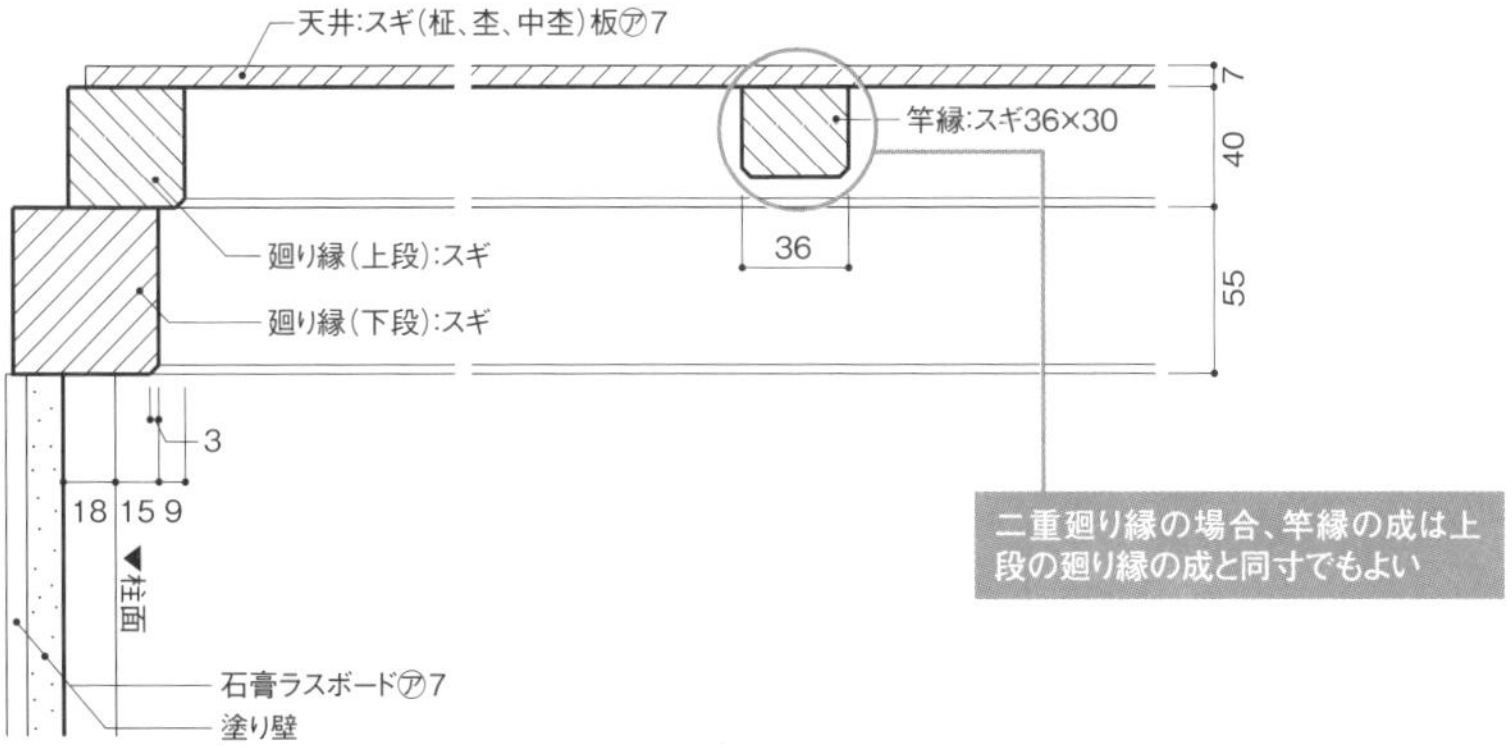
天井:スギ(柾、杢、中杢)板㋐7
竿縁:スギ36×30
7
40
55
36
廻り縁(上段):スギ
廻り縁(下段):スギ
3
18 15 9
▼柱面
石膏ラスボード㋐7
塗り壁
二重廻り縁の場合、竿縁の成は上段の廻り縁の成と同寸でもよい

❷ 伏図

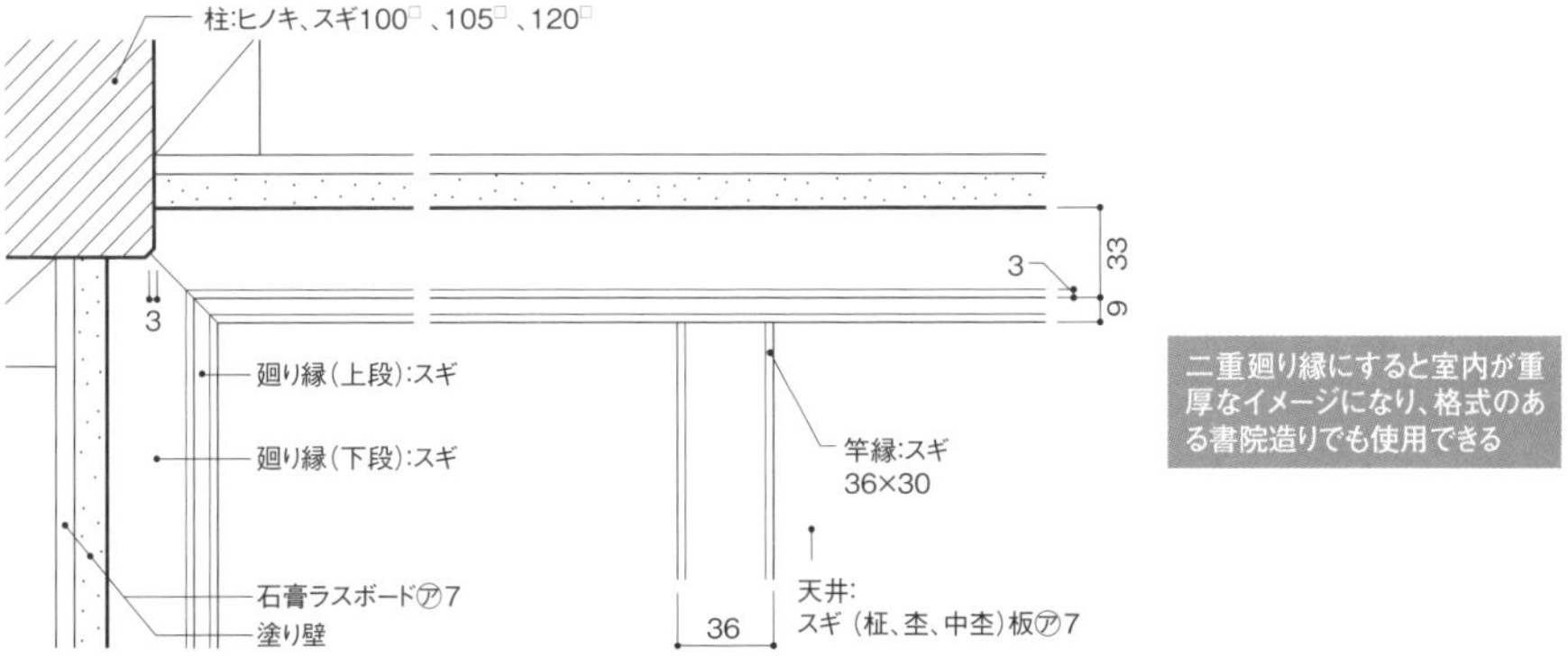
柱:ヒノキ、スギ100□、105□、120□
3
33
9
3
廻り縁(上段):スギ
廻り縁(下段):スギ
竿縁:スギ
36×30
石膏ラスボード㋐7
塗り壁
36
天井:
スギ(柾、杢、中杢)板㋐7
二重廻り縁にすると室内が重厚なイメージになり、格式のある書院造りでも使用できる

竿縁天井羽重ね張り。天井板はスギの杢板

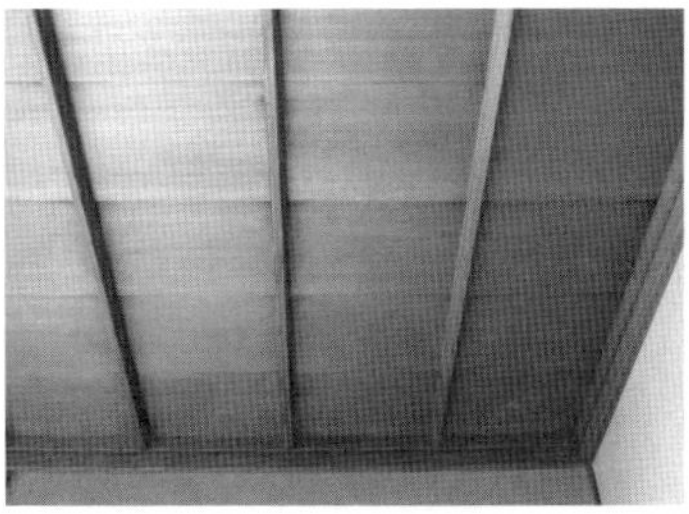
廻り縁を二重にした竿縁天井の例

竿縁を猿頬面とした例

納める「羽重《はがさ》ね張り」と、目地をとって板間に別の小幅板を納める「敷《しき》目《め》（底目）張り」（36頁参照）とがある。羽重ねにする場合には、板を縁側（光の差し込む方向）から重ねて張っていく。すなわち板の断面に光を当てず影になるように納めるのである。

　板目は柾、中杢、杢いずれも使われるが、杢板はどちらかというと瀟《しょう》洒《しゃ》な座敷に使われることが多い。また、杢板を使う場合、あまり特徴的な木目のものは天井面に気をとられ、部屋全体の意匠を高潔に統一するのが難しくなるので、初心の場合は注意を要する。

格を演出する方法

　座敷に格の高い意匠を求めたい場合は、廻り縁を二重にしたり【図2】、竿縁を猿頬面《さるぼお》（55頁参照）とするなどして、座敷の格を演出する。

　これは壁と天井の入隅で部材を厚く見せ、室内に一種の重厚さを与える手法である。竿縁を猿頬面とした場合も必然的に廻り縁の成《せい》は大きくなる。また、天井板はスギの柾板か中杢が合わせやすい。

▶天井2

品格のある格天井

1 一般的な納まり［S＝1：6］

❶ 断面図

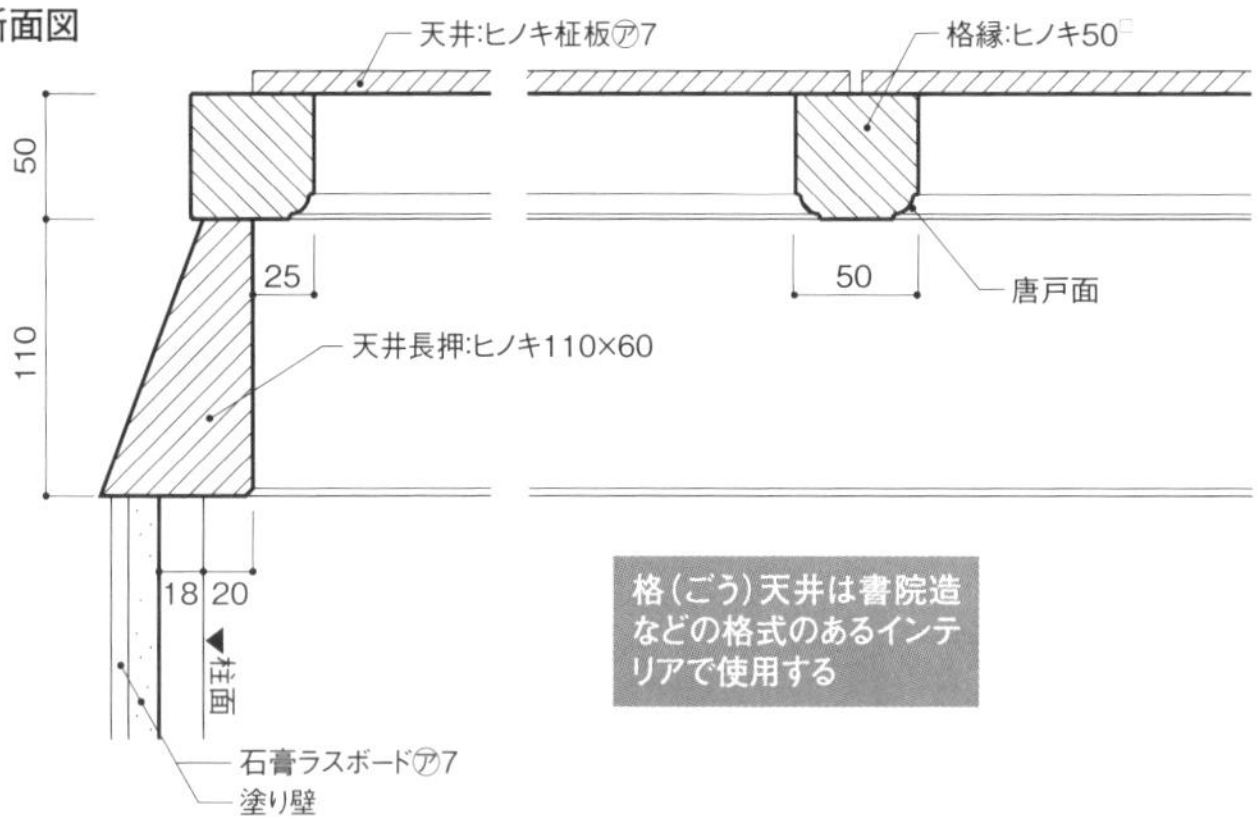
天井:ヒノキ柾板㋐7
格縁:ヒノキ50□
50
110
25
50
唐戸面
天井長押:ヒノキ110×60
18 20
▼柱面
格（ごう）天井は書院造などの格式のあるインテリアで使用する
石膏ラスボード㋐7
塗り壁

格天井。廻り縁下に天井長押

❷ 伏図

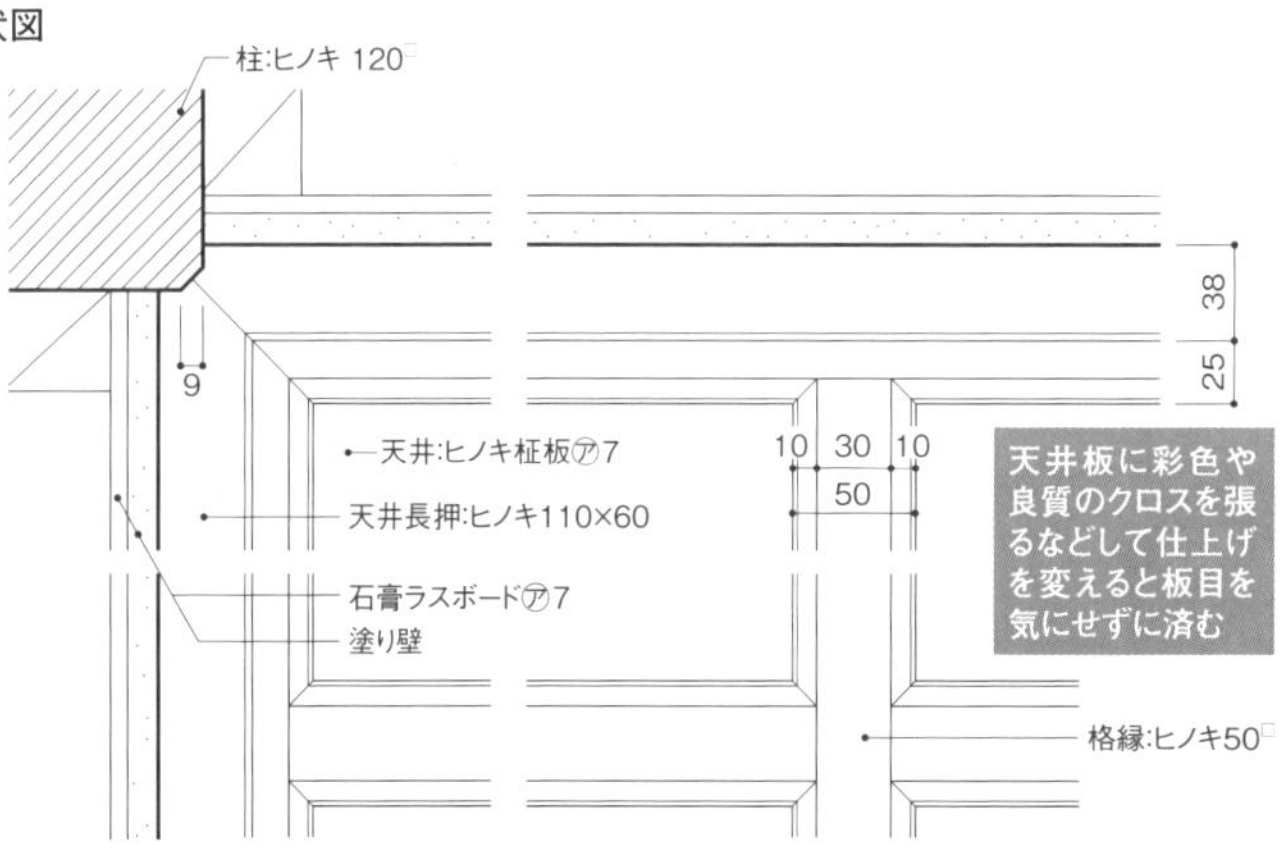
柱:ヒノキ 120□
38
25
9
天井:ヒノキ柾板㋐7
天井長押:ヒノキ110×60
10 30 10
50
石膏ラスボード㋐7
塗り壁
天井板に彩色や良質のクロスを張るなどして仕上げを変えると板目を気にせずに済む
格縁:ヒノキ50□

格縁を吹寄せで調整した折上格天井

座敷を風格のある書院とする場合、天井は「格《ごう》天井」とする。格天井とは格子状に組まれた縁（格縁《ごうぶち》という）に天井板を張ったもの。廻り縁下には長押《なげし》を打つこともある【図1】。図2のように廻り縁と長押の間に壁（蟻壁）を設ける、あるいは周囲を折上げとする（折上《おりあげ》格天井）とより本格的な書院の天井になる。この場合、格縁に「唐戸面《からど》」などの面を施す。

蟻壁とは廻り縁と天井長押との間に設ける壁で、仕上げ面は柱面よりも室内側に出して納める。このためこの部分では柱は露《あらわ》れず、長押上部に天井が浮いているように見える効果がある。

折上格天井は、貴人が座す天井など、上級の格式を表現する室に古来より使われてきた。施工にも手間を必要とする納まりである。現代でも上格の座敷に使用する。

材種・塗装を決める

長押には柱と同じ材種を使うのが基本である。書院の場合、多くがヒノキの柱を使うので長押もヒノキとなる。また、格天井も特に折上げの場合、格縁などにヒノキを使うことが多い。天井板はヒノキ以外にケヤ

2 | 蟻壁がある場合

❶ 断面図［S＝1：6］

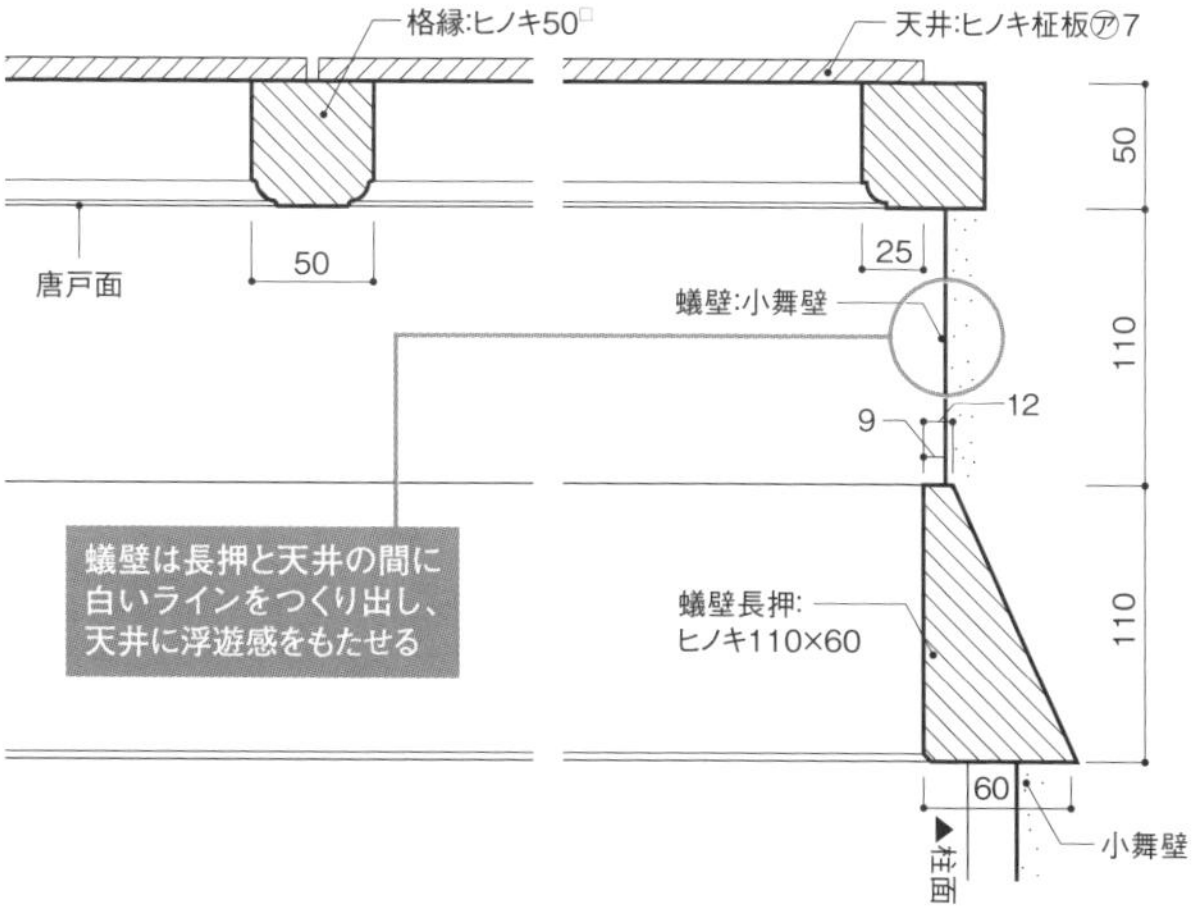
格縁:ヒノキ50□
天井:ヒノキ柾板㋐7
50
唐戸面
25
蟻壁:小舞壁
110
12
9
蟻壁は長押と天井の間に白いラインをつくり出し、天井に浮遊感をもたせる
蟻壁長押:ヒノキ110×60
110
60
▼柱面
小舞壁

❷ 格縁詳細図［S＝1：3］

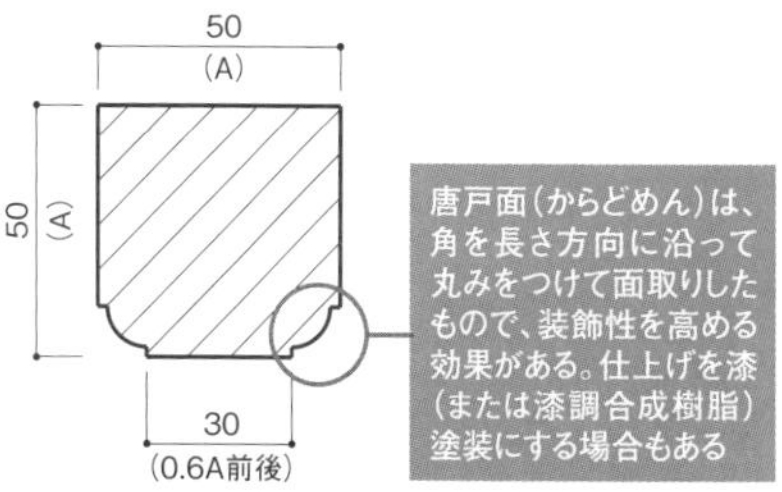
50
(A)
50
(A)
30
(0.6A前後)
唐戸面(からどめん)は、角を長さ方向に沿って丸みをつけて面取りしたもので、装飾性を高める効果がある。仕上げを漆(または漆調合成樹脂)塗装にする場合もある

蟻壁長押の例

3 | 数寄屋風インテリアは格天井で

❶ 断面図［S＝1：10］

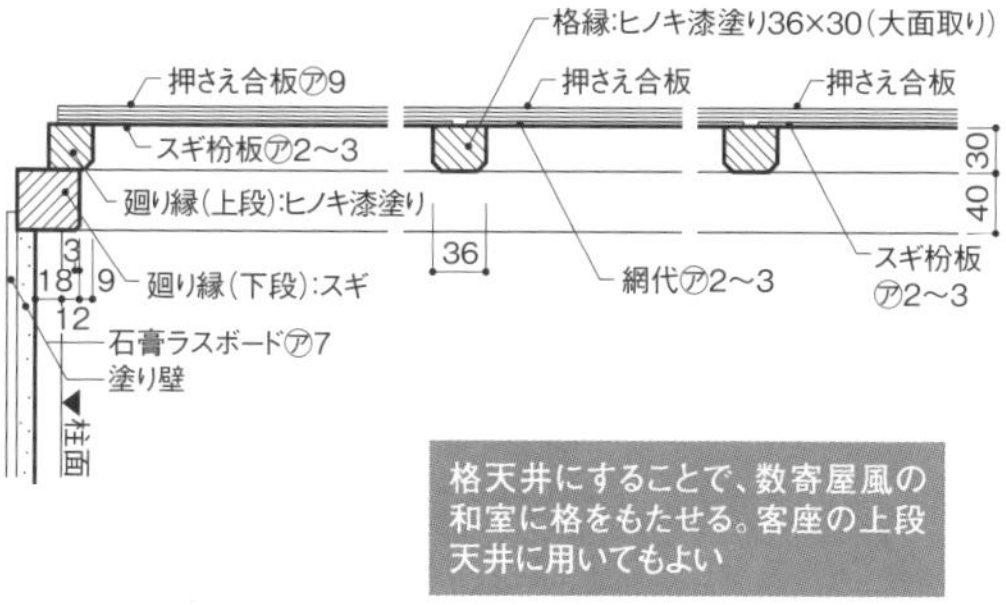
格縁:ヒノキ漆塗り36×30(大面取り)
押さえ合板㋐9
押さえ合板
押さえ合板
スギ枌板㋐2〜3
廻り縁(上段):ヒノキ漆塗り
30
40
36
3
18
9
廻り縁(下段):スギ
12
網代㋐2〜3
スギ枌板㋐2〜3
石膏ラスボード㋐7
塗り壁
▼柱面
格天井にすることで、数寄屋風の和室に格をもたせる。客座の上段天井に用いてもよい

❷ 伏図［S＝1：20］

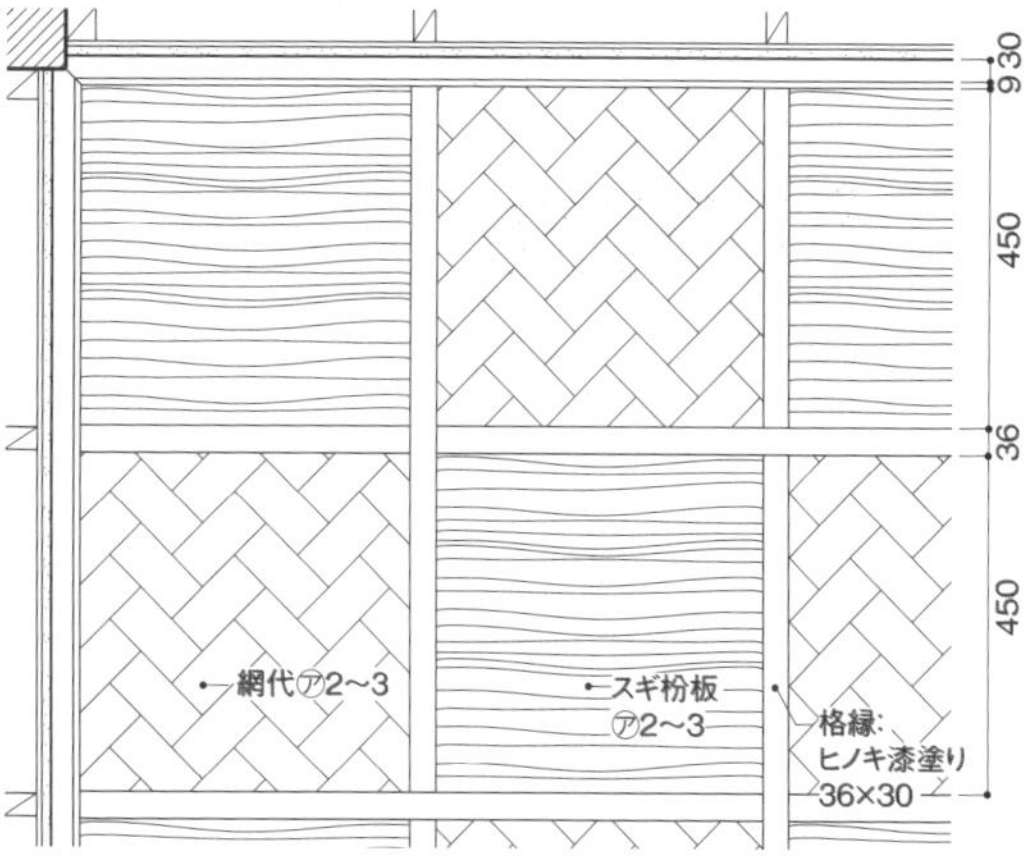
9
30
450
36
450
網代㋐2〜3
スギ枌板㋐2〜3
格縁:ヒノキ漆塗り36×30

写真　天井板を網代と枌板(へぎいた)の市松張りとした格天井。格縁大面取り、潤(うるみ)漆仕上げ

キ、マツ、キリなどを特別に使うこともあるほか、彩色を施す場合もある。その際、格縁を漆で塗装することもよく行われる。板を白木として縁のみ塗装という方法もある。天井板の木目は柾目、杢目どちらも使用するが、目の方向を隣の板とは90度回転させて市松に張ることが多い。

逆に書院に数寄屋風意匠を持ち込む場合は、天井各部材に自然素材を取り入れるなどして、印象を柔らかくし雅味を演出する【図3】。たとえば、格縁をスギ丸太やその太鼓落としにしたり、下端をかまぼこ面にしたりなどする。天井板も変化に富んだ木目や網代にするなどの方法がある【写真】。

▶ 天井 3

すっきり見せる敷目張り天井

1 | 敷目張り天井の納まり [S＝1：6]

❶ 化粧合板の敷目張り

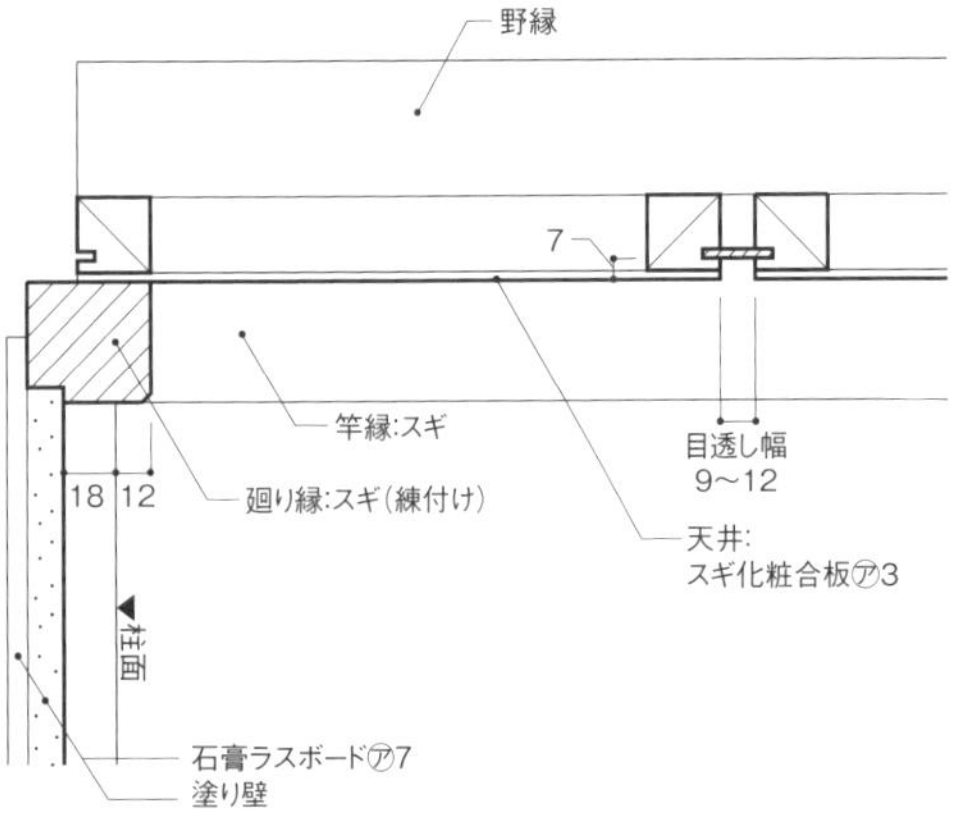

野縁
40〜45
25
3
7
竿縁:スギ
18
12
廻り縁:スギ(練付け)
目透し幅
9〜12
天井:
スギ化粧合板㋐3
▼柱面
石膏ラスボード㋐7
塗り壁

敷目張り天井は、凸凹なくすっきりした印象

❷ 目地底を見せる

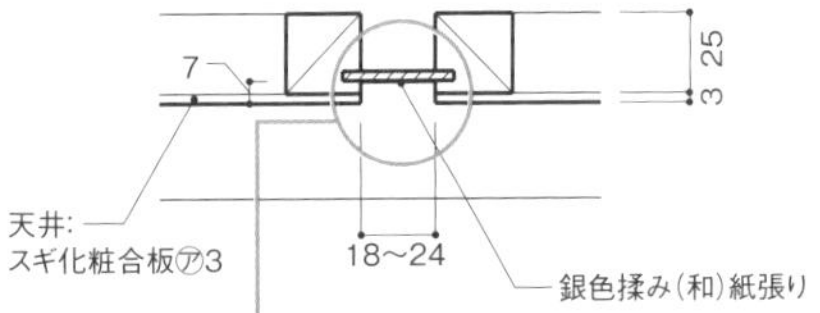

7
25
3
天井:
スギ化粧合板㋐3
18〜24
銀色揉み(和)紙張り

目透し幅を18〜24㎜として銀色の揉み紙を張った目地底を見せるなどすると、華やかな天井となる

❸ 間に女竹を挟む

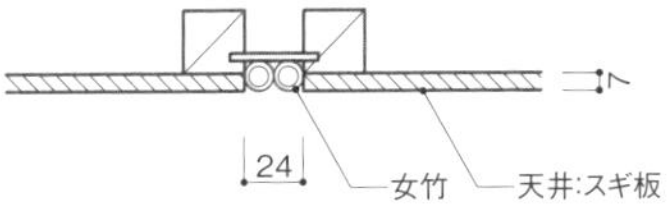

7
24
女竹
天井:スギ板

間に女竹を挟み、数寄屋風に納める遊びごころのある天井

和風建築は装飾の少ない空間ともいえる。室内に壁画が描かれることはあっても、柱や内法材などは平滑に仕上げられ、装飾どころか塗装もされず素材のまま白木で扱われている。ヨーロッパで発生した近代建築も空間の無装飾性を指向するのが1つの特徴であるが、近現代の和空間でも、細かい部材を除去し近代性を打ち出した意匠がつくられることが多い。

シンプルな納まり

このようなモダン表現の1つとして、天井では竿縁を省略し天井板のみでシンプルに納める方法がある。

天井板を竿縁なしに羽重ねで納めるのは、変形などのリスクを伴うため、一般的に困難とされる。その場合は、天井板の継ぎ目を敷目とする。これを敷目張り天井という【図1】。敷目張り天井は竿縁を用いて納めることが多いが、部材と下地材とをつなぎ竿縁なしで納めることも可能である。

このスタイルの天井は表面に凹凸がなく、目地のみが並ぶ簡潔なものになるため、現代の和風、特に商業建築に広く使われている。

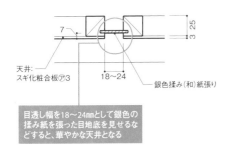

2 | 天井に空調ガラリを設ける［S＝1：12］

❶ 長手方向断面図

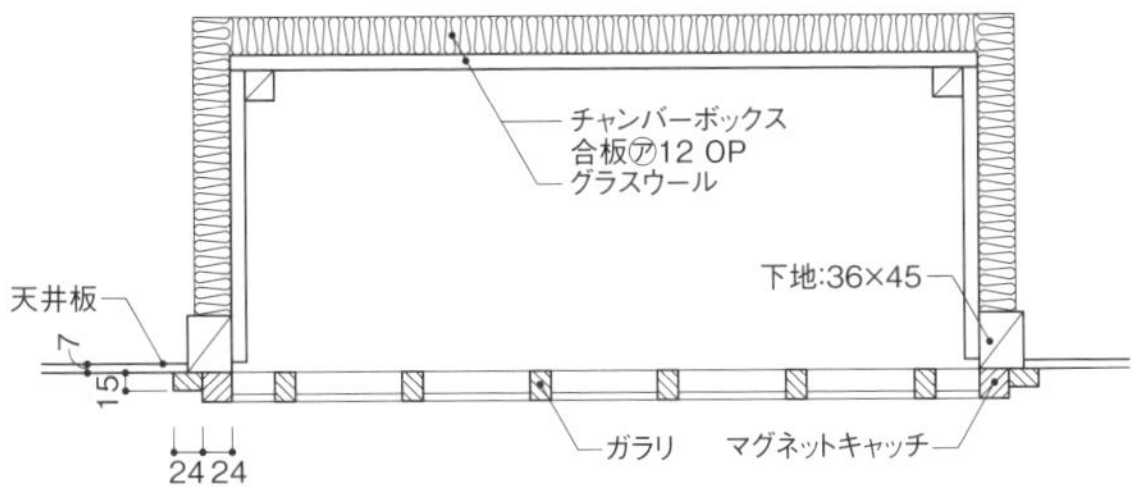

チャンバーボックス
合板⑦12 OP
グラスウール
天井板
下地:36×45
7
15
24 24
ガラリ
マグネットキャッチ

❷ 短手方向断面図

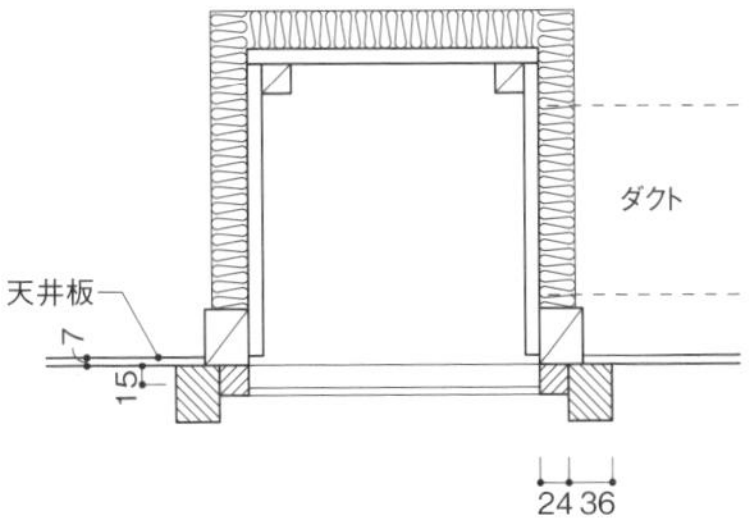

ダクト
天井板
7
15
24 36

❸ 天井見上げ図

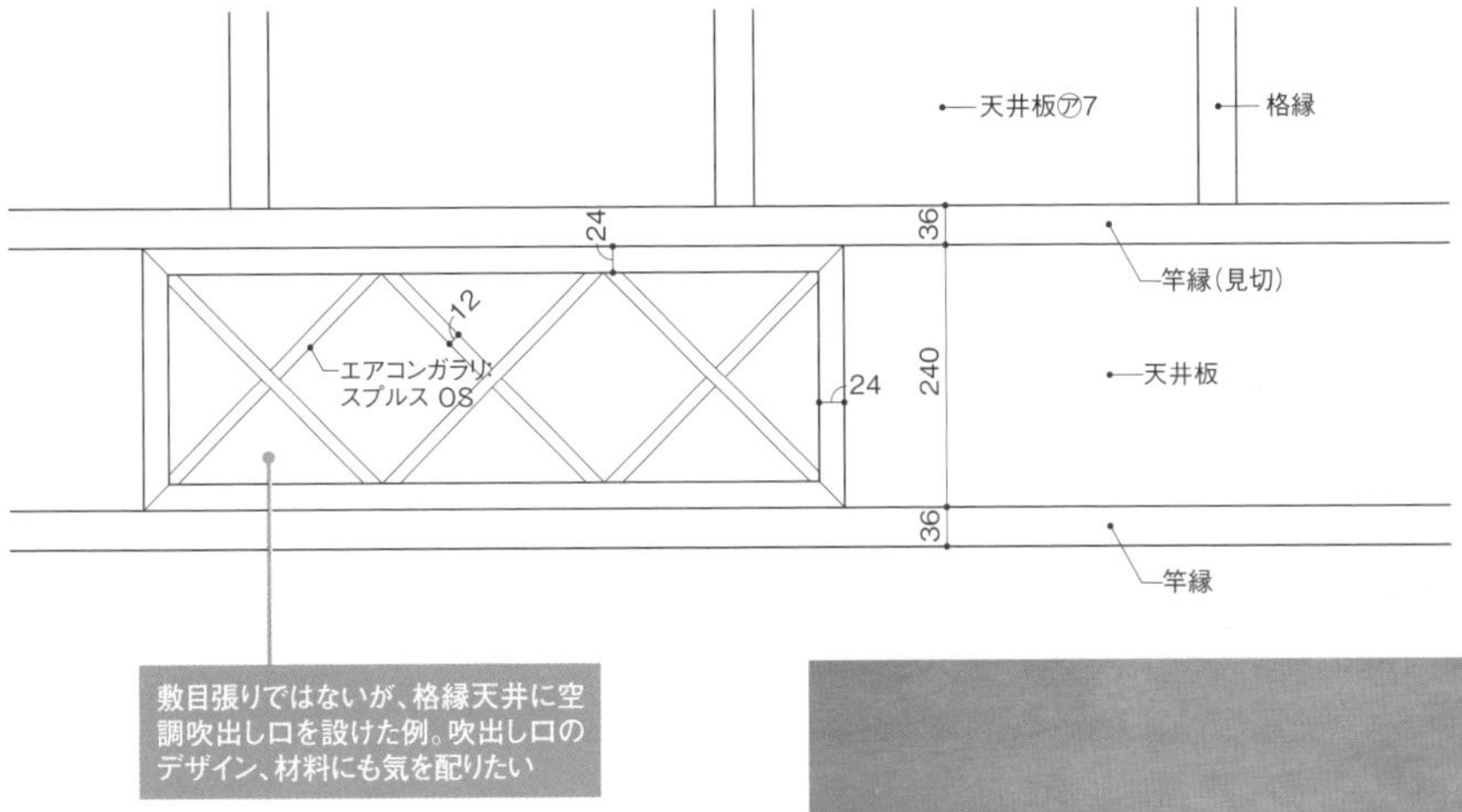

天井板⑦7
格縁
24
36
12
竿縁（見切）
エアコンガラリ:
スプルス OS
24
240
天井板
36
竿縁
敷目張りではないが、格縁天井に空調吹出し口を設けた例。吹出し口のデザイン、材料にも気を配りたい

空調吹出し口を天井に納めた例

設備と好相性

竿縁を省略した敷目張り天井は、竿縁によって天井面が一定の間隔に分節されることがないので、照明器具などの設備機器も自由な位置に設定することが可能である。このことも、多様な商業建築に好まれる理由の1つである【写真】。

また、現代はほとんどの場合、天井板に化粧合板が使用されているので、照明器具を埋め込んだ時の熱や、空調による変形のリスクを少なくできることも利点である。

なお、空調吹出し口は削り木や竹などでガラリをつくり、和の空間にふさわしい意匠としたいところである【図2】。

写真　竿縁のない敷目張り天井に照明を設置した例

▶天井4

遊びごころのある変わり天井

1 | 竿縁を吹寄せにした天井 [S＝1：5]

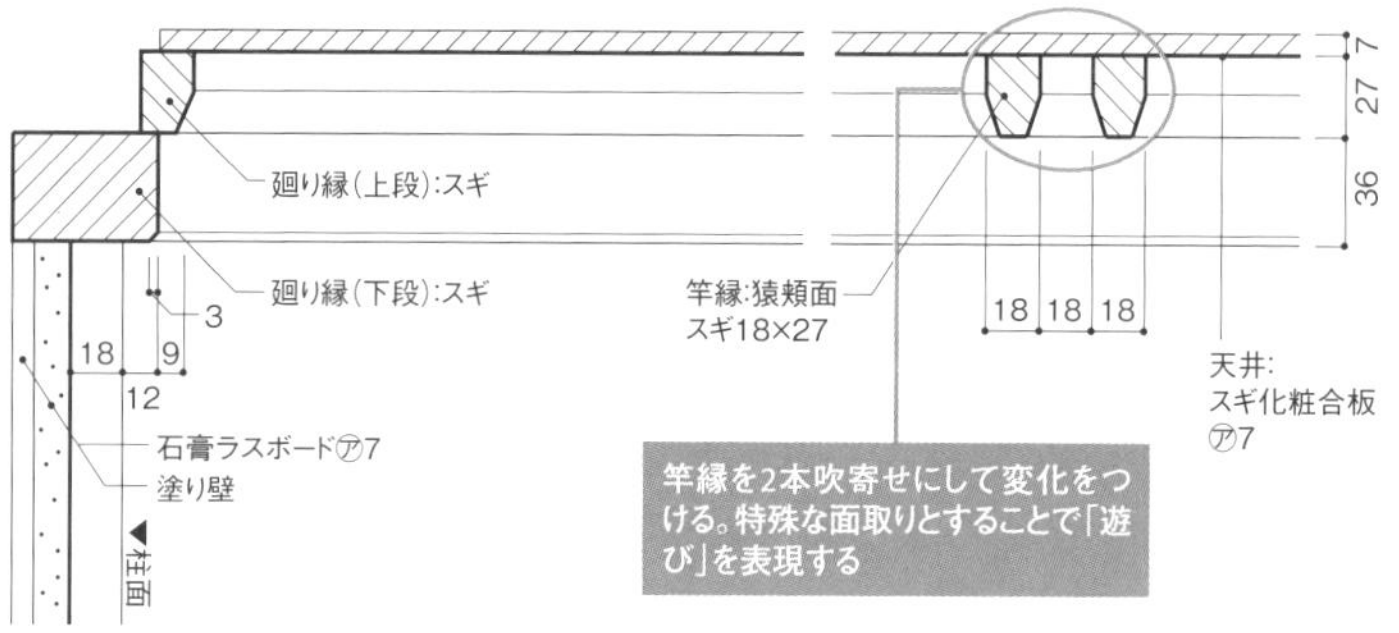
廻り縁(上段):スギ
廻り縁(下段):スギ
3
18
9
12
石膏ラスボード㋐7
塗り壁
▼柱面
竿縁:猿頬面
スギ18×27
18
18
18
7
27
36
天井:
スギ化粧合板
㋐7
竿縁を2本吹寄せにして変化をつける。特殊な面取りとすることで「遊び」を表現する

吹寄せ竿縁天井

2 | 数寄屋風の天井 [S＝1：5]

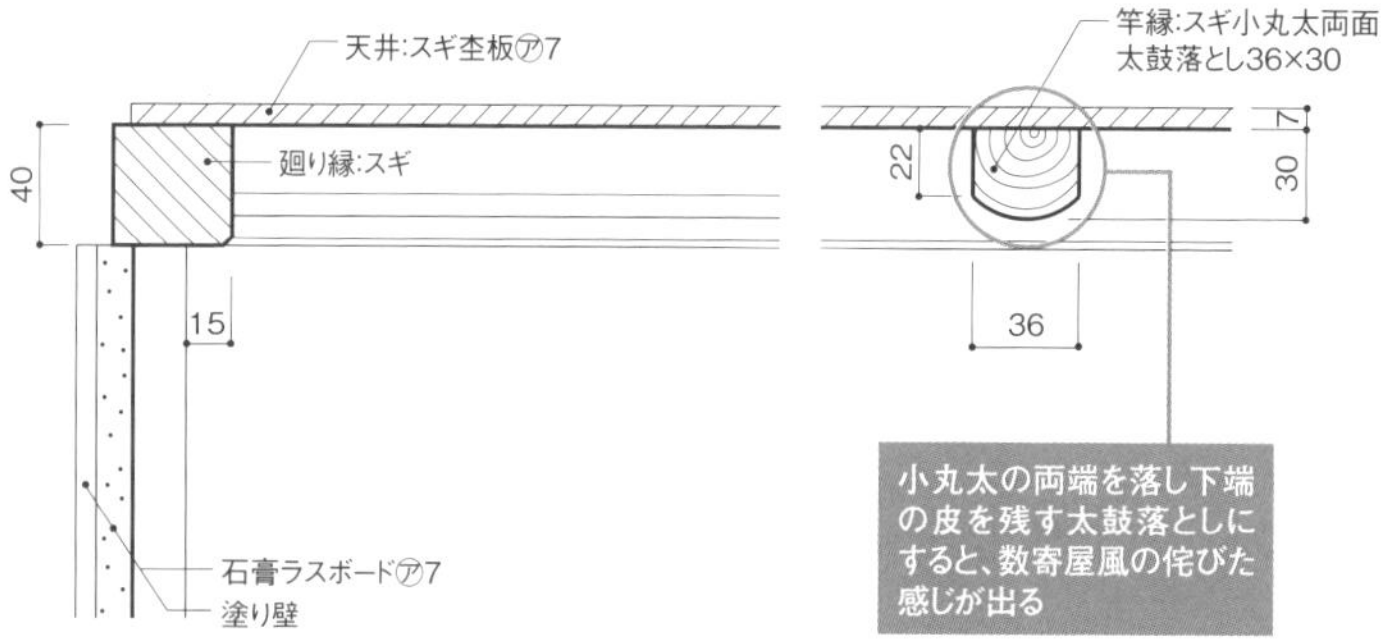
天井:スギ杢板㋐7
竿縁:スギ小丸太両面
太鼓落とし36×30
40
廻り縁:スギ
22
7
30
15
36
石膏ラスボード㋐7
塗り壁
小丸太の両端を落し下端の皮を残す太鼓落としにすると、数寄屋風の侘びた感じが出る

格縁を小丸太とした格天井

数寄屋に合う変わり天井

数寄屋座敷では、侘びた表現だけでなく意表をつくしゃれたデザインも好まれる。たとえば竿縁であるが、1本のところを2本吹寄せにすると、それだけでも室内の雰囲気を変えることができる【図1】。このテクニックは竿縁のみならず、化粧屋根裏の垂木や建具の桟などにも応用可能である。このほか、竿縁のピッチや書院天井でも格縁のピッチを調整するなどの試みが可能だ【写真】。また、竿縁に丸太などの自然材を取り入れることで、数寄屋風の表情を出す方法もある【図2】。

そのほか天井板を網代にしたり、和紙あるいは漆喰など、板以外の仕上げを採用したりするのもよい。ただし、室内全体のバランスによって意匠を決定するのは、いうまでもない。

和のモチーフを使いこなす

現代の商空間などでは、形式的な伝統的納まりにこだわらずに和を暗示するデザイン、モチーフを多用して、独自の和空間をつくり出している。その方法は無数で、おのおの自由に発想するのが現代風といえる。

3｜市松張り天井［S＝1：2］

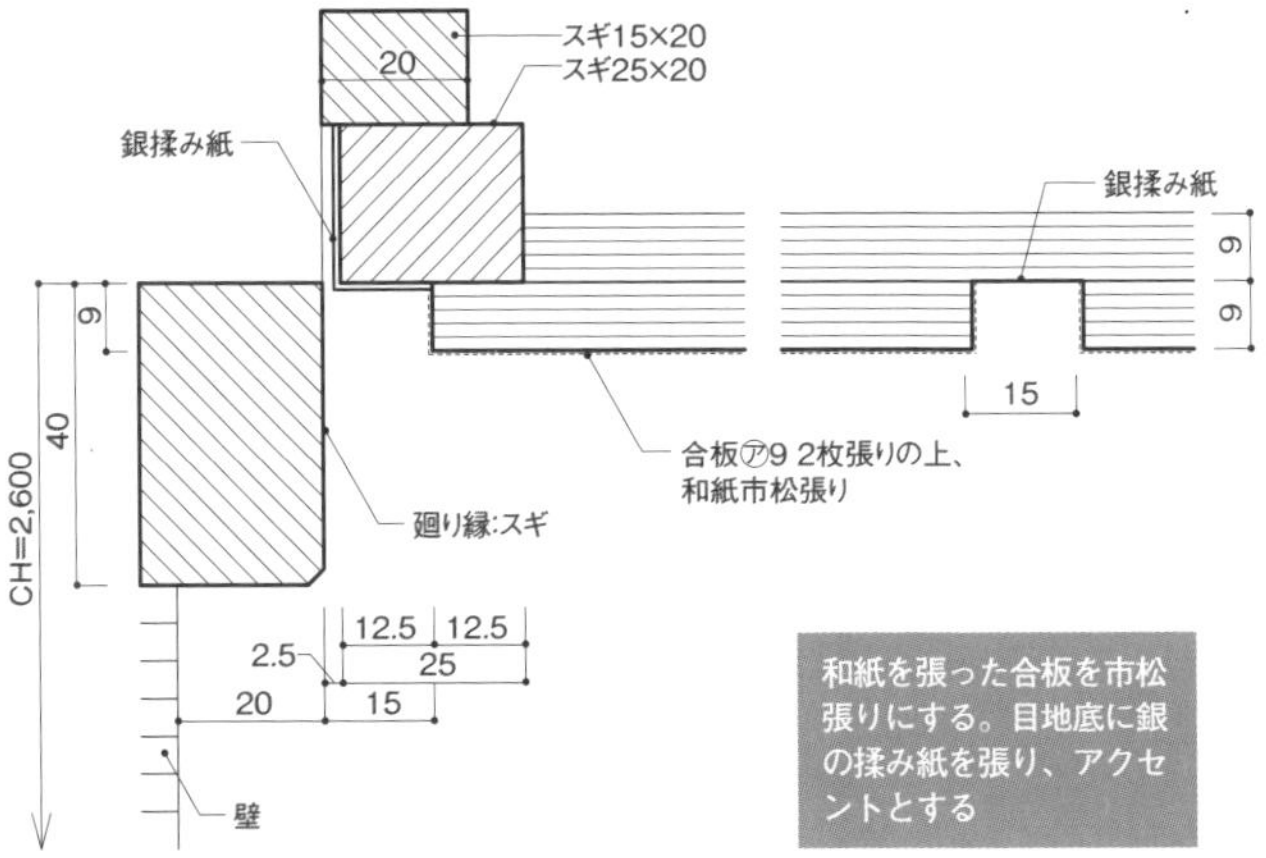
スギ15×20
スギ25×20
20
銀揉み紙
銀揉み紙
9
9
9
40
CH=2,600
15
合板㋐9 2枚張りの上、
和紙市松張り
廻り縁:スギ
12.5
12.5
2.5
25
20
15
壁
和紙を張った合板を市松張りにする。目地底に銀の揉み紙を張り、アクセントとする

60㎝角程度の合板を敷目張りし、合板に色違いの和紙を市松に張った天井（写真：田畑みなお）

和紙張り天井＋間接照明。竿縁間はアクリル和紙で埋込み照明とした

4｜和紙張り天井［S＝1：40］

❶ 断面図

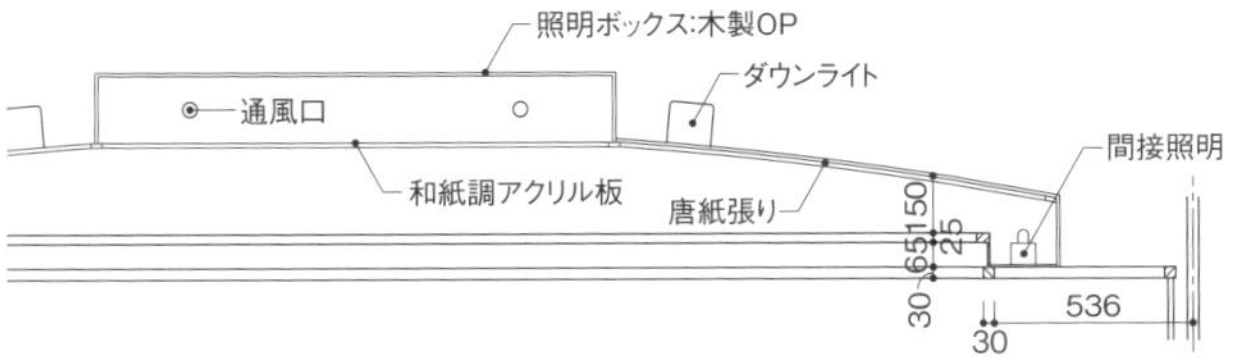
照明ボックス:木製OP
ダウンライト
通風口
間接照明
和紙調アクリル板
唐紙張り
150
25
65
30
536
30

❷ 断面図（側面図）

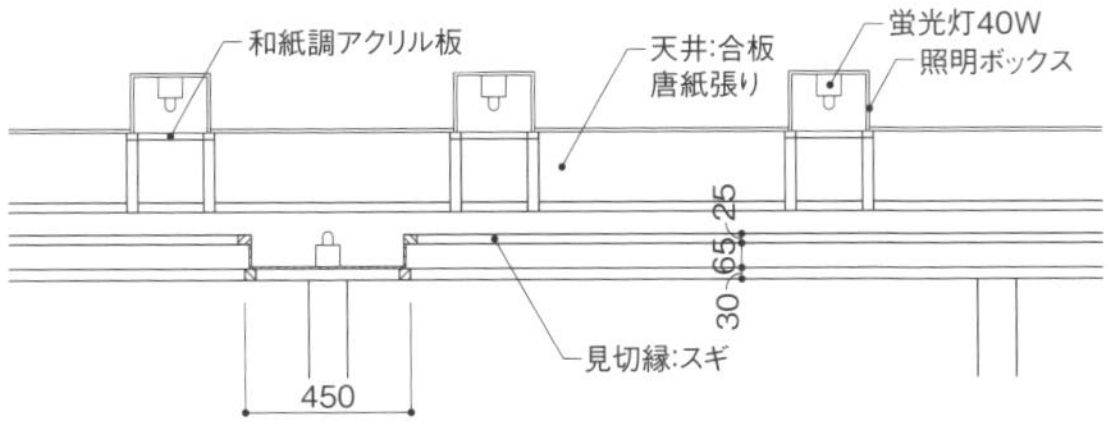
和紙調アクリル板
天井:合板
唐紙張り
蛍光灯40W
照明ボックス
25
65
30
見切縁:スギ
450

和紙張り天井に間接照明を仕込んだ例

とはいえ、受け入れられやすい和風的デザインをつくるには、伝統建築の意匠や素材・形態などをよく理解し応用するのが基本といえるだろう。

和風空間では天井だけでなく、壁や畳敷きの床など各面が矩形に、そしてシンプルに分節されていることが多い。使用する素材の多くは簡素な角形で、曲面の場合でも、丸太など自然によるものがほとんどである。材料としては、木、竹、紙、土、石といったような自然素材が中心だ。

たとえば、部材を長方形板状に並列させたり、各材を市松に並べたりなど、竿縁や格縁を暗示させるように納めるのも1つの手法である［図3］。あるいは天井を和紙張りとして表面の素材感で室内を演出するなどの手法も可能である［図4］。

写真　洋風意匠を取り入れ格縁の位置を調整した格天井

▶ 天井 5

化粧屋根裏で見せる傾斜天井

1 | 一般的な納まり ［S＝1：10］

❶ 基本のデザイン

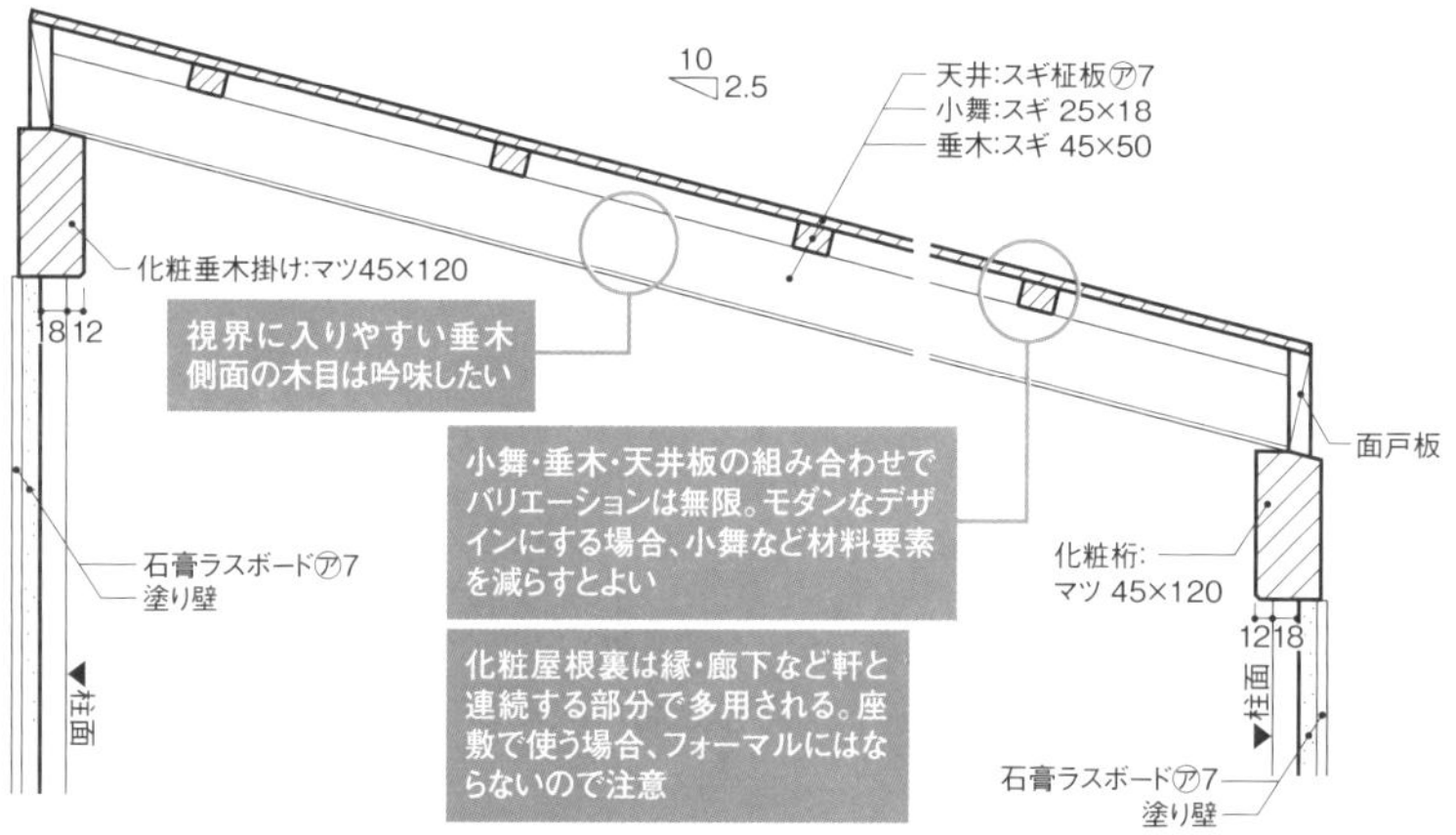
10
2.5
天井:スギ柾板㋐7
小舞:スギ 25×18
垂木:スギ 45×50
化粧垂木掛け:マツ45×120
18 12
視界に入りやすい垂木側面の木目は吟味したい
小舞・垂木・天井板の組み合わせでバリエーションは無限。モダンなデザインにする場合、小舞など材料要素を減らすとよい
化粧屋根裏は縁・廊下など軒と連続する部分で多用される。座敷で使う場合、フォーマルにはならないので注意
面戸板
化粧桁:
マツ 45×120
12 18
石膏ラスボード㋐7
塗り壁
柱面

❷ モダンなデザイン

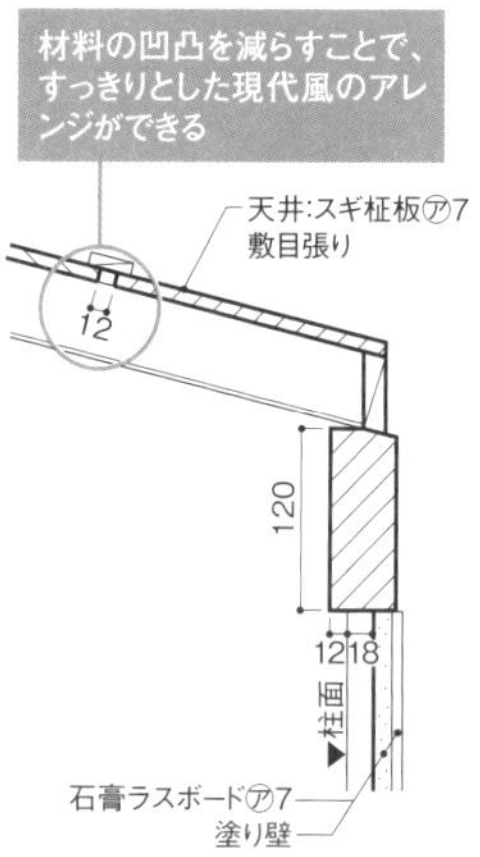
材料の凹凸を減らすことで、すっきりとした現代風のアレンジができる
天井:スギ柾板㋐7
敷目張り
12
120
12 18
柱面
石膏ラスボード㋐7
塗り壁

縁の垂木、小舞、裏板の納まり

垂木小丸太、裏板スギ柾（小舞なし）

裏板間に女竹埋込みの縁の例

廊下や縁《えん》では、庇から連続して垂木や裏板を室内に引き入れ、そのまま傾斜天井とすることが多い。これら垂木や小舞、裏板といった部材を天井として化粧で見せるものを「化粧屋根裏（天井）」という［図1・2］。これに加えて、縁の化粧屋根裏を一部室内にまで延長して見せるのを特に「掛込《かけこ》み天井」と呼ぶ。掛込み天井は茶室で多用されているが、草庵風座敷に使われることもある。一般に化粧屋根裏は、格調よりも遊びの要素が多い空間によく使われ、水廻りにも使用する。

化粧屋根裏の部材は必ずしも実際の構造体である必要はなく、その下部に仕上材として吊り下げて屋根裏を形成する場合も多い。

化粧屋根裏は垂木・小舞・裏板で決まる

化粧屋根裏を構成する部材で主なものは第一に垂木である。垂木は斜面となった上部構造を支持する材であり、天井一面に並列し、平天井の竿縁に相当する。矩形状に削り出され、縦使いで使用する。草庵風の座敷では、垂木に削木だけではなく丸太や、丸太の太鼓落とし、竹といっ

2 | シンプルな数寄屋風の納まり [S＝1：8]

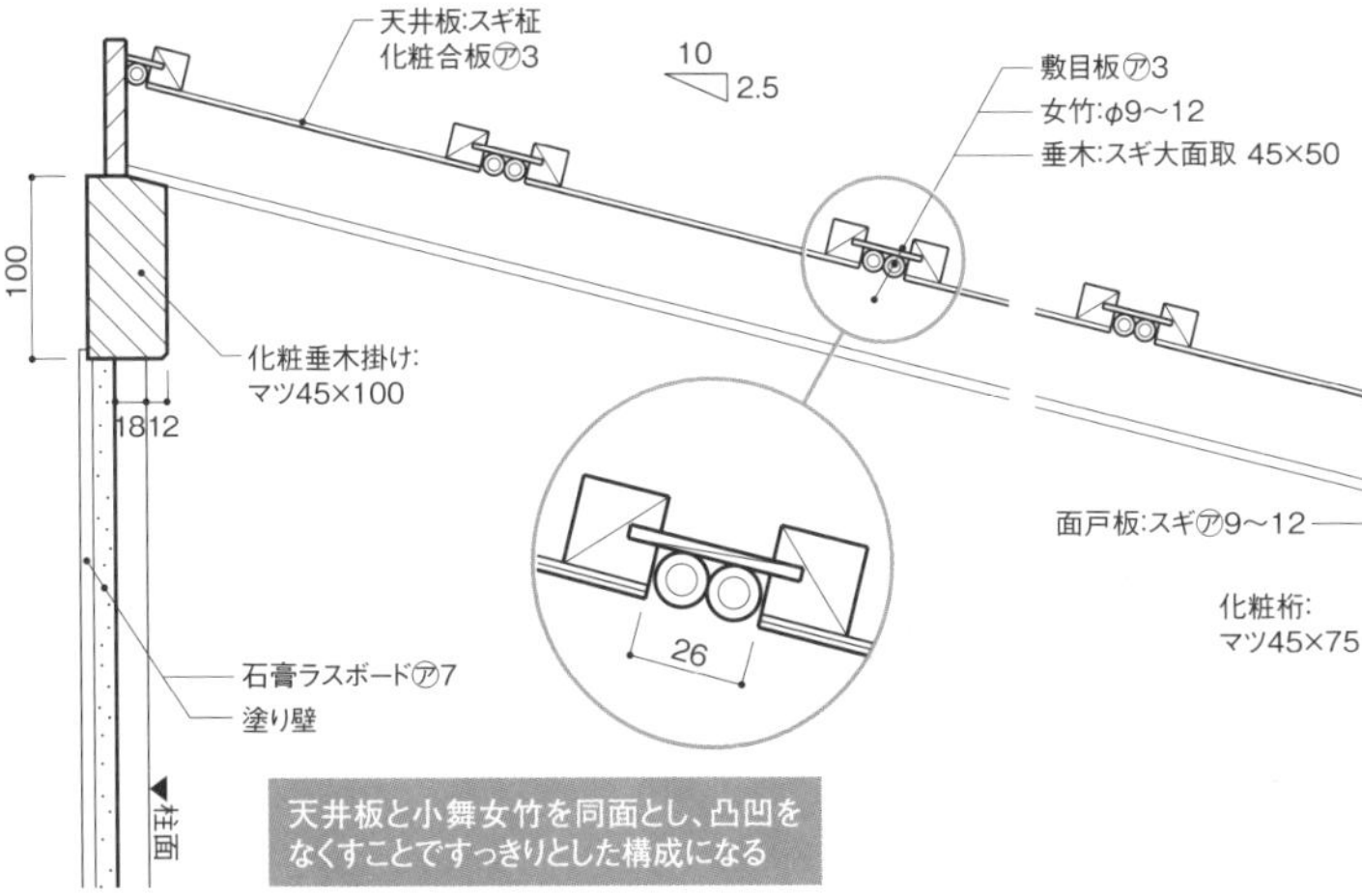

天井板:スギ柾
化粧合板㋐3
10
2.5
敷目板㋐3
女竹:φ9～12
垂木:スギ大面取 45×50
100
化粧垂木掛け:
マツ45×100
18 12
26
面戸板:スギ㋐9～12
75
化粧桁:
マツ45×75
12 18
石膏ラスボード㋐7
塗り壁
▼柱面
石膏ラスボード㋐7
塗り壁
▼柱面
天井板と小舞女竹を同面とし、凸凹をなくすことですっきりとした構成になる

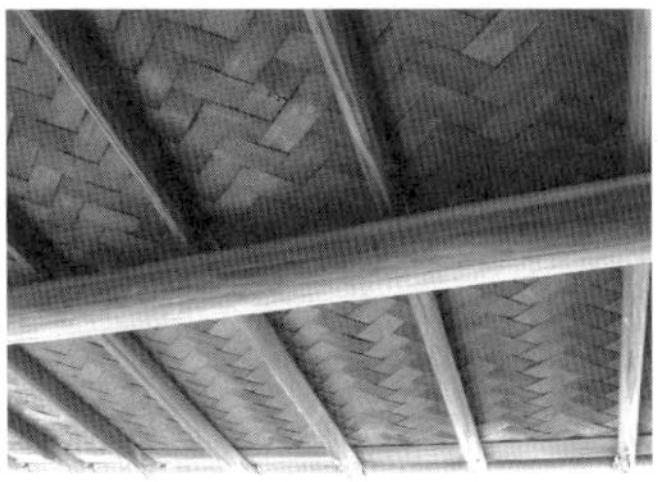

垂木大面取り、裏板スギ枌板網代の縁

3 | 踏み天井とする納まり [S＝1：25]

❶ 基本

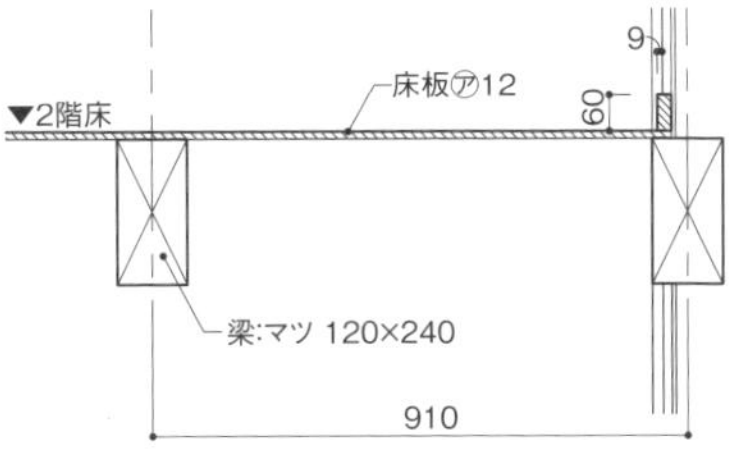

▼2階床
床板㋐12
9
60
梁:マツ 120×240
910

❷ 遮音性の高い納まり

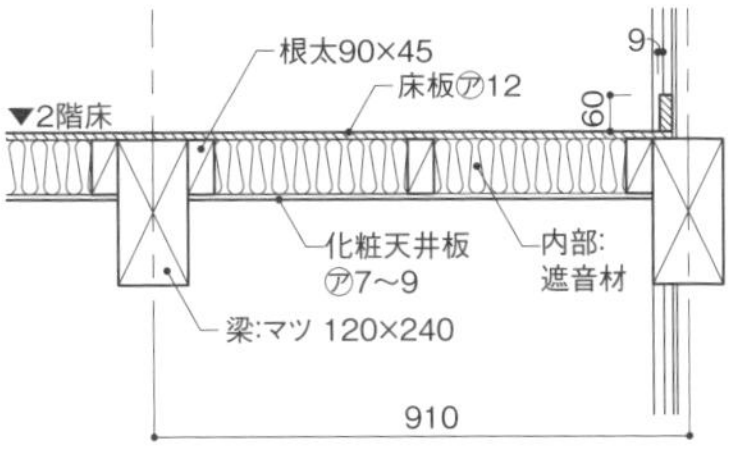

根太90×45
床板㋐12
▼2階床
9
60
化粧天井板
㋐7～9
内部:
遮音材
梁:マツ 120×240
910

踏み天井の例

根太天井の例

た自然材も使われる。

垂木上部には直角に小舞が打たれ、小舞上部に垂木と同方向に裏板（天井板）が敷かれる。したがって室内の竿縁天井よりも部材が一段多い。このことが屋根裏に凹凸と陰影を生み出す要素になっている。小舞も削木だけでなく、女竹などを使用することもある。侘びた表現では裏板も同様に、枌《へぎ》板や網代にするとより侘びた意匠になる。逆に小舞や垂木を一部省略したり、これらの部材を同面に納めるなどして出を調整し、陰影を少なくするとモダンな印象になる。

民家調なら踏み天井で見せる

化粧屋根裏と同様に、民家調の意匠で上部の床梁と踏み板を直接見せる天井もあり、これを「踏み天井」という【図3】。踏み板（床板）を根太で支えこれを露しにする場合は、根太天井という。いずれも上階の足音が直接伝わるなど遮音性には欠ける納まりだが、化粧屋根裏同様に上階と別に吊り下げて設置すれば、足音などを解消でき、設備も納めることができる。

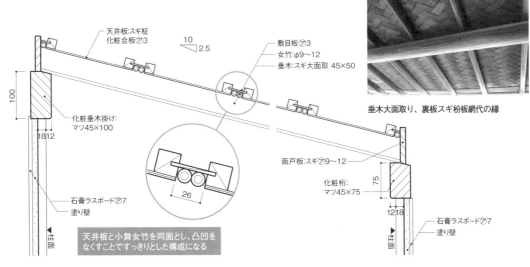

天井段差の見切り方

1 | 一般的な納まり [S＝1：10]

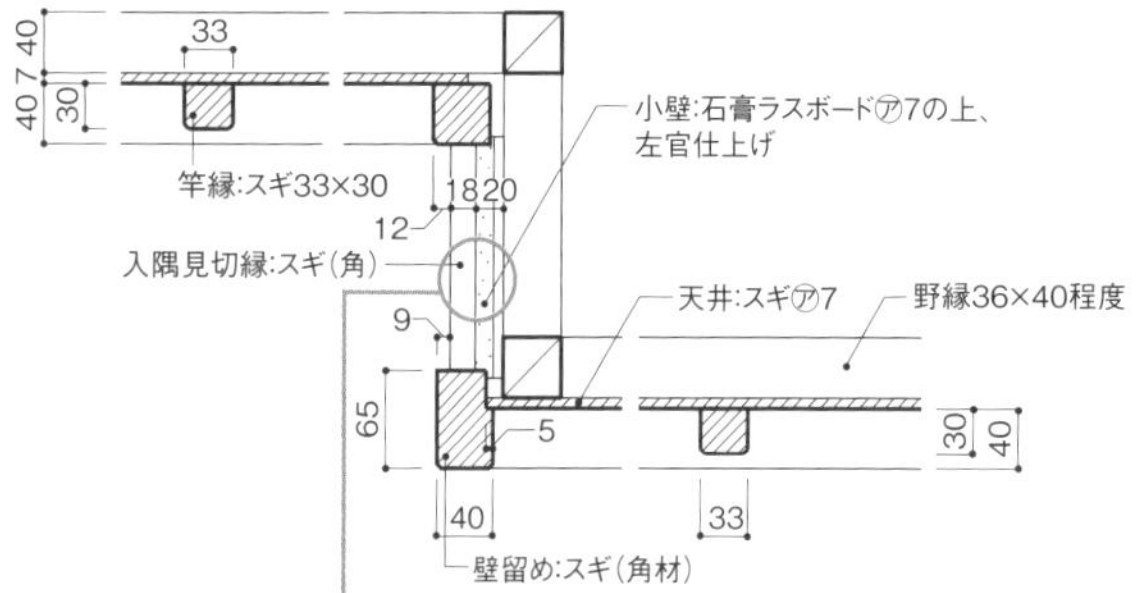
33
40
7
40
30
小壁:石膏ラスボード⑦7の上、
左官仕上げ
竿縁:スギ33×30
18
20
12
入隅見切縁:スギ(角)
天井:スギ⑦7
野縁36×40程度
9
65
5
30
40
40
33
壁留め:スギ(角材)

段差の小壁はほかの壁面と同じ仕上げにする。小壁の下、出隅の材（壁留め）は、ある程度の成があったほうが壁が納まっている印象を与える。見切縁なしで塗り込めて納めることも多い

梁型を隠すために網代張りの下がり天井とする

2 | 数寄屋風に納める [S＝1：10]

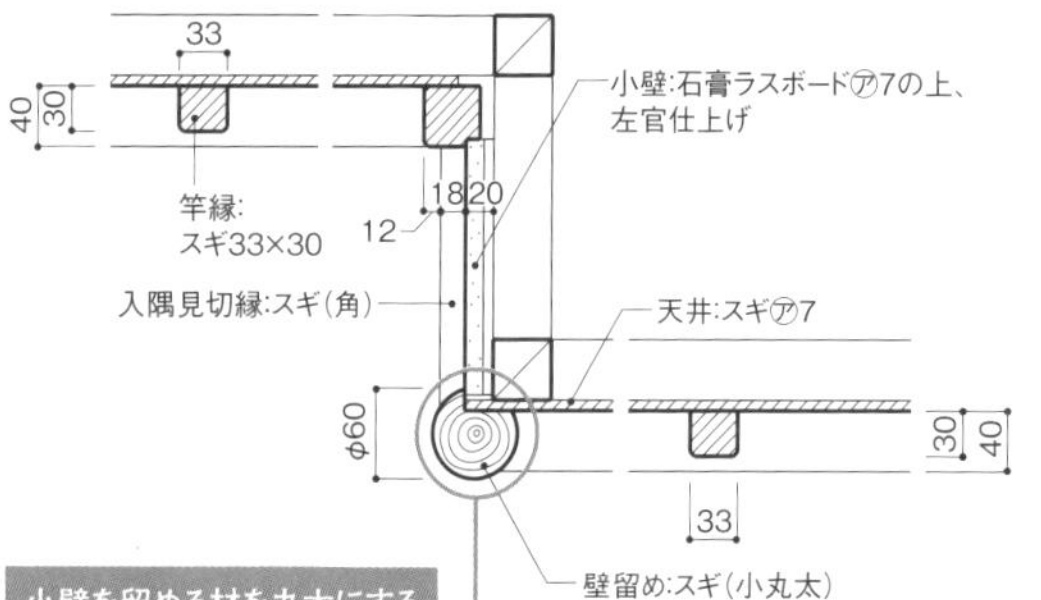
33
40
30
小壁:石膏ラスボード⑦7の上、
左官仕上げ
竿縁:
スギ33×30
18
20
12
入隅見切縁:スギ(角)
天井:スギ⑦7
φ60
30
40
33
壁留め:スギ(小丸太)

小壁を留める材を丸太にすることで柔らかさを表現できる

天井段差を竹の壁留めで納めた例

天井段差は見切がポイント

和風建築では天井に段差を設ける例が多い。掛込み天井（40頁参照）のように異なる意匠を併用する場合や、茶室のように主人や客の位置に応じて天井の意匠や高さを変える場合などである。こうした事例で、段差を納めるディテールには独自のものがある。

基本的には**図1・2**のように、段差の側面に小壁を設けて、天井仕上げを分節する。その仕上げはほかの壁面と同じにするとよい。この小壁に上下2つの天井が突き当たることになるが、天井との接点には見切材を使用し、納める。

高いほうの天井との接点では、その天井の廻り縁が見切材を兼ねるので問題がない。一方、低い天井と小壁との見切材には天井板が取り付き、かつ上部小壁の留め材としての機能も併せもつので、形状などをよく吟味する必要がある。一般的には小壁を受け、低い天井側の廻り縁としても機能するような矩形の無地材を使用する。これを壁留《かべど》めと呼ぶ。数寄屋風意匠の座敷や茶室では丸

3 | 垂れ壁を設ける [S = 1：10]

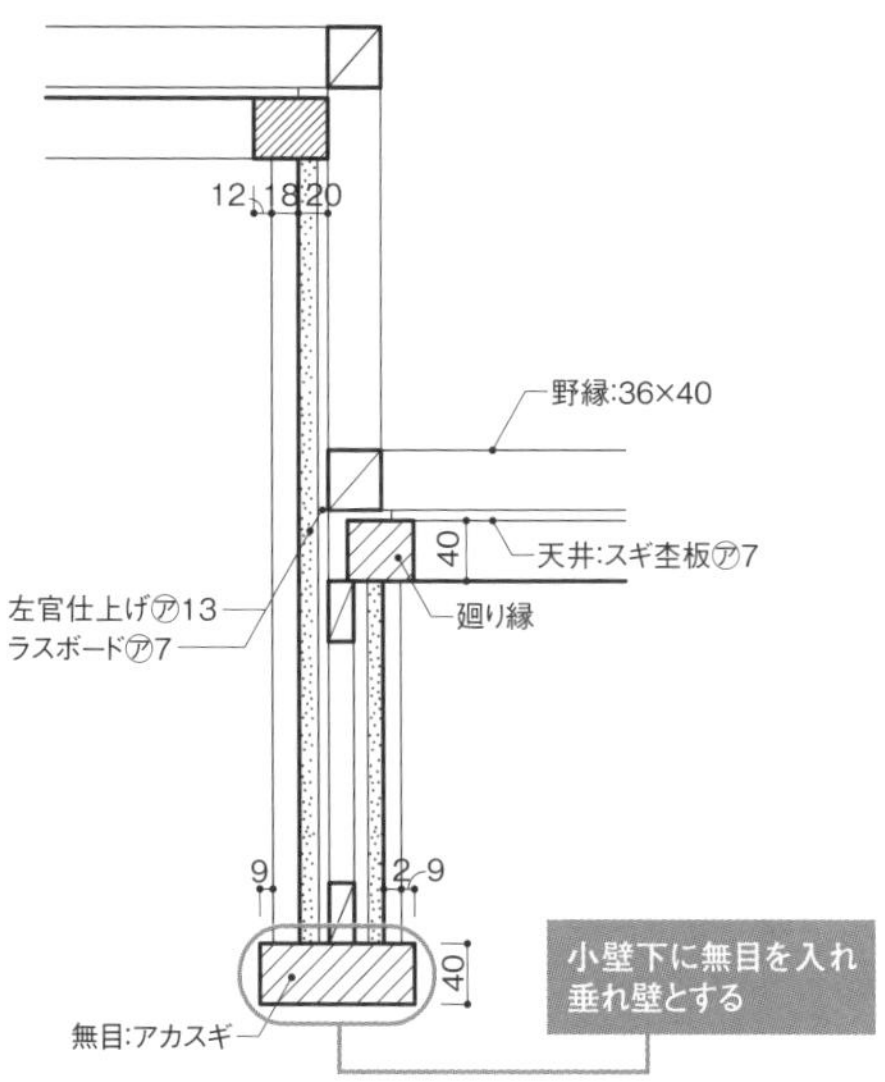

12
18
20
野縁:36×40
天井:スギ杢板㋐7
40
廻り縁
左官仕上げ㋐13
ラスボード㋐7
9
2
9
40
無目:アカスギ
小壁下に無目を入れ
垂れ壁とする

4 | 間接照明を兼ねる [S = 1：5]

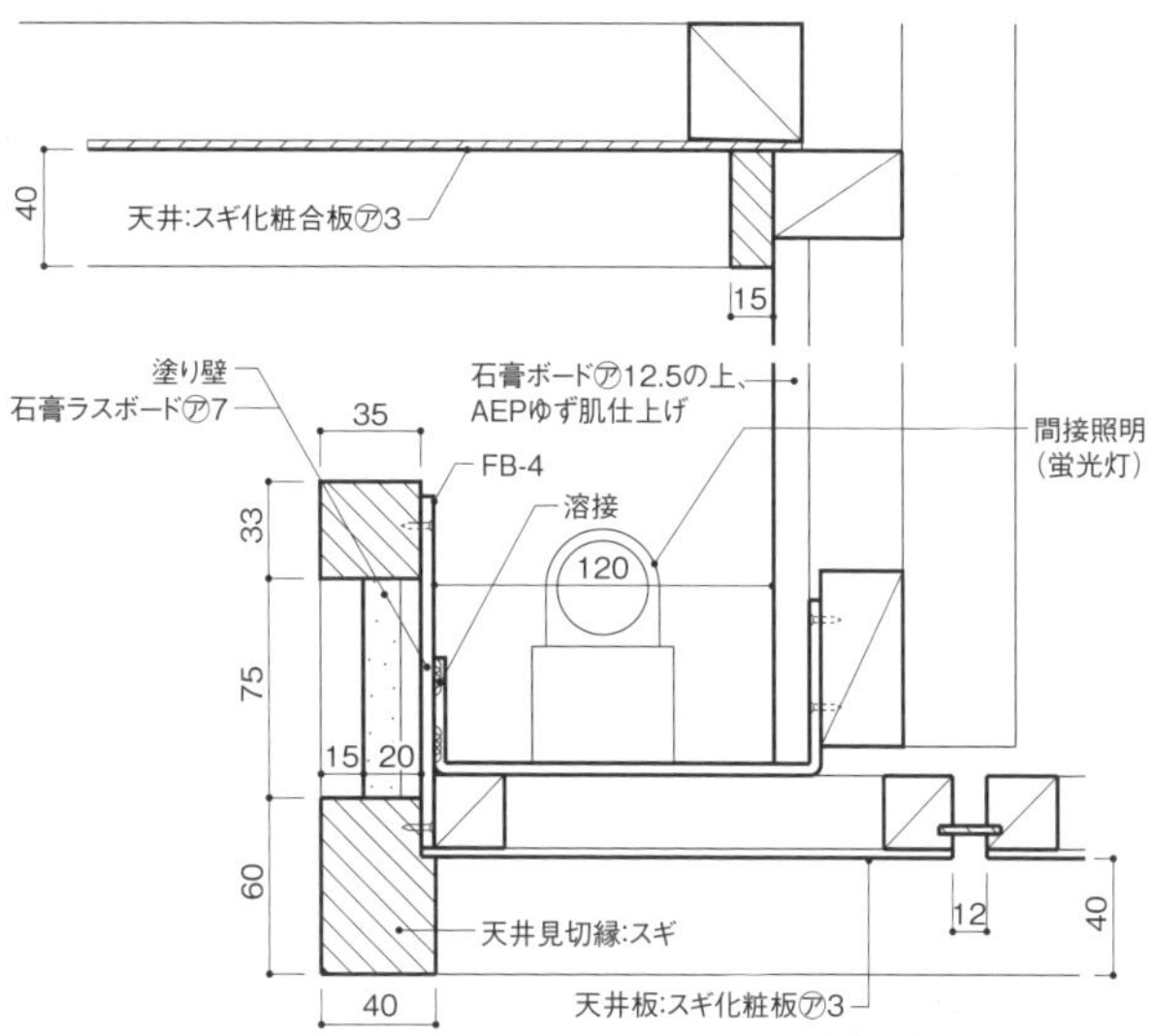

40
天井:スギ化粧合板㋐3
15
塗り壁
石膏ラスボード㋐7
35
石膏ボード㋐12.5の上、
AEPゆず肌仕上げ
間接照明
(蛍光灯)
FB-4
溶接
120
33
75
15
20
60
天井見切縁:スギ
12
40
40
天井板:スギ化粧板㋐3

5 | 空調吹出し口を設ける [S = 1：12]

❶ 正面図

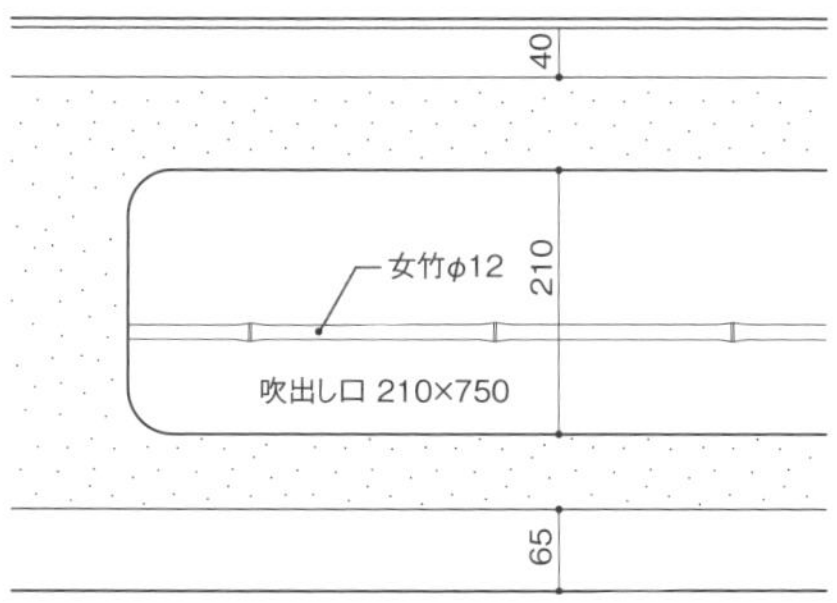

40
女竹φ12
210
吹出し口 210×750
65

❷ 断面図

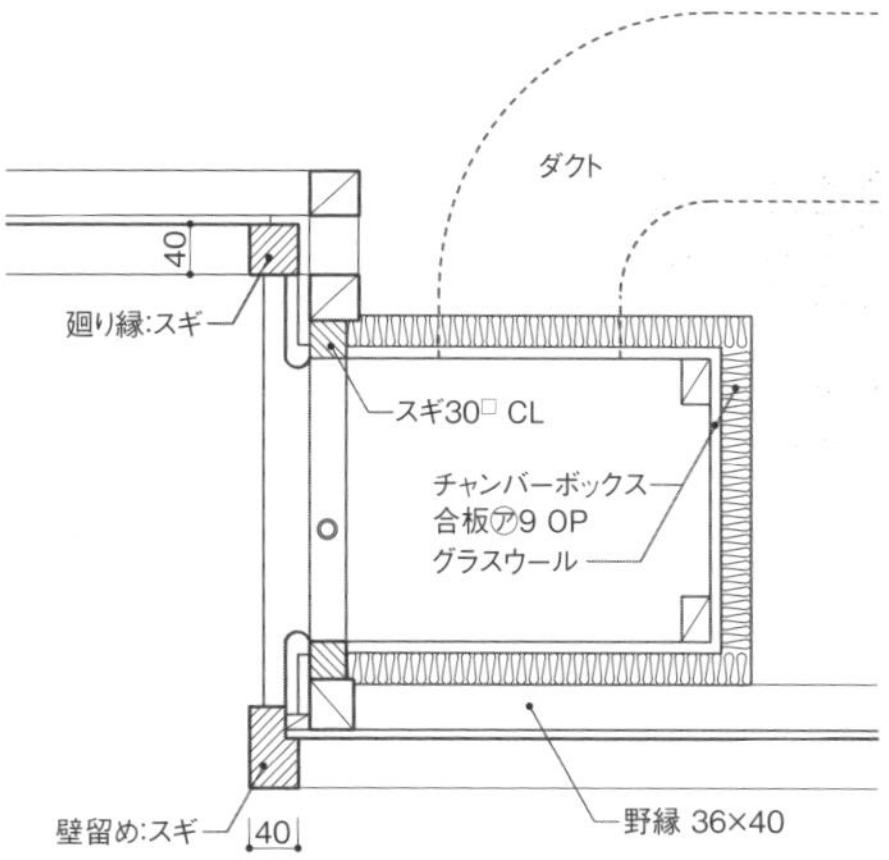

ダクト
40
廻り縁:スギ
スギ30□ CL
チャンバーボックス
合板㋐9 OP
グラスウール
壁留め:スギ
40
野縁 36×40

太や竹などの自然材を使う。あるいは**図3**のように、垂れ壁として下部に延長し無目鴨居で受けても構わない。

段差部分に設備機器を納める

設備との絡みで天井に段差を付けて納める場合もある。天井裏に空調機器やダクトなどを設置して、その部分を落ち天井とすることや、吹出し口を設置するケースもある。この場合、**図5**のように吹出し口には削り木や竹などでガラリをつくり、和空間に対応した意匠としたいところである。

また、**図4**のように、落ち天井を利用して照明を仕込み、室内を効果的に演出してもよい。このような間接照明を使う場合は、室内のどの位置に人が立っても照明本体が視線に入らないように、遮蔽する幕板の高さをあらかじめ考慮のうえ設定する。蛍光灯を使用する場合は器具の切れ目が暗いスジになって現れないように器具端部を重ね合わせて設置する必要がある。そのため器具を並置する余裕寸法も確保しておかなければならない。

▶天井7

天井に照明を埋め込む

1 | 天井埋込み照明

❶ 断面図［S＝1：12］

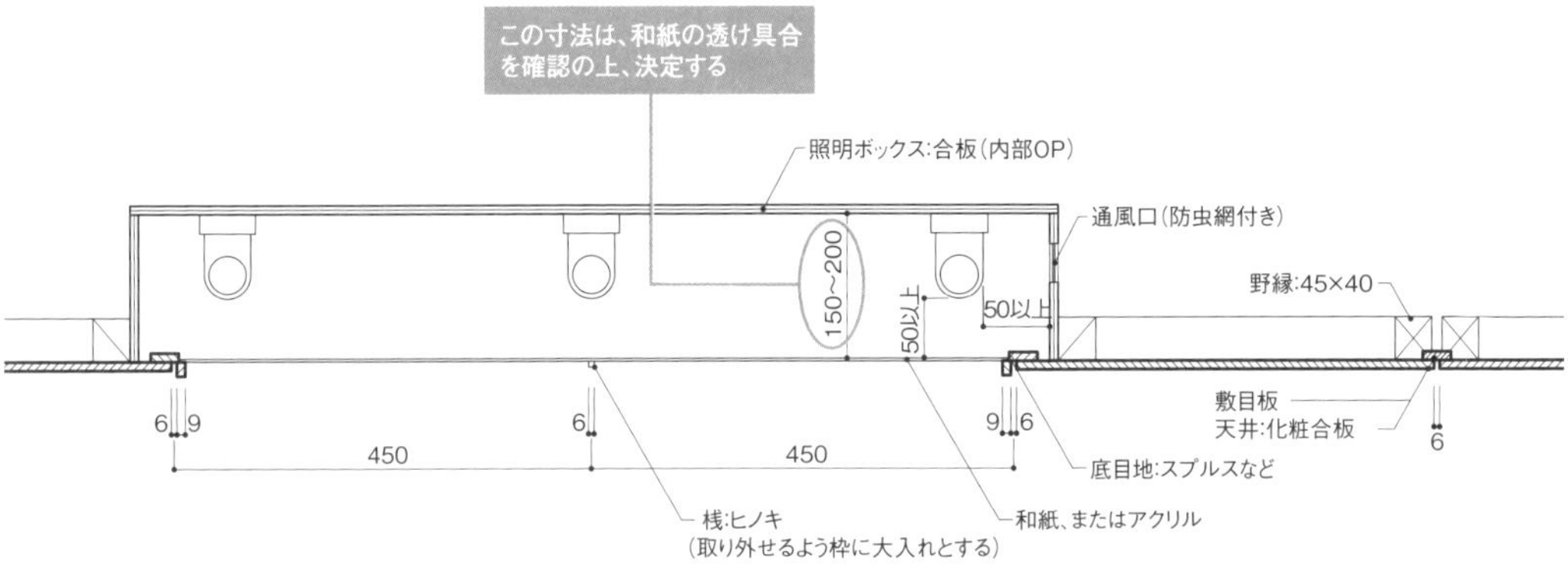
この寸法は、和紙の透け具合を確認の上、決定する
照明ボックス:合板(内部OP)
通風口(防虫網付き)
150～200
50以上
50以上
野縁:45×40
敷目板
天井:化粧合板
6
6 9
6
9 6
450
450
底目地:スプルスなど
桟:ヒノキ
(取り外せるよう枠に大入れとする)
和紙、またはアクリル

❷ 伏図［S＝1：20］

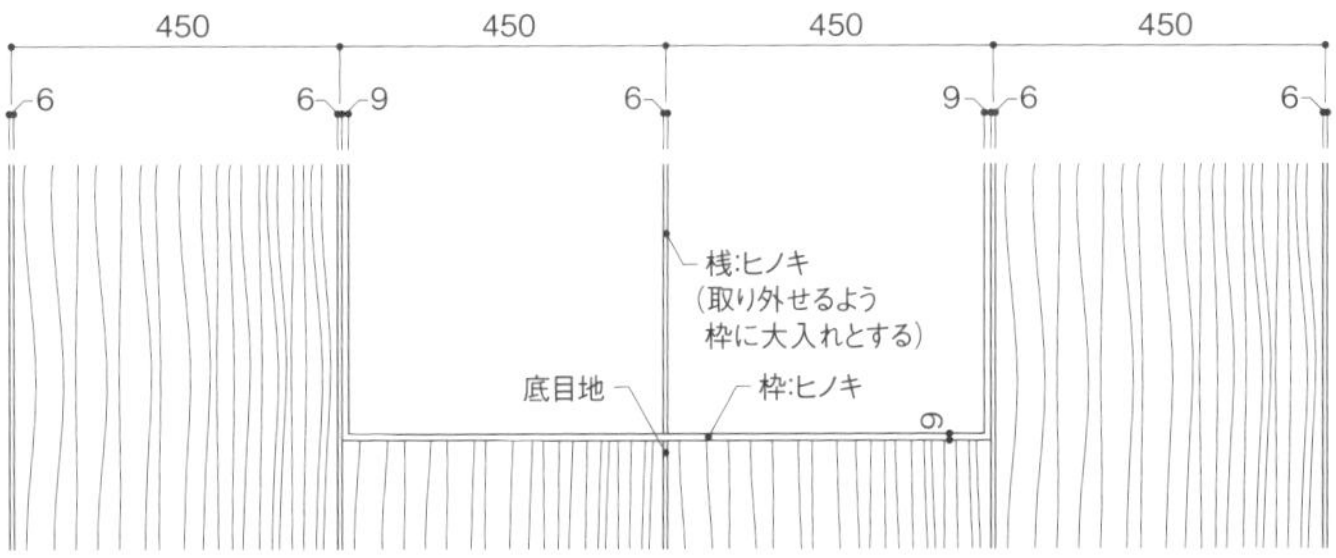
450
450
450
450
6
6 9
6
9 6
6
桟:ヒノキ
(取り外せるよう
枠に大入れとする)
底目地
枠:ヒノキ
9

敷目張り天井に照明を埋め込んだ例

現代のインテリアには必ず照明が必要である。既製の和風照明器具にこだわらず、照明を埋め込み一体として天井をデザインすることもよく行われる【図1】。

埋め込む際の注意点

照明部分については直接露出することを避けて、光源を和紙あるいは和紙調のアクリル板で覆い、光が柔らかく拡散するよう演出を施す。それと同時に、天井板と照明部分との見切などの納まりを吟味する必要がある。和紙だけでなく桟を設けて意匠に変化をつけるのもよいだろう【図2】。

この場合、内部の照明器具（蛍光灯など）が和紙を透かして室内から見えてしまわないよう、埋込み深さに注意する。和紙には樹脂コーティングされたものなどいろいろな厚みやパターンがあるので、見本を取り寄せ必ず実際の透け具合を確認したうえで寸法を決定する。

光源は熱源にもなる。照明ボックス内に器具の熱が溜らないよう、空気抜き孔を設けること、そしてさらに防虫網を取り付けることも必要である。

2 | 埋め込み＋間接照明 [S＝1：30]

❶ 断面図

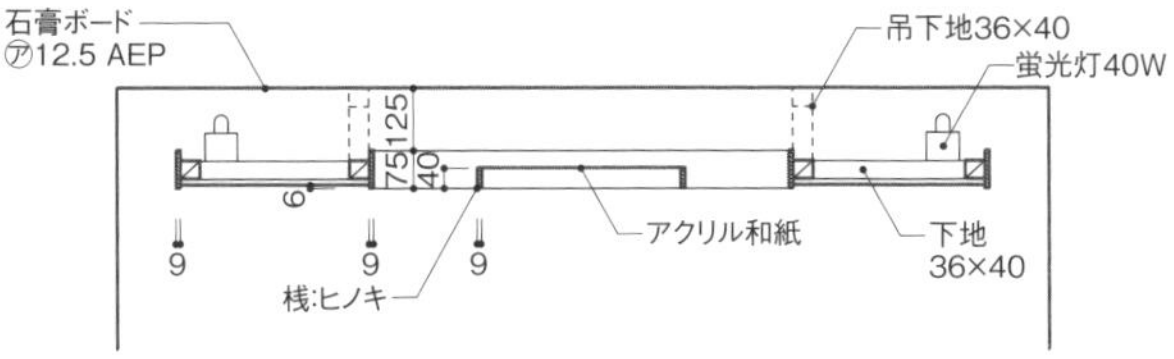
石膏ボード
㋐12.5 AEP
吊下地36×40
蛍光灯40W
125
75
40
6
9
9
9
アクリル和紙
下地
36×40
桟:ヒノキ

アクリル和紙＋桟入りの天井埋込み照明

❷ 天井伏図

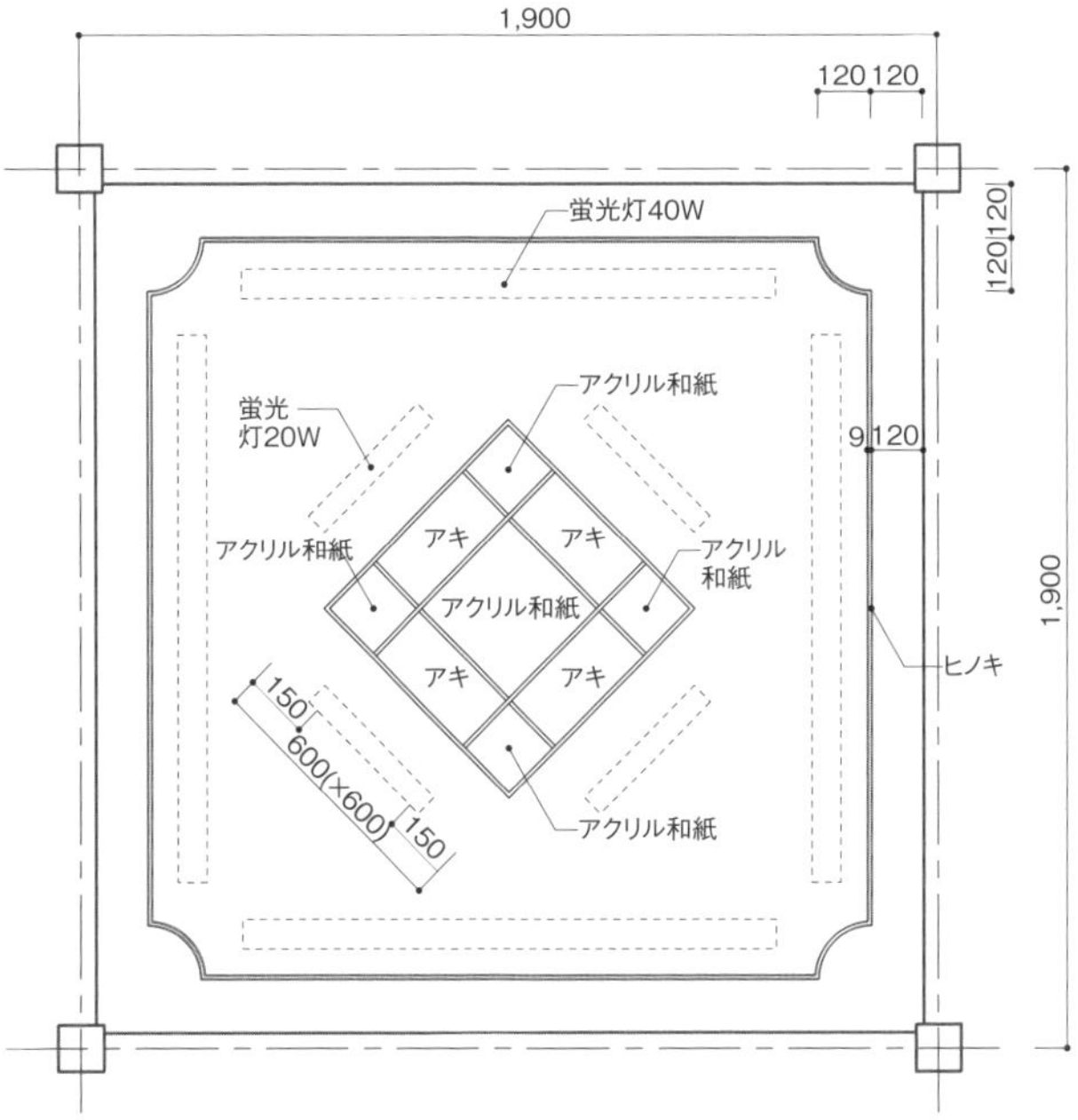
1,900
120 120
蛍光灯40W
120
120
アクリル和紙
蛍光
灯20W
9
120
アクリル和紙
アキ
アキ
アクリル
和紙
アクリル和紙
アキ
アキ
1,900
ヒノキ
150
600(×600)
150
アクリル和紙

柱には細かい配慮を

柱の寸法は、室の大きさ、建物全体の大きさ、天井の高さなどによって決まるもので、一般の和室では100mm角、115角の柱が使用される。

一方、古典的な書院造りでは、柱間の1／7～1／10というように柱間寸法から柱寸法が割り出されていた。

柱に面を取るのは、傷付き防止のためだけでなく、面があることで優雅な印象となるためである。4.5～9mmほどの大面を取ると美しいが、柱を大面にすると、内法材や天井材も面を大きく取らないと格好がつかなくなる。

これには労力とコストが大幅にかかるため、格式の高い住宅は別として、一般の住宅の柱には糸面から面幅3mm程度までに抑えておくのが妥当といえよう。

また、面の部分に丸太の皮を残した面皮柱は、数寄屋風書院でよく使われている。

■柱と面の関係

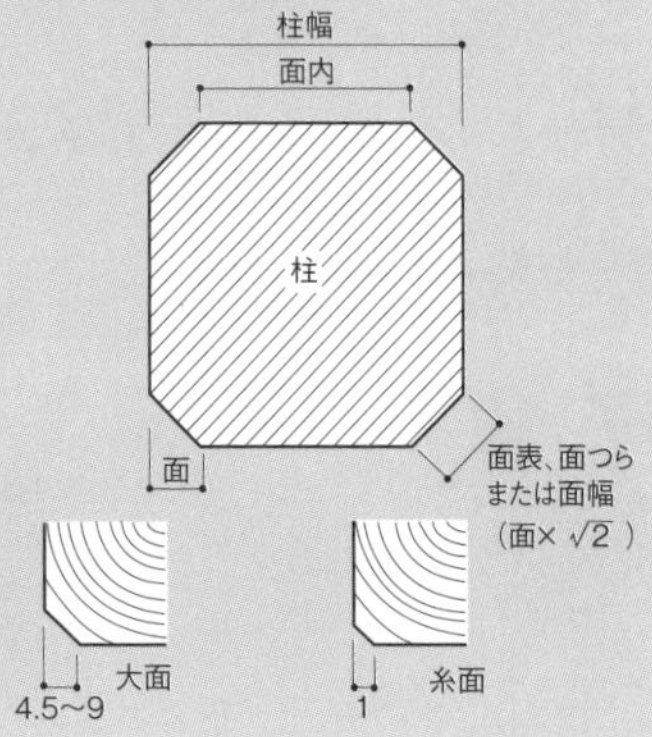
柱幅
面内
柱
面
面表、面つら
または面幅
(面×√2)
大面
4.5～9
糸面
1

▶壁1

真壁はチリを押さえる

1 柱とのチリ寸法

❶ 柱・壁とチリとの関係

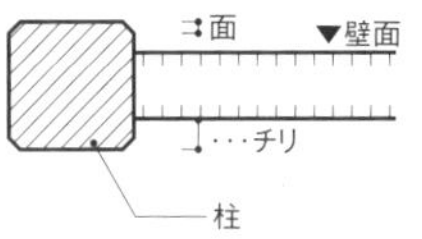
面
▼壁面
…チリ
柱

❷ 柱が100㎜角の場合の一例

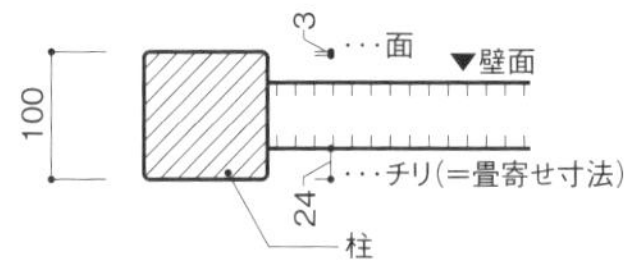
3
…面
▼壁面
100
…チリ（=畳寄せ寸法）
24
柱

鴨居、吊束、欄間の納まり

❸ 内法材・柱と壁の取り合い

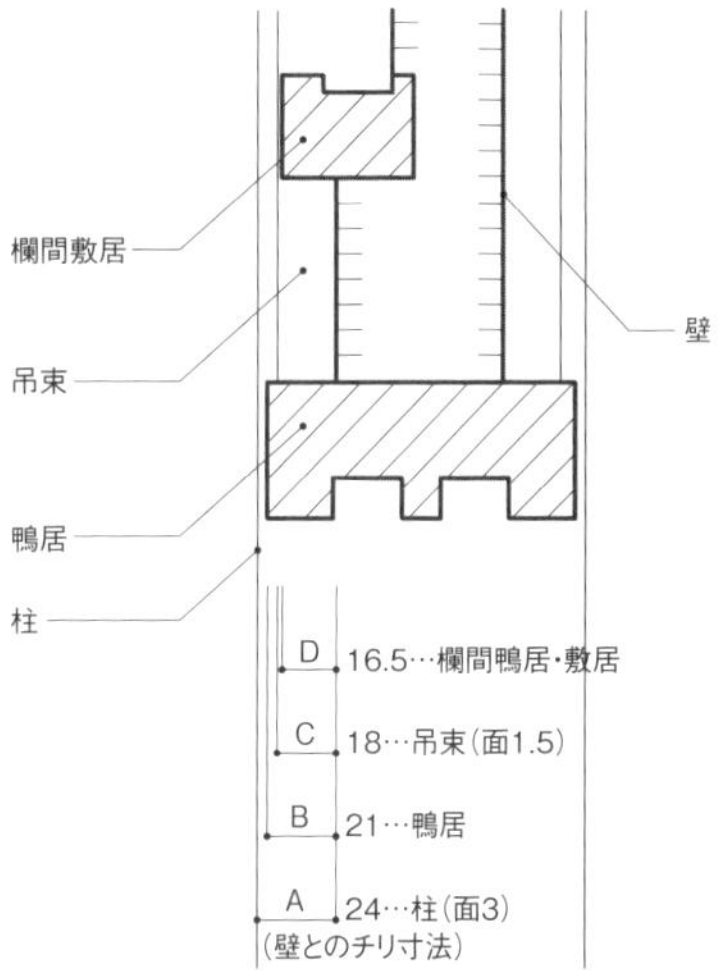
欄間敷居
吊束
鴨居
柱
壁
D 16.5…欄間鴨居・敷居
C 18…吊束（面1.5）
B 21…鴨居
A 24…柱（面3）
（壁とのチリ寸法）

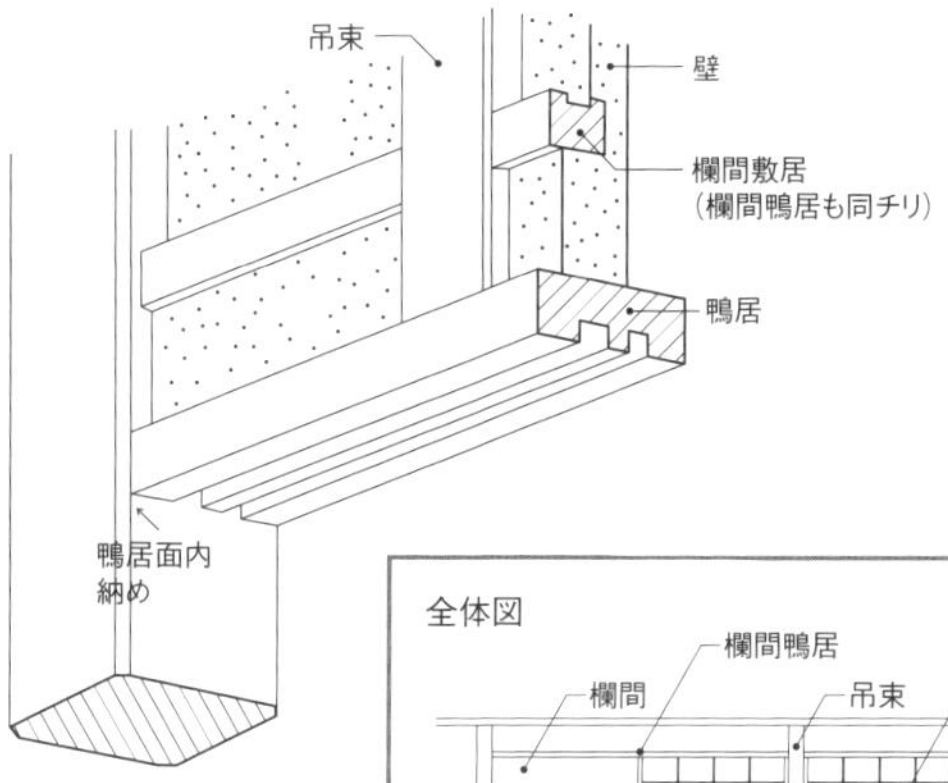
吊束
壁
欄間敷居
（欄間鴨居も同チリ）
鴨居
鴨居面内
納め

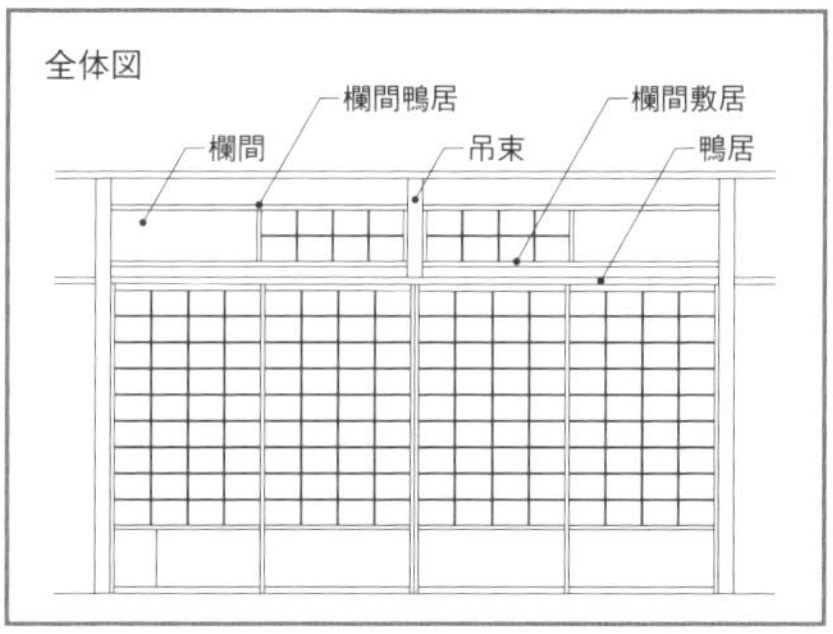
全体図
欄間鴨居
欄間敷居
欄間
吊束
鴨居

B＞C＞Dとチリ寸法が小さくなるので、Aの柱チリを小さくすると納まりが苦しくなるので注意

和風建築に多い真壁は、露出した柱面と壁面が同じ面に納まることがない。同様に、鴨居、長押といった内法材や方立などの見切材も壁面より出て納まっている。洋風建築も同じく、窓枠や幅木など壁を見切る材が必ずあり、壁と同面《どうつら》に納めることはまずない。柱などの材の外面と、壁の仕上面との差をチリ（散り）という【図1】。

和風、洋風を問わず、見切材などと壁面との納まりには一定のチリ寸法を設定してデザインを進めなければならない。このチリ寸法の扱いによって建物の印象が左右される。基本的にはチリが大きいと建物の表情は深くなる。逆にチリを浅くすれば軽快な印象になる。

和風建築でのチリ設定

和風でチリの寸法を考える場合、柱や鴨居などの相互の納まり方をしっかりと理解していることが必要である。まず、各部材がお互いに同面で納まることはない。たとえば、柱に対し鴨居は内側（面内など）、その上吊束がさらに鴨居の内側、そして欄間があればその敷鴨居は吊束の内側といったように順々に部材の内側に納ま

2 | 柱足元と壁チリの関係

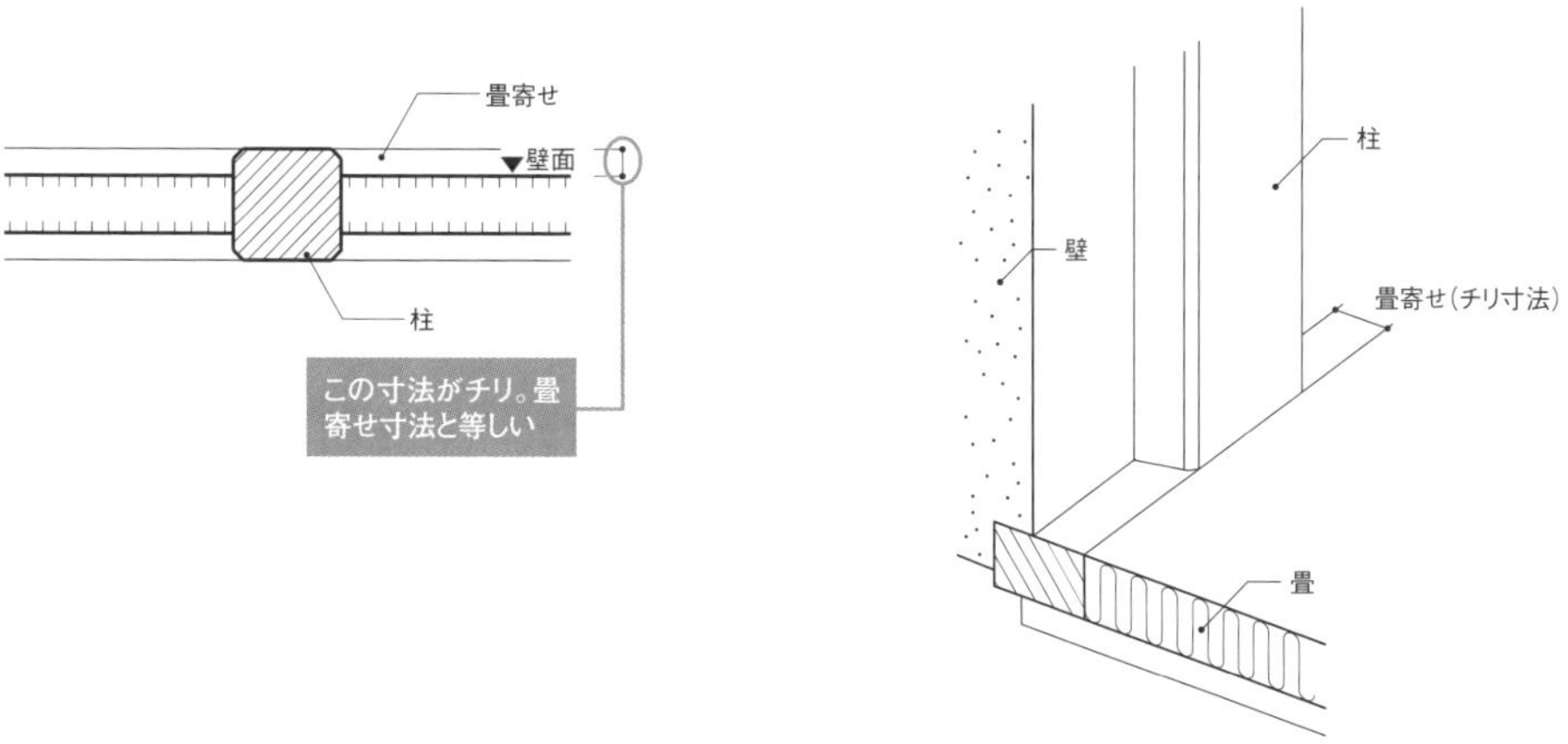

畳寄せ
▼壁面
柱
この寸法がチリ。畳寄せ寸法と等しい
柱
壁
畳寄せ（チリ寸法）
畳

3 | 丸太柱とチリの関係

❶ 平面図

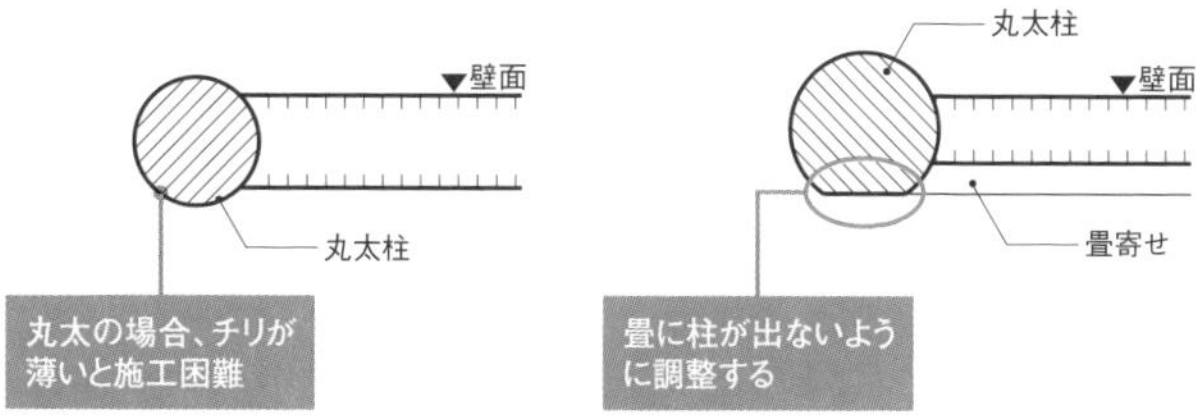

▼壁面
丸太柱
丸太の場合、チリが薄いと施工困難
丸太柱
▼壁面
畳寄せ
畳に柱が出ないように調整する

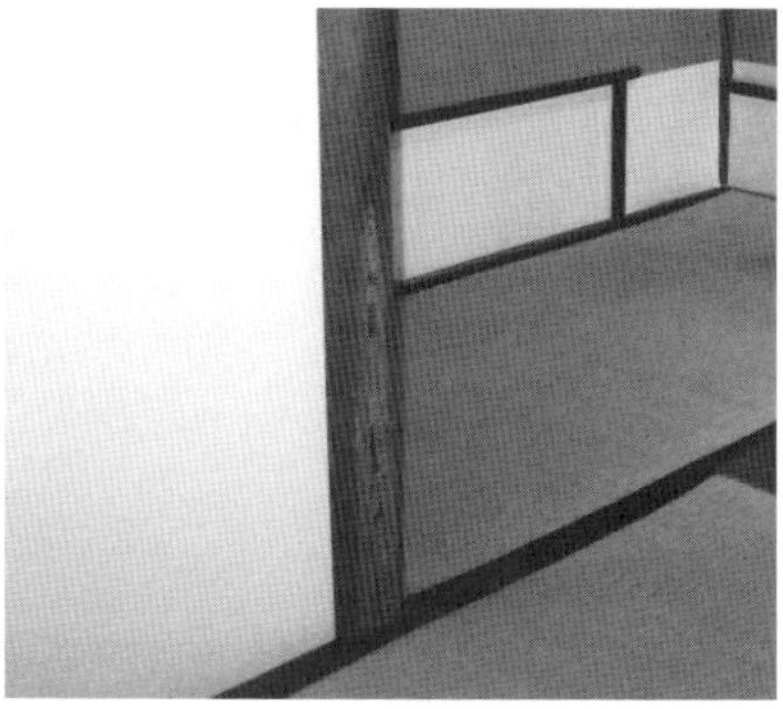

丸太柱の筍面

❷ 丸太柱の筍面

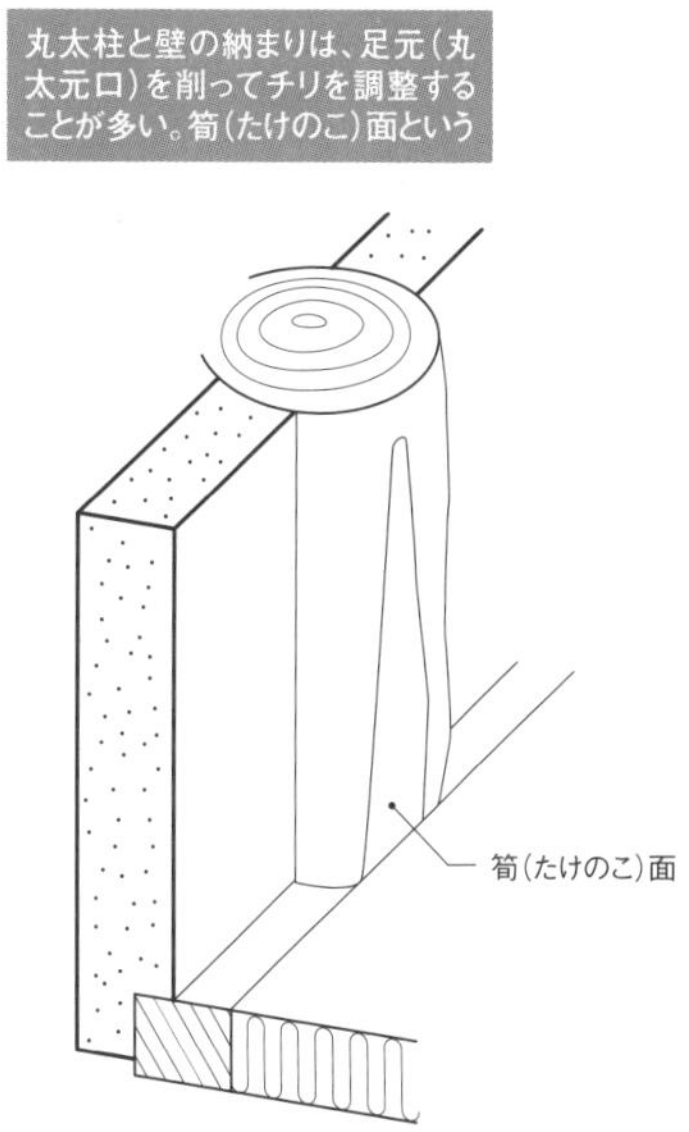

丸太柱と壁の納まりは、足元（丸太元口）を削ってチリを調整することが多い。筍（たけのこ）面という
筍（たけのこ）面

ってくる。したがって初めにとられた柱のチリ寸法が、場所と納まりによって壁に対して次々と小さくなることを考慮に入れておかなければならない。実際のチリ寸法はあくまでも柱チリを目安として24㎜（8分）から12㎜（4分）の間程度にとられている。9㎜以下であると、欄間鴨居のチリ寸法が小さくなり、納まり寸法が厳しくなるので注意する。

この柱チリ寸法はそのまま畳寄せの寸法になる【図2】。また、伝統的な塗り壁の場合は竣工後にも上塗りを施すことがあるため、チリはある程度大きくとりたい。

丸太柱のチリ調整

茶室などで丸太材を扱う場合、チリ寸法が小さければ丸太の曲面に壁がより鈍角で接するようになって施工が困難になり、材の先細りによってチリ幅が小さくなるので注意を要する。逆にこの末口部分のチリを十分確保しようとすると、柱では脚部で畳寄せよりも柱の出寸法が大きくなることがある。これを防ぐため畳寄せより大きい部分を削り、この面を座敷の景として見せることも行われる。これを筍《たけのこ》面と呼んでいる【図3】。

▶壁2

左官仕上げの壁

1｜竹小舞下地の土壁［S＝1：8］

❶ 竹小舞下地

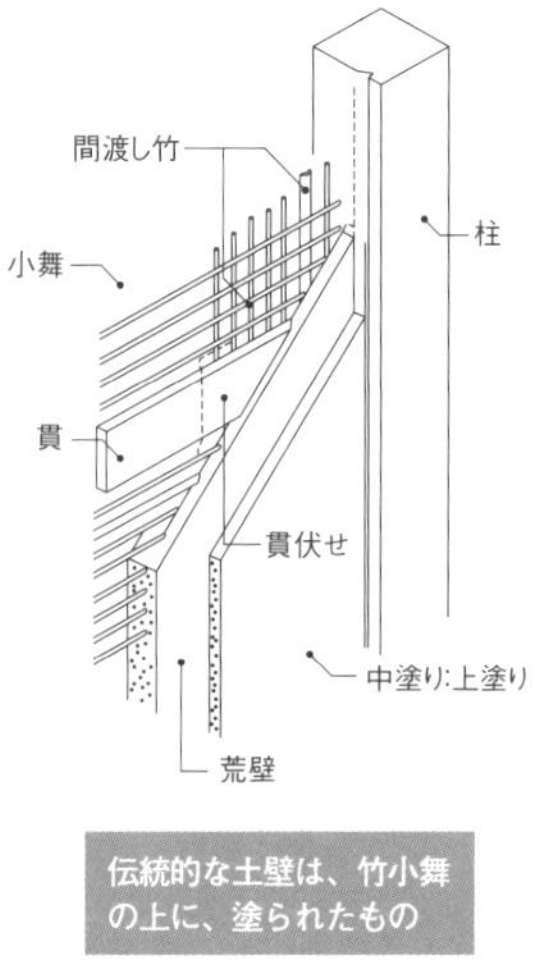
間渡し竹
小舞
柱
貫
貫伏せ
中塗り・上塗り
荒壁
伝統的な土壁は、竹小舞の上に、塗られたもの

❷ 断面図

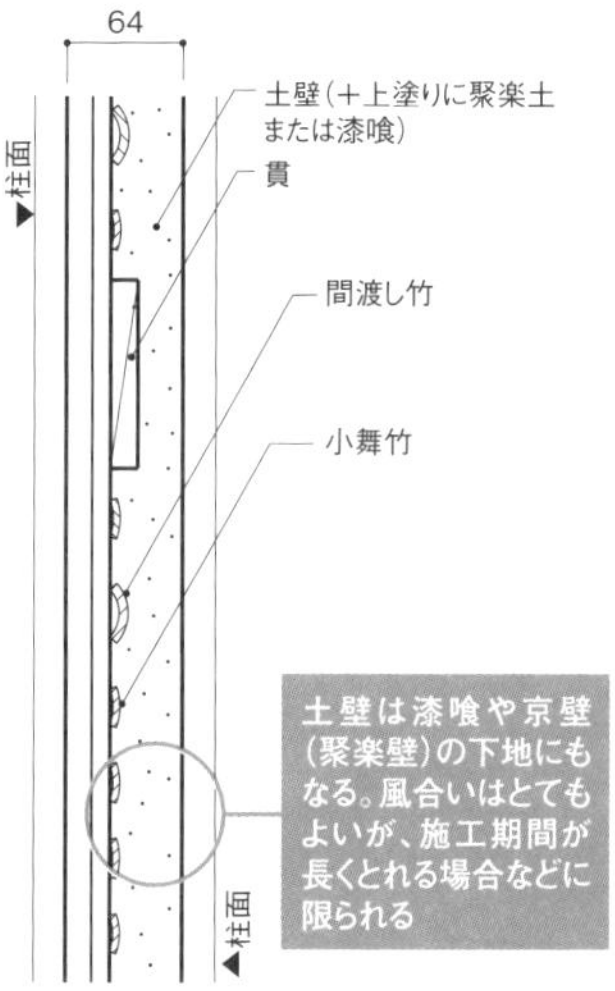
64
土壁（＋上塗りに聚楽土または漆喰）
貫
間渡し竹
小舞竹
▼柱面
▲柱面
土壁は漆喰や京壁（聚楽壁）の下地にもなる。風合いはとてもよいが、施工期間が長くとれる場合などに限られる

❸ 平面図

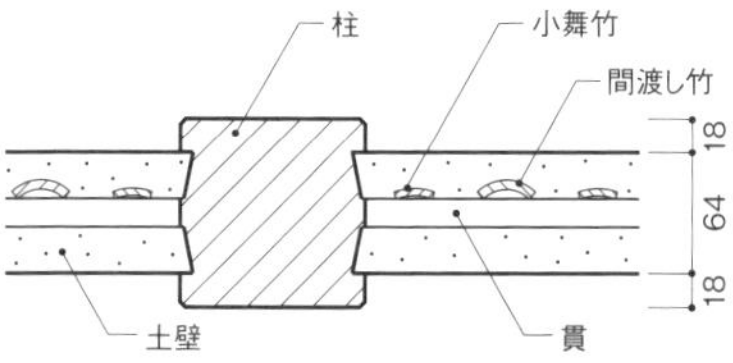
柱
小舞竹
間渡し竹
18
64
18
土壁
貫

竹小舞下地

2｜ボード下地の左官壁［S＝1：8］

❶ 石膏ラスボード

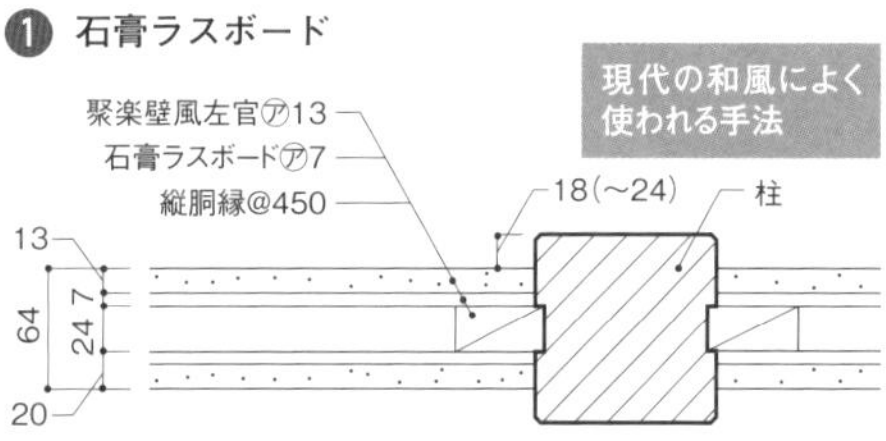
現代の和風によく使われる手法
聚楽壁風左官㋐13
石膏ラスボード㋐7
縦胴縁@450
18(〜24)
柱
13
7
64
24
20

❷ 石膏ボード

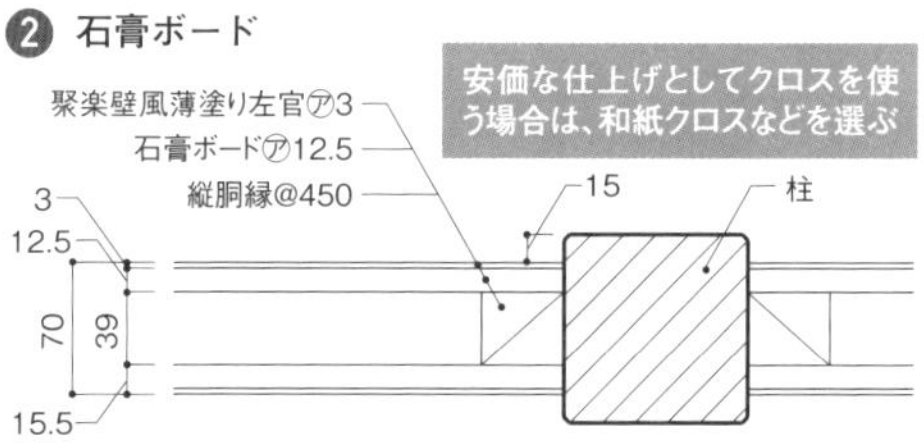
安価な仕上げとしてクロスを使う場合は、和紙クロスなどを選ぶ
聚楽壁風薄塗り左官㋐3
石膏ボード㋐12.5
縦胴縁@450
15
柱
3
12.5
70
39
15.5

左官仕上げとは、水と混和した土などを下地に塗っていく施工法で、湿式工法ともいう。和風建築に使われる壁は土壁で、聚楽《じゅらく》土で仕上げた聚楽壁と漆喰で仕上げた漆喰壁に大別される。下地に竹小舞を組んで、下塗り、中塗り、仕上げと手順を踏むのが本格的な施工法である［図1］。

聚楽壁と漆喰壁

聚楽壁に使う聚楽土とは聚楽第跡地で取れた土を称したが、現在では主にその近辺から産出される同種の土の総称である。糊を使用しない水こねが最も高級な仕様であり、施工にも高い技術が求められる。土壁は、元来ハレの部分には使用されなかったが、草庵茶室でこの土の素材感が好まれ、その要素を取り込んだ数寄屋座敷にも採用されるようになった。ある程度の格式ある書院にも聚楽壁が採用されている。

漆喰壁は白亜の清楚な仕上がりが特徴で、寺院や神社のほか、城郭や土蔵といった防火塗込め建築にも使用されてきた。住宅では書院の壁面が漆喰で仕上げられている。漆喰壁にはコテによって緻密に仕上げられた、独特な鈍い光沢がある。漆喰に

3｜漆喰壁［S＝1：8］

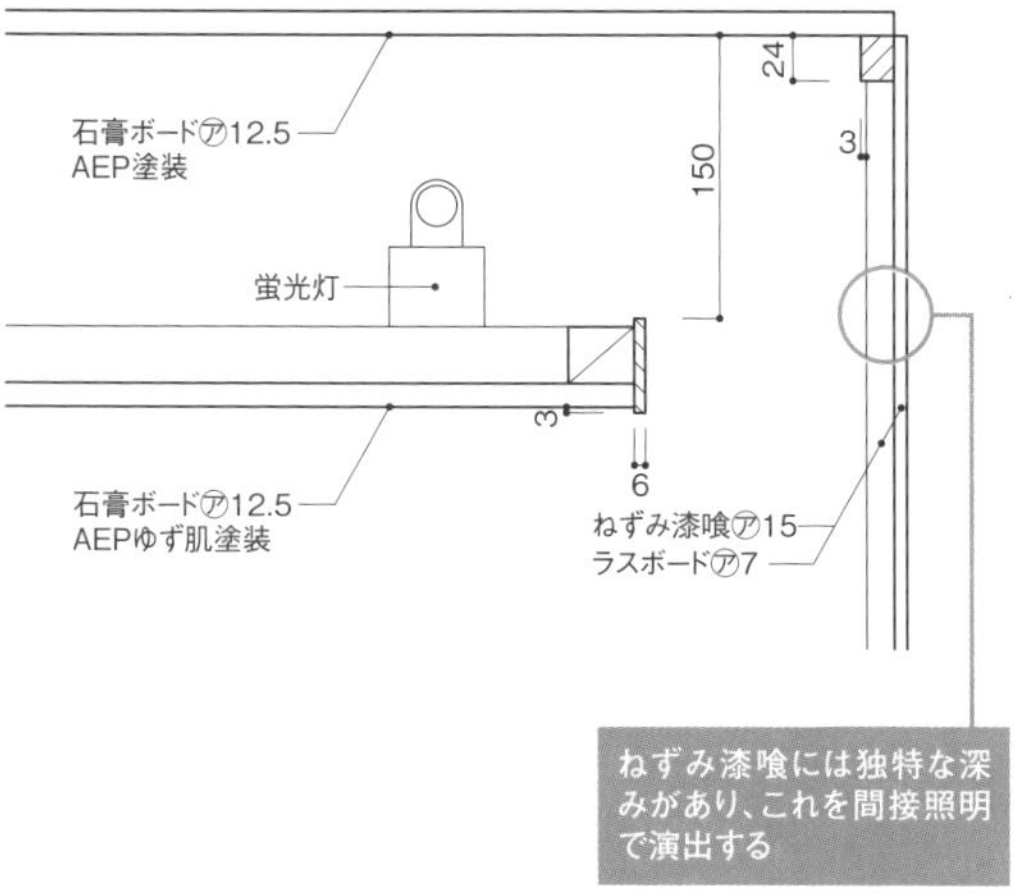
石膏ボード㋐12.5
AEP塗装
蛍光灯
石膏ボード㋐12.5
AEPゆず肌塗装
ねずみ漆喰㋐15
ラスボード㋐7
24
150
3
3
6
ねずみ漆喰には独特な深みがあり、これを間接照明で演出する

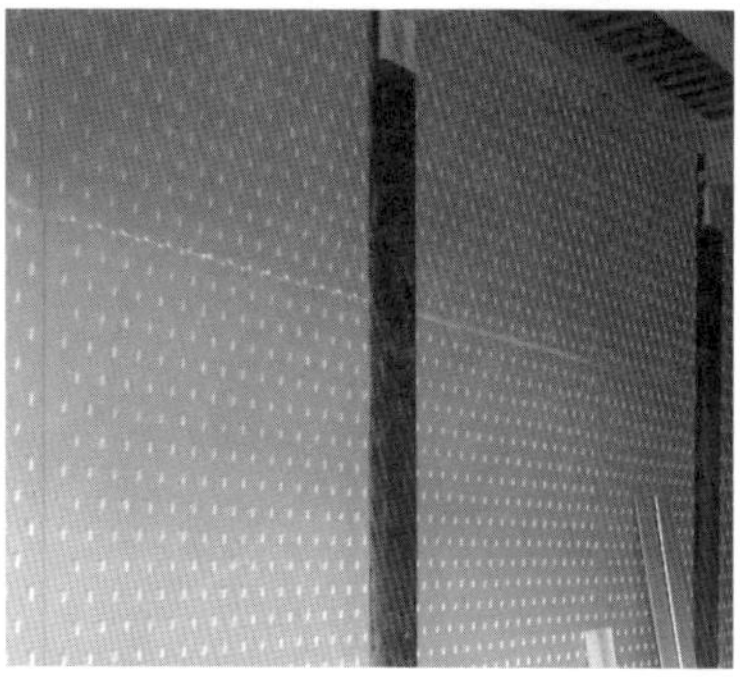

壁下地ラスボード

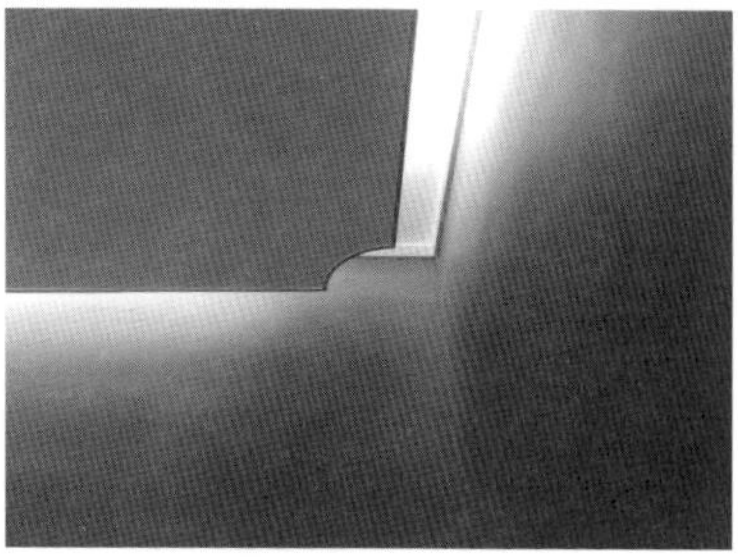

ねずみ漆喰を間接照明で照射

4｜RC壁下地に和風の左官壁［S＝1：10］

❶ 平面図（上：GL下地、下：直塗り）　❷ 平面図（入隅）　❸ 平面図（出隅）

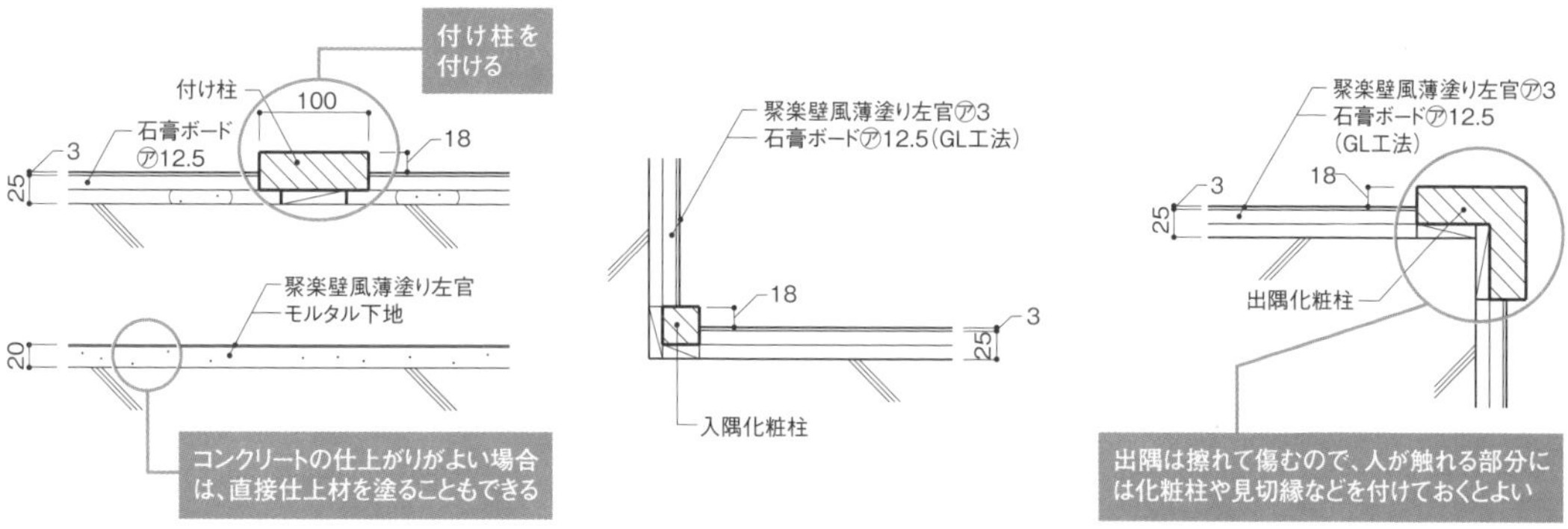
付け柱を付ける
付け柱
100
石膏ボード
㋐12.5
3
18
25
聚楽壁風薄塗り左官
モルタル下地
20
コンクリートの仕上がりがよい場合は、直接仕上材を塗ることもできる
聚楽壁風薄塗り左官㋐3
石膏ボード㋐12.5（GL工法）
18
25
3
入隅化粧柱
聚楽壁風薄塗り左官㋐3
石膏ボード㋐12.5
（GL工法）
3
18
25
出隅化粧柱
出隅は擦れて傷むので、人が触れる部分には化粧柱や見切縁などを付けておくとよい

煤（油煙）を入れ調整した黒色の仕上材を黒ノロといい、これで仕上げた黒漆喰は、高級な仕様で江戸の塗込め商家などに好んで使用された。このほかに煤や炭を混入した灰色のものをねずみ漆喰と呼び、内壁などでその深い光沢を賞玩して使う［**図3**］。

現代の左官壁

現代では工期や費用などから、本格的な塗り壁の採用は少ない。そのため、下地類を省略した簡便な工法がいろいろと開発されている［**図2**］。下地小舞は木材や軽鉄製などの下地材と石膏ラスボードに代用され、壁材にも製品化された聚楽土風仕上げ材を使用することが多い。石膏ボードに直接塗って塗り壁に見せる製品もある。いずれも建物の用途や工費など検討したうえ選択し、伝統的な意匠の場合はできるだけ塗り壁本来の仕上がりに近い製品を使いたい。

コンクリート壁面の場合は**図4**のように下地を組み、化粧柱を立て、ラスボードを張って壁を仕上げる。ただし、壁面の状態がよい場合はモルタルで調整し壁を仕上げることもある。

▶壁3

和風の板壁・和紙張り壁

1 板壁（腰壁）

❶ 姿図［S＝1：20］

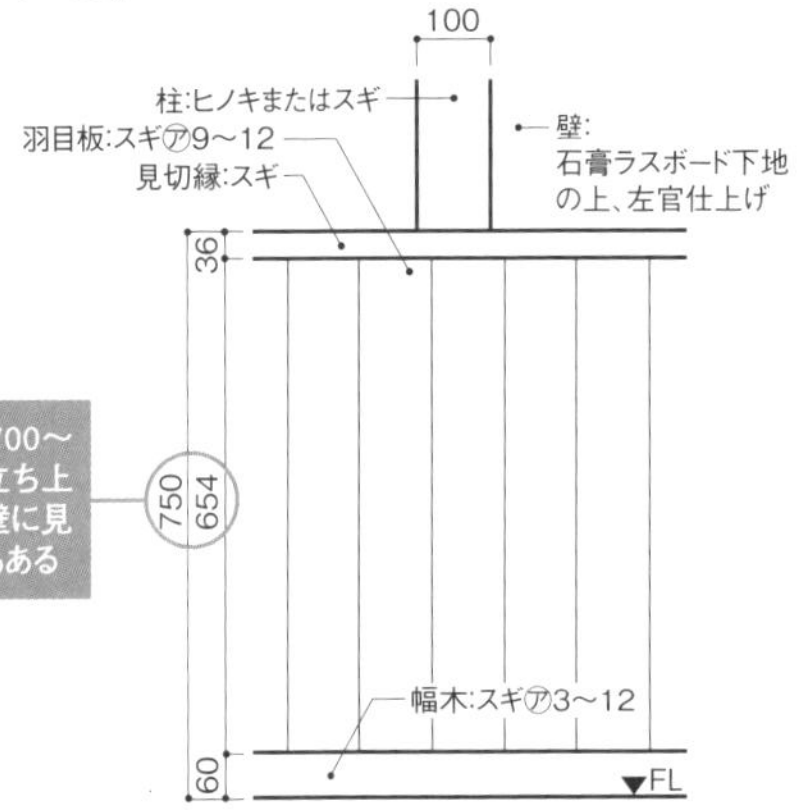
100
柱:ヒノキまたはスギ
羽目板:スギ㋐9～12
見切縁:スギ
壁:
石膏ラスボード下地
の上、左官仕上げ
36
750
654
幅木:スギ㋐3～12
60
FL

腰壁を高さ1,700～1,800㎜まで立ち上げ、上部を小壁に見せるデザインもある

❷ 断面図［S＝1：5］

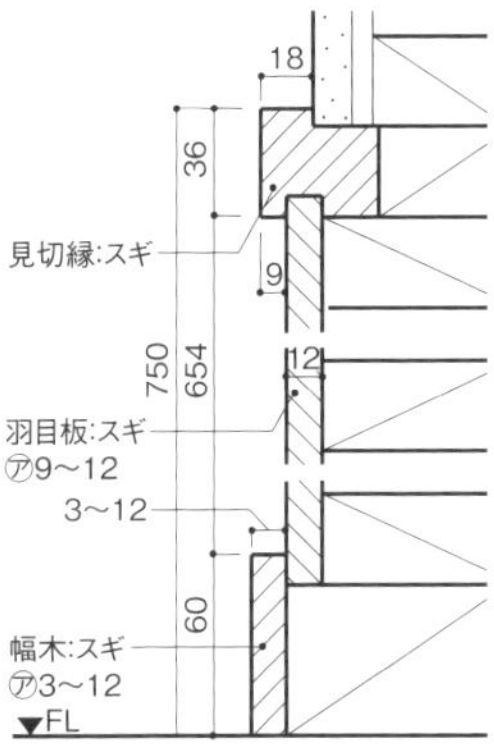
18
36
見切縁:スギ
9
750
654
12
羽目板:スギ
㋐9～12
3～12
60
幅木:スギ
㋐3～12
FL

❸ 羽目板部分詳細図［S＝1：5］

相決りの場合

相決りの羽目板張りの場合でも、板に面を取ると板と板の間に表情が出る

底目地の場合

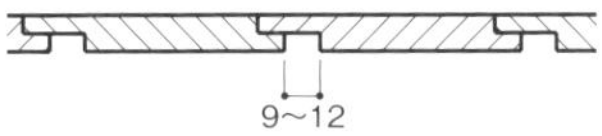
9～12

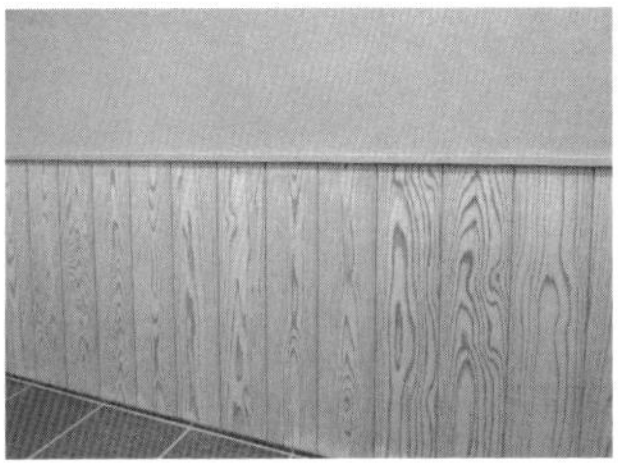

スギ本板張りの腰壁。見切縁はスギ、壁は聚楽壁風左官塗り、幅木はボーダータイル

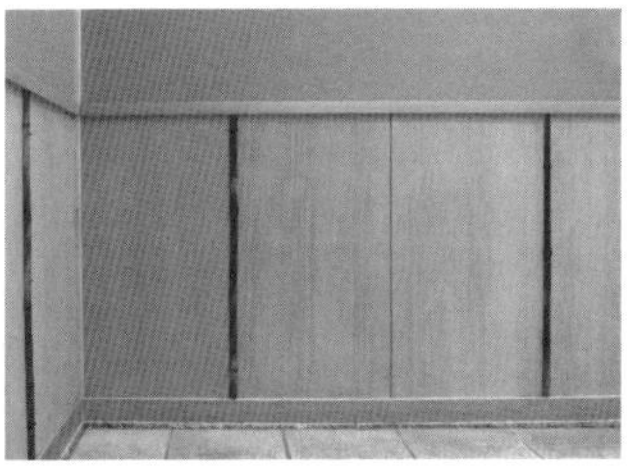

スギ板化粧板張りの腰壁。継ぎ目に割煤竹。見切縁をヒノキ、壁は聚楽壁風左官塗り、幅木はヒノキ＋花崗石

乾式工法の壁

現代建築では壁の施工方法として、手間の少ないボードなどを使う乾式工法を採用することが多い。このボード下地にクロス張りや吹付け塗装などを施して壁面にする。特に商空間などでは費用や工期などを考慮して乾式工法が多くとられているが、これは現代の和風でも事情は同じである。たとえば聚楽壁の代用として、ボード下地に聚楽風の吹付け仕上げを行うこともある。もちろん商業施設といえども、本格的あるいは高級な場所には左官仕上げを採用したいところである。

このほか、和風意匠でよく使われる乾式工法として、板壁や和紙・クロスなどを張った壁などがある。

板壁の納まり

和風の主要材料である木材は、壁仕上げにもよく用いられる。使用する木材はスギやヒノキといった和風になじみのある針葉樹が一般的である。これらの板を壁に縦横に張り、板壁とする。板を腰まで張り、上部を塗り壁にすることも行われている（腰壁という）**［図1］**。腰壁は水廻

2 | 和紙張りの壁

❶ 姿図 [S＝1：10]

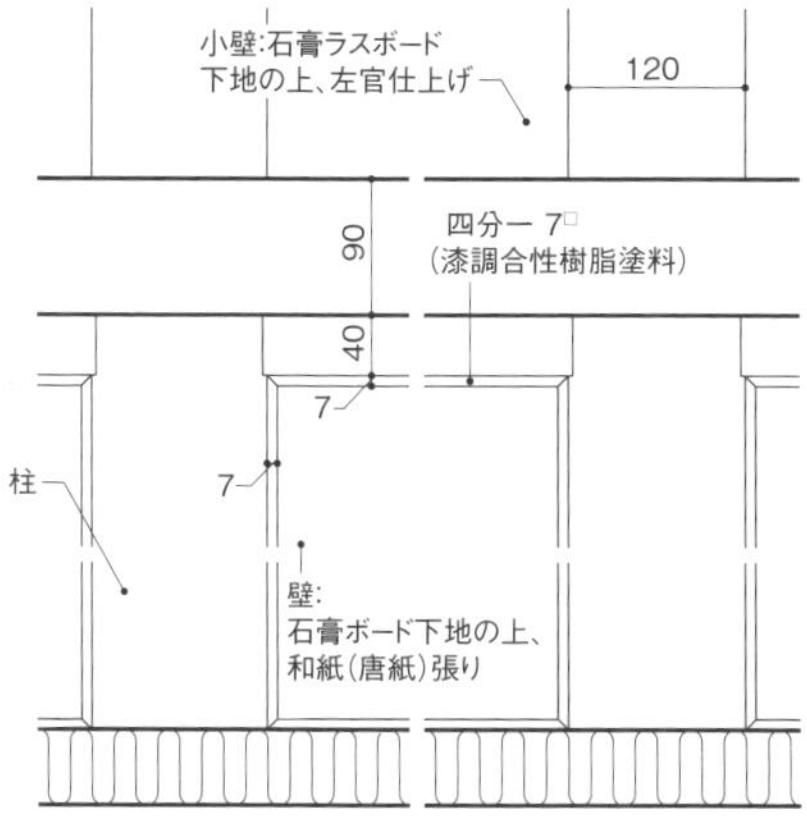

小壁:石膏ラスボード
下地の上、左官仕上げ
120
90
40
四分一 7□
(漆調合性樹脂塗料)
7
7
柱
壁:
石膏ボード下地の上、
和紙(唐紙)張り

❷ 断面図 [S＝1：10]

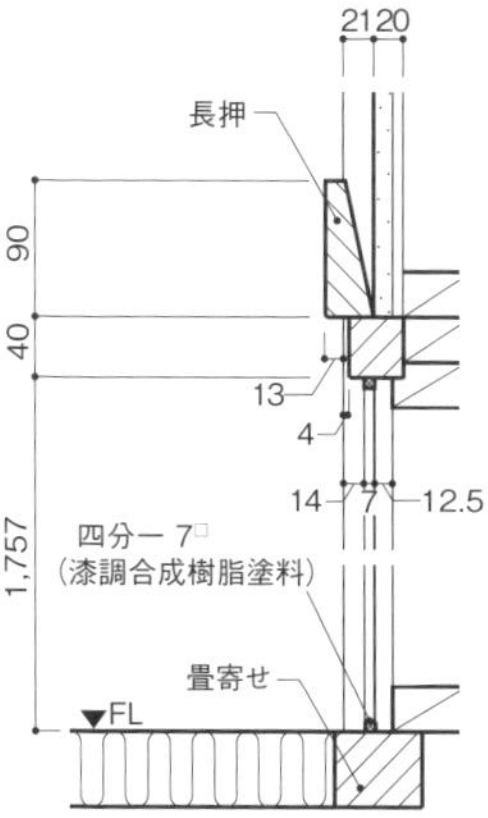

21 20
長押
90
40
13
4
14
7
12.5
1,757
四分一 7□
(漆調合成樹脂塗料)
畳寄せ
▼FL

❸ 平面図 [S＝1：4]

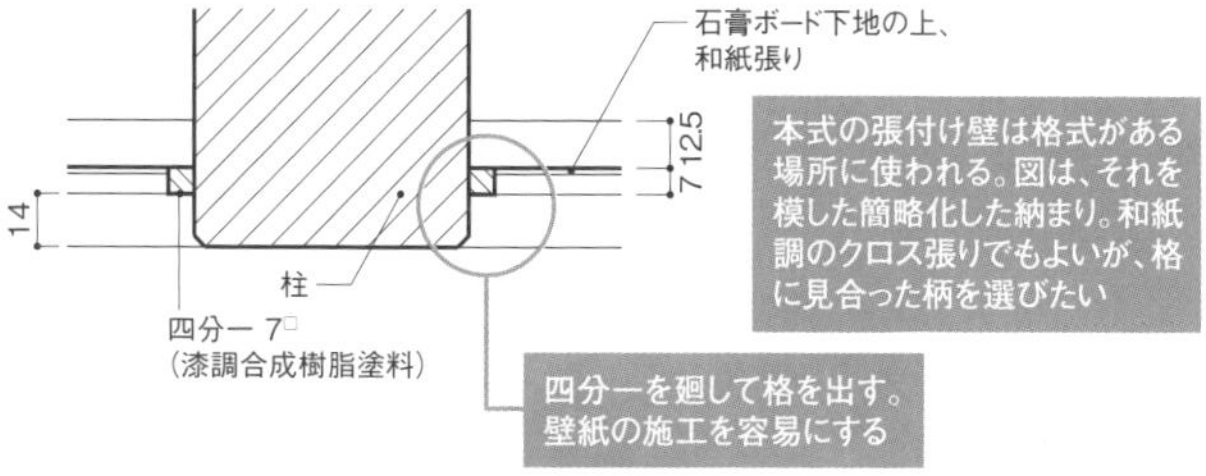

石膏ボード下地の上、
和紙張り
12.5
7
14
柱
四分一 7□
(漆調合成樹脂塗料)
本式の張付け壁は格式がある場所に使われる。図は、それを模した簡略化した納まり。和紙調のクロス張りでもよいが、格に見合った柄を選びたい
四分一を廻して格を出す。壁紙の施工を容易にする

唐紙張りの壁。四分一打付け、小壁は漆喰

腰張りの例

3 | 足元(幅木)の板張り [S＝1：5]

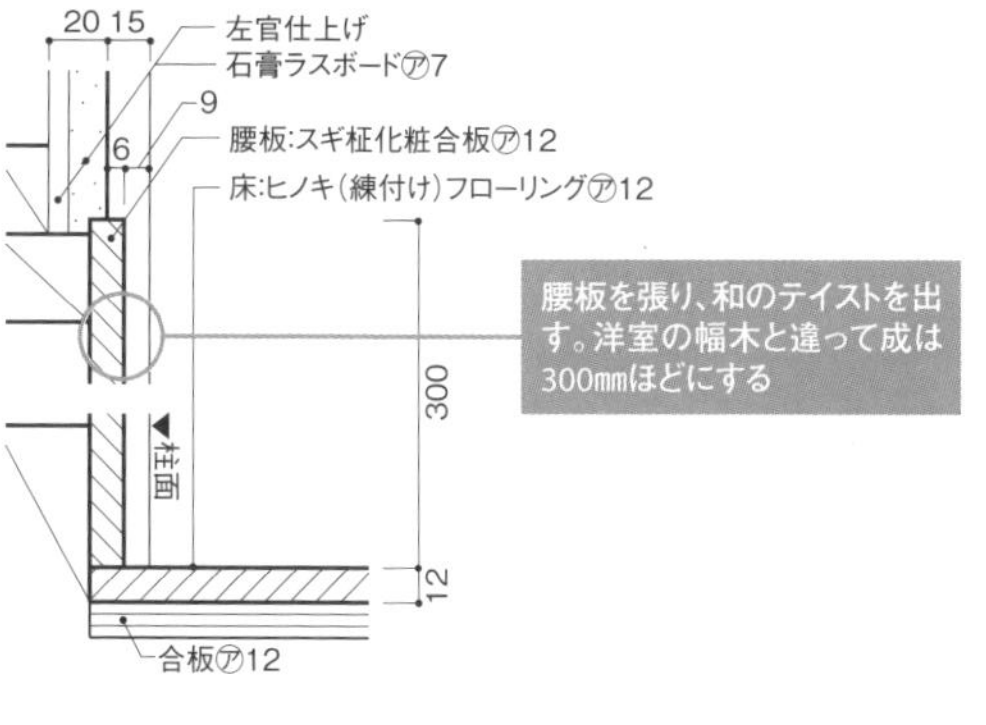

20 15
左官仕上げ
石膏ラスボード㋐7
9
6
腰板:スギ柾化粧合板㋐12
床:ヒノキ(練付け)フローリング㋐12
腰板を張り、和のテイストを出す。洋室の幅木と違って成は300mmほどにする
300
12
▼柱面
合板㋐12

玄関足元の腰板

りなど壁を保護する場合にもよく使われる。板壁を腰壁にする場合、上にある小壁との境には見切縁を設けることが多い。また、特に畳以外の床では下端にも幅木を取り付ける。これは上下見切材を取り付けることで、板の端部を意匠上、および施工上整えるためである[図3]。

和紙張り壁の納まり

腰板壁と同様に、茶室など小部屋で人の触れる部分などに、塗り壁を保護する目的で和紙を張ることもある。これを腰張りという。

紙を壁に張ることは、日本建築で古くから行われてきた方法である(張付け壁)[図2]。伝統的な書院造りでは、鴨居下の壁に紙を張り、長押上部の小壁は漆喰壁で仕上げていた。江戸時代の豪壮な書院には、長押上小壁も張付け壁として、全体に雄大な壁画を描いたものもある。

張付け壁では、柱や内法材で囲まれた四周に細い見切材を取り付けるのが基本である。この見切材を四分一《しぶいち》といい、これを打つことで紙端部の施工を容易にしている。四分一は漆で塗装されているのが一般的で、現代では漆調に調合された塗料を使うことも多い。

和風の飾り棚・ニッチ

1 飾り棚（ニッチ）

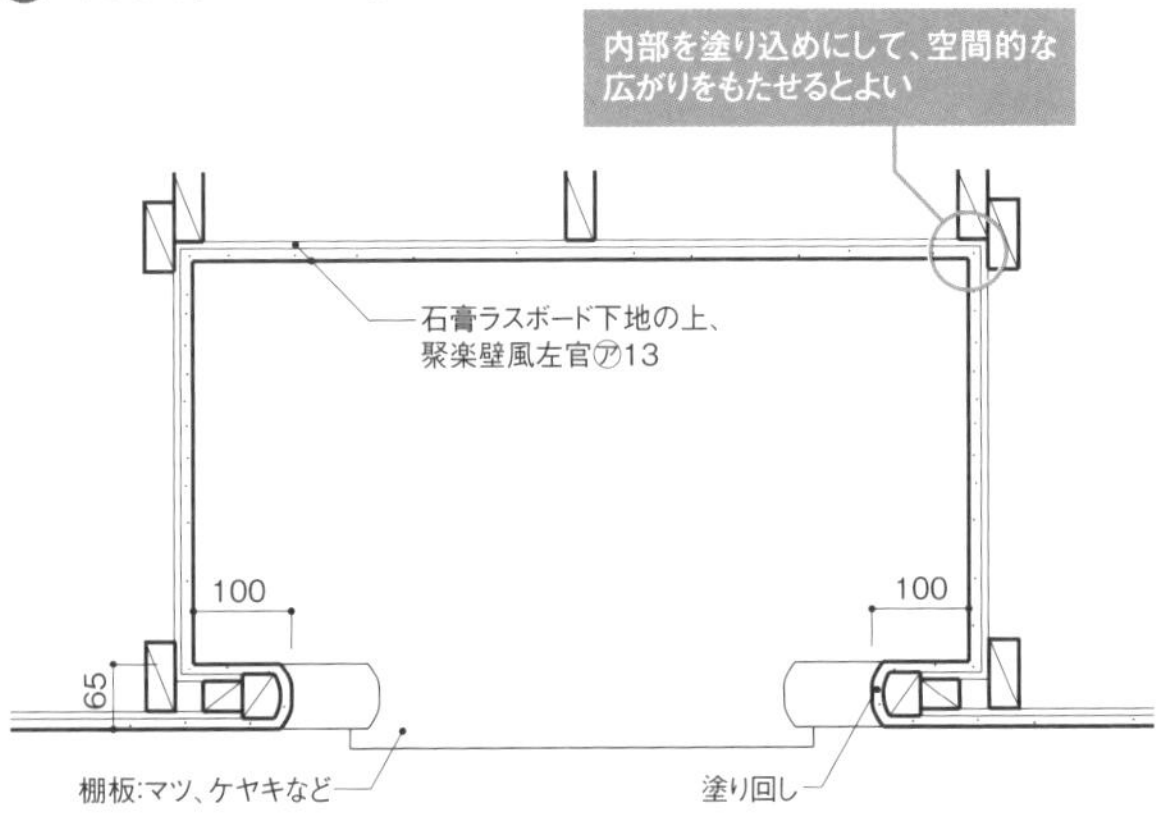
① 平面図［S＝1：15］
内部を塗り込めにして、空間的な広がりをもたせるとよい
石膏ラスボード下地の上、聚楽壁風左官⑦13
100
100
65
棚板:マツ、ケヤキなど
塗り回し

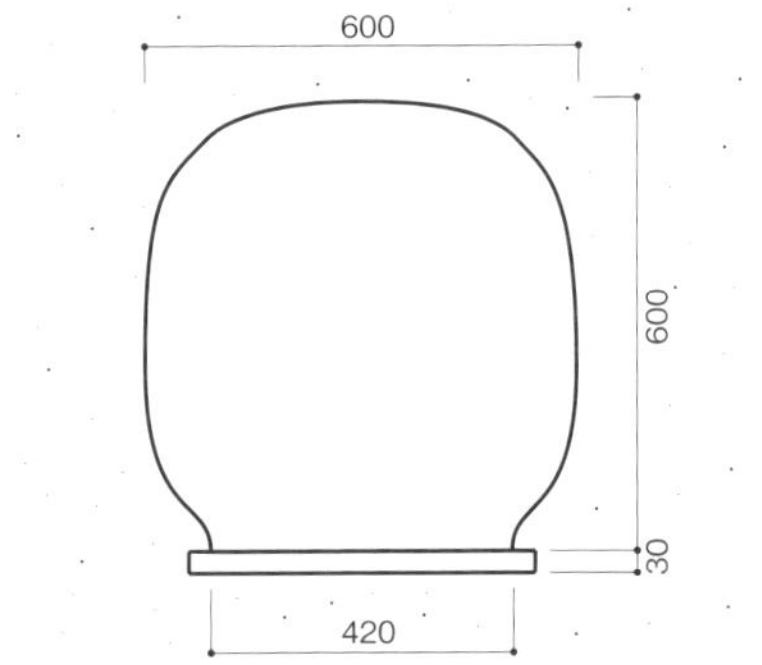
② 姿図［S＝1：20］
600
600
30
420

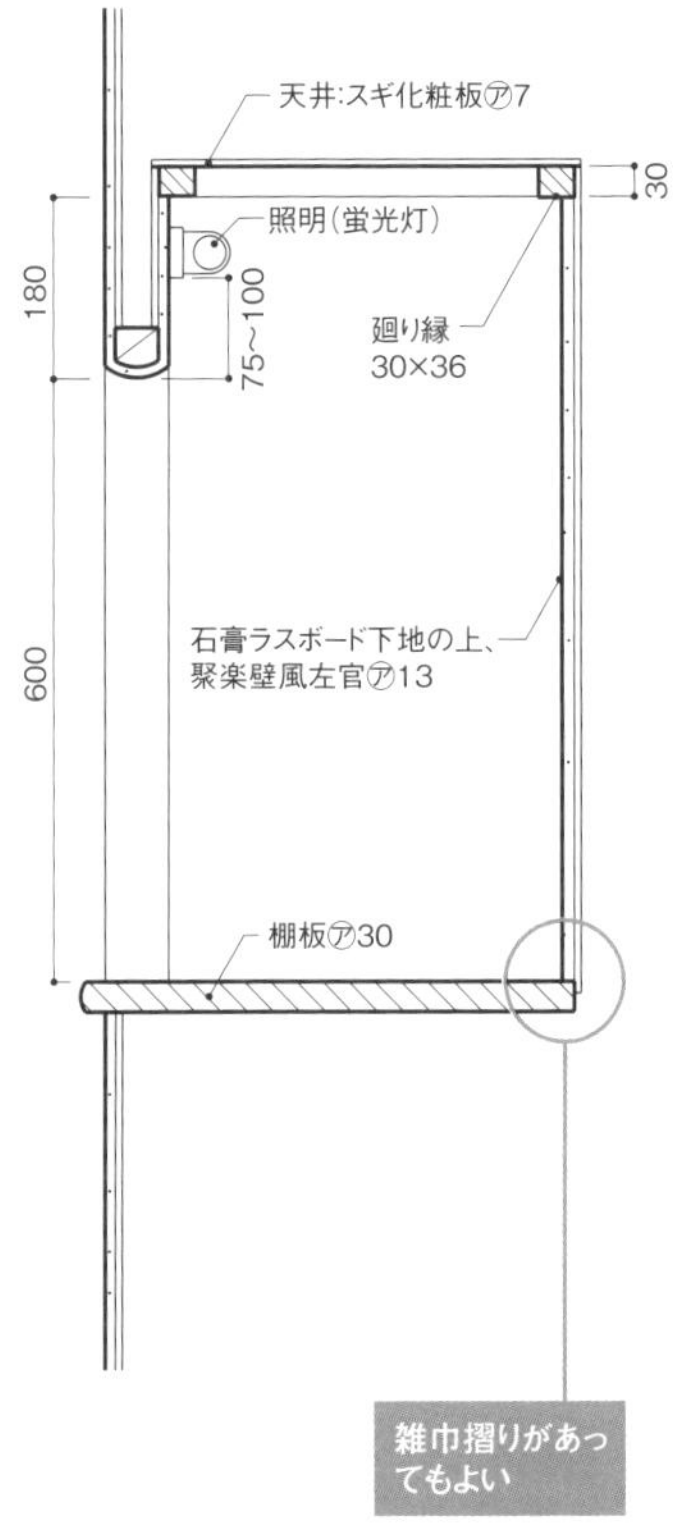
③ 断面図［S＝1：15］
天井:スギ化粧板⑦7
30
照明（蛍光灯）
180
75〜100
廻り縁 30×36
600
石膏ラスボード下地の上、聚楽壁風左官⑦13
棚板⑦30
雑巾摺りがあってもよい

見切り方は2つ

飾り棚（ニッチ）は洋の東西を問わず、さまざまな建物で使われている。和風の場合、上および側面の端部を無目鴨居などの部材で見切る場合［**図2**］と、塗り込めた壁で見切る場合とがある［**図1、写真**］。

塗り込めの場合は壁端部を曲線で表現し、断面も「貝の口」という形状にして、有機的で柔和な表現に納めることも多い［**54頁図3**］。この曲線と端部の断面はニッチの意匠を決める大きな要素で、設計者のセンスが表れるためよく検討しデザインする必要がある。

加えて、棚板の材と前面端部の形状（面など）および仕上げも吟味する。棚板はマツやケヤキなど多少硬度のある素材を使うことが多い。ただし現代では予算によって、張り物が使われるのも仕方のないところである。

納まりとデザイン上の留意点

内壁と地板（棚板）との接点である入隅は、棚を清掃するときなどに接触し破損するリスクの高い部分で

2 和洋折衷のニッチ

❶ 姿図［S＝1：40］

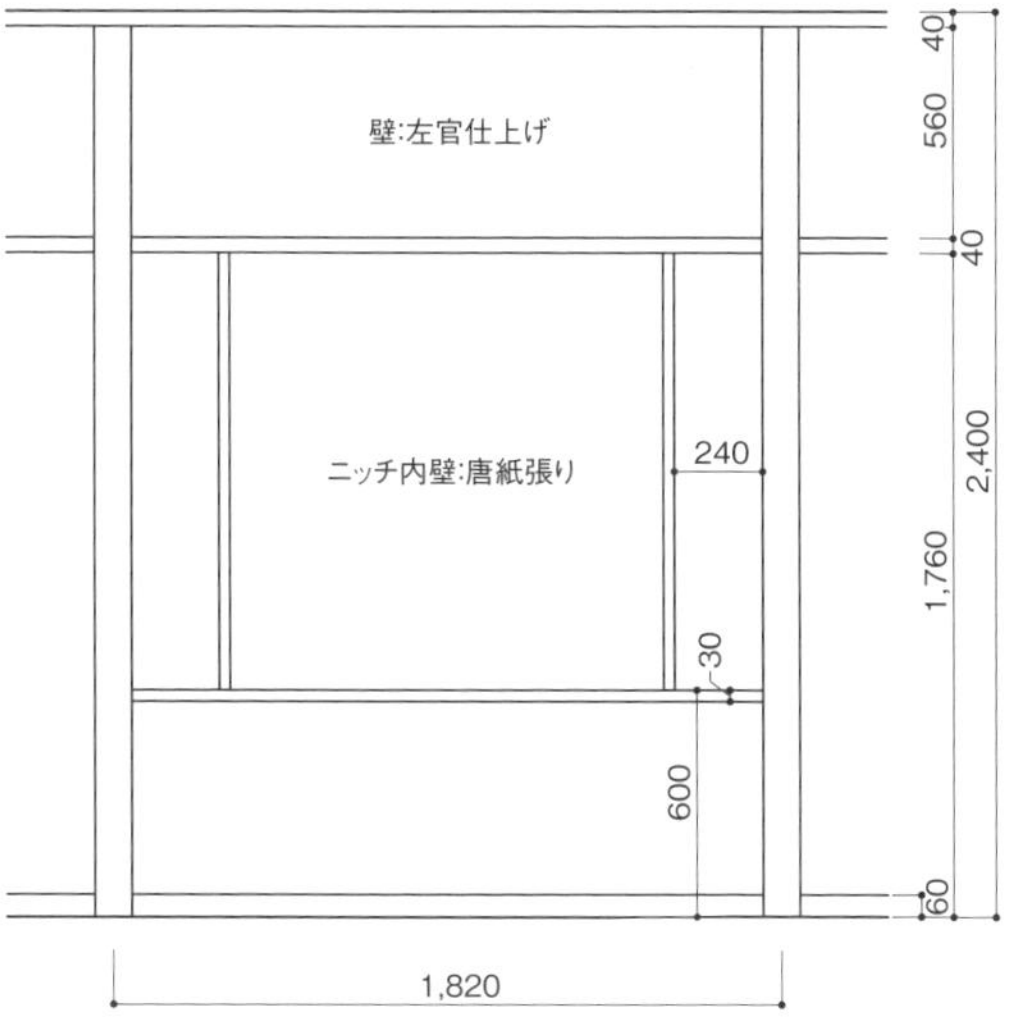

壁:左官仕上げ
ニッチ内壁:唐紙張り
40
560
40
2,400
1,760
240
30
600
60
1,820

❷ 平面図［S＝1：30］

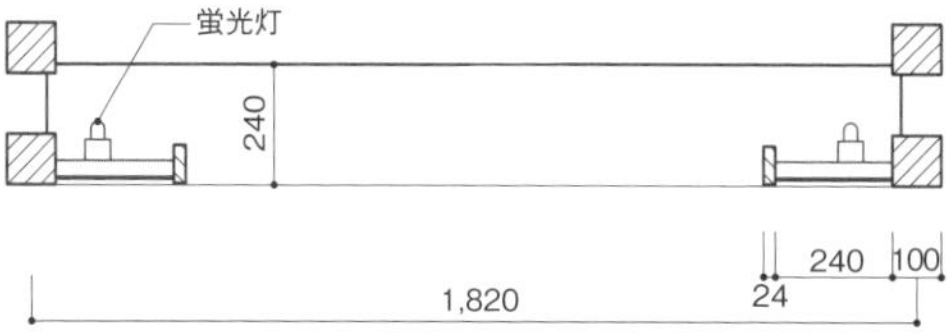

蛍光灯
240
240
100
24
1,820

❸ 断面図［S＝1：10］

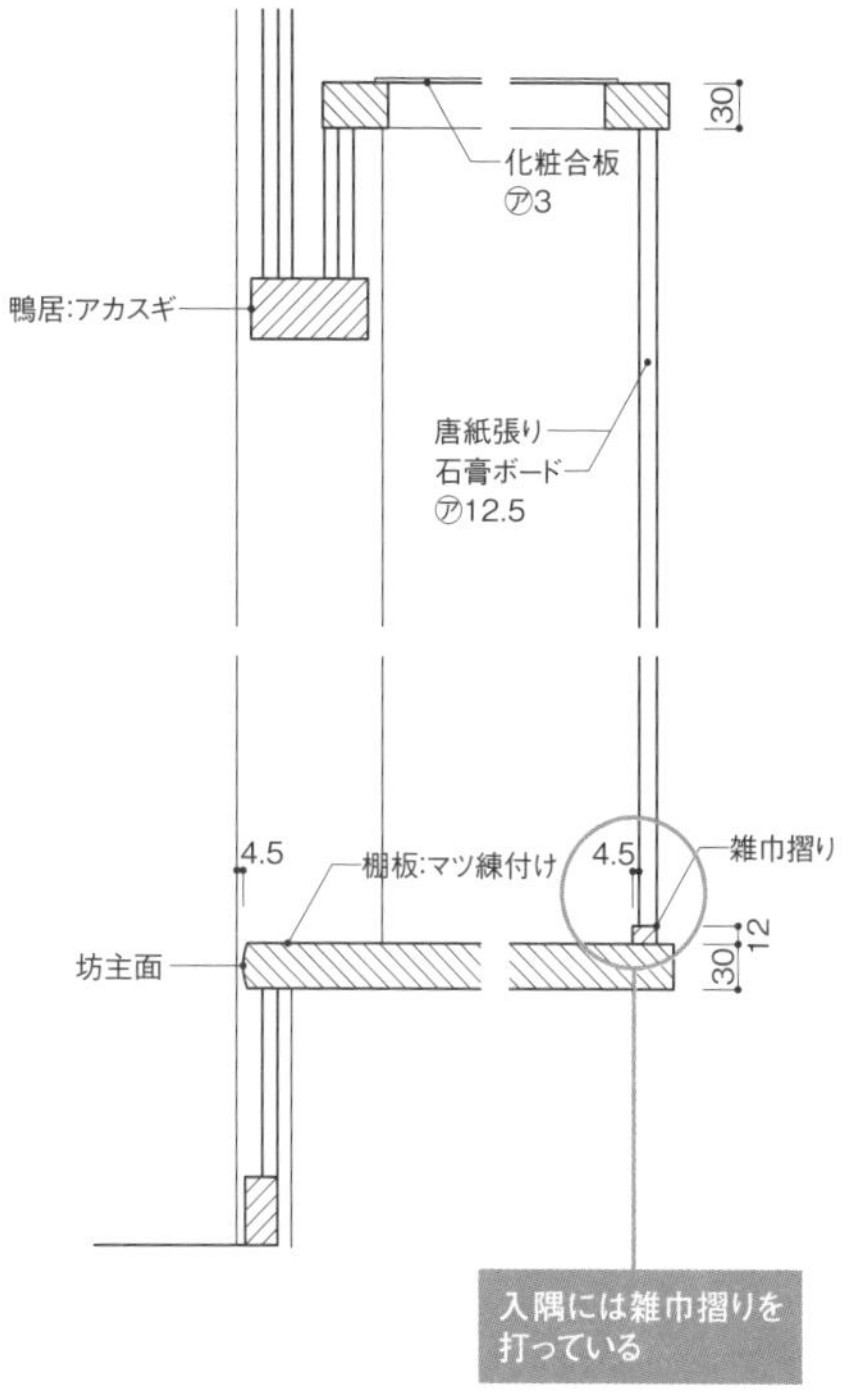

30
化粧合板
㋐3
鴨居:アカスギ
唐紙張り
石膏ボード
㋐12.5
4.5
棚板:マツ練付け
4.5
雑巾摺り
12
坊主面
30
入隅には雑巾摺りを
打っている

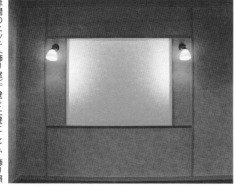

洋間のニッチ（飾り窓）。壁を土壁にして、飾り照明をなくすと、和風になる

写真　床の間の脇に設けた飾り棚。上面の端部を塗り込めた壁で見切っている

ある。意匠的には何も付けないほうがすっきりと納まるが、雑巾摺りなどの保護材を打つのが実用的である。また、照明を仕込む場合は視界に直接入らない位置に設置する必要がある。

開口部の輪郭には凝りすぎないようにし、あくまでもそこに飾るものが主役であることに留意する。そのほか、入隅柱を塗込めにすることはニッチ全体に現れる余計な線を省き、空間に広がりをもたせて、そこに飾る「もの」を引き立たせるテクニックである。

壁端部の見切り方

1｜出隅見切［S＝1：4］

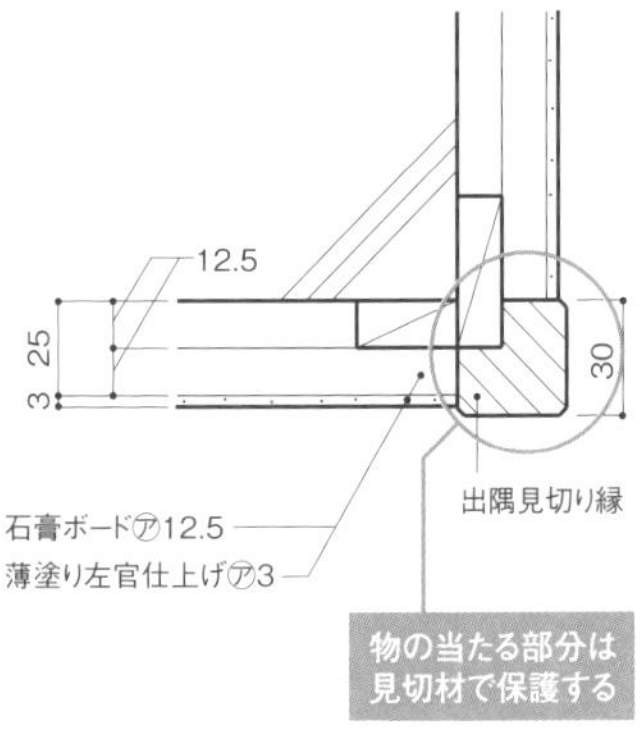
12.5
25
3
30
石膏ボード㋐12.5
薄塗り左官仕上げ㋐3
出隅見切り縁
物の当たる部分は見切材で保護する

2｜はっかけ［S＝1：4］

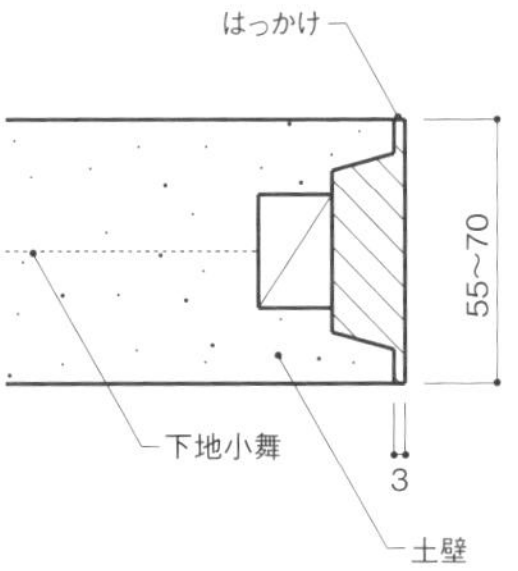
はっかけ
55～70
下地小舞
3
土壁

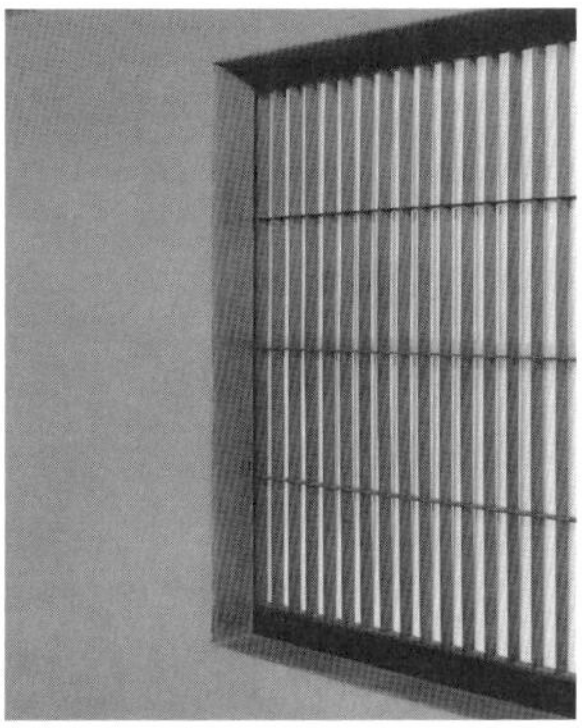
はっかけで区切った窓

3｜塗り回し［S＝1：4］

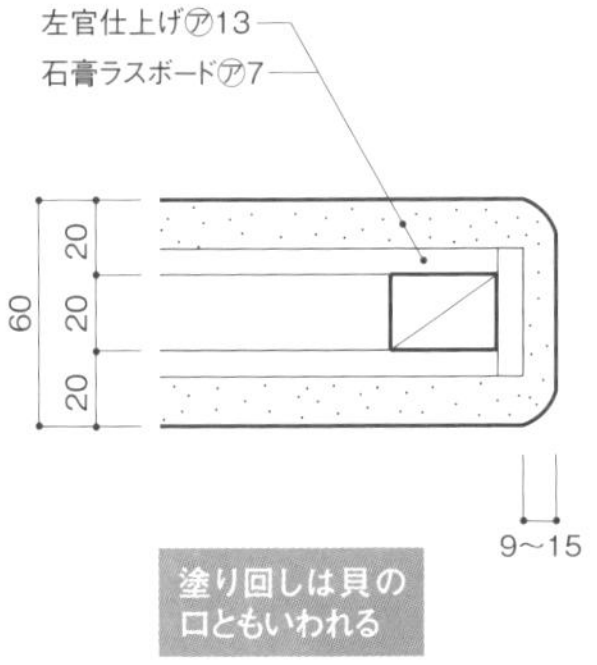
左官仕上げ㋐13
石膏ラスボード㋐7
20
20
20
60
9～15
塗り回しは貝の口ともいわれる

塗り回しの窓。漆喰壁に端部のみ黒漆喰

給仕口上部を塗込めにした例

壁の端部は、柱などの材で見切るのが基本である。これは主に意匠的な納まりと、端部の保護のためである【図1】。一方、開口部などで見切材なしに壁を塗り込めて端部を表現する場合があり、これを塗り回《まわ》しという【図3】。床の間の1つである洞床《ほらどこ》や茶室の曲線状に塗り回した出入口など（火灯口《かとうぐち》ともいう）がその例である。塗り込め端部は「貝の口」と呼ばれる丸みを帯びた形状のほか、逆に角《かど》を出して仕上げることもある。ただし、端部を塗り回しにするデザインは人が頻繁に出入りするような場所を避けるほうがよい。見切材を入れる場合は開口の切断面のみ材が露出するはっかけ【図2】や、材を隠さず白木や漆塗装などで表現する方法などがある。

室内に設ける袖壁や、目隠しとなる間仕切壁、意匠的な窓や飾り棚、ニッチなどに現れる壁の端部を、塗込め、はっかけ、見切縁といった方法でいろいろな形状にし、部屋の意匠のポイントにすることも行われている。また、端部のデザインを伝統的な曲線を用いてつくり出し、シンボリックに演出することもよく行われる【図4】。

4 間口のある袖壁

❶ 断面図［S＝1：10］

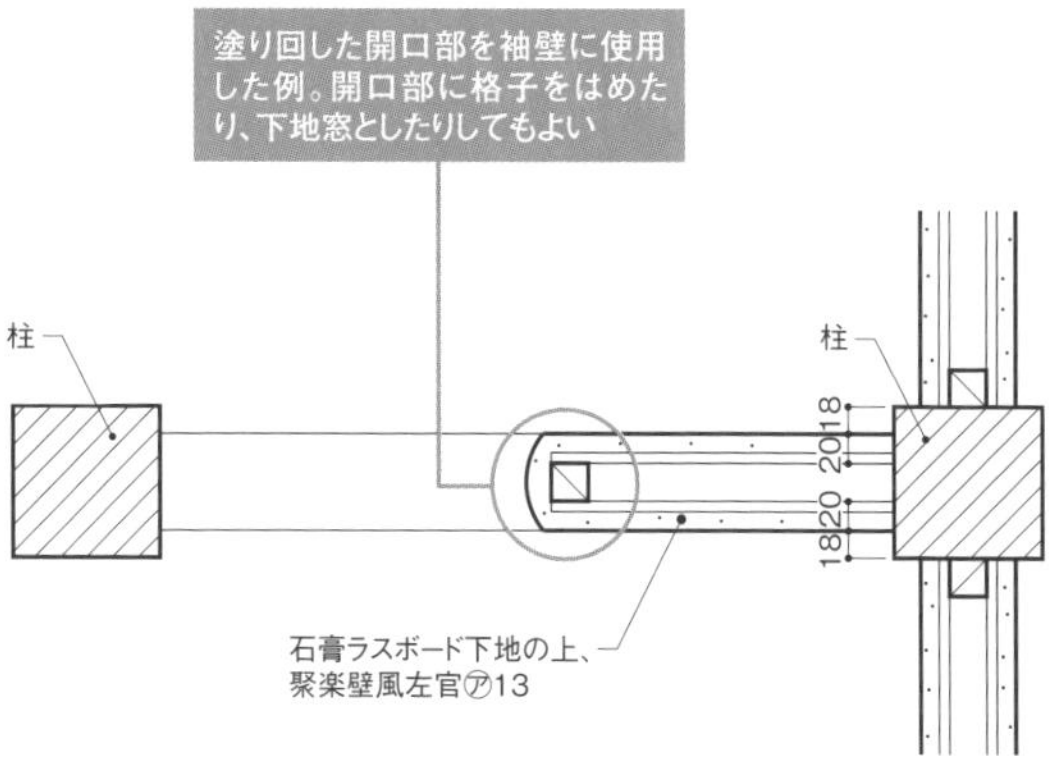
塗り回した開口部を袖壁に使用した例。開口部に格子をはめたり、下地窓としたりしてもよい
柱
柱
20
18
18
20
石膏ラスボード下地の上、
聚楽壁風左官㋐13

❷ 姿図［S＝1：30］

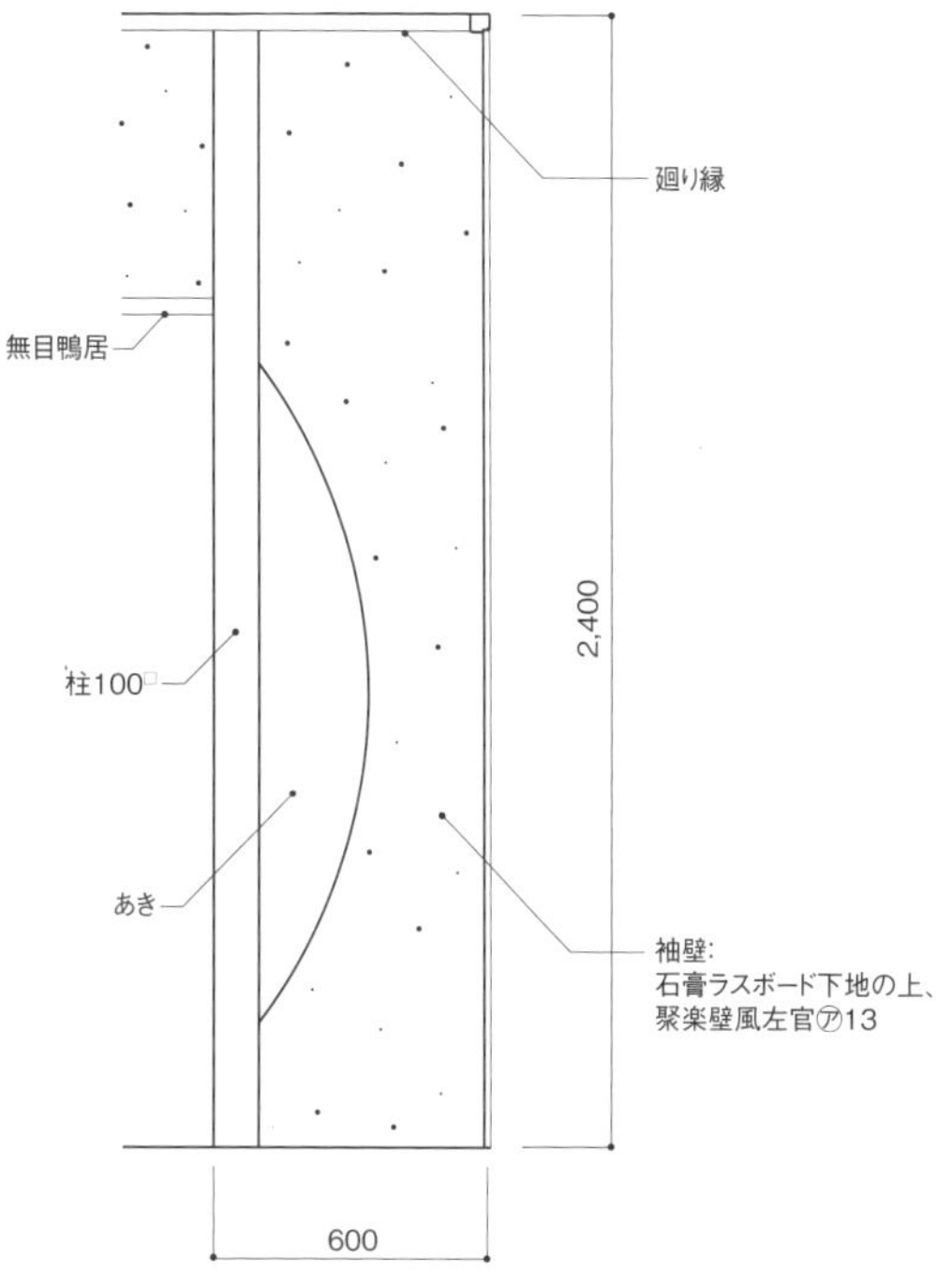
廻り縁
無目鴨居
柱100□
2,400
あき
袖壁:
石膏ラスボード下地の上、
聚楽壁風左官㋐13
600

袖壁に設けた曲線開口。端部は木材（樹脂系塗装）

面を適所に施す

面というと一般的には45°の角度の切り面だが、ほかにもさまざまな面がある。まず、竿縁によく使われるものが「猿頬面（さるぼおめん）」。45°以上に角度が深く、猿のように頬がこけたかたちであることから名が付いた。違い棚の海老束（85頁参照）に使われる「几帳面」は、平安時代の障屏具である几帳の柱に施されたものに由来する。「ときん面」「かまぼこ面」はそれぞれ、山伏が頭に被る角錐状の頭巾（ときん）、かまぼこに似ていることから付いた名称である。

■面の種類と使い方

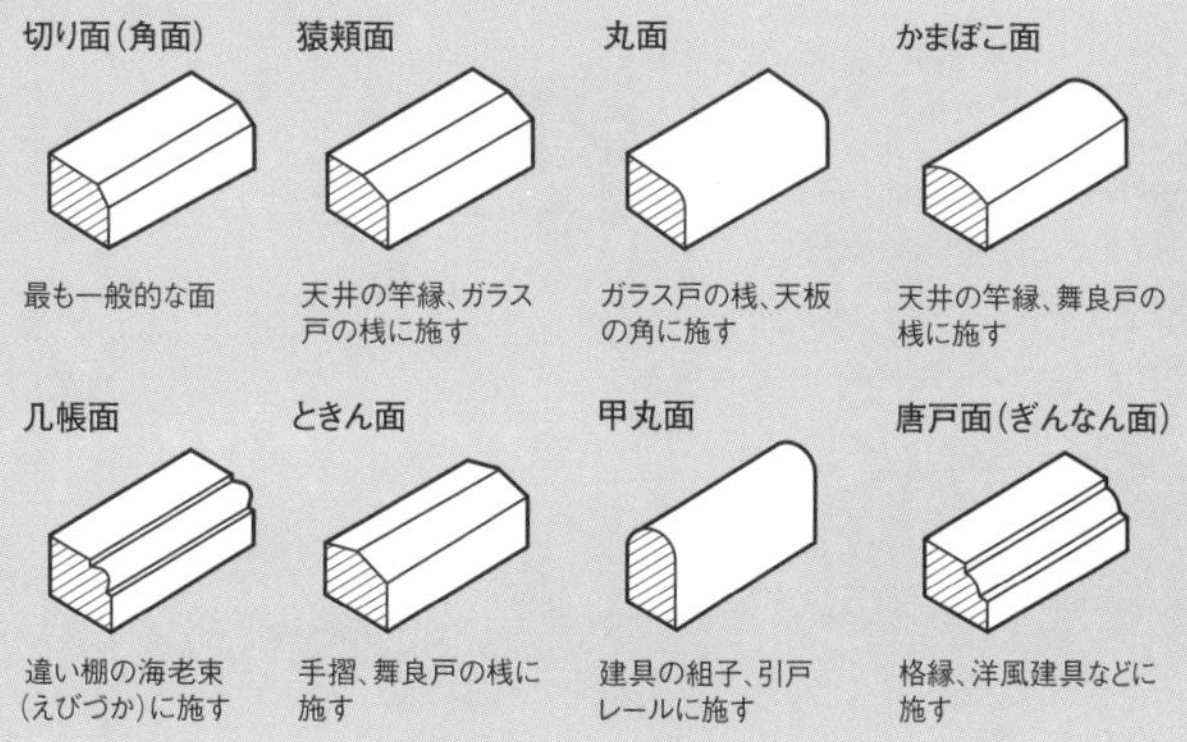
切り面（角面）
最も一般的な面
猿頬面
天井の竿縁、ガラス戸の桟に施す
丸面
ガラス戸の桟、天板の角に施す
かまぼこ面
天井の竿縁、舞良戸の桟に施す
几帳面
違い棚の海老束（えびづか）に施す
ときん面
手摺、舞良戸の桟に施す
甲丸面
建具の組子、引戸レールに施す
唐戸面（ぎんなん面）
格縁、洋風建具などに施す

▶ 壁6

目隠し壁を和風にするコツ

1 目隠し壁

❶ 姿図［S＝1：30］

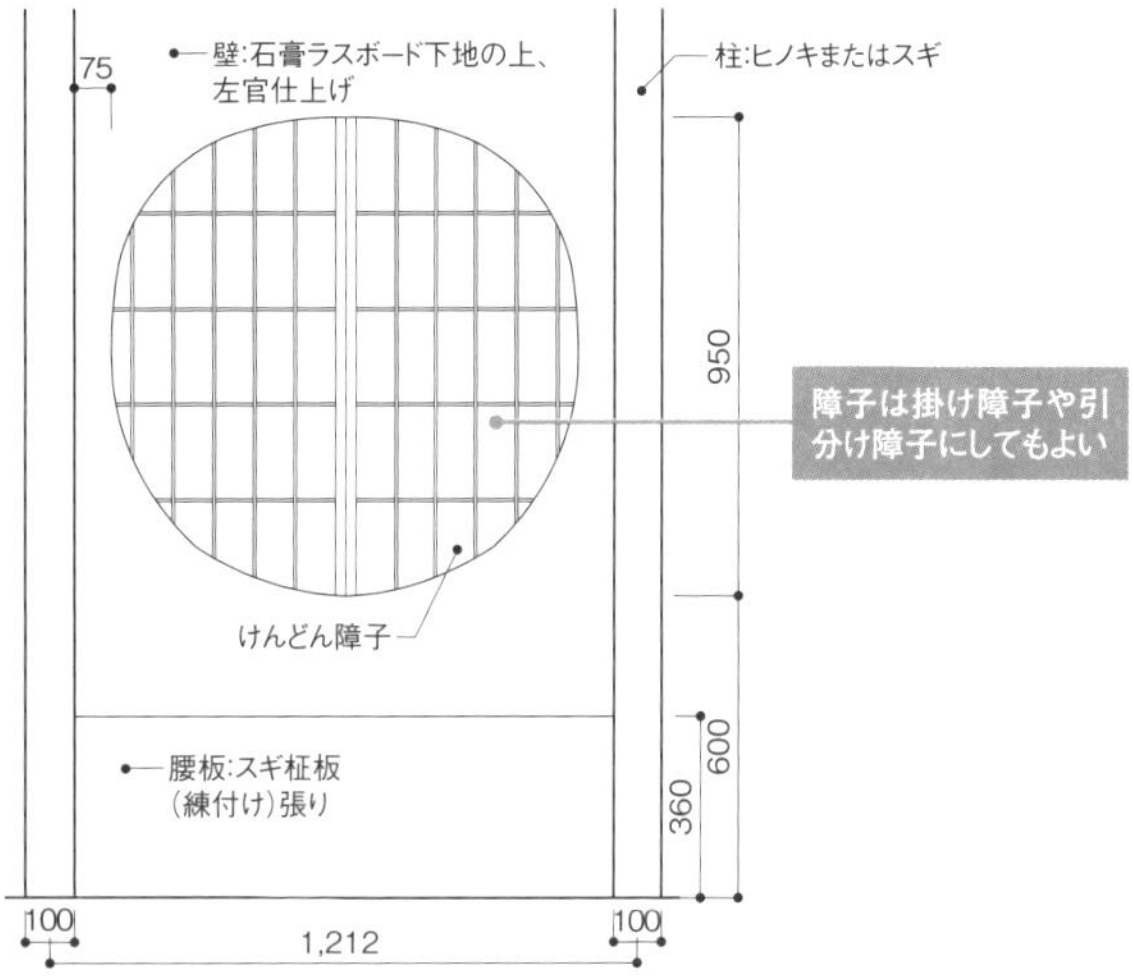
75
壁:石膏ラスボード下地の上、
左官仕上げ
柱:ヒノキまたはスギ
950
障子は掛け障子や引分け障子にしてもよい
けんどん障子
腰板:スギ柾板
(練付け)張り
600
360
100
1,212
100

❷ 断面図［S＝1：10］

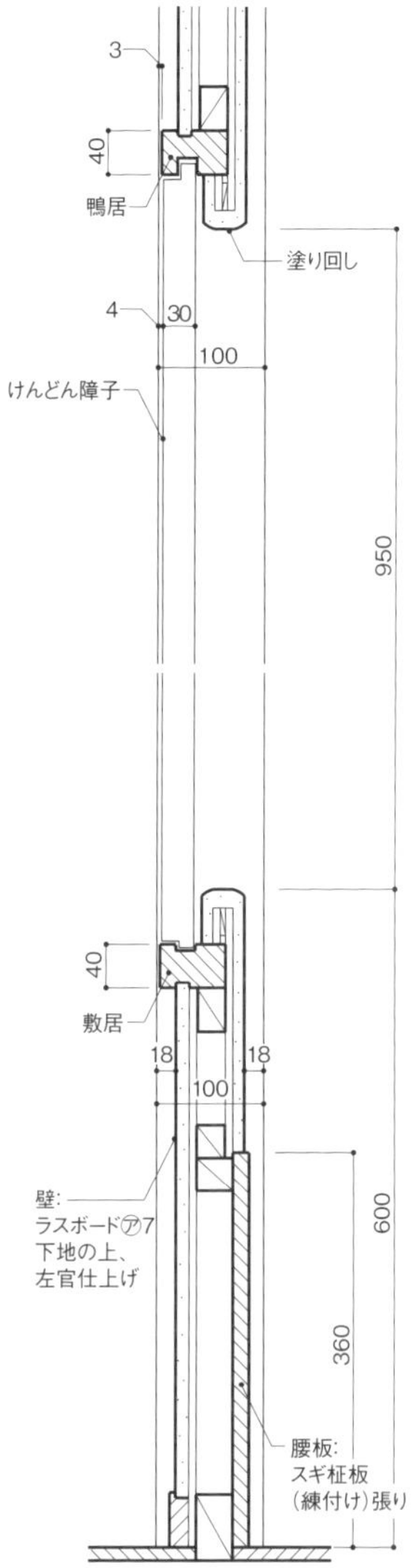
3
40
鴨居
塗り回し
4
30
100
けんどん障子
950
40
敷居
18
18
100
壁:
ラスボード㋐7
下地の上、
左官仕上げ
600
360
腰板:
スギ柾板
(練付け)張り

❸ 平面図［S＝1：10］

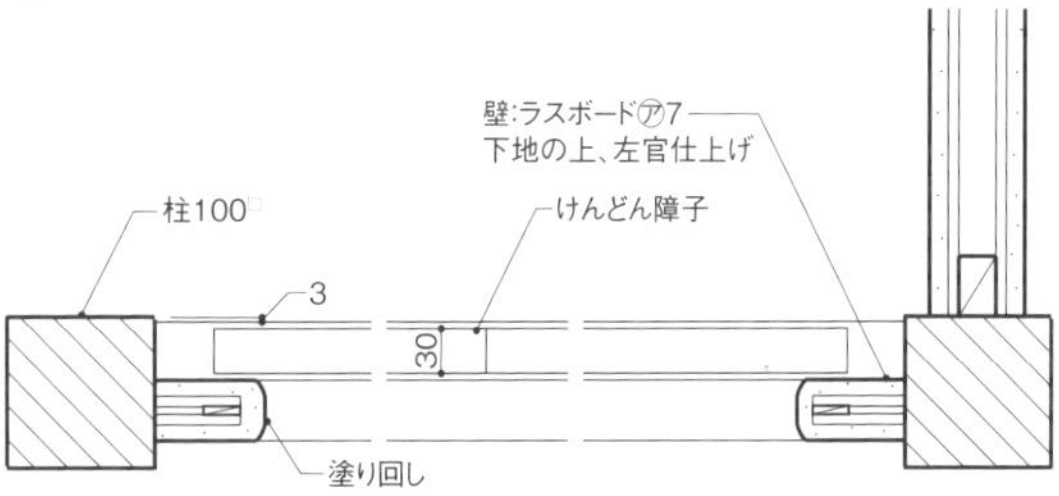
壁:ラスボード㋐7
下地の上、左官仕上げ
柱100□
けんどん障子
3
30
塗り回し

飾り窓。和風では自由な曲線を使う

2 | 和風のパーティション

❶ 姿図［S＝1：30］

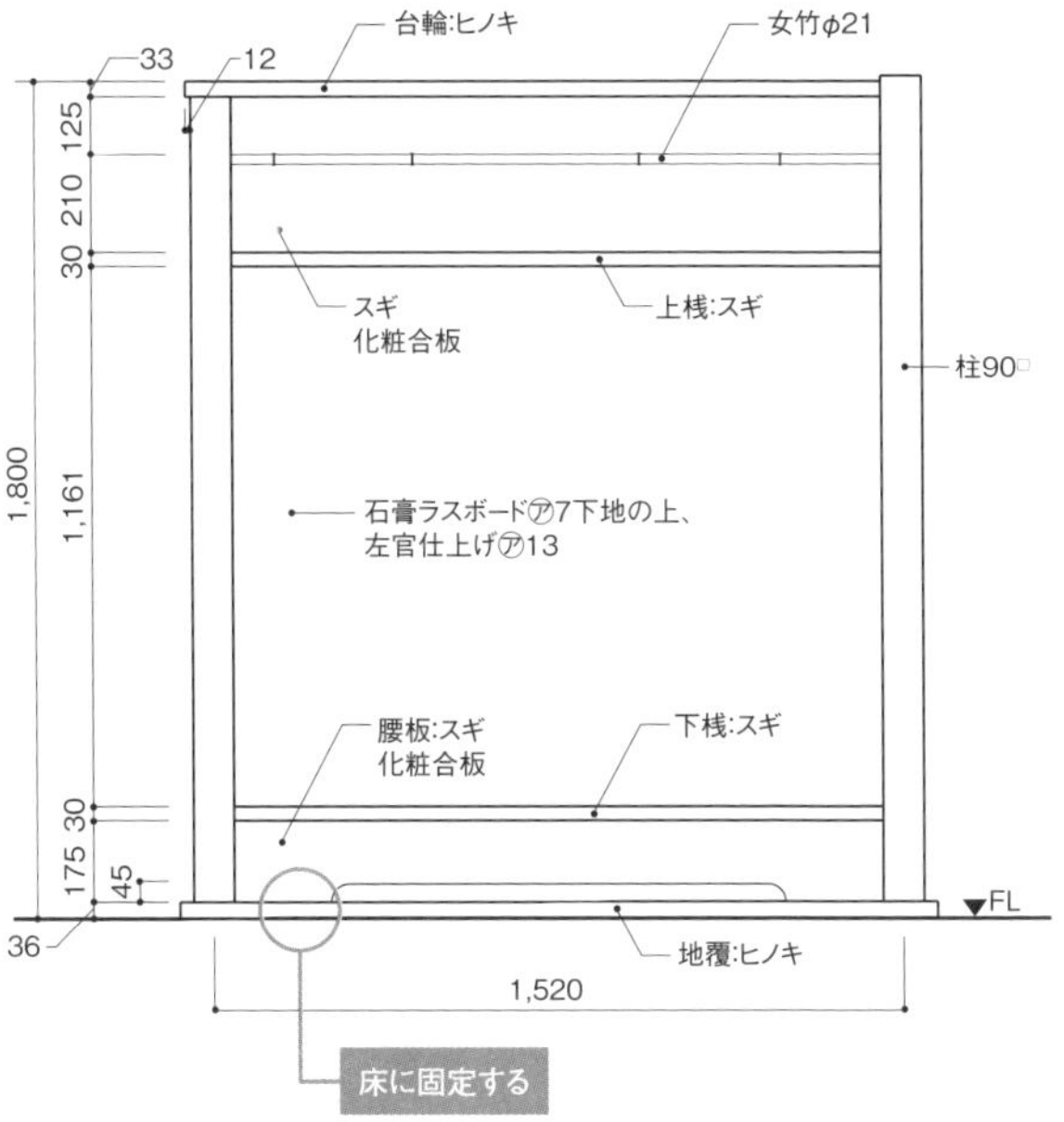

台輪:ヒノキ
女竹φ21
33
12
125
210
30
1,800
1,161
30
175
45
36
スギ
化粧合板
上桟:スギ
柱90□
石膏ラスボード㋐7下地の上、
左官仕上げ㋐13
腰板:スギ
化粧合板
下桟:スギ
FL
地覆:ヒノキ
1,520
床に固定する

❷ 断面図［S＝1：10］

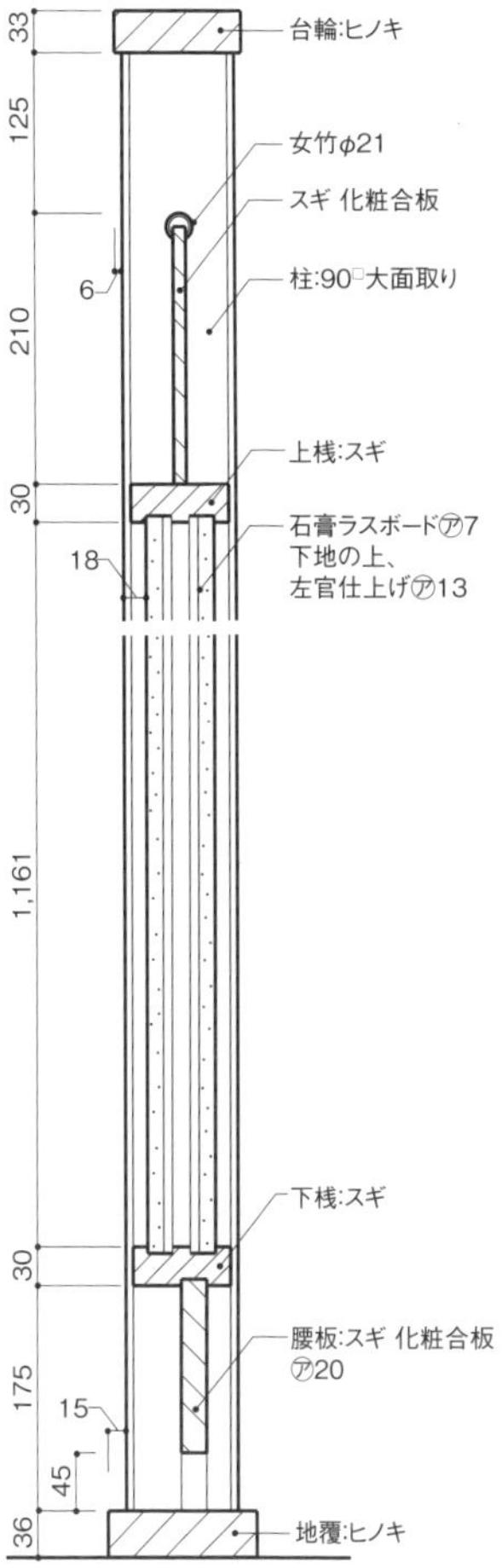

33
台輪:ヒノキ
125
女竹φ21
スギ 化粧合板
6
柱:90□大面取り
210
上桟:スギ
30
石膏ラスボード㋐7
下地の上、
左官仕上げ㋐13
18
1,161
下桟:スギ
30
腰板:スギ 化粧合板
㋐20
175
15
45
36
地覆:ヒノキ

和風パーティションの例

エントランスホールに設けた連子竹のパーティション

和風では障壁などを透かして見せる「透かし」という手法がある。目隠しとなる壁の一部に開口をあけるなどして、その先を少しばかり見せることで、空間に広がりをもたせる方法である。視線は部分的にさえぎられ、その向こうを完全に見ることはできないが、様子はうかがい知ることができる。また、目隠し壁にあけられた開口部が額縁のようになり、風景などを絵画的に切り取って見せることにもなる。

インテリアでは障壁の開口部を飾り窓としたり、格子を設け隣り合う空間の一体感を演出することがある**[図1]**。一方、この連続感が不要なときなどは、障子を仕込むなどする。そのほか、開口部を曲線で表現する場合はその線と壁端部のディテールをよく検討することが必要である。

飲食店などで座席を仕切るパーティションも目隠し壁の一種である**[図2]**。座したときに視線を遮り、上部は開放するような高さにすると室内の一体感を生み出し、排煙を確保するにも有効である。床に固定しない場合は、転倒時に害を及ぼさないような軽量の材と納まりで製作する必要がある。

和風の床の基本は畳敷き

1 | 畳敷きの基本

❶ 名称

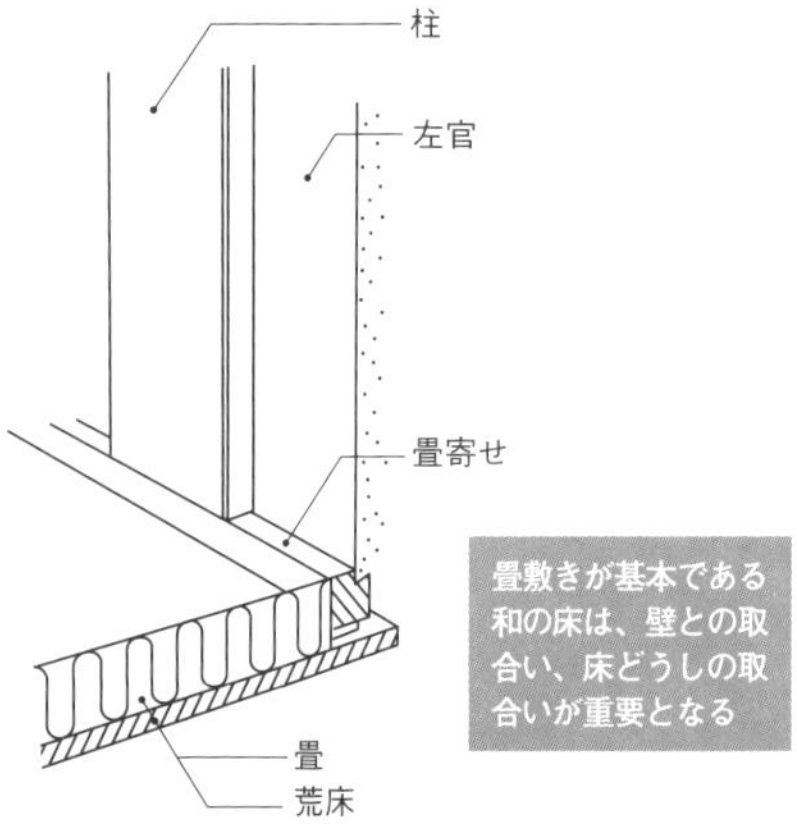
柱
左官
畳寄せ
畳敷きが基本である和の床は、壁との取合い、床どうしの取合いが重要となる
畳
荒床

❷ 畳の大きさと厚み

		柱割り（規準の1間）［※1］	畳割り［※2］
大きさ	京間	6.5尺	1,910×955mm（6.3×3.15尺）
	中京間	6.2尺	1,820×910mm（6×3尺）
	田舎間	6.0尺	1,760×880mm（5.8×2.9尺）
	江戸間	6.0尺	なし

※1 柱の心々距離（1間の長さ）を規準長にして各室の大きさを決める。柱の大きさにより畳の大きさが変わる
※2 畳の大きさを規準として各室の大きさを決める。建具・床の間などの柱間装置が規格化できる

厚み	本畳	関東60mm（2寸）、関西54mm（1.8寸）
	建材畳（床暖対応）	12〜30mm

2 | 畳［S＝1：6］

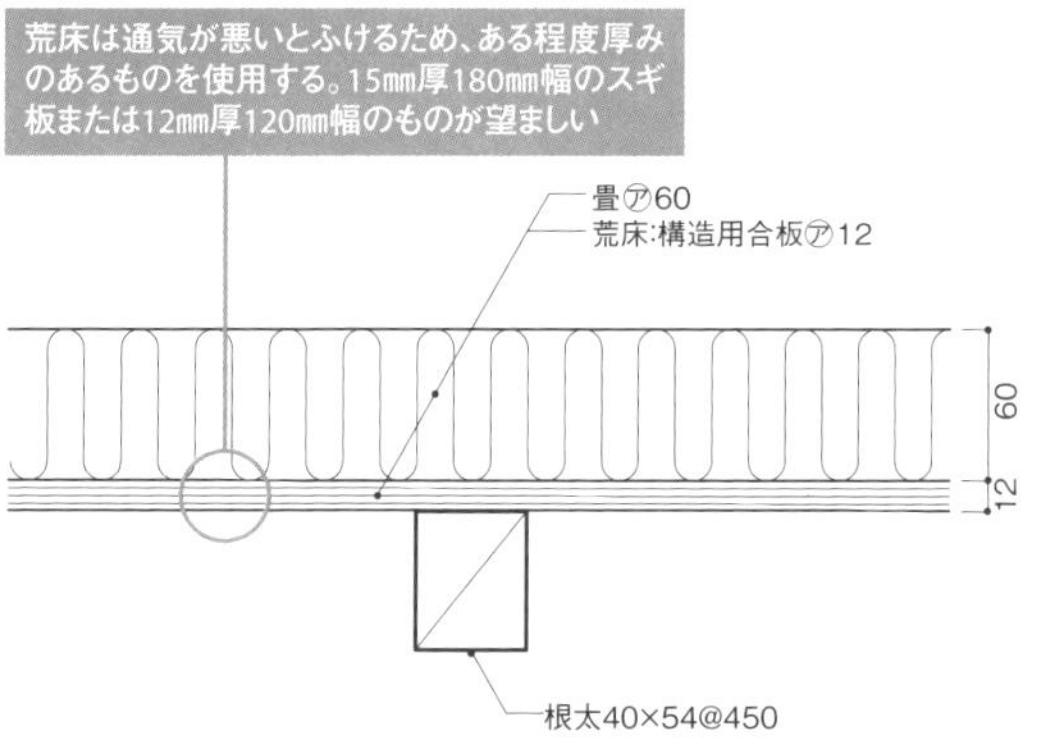
荒床は通気が悪いとふけるため、ある程度厚みのあるものを使用する。15mm厚180mm幅のスギ板または12mm厚120mm幅のものが望ましい
畳㋐60
荒床:構造用合板㋐12
60
12
根太40×54@450

3 | 床暖房用畳［S＝1：6］

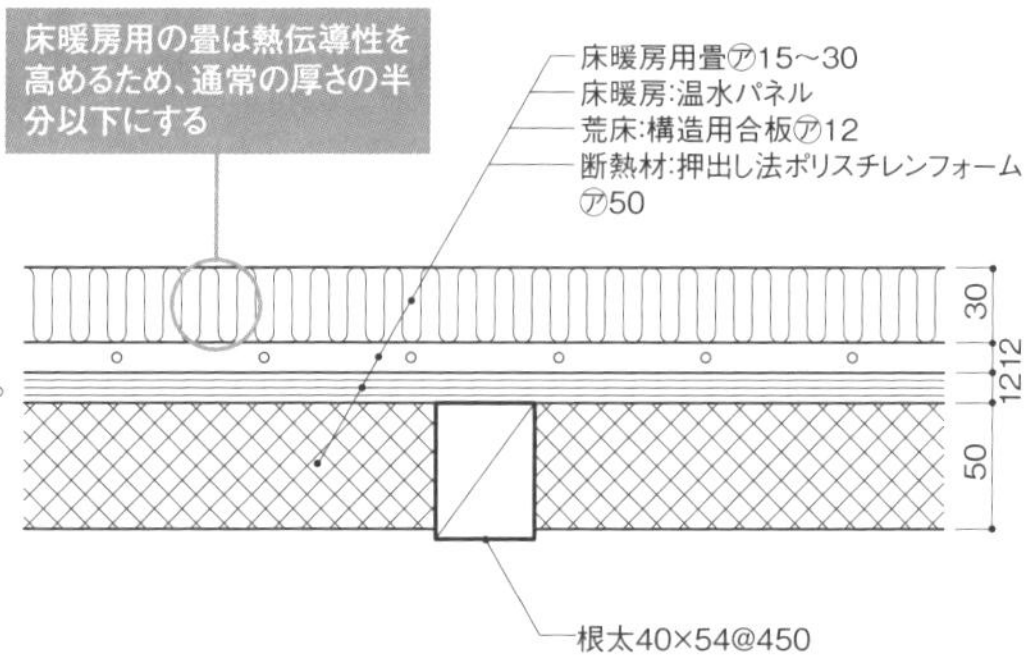
床暖房用の畳は熱伝導性を高めるため、通常の厚さの半分以下にする
床暖房用畳㋐15〜30
床暖房:温水パネル
荒床:構造用合板㋐12
断熱材:押出し法ポリスチレンフォーム㋐50
30
12
12
50
根太40×54@450

和風空間の床仕上げといえば、畳である【図1〜3】。畳は畳床《たたみどこ》、畳表、畳縁で構成される。畳床は畳の芯で、稲藁を並べ糸締めしたもの（藁床）。糸締め数が多いほど、耐久力が増し上等品となる。そのほか、スチレンフォームやインシュレーションボードを藁ではさんだサンドイッチ畳床や藁を使わない建材畳床がある。踏み心地は藁床がよいが、ダニの発生や重量、床暖房の採用などを考慮し、建材畳床の使用も多い。畳表は、乾燥させたイ草を横糸に使い、麻糸を縦糸として織ったもの。一方、畳縁は畳表の長辺を縁どる布で、畳床に合わせて折り曲げるイ草の補強をする役目を果たす。縁のない坊主畳は耐久性に難点があり、採用の際には部屋の使用頻度などを確認しておく。

畳の大きさは地域によって異なり、厚みも畳床の種類によりさまざまである。代表的なものは図1❷のとおり。床暖房の場合、畳床が薄いと熱による収縮が大きくなるので注意が必要だ。壁との取合いには敷居と同材を用いた横材（畳寄せ）を入れる。柱面に合わせ室内に矩形をつくり、畳を納める【図4】。

4 | 壁との取合い [S＝1:8]

❶ 畳―畳寄せ（木造）

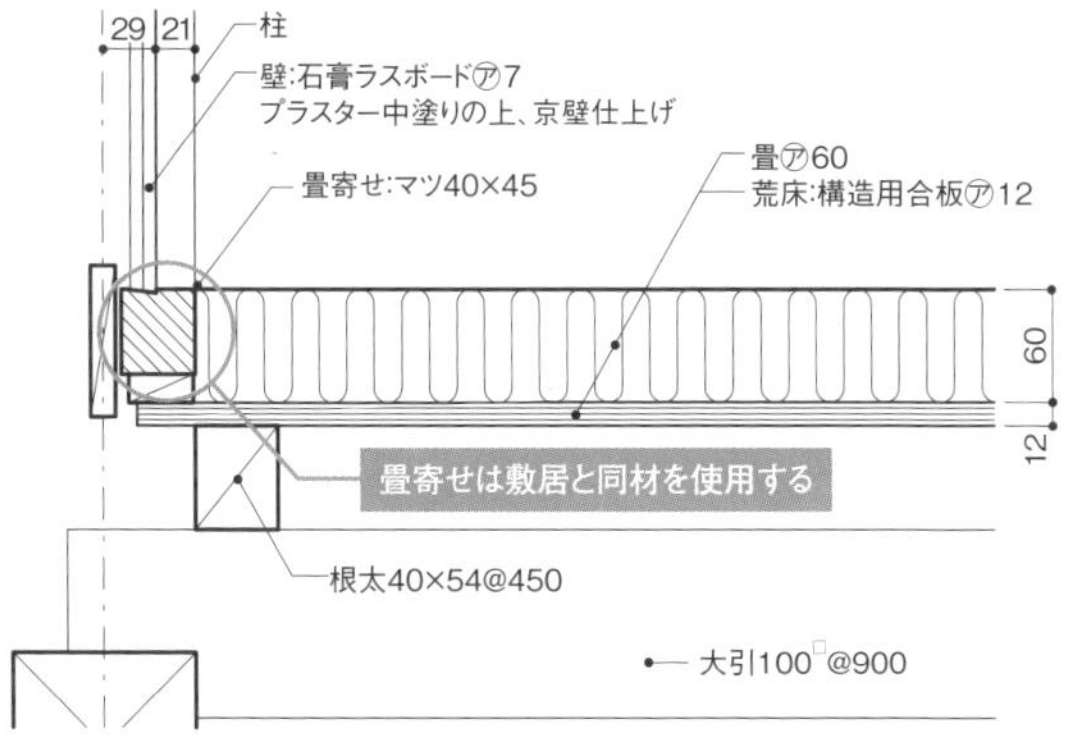
29
21
柱
壁:石膏ラスボード㋐7
プラスター中塗りの上、京壁仕上げ
畳寄せ:マツ40×45
畳㋐60
荒床:構造用合板㋐12
60
12
畳寄せは敷居と同材を使用する
根太40×54@450
大引100□@900

畳寄せと畳の取合い

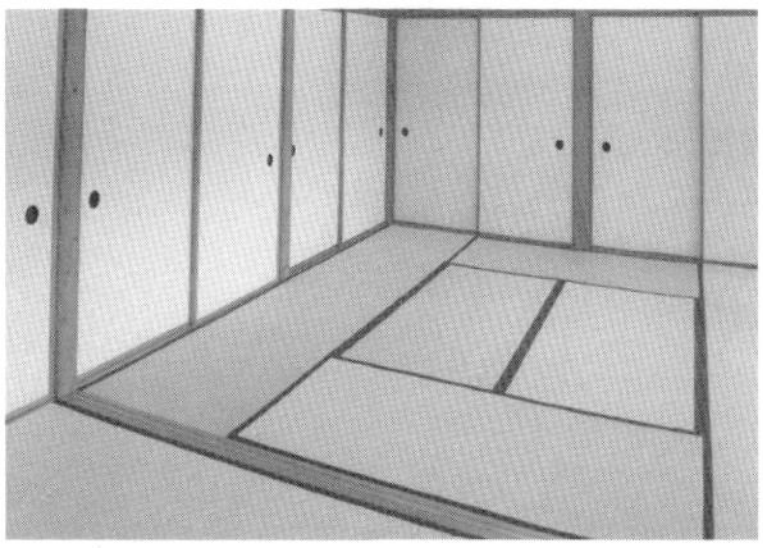
畳は祝儀敷きとする

❷ 畳―畳寄せ（RC造）

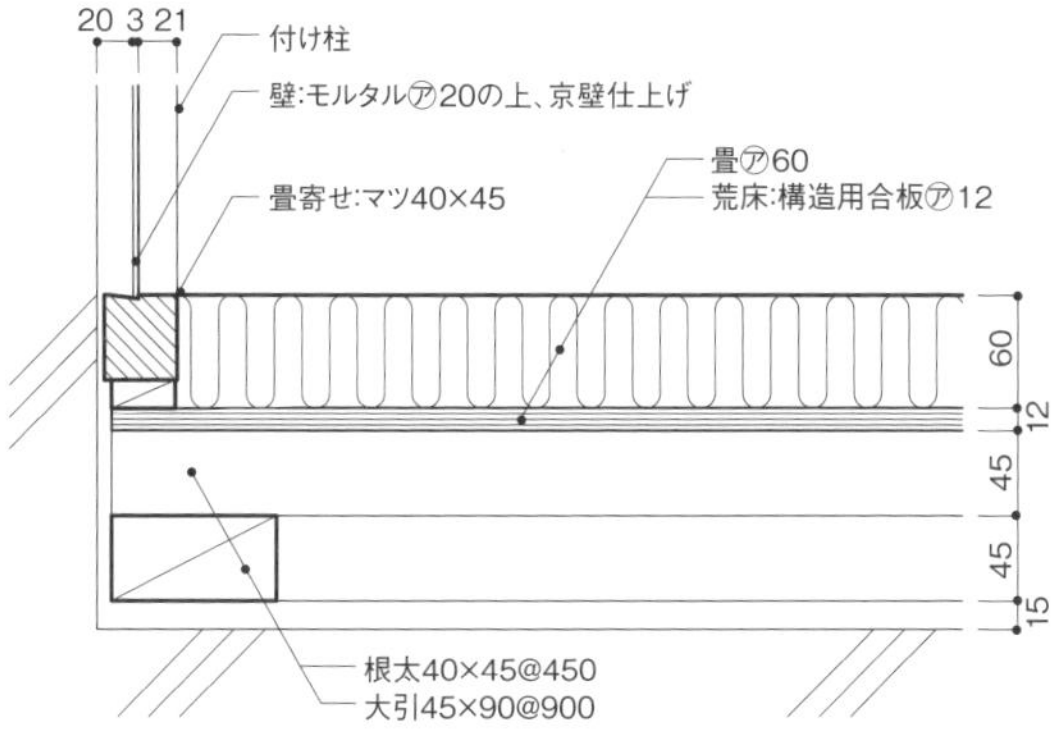
20
3
21
付け柱
壁:モルタル㋐20の上、京壁仕上げ
畳寄せ:マツ40×45
畳㋐60
荒床:構造用合板㋐12
60
12
45
45
15
根太40×45@450
大引45×90@900

畳を敷く前の様子。家具用コンセントを畳寄せに埋め込んでおくのは、和室の壁にコンセントを露出させないための工夫

畳はT字型に敷いていく

畳の敷き方は、江戸時代より祝儀敷き（しゅうぎじき）と不祝儀敷き（ぶしゅうぎじき）に分けられてきた。祝い事や葬儀などの折々で敷き替えが行われていた。

しかし、現代では敷き替えをすることはなく、一般的な住宅の畳は、祝儀敷きにする。

祝儀敷きは、床の間の手前の畳を床（とこ）と平行にし、それを基準としてほかの畳を違い違いに敷いていく。

畳の合わせ目がTの字になるように敷くと、仕上りがよく見え、意匠的な変化や見た目の美しさを感じさせる。

一方、床の間がない場合に畳を敷く基準となるのは、出入口の前の畳である。

出入りの際の畳の損傷を軽くするため、長手方向を出入口（敷居・地板など）と平行にする。

不祝儀敷きは2枚以上の畳を平行に敷いていく。畳の4つの角が合わさって十字になるため縁起が悪い敷き方とされる。旅館や寺院などの大広間はこの敷き方をする。

■畳の敷き方

畳数	祝儀敷き	不祝儀敷き
3		
4.5		
6	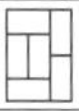	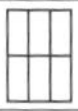
8		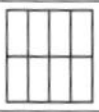
10	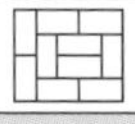	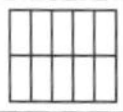

注:12.5畳以上になると祝儀敷きは目うるさくなってくるので、不祝儀のようにしたほうがよい

▶ 床2

和風の板間のバリエーション

1 | 板敷きの基本

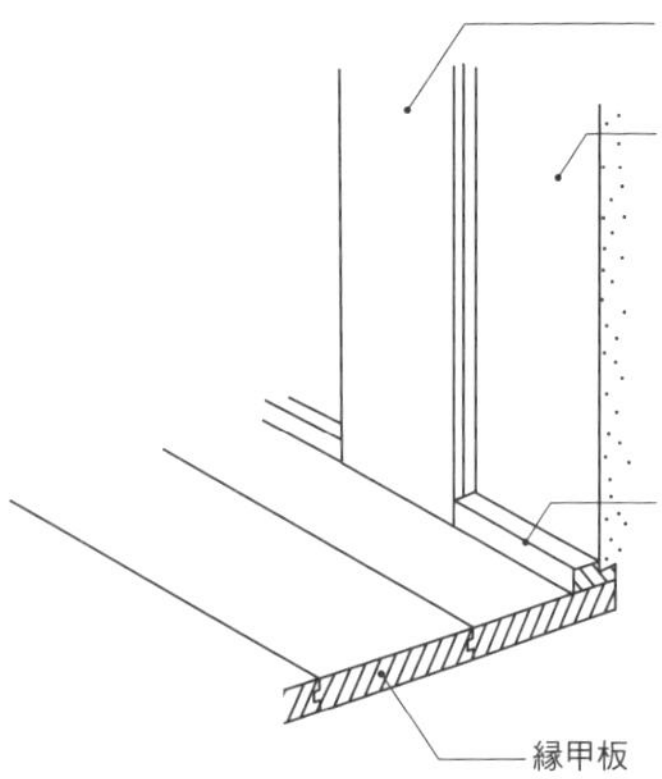
柱
左官
雑巾摺り
縁甲板

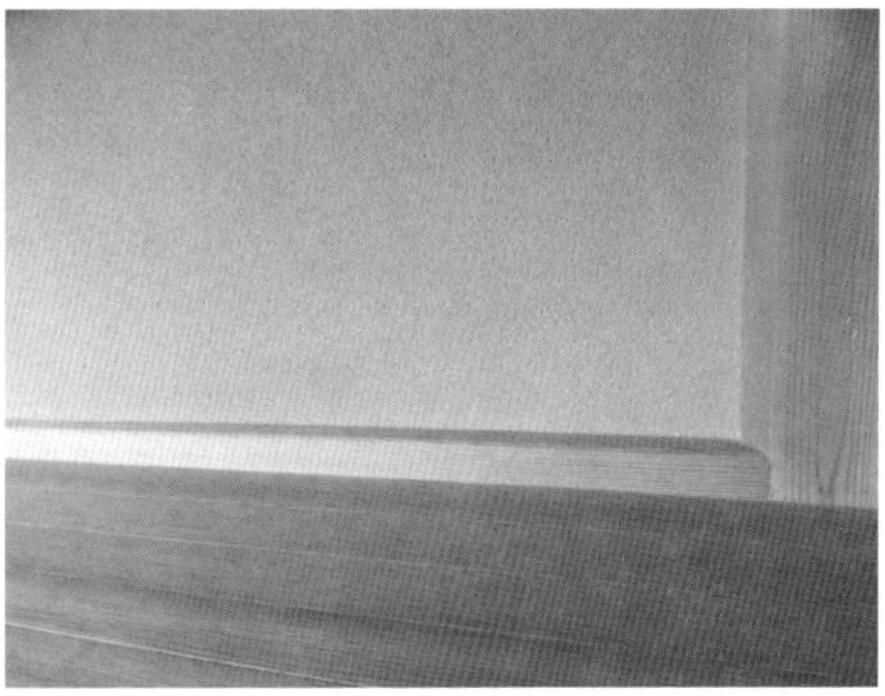

雑巾摺りで壁と床を見切る

2 | 緑甲板張り [S＝1：6]

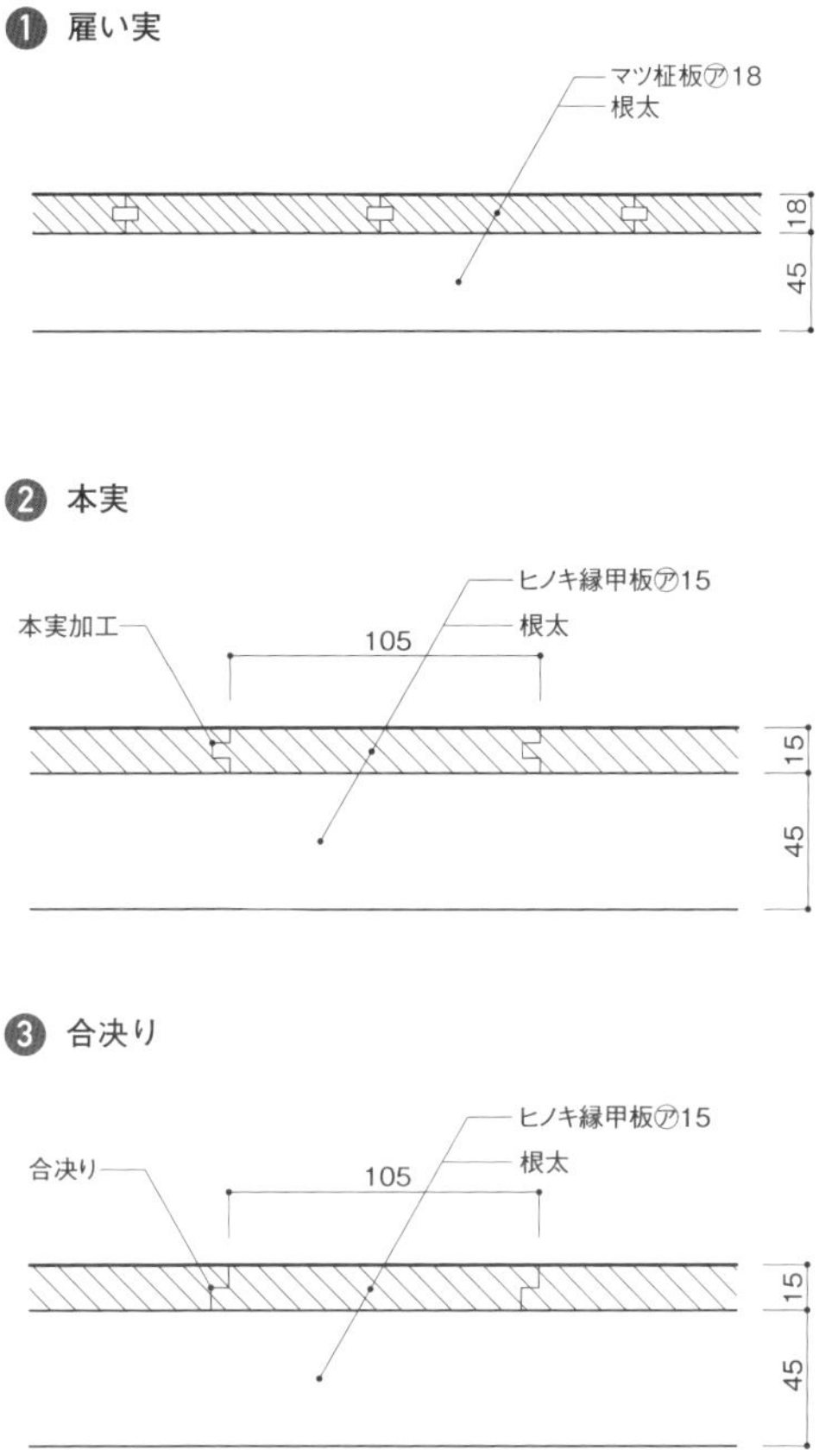
❶ 雇い実
マツ柾板㋐18
根太
18
45
❷ 本実
ヒノキ縁甲板㋐15
本実加工
根太
105
15
45
❸ 合决り
ヒノキ縁甲板㋐15
合决り
根太
105
15
45

和の空間で床を板張りする場合は、縁甲板《えんこういた》張りが一般的である【図1〜3】。縁甲板は、本実《ほんざね》加工した板を継ぎ合わせて張っていく。幅広板（幅120mm以上）の場合は、本実継ぎか雇《やと》い実継《ざね》ぎにする。雇い実は、縁甲板とは異なる材を使えるため歩留まりがよい。なお、幅広板は材料をそろえることが難しいので、割高になる。また反りやすいため、根太間隔を狭めるなど注意が必要である。なお、縁甲板とフローリングの違いは、小口にある。縁甲板は長手方向にのみ実加工を施すが、フローリングは短手方向にも実加工する。そのため縁甲板の板継ぎは、根太の位置にすることを知っておきたい。

壁との取合いには、雑巾摺りか幅木を入れる【図4】。雑巾摺りは床の間の床板、床脇の地板、地袋の天板などの人が歩かない場所で使用し、成（高さ）を低く抑え、目立たないようにする。見切のほか、掃除の際などに壁仕上げを傷めることを防ぐ役目もある。一方、幅木は廊下や踏込、縁側など人が歩く場所に設ける。つま先や掃除機が壁に触れ、傷付けないように高さを決める。

3 | 合板四半敷き [S＝1：8]

300㎜角の合板を目地が四周の辺と45°になるように敷けば、洋間でも和の雰囲気をもたせられる。温水パネルの上に合板2枚張り仕上げとすることで、床暖房を採用しても、低コストで済み、かつ、あばれもない

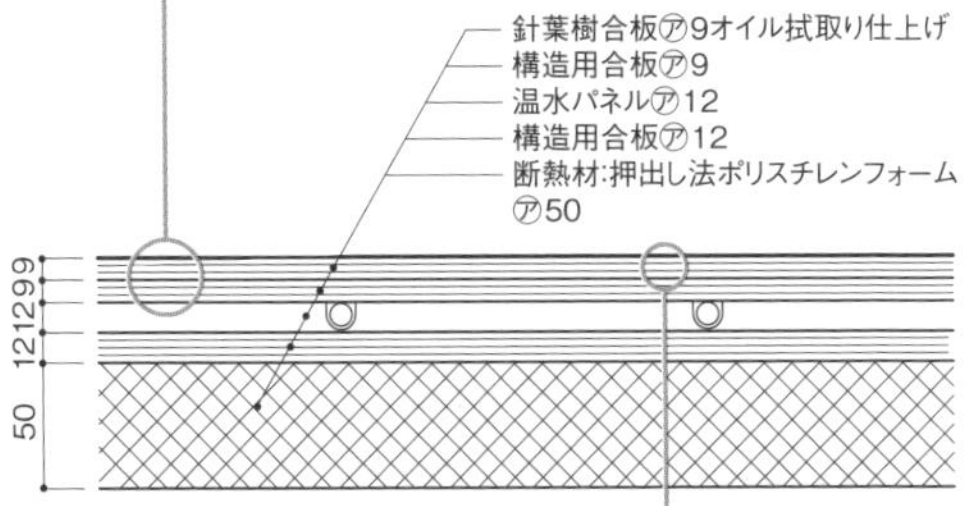

針葉樹合板㋐9オイル拭取り仕上げ
構造用合板㋐9
温水パネル㋐12
構造用合板㋐12
断熱材：押出し法ポリスチレンフォーム㋐50
9
9
12
12
50

300㎜角の合板を四半（しはん）敷きにした、三溪園・聴秋閣の床（写真右上）の写し

針葉樹合板には節があることが多い。手間をかけて節のない板を選ぶか、もしくは節あり分のロスを見込んで合板を発注する

三溪園・聴秋閣入口の四半敷き（写真：田畑みなお）

着色針葉樹合板を四半敷きにした例。上の聴秋閣を「本歌」とした「写し」

4 | 壁との取合い [S＝1：8]

❶ 地板―雑巾摺り

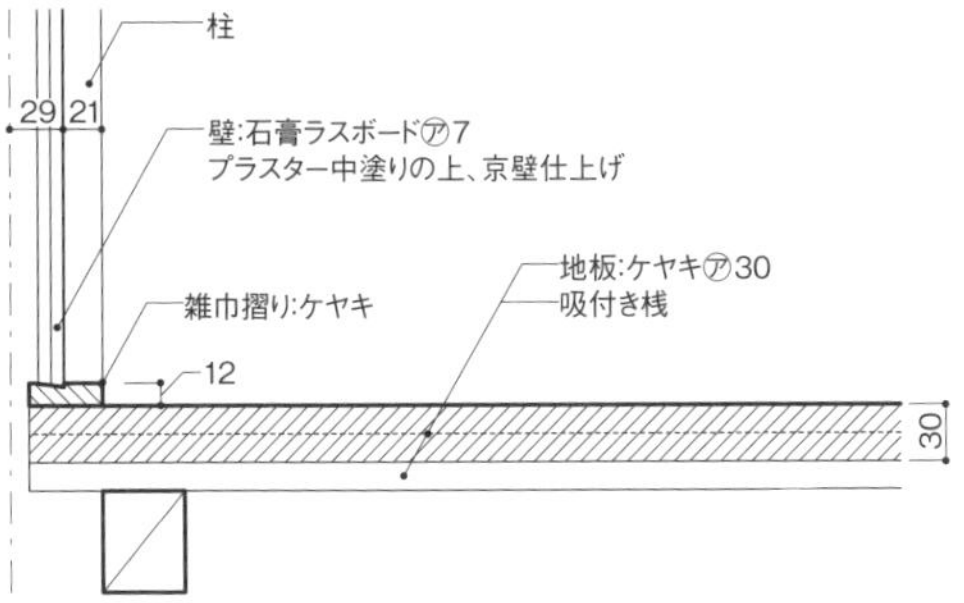

柱
29
21
壁：石膏ラスボード㋐7
プラスター中塗りの上、京壁仕上げ
雑巾摺り：ケヤキ
12
地板：ケヤキ㋐30
吸付き桟
30

❷ 縁甲板―幅木

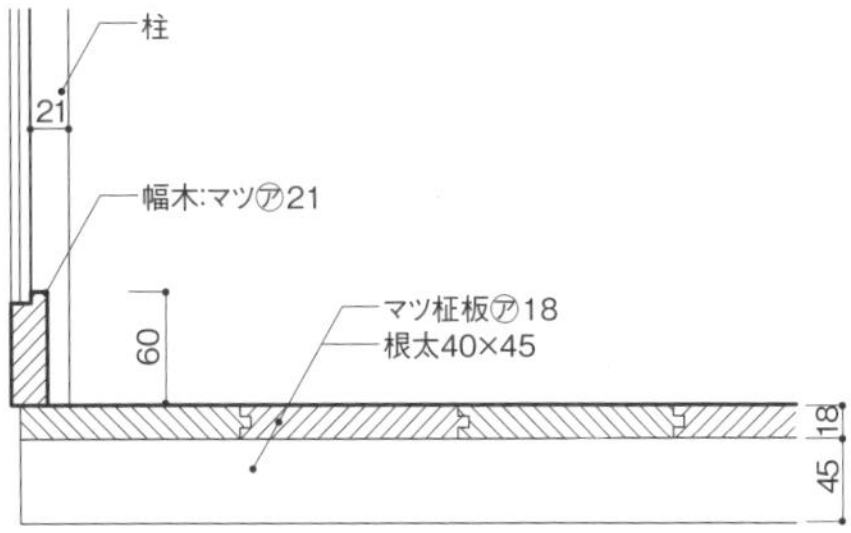

柱
21
幅木：マツ㋐21
60
マツ柾板㋐18
根太40×45
18
45

廻り縁の縁板の張り方

廻り縁の縁板の張り方は2種類ある。

1つは「留め張り」で、桂離宮の新御殿の入側縁［※］に見られる。この張り方は隙間があきやすいのでよく乾燥された材を選んで用いなければならない。

もう1つは「石畳張り」である。留めにしないで片方の縁板を延ばして張る。図は左前だが、古い建築本では必ず右前とされ、一番内側の一枚だけは留めにすることを定法とするとある。また縁板の枚数も9枚、11枚と必ず奇数枚とするとあるが、あまり気にすることはなく、矩折りの長さが長いほうを伸ばし、縁板の割りで偶数枚になってもよい。

※入側縁とは、一部または全体を畳敷にした縁側をいう

■角部の張り方

①石畳張り

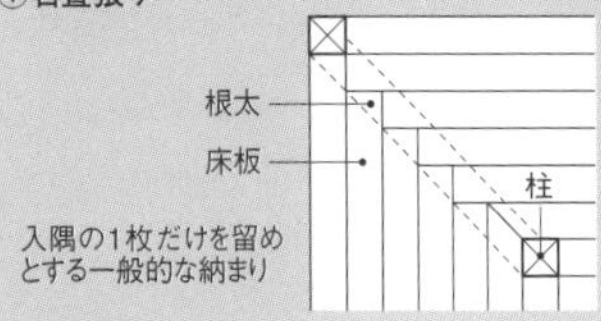

根太
床板
柱
入隅の1枚だけを留めとする一般的な納まり

②留め張り

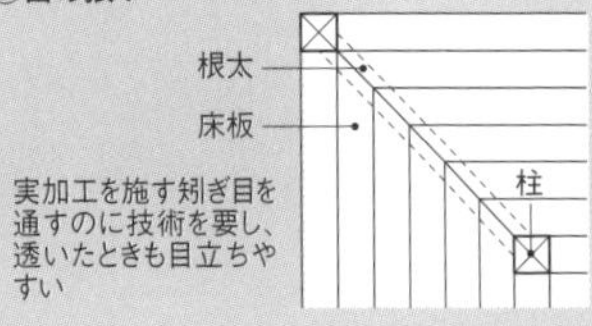

根太
床板
柱
実加工を施す矧ぎ目を通すのに技術を要し、透いたときも目立ちやすい

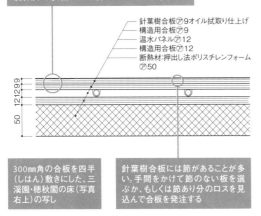

仕上げの異なる床の見切り方

1 | 突付け [S＝1：10]

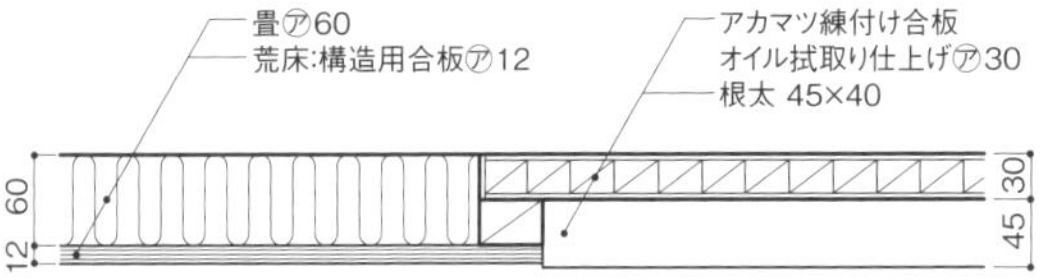
和室
踏込
畳㋐60
荒床:構造用合板㋐12
アカマツ練付け合板
オイル拭取り仕上げ㋐30
根太 45×40
60
12
30
45

畳とフローリングの異種素材を無目敷居と敷居で見切る

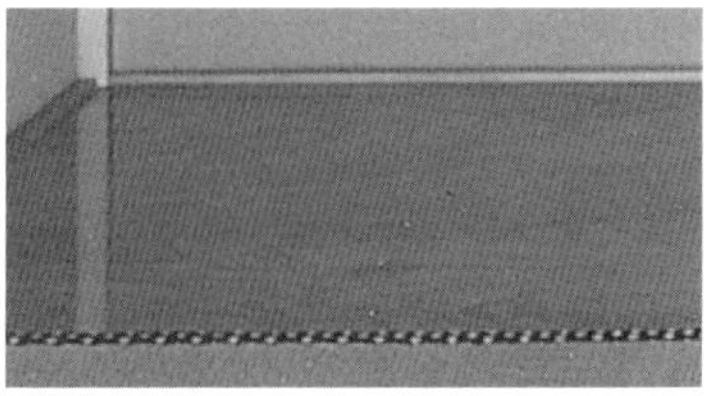
地板と畳を突付けにした例

2 | 敷居

❶ 無目敷居 [S＝1：10]

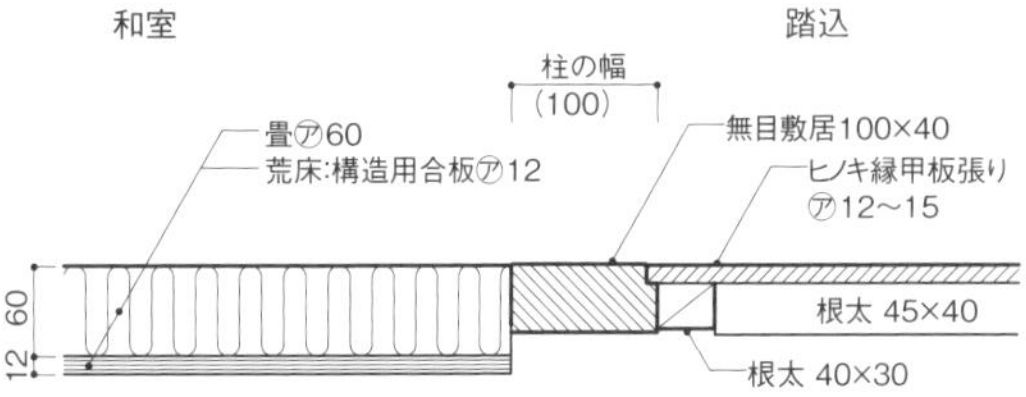
和室
踏込
柱の幅
(100)
畳㋐60
荒床:構造用合板㋐12
無目敷居100×40
ヒノキ縁甲板張り
㋐12～15
根太 45×40
根太 40×30
60
12

❷ 段差なし [S＝1：10]

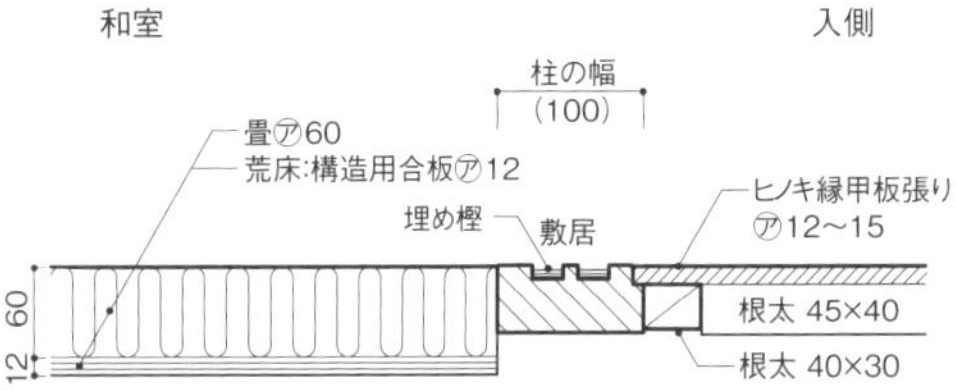
和室
入側
柱の幅
(100)
畳㋐60
荒床:構造用合板㋐12
埋め樫
敷居
ヒノキ縁甲板張り
㋐12～15
根太 45×40
根太 40×30
60
12

バリアフリー対応として敷居と床板に段差を設けない例

❸ 段差あり [S＝1：10]

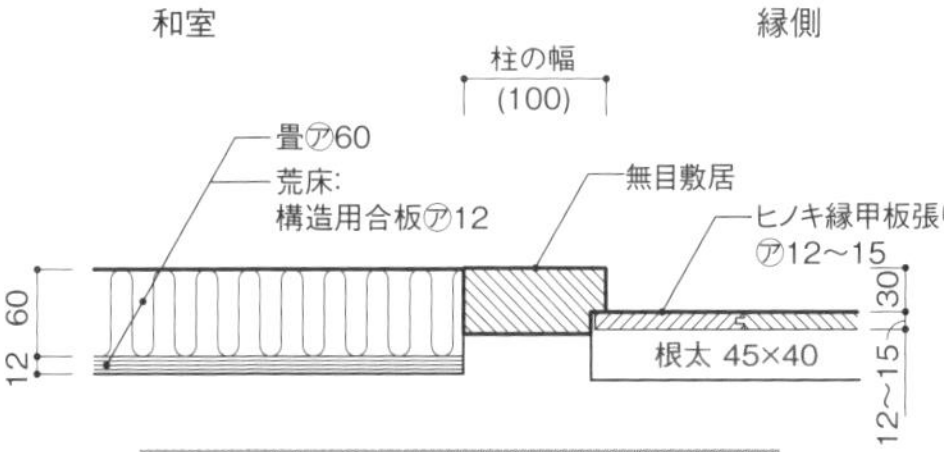
和室
縁側
柱の幅
(100)
畳㋐60
荒床:
構造用合板㋐12
無目敷居
ヒノキ縁甲板張り
㋐12～15
根太 45×40
60
12
30
12～15

和室と縁側や廊下、洋室とは1寸(30㎜)の段差を設けることが一般的であった

❹ 1段あげて、収納をつくる [S＝1：15]

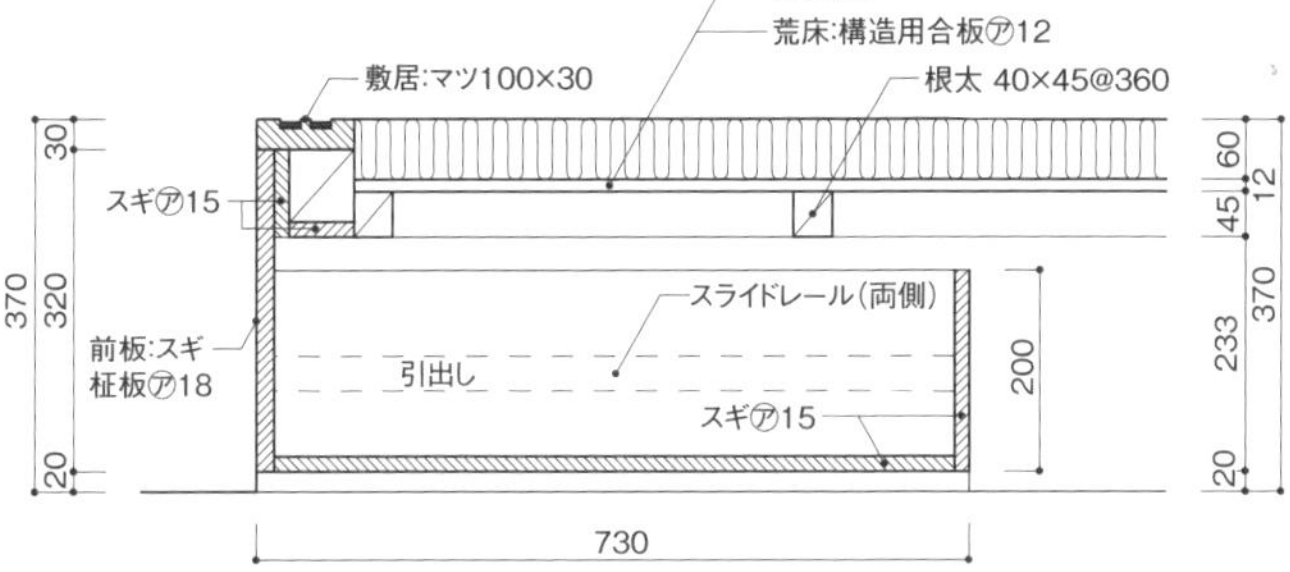
畳㋐60
荒床:構造用合板㋐12
敷居:マツ100×30
根太 40×45@360
スギ㋐15
スライドレール(両側)
前板:スギ
柾板㋐18
引出し
スギ㋐15
30
320
370
20
60
12
45
370
233
20
200
730

▶ 床4

座りやすい掘りごたつ

1 | 4本柱の掘りごたつ [S＝1：20]

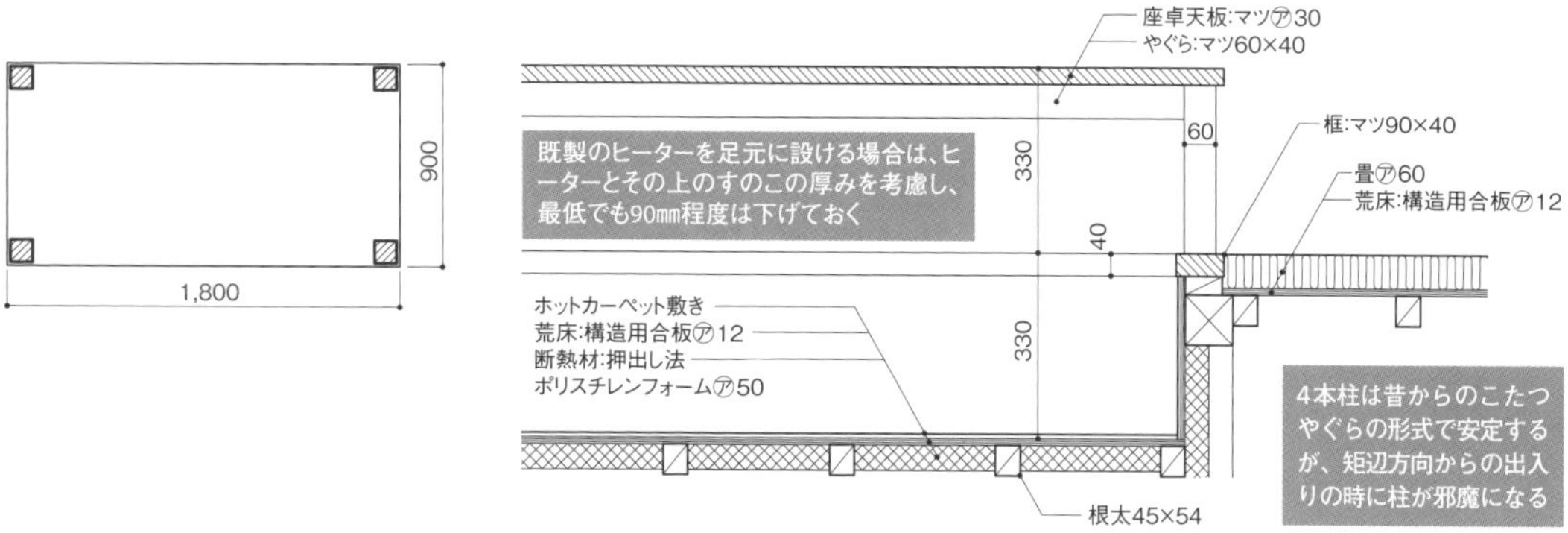

900
1,800
座卓天板:マツ㋐30
やぐら:マツ60×40
60
330
40
330
框:マツ90×40
畳㋐60
荒床:構造用合板㋐12
既製のヒーターを足元に設ける場合は、ヒーターとその上のすのこの厚みを考慮し、最低でも90㎜程度は下げておく
ホットカーペット敷き
荒床:構造用合板㋐12
断熱材:押出し法
ポリスチレンフォーム㋐50
根太45×54
4本柱は昔からのこたつやぐらの形式で安定するが、短辺方向からの出入りの時に柱が邪魔になる

2 | 2本柱の掘りごたつ [S＝1：20]

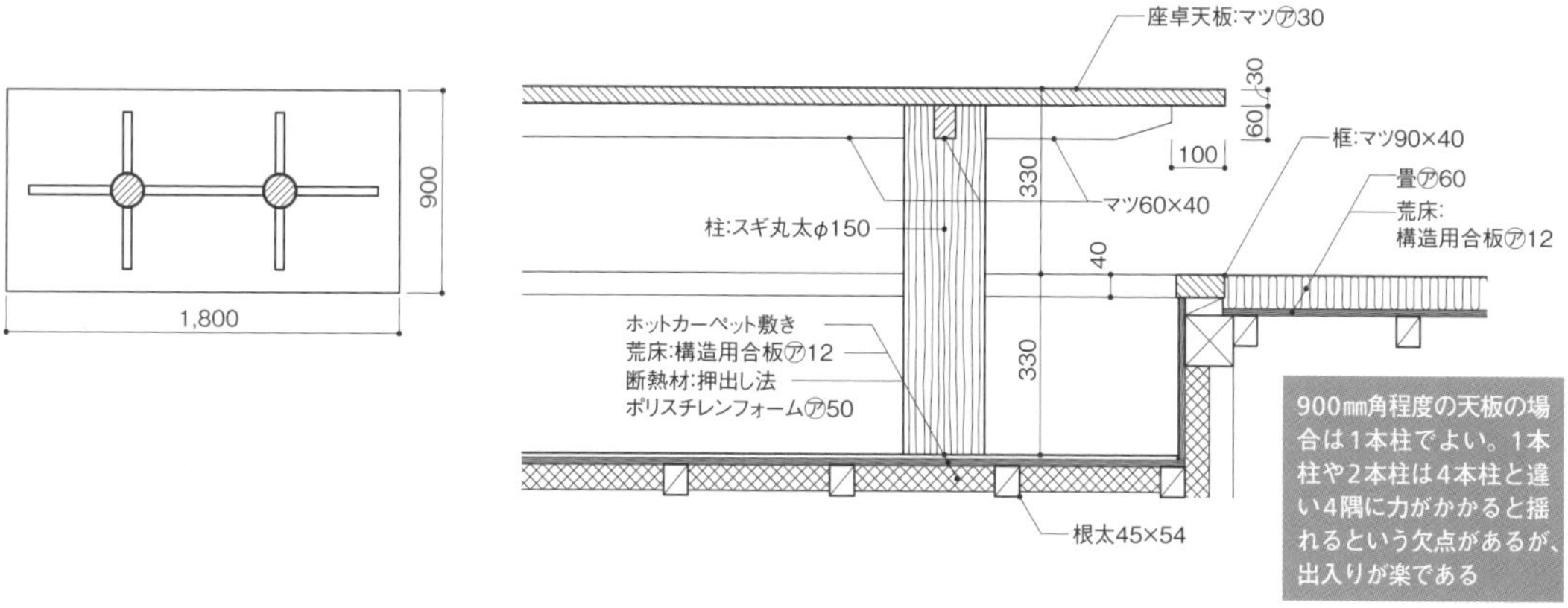

900
1,800
座卓天板:マツ㋐30
30
60
100
330
マツ60×40
柱:スギ丸太φ150
40
330
框:マツ90×40
畳㋐60
荒床:
構造用合板㋐12
ホットカーペット敷き
荒床:構造用合板㋐12
断熱材:押出し法
ポリスチレンフォーム㋐50
根太45×54
900㎜角程度の天板の場合は1本柱でよい。1本柱や2本柱は4本柱と違い4隅に力がかかると揺れるという欠点があるが、出入りが楽である

写真（右）住宅の4本柱の掘りごたつの例。やぐらをこたつ内部に下げて畳を敷くことも可能（写真：田畑みなお）
写真（左）2本柱の掘りごたつ

足を出して腰掛けられる掘りごたつは、畳敷きの和室などで重宝される。既製品の掘りごたつセットもあるが、コストやサイズの融通がきくことから、造作することも多い。

こたつには、やぐらを組んで天板を載せる方式と、中央の2本の柱で天板を支える方式がある（半畳なら柱1本）【図1・2、写真】。やぐら方式は寒い時にはこたつ布団が掛けられる。柱立てのこたつは見た目がすっきりするが、暖をとることを考慮・検討しておく必要がある。

▶ 内法 1

基本の矩計を知る

1 | 内法材の名称

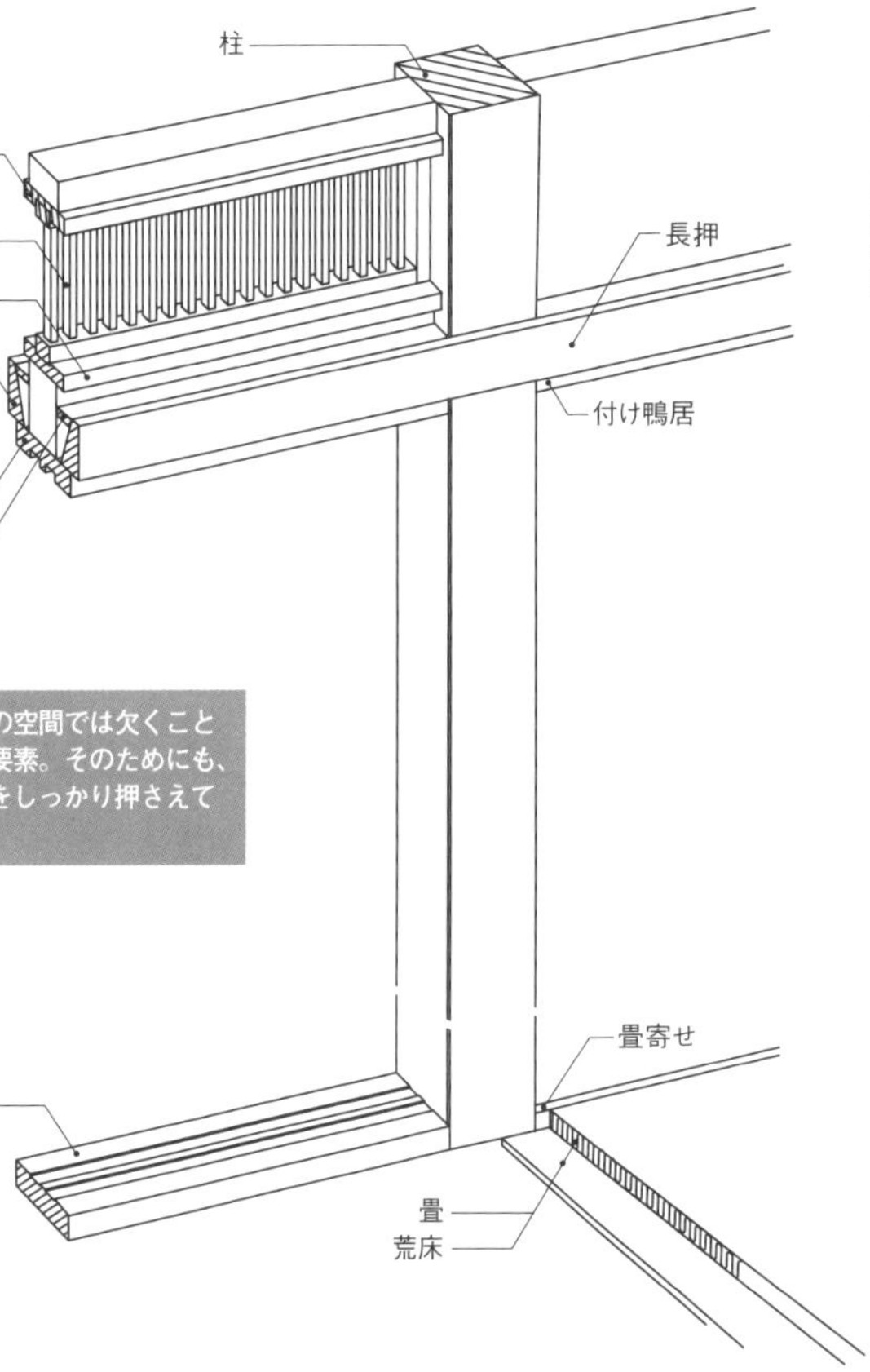
柱
欄間鴨居
欄間
欄間敷居
長押
鴨居
長押蓋
長押
付け鴨居
畳寄せ
敷居
畳
荒床

内法材は和の空間では欠くことのできない要素。そのためにも、基本の矩計をしっかり押さえておきたい

2 | 天井高の目安（㎜）

	部屋の大きさ（畳数）			
	10	8	6	4.5
江戸間	2,576（8.5尺）	2,424（8.0尺）	2,303（7.6尺）	2,212（7.3尺）
京間	2,636（8.7尺）	2,484（8.2尺）	2,424（8.0尺）	2,272（7.5尺）

江戸間と京間では間口が異なるので、同じ畳数でも広さが違う。そのため、天井高の目安も異なる

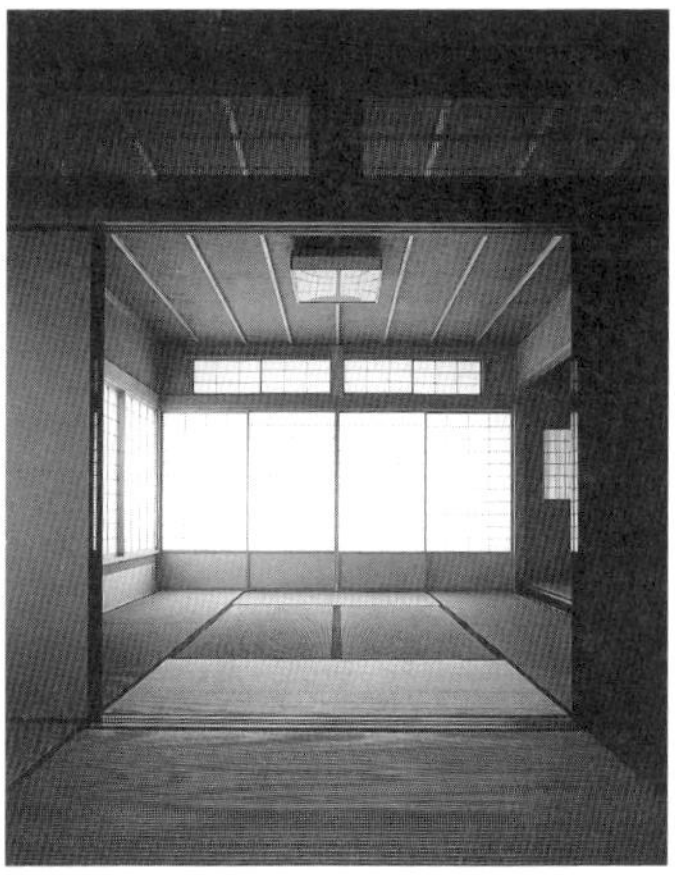

内法材とは、長押、鴨居、敷居の総称（写真：田畑みなお）

敷居の上端から鴨居の下端まで内法ということから、敷居や鴨居や長押（内法長押）などを内法《うちのり》材という【図1】。

その内法（内法高ともいう）は5尺8寸（1757㎜）を基本とする。一時代前は5尺7寸（1727㎜）であったが、日本人の身長が伸びて基本の5尺8寸でも頭が当たる若者も多くなってきている。

しかし、基本である内法高をこれ以上上げると、室内全体のプロポーションが悪くなってしまうので気をつけなければならない。

また、天井高も部屋の広さによって変える。その目安は**図2**のとおり、室内の縦・横比をおよそ黄金比（1：1・618）となるようにする。

基本の矩計は**図3**を参考にしてもらいたい。長押や欄間がない場合はそれらを除けばよい。和室の開口（窓）は内法の間と柱間に開けるのが基本で（掃出し窓）、腰壁を設ける場合は**図4**のように床から400㎜ほどの高さに中敷居を設けて肘掛け窓にする。一般的に、開口で長押を切るようなことはせず、長押の下に小窓を開けるか長押と廻り縁の間に高窓を設けるのが基本である。

3｜基本の矩計［S＝1：10］

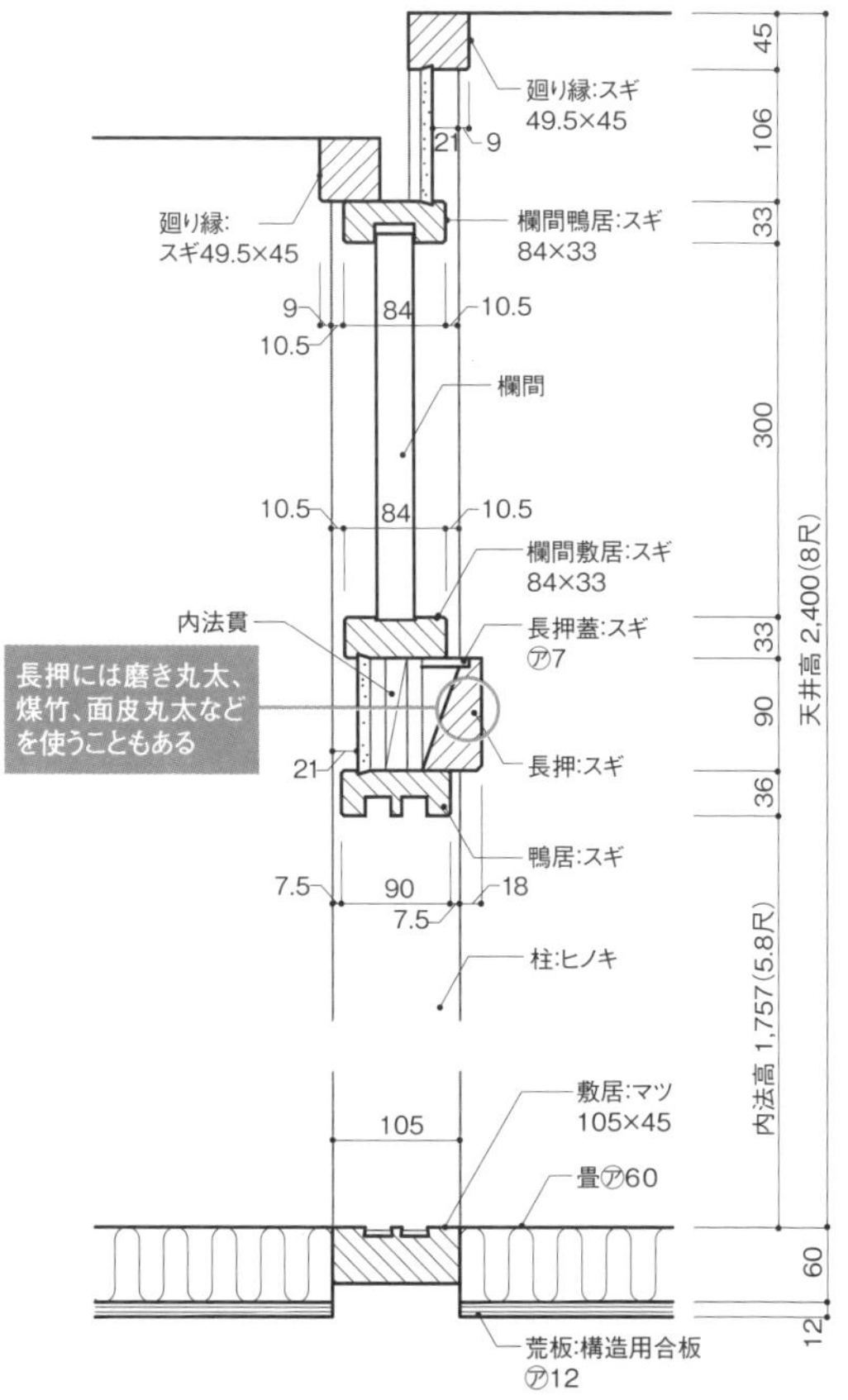
廻り縁:スギ
49.5×45
21
9
廻り縁:
スギ49.5×45
欄間鴨居:スギ
84×33
9
84
10.5
10.5
欄間
10.5
84
10.5
欄間敷居:スギ
84×33
内法貫
長押蓋:スギ
㋐7
長押には磨き丸太、
煤竹、面皮丸太など
を使うこともある
21
長押:スギ
鴨居:スギ
7.5
90
18
7.5
柱:ヒノキ
敷居:マツ
105×45
105
畳㋐60
荒板:構造用合板
㋐12
45
106
33
300
33
90
36
60
12
天井高 2,400(8尺)
内法高 1,757(5.8尺)

和のテイストの空間をつくるには、長押を廻すと雰囲気が出てよい。床の間以外に長押を廻した場合、開口は長押の上か下に設ける。長押を切って開口を設けることはしない

4｜腰窓の高さ

❶ 洋室の場合

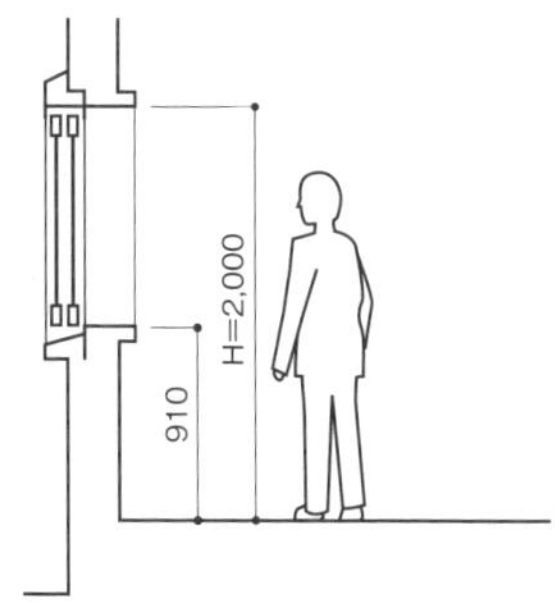
H=2,000
910

❷ 和室の場合

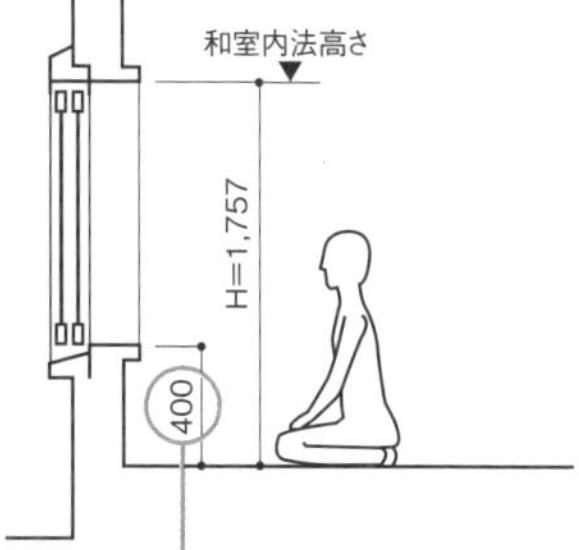
和室内法高さ
H=1,757
400

和室は畳に座る空間のため、座った際の目線の高さが基準となり、洋室とは異なった内法寸法となる。たとえば、肘掛け窓（腰窓）の設置位置は、敷居上端を床より約400㎜とする。洋室のように910㎜とすると高過ぎて、空しか見えなくなる

鴨居の「鴨」とは

内法材の鴨居にどうして水鳥の「鴨」の字が使われているのかという疑問をもたれたことはないだろうか。国語辞典で語源を調べてみると、「上居（かみい）」の転か、とある。鴨居が上居の転じたものだとすると、敷居は下居となる。「上（かみ）」に「鴨」が当てられるなら、「下（しも）」には水鳥の「鴫（しぎ）」がくる（鴫居は転じて敷居となる）。それではなぜ水鳥の「鴨」「鴫」が当てられたのだろう。

木造の日本建築で一番恐れられたのは火災であった、これが謎を解くカギである。その昔、「火」に勝つ「水」が中国思想の五行説にあり、これが巷に浸透して火災予防のまじないとして建物のさまざまなところで、水にまつわる言葉、モチーフが使われたのだ。

古い土蔵の妻面に「丸に水」が書かれているのも同様である。そのほか寺などの軒先に置く軒丸瓦（軒巴、巴瓦ともいう）には「三つ巴（ともえ）」がよく描かれているが、これも同じで、巴は渦を巻く水を表わし、この巴の水によって火災を防ぐという意味で用いられている。また、名古屋城で知られる金の鯱鉾（しゃちほこ）も同様である。鯱は頭は虎で、背にとげのある魚の形をした想像上の動物だが、大海の水を飲み干し、非常の場合にこれを吐き出して身を守るとされることから、城などの屋根に飾られるようになった。

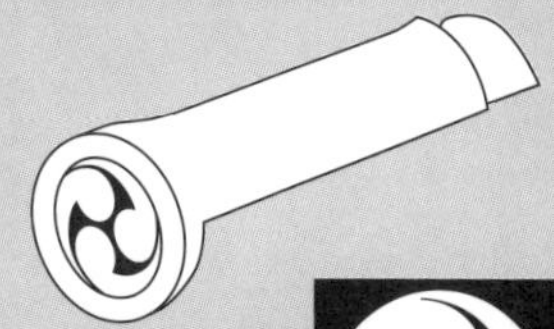

巴瓦

左三つ巴紋

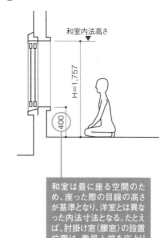

▶内法2

内法材はコレだけでOK！

1｜廻り縁［S＝1：6］

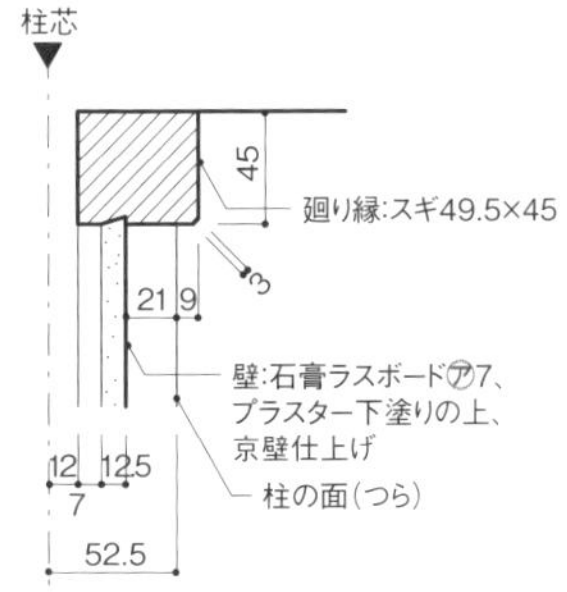
柱芯
45
廻り縁:スギ49.5×45
3
21 9
壁:石膏ラスボード㋐7、
プラスター下塗りの上、
京壁仕上げ
12 12.5
7
柱の面（つら）
52.5

2｜欄間鴨居・欄間敷居［S＝1：6］

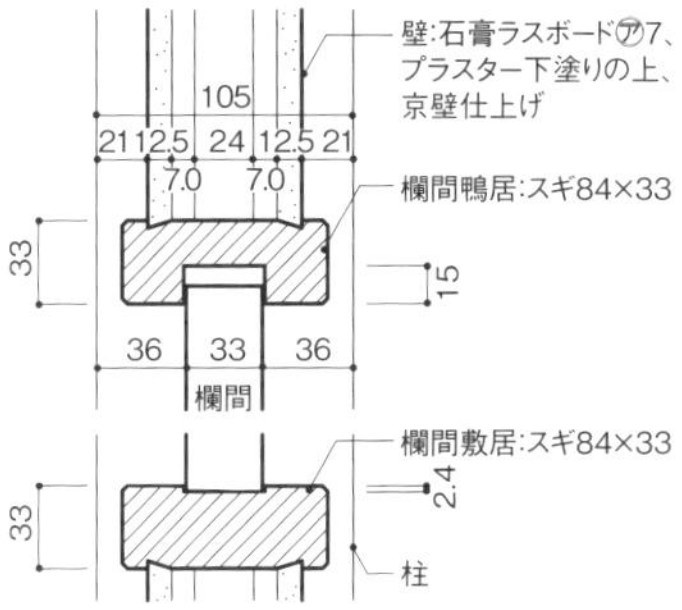
壁:石膏ラスボード㋐7、
プラスター下塗りの上、
京壁仕上げ
105
21 12.5 24 12.5 21
7.0 7.0
欄間鴨居:スギ84×33
33
15
36 33 36
欄間
欄間敷居:スギ84×33
2.4
33
柱

3｜長押［S＝1：6］

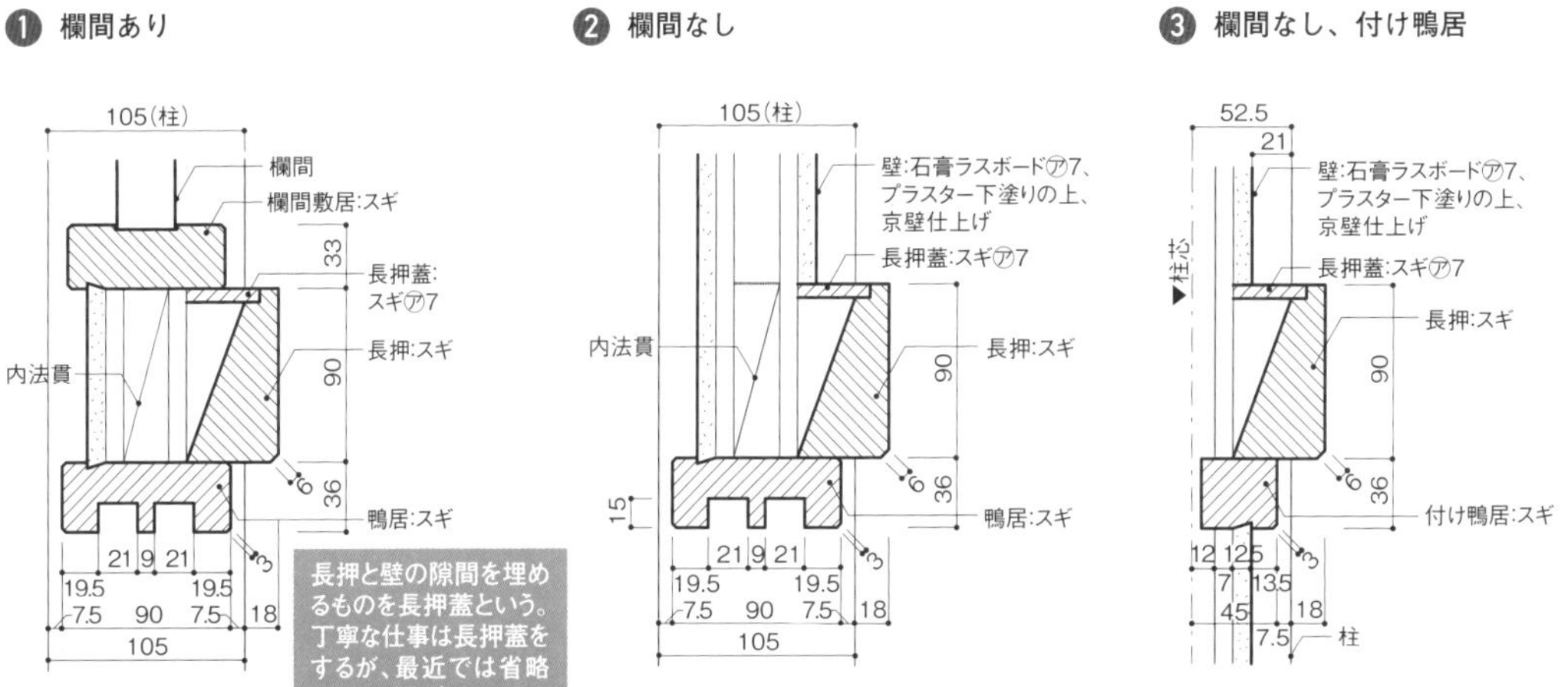
❶ 欄間あり
105（柱）
欄間
欄間敷居:スギ
33
長押蓋:
スギ㋐7
内法貫
長押:スギ
90
6
36
鴨居:スギ
3
21 9 21
19.5 19.5
7.5 90 7.5 18
105
❷ 欄間なし
105（柱）
壁:石膏ラスボード㋐7、
プラスター下塗りの上、
京壁仕上げ
長押蓋:スギ㋐7
内法貫
長押:スギ
90
6
36
鴨居:スギ
15
3
21 9 21
19.5 19.5
7.5 90 7.5 18
105
❸ 欄間なし、付け鴨居
52.5
21
壁:石膏ラスボード㋐7、
プラスター下塗りの上、
京壁仕上げ
柱芯
長押蓋:スギ㋐7
長押:スギ
90
6
36
付け鴨居:スギ
3
12 12.5
7 13.5
45 18
7.5
柱

長押と壁の隙間を埋めるものを長押蓋という。丁寧な仕事は長押蓋をするが、最近では省略されることが多い

和室の内法を構成する「長押」「鴨居」「敷居」を内法材という。ここでは内法材のほか、廻り縁、欄間鴨居・欄間敷居を紹介する。

廻り縁とは、壁の上部と天井との取合い部分の横木のことで、鴨居と同材を用いる。一般にスギを使うが、数寄屋造りでは皮付き小丸太やスギ磨き小丸太なども用いる。廻り縁は**図1**のように柱の面よりも出して納める。また、欄間鴨居・欄間敷居も鴨居と同材を用いる**【図2】**。

長押**【図3、写真】**は本来、柱を両側から挟み、釘打ちして柱を固定するものであったが、貫の使用とともに構造的な役割がなくなり、意匠材へと変化した。現在では、座敷の格式を示すものになっている。長押は座敷の四周に廻し（床の間は除く）、鴨居の上に設ける。柱と同材にするのが一般的だが、数寄屋造りではスギ磨き丸太、面皮丸太や竹などを使い、くだけた感じにする。また、長押はハンガーや額など物を掛けるのに都合がよいが、最近では、壁面に一定の長さの横木を取り付けただけのものも見られる。

鴨居にはスギを使うことが多い。見付けを小さく見せるために、はっかけ（刀刃ともいう）納まりにし、さらに面取りを施す場合がある。

鴨居に建具を納める溝は四七の溝・三七の溝とも呼ばれ、障子と襖の場合（建具の厚さ）で異なる［図4・5］。

敷居には強度と建具の滑りやすさが求められ、マツ、サクラなどの堅木を用いる。さらに溝の底には、摩耗を防ぎ、建具の滑りをよくするための埋め樫を入れる［図6］。材種はサクラ、カシ、チークなどを用いる。最近では、敷居滑りと称してプラスチックの既製品が出回っているが、目に付く部分なので、せめて竹製のものを使いたい。

4｜鴨居と敷居の基本

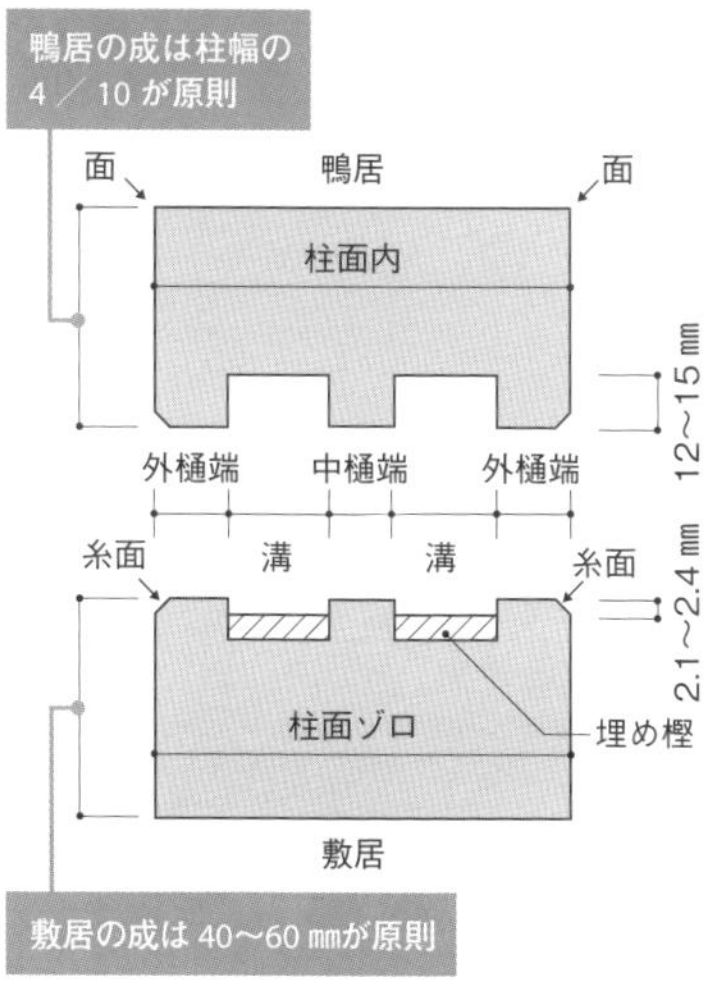
鴨居の成は柱幅の4／10が原則
面
鴨居
面
柱面内
12～15㎜
外樋端
中樋端
外樋端
糸面
溝
溝
糸面
2.1～2.4㎜
柱面ゾロ
埋め樫
敷居
敷居の成は40～60㎜が原則

5｜鴨居［S＝1：6］

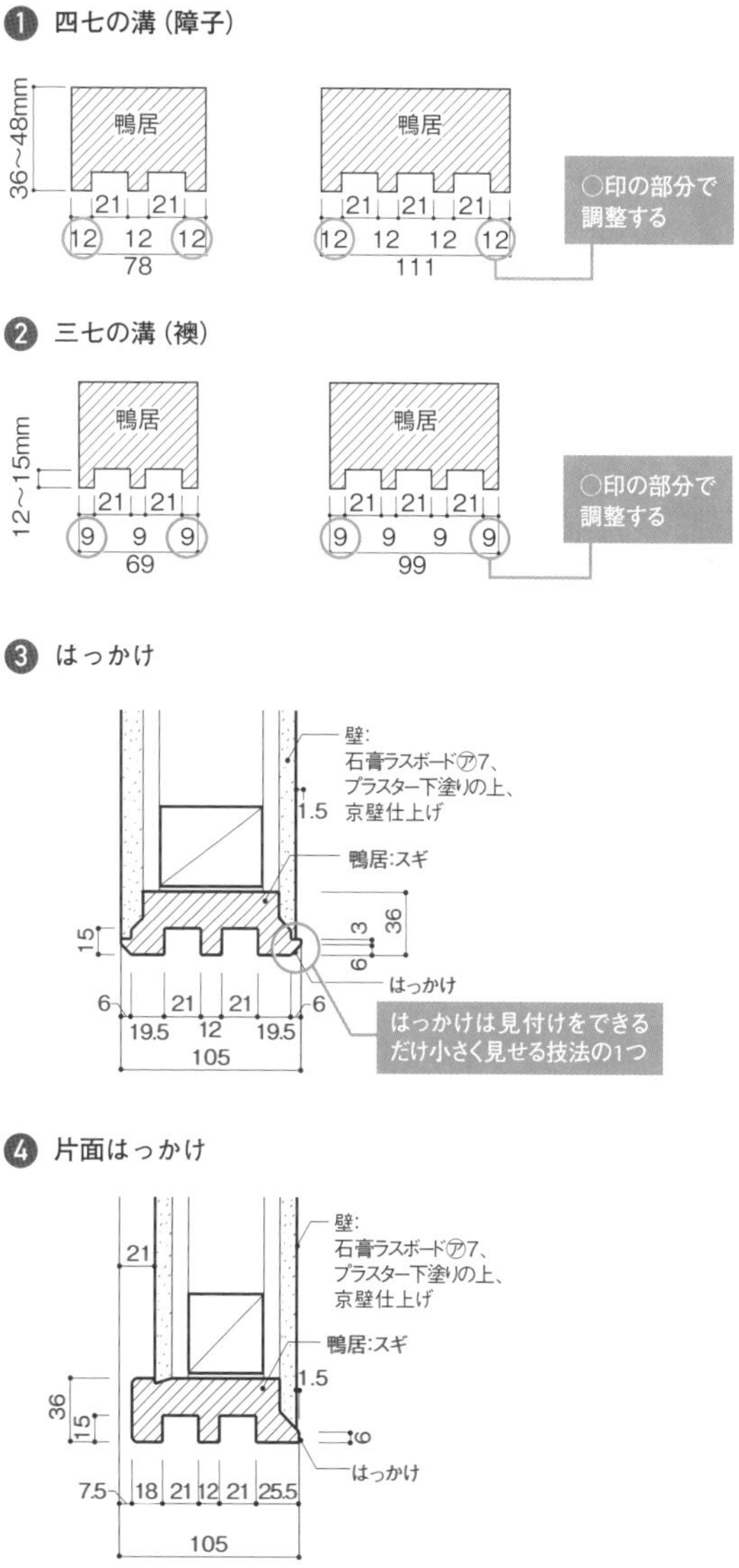
❶ 四七の溝（障子）
36～48mm
鴨居
21 21
12 12 12
78
鴨居
21 21 21
12 12 12 12
111
○印の部分で調整する
❷ 三七の溝（襖）
12～15mm
鴨居
21 21
9 9 9
69
鴨居
21 21 21
9 9 9 9
99
○印の部分で調整する
❸ はっかけ
壁：
石膏ラスボード㋐7、
プラスター下塗りの上、
京壁仕上げ
1.5
鴨居：スギ
15
3
36
6
はっかけ
6
21 21
6
19.5 12 19.5
105
はっかけは見付けをできるだけ小さく見せる技法の1つ
❹ 片面はっかけ
21
壁：
石膏ラスボード㋐7、
プラスター下塗りの上、
京壁仕上げ
鴨居：スギ
1.5
36
15
6
はっかけ
7.5
18 21 12 21 25.5
105

6｜敷居［S＝1：6］

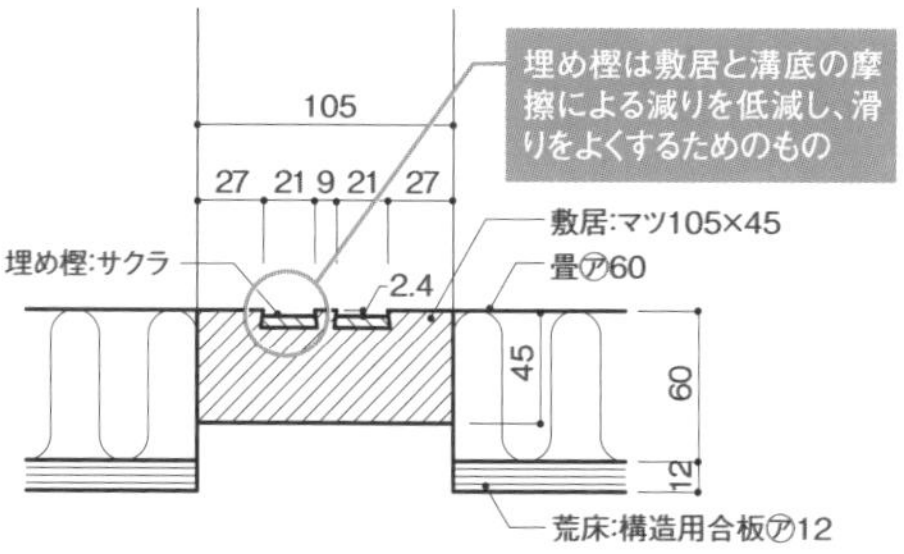
埋め樫は敷居と溝底の摩擦による減りを低減し、滑りをよくするためのもの
105
27 21 9 21 27
敷居：マツ105×45
埋め樫：サクラ
2.4
畳㋐60
45
60
12
荒床：構造用合板㋐12

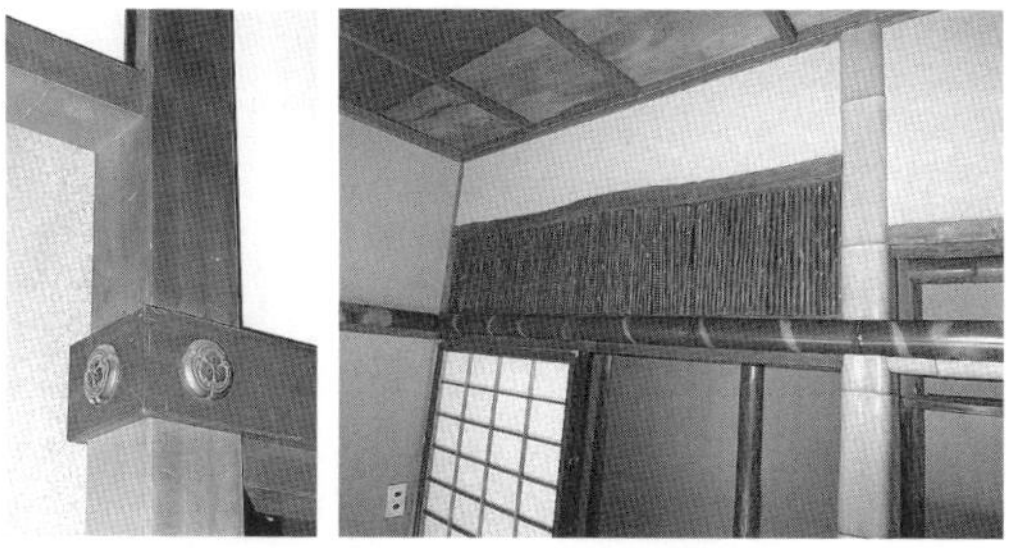

写真（左）床柱に取り付く長押。その納まりを枕捌き（まくらさばき）といい、写真のように長押を床柱の三方に回すものから、床柱の正面で留めるものまである（74頁参照）
写真（右）長押に煤竹を使った例

押入れの基本バリエーション

1 | 押入れの基本

❶ 名称

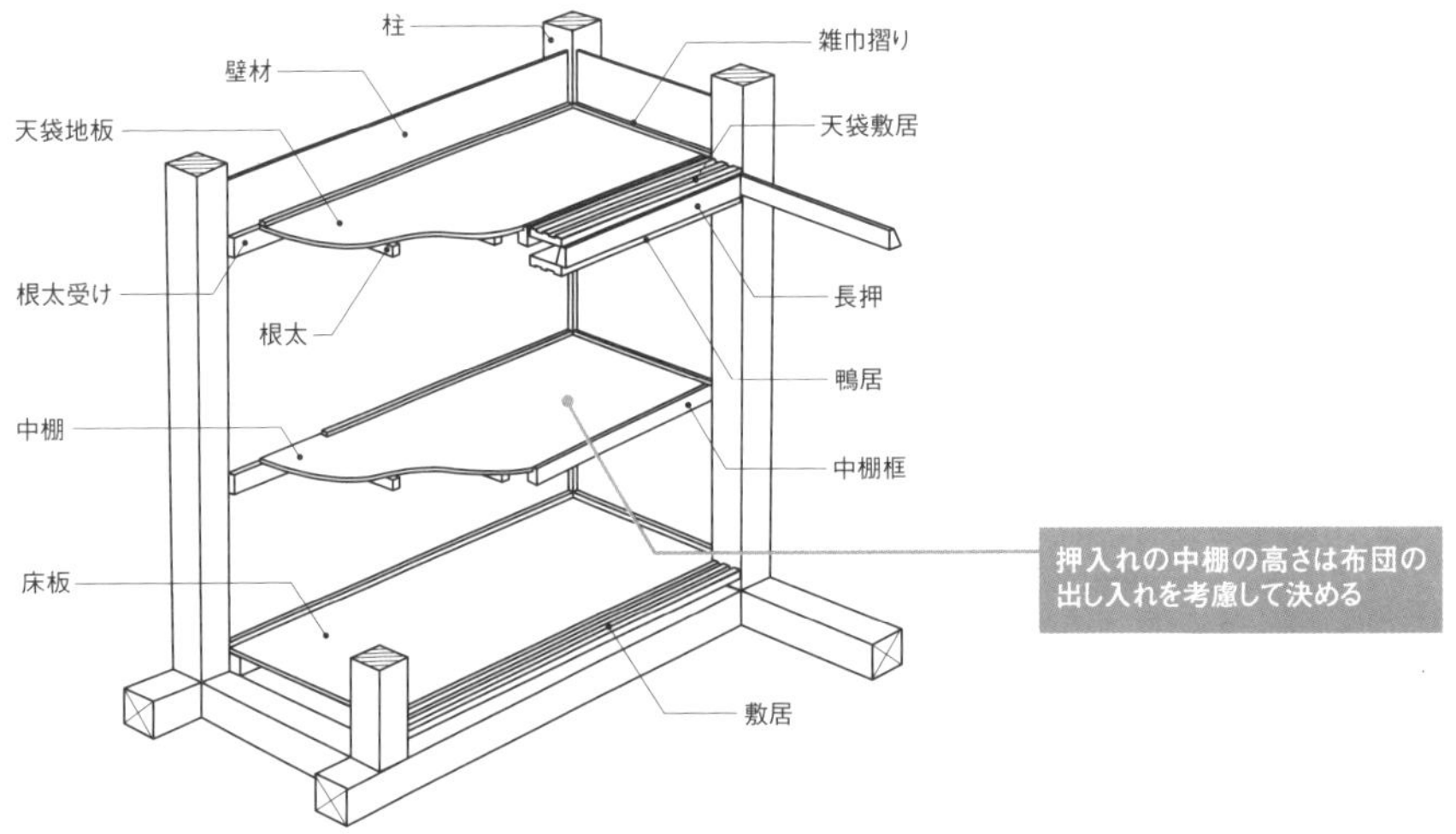
柱
雑巾摺り
壁材
天袋敷居
天袋地板
根太受け
長押
根太
鴨居
中棚
中棚框
押入れの中棚の高さは布団の出し入れを考慮して決める
床板
敷居

❷ 断面図（天袋あり）[S＝1：30]

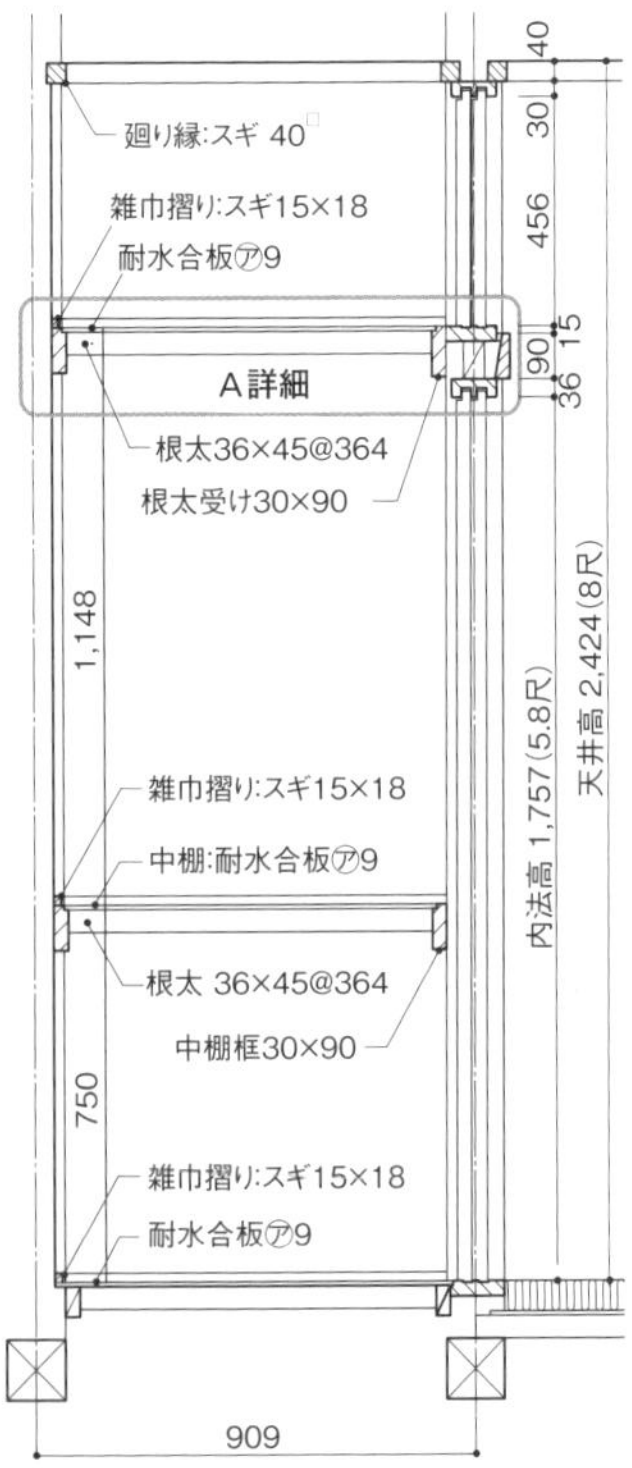
40
30
456
廻り縁:スギ 40
雑巾摺り:スギ15×18
耐水合板㋐9
15
90
36
A詳細
根太36×45@364
根太受け30×90
1,148
内法高 1,757(5.8尺)
天井高 2,424(8尺)
雑巾摺り:スギ15×18
中棚:耐水合板㋐9
根太 36×45@364
中棚框30×90
750
雑巾摺り:スギ15×18
耐水合板㋐9
909

❸ A部詳細図 [S＝1：6]

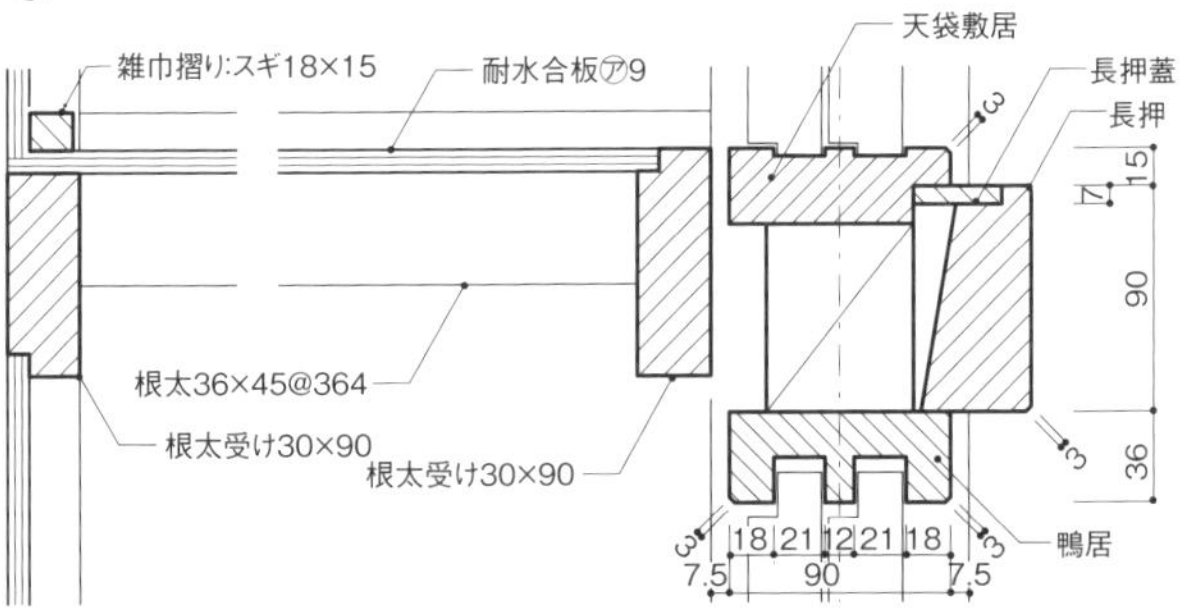
雑巾摺り:スギ18×15
耐水合板㋐9
天袋敷居
長押蓋
長押
3
15
7
90
36
根太36×45@364
根太受け30×90
根太受け30×90
鴨居
3
18
21
12
21
18
3
7.5
90
7.5

床の間の脇に押入れを設ける。床の間の雰囲気を壊さないよう天袋を付けない（写真：田畑みなお）

2 | クロゼット

❶ 断面図［S＝1：30］

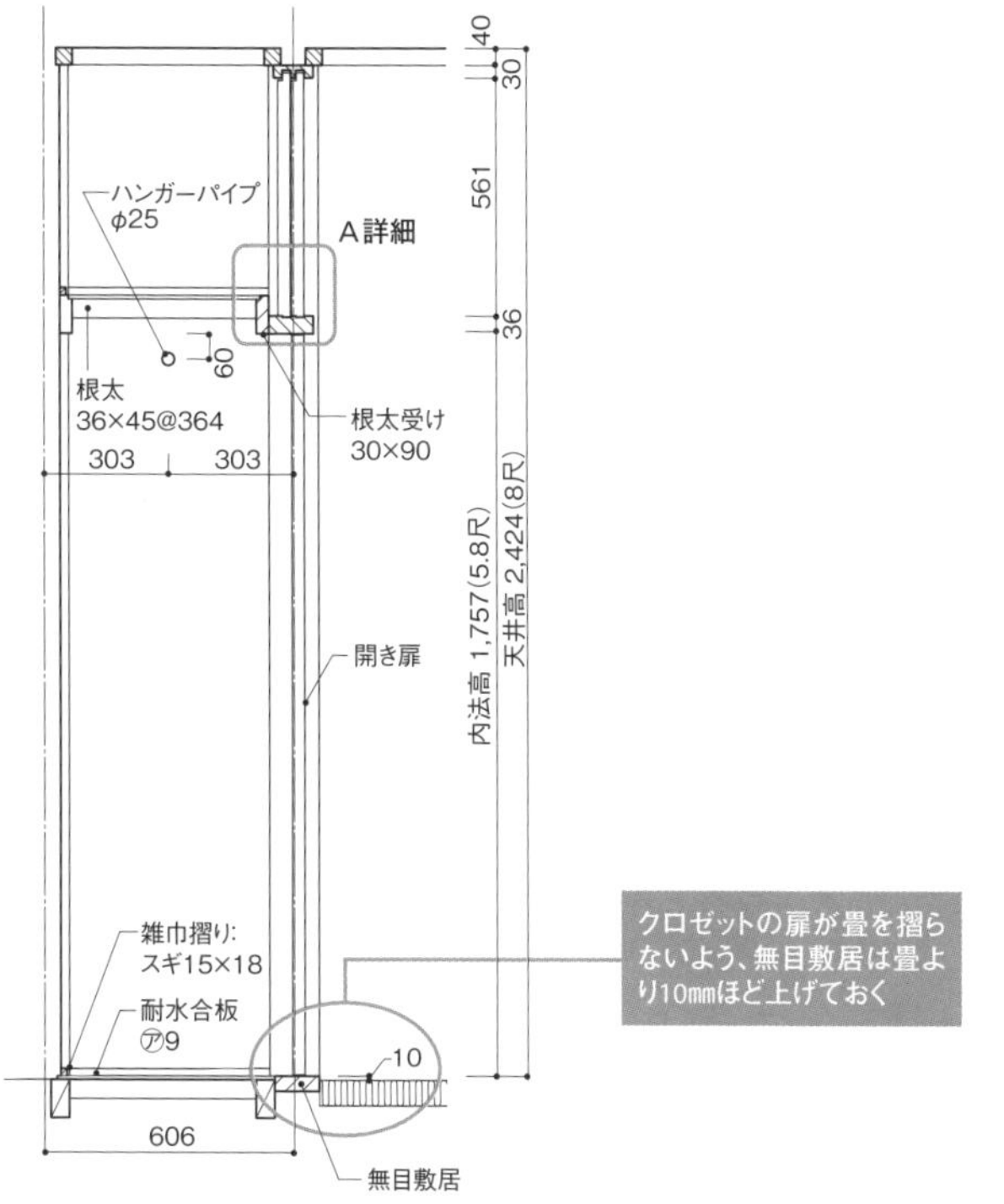
ハンガーパイプ
φ25
A詳細
根太
36×45@364
根太受け
30×90
303
303
40
30
561
36
60
内法高 1,757（5.8尺）
天井高 2,424（8尺）
開き扉
雑巾摺り:
スギ15×18
耐水合板
㋐9
10
606
無目敷居
クロゼットの扉が畳を摺らないよう、無目敷居は畳より10㎜ほど上げておく

❷ A部詳細図［S＝1：6］

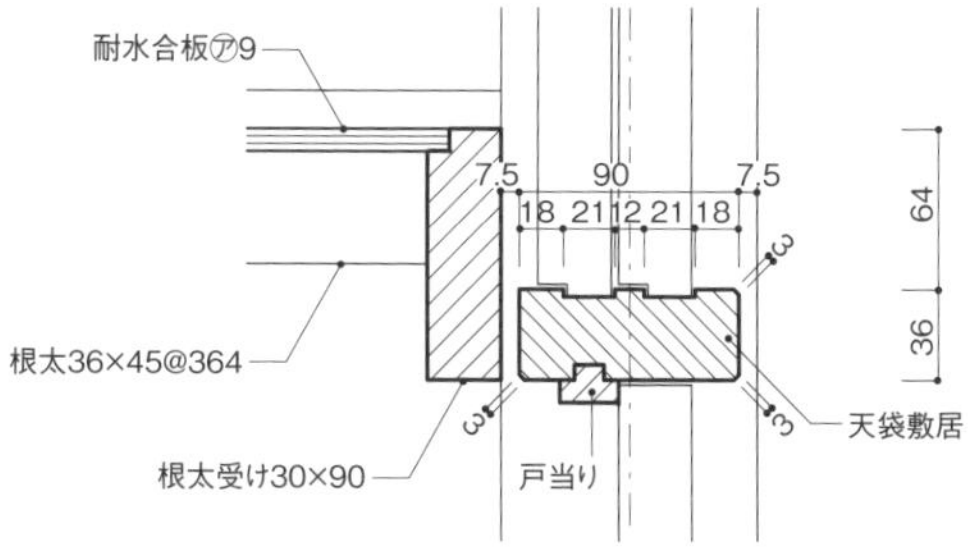
耐水合板㋐9
根太36×45@364
根太受け30×90
7.5
90
7.5
18
21
12
2
21
18
3
64
36
戸当り
天袋敷居

3 | 押入れ天袋なし［S＝1：30］

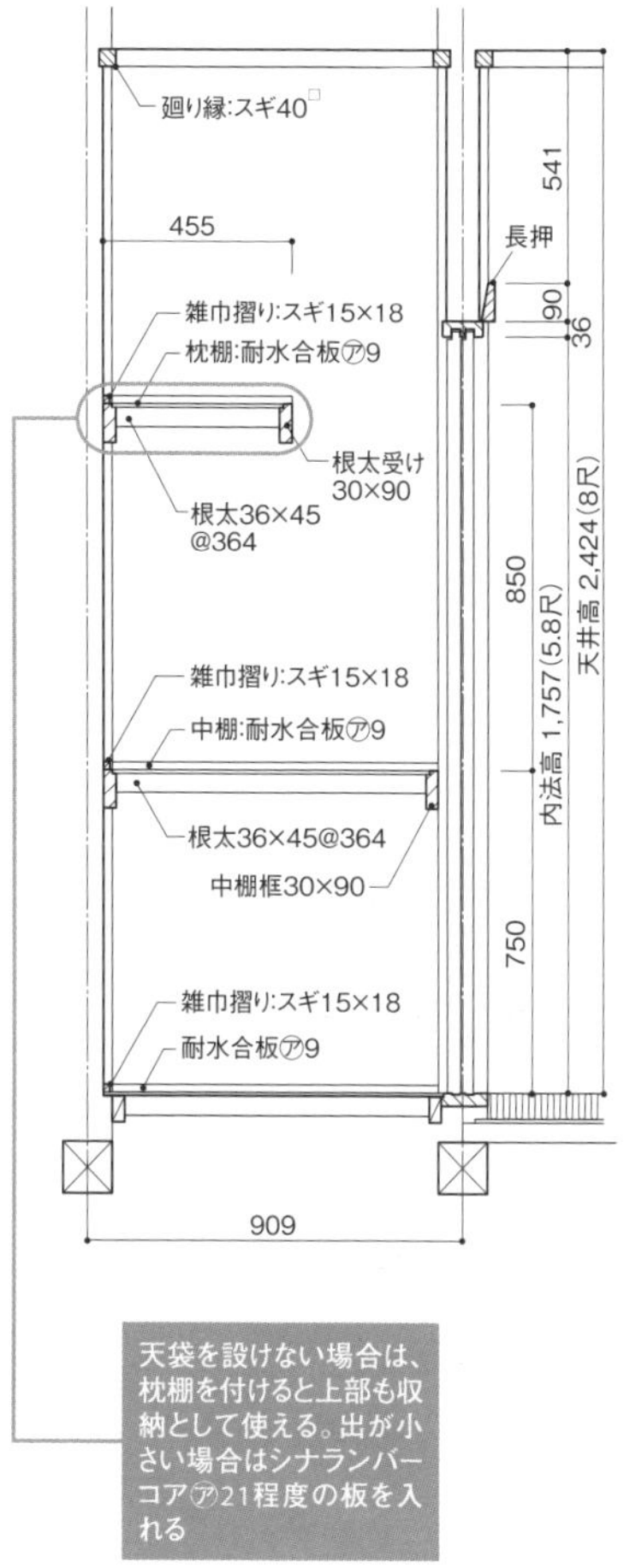
廻り縁:スギ40□
455
長押
541
90
36
雑巾摺り:スギ15×18
枕棚:耐水合板㋐9
根太受け
30×90
根太36×45
@364
850
内法高 1,757（5.8尺）
天井高 2,424（8尺）
雑巾摺り:スギ15×18
中棚:耐水合板㋐9
根太36×45@364
中棚框30×90
750
雑巾摺り:スギ15×18
耐水合板㋐9
909
天袋を設けない場合は、枕棚を付けると上部も収納として使える。出が小さい場合はシナランバーコア㋐21程度の板を入れる

一般に、押入れは柱と柱の間に設置し、その幅は1間（1818㎜）または半間（909㎜）とするのが基本である。それ以外の場合には、方立（見付けは柱の1／3程度）を設ける。また、奥行は心々で半間、中棚の高さは750〜900㎜程度が基準であるが【図1】、収納物を考えて調整するのがベストだ。たとえば、布団は押入れの床面より中棚に収納するほうが、上げ下げなどの動作が楽である。そのため、中棚高さは基準より低めに押さえるとよい。その際下段には押入れ用タンスなどを設置しておくと、収納物の出し入れがスムーズになるのでお勧めだ。

一方、押入れを洋服入れにする場合には建具と奥行きに注意したい。**図2**のクロゼットのように開き扉を付ける場合は、奥行き心々2尺（606㎜）で十分だ。しかし、引違い戸だと、開け閉めするたび内側の戸が洋服に当たる。そのため、50㎜広げ、奥行き660㎜程度にしておくとよい。

また、押入れを床の間脇に設置する場合は、**図3**のように天袋は付けずスッキリ見せたい。その際、枕棚を設け上部に収納できるようにするとよい。

床の間の雰囲気を壊さない収納

❶ 姿図［S＝1：50］

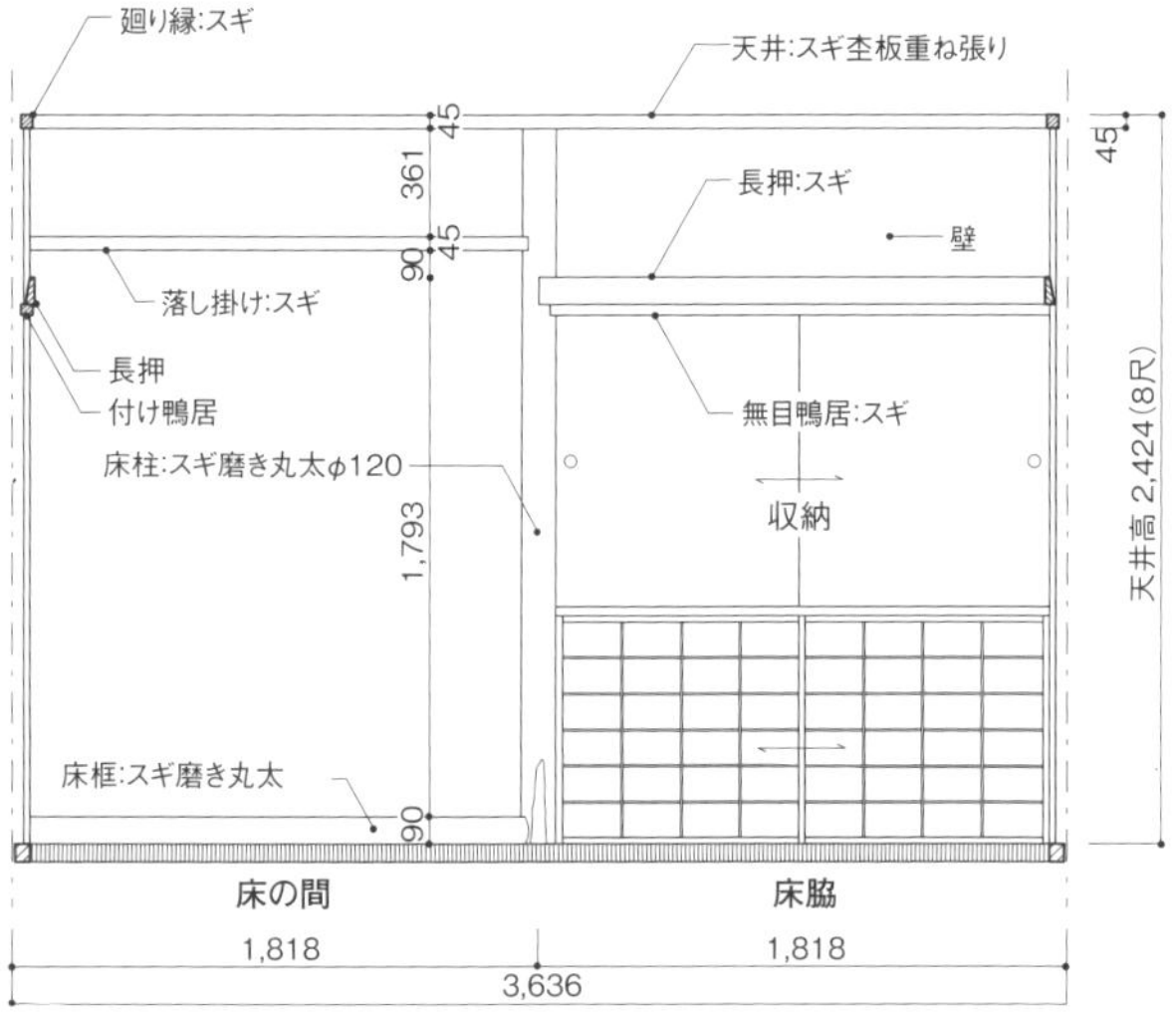
廻り縁:スギ
天井:スギ杢板重ね張り
45
361
45
90
45
長押:スギ
壁
落し掛け:スギ
長押
付け鴨居
無目鴨居:スギ
床柱:スギ磨き丸太φ120
1,793
収納
天井高 2,424（8尺）
床框:スギ磨き丸太
90
床の間
床脇
1,818
1,818
3,636

❷ 断面［S＝1：30］

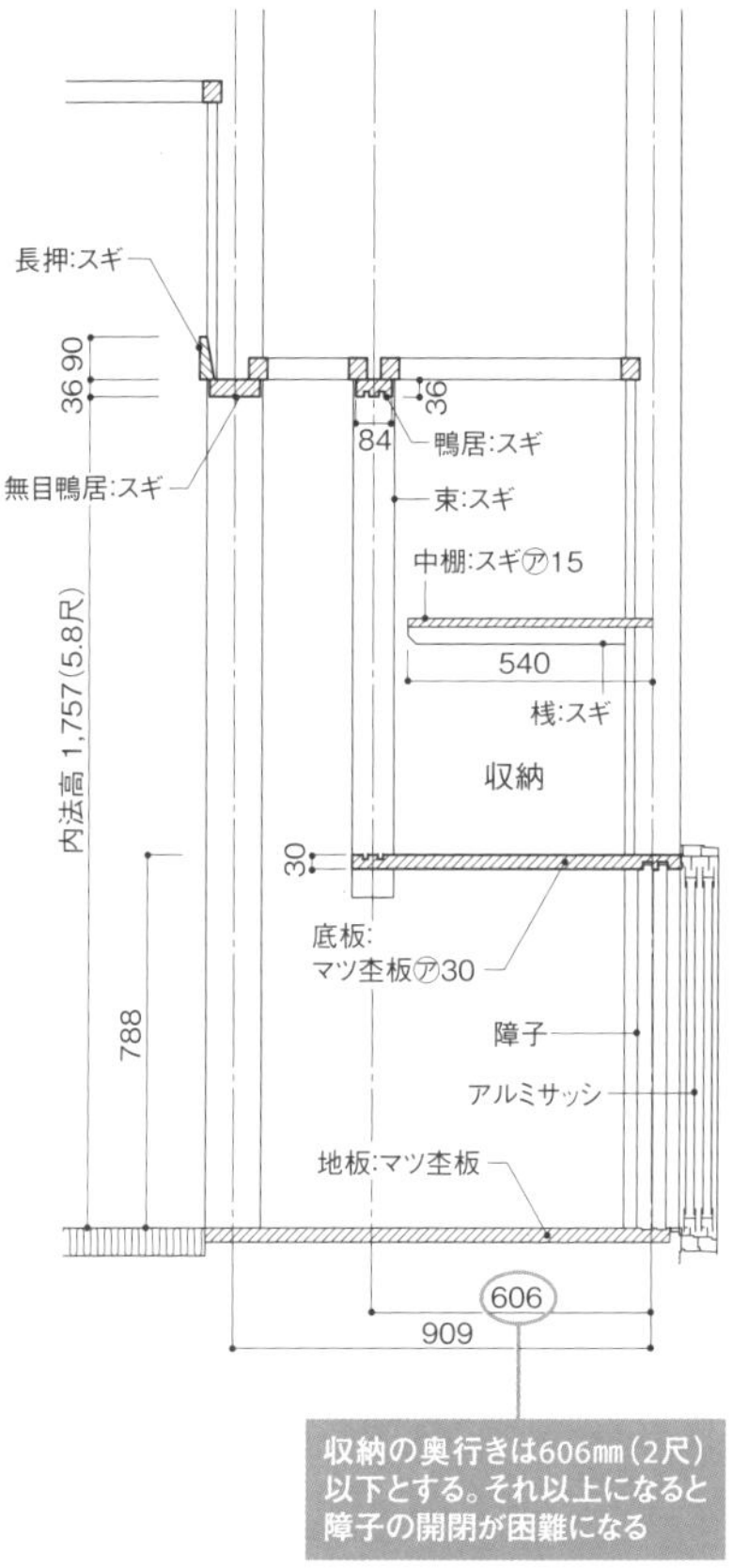
長押:スギ
36
90
無目鴨居:スギ
36
84
鴨居:スギ
束:スギ
中棚:スギ㋐15
540
桟:スギ
収納
内法高 1,757（5.8尺）
30
底板:
マツ杢板㋐30
788
障子
アルミサッシ
地板:マツ杢板
606
909
収納の奥行きは606㎜（2尺）以下とする。それ以上になると障子の開閉が困難になる

地袋に収納機能を充実させた例。床脇の地袋を大小と設け、違い棚の要素を併せもたせる（写真：田畑みなお）

床の間の脇に設ける押入れについては、69頁で述べた。押入れほどの収納量が必要ではない場合には、床脇（84頁参照）を利用したい。床脇の主な構成要素は地袋・違い棚・天袋だが、そのうち地袋・天袋に収納としての機能を充実させると、床の間の雰囲気も壊さずに収納スペースを設けることができる。

図の事例は、地袋と違い棚を省き、天袋を最大にした床脇（収納）である。天袋の下部には開口を設けて、光や風を取り入れるなどの工夫がされている。そのほか、**図**中の写真のように違い棚の位置まで地袋を広げ、収納量を増やした例など、さまざまなバリエーションが考えられる。

そのほか、床の間の床下を収納に利用することもできる。床の間の畳の上には花器くらいしか置かないので、都合がよい。また和室内の床より床の間の床レベルが上がっているので、その分収納量が増す利点もある。ここに、既製品の和室用床下収納を設置すると、電動機能もあり、簡単に開閉ができて便利だ。収納量を増やしたい場合などは、検討してもよいだろう。

軸回し襖ですっきり仏壇入れ

❶ 平面図 [S＝1：40]

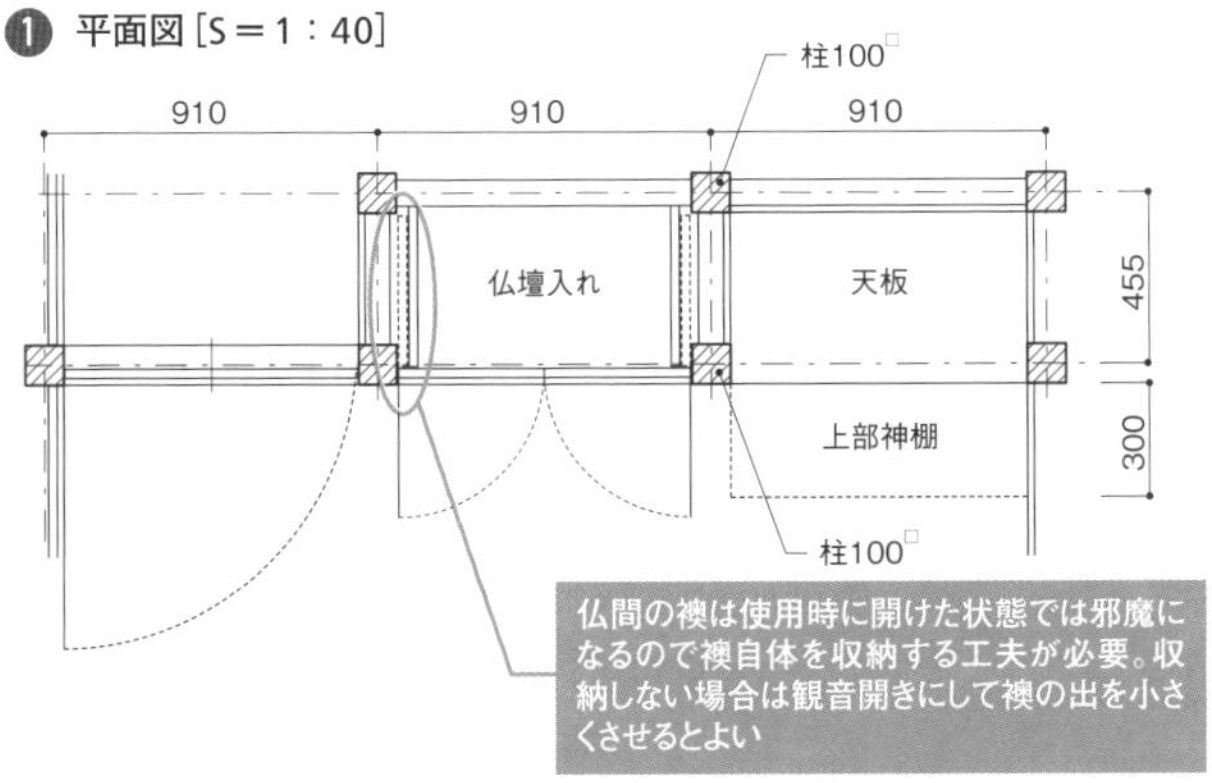
柱100□
910
910
910
仏壇入れ
天板
455
上部神棚
300
柱100□
仏間の襖は使用時に開けた状態では邪魔になるので襖自体を収納する工夫が必要。収納しない場合は観音開きにして襖の出を小さくさせるとよい

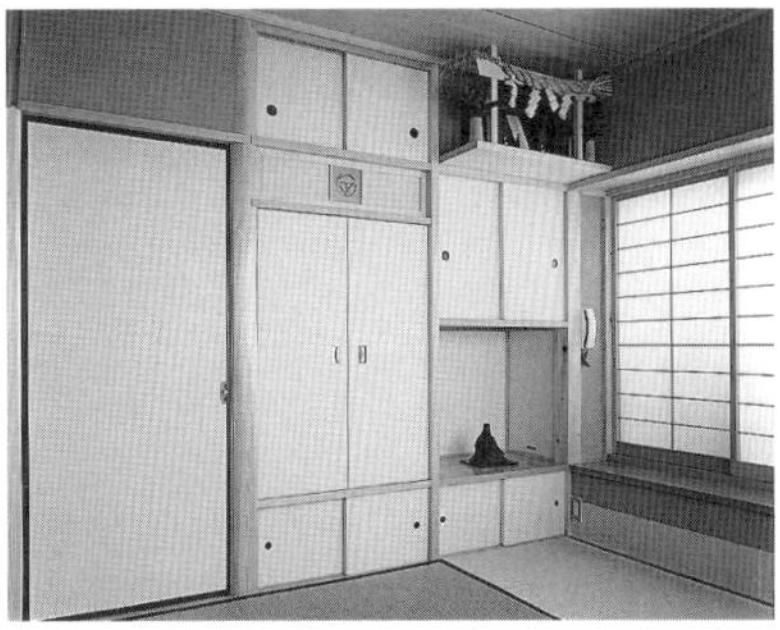

太鼓襖を閉めて仏壇を収納した様子。右上に神棚を設置（写真：田畑みなお）

❷ 軸回し金物部分詳細図 [S＝1：6]

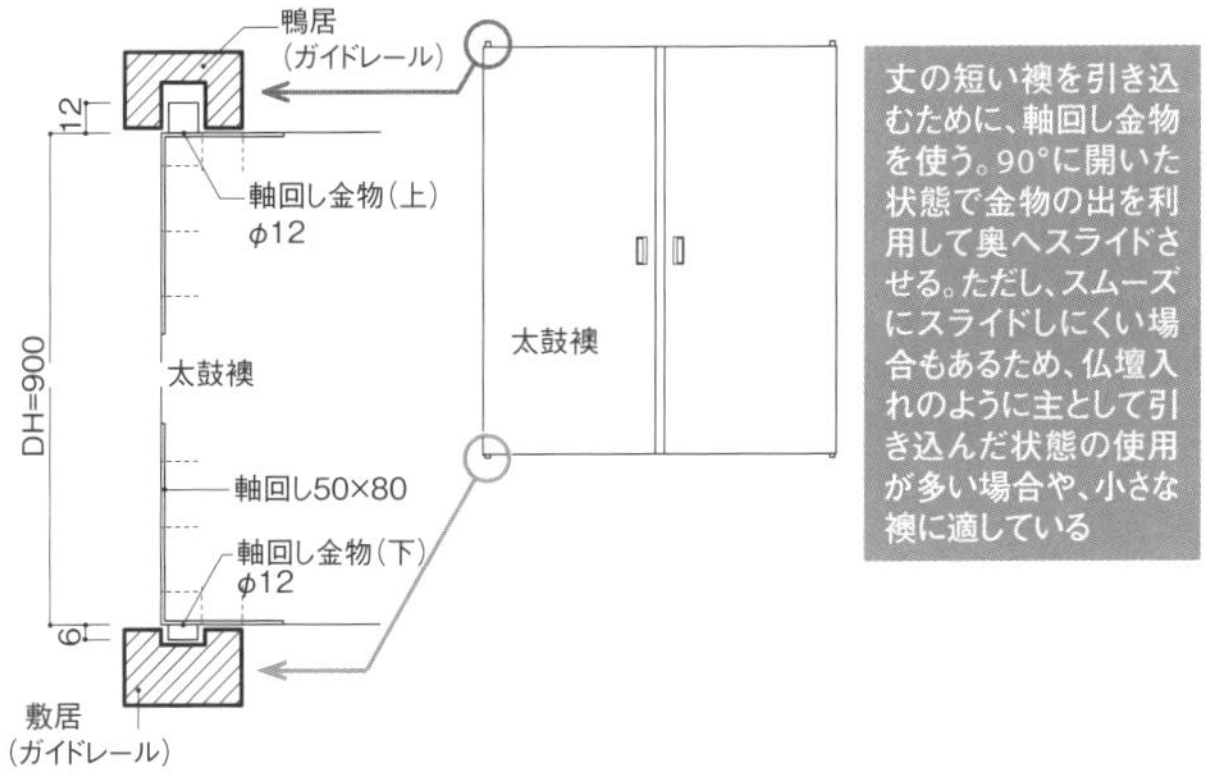
鴨居
（ガイドレール）
12
軸回し金物（上）
φ12
DH=900
太鼓襖
太鼓襖
軸回し50×80
軸回し金物（下）
φ12
6
敷居
（ガイドレール）
丈の短い襖を引き込むために、軸回し金物を使う。90°に開いた状態で金物の出を利用して奥へスライドさせる。ただし、スムーズにスライドしにくい場合もあるため、仏壇入れのように主として引き込んだ状態の使用が多い場合や、小さな襖に適している

❸ 仏間シャッターの設置例

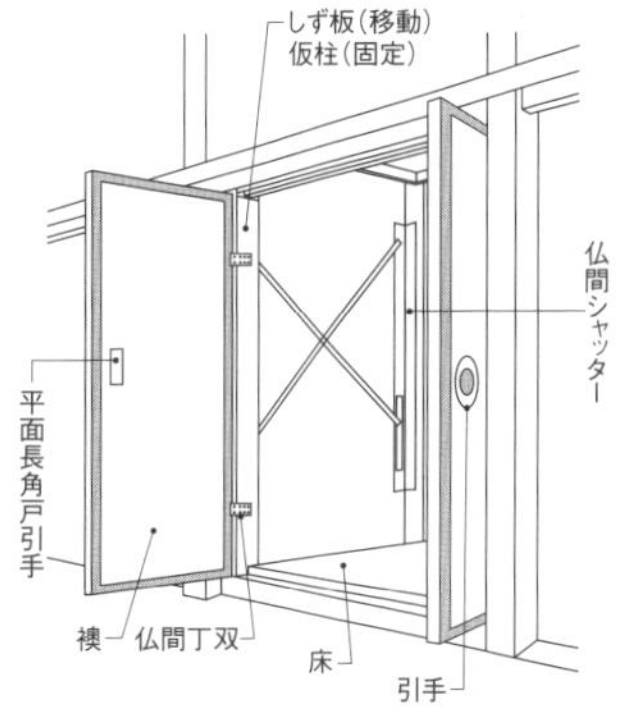
しず板（移動）
仮柱（固定）
仏間シャッター
平面長角戸引手
襖
仏間丁双
床
引手

高さが内法高（1,757㎜）くらいの大きな襖の場合は仏間シャッター（和風金物店で販売）をお薦めする

失敗しない仏壇と神棚の設置方法

仏壇と神棚の向きは、一般に南または東向きとする。しかし、宗派によって異なることもあるので、建て主との事前の打ち合わせが必要である。また、神道では矩折りに神棚を設けることがある。この場合は、正面（東向き）に神殿を祀り、正面から向かって右側の1段低い棚（南向き）に位牌を並べるという決まりがある。

仏壇と神棚は基本的には同じ部屋に祀ることはしないが、近年では、同じ部屋に祀るケースも多い。その場合は、仏壇と神棚を上下に設けず、必ず離す。また、向かい合わせもいけない。そのほか、本尊やご先祖を踏む意味合いから、仏壇や神棚の上部（階上）を使用するのは好まれない。2階がある場合は、その天井に「天」と書いた紙を張ることもある。

神棚は室内に突き出すことが多いが、仏壇と同じく引き込んで設けることもある。その場合は、長押の上に設けると高すぎて手が届かなくなるので、長押の下に設けるほうがよい。

神棚を矩折れに設置した例

▶ 収納・設備 4

設備機器は隠して見せる

1 | 床脇にビルトインエアコン [S＝1：20]

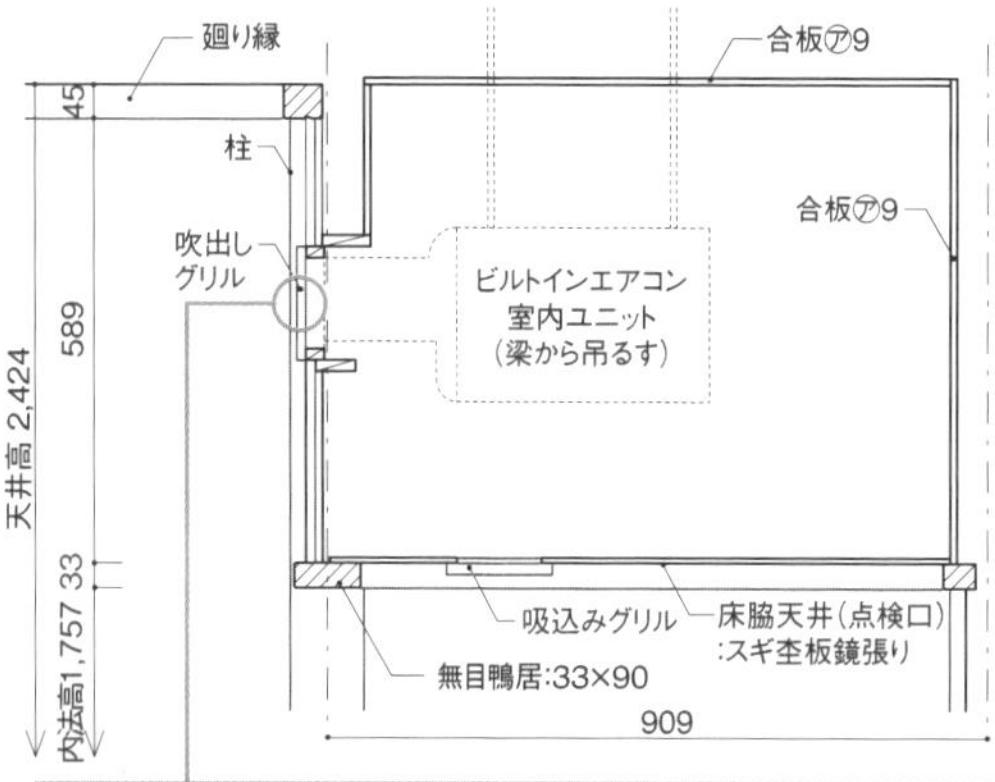
廻り縁
合板㋐9
柱
合板㋐9
吹出し
グリル
ビルトインエアコン
室内ユニット
（梁から吊るす）
45
589
天井高 2,424
33
内法高1,757
吸込みグリル
床脇天井（点検口）
:スギ杢板鏡張り
無目鴨居:33×90
909

吹出しグリルは既製のものだと室内ユニットと連動して風向きを変えられる。しかし、意匠性を求めて別注のものを取り付ける場合は、風向きが変えられないので注意する

ビルトインエアコンを使用した例。床脇の上部に空調を納めている（写真：田畑みなお）

2 | 天袋に壁掛けエアコン [S＝1：15]

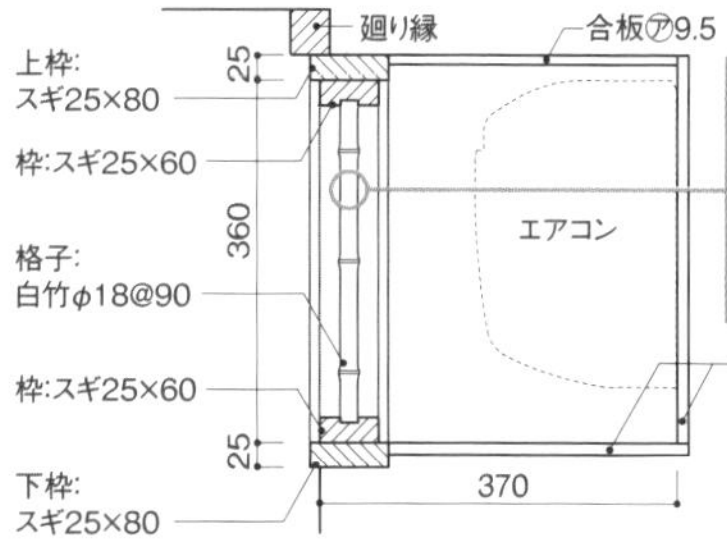
廻り縁
合板㋐9.5
上枠:
スギ25×80
25
枠:スギ25×60
360
格子:
白竹φ18@90
エアコン
枠:スギ25×60
25
合板㋐12
下枠:
スギ25×80
370

格子の間隔を狭くするとエアコンの風が室内に行き渡らないので注意。開口率は70%ぐらいにする

和室ではコンセントカバーにも気を配りたい。写真左は木製の「木楽」（樹の森）、右は有田焼の「花唐草」（有田焼やきもの市場）

空調機を座敷の壁面にそのまま設置するのはあまりにも芸がなさすぎる。壁掛け型を使うときはせめて、空調機を天袋のなかに収納し、前面にガラリを設けて空調機を隠したい**【図2】**。またそのガラリには自然の素材を使うとよい。もう少し予算があるなら、ビルトインエアコンにして、吹出し口、吸込み口だけを見せる**【図1】**。それ以上の予算があるなら、ほかの部屋の天井に埋込み型エアコンを設置し、ダクトでつなぎ、座敷の天井に吹出し口および吸込み口（もしくはスリット）を設けるとよい。目に入らないよう天井などに設けることに注意する。

　そのほか、コンセントプレートなども和室に合わせる工夫をしたい。プラスチック製のものが使われることが多いが、ベージュ色や利休色など、和室の壁の色に合わせ選択する。**図**中の写真のように木製や陶器製のものもある。さらに、茶室などでは、畳寄せに家具用コンセントを埋め込む（59頁参照）。予算的に難しい場合は、紙張りの腰壁部分に設けたコンセントカバーに同じ紙を張るなどして、目立たせない工夫が必要である。

床の間の形式を選ぶ

1 | 床の間の名称

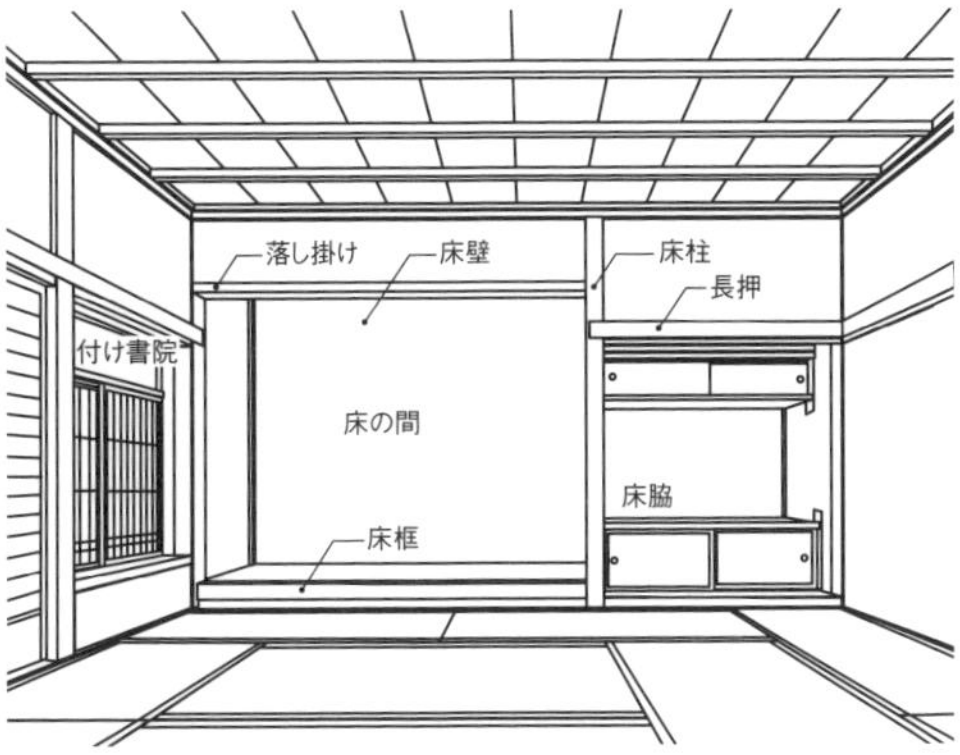
落し掛け
床壁
床柱
長押
付け書院
床の間
床脇
床框

本床（床の間の基本の形）。床柱・床框・落し掛けがそろっている。床框を設け和室の畳よりレベルを上げる。床框のある床の間を框床という

2 | 床の間のバリエーションを知る

①蹴込み床

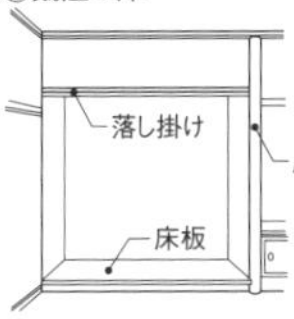
落し掛け
床柱
床板

床框を省き、床を板にして蹴込み板を入れて和室の畳レベルより上げたもの

②踏込み床

床板

床框を省き、床板を和室の畳面に合わせたもの

③釣り床

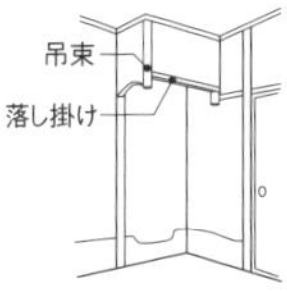
吊束
落し掛け

床柱（設ける場合もある）・床框を省き、和室の中に落し掛けを設けたもの

④置き床

軸釘
床台

床柱（設ける場合もある）・床框・落し掛けを省き、板床の台を畳上に置いたもの

⑤織部床

軸釘
織部板

床柱・床框・落し掛けを省き、廻り縁下に織部板と呼ばれる約200㎜の幕板を設けて、軸釘を打ったもの

⑥壁床

軸釘

床柱・床框・落し掛けを省き、壁の上部に軸釘を打ち床の間に見立てたもの。最も省略された床の間

⑦袋床

方立

床の間の開口に袖壁を付け、方立を立てたもの。袖壁には窓などを設ける

⑧室床（むろどこ）

塗り回し

框床で、床の間内部の三方の壁面と天井を塗り回したもの

⑨洞床（ほらどこ）

塗り回し
床板

床の間内部は室床と同じ。袖壁を設けるが方立を立てず、落し掛けを省き塗り回したもの

⑩龕破床（がんわりどこ）

塗り回し
床板

洞床と同じ形式であるが、袖壁を両側に設け塗り回したもの

床の間は、正面の壁（床壁《とこかべ》）に書画や花を掛け、床に置物、花瓶などを飾る空間で、座敷の主役である【図1】。床の間の正式な形式を「本《ほん》床《どこ》」と呼ぶ。床柱《とこばしら》、床框《とこかまち》、落《おと》し掛《が》けがすべてそろっているもので、いずれかが欠けるものを「略床」という。

床の間は、「真《しん》」「行《ぎょう》」「草《そう》」という呼び名で分類される。正式で格式の高いものを「真」、これ以上崩せないところまで崩したかたちを「草」、その中間を「行」と呼ぶ。とはいえ「真」の床の間でも「行」に近いもの、「行」の床の間でも「草」に近いものがある。「草」も同様で、分類には明確な線引きはなく、あくまで感覚によるものである【図2】。

「真」の床の間は「本床」で、床柱は面取りの角柱、床框は黒蝋色漆塗り、畳は紋縁、落し掛けは柱と同材が基本で、これに床脇と付け書院が付く。代表的な例には、二条城二の丸御殿黒書院上段の間が挙げられる。

一方、「草」の床の間の究極な形式は壁床。床柱、床框、落し掛けがすべて省かれ、壁を床の間に見立てて軸釘を打っただけの裏千家今日庵の床の間が代表例である。

床柱は床の間の要

1 | 床構えの構成

- 床構え
  - 床の間
    - 床柱
    - 床框
    - 落し掛け
  - 床脇
    - 地板
    - 地袋
    - 違い棚
    - 天袋
  - 書院
    - 付け書院
    - 平書院

2 | 床柱と畳寄せの納まり

❶ 床柱に筍面がある（左：正面図、右：断面図）

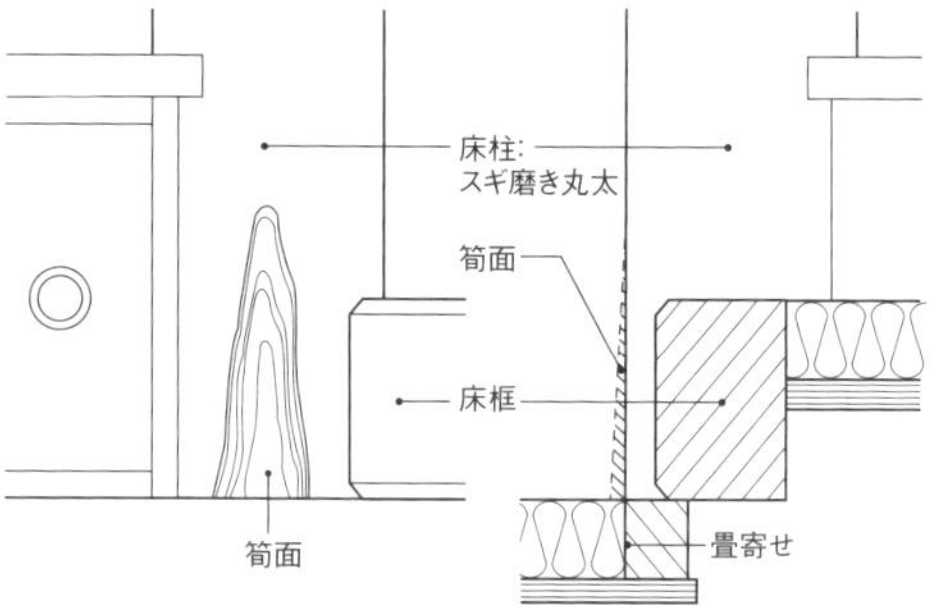

床柱：
スギ磨き丸太
筍面
床框
筍面
畳寄せ

❷ 筍面なし

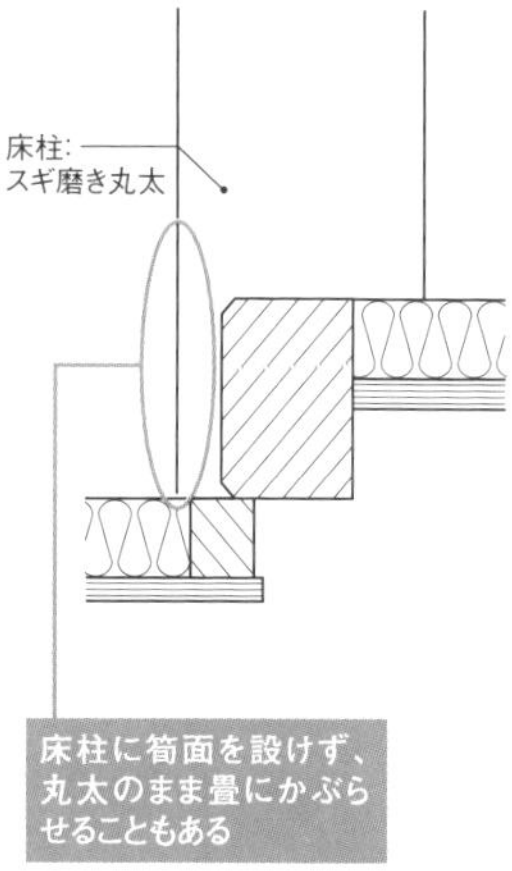

床柱：
スギ磨き丸太
床柱に筍面を設けず、
丸太のまま畳にかぶら
せることもある

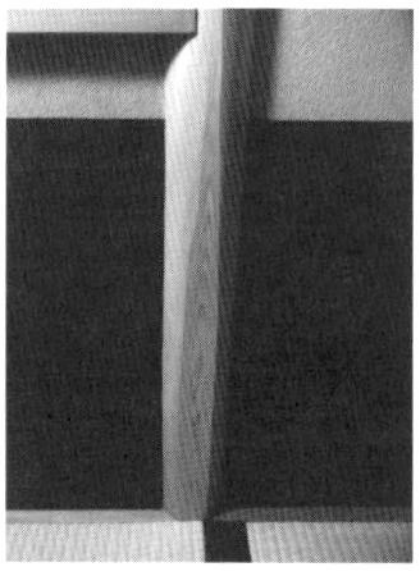
筍面を施した丸柱

3 | 床柱と長押の納まり

❶ 枕捌き（「真」）

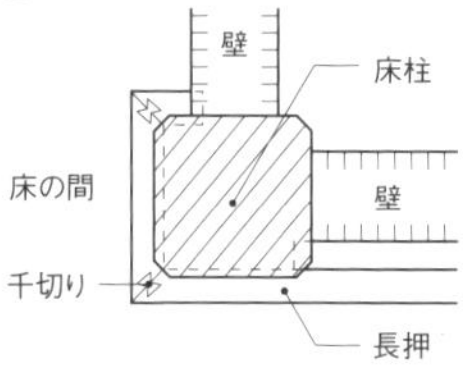

壁
床柱
床の間
壁
千切り
長押

❷ 片捌き（「行」）

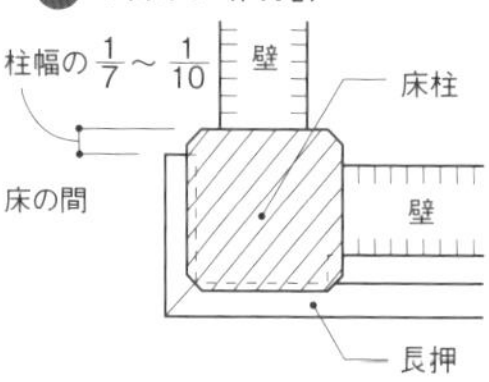

柱幅の 1/7 ～ 1/10
壁
床柱
床の間
壁
長押

❸ 雛留め（「草」）（左：平面図、右：詳細図）

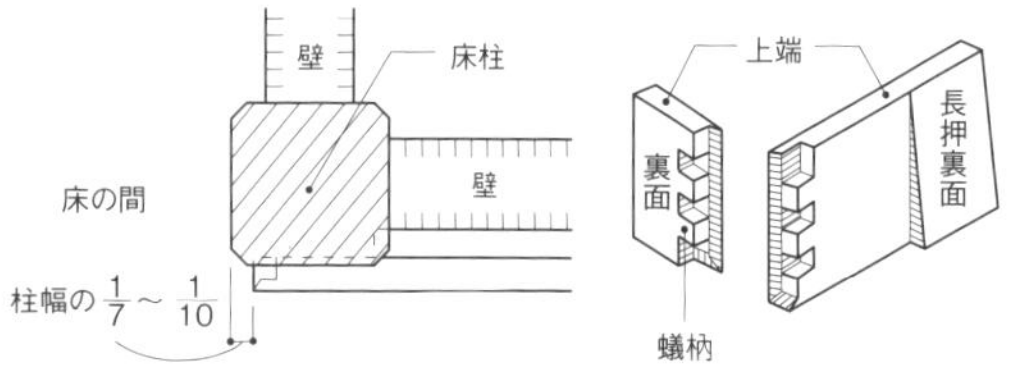

壁
床柱
床の間
壁
柱幅の 1/7 ～ 1/10
上端
裏面
長押裏面
蟻枘

　床の間は床柱、床框、落し掛けの組み合わせである【図1】。中でも床柱は重要で、部材の選定の際は必ず床柱から決めていく。床柱とそれ以外の柱（本柱という）は、樹種・形状などを変える。また、床の間の床柱の反対側の柱を相手柱と呼び、この柱の材種を本柱と変える場合もある。

　床柱の太さは、角柱なら本柱の1.1倍、丸太なら末口で本柱と同寸、目通りでは本柱の1.1倍～1.2倍とする。通常、床柱は1本だけ設けるが、床の間の左右に床脇のある場合は2本になることもある。

　丸太の床柱と畳寄せの取合いでは、畳寄せと床柱の前面がそろうように床柱の前面を削り落とす。その削った面が筍の形に似ていることから「筍面《たけのこづら》」と呼ぶ【図2❶】。図2❷のように、床柱の前面を削らず、丸太が畳にかぶる納まりもある。

　床柱と長押の取合い【図3】では、納まりが和室の格を示す。長押を床の間側まで廻した「枕捌き《まくらさばき》」が最も格式が高く「真」、次に「枕捌き」を少し簡略化した「片捌き」が「行」。最も略したのが、長押を床の間の手前で留めた「雛留め」で、「草」となる。

落し掛けにも気を配る

1 | 落し掛けの納まり [S=1:8]

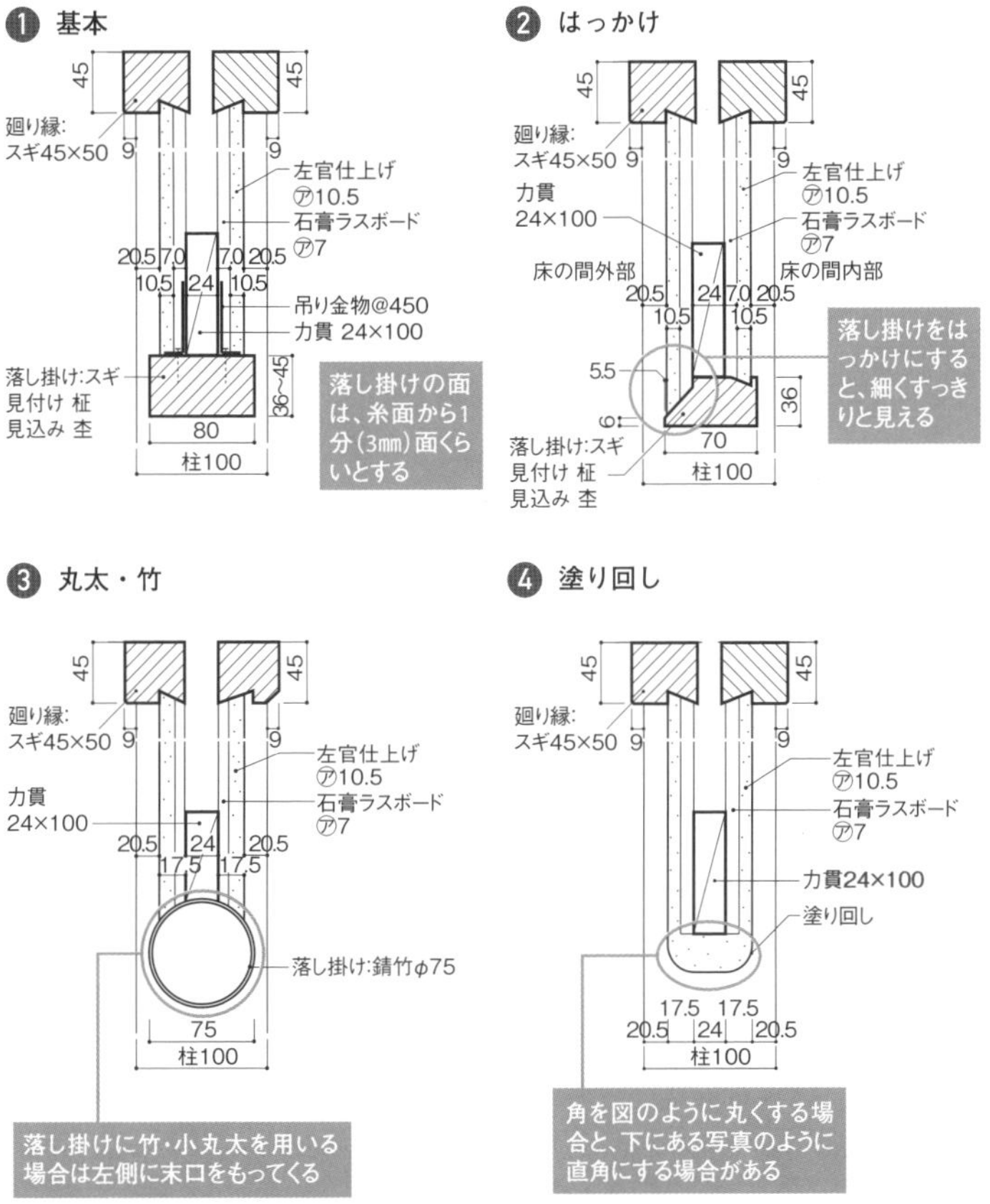

❶ 基本
45
45
廻り縁:
スギ45×50
9
9
左官仕上げ
㋐10.5
石膏ラスボード
㋐7
20.5 7.0
7.0 20.5
10.5 24 10.5
吊り金物@450
力貫 24×100
落し掛け:スギ
見付け 柾
見込み 杢
36~45
80
柱100
落し掛けの面は、糸面から1分(3㎜)面くらいとする
❷ はっかけ
廻り縁:
スギ45×50
力貫
24×100
床の間外部
床の間内部
20.5 24 7.0 20.5
10.5 10.5
5.5
6
36
70
柱100
落し掛けをはっかけにすると、細くすっきりと見える
❸ 丸太・竹
力貫
24×100
20.5 24 20.5
17.5 17.5
落し掛け:錆竹φ75
75
柱100
落し掛けに竹・小丸太を用いる場合は左側に末口をもってくる
❹ 塗り回し
力貫24×100
塗り回し
17.5 17.5
20.5 24 20.5
柱100
角を図のように丸くする場合と、下にある写真のように直角にする場合がある

2 | 落し掛けの高さの目安

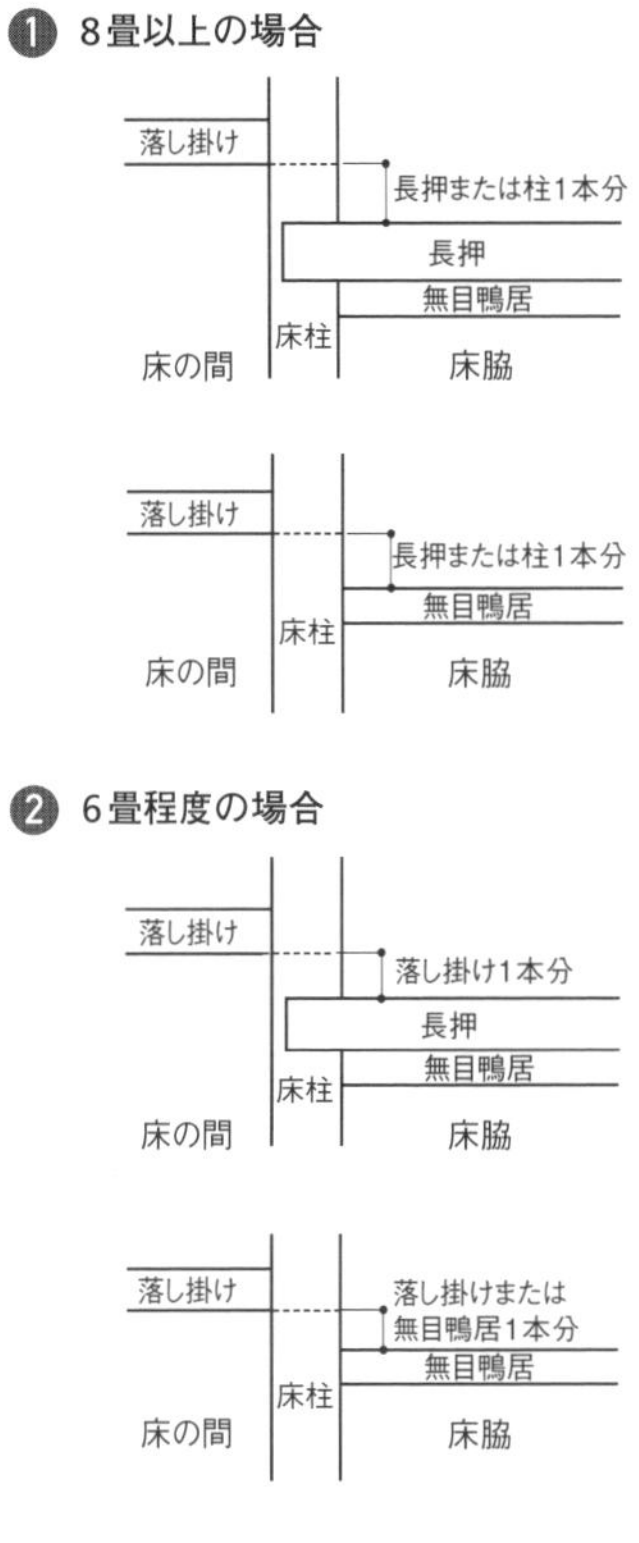

❶ 8畳以上の場合
落し掛け
長押または柱1本分
長押
無目鴨居
床柱
床の間
床脇
落し掛け
長押または柱1本分
無目鴨居
床柱
床の間
床脇
❷ 6畳程度の場合
落し掛け
落し掛け1本分
長押
無目鴨居
床柱
床の間
床脇
落し掛け
落し掛けまたは
無目鴨居1本分
無目鴨居
床柱
床の間
床脇

注:4畳半以下の場合は、落し掛け下端と無目鴨居上端を合わせる

落し掛けは、床の間上部の小壁(垂れ壁)下に渡す横木をいう。その高さは、一般には長押(長押がない場合は鴨居)の高さより上げる。どの程度上げたらよいかは室の広さによって変わるので、目安を**図2**に示す。和室の広さ・天井高・内法高、床の間の大きさ、床脇の有無などを考え合わせ、スケッチでそのバランスをみたうえで、高さを決めていただきたい。

落し掛けが角材の場合、見込みは柱の0.8倍程度、見付けは、鴨居の成よりも大きくする。シャープさを強調するなら、はっかけとする。そのほか錆竹などの竹類か小丸太を使う場合は、直径60㎜程度が適当である。洞床《ほらどこ》や龕破床《がんわりどこ》などの場合は、落し掛けを設けず塗り回しで納める**【図1、写真】**。

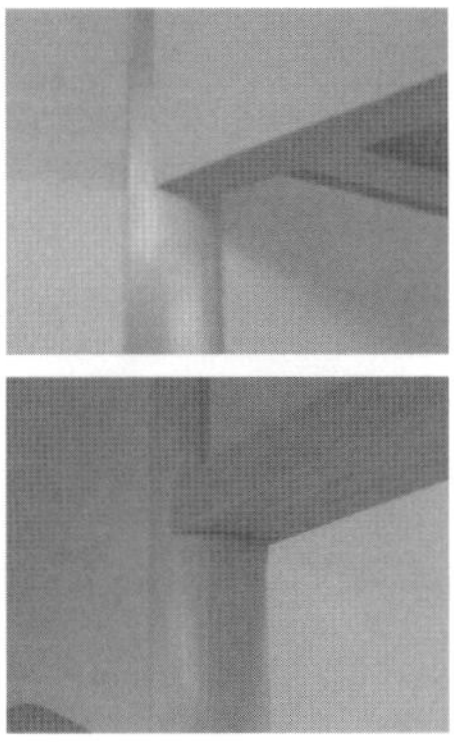

写真 塗り回しの垂れ壁(上)、落し掛け(下)

格に合わせた床框の納まり

1 | 框床 [S = 1 : 8]

❶ 漆塗りの框床—畳床—畳寄せ

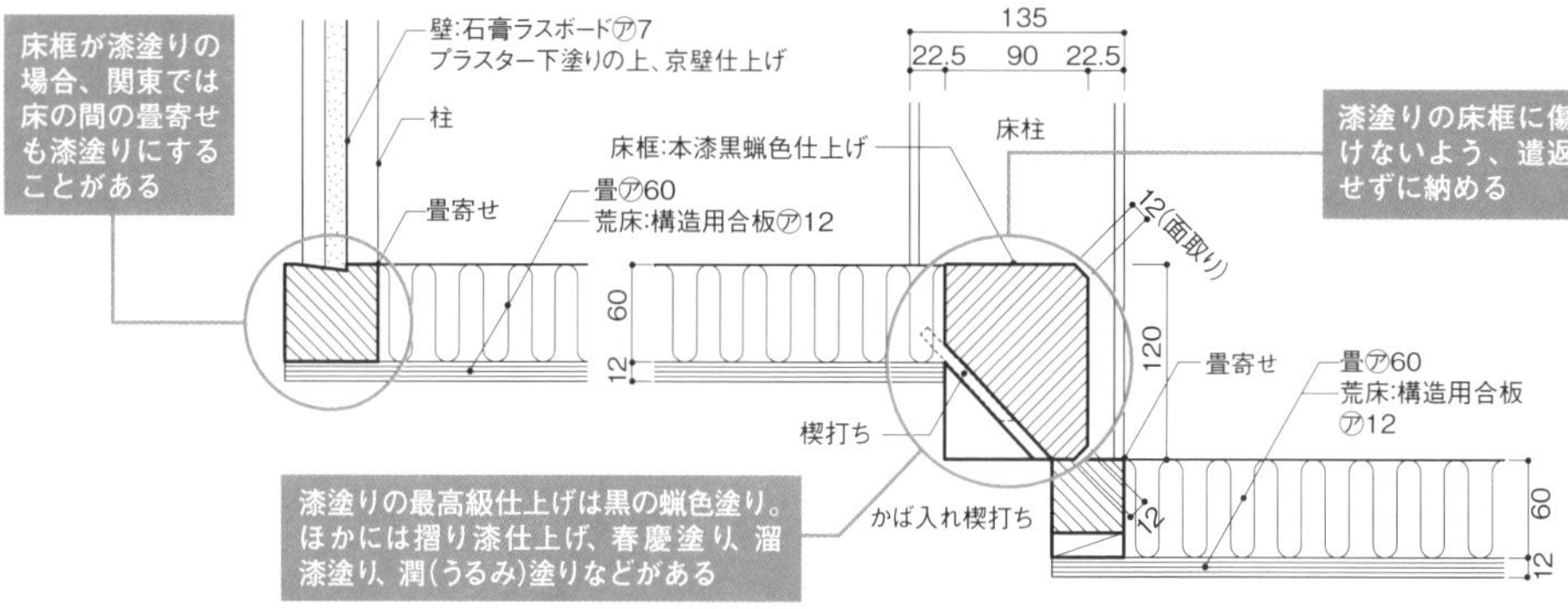
床框が漆塗りの場合、関東では床の間の畳寄せも漆塗りにすることがある
壁:石膏ラスボード㋐7
プラスター下塗りの上、京壁仕上げ
柱
畳寄せ
畳㋐60
荒床:構造用合板㋐12
60
12
135
22.5 90 22.5
床框:本漆黒蝋色仕上げ
床柱
漆塗りの床框に傷を付けないよう、遣返しをせずに納める
12(面取り)
120
畳寄せ
畳㋐60
荒床:構造用合板㋐12
楔打ち
かば入れ楔打ち
12
60
12
漆塗りの最高級仕上げは黒の蝋色塗り。ほかには摺り漆仕上げ、春慶塗り、溜漆塗り、潤(うるみ)塗りなどがある

❷ 素地の框床—薄縁床—畳寄せ

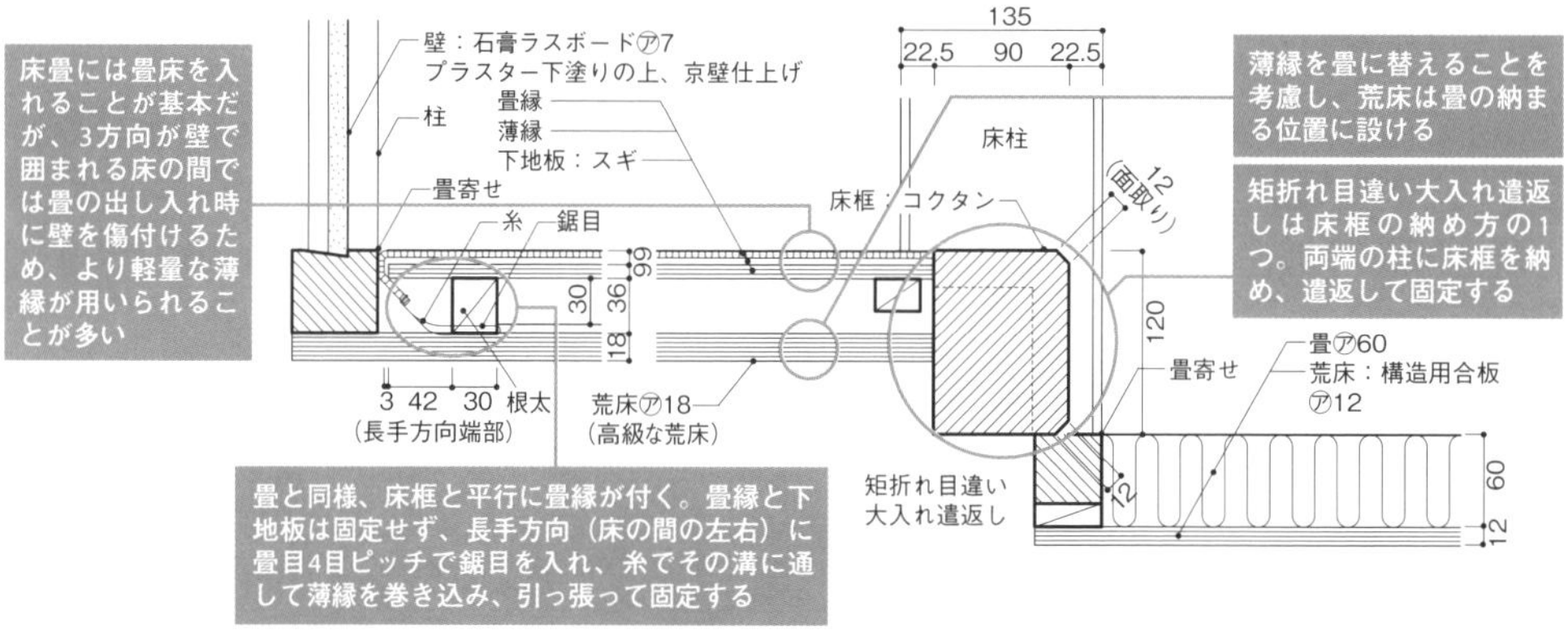
床畳には畳床を入れることが基本だが、3方向が壁で囲まれる床の間では畳の出し入れ時に壁を傷付けるため、より軽量な薄縁が用いられることが多い
壁:石膏ラスボード㋐7
プラスター下塗りの上、京壁仕上げ
柱
畳縁
薄縁
下地板:スギ
畳寄せ
糸
鋸目
30
36
99
18
3 42 30 根太
(長手方向端部)
荒床㋐18
(高級な荒床)
135
22.5 90 22.5
床柱
床框:コクタン
12(面取り)
120
畳寄せ
畳㋐60
荒床:構造用合板㋐12
矩折れ目違い大入れ遣返し
12
60
12
薄縁を畳に替えることを考慮し、荒床は畳の納まる位置に設ける
矩折れ目違い大入れ遣返しは床框の納め方の1つ。両端の柱に床框を納め、遣返して固定する
畳と同様、床框と平行に畳縁が付く。畳縁と下地板は固定せず、長手方向(床の間の左右)に畳目4目ピッチで鋸目を入れ、糸でその溝に通して薄縁を巻き込み、引っ張って固定する

❸ 素地の框床—床板—雑巾摺り

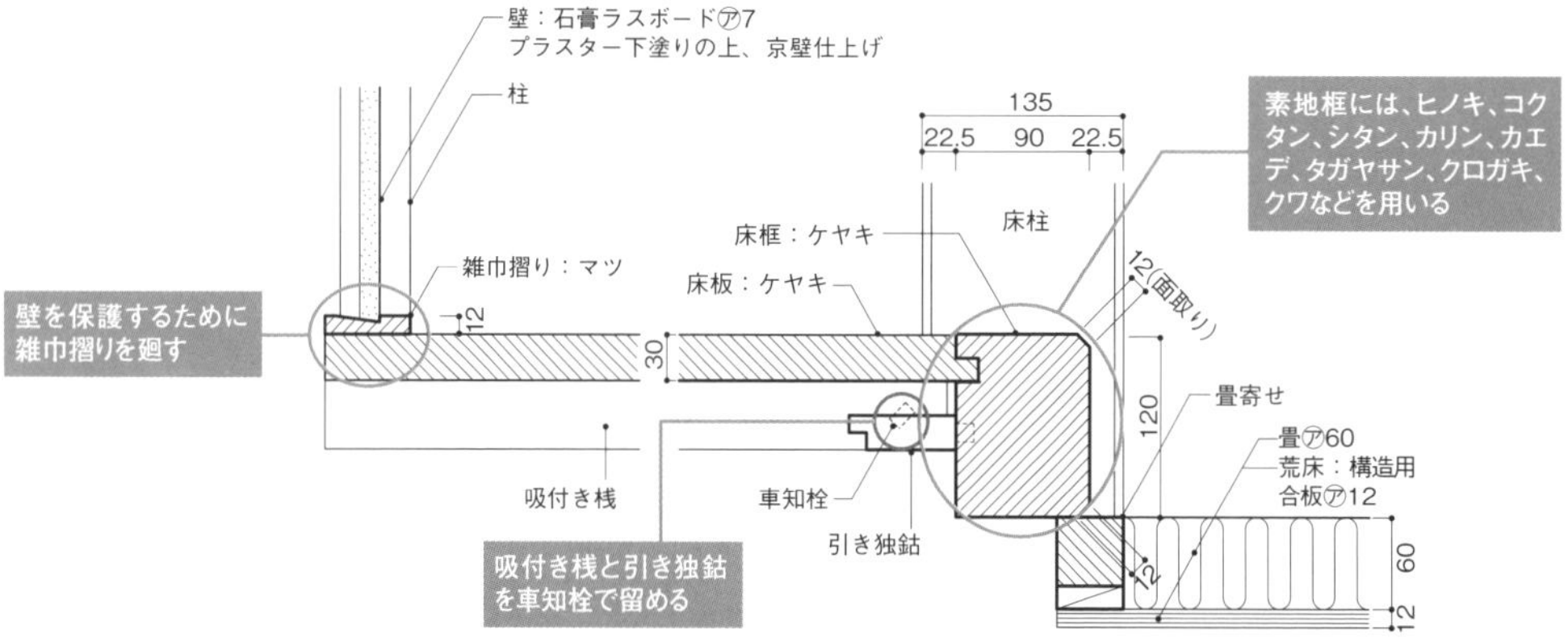
壁:石膏ラスボード㋐7
プラスター下塗りの上、京壁仕上げ
柱
壁を保護するために雑巾摺りを廻す
雑巾摺り:マツ
12
30
吸付き桟
135
22.5 90 22.5
床柱
床框:ケヤキ
床板:ケヤキ
12(面取り)
120
畳寄せ
畳㋐60
荒床:構造用合板㋐12
車知栓
引き独鈷
12
60
12
素地框には、ヒノキ、コクタン、シタン、カリン、カエデ、タガヤサン、クロガキ、クワなどを用いる
吸付き桟と引き独鈷を車知栓で留める

❹ 蹴込み式框床

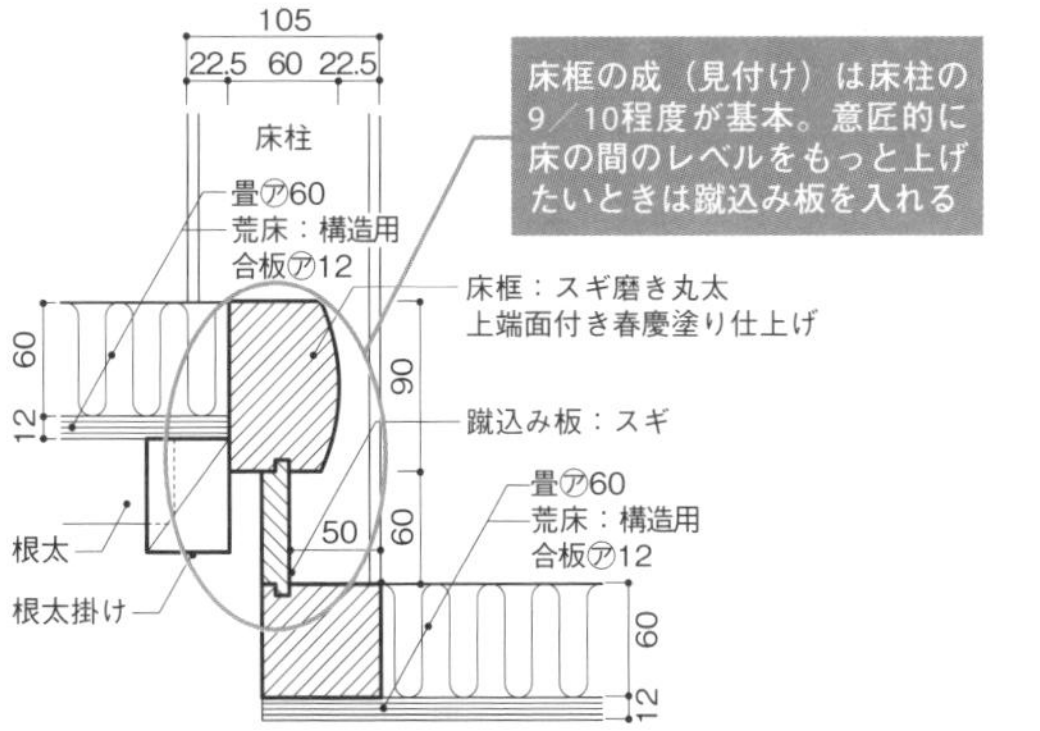

105
22.5 60 22.5
床柱
床框の成（見付け）は床柱の9／10程度が基本。意匠的に床の間のレベルをもっと上げたいときは蹴込み板を入れる
畳㋐60
荒床：構造用合板㋐12
床框：スギ磨き丸太
上端面付き春慶塗り仕上げ
60
12
90
蹴込み板：スギ
根太
50
60
畳㋐60
荒床：構造用合板㋐12
根太掛け
60
12

框床（写真：田畑みなお）

2｜踏込み床［S＝1：8］

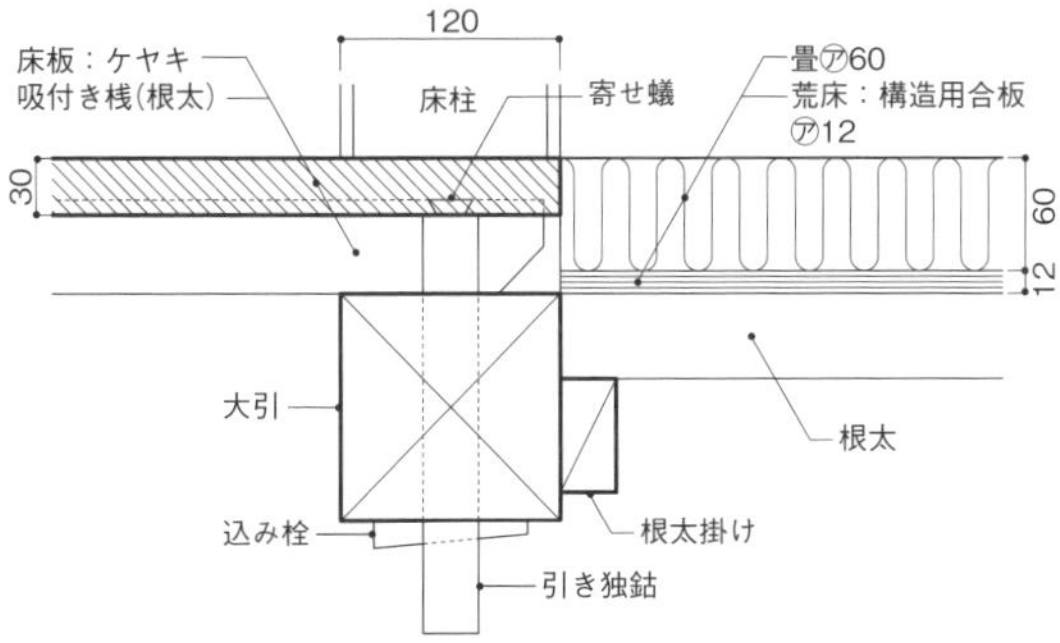

120
床板：ケヤキ
吸付き桟（根太）
床柱
寄せ蟻
畳㋐60
荒床：構造用合板㋐12
30
60
12
大引
根太
込み栓
根太掛け
引き独鈷

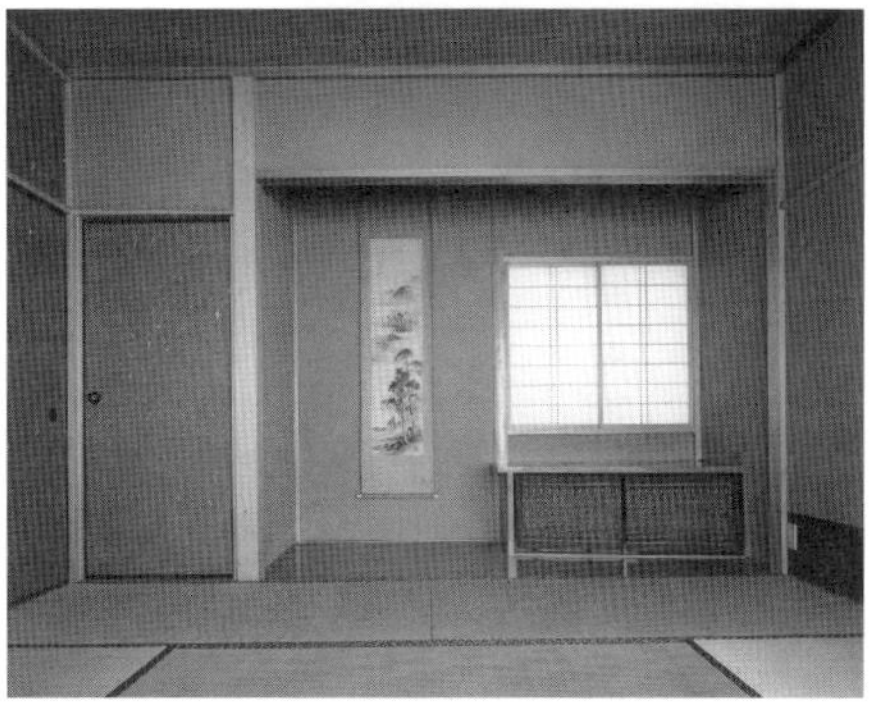

床板と畳が同じレベルの踏込み床（板床）。地袋を設け床脇の要素を床の間に盛り込む（写真：田畑みなお）

3｜蹴込み床［S＝1：8］

❶ 1段上がった蹴込み床

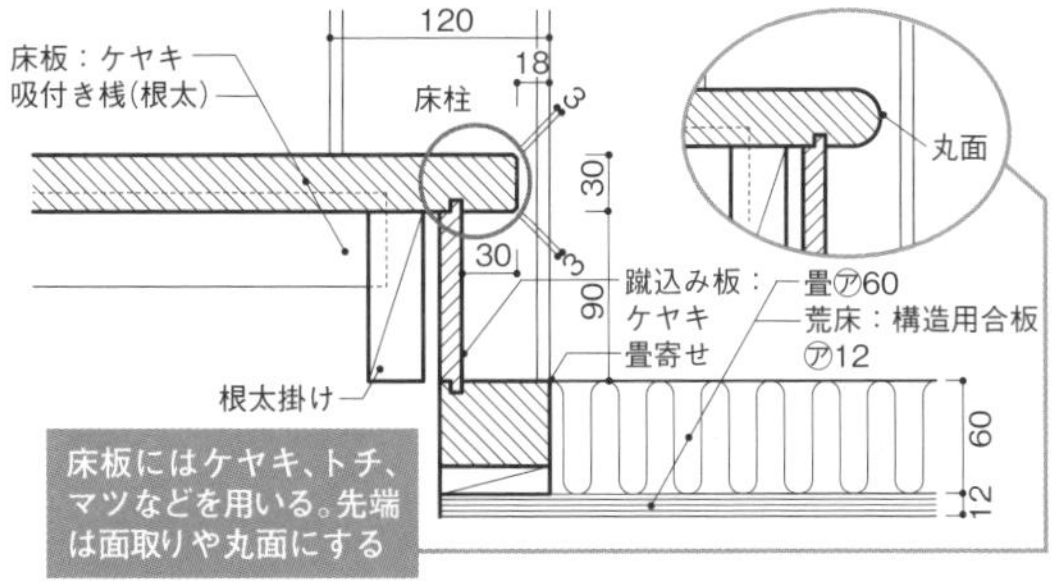

120
18
床板：ケヤキ
吸付き桟（根太）
床柱
3
30
3
丸面
30
90
蹴込み板：ケヤキ
畳㋐60
荒床：構造用合板㋐12
畳寄せ
根太掛け
60
12
床板にはケヤキ、トチ、マツなどを用いる。先端は面取りや丸面にする

❷ くだけた感じの蹴込み床

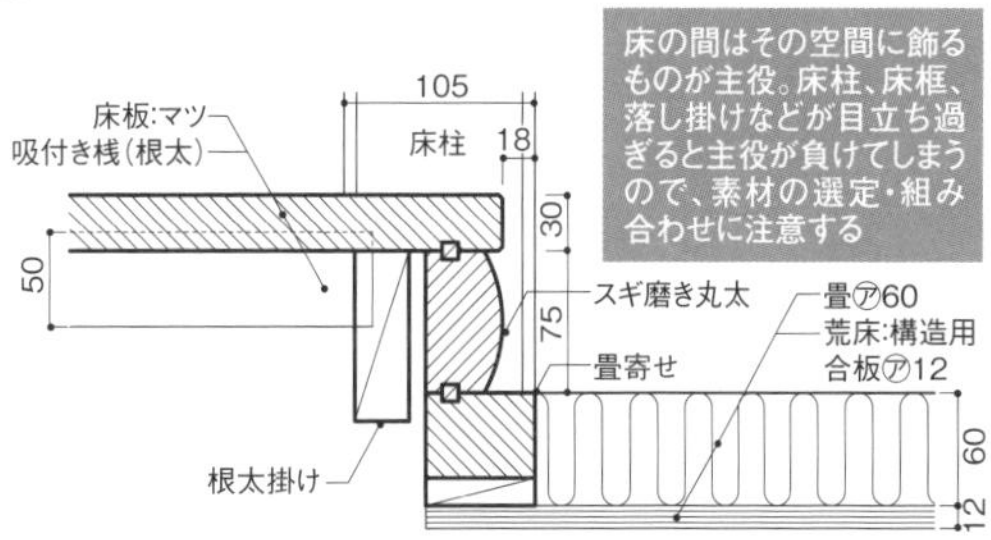

床の間はその空間に飾るものが主役。床柱、床框、落し掛けなどが目立ち過ぎると主役が負けてしまうので、素材の選定・組み合わせに注意する
105
床板:マツ
吸付き桟（根太）
床柱
18
30
50
75
スギ磨き丸太
畳㋐60
荒床:構造用合板㋐12
畳寄せ
根太掛け
60
12

床の間を構成する要素の1つに床框がある。床框は、座敷の畳面より一段高い位置に床畳や床板を納めるために横に入れた化粧材であり、床縁とも呼ばれる。

床框の大きさの目安は、「真」の場合で成（高さ）が本柱の1.1倍、幅は本柱の0.8倍程度。「行」になると少し小さくなり、成で本柱の0.9倍、幅は本柱の0.6倍程度となる。面は大面（12㎜）を取るが、成が小さい場合、下端は面を取らない。床框に丸太を用いた場合は「草」になる【図1】。

一方、床框を省略した床の間もある。図2の「踏込み床」は、座敷の畳面と同レベルに床板を入れた形式。納まりは、床板が持ち上がらないように引き独鈷《どっこ》を寄せ蟻で掛け、足固めを通して下に引き付け、大引の下部に込み栓を打って留めている。

そのほか床框を省略した床の間で、床板を畳面より一段高くした形式を「蹴込み床」という。床板と畳寄せの間に入れる板（蹴込み板）は、床板と同種の材を使うことが一般的である【図3❶】。図3❷のように板の代わりに丸太や竹を入れると、よりくだけた感じになる。

▶ 床の間 5

床の間金物を取り付ける

1 | 床の間の金物

❶ 床の間廻りに打つ金物

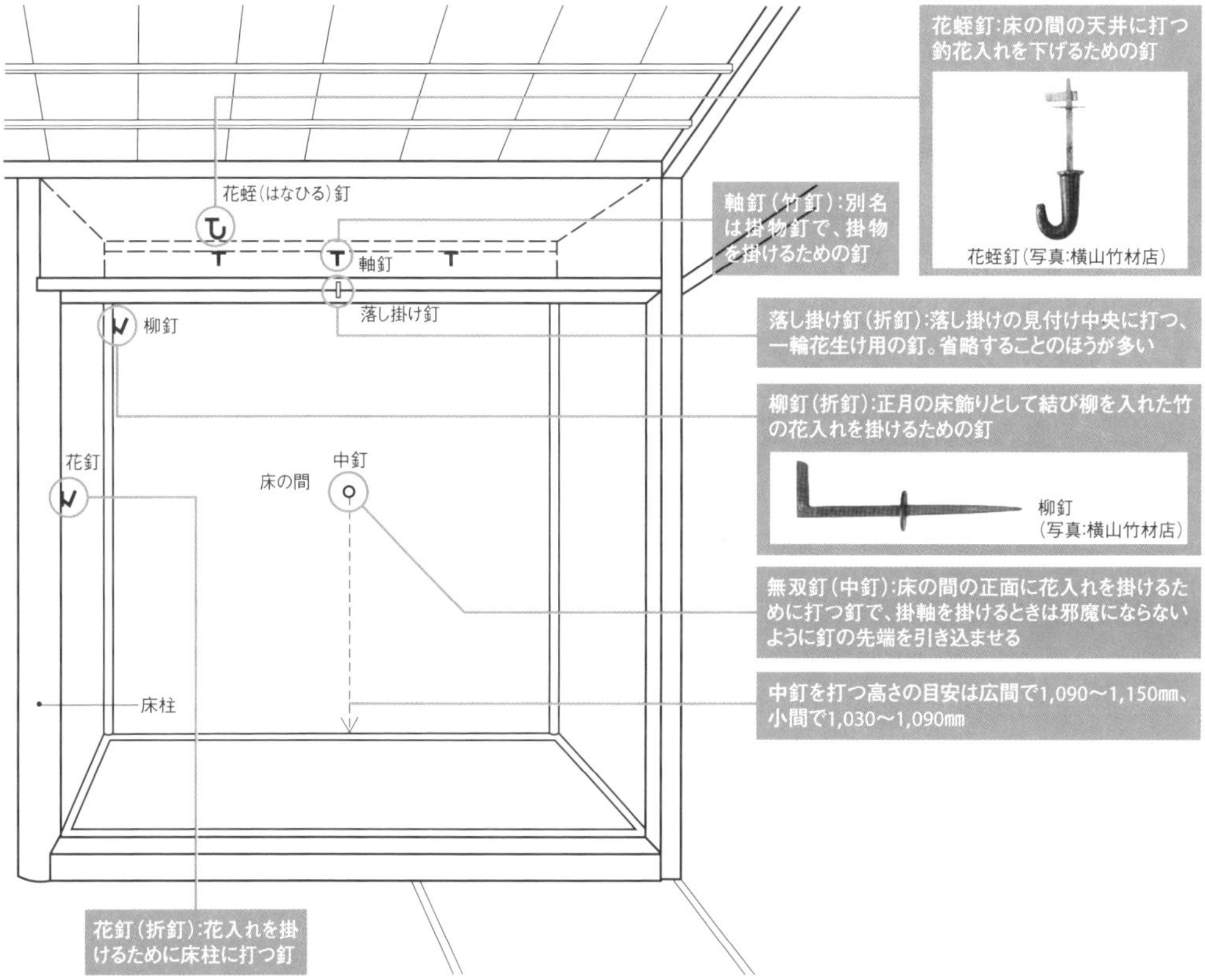
花蛭(はなひる)釘
軸釘
落し掛け釘
柳釘
花釘
床の間
中釘
床柱
花蛭釘:床の間の天井に打つ釣花入れを下げるための釘
花蛭釘(写真:横山竹材店)
軸釘(竹釘):別名は掛物釘で、掛物を掛けるための釘
落し掛け釘(折釘):落し掛けの見付け中央に打つ、一輪花生け用の釘。省略することのほうが多い
柳釘(折釘):正月の床飾りとして結び柳を入れた竹の花入れを掛けるための釘
柳釘
(写真:横山竹材店)
無双釘(中釘):床の間の正面に花入れを掛けるために打つ釘で、掛軸を掛けるときは邪魔にならないように釘の先端を引き込ませる
中釘を打つ高さの目安は広間で1,090〜1,150㎜、小間で1,030〜1,090㎜
花釘(折釘):花入れを掛けるために床柱に打つ釘

❷ 無双釘・沈(しずみ)の寸法目安

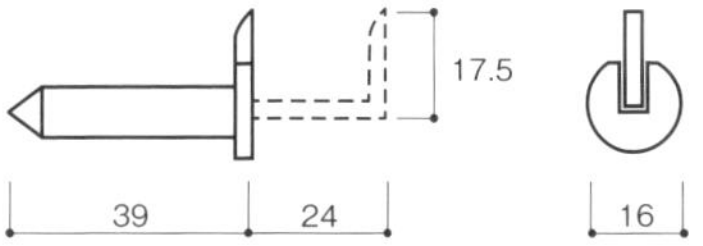
17.5
39
24
16

❸ 花釘の寸法目安

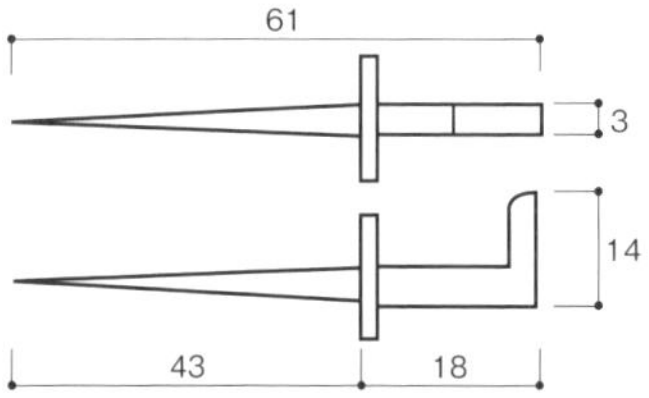
61
3
14
43
18

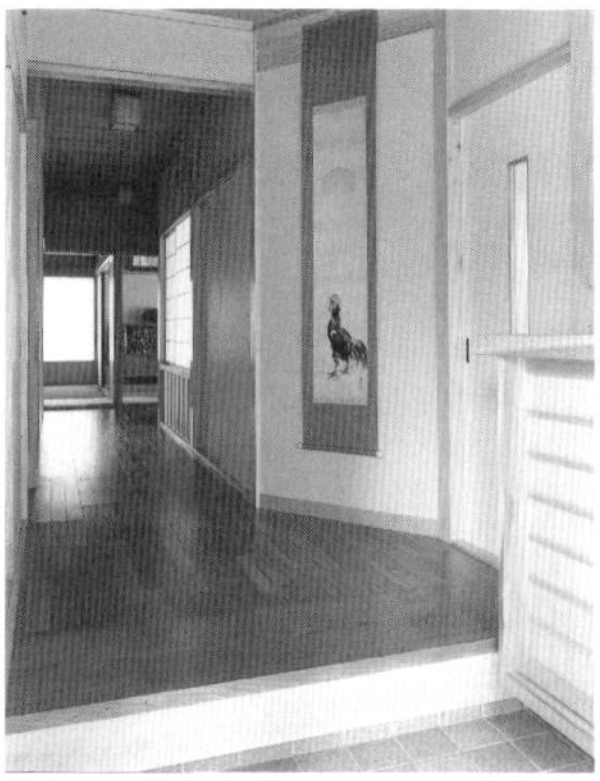

玄関の壁に織部板を設け、軸物を掛ける
(写真:田畑みなお)

2 軸釘の納まり [S = 1 : 4]

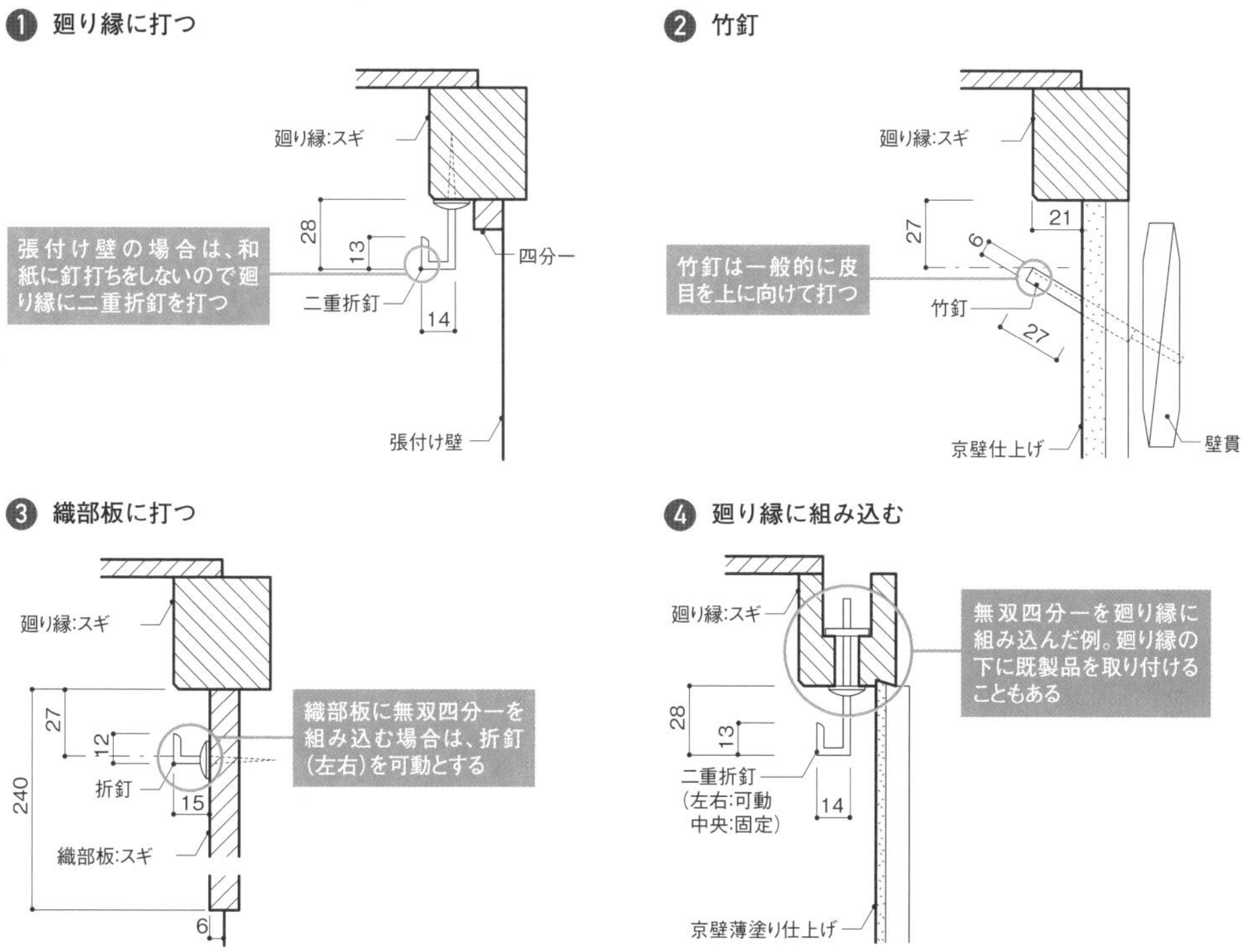

❶ 廻り縁に打つ
廻り縁:スギ
張付け壁の場合は、和紙に釘打ちをしないので廻り縁に二重折釘を打つ
28
13
四分一
二重折釘
14
張付け壁
❷ 竹釘
廻り縁:スギ
21
27
6
竹釘は一般的に皮目を上に向けて打つ
竹釘
27
京壁仕上げ
壁貫
❸ 織部板に打つ
廻り縁:スギ
27
12
240
折釘
15
織部板に無双四分一を組み込む場合は、折釘（左右）を可動とする
織部板:スギ
6
❹ 廻り縁に組み込む
廻り縁:スギ
無双四分一を廻り縁に組み込んだ例。廻り縁の下に既製品を取り付けることもある
28
13
二重折釘
（左右:可動
中央:固定）
14
京壁薄塗り仕上げ

3 和風金物取扱い店

横山竹材店	〒602-8062　京都市上京区油小路通下長者町上る亀屋町 135 TEL. 075-441-3981　FAX. 075-432-5876 URL. http://www.yokotake.co.jp
室《むろ》金物	〒604-0821　京都市中京区二条通柳馬場西入 TEL. 075-211-9798　FAX. 075-211-5471 URL. http://www.murokanamono.co.jp
東京数寄屋倶楽部	〒136-0082　東京都江東区新木場 2-4-6 TEL. 03-3521-7991　FAX. 03-3521-7986 URL. http://www.geocities.jp/sanmoku0359/sukiyakurabu-top.html

床の間廻りに打つ金物を**図1**に載せたが、基本的には茶室に使う金物が多い。茶室以外の座敷の場合は、掛け軸や額装のものを掛けるために竹軸を軸釘として打ち**［図2］**、花入れを掛けるために中釘と花釘（省略も可）を打つだけでよい。

竹釘は廻り縁より約1寸（30㎜）下がりに、中釘は広間で床から1090～1150㎜、小間で1030～1090㎜程度の高さに打つ。一方、花釘は中釘より5分（15㎜）から1寸ほど上げた位置に打つのが目安だ。

また、床の間の幅が1間以上の場合などには、軸釘の代わりに無双四《し》分一《ぶいち》を取り付ける**［図2❹］**。掛け軸を2～3幅掛けるために設けるもので、固定釘とその左右に取り付ける可動釘からなる。そのため軸幅が異なっても調整できる。横長の掛け軸の場合は、左右の釘の2点で吊る。初めは中央の釘に掛け、次に左の釘、そして右の釘に掛けてから中央の掛緒を外すのが決まりである。

ところで、既製の無双四分一を廻り縁の下に取り付けた床の間を見かけるが、取って付けた感じがしてお勧めできない。

▶ 床の間 6

床の間は天井も壁も一味違う

1 | 床天井（板張り）

❶ 鏡板張り［S＝1：5、S＝1：40］

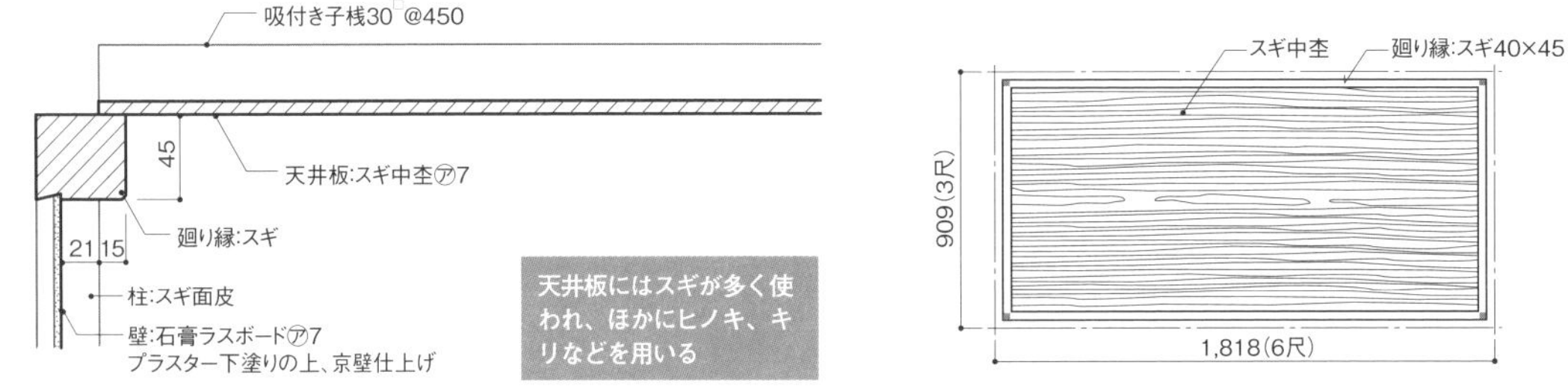
吸付き子桟30□@450
天井板:スギ中杢㋐7
45
廻り縁:スギ
21 15
柱:スギ面皮
壁:石膏ラスボード㋐7
プラスター下塗りの上、京壁仕上げ
天井板にはスギが多く使われ、ほかにヒノキ、キリなどを用いる
スギ中杢
廻り縁:スギ40×45
909(3尺)
1,818(6尺)

❷ 敷目張り［S＝1：5］

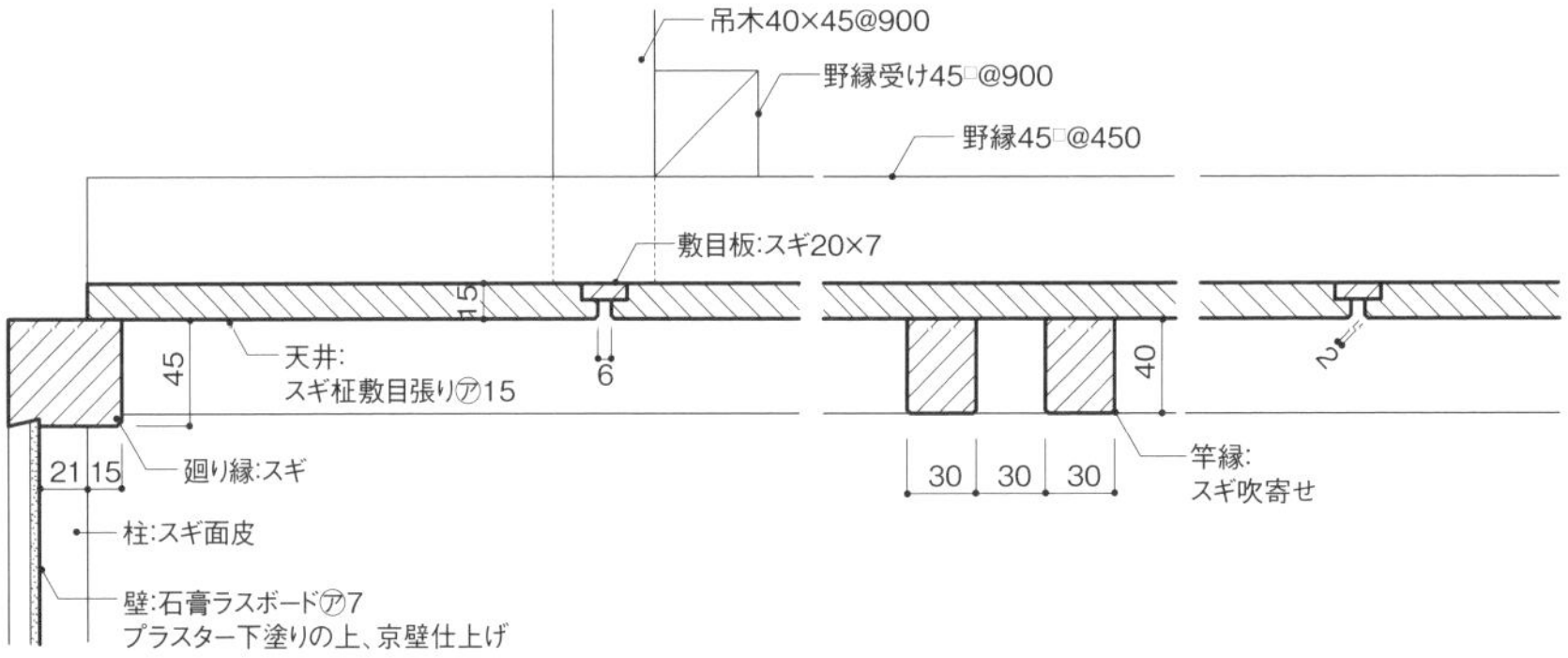
吊木40×45@900
野縁受け45□@900
野縁45□@450
敷目板:スギ20×7
15
天井:
スギ柾敷目張り㋐15
6
45
40
2
廻り縁:スギ
21 15
30 30 30
竿縁:
スギ吹寄せ
柱:スギ面皮
壁:石膏ラスボード㋐7
プラスター下塗りの上、京壁仕上げ

床の間の天井は座敷よりも格をもたせたい。床の間の奥行きが909㎜（3尺）前後のときは鏡板張り天井、それ以上深い場合は格天井がふさわしい［**図1**］。天井板にはスギが多く使われ、中央部分が杢目、両端部分が柾目で構成された中杢と呼ばれるものが最高とされる。

一方、床脇の天井などは網代張りとすることが多い。代表的な編み方は**図2**のほか、矢羽根、四ツ目、市松、亀甲などがある（9頁参照）。以前は大工が現場に合わせ網代を編んだが、今では銘木店に依頼し編んでもらうか既製品を使う。既製品は3×6尺または3.15×6.3尺の大きさが基本。それ以上の面積を張る場合は、間に竿縁を入れるなどの工夫が必要となる。また、既製品には網代の板厚がかなり薄いものもあるので注意を要する。

昔の書院造りの床の間の壁は、和紙を張り、これに水墨画や濃絵《だみえ》といわれる濃彩な絵を描いたものが多い。**図3**のように和紙を組子に何層にも張付けて仕上げたものを張付け壁という。壁の四方の隅には四分一と呼ばれる黒漆塗りした木を廻す。簡易な方法として、石膏ボード下地に和紙を張ることもある。

❸ 板張りのバリエーション（左：竿縁なし敷目張り、右：羽重ね張り）[S＝1：40]

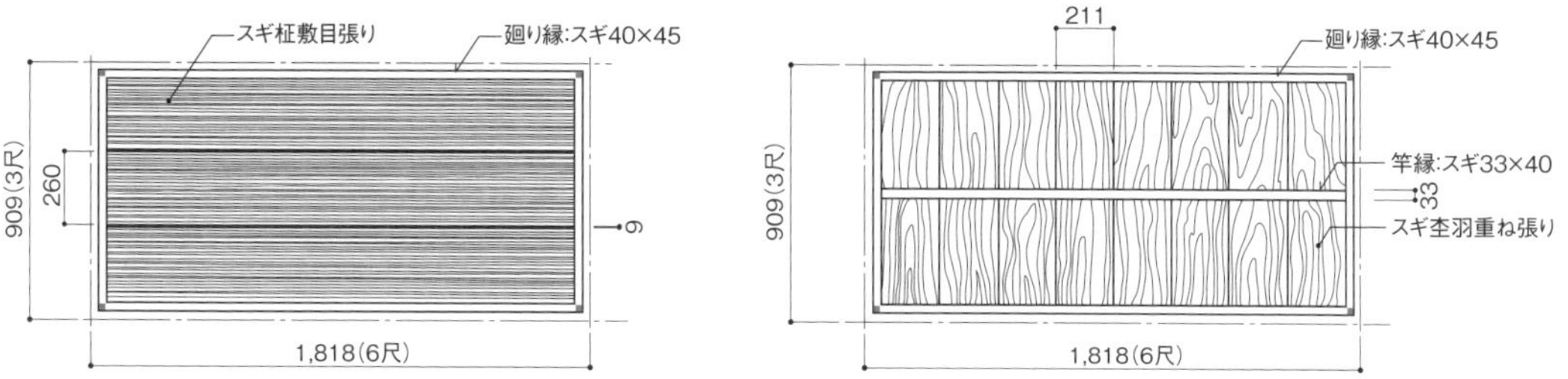

2｜床脇天井（網代張り）

石畳

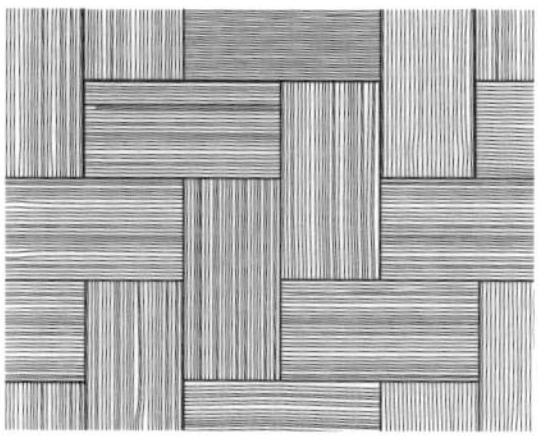

斜市松

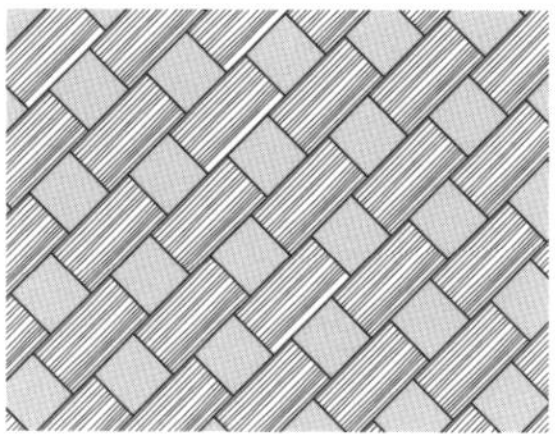

天井材はスギ杢枌板の網代（あじろ）。竿縁の間隔を等分割ではなく、狭めて吹寄せとしている

3｜床壁（張付け壁）

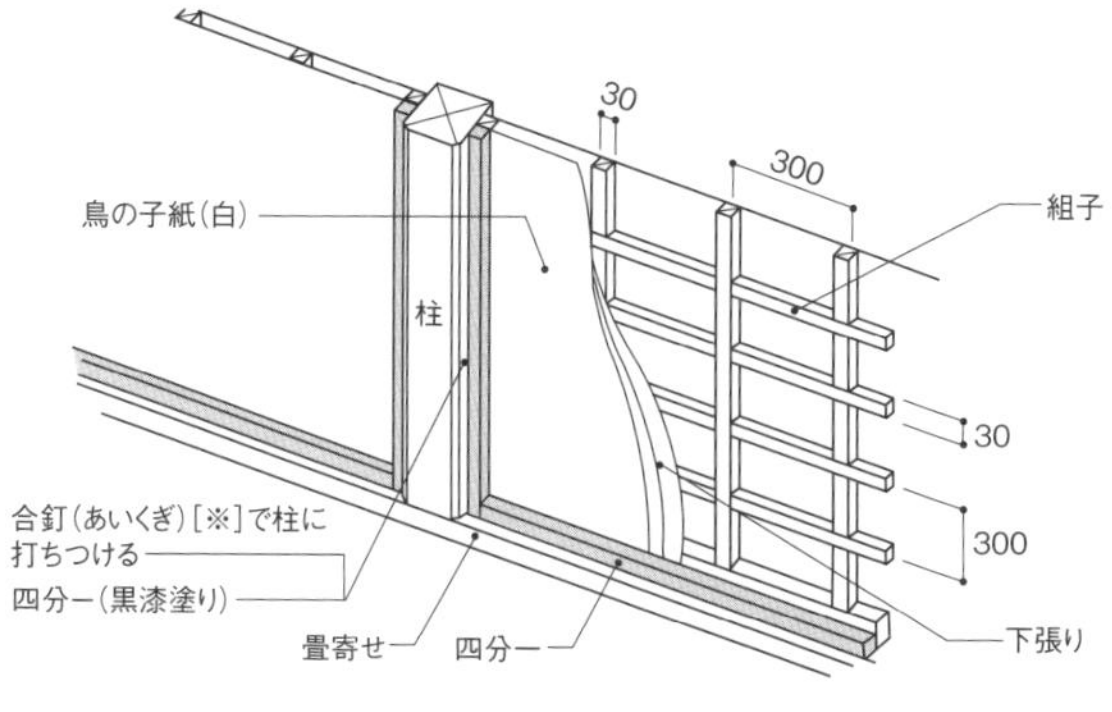

張付け壁の例として、桂離宮の松琴亭（しょうきんてい）にある市松の床の間などがある。市松の床の間は、藍・白奉書石畳張りの下張りを11回行い、その上に裏打ちした奉書を張り上げている。このように何度も下張りするのは一般住宅では難しいが、回数を減らすと壁の強度が下がるので、組子を襖のように細かく入れる必要がある

※ 合釘（あいくぎ）とは、両端が尖ったまっすぐな釘のこと

床の間の照明

床の間の照明は、一間床（いっけんどこ：床の間の幅が1間［1,818mm］程度）くらいまでなら、直管蛍光灯20Wを落し掛けの上部に設ければよい。蛍光灯の色は電球色だと演色性もよく、お薦めである。こだわるなら、高演色系の美術・博物館用蛍光灯（演色AAA電球色［パナソニック］もある。

ところで、既製の器具は蛍光灯が露出しているものが多い。床の間照明は、下がり壁に隠れるため目に入らないが、目に入らないなら何でもよいとする考えに不満の方には、写真のように和紙で蛍光灯にカバーをしてみてはいかがだろうか。

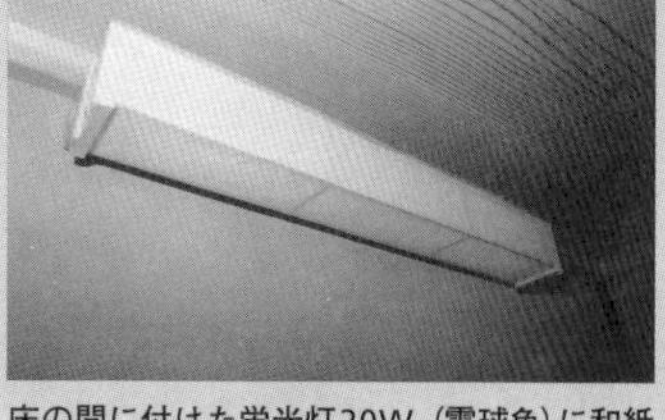

床の間に付けた蛍光灯20W（電球色）に和紙張りのカバーをした例

床の間に光を採り入れる

1 | 狆潜り［S＝1：40］

無目鴨居：サビ竹φ60
床脇天井：枌板網代天井（へぎいたあじろ）
床の間と床脇の境の壁のFL＋約360～750㎜の部分に無目を入れ、その下を吹抜けにしたものを狆潜り（ちんくぐり）という。床脇に光が入り、空間的な広がりをもたせる効果がある
36
42
狆潜り無目：アテ丸太φ45
1,757
2,005
1,272
818
狆潜り（ちんくぐり）
床柱：サルスベリ透し漆塗り

2 | 洞口［S＝1：40］

210
織部板：スギ
狆潜り同様、床脇へ光を入れる開口を洞口（ほらぐち）という。無目を入れずに塗り回す
落し掛け：スギ
塗り回し
2,424
2,424
洞口（ほらぐち）
680
床柱：スギ絞り丸太φ150
壁の途中に孔をあけたものや内法高近くまで壁を取り去ったものを吹抜きという
a
485
a
455
105

床の間の壁にあけられた狆潜り

洞口

床脇に光を取り入れ、空間的な広がりをもたせるために、床の間と床脇との間の壁を部分的に開ける手法がある。

床の間レベルから800㎜程度上がったところに無目（狆潜《ちんくぐ》り無目）を入れ、その下を吹抜きとしたものを「狆潜り」または「犬潜り」という。その名のとおり、犬が潜り抜けるのに適したような開口である［図1］。

また、無目を入れずに、壁に長方形や半円形にくり抜き、小口を塗り回したものを「洞口《ほらぐち》」という［図2］。このように床から開口にするのではなく壁に孔のように開口を設けたものや、内法高近くまで壁を取り去ったものは、単に吹抜きと呼ぶ。

そのほか、狆潜りに竹とスギの貫で破れ格子を組んだものを「獅子垣窓」という［写真］。

書院がなく、床の間が外部縁側に面している場合は、その面に下地窓を設けて掛障子を掛ける（墨蹟窓：茶室の床の間に設ける）。

写真　獅子垣窓。谷庄（金沢）
（写真：田畑みなお）

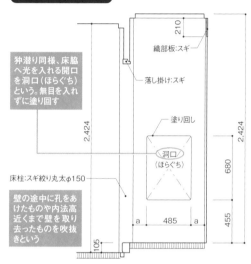

▶ 床の間 8

すっきりした床の間をつくる

❶ 平面図［S＝1：50］

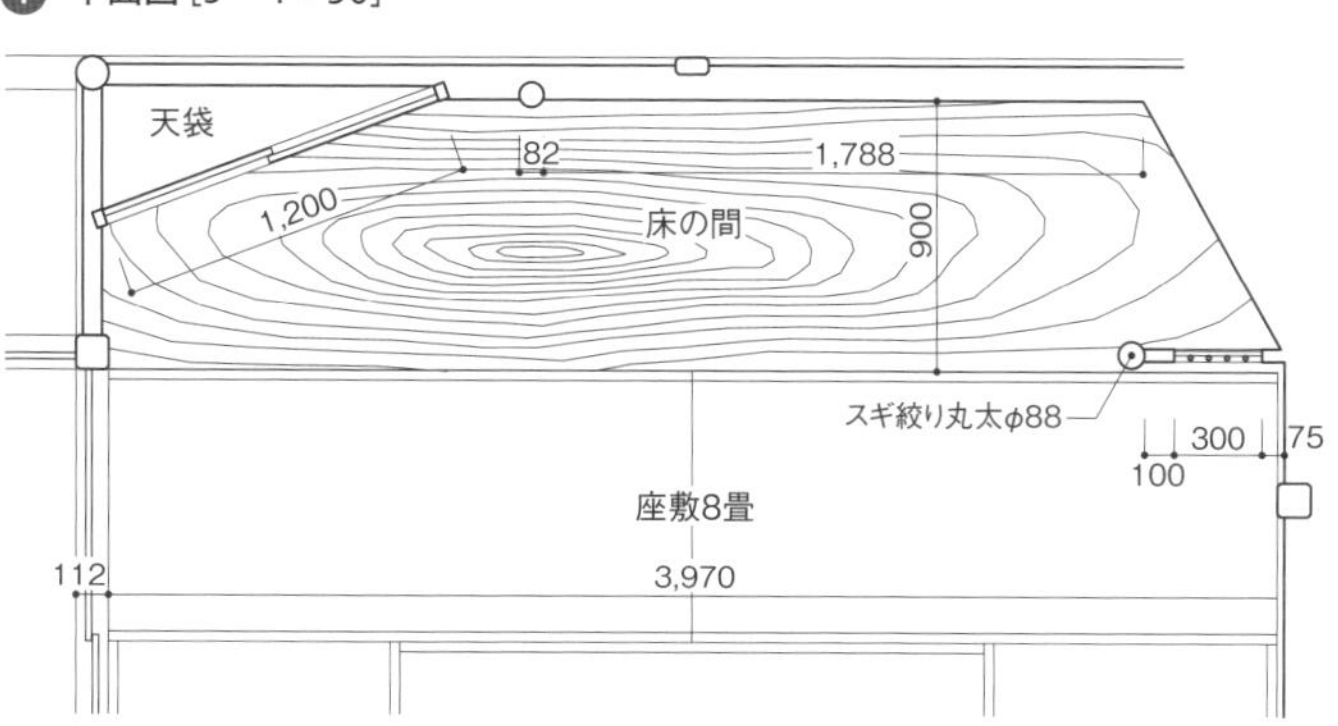

天袋
82
1,788
1,200
床の間
900
スギ絞り丸太φ88
300
75
100
座敷8畳
112
3,970

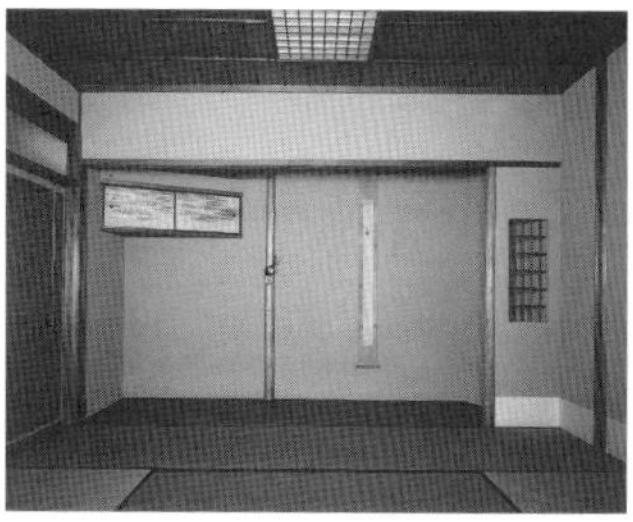

すっきりした床の間の例（写真：田畑みなお）

❷ 正面図［S＝1：50］

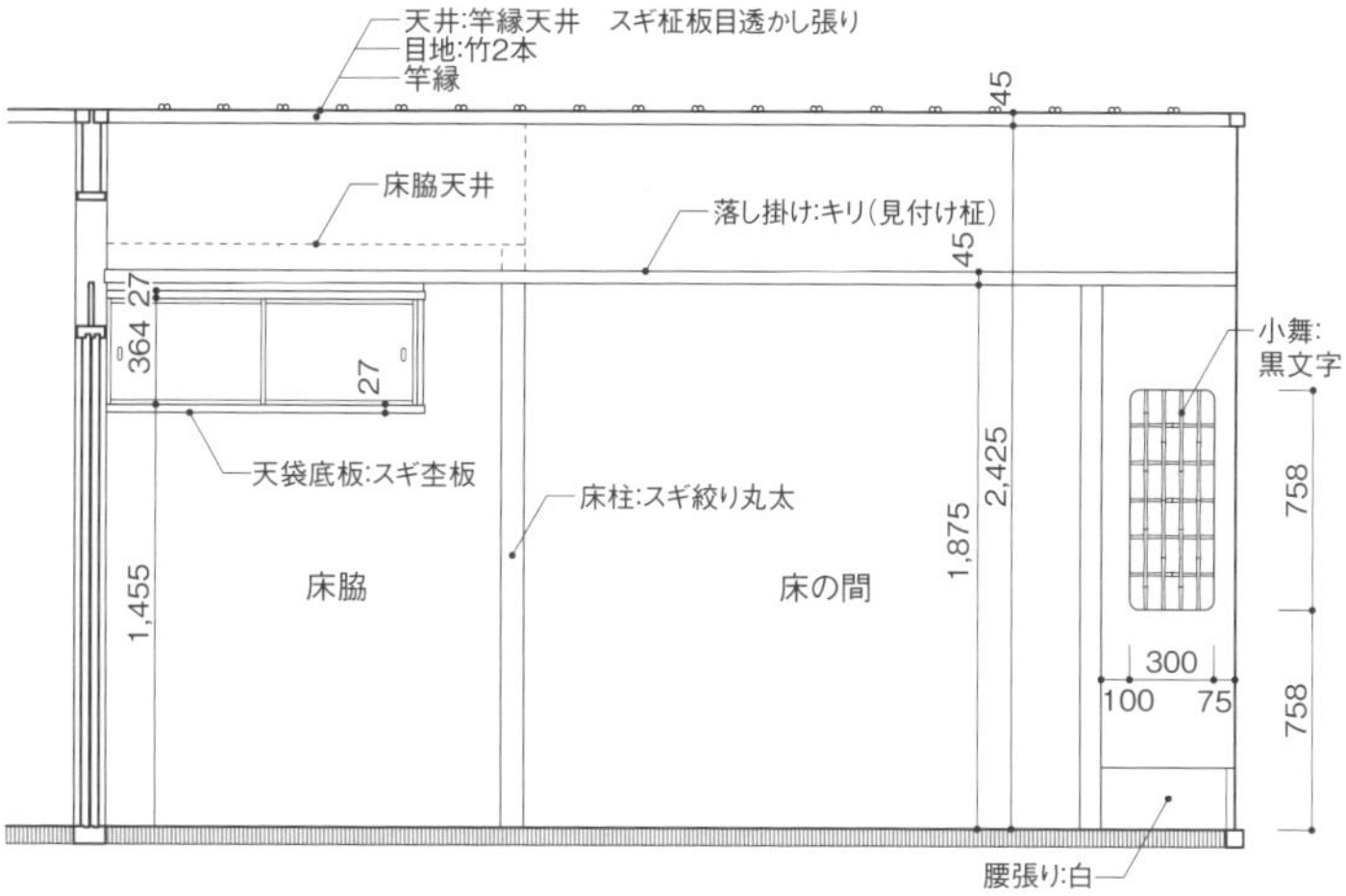

天井:竿縁天井　スギ柾板目透かし張り
目地:竹2本
竿縁
45
床脇天井
落し掛け:キリ（見付け柾）
45
27
364
27
小舞:
黒文字
天袋底板:スギ杢板
床柱:スギ絞り丸太
2,425
758
1,875
1,455
床脇
床の間
300
100
75
758
腰張り:白

壁床の例（写真：田畑みなお）

写真　床の間下部を省略した釣り床の例（写真：田畑みなお）

現代の住宅に合わせ「シンプルな床の間」を設けたいという声も多い。最もシンプルな床の間は「壁床《かべどこ》」である。床の間としての空間はなく、床柱のみで床框、落し掛けもない。壁面に釘を打ち、その部分だけ腰張りをやめて、床の間に見立てている。

「釣り床」はそれに次ぐシンプルな床の間だ。座敷の隅に下げ束を設けて落し掛けのみで2方向を壁で囲い、床の間に仕立てている。**写真**の例では、床柱もなく（座敷のほかの柱と同じ）、床面は畳敷きである。

これまで、さまざまな床の間について述べきたが、あくまでも基本事項であり、それを崩すことですっきりした床の間をつくることもできる。**図**は床柱を奥に配置し、落し掛けと床板を床脇まで通した踏込み床。右手に袖壁を付けて袋床（73頁参照）とし、床脇は斜めに天袋を設けただけのシンプルな構成である。

▶床脇・書院1

くずす前に、まずは基本の床脇

1 | 床脇の基本

❶ 各部の名称

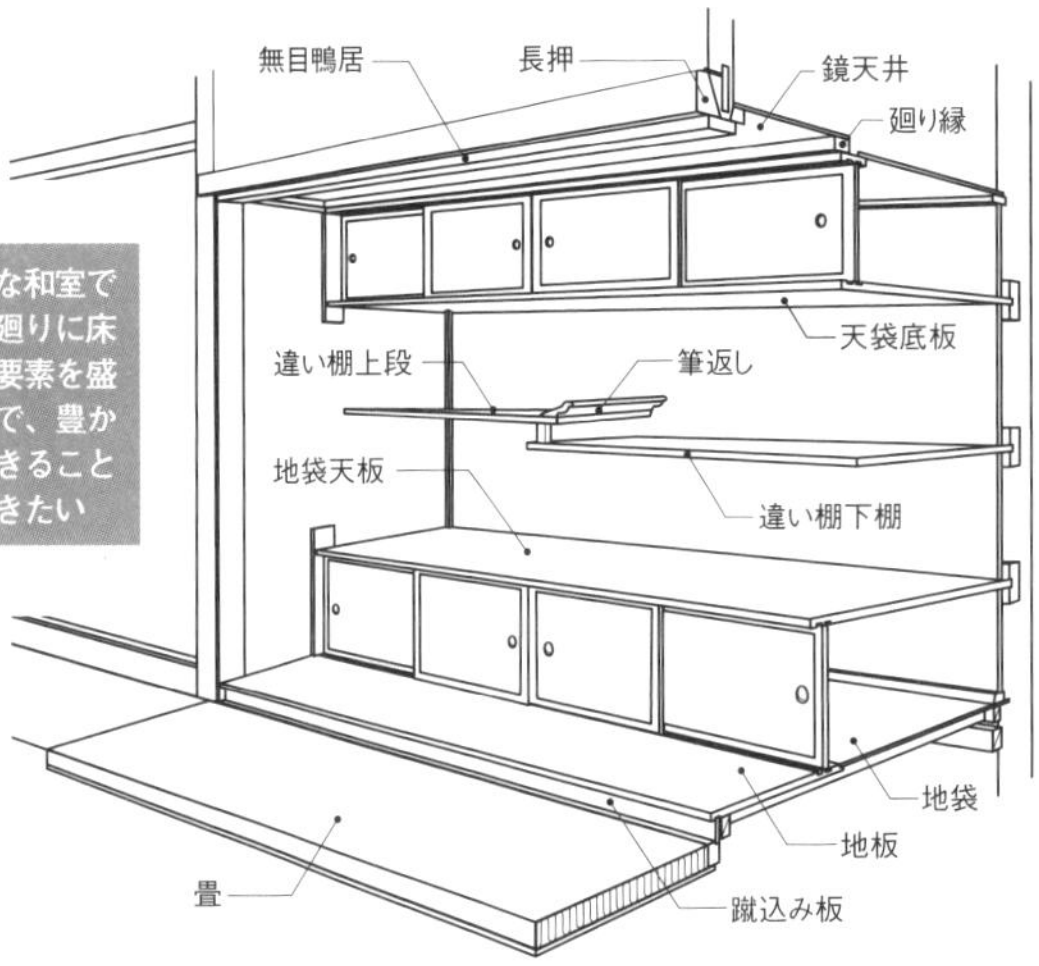
無目鴨居
長押
鏡天井
廻り縁
天袋底板
違い棚上段
筆返し
地袋天板
違い棚下棚
地袋
地板
畳
蹴込み板

現代の小さな和室でも、床の間廻りに床脇や書院の要素を盛り込むことで、豊かな表現ができることを知っておきたい

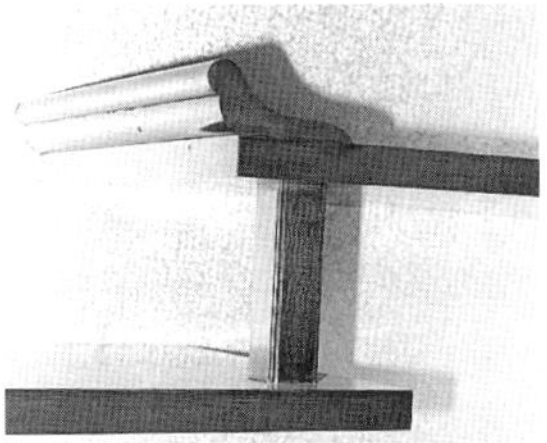

違い棚の上棚端部に付ける筆返しと上下の棚をつなぐ海老束

天袋・違い棚・地袋で構成されたオーソドックスな床脇

❷ 筆返しの形状

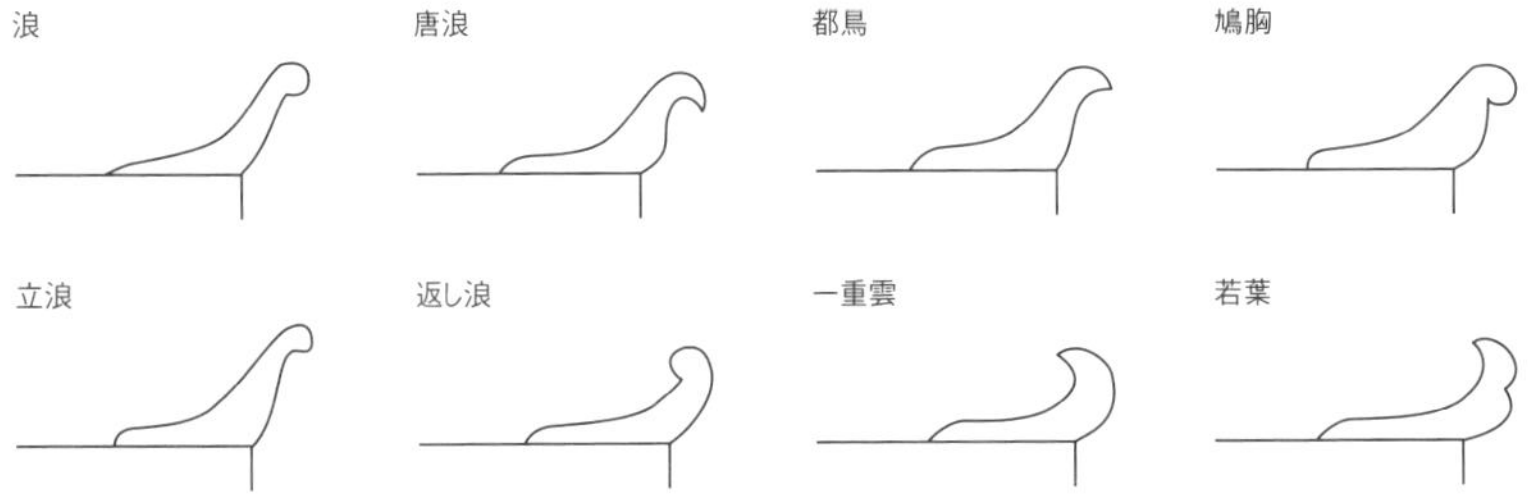
浪
唐浪
都鳥
鳩胸
立浪
返し浪
一重雲
若葉

筆返しには図のようにさまざまな形状と名称があるが、違い棚セット（既製品）は鳩胸が多い

床脇は床構えの一つで、床の間を引き立たせるものである。地板、地袋、違い棚、通し棚、天袋などで構成されるが、組み合わせは自由で、決まりはない。**図1**のような地袋、違い棚、天袋で構成された床脇から、地板と天袋だけの床脇、地板だけの床脇といろいろな組み合わせが考えられる。

床脇の基本

奥行は床の間と同じであるが、地袋、違い棚、天袋の奥行方向の出寸法は同じではつまらない（床框の位置まで出すことはバランスが悪く、あまり行わない）。地袋は柱幅の2倍、違い棚は3倍、天袋は2.5倍程度、床柱より奥に下げておくのをお勧めする［**図2**］。

違い棚の上棚の端部には「筆返し」が付けられる。これは、筆などが転がり落ちるのを止めるためといわれるが、棚板の反りを防ぐ吸付き桟の役目をするものである。さまざまな形があり、筆返しを付けないこともある。また、上下の棚板を継ぐ束を「海老束（雛束）」という。海老束は正方形断面で、四隅に几帳面（55頁参照）をとることが多い。

地袋は原則として敷居、鴨居を入

2 | オーソドックスな床脇

❶ 断面図［S＝1：20］

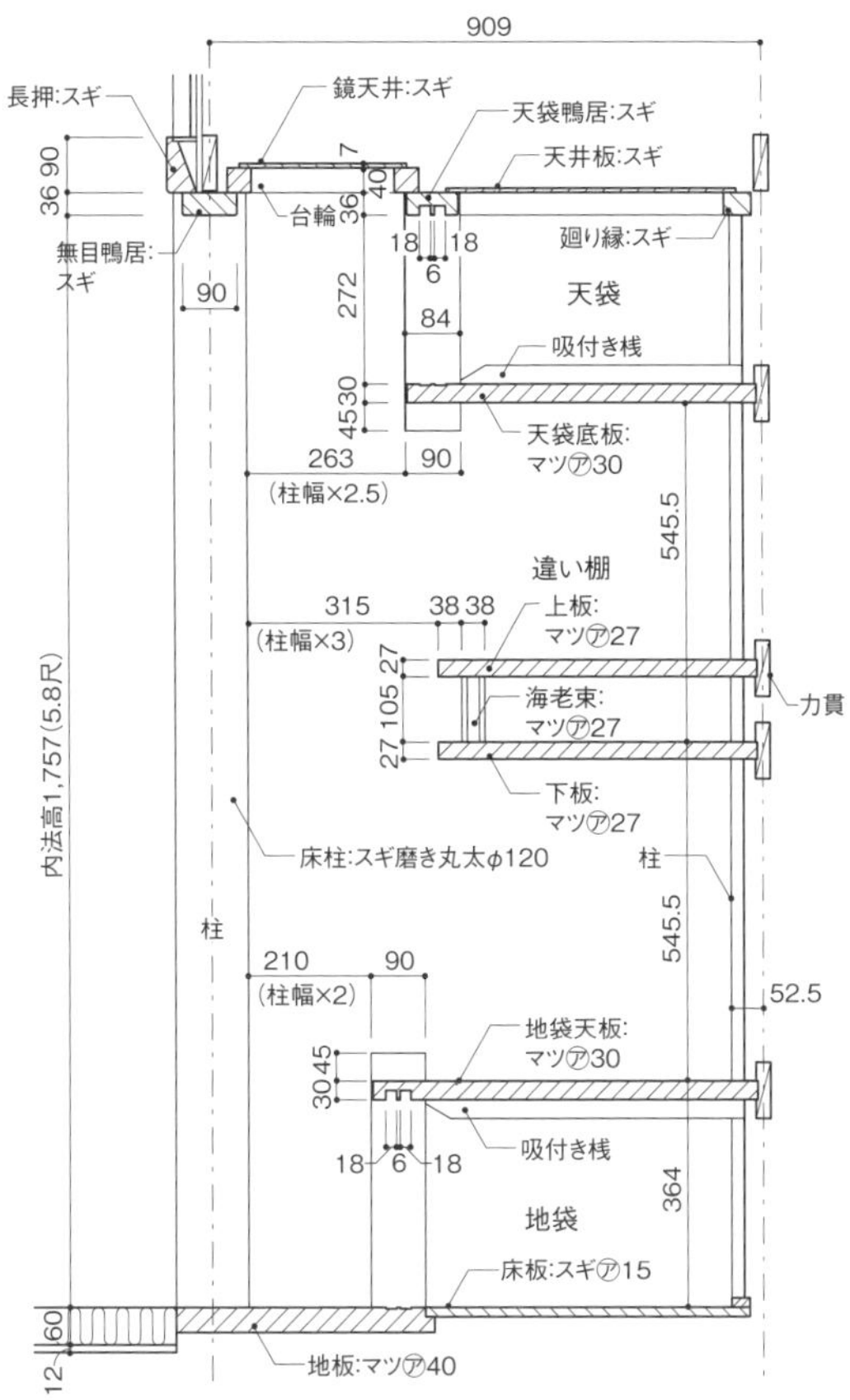
909
長押:スギ
鏡天井:スギ
天袋鴨居:スギ
天井板:スギ
台輪
廻り縁:スギ
無目鴨居:スギ
天袋
吸付き桟
天袋底板:マツ㋐30
263
(柱幅×2.5)
違い棚
315
(柱幅×3)
上板:マツ㋐27
海老束:マツ㋐27
力貫
下板:マツ㋐27
床柱:スギ磨き丸太φ120
柱
210
(柱幅×2)
地袋天板:マツ㋐30
吸付き桟
地袋
床板:スギ㋐15
地板:マツ㋐40
内法高1,757(5.8尺)
545.5
364
52.5

床脇は天袋、違い棚、地袋で構成され、組み合わせも自由である。地板のみの床脇もある

❷ 正面図［S＝1：40］

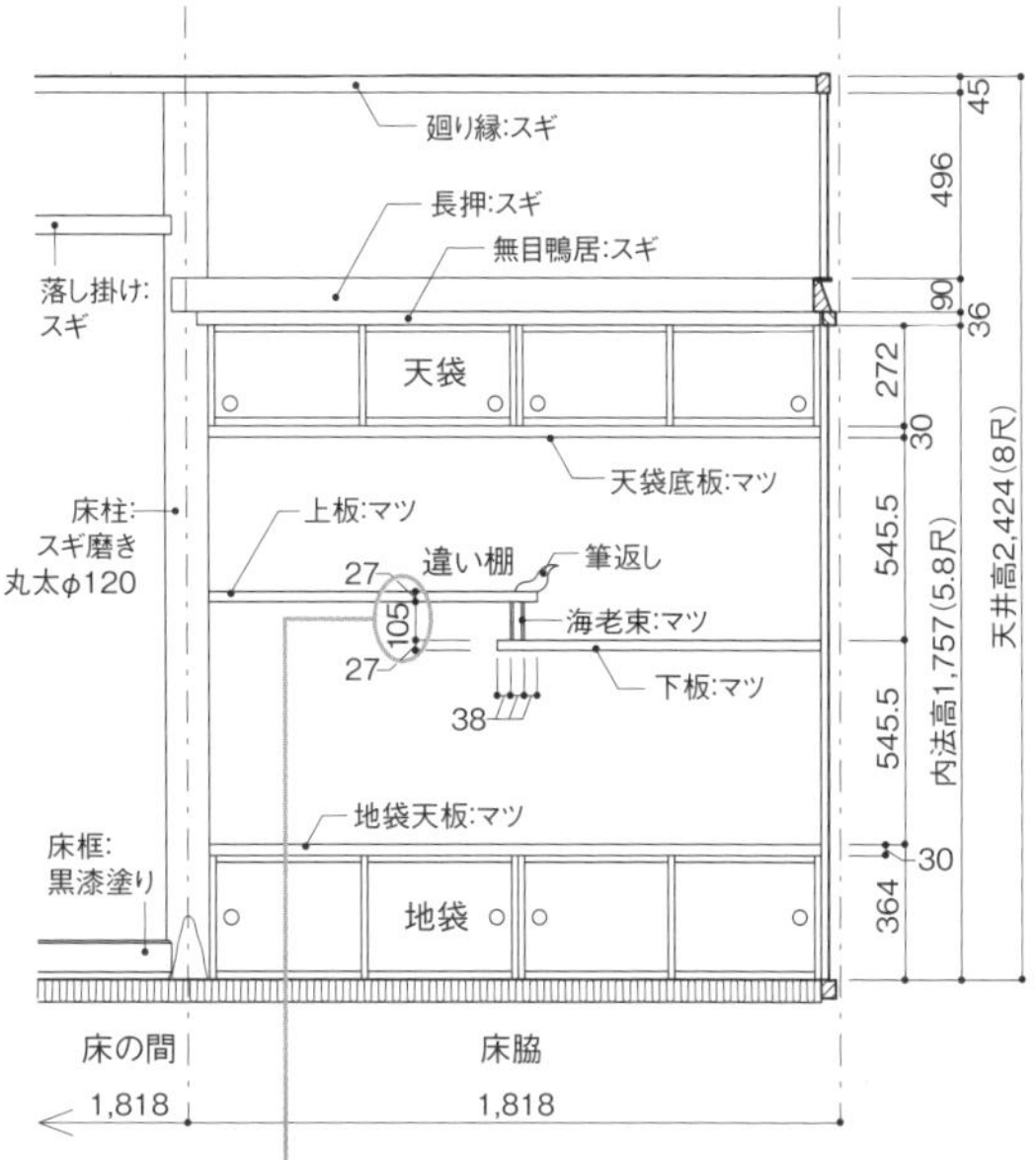
廻り縁:スギ
長押:スギ
無目鴨居:スギ
落し掛け:スギ
天袋
天袋底板:マツ
床柱:スギ磨き丸太φ120
上板:マツ
違い棚
筆返し
海老束:マツ
下板:マツ
地袋天板:マツ
床框:黒漆塗り
地袋
床の間
床脇
1,818
1,818
内法高1,757(5.8尺)
天井高2,424(8尺)

この寸法に注意。広くても狭くてもおかしく感じるので、スケッチなどによりバランスをみること

❸ 筆返し・海老束［S＝1：6］

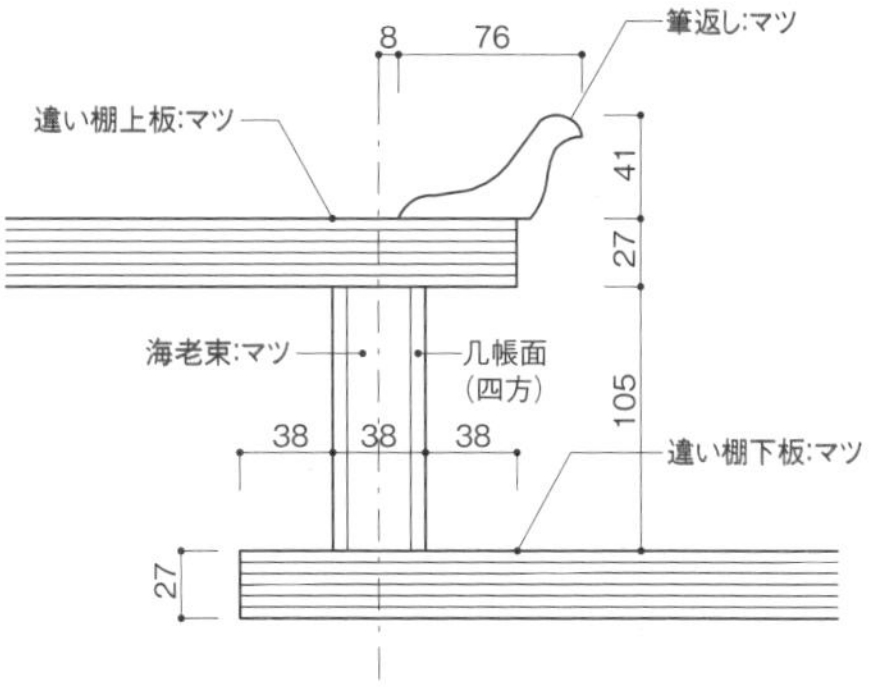
筆返し:マツ
違い棚上板:マツ
海老束:マツ
几帳面
(四方)
違い棚下板:マツ
8
76
41
27
105
38
38
38
27

地袋の側板を通り棚までのばし、透かしを設けた床脇（写真：田畑みなお）

地袋を省き全面地板とした床脇（写真：田畑みなお）

れずに、地板や地袋の天板に溝を付ける。天袋は天袋の底板に溝を彫る場合と敷居を入れる場合がある。地袋の天板や天袋の底板は反らないように吸付き桟を入れる。予算のない場合は床脇セットのような既製品とする。

琵琶棚でシンプルな床脇

1 琵琶棚の形式

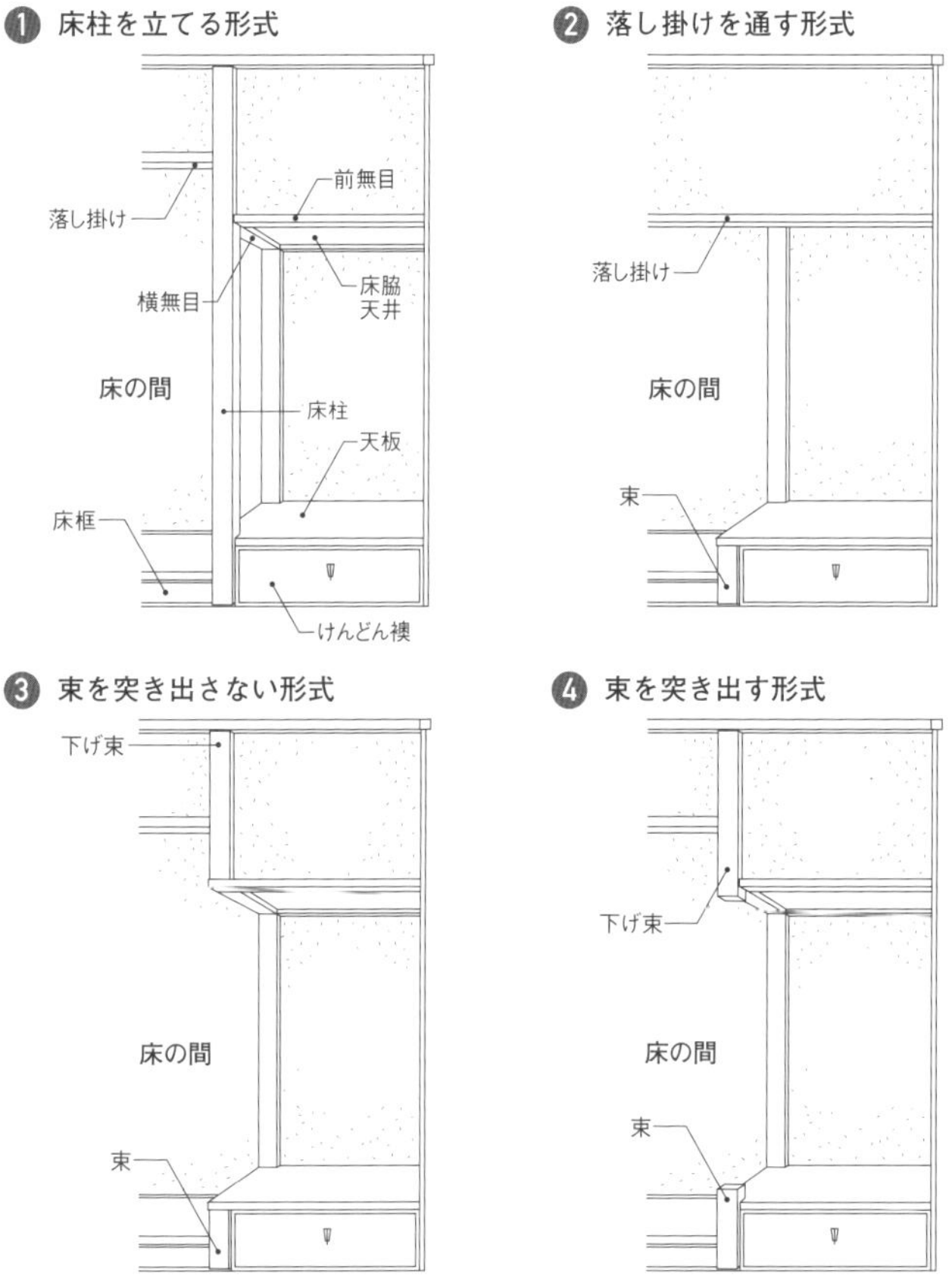
❶ 床柱を立てる形式
落し掛け
前無目
横無目
床脇天井
床の間
床柱
天板
床框
けんどん襖
❷ 落し掛けを通す形式
落し掛け
床の間
束
❸ 束を突き出さない形式
下げ束
床の間
束
❹ 束を突き出す形式
下げ束
床の間
束

床の間の脇に半間の琵琶棚を設けた例。落し掛けを通す形式

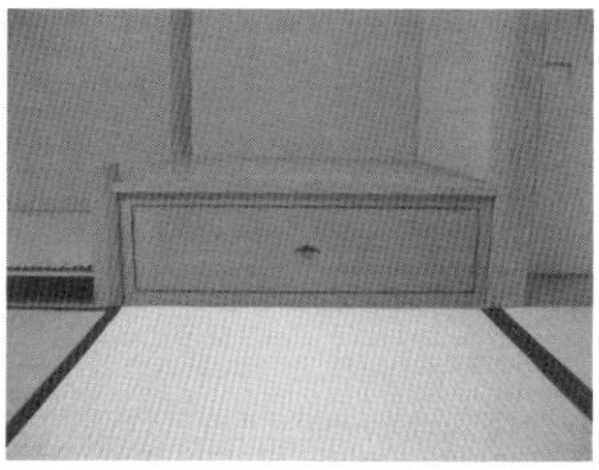

琵琶棚。前面はけんどん襖

琵琶棚の建具を引違いにした例

床の間の脇に半間ほどの琵琶棚《びわだな》を設けた形式を琵琶床《どこ》という。琵琶棚は古楽器の琵琶を天板の上に飾ったところから称された。琵琶を飾ることもなくなった今日でもシンプルな床脇として好まれる形式である。

バリエーションは図1のように4つの形式がある。

(1)床の間と琵琶棚との間に床柱を設ける形式。この場合は、床の間と琵琶棚の床脇を区分したように見える【図1❶】。

(2)落し掛けを床の間から琵琶棚まで通す形式。(1)とは違い床の間の中に琵琶棚が組み込まれた感じとなる【図1❷】。

(3)(4)下げ束で落し掛けを留める形式。これは(1)と(2)の形式の中間で、ある程度床の間と床脇を分けることになる。さらに束と下げ束を突き出す形式と突き出さない形式がある【図1❸❹】。琵琶棚の天板で束を留め、下げ束は突き出す形式とその反対に束を突き出し、下げ束は無目で留める形式もある。

一般に、琵琶棚の下は掛け軸など長物を収納する空間で、建具はけんどん襖かけんどん板戸、もしくは引違い襖か引違い板戸にする【図2】。

2 | 基本の納まり

❶ 平面図 [S＝1:40]

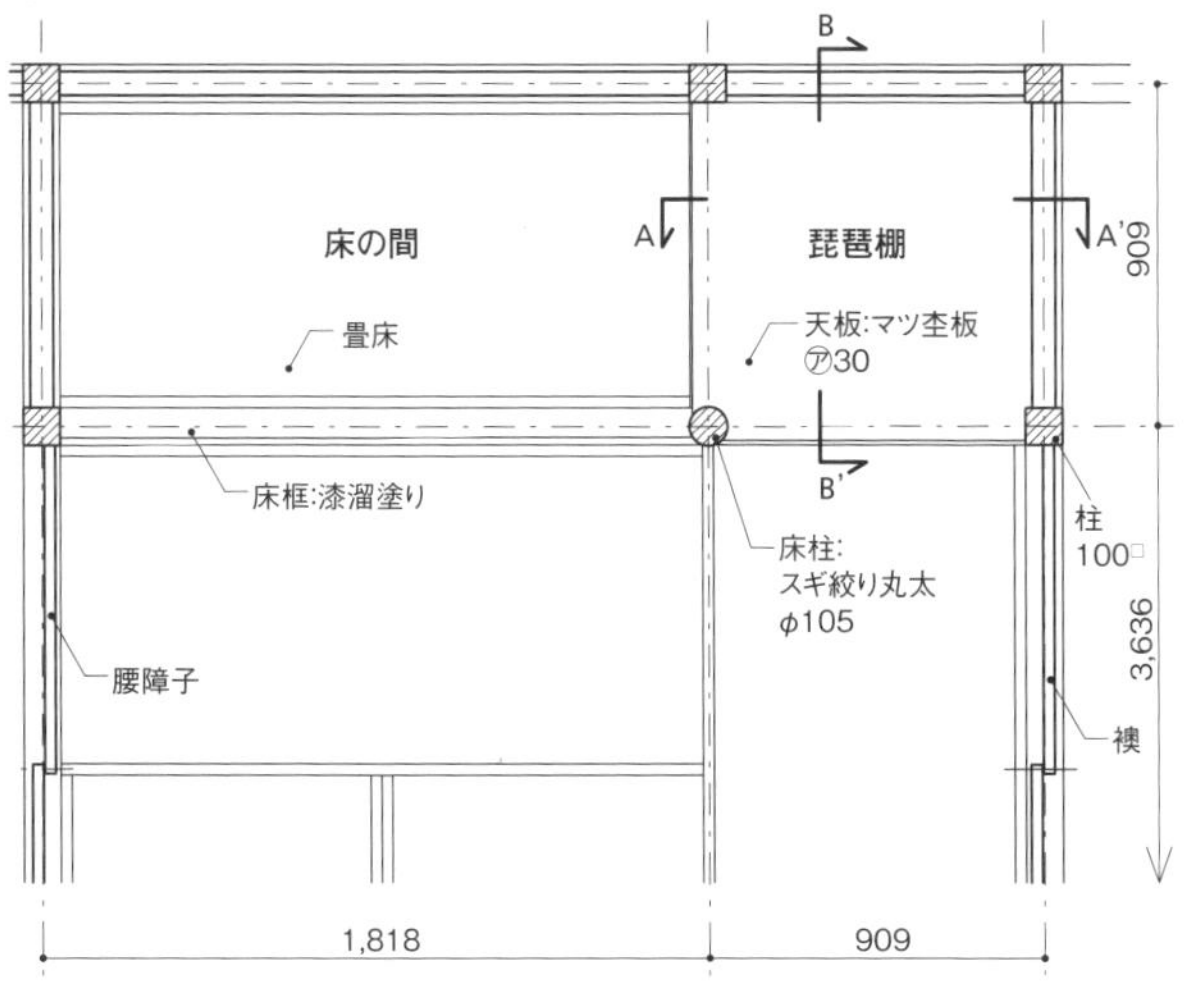

B
A
A'
床の間
琵琶棚
畳床
天板:マツ杢板
㋐30
床框:漆溜塗り
床柱:
スギ絞り丸太
φ105
柱
100□
腰障子
襖
B'
909
3,636
1,818
909

❸ A―A' 断面図 [S＝1:20]

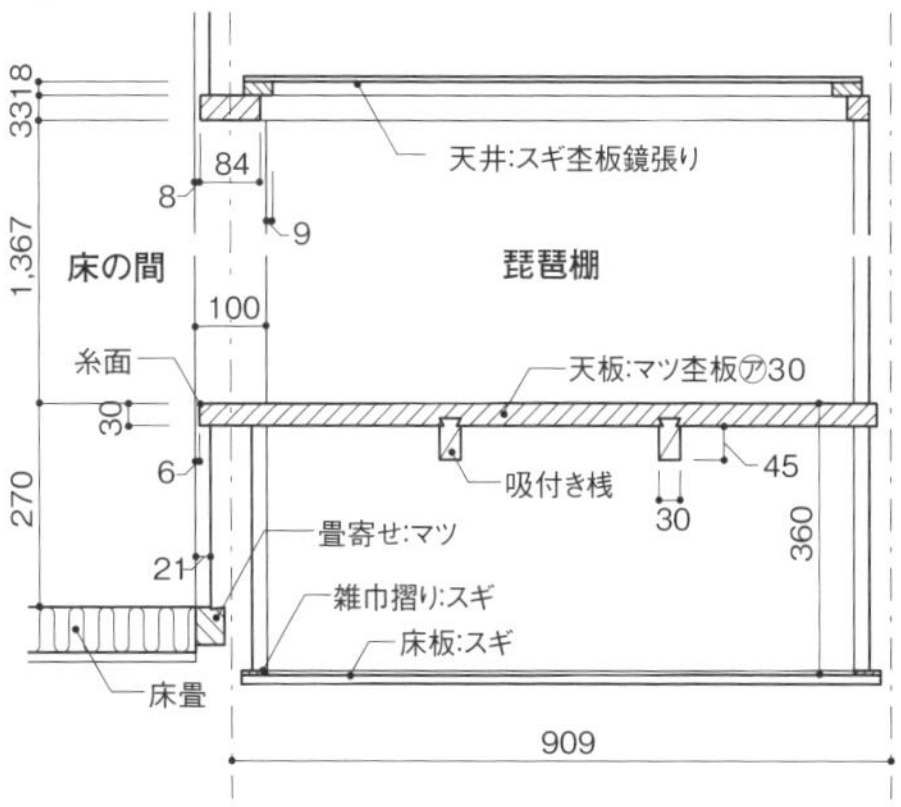

33
18
84
8
9
天井:スギ杢板鏡張り
1,367
床の間
琵琶棚
100
糸面
天板:マツ杢板㋐30
30
6
吸付き桟
45
30
270
畳寄せ:マツ
360
21
雑巾摺り:スギ
床板:スギ
床畳
909

❷ 断面図 [S＝1:40]

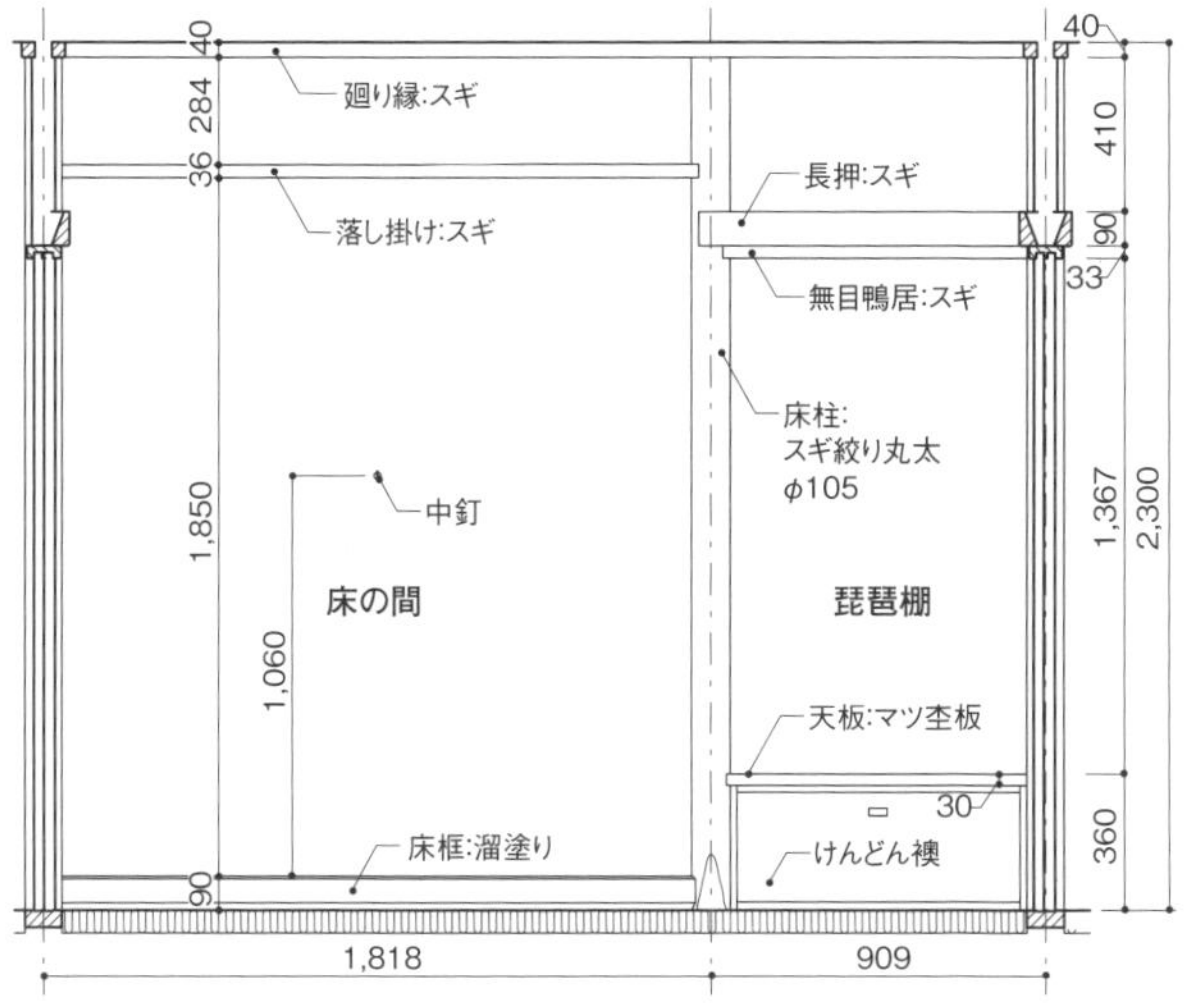

40
284
36
廻り縁:スギ
落し掛け:スギ
長押:スギ
410
90
33
無目鴨居:スギ
床柱:
スギ絞り丸太
φ105
1,850
中釘
床の間
1,060
琵琶棚
1,367
2,300
天板:マツ杢板
30
床框:溜塗り
けんどん襖
360
90
1,818
909

❹ B―B' 断面図 [S＝1:20]

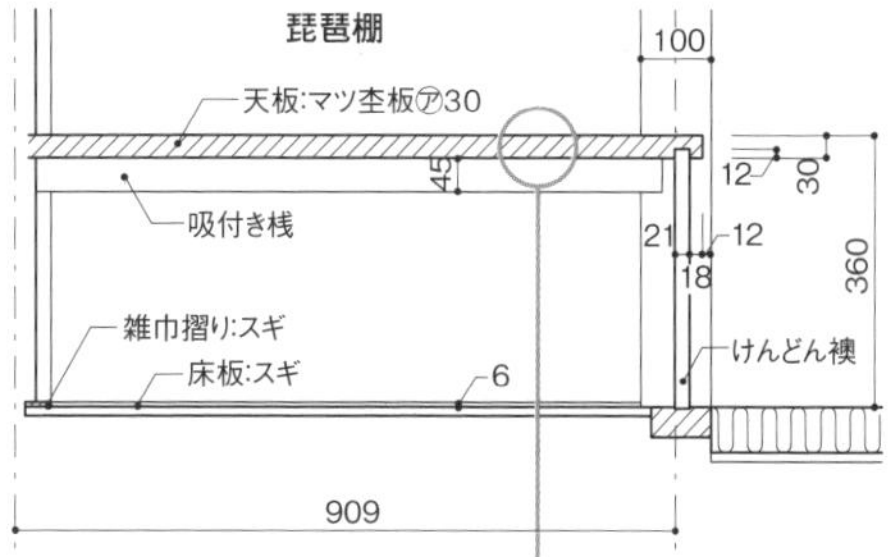

琵琶棚
100
天板:マツ杢板㋐30
45
12
30
吸付き桟
21
12
18
360
雑巾摺り:スギ
床板:スギ
6
けんどん襖
909

琵琶棚の天板のコストを下げたい場合は、練付けにすると安価になるが、小口を厚付けにしないと面がとれないので注意する

現代風座敷のつくり方

現代では、座敷に床の間、床脇、書院をすべて設けるのはなかなか難しい。何とか床の間のスペースを確保できても、多くの場合その隣は押入れなどの収納スペースなどにし、床脇や書院は設けないのが実状である。ただ、床脇などがあるとないとでは、座敷の雰囲気がまったく異なってくる。そこで、昔ながらの座敷の要素を大切にしつつ、現代にあった座敷の計画をお勧めしたい。

たとえば、収納が必要な場合に押入れではなく床脇を設ける。天袋の高さを広げればある一定の収納スペースを確保できる。また、床の間に地袋を入れることで、床脇の要素を盛り込むこともできる。そのほか床の間の墨蹟窓を広げ、平書院風にする方法もある。マンションなどRC造の建物では、柱が問題となるが、柱形に琵琶棚を設けると柱形も隠れ、床の間廻りを豊かに表現できる。

■マンションでの琵琶棚の設置方法

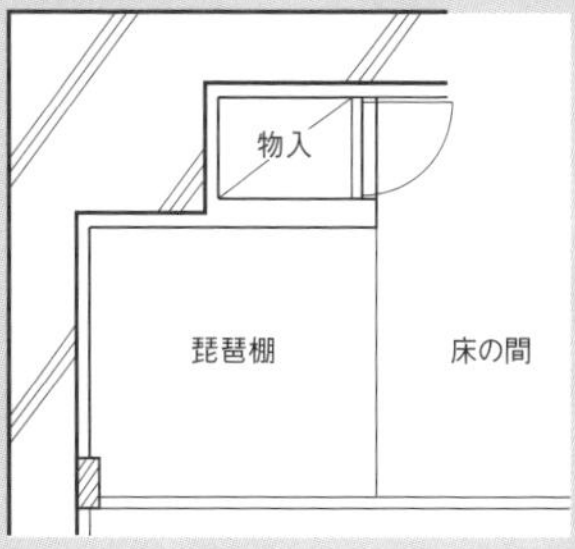

物入
琵琶棚
床の間

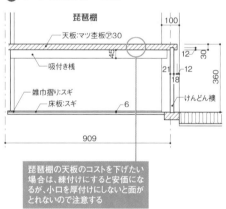

格式の高い書院も押さえておく

1 | 付け書院［S＝1：15］

❶ 断面図

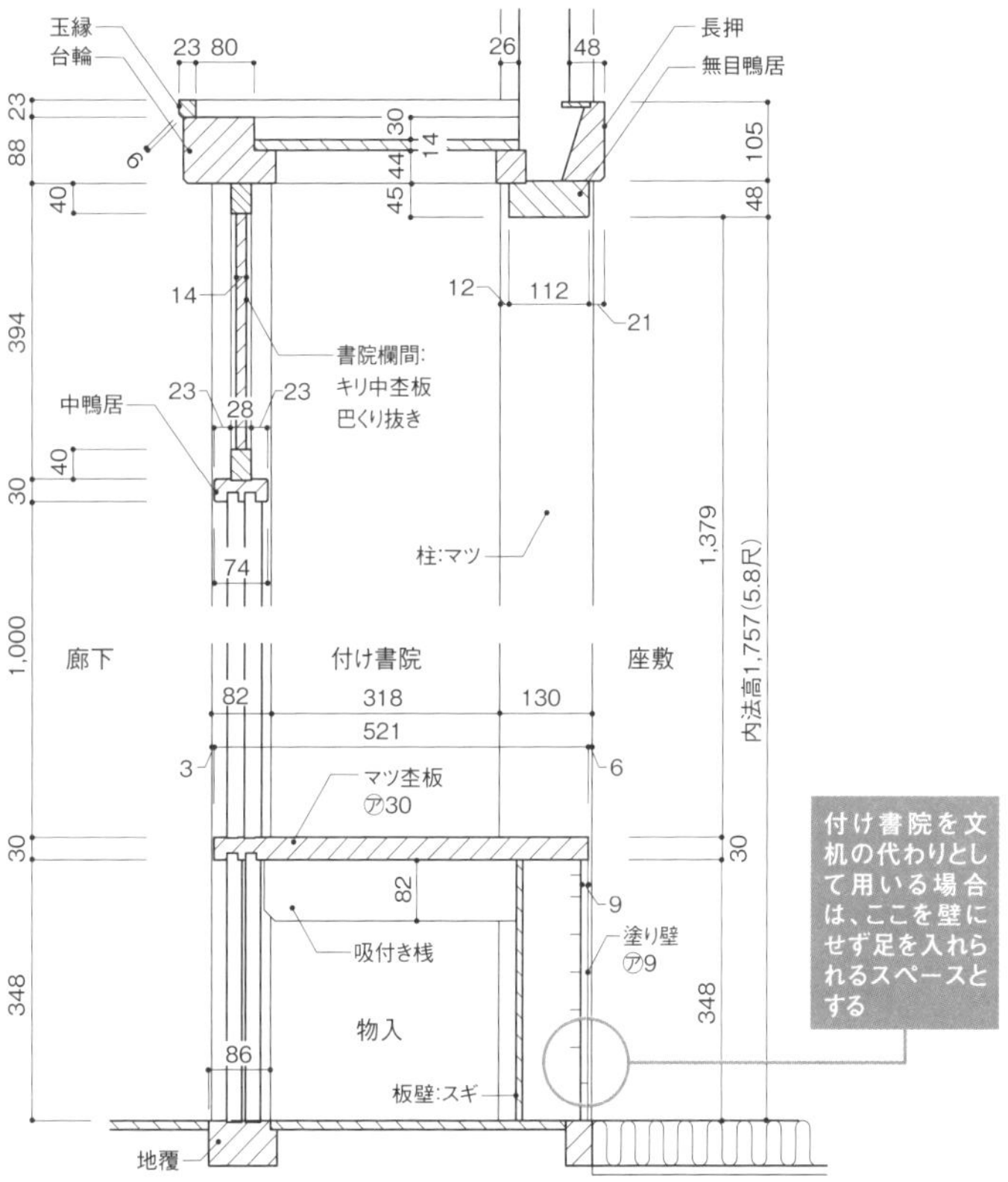
玉縁
台輪
23 80
26
48
長押
無目鴨居
23
88
40
30
14
44
45
105
48
6
14
394
12
112
21
書院欄間：
キリ中杢板
巴くり抜き
中鴨居
23
28
23
40
30
74
柱：マツ
1,379
1,000
廊下
付け書院
座敷
内法高1,757（5.8尺）
82
318
130
521
3
6
マツ杢板
㋐30
30
30
82
9
吸付き桟
塗り壁
㋐9
348
348
物入
86
板壁：スギ
地覆
付け書院を文机の代わりとして用いる場合は、ここを壁にせず足を入れられるスペースとする

❷ 付け書院パース

畳廊下から付け書院を見る

付け書院は床の間脇の縁側沿いにある開口部で、床の間を引き立たせるための床構えの1つ。棚板、棚板下の地袋、上部の障子・欄間（書院障子・欄間）などで構成される［**図1**］。

本来は文机を建物に固定化したものであるが、時代とともに形式化して棚板は飾り棚としてのみ機能し、照度確保のための書院障子は床の間への明かり取り（茶室での墨跡窓）となった。書院棚板を省略したものが平書院［**図2**］である。

書院障子は書院造りでは竪繁《たてしげ》障子にするが、**図2**のように円窓にする例もある。座敷の障子の組子の入れ方とは変えるほうが多い。

書院欄間に格式をもたせるには、細い組子を竪繁に並べた筬《おさ》欄間にする。組子を菱形や亀甲紋様などにするとくだけてくる。キリの板にさまざまな紋様を透かし彫りにしたもの、スギなどの一枚板を入れたシンプルなものなどと、意匠には限りがない。書院欄間を省略する場合もある。

また**図2**中の写真のように、平書院の障子の下を壁にしないで無双窓にするのもおもしろい。

2 平書院 [S＝1：15]

❶ 断面図

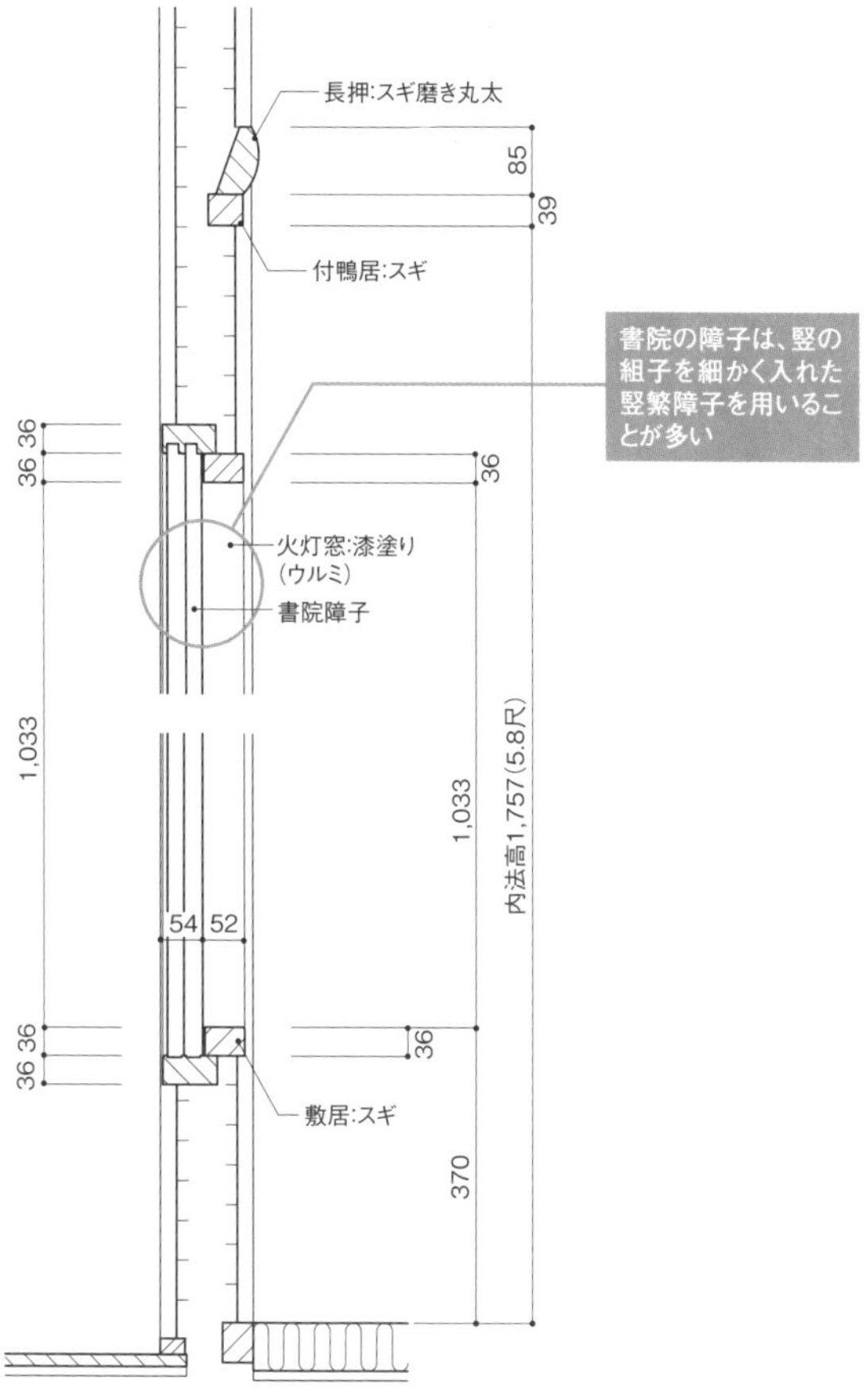
長押:スギ磨き丸太
85
39
付鴨居:スギ
書院の障子は、竪の組子を細かく入れた竪繁障子を用いることが多い
36 36
36
火灯窓:漆塗り（ウルミ）
書院障子
1,033
1,033
内法高1,757（5.8尺）
54 52
36 36
36
敷居:スギ
370

❷ 平書院パース

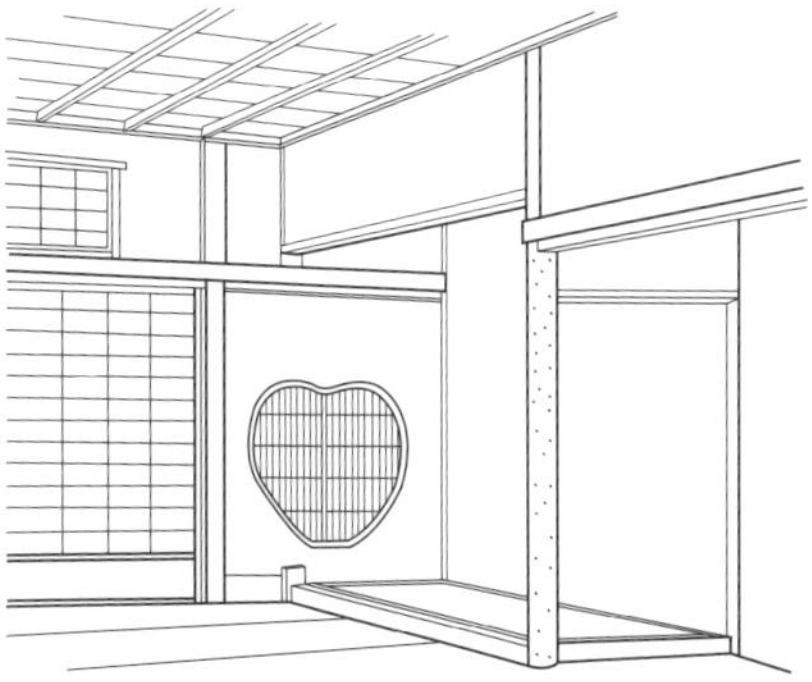

平書院の例。腰部分が無双となっている（写真：田畑みなお）

「無双〇〇」の「無双」とは

無双釘、無双四分一、無双窓など、「無双」とつく建築用語は少なくない。無双の「双」は「二つ」そして「並ぶ」を意味する。つまり無双とは、「二つとない」「不二」と同じで、ナンバーワンの意。もちろん「並ぶものがない」も同意だが、特に優れたもの、巧みなもののことをいう。そして建築では可動する仕組みのあるものを指す。

花を掛けるために打つ「無双釘（中釘）」は、床の間正面の壁中央より少し高い位置に設置する可動式の釘。床の間に花を掛けないときは、軸を掛けるので、折釘の先を中にしまっておき、花を掛けるときに引き出して使う。また、「無双四分一」は床の間の掛軸が横物で大きい場合や2幅または3幅掛ける際に設けるもの。中央に二重折釘を打ち（固定）、その左右に溝を設け二重折釘を取り付ける（可動）。溝に沿って二重折釘をスライドさせることで掛軸の数や幅に制限されずに掛けられるように工夫されている。

「無双窓」は幅のある連子（れんじ）を二重にして、内側の連子を少しスライドできるようにしたもの。そのため採光の調節が可能である。雨戸や欄間、平書院などに用いられる。

それにしても、このような仕組みを考え出した先人たちの工夫には頭が下がる。

格子戸の上部に設けた無双窓（開けた状態）

▶水廻り1

手洗いは機能と見た目を両立

1 | スタンダードな手洗い

❶ 姿図[S＝1：30]

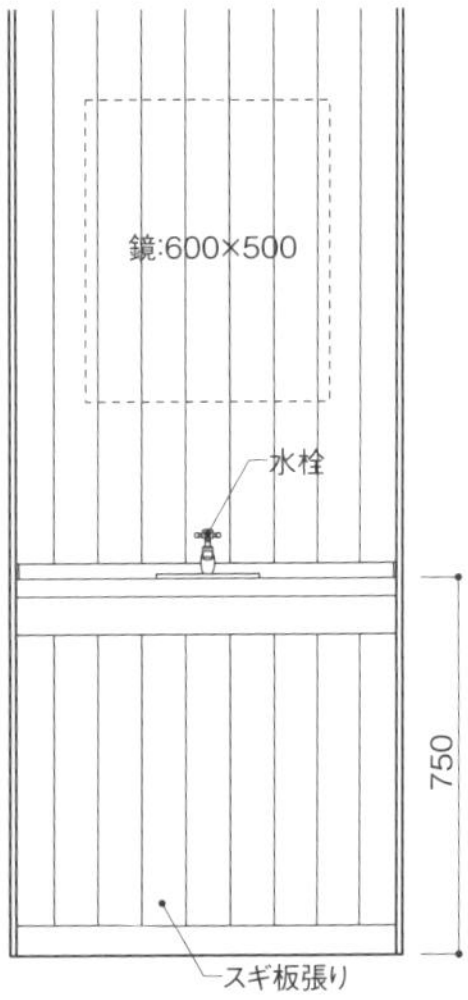
鏡:600×500
水栓
750
スギ板張り

❷ 断面図[S＝1：20]

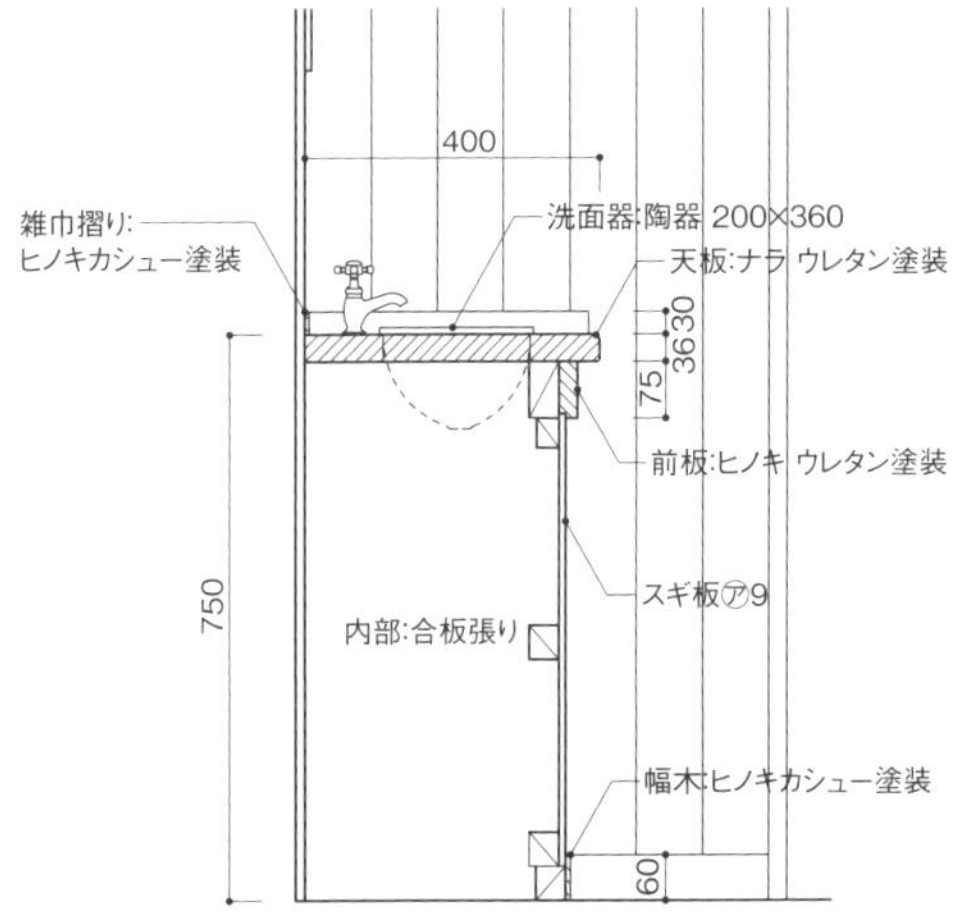
400
雑巾摺り:
ヒノキカシュー塗装
洗面器:陶器 200×360
天板:ナラ ウレタン塗装
30
36
75
前板:ヒノキ ウレタン塗装
750
スギ板⑦9
内部:合板張り
幅木:ヒノキカシュー塗装
60

木製カウンターに既製手洗器とオールドスタイルの水栓を組み合わせた例。ナラのカウンターにはウレタン塗装を施し、壁は無塗装のスギ板。立上りはヒノキでカシュー塗装

木製台に既製手洗器と水栓を組み合わせた例。天板はヒノキOS、壁はスギOS

手洗いは文字どおり手を洗うための場所である。機能としては和洋に差はなく、手洗器と水栓（蛇口）が必要である。手洗器は台（カウンター）に設置するか壁掛け式のように単体で設置する。石鹸やタオルなどを常備する場合はカウンター式にするほうが便利で、空間の演出もしやすい。**図1**の例では木製カウンターに既製手洗器と水栓を組み合わせている。手洗器だけを単体で設置するのは、公共施設など機能優先の場合が多くなる。

そのほかには鏡、タオル掛け、物入れなどが用途に応じて必要になる。このような機能を満たしたうえで、各部材ごとに和風に適した素材を選定し、空間を演出する。

仕様を決める際のポイント

手洗器は予算によっては特注することも可能であるが、基本的には既製の衛生陶器を使うことになる。仕様はカウンター材料との相性もあるが、洋風やモダン、冷たい印象の磁器質のものより、釉薬によって風合いを出すことのできる陶器製のもの、あるいは磁器でも染付けや青磁のものなら和風を演出できる。その

2 金属の質感を取り去る

❶ 平面図［S＝1：15］

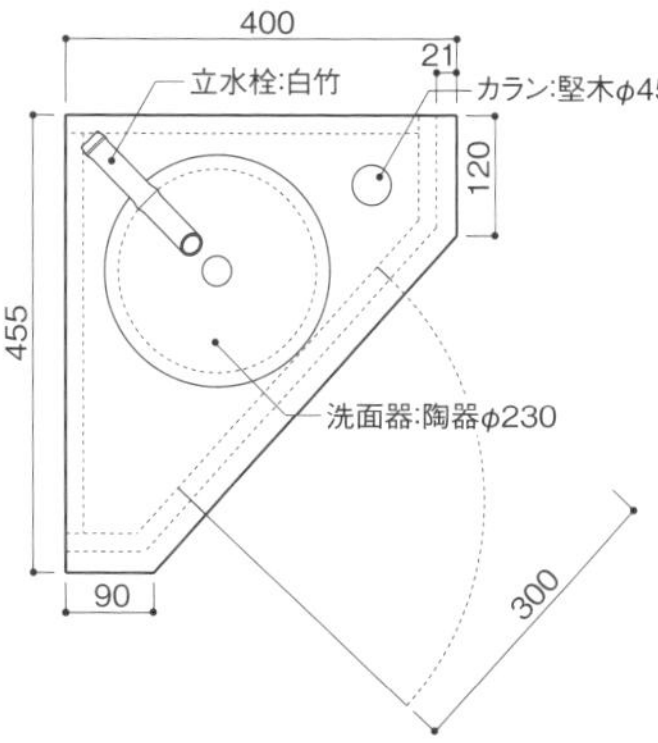
400
21
立水栓:白竹
カラン:堅木φ45
120
455
洗面器:陶器φ230
90
300

❷ 水栓部分詳細図［S＝1：5］

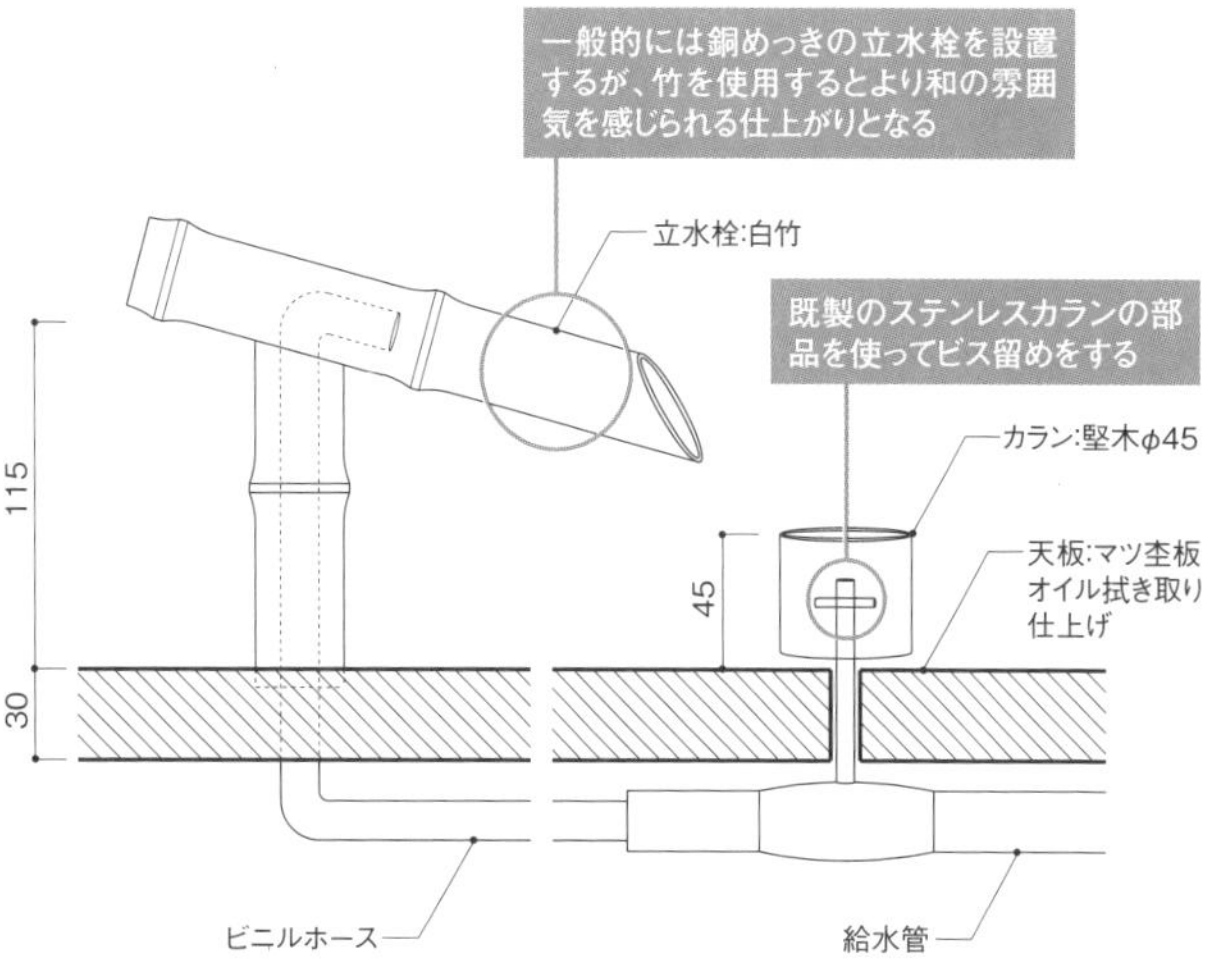
一般的には銅めっきの立水栓を設置するが、竹を使用するとより和の雰囲気を感じられる仕上がりとなる
立水栓:白竹
既製のステンレスカランの部品を使ってビス留めをする
カラン:堅木φ45
天板:マツ杢板
オイル拭き取り
仕上げ
115
45
30
ビニルホース
給水管

❸ 洗面器詳細図［S＝1：5］

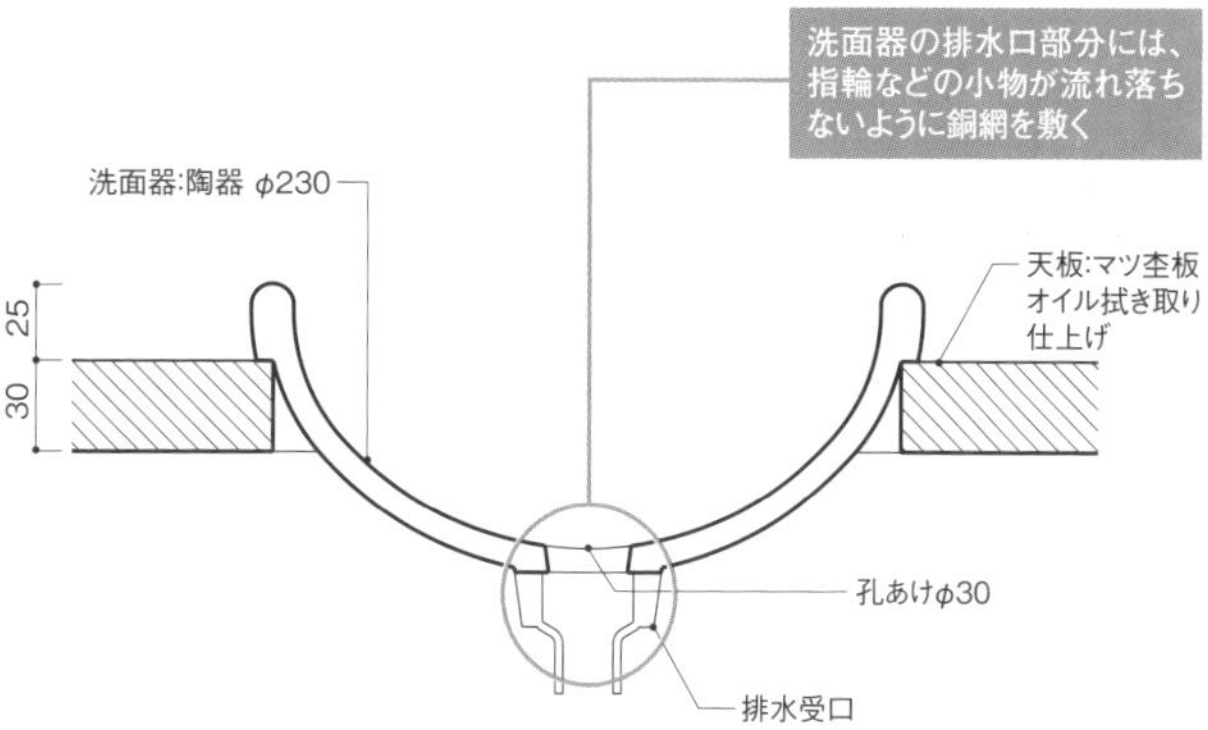
洗面器の排水口部分には、指輪などの小物が流れ落ちないように銅網を敷く
洗面器:陶器 φ230
天板:マツ杢板
オイル拭き取り
仕上げ
25
30
孔あけφ30
排水受口

（右）便所内の手洗い。スギの紙巻器と竹製のタオル掛け
（下）既製品を銅めっきした水栓、銅板折曲げ＋竹すのこ敷きの手洗器を使用。カウンターはケヤキのウレタン塗装。壁前面は水跳ねによる腐食を考慮して鏡をカウンターまで下げて設置

ほか、銅の板金や打出し成形したものも和空間に調和する。もちろん陶器や金属製の器は、予算次第でデザインに合わせて特別に製作することも可能である。日本は古くから多様な陶製品を生み出してきたが、これらの表情をよく理解して、手洗器（洗面器も同様）の選定に応用するのがよい。

水栓も、既製の器具のなかから旧式なデザインを踏襲しているものを選んだり、現代のものにも銅めっきを施したりして使用すると、デザインが合わせやすい。あるいは水栓自体を木や竹で覆い、金属の印象を消すのも1つの方法である［図2］。

カウンターの素材には主に石や木材、人造石などがあるが、木を使う場合は耐水性を保つように塗装を施すほうが無難である。集成材は水分により接着部分が劣化するリスクがある。カウンター奥の壁との入隅は水が溜まり劣化しやすいので、立上り保護材を取り付ける。人造石ではこの立上りが一体で成形されているものがあり、これを利用してもよい。ただし、人造石はあくまでも模造品なので石目をよく吟味して選定する。

▶ 水廻り2

洗面脱衣室は水に強い材料で

1 | 現代の材料を使いながら和に見せる

❶ 姿図［S＝1：30］

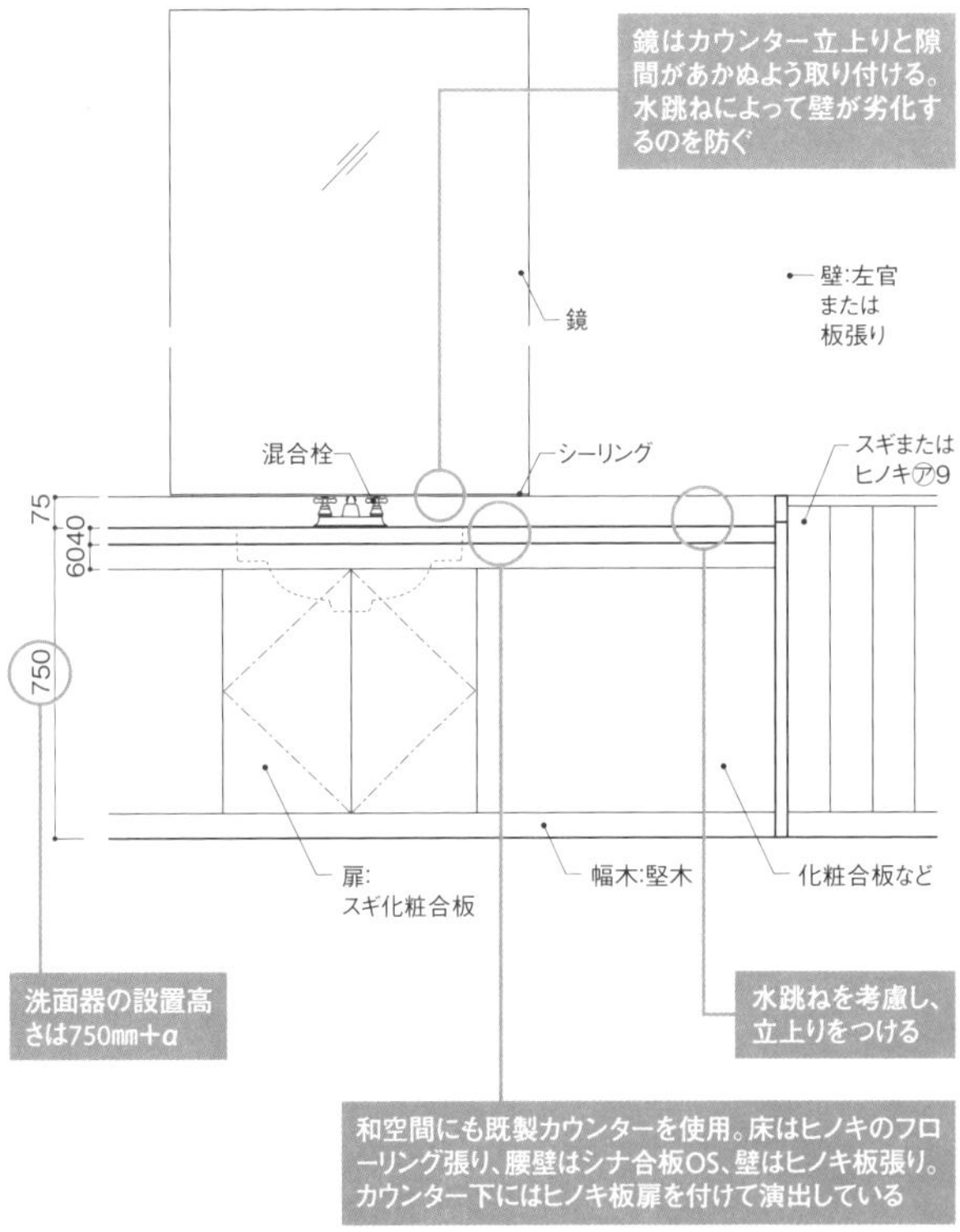
鏡はカウンター立上りと隙間があかぬよう取り付ける。水跳ねによって壁が劣化するのを防ぐ
壁：左官または板張り
鏡
混合栓
シーリング
スギまたはヒノキ㋐9
75
60
40
750
扉：スギ化粧合板
幅木：堅木
化粧合板など
洗面器の設置高さは750㎜＋α
水跳ねを考慮し、立上りをつける
和空間にも既製カウンターを使用。床はヒノキのフローリング張り、腰壁はシナ合板OS、壁はヒノキ板張り。カウンター下にはヒノキ板扉を付けて演出している

ヒノキ張りの腰壁。耐水性と風合いのある樹種を使い、水廻りにも和風の雰囲気を出す

既製の洗面台（人造石）を和空間に取り入れた例

洗面器はカウンターに設置するタイプ（アンダーカウンター式とオーバーカウンター式）と、単体で壁付けするタイプがある。洗面室には洗剤や化粧品などを置くスペースが必要なので、カウンターを設けることがおおむね一般的である。

洗面器・カウンター・水栓を選ぶ

洗面器は各メーカーからさまざまなものが出されているので、そのなかから和に合ったものを選定するとよい。洗面器は文字どおり洗顔にも使用する（水を溜める）ため、手洗器よりも容量が大きい。設置高さは和洋の区別なく、床から標準で750㎜＋αである【図1】。

カウンターは水や汚れに強い材料を選定したい。使用する洗面器がアンダーカウンター式の場合は、洗面器をカウンターより下にセットするので断面小口が現れる。カウンターはこの部分が一番劣化しやすいので素材選びには注意を要する。素材としては石、木材が和の空間に合わせやすい。石の種類はさまざまで、人造石も多く開発されているが、無機質のもの、大理石調のものはほかの

❷ 断面図［S＝1：20］

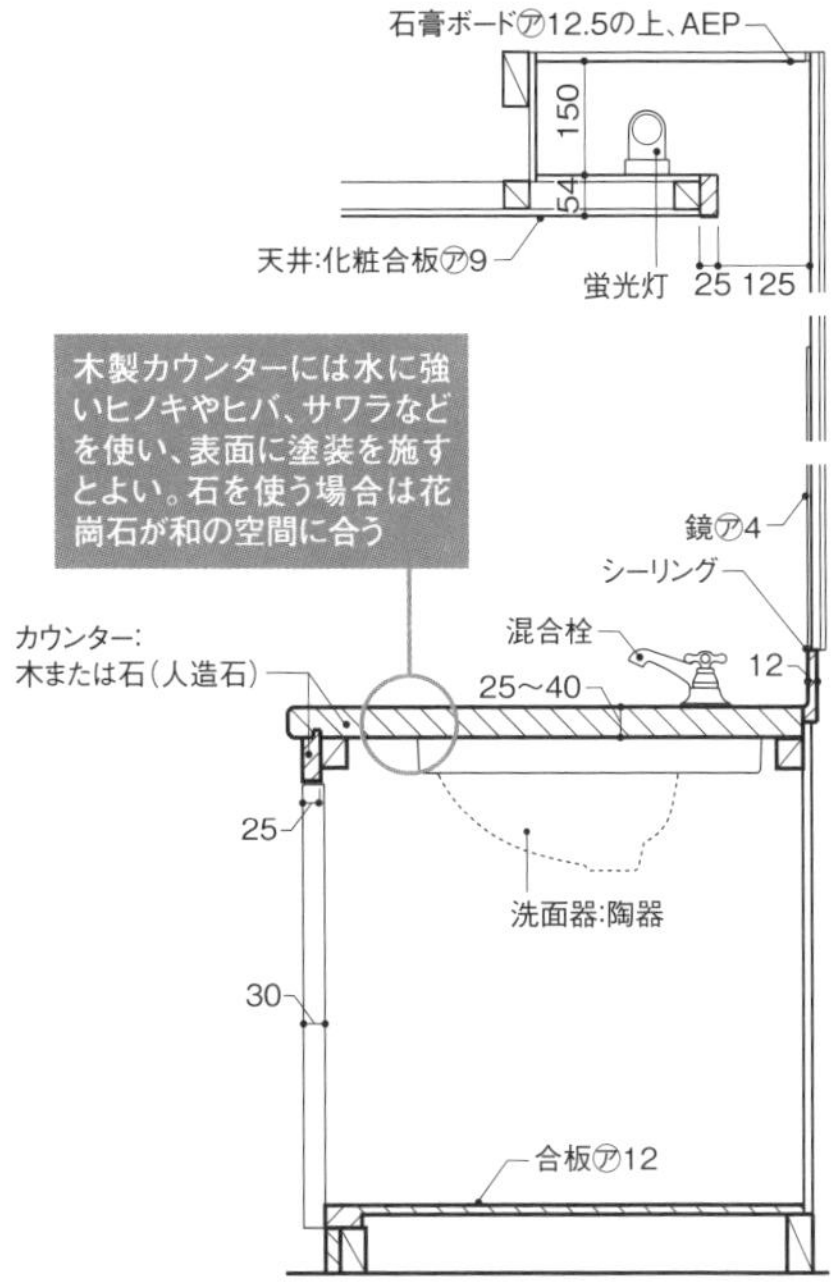
石膏ボード㋐12.5の上、AEP
150
54
天井:化粧合板㋐9
蛍光灯
25 125
木製カウンターには水に強いヒノキやヒバ、サワラなどを使い、表面に塗装を施すとよい。石を使う場合は花崗石が和の空間に合う
鏡㋐4
シーリング
混合栓
12
カウンター:
木または石（人造石）
25〜40
25
洗面器:陶器
30
合板㋐12

❸ 腰壁姿図［S＝1：20］

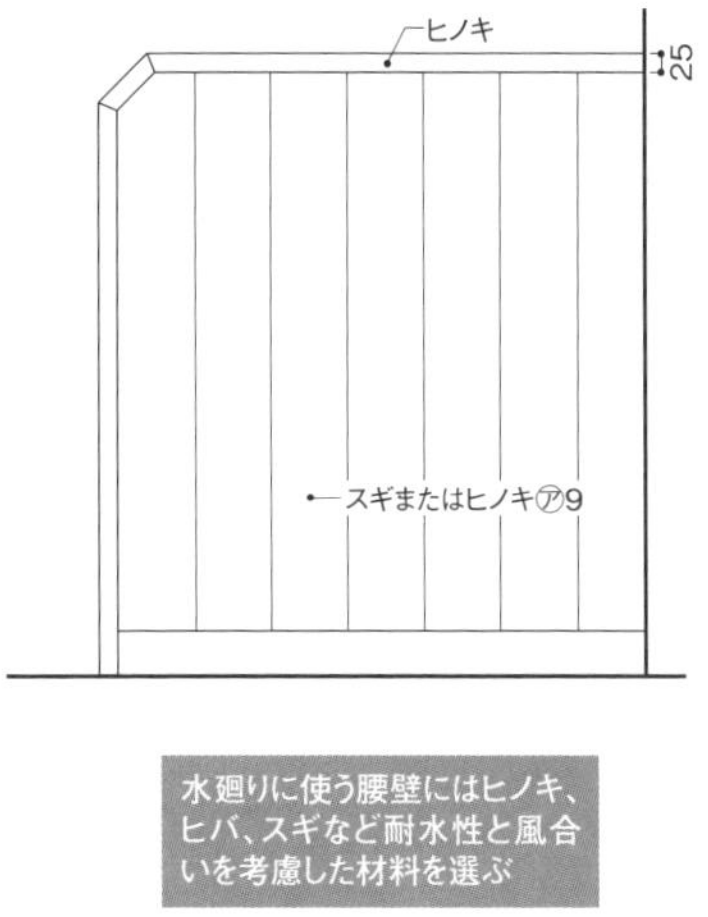
ヒノキ
25
スギまたはヒノキ㋐9
水廻りに使う腰壁にはヒノキ、ヒバ、スギなど耐水性と風合いを考慮した材料を選ぶ

2｜和風の水廻りに適した仕上げ

室名	部位	仕上げパターン①	仕上げパターン②	仕上げパターン③
便所	床（素足の場合）	ヒノキ、マツ、スギの縁甲板張り	ヒノキ、マツ、スギのフローリング張り（耐水仕様）	マツ、ヒノキの寄せ木張り
	床（土足の場合）	フローリングブロック（パーケット）	フローリング（土足歩行用、耐水仕様）	石、タイル張り
	腰壁	ヒノキ、スギ、マツなどの板張り	タイル、石などの腰張り（便所のみ）	和紙（和紙調クロス張り）
	壁	聚楽	漆喰	和紙（和紙調クロス張り）
	天井	スギ、ヒノキ、マツの化粧合板張り。竿縁または底目地	化粧屋根裏	左官（聚楽、漆喰）、AEP、吹付け
洗面脱衣室	床（腰壁・壁・天井は便所と共通）	スギ、ヒノキ、マツの縁甲板張り（上に茣や籐などの敷物も可）	スギ、ヒノキ、マツのフローリング張り	仕上げ①、②に漆を施す（高級仕上げ）

和風素材との合わせ方を検討する必要がある。木材は、木目の比較的緻密な材を使うと水による劣化に対処できる。また表面にウレタン系やオイル系の塗装を施すと長期にわたって使用できる。

水栓は既製の混合栓を使用するのが一般的である。なかでもオールドスタイルのものや銅めっきが可能な製品が合わせやすい。

室内仕上げのポイント

水廻りは白木や竹材を使うと清潔で涼しげな印象になる。使用頻度が多い公共施設などではカウンター、壁ともにある程度の耐水性のある石、タイルなどを選択したい。住宅などでも、カウンターと壁の接点は立上りを設け劣化を防ぐ。

なお、洗面脱衣室では湿気が常時あることを前提に、和の素材で比較的湿度の影響を受けないものを仕上材として使いたい（クロス壁などは換気に注意する）**［図2］**。また、床は素足で触れるため、耐水性だけではなく、感触が柔らかいもの（木材、ビニルシート、コルクなど）を使用する。壁面は出隅部分などしっかりと面をとる必要である。

浴室に木製浴槽を納める

1 木製浴槽の納め方

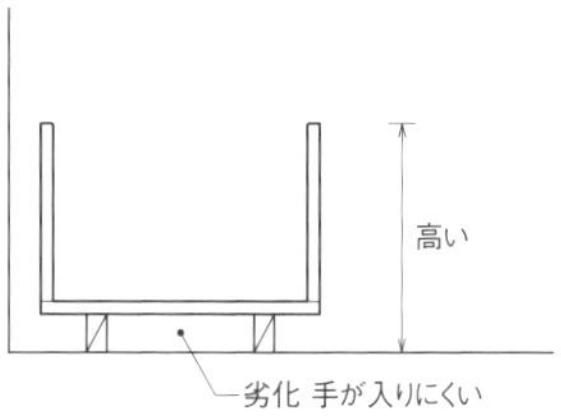
高い
劣化 手が入りにくい

(1)床に直接置く
- 浴槽の縁の高さが床より高くなる
- 浴槽の裏や壁に近い部分が湿気により劣化する
- 手が入りにくくメンテナンスが困難

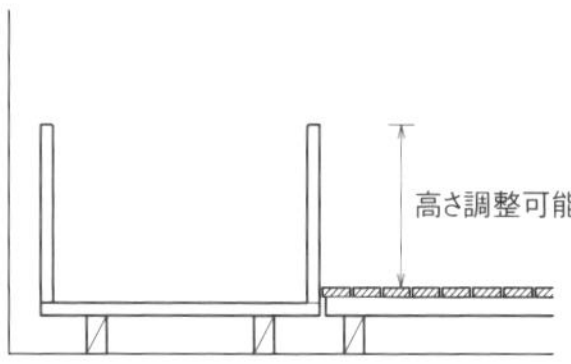
高さ調整可能

(2)すのこ敷き
- 浴槽の縁の高さは調整可能
- 浴槽の裏などはメンテナンス困難なので、耐水塗装を施す方法もある

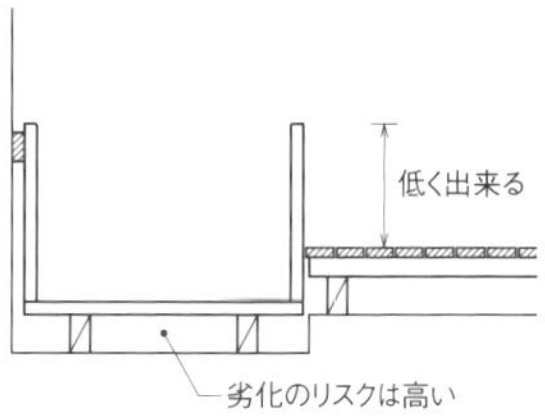
低く出来る
劣化のリスクは高い

(3)落とし込み（＋すのこ）
- 浴槽の縁の高さはバリアフリーにまで対応が可能
- 浴槽の裏側などは塗装を施しても劣化するリスクは高まる

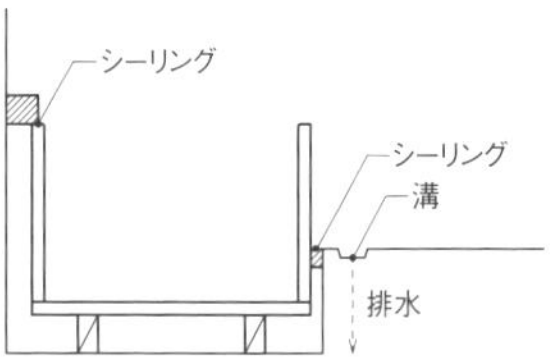
シーリング
シーリング
溝
排水

(4)埋込み（シーリング）
- シーリングによって防水されるが、シールが切れると浴槽が劣化する
- 床と浴槽との接点に溝を設け、床排水で浴槽が常時濡れないようにする

和風の浴室。木製の浴槽はメンテナンスできるよう考える

木製浴槽にすのこ敷きの例。腰壁はタイル張り、壁はヒノキ板張り

既製浴槽を使い、和に見せる例。床はタイル張り＋すのこ敷き、腰壁はタイル、壁はヒノキ板張り

浴室の仕上げ

浴室は、常時水に濡れることを前提として内部仕上げの材料や納まりを検討する必要がある。耐水性のある材料としては一般的に石（人造石も含む）とタイルが挙げられるが、どちらも材質、風合いなどを選ぶことで和風に見せることができる。石では御影石や稲田石などに代表される花崗岩が水に強く、色も灰色から黒、褐色まであり、日本では昔からなじみがある。タイルも国内各地で生産されている陶磁器と同様に、日常からよく接している材料である。施釉のものから、焼き締め、窯変など変化に富んだ表情もある。石などを床に使う場合は滑る危険があるため、バーナー仕上げか小叩き仕上げとする。壁には本磨きを使うと汚れに強い。

　また、石やタイルは冬場に冷たく感じるので、予算に余裕があれば床下に温水を巡らせて保温する方法をとるのもよい。

浴槽の選び方と納まり

浴槽は既製品から特注品までさまざまあるが、素材は石（人造石）、

2 | 木製浴槽を使った基本の納まり

❶ 断面図［S＝1：25］

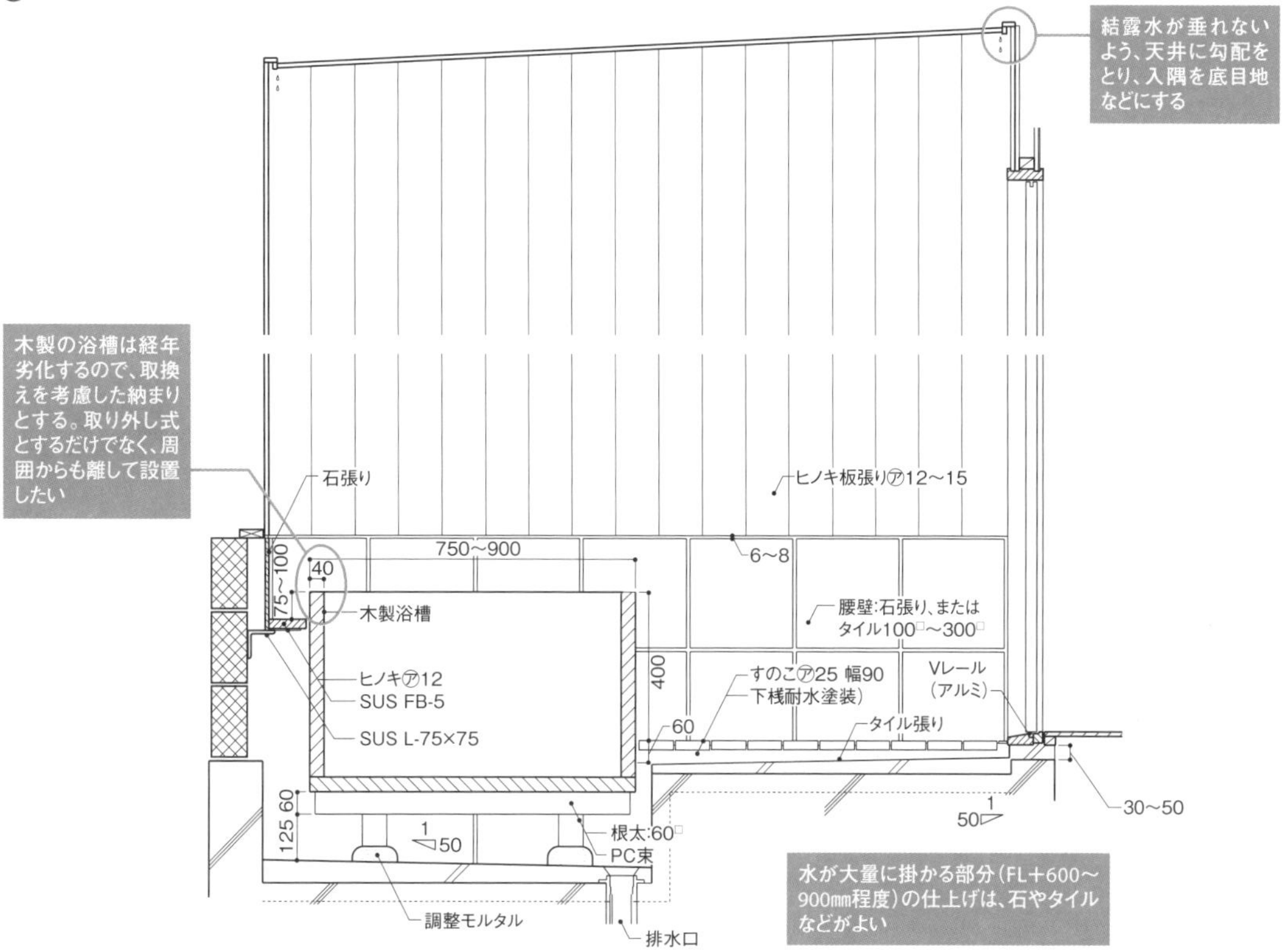
結露水が垂れないよう、天井に勾配をとり、入隅を底目地などにする
木製の浴槽は経年劣化するので、取換えを考慮した納まりとする。取り外し式とするだけでなく、周囲からも離して設置したい
石張り
ヒノキ板張り㋐12〜15
750〜900
6〜8
40
75〜100
木製浴槽
腰壁：石張り、または
タイル100□〜300□
ヒノキ㋐12
SUS FB-5
SUS L-75×75
400
すのこ㋐25 幅90
下桟耐水塗装）
Vレール
（アルミ）
60
タイル張り
125
60
1
50
根太：60□
PC束
調整モルタル
排水口
30〜50
水が大量に掛かる部分（FL＋600〜900mm程度）の仕上げは、石やタイルなどがよい

❷ 入口部分詳細図［S＝1：6］

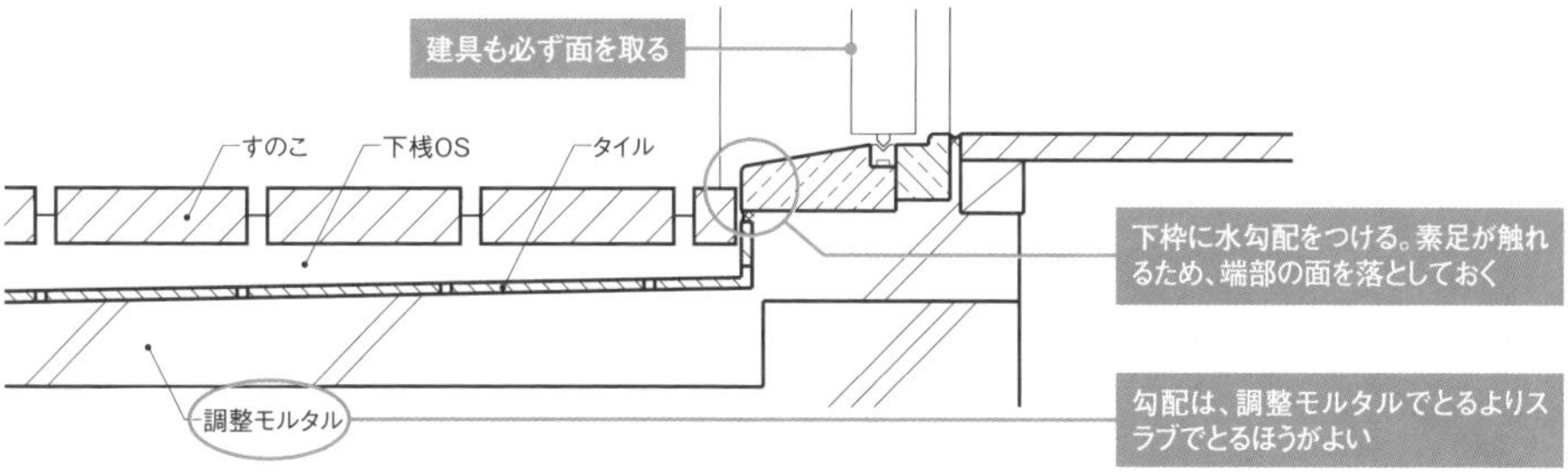
建具も必ず面を取る
すのこ
下桟OS
タイル
下枠に水勾配をつける。素足が触れるため、端部の面を落としておく
調整モルタル
勾配は、調整モルタルでとるよりスラブでとるほうがよい

陶器（タイル）、ほうろう、木材などが代表的で、中でも、木と石が和風に合う高級な素材である。一般的に石の浴槽は床と同時に湿式工法でつくり込むことになる。木製の浴槽はヒノキ、ヒバ、マキなどでつくられるが、永久的に使用することは困難で、必ず取替えの必要が生じることを考慮して、設置方法を考える【図1】。

浴槽を床に直接置いて納めるのは最も単純な方法だが、浴槽位置が高くなって洗い場との出入りに難が生じる。そのため**図2**のように床に落とし込んで設置すると使い勝手がよい。さらに、洗い場全体にすのこを敷き詰め、浴槽の天端を相対的に低くして、高齢者などへの配慮を行う。

ただ、いずれにせよ、側底面などを清潔に保つことが難しいので、水はけを考慮した納まりを検討しなければならない。特に、浴槽を落とし込んだ場合は隠れる面に塗装などを施し、耐水性を保持させる。あるいは設置壁面の形状をよく検討し、浴槽周囲を完全にシール材で処理して水の浸透を防ぐ方法も考えられる。

▶水廻り4

仕上げで和風に見せる便所

1 小便器を設置する［S＝1：25］

❶ 姿図

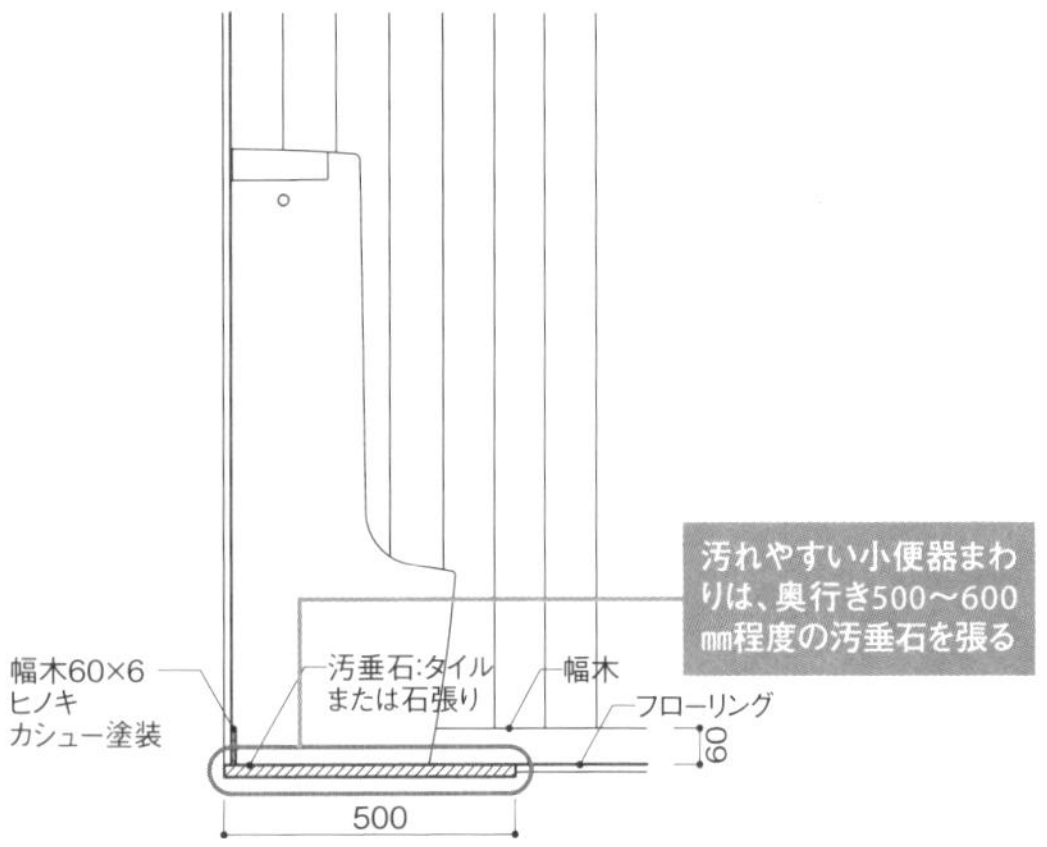
汚れやすい小便器まわりは、奥行き500～600㎜程度の汚垂石を張る
幅木60×6
ヒノキ
カシュー塗装
汚垂石:タイル
または石張り
幅木
フローリング
60
500

❷ 正面図

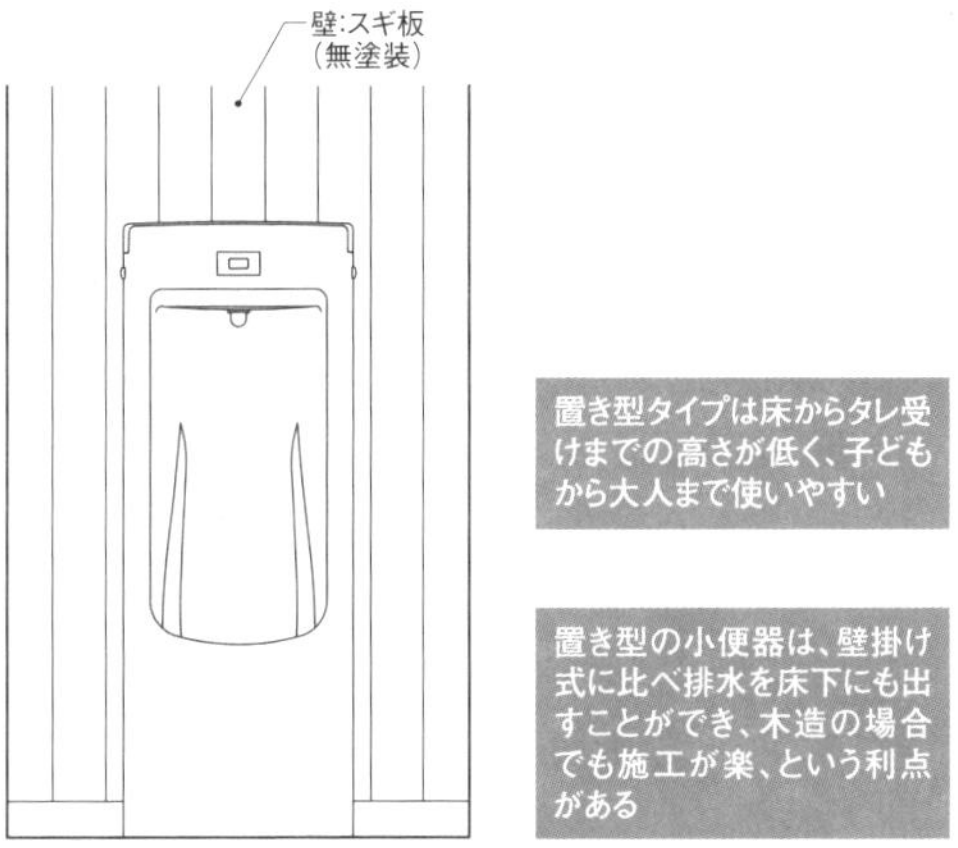
壁:スギ板
（無塗装）
置き型タイプは床からタレ受けまでの高さが低く、子どもから大人まで使いやすい
置き型の小便器は、壁掛け式に比べ排水を床下にも出すことができ、木造の場合でも施工が楽、という利点がある

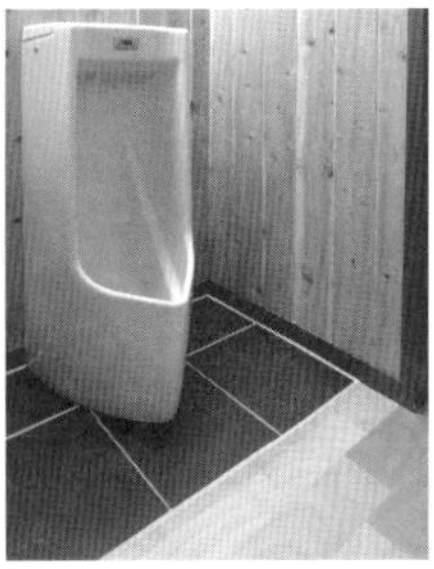

汚垂部分の床はタイル張りで、そのほかはサクラ板張り。壁は無塗装のスギ板、幅木はヒノキのカシュー塗装

タイル張りの床とスギ板張りの腰壁。壁は聚楽壁風左官

腰壁はスギ板張り、壁は聚楽壁風左官。床はタイル張り

和風の便所設計

和風の便所は元来、手洗いと小便器その奥に大便器（和式）とがセットになっていた。現代の公共建築や店舗の多くでは、大便器に洋式が採用されている。住宅でも男女兼用で洋式（大）便器が普及している。既製の洋式便器は暖房便座や洗浄シャワー、ビデなどのほかに、防汚性など多彩な機能を備えている。またバリアフリーの観点からも、和式の便器が設置されることは少なくなった。

これらを考慮し、現代の和空間では便所のプランニング、機器などは最新のスタイルを基本とし、インテリア素材を和風とするのが妥当な方法である［図1・2］。

便所の仕上げ

仕上げの面では、まず土足使用か否かで相応の違いがある。土足の場合、特に公共的な施設では不特定多数の使用を考慮し、床には石やタイルなど耐性のある材料が使われる。あるいはこれらの材を腰壁に使用してもよい。素足で使用する場合、特に住宅など使用者が特定されている

2 | 現代的な機器と和の素材を合わせる [S = 1 : 30]

❶ 平面図

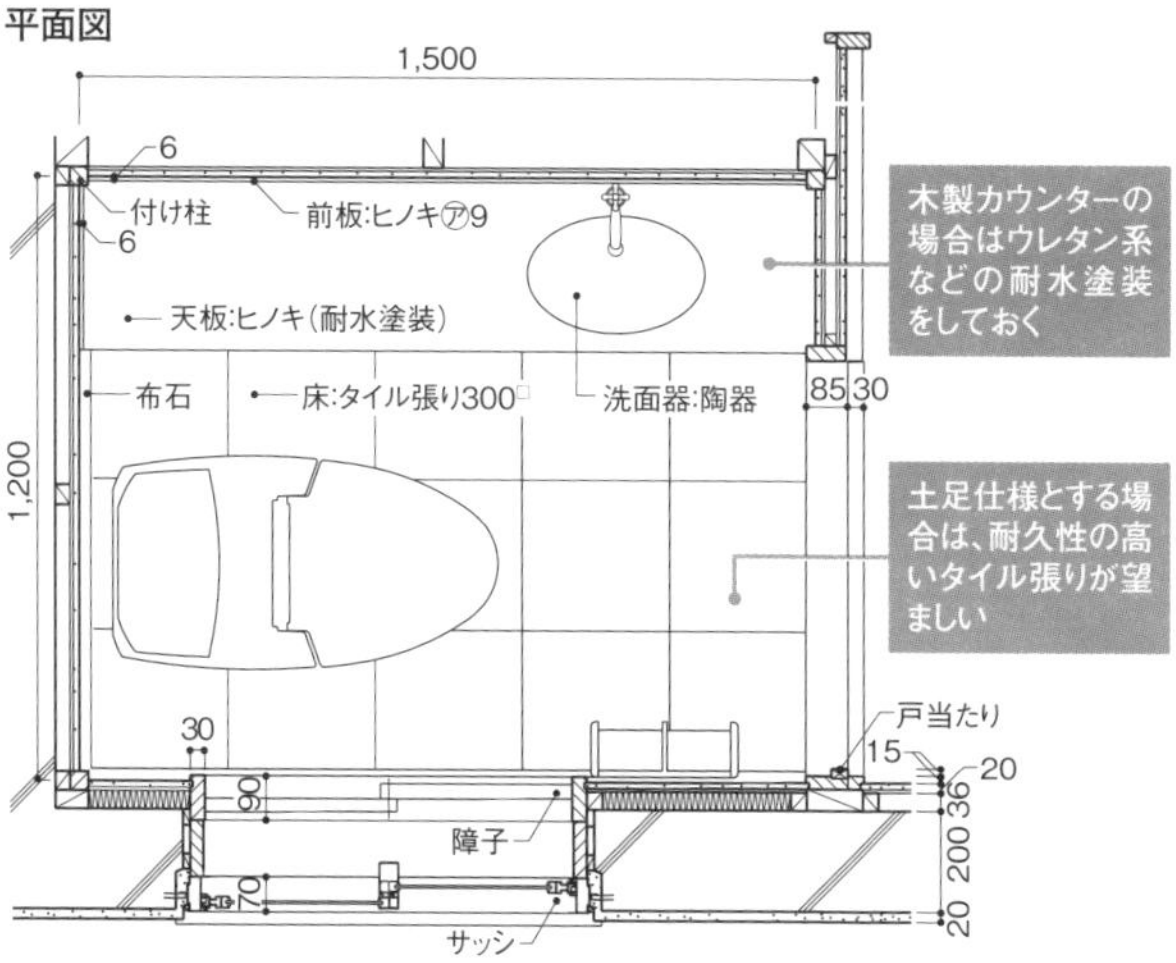
1,500
6
付け柱
6
前板:ヒノキ㋐9
天板:ヒノキ(耐水塗装)
布石
床:タイル張り300□
洗面器:陶器
85 30
1,200
木製カウンターの場合はウレタン系などの耐水塗装をしておく
土足仕様とする場合は、耐久性の高いタイル張りが望ましい
30
戸当たり
15
20
90
36
障子
200
70
20
サッシ

和空間に洋式便器を取り入れた例。床はタイル、腰壁はスギ板OS張り、壁は漆喰

❷ 断面図

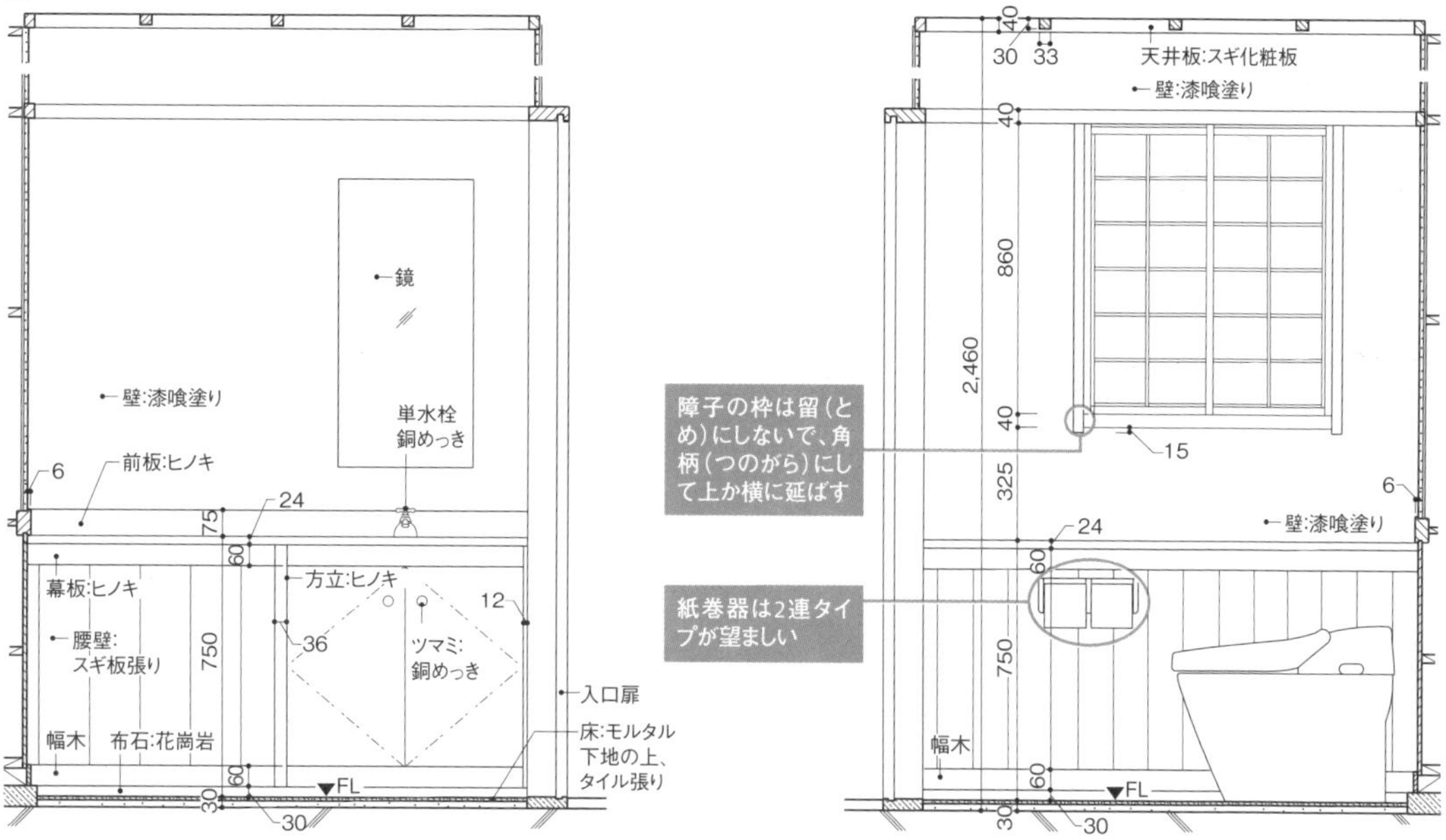
鏡
壁:漆喰塗り
単水栓
銅めっき
6
前板:ヒノキ
24
75
60
幕板:ヒノキ
方立:ヒノキ
12
腰壁:
スギ板張り
750
36
ツマミ:
銅めっき
入口扉
幅木
布石:花崗岩
床:モルタル
下地の上、
タイル張り
60
30
FL
30
40
30 33
天井板:スギ化粧板
壁:漆喰塗り
40
860
2,460
40
325
15
障子の枠は留(とめ)にしないで、角柄(つのがら)にして上か横に延ばす
6
壁:漆喰塗り
24
60
紙巻器は2連タイプが望ましい
750
幅木
60
FL
30
30

ケースでは、感触の柔らかい木材を使ってもよい。

木材は掃除などの使用勝手を考慮して塗装を施すと、長期の使用に耐えることができる。人のあまり触れない壁面上部や天井には、和風素材である塗り壁、木材、竹、クロス（和紙）など、多様な素材を使用して室内を演出できる。

紙巻器などの備品は公共施設では防汚性、耐性のある既製品（樹脂製や金属製）を使用したほうがよい。一方、住宅や和風の店舗などでは木質の製品（特注品含む）を使用すると和空間に適合する【写真】。ただし、白木のものは汚れやすいので注意を要する。また、既製品の中から装飾のないシンプルなものを選定してもよい。いずれにしろ室内全体のイメージと現物をよく照らし、検討して採用したい。

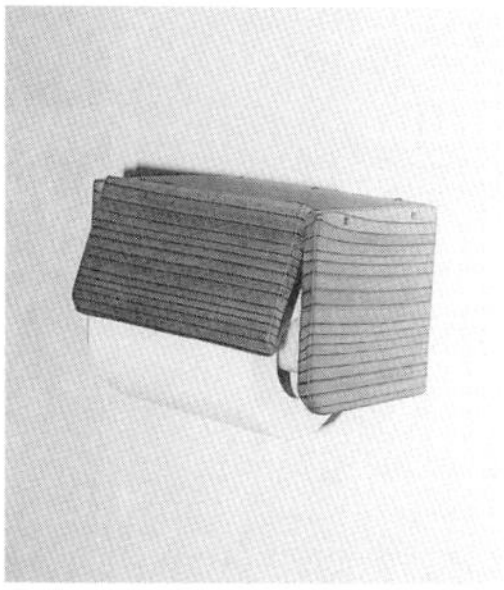

写真　木製の紙巻器。ステンレスの質感を和風の空間に持ち込みたくないときに重宝する

▶水廻り5

水廻りに和素材を使うコツ

1 | 大和張り天井［S＝1：10］

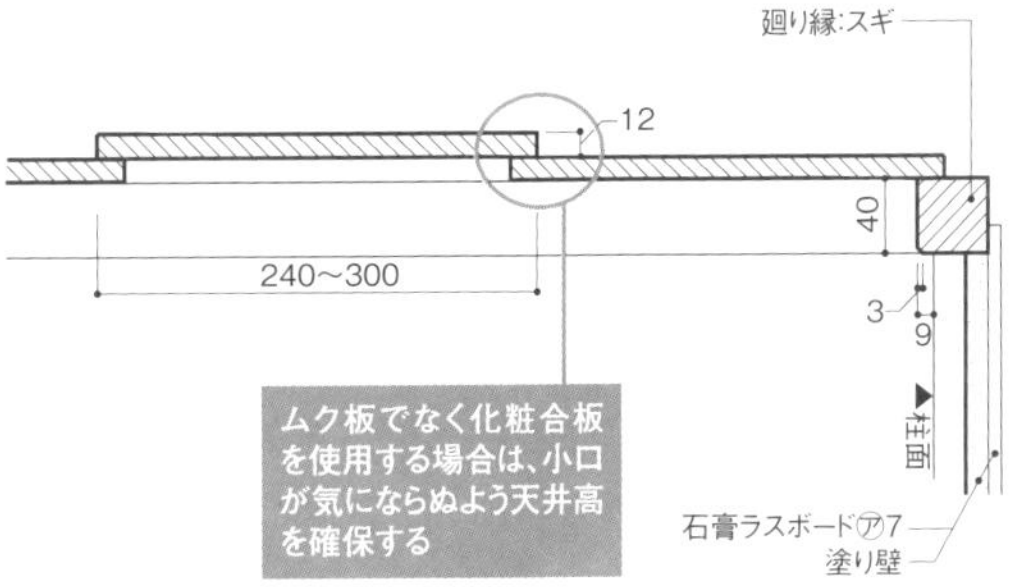
廻り縁：スギ
12
40
240〜300
3
9
▼柱面
ムク板でなく化粧合板を使用する場合は、小口が気にならぬよう天井高を確保する
石膏ラスボード㋐7
塗り壁

天井板を大和張りとした例

2 | 竹で仕上げた天井［S＝1：10］

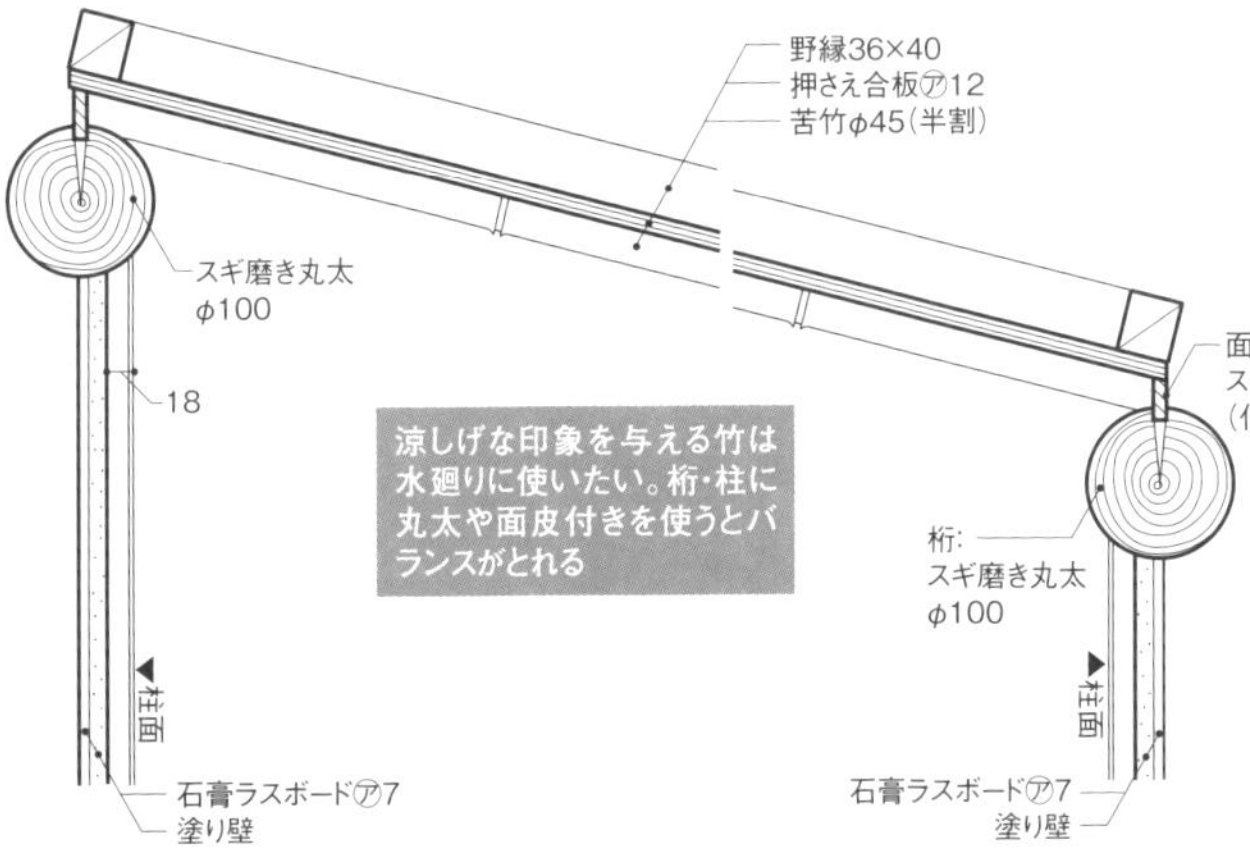
野縁36×40
押さえ合板㋐12
苦竹φ45（半割）
スギ磨き丸太
φ100
18
面戸板：
スギ㋐9
（化粧）
涼しげな印象を与える竹は水廻りに使いたい。桁・柱に丸太や面皮付きを使うとバランスがとれる
桁：
スギ磨き丸太
φ100
▼柱面
▼柱面
石膏ラスボード㋐7
塗り壁
石膏ラスボード㋐7
塗り壁

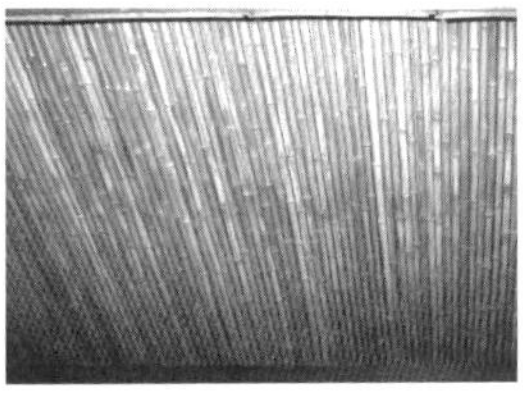

女竹を詰め打ちした天井

竹張りの船底天井。竹は清涼感があり、水廻りに向く

浴室や洗面所、便所などの水廻りでも、水の掛からない壁面上部や天井には、塗り壁（漆喰、土壁）や木材（板）、竹といった和の素材を取り入れることで、室内を和風に表現することができる【図1】。ただし湿度の影響があるので、長期の使用で劣化することをある程度見込んでおく。また、和の素材でも紙（和紙や和紙調クロス）は浴室では使えない。

たとえば浴室天井は、結露水が垂れることを防ぐために若干の勾配をつけるが、勾配をきつくし化粧屋根裏にすることで和風意匠を取り入れることができる。また、天井板の隙間や、掛込み部分の段差壁などを利用して、通風口を設けることもできる。そのほか、脱衣室などの天井に竹を使い、清涼感を出すのも1つの方法である【図2】。

現代では快適性を向上させるさまざまな水廻りの設備機器がある。デザインはもともと西洋由来のものであるため、日本古来のスタイルというわけにはいかない。だが、和風空間だからといってそれを排除する必要はない。装飾性のないシンプルなデザインの器具を採用すればそれほどの違和感がないことが多い。

玄関は和の所作を踏まえる

1 | 和風玄関の基本 [S = 1 : 40]

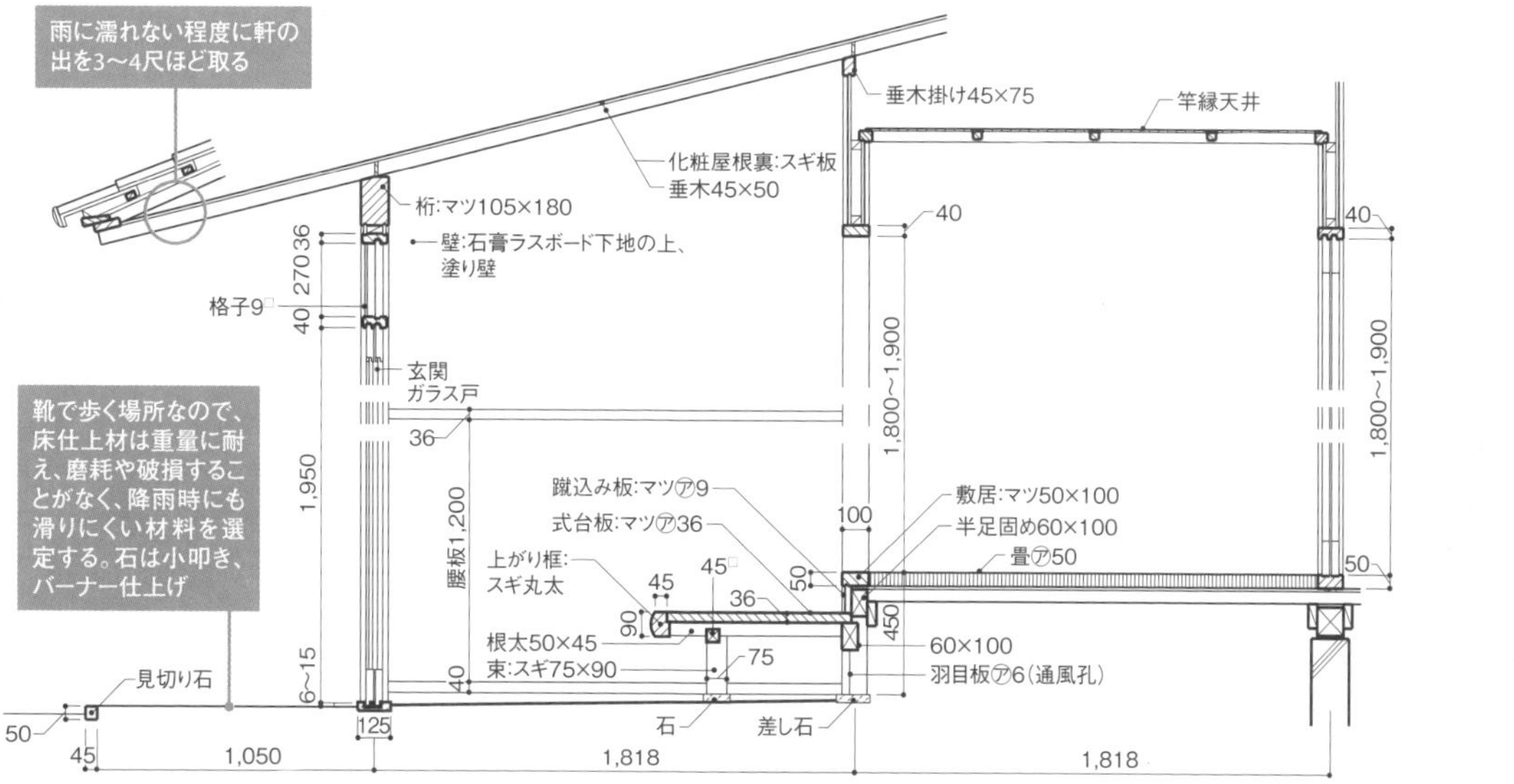
雨に濡れない程度に軒の出を3〜4尺ほど取る
垂木掛け45×75
竿縁天井
化粧屋根裏:スギ板
垂木45×50
桁:マツ105×180
壁:石膏ラスボード下地の上、塗り壁
格子9□
玄関ガラス戸
靴で歩く場所なので、床仕上材は重量に耐え、磨耗や破損することがなく、降雨時にも滑りにくい材料を選定する。石は小叩き、バーナー仕上げ
蹴込み板:マツ㋐9
式台板:マツ㋐36
上がり框:スギ丸太
腰板1,200
根太50×45
束:スギ75×90
見切り石
石
差し石
敷居:マツ50×100
半足固め60×100
畳㋐50
60×100
羽目板㋐6(通風孔)
36
270
40
1,950
6〜15
40
1,800〜1,900
100
50
450
45
45□
36
90
75
125
50
45
1,050
1,818
1,818

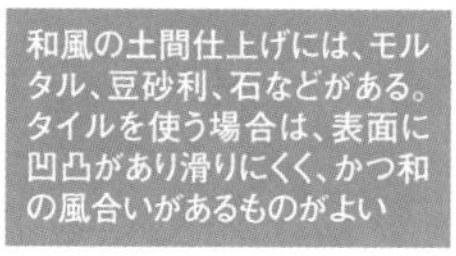
和風の土間仕上げには、モルタル、豆砂利、石などがある。タイルを使う場合は、表面に凹凸があり滑りにくく、かつ和の風合いがあるものがよい

(左) 玄関内観、(上) 玄関外観

玄関の構成

玄関は最初の接客を行う場で、そのための土間と式台、それに続く小部屋からなる【図1】。この小部屋は廊下や寄付《よりつ》きへとつながる。また、式台前には沓《くつ》脱ぎ石を置くが、床の高さに応じ沓脱ぎ石の天端は1段低くなるよう調節する。数寄屋風の場合は自然石を使ってもよいが、天端が水平になっているものを使い、転倒などの事故を防ぐ。

住宅の場合は玄関に靴箱を備え付けるが、多くの人が訪れる施設などでは別に下足室が必要になる。また来訪者の手荷物や外套などを置くスペースも必要で、住宅では靴箱上部や棚などをその置き場とすることが多い。

玄関の仕上げ・納まり

玄関土間は玄関扉を介して外部に連続しているが、その部分に土庇《つちびさし》を出すことが多く、この庇軒裏をそのまま化粧で土間天井に連続させる形式もよく行われている。式台を上がった小部屋の天井は化粧屋根裏ではなく、別の平天井を張ることも多い。いずれも凝った意匠は行わないが、廊下とは一味違うデザインとするほうがよい。

2｜玄関の上がり框廻りの構成

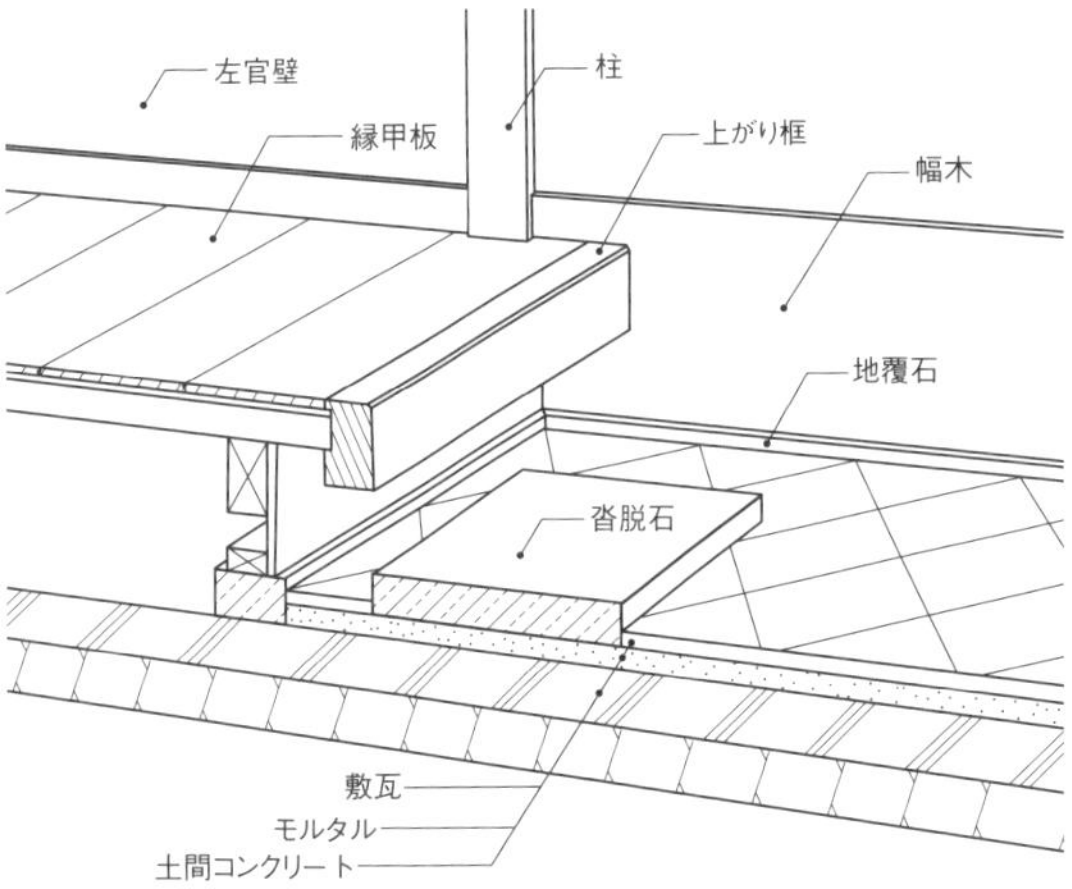
左官壁
柱
縁甲板
上がり框
幅木
地覆石
沓脱石
敷瓦
モルタル
土間コンクリート

切石張り・表面小叩き仕上げ

自然石乱張り・表面小叩き仕上げ

3｜床のタイル・石の割付け方

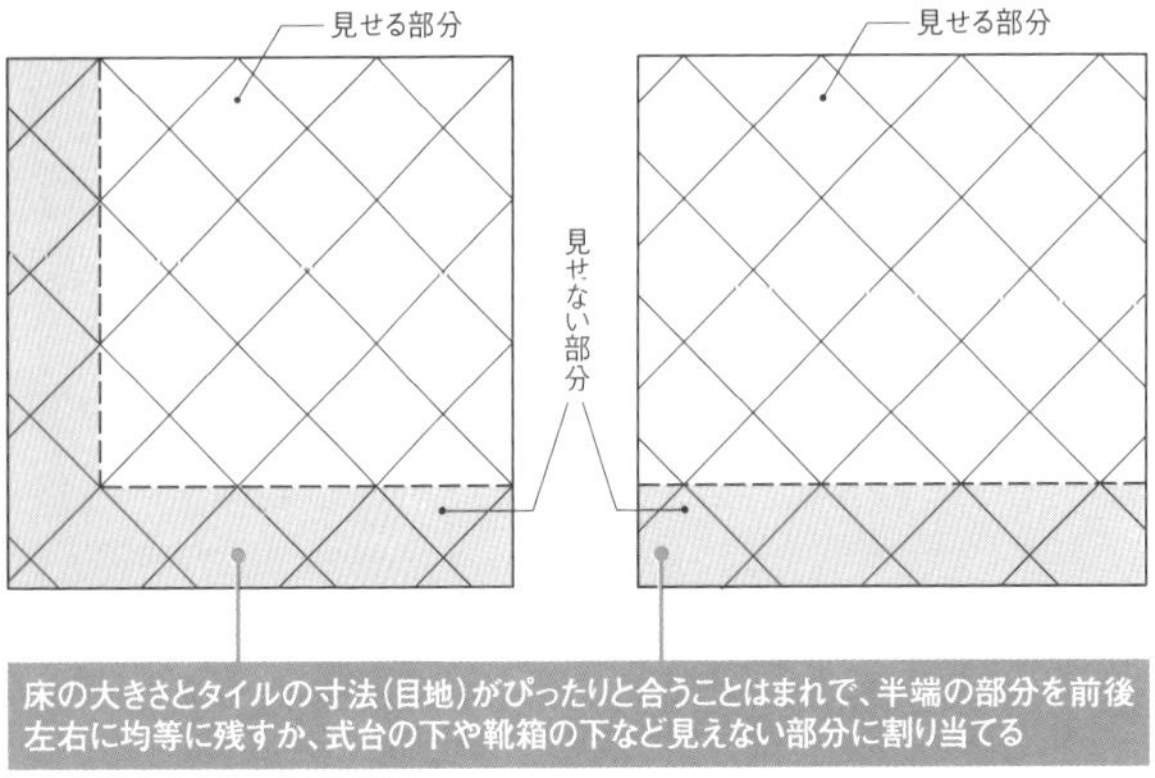
見せる部分
見せる部分
見せない部分
床の大きさとタイルの寸法（目地）がぴったりと合うことはまれで、半端の部分を前後左右に均等に残すか、式台の下や靴箱の下など見えない部分に割り当てる

四半敷きの例

玄関土間には水勾配をつけ、入口側に排水するのが基本である。土間床は土足で使用するので、強度があり磨耗にも耐える仕上げにする。

石は劣化に強く、格のある素材でもある。仕上げは平滑にしたい場合でも水磨きまでとする。本磨きは滑るおそれがあるので避ける。数寄屋風の玄関では自然石を化粧張り（乱張り、あられ石など）することもある。

タイルや敷瓦で仕上げる場合、壁に対して45°に敷く四半敷《しはんじ》きとすることが多い【図3】。そのほか、三和《たた》土《き》仕上げとする場合もある。ただし、伝統的な三和土は靴底によって傷みやすいので、モルタルを混入して強度を高め、三和土風に仕上げる方法がとられる。この三和土（化粧モルタル）に石を塗り込めたり、豆砂利を敷いて洗い出す仕上げもある。

矩形に仕上げられた石材やタイルなどを使うと格式があり、自然素材を取り入れることによって侘びた表現になる。

入口の建具は引戸

伝統的な和風建築の入口には引戸

4 | 玄関引戸 [S＝1:8]

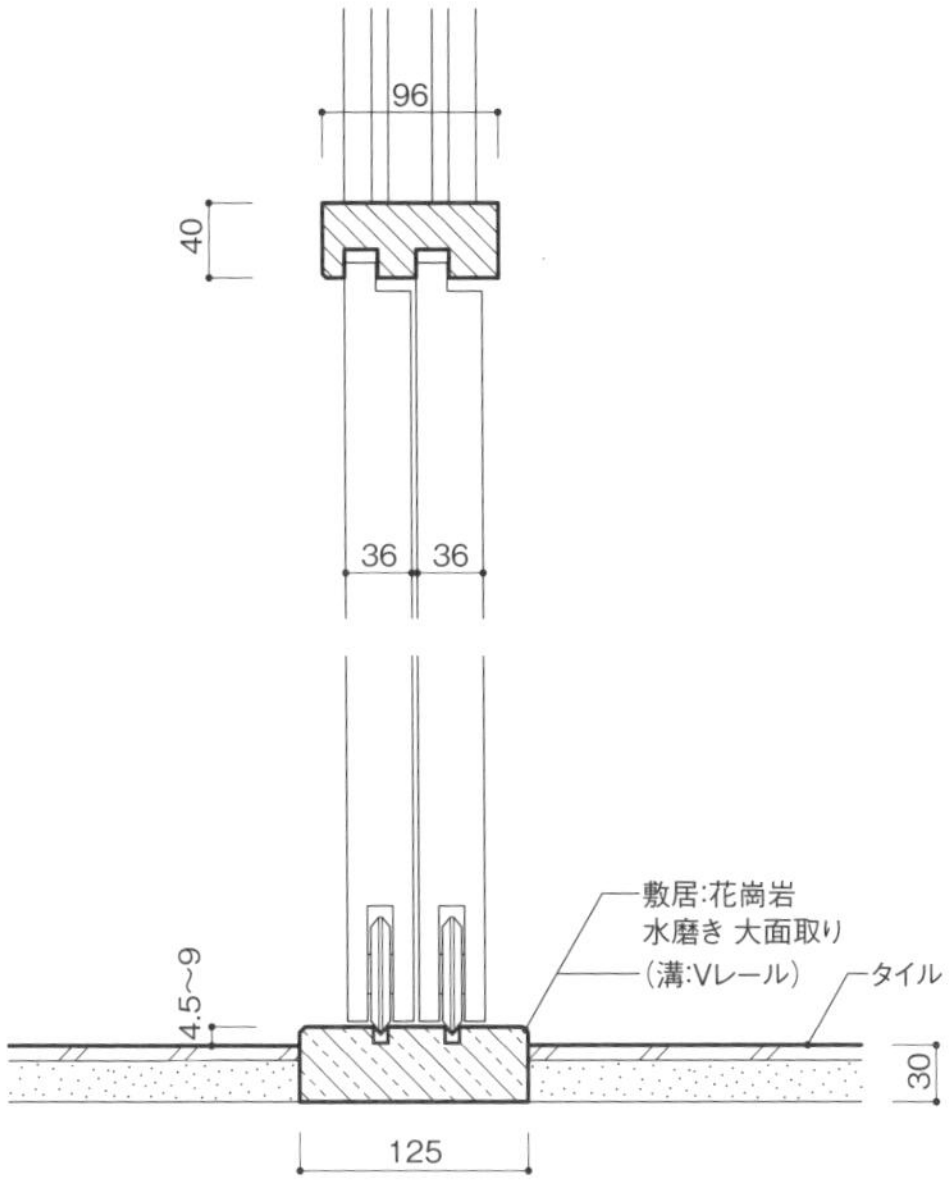

96
40
36 36
敷居:花崗岩
水磨き 大面取り
（溝:Vレール）
タイル
4.5~9
30
125

5 | 玄関引戸（自動ドア）

❶ 姿図 [S＝1：40]

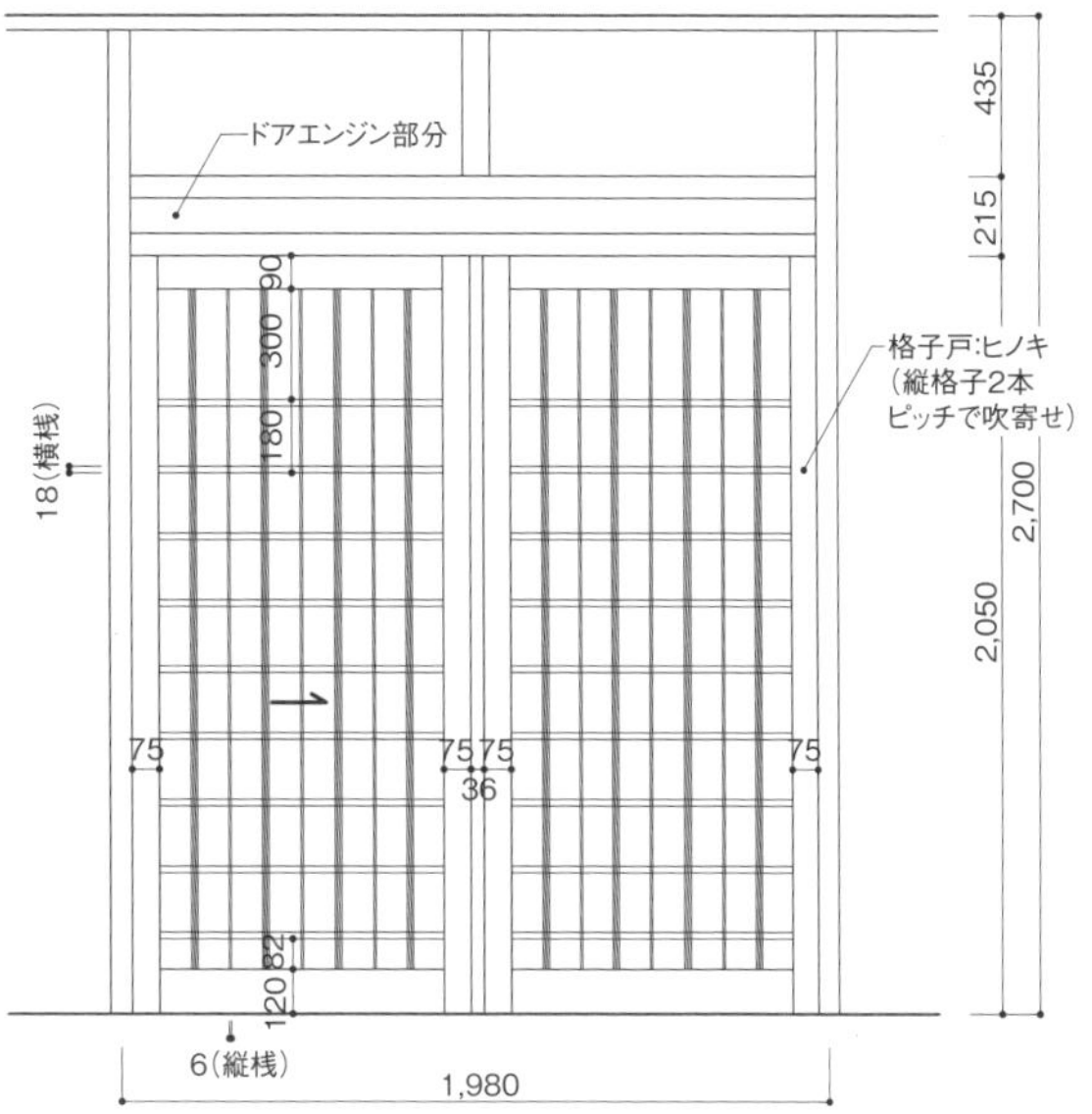

ドアエンジン部分
435
215
格子戸:ヒノキ
（縦格子2本
ピッチで吹寄せ）
90
300
180
18（横桟）
2,700
2,050
75
75 75
36
75
82
120
6（縦桟）
1,980

❷ 自動ドア鴨居部分詳細図 [S＝1：8]

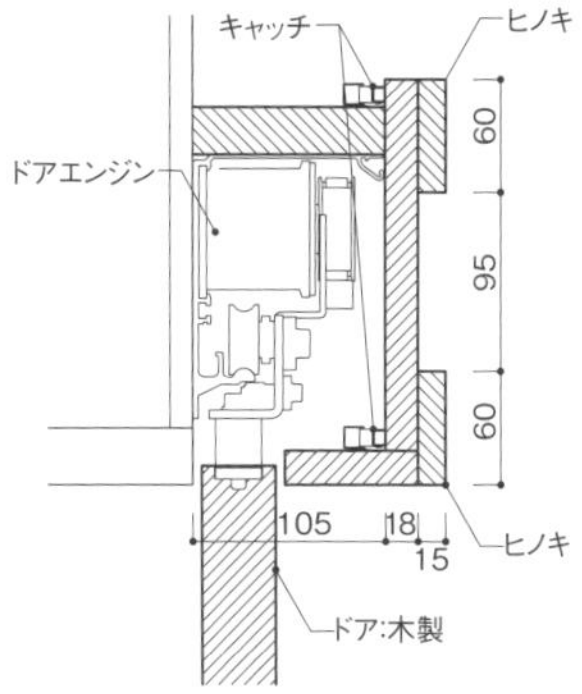

キャッチ
ヒノキ
ドアエンジン
60
95
60
105
18
15
ヒノキ
ドア:木製

格子戸上部に機構を収納した木製自動ドア

が設置される。現代でもこれを踏襲して引戸を使うと、和空間に合わせやすい。この引戸はガラスをはめた格子戸や、板戸にすることもある。格子戸は既製の開き戸より耐久性や防火性、防犯性で劣るが、和風建築では一般に玄関前に門があり、これとセットで安全を確保していると考えることができる。街路に面するような商業建築では引戸の外側にシャッターなどの防火・防犯扉を設けるとよい。

入口引戸の敷居は、木製にして床面より上げて納める場合もあるが、バリアフリーの点から、現代では土間にレールを埋め込んで突起を最小限にした納まりとしたい。さらに良質の納まりとして、この部分に見切として布石を埋め込み、溝を切って建具を納める方法も行われている**【図4】**。

現代の商業建築では入口に自動ドアを設置することが多い。自動ドアは基本的に引戸であるため、和風店舗でも応用することは容易である**【図5】**。これら既製品には和風のものも用意されているが、入口は建物の顔でもあるので、空間に合わせて特別に製作したい。

式台も格式に合わせる

1｜格式のある式台［S＝1：15］

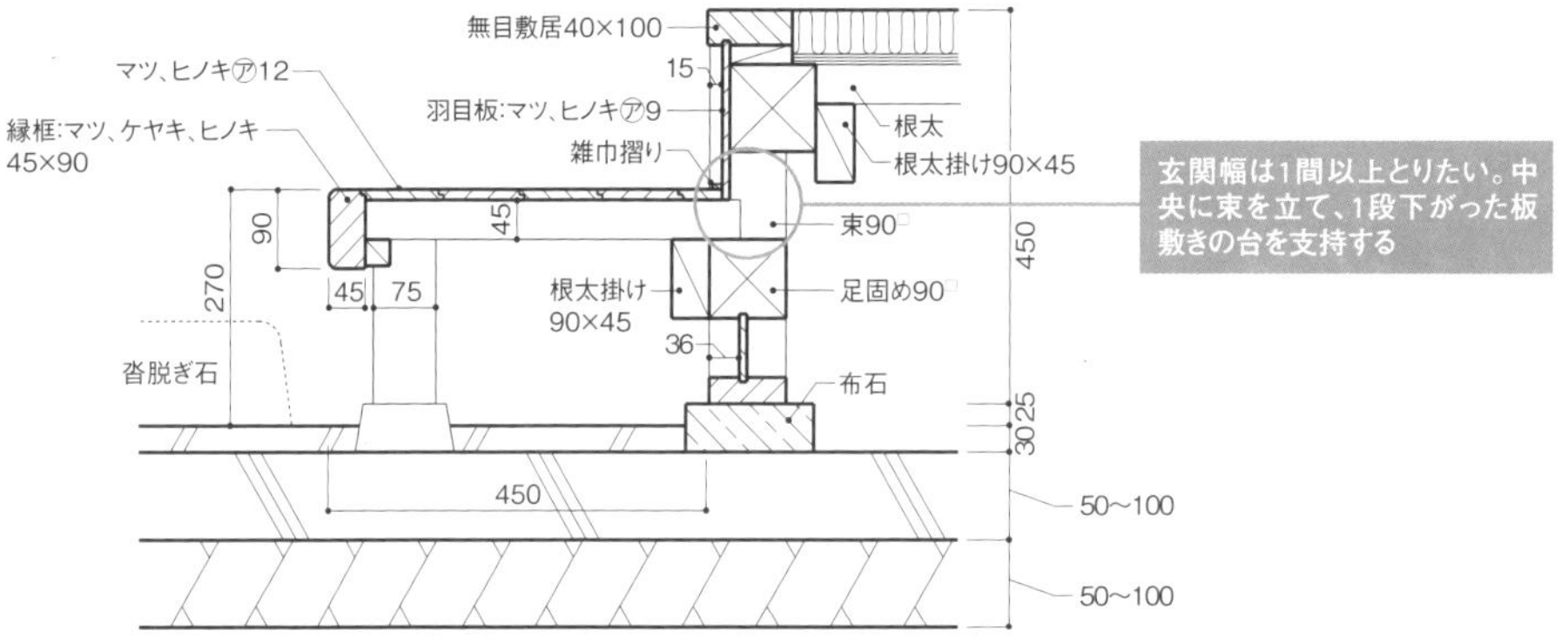
無目敷居40×100
15
マツ、ヒノキ㋐12
羽目板：マツ、ヒノキ㋐9
縁框：マツ、ケヤキ、ヒノキ
45×90
雑巾摺り
根太
根太掛け90×45
玄関幅は1間以上とりたい。中央に束を立て、1段下がった板敷きの台を支持する
束90□
90
45
270
45
75
根太掛け
90×45
足固め90□
450
36
沓脱ぎ石
布石
30
25
450
50〜100
50〜100

2｜格式のある古典的な式台［S＝1：15］

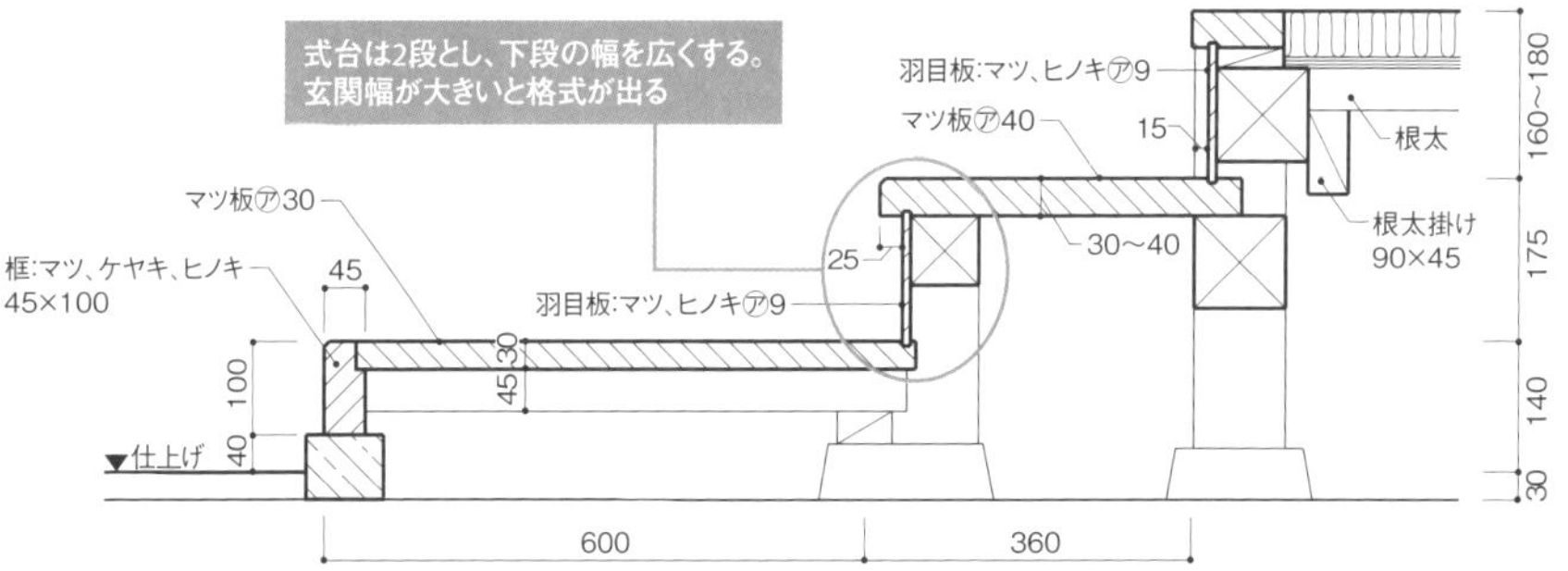
式台は2段とし、下段の幅を広くする。玄関幅が大きいと格式が出る
羽目板：マツ、ヒノキ㋐9
160〜180
マツ板㋐40
15
根太
マツ板㋐30
根太掛け
90×45
25
30〜40
175
框：マツ、ケヤキ、ヒノキ
45×100
45
羽目板：マツ、ヒノキ㋐9
30
45
100
140
40
仕上げ
30
600
360

和風の玄関は、入口土間とこれを上がった部屋からなり、そこで来訪者の接客が行われる。土間と部屋との境には垂れ壁や袖壁を設け、あるいは建具を入れるなどして区切られるが、この境界を厳格につくり上げると格の高い空間になる。

2つの空間を仕切る垂れ壁部分には内法材を挿入し、それぞれの天井デザインを別にすることが多い。この内法材には建具を入れず、無目の敷鴨居で納めると、厳めしさは少し緩和する。また、敷居を框の形式にすることもよく行われる（上がり框という）。

この框の下部に1段下がって木製の段を設けることもある。これを「式台」と呼ぶ［**図1**］。格式のある座敷玄関に設置されることが多く、段を重層にしつらえ威厳を表現することもある［**図2、写真1**］。式台にはムクの角材や板材（ヒノキ、マツ、ケヤキなど）を使いたいところである。

ただしかたちを変えて数寄屋風座敷でも設置してもかまわない［**図3・4**］。この場合は面付きの丸太（スギ、アテなど）やクリのなぐり材などで式台を柔らかく表現する。

3 | 数寄屋風の瀟洒な式台 [S = 1：12]

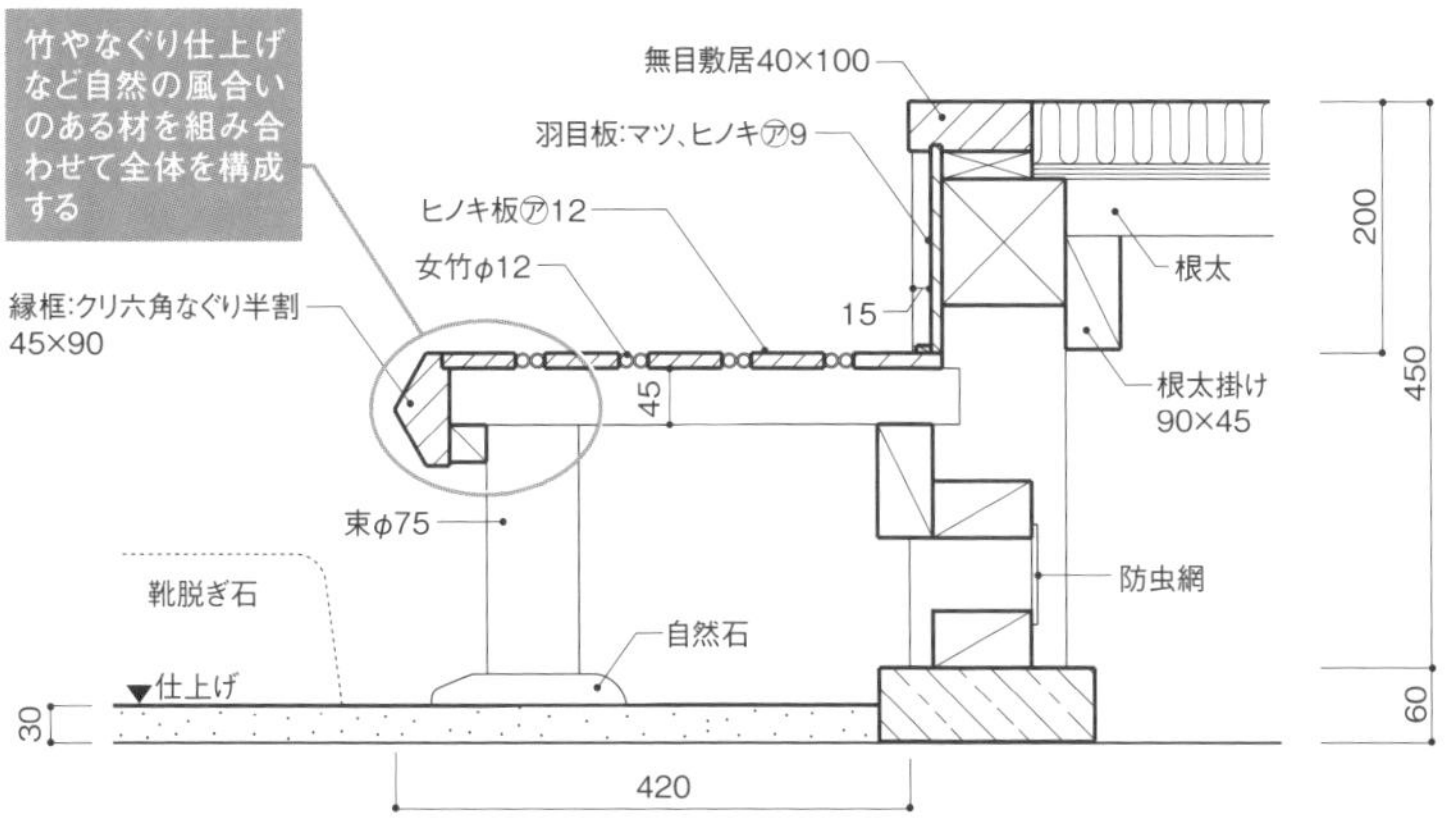
竹やなぐり仕上げなど自然の風合いのある材を組み合わせて全体を構成する
無目敷居40×100
羽目板:マツ、ヒノキ㋐9
ヒノキ板㋐12
女竹φ12
縁框:クリ六角なぐり半割
45×90
15
45
根太
根太掛け
90×45
束φ75
靴脱ぎ石
防虫網
自然石
仕上げ
30
420
200
450
60

マツ板(幅広)の下にスギ磨き丸太を入れた数寄屋風式台(写真：田畑みなお)

4 | 地板のシンプルな式台 [S = 1：12]

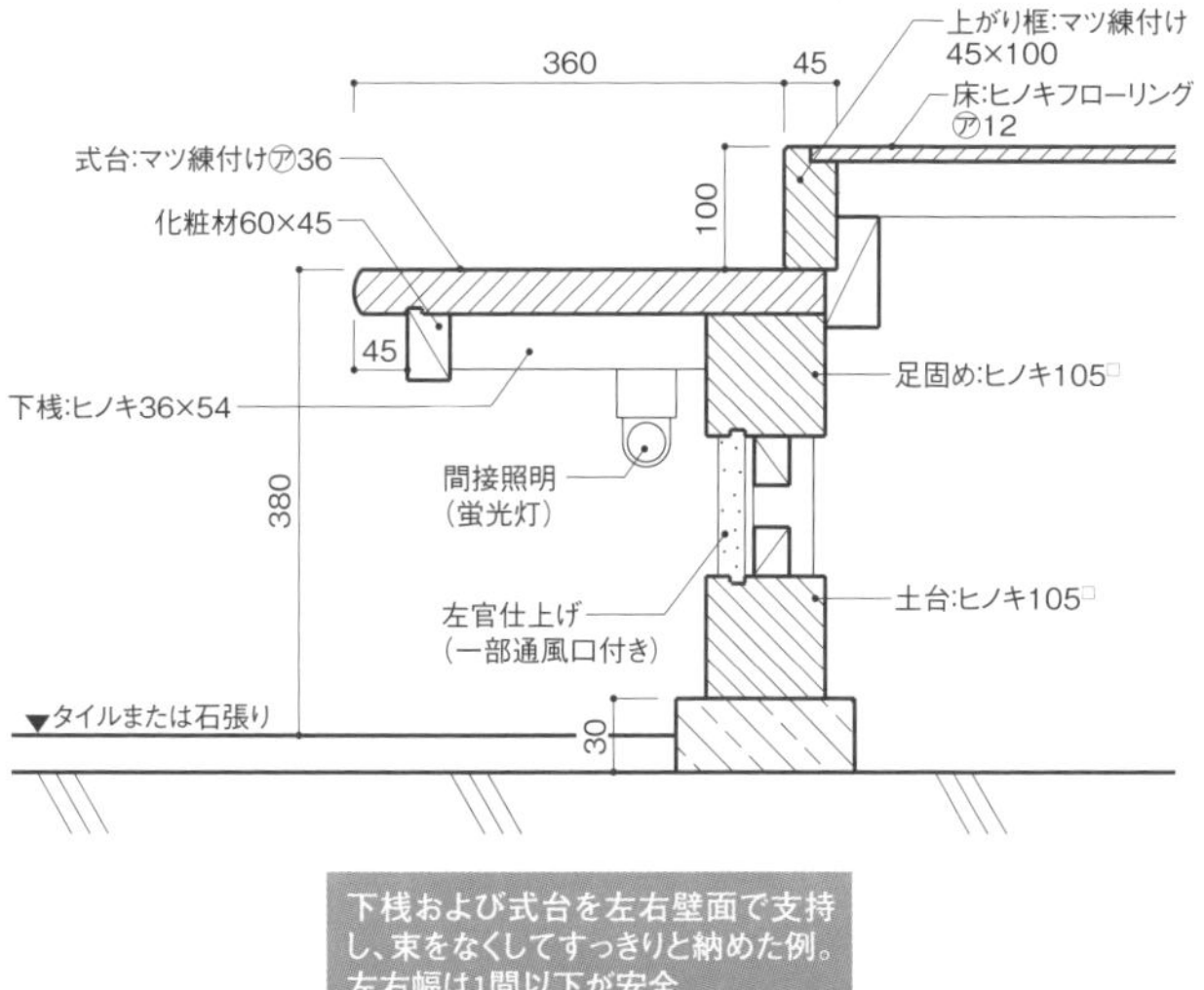
上がり框:マツ練付け
45×100
床:ヒノキフローリング
㋐12
360
45
式台:マツ練付け㋐36
化粧材60×45
100
45
下桟:ヒノキ36×54
足固め:ヒノキ105□
間接照明
(蛍光灯)
380
左官仕上げ
(一部通風口付き)
土台:ヒノキ105□
タイルまたは石張り
30
下桟および式台を左右壁面で支持し、束をなくしてすっきりと納めた例。左右幅は1間以下が安全

一般住宅の和風玄関の例

写真2　框・式台・沓脱ぎ台をケヤキの一木に統一した例

写真1　式台のある格式ある玄関

いずれの場合も来訪者の目に留まるので良材を使いたい【写真2】。

［和風］を知る7のキーワード

ここでは、天井や壁といった
建物内部の仕上げを中心に紹介する

❶ 基本は竿縁天井

室内に天井を設ける場合は、水平に張る平天井が一般的だ［❶］。和風建築では、平天井の種類が豊富である。

なかでも数寄屋風書院や一般住宅、茶室にまで広く使われているのが、竿縁天井である［写真1］。この天井は、壁面上部にめぐらした廻り縁に一定間隔で竿縁を掛け渡し、上部に天井板を張り並べたものである。竿縁は廻り縁よりも成を小さくし、廻り縁側面に納める。天井板は竿縁に直行するように並べるが、張り方には端部を重ねる羽重ね張りと、板間を透かしてその内側を敷目（底目ともいう）板でふさぐ敷目（底目）張りがある。敷目張り天井には、竿縁を略したものもある［写真2］。

そのほか竿縁を格子状に直交させた天井もある。これを格天井と呼び、書院など格式のある座敷に使用する［写真3］。

また、寺院本堂などの天井では板のみを張り上げ、竿縁のないものも見られる。この天井を鏡板（張り）天井といい、張った板を鏡板と呼ぶ。鏡板天井は、一般和室などの床の間でも使われる［写真4］。

❷ 天井板は目も選ぶ

室内の意匠は天井に使う板の木目にも左右される。

板には木の年輪が現れるが、それが材に平行なものと、乱状に現れるものがある。前者を柾（目）、後者を杢（目）といい、それぞれ賞用されている。

天井板の場合、柾目では中央部分にのみ杢目のある中杢板が特に好まれる。杢目では玉状や笹状のものなど多様で、それぞれ吟味して使う。

現代では、天井材としてムク板を使うのは費用そのほかの面でなかなか困難である。そのため、化粧合板（張りもの）を使うことが多い。

❸ 屋根裏を化粧で見せる

天井には平天井以外にもいろいろな形式がある［❶］。天井を張らず、小屋組を直に露すものもあり、それを化粧屋根裏と呼んでいる［写真5］。小屋裏を意匠的に見せるものとは別に、和風では室内に垂木や裏板を化粧でつくりこむ化粧屋根裏も多く使われている。

❶ 天井の形態

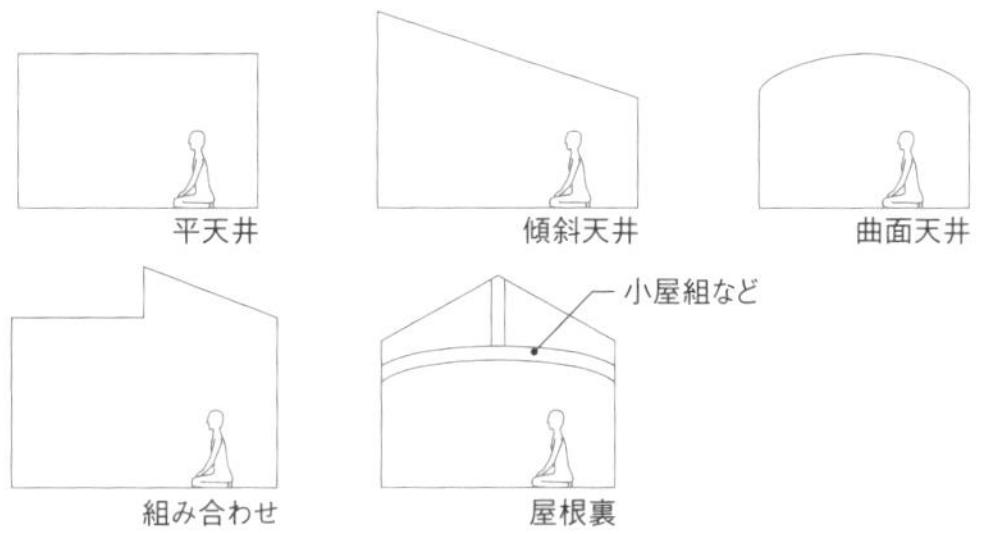

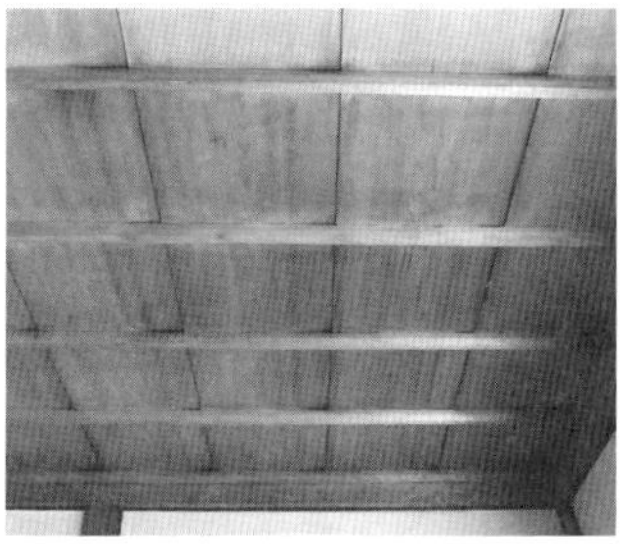

写真1　竿縁天井

写真2　竿縁のない敷目張り天井

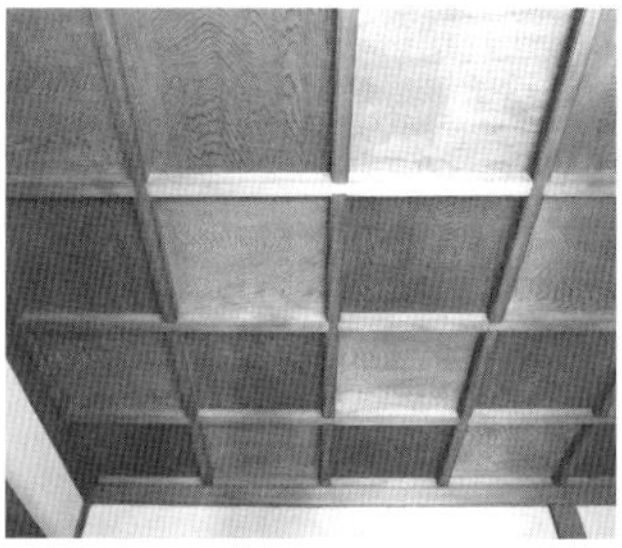

写真3　格天井

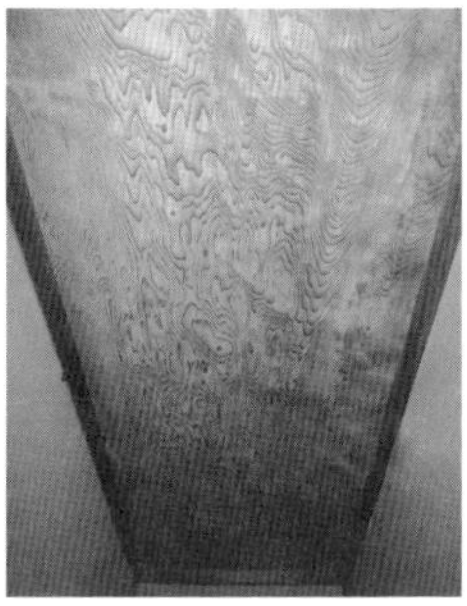

写真4　鏡板張り天井（床の間上部）

写真5　化粧屋根裏の例

❹ 天井で部屋の格を表現

天井はその材によっても室内意匠を大きく左右する。天井板の目や、竿縁の形態、材種（9頁参照）の組み合わせなどによってさまざまな意匠をつくり出すことができる。

書院座敷に格天井を、一般的な和風の天井には竿縁天井を採用するなど、竿縁の形状や材種の選択によって、格式を感じさせるものから、数寄屋や茶屋風の瀟洒なものまで、多様な表現が可能である。以上を大別すると❷のようになる。

❺ 天井高さには目安がある

日本では室内で床に座すのが基本である。そのため下半身は床に直に接し、視線は常に床に近い位置にある。このため椅子式の西洋建築に比べ、床座の日本建築の居室は概して天井高が低い。

和風建築において、天井を張る高さには大体の目安があった。一般的に格式のある座敷ほど天井は高く、数寄屋風意匠が加味されるほど低くなる。また、座敷が広いほど天井は高くなり、部屋の狭い茶室は天井が低い。

❸は、古典的座敷の天井に関するものをまとめたものである。天井高は8尺を1つの目安としていて、これに格式や部屋の広さが加わると高めに設定される。また、格の高い部屋でも上段の間といった小部屋では天井高は低くとられている。

このほかの有名な建物でも実測図などが多く公開されているので、機会があれば、それらを参考にするとよい。

❷ 格式と天井

建物用途と格		天井の形式	竿縁・格縁	天井板
書院（真）	最高に格式高い	折上小組格天井	ヒノキ唐戸面など（着色あり）	ヒノキ柾など
	かなり格式高い	折上格天井	同上	ヒノキ柾・杢、挿画
	格式高い	格天井	同上	ヒノキ柾・杢、ケヤキなど、挿画
	やや格式高い	竿縁天井	ヒノキ猿頬面、ヒノキ・スギ角（矩形）など	ヒノキ柾、スギ柾・中杢など
数寄屋風書院・一般和室（行）	一般	竿縁天井	スギ角（矩形）・猿頬面など	スギ柾・中杢・杢
	瀟洒	同上	スギ蒲鉾面、スギ丸太太鼓落としなど	スギ杢・ヒノキ板など
茶室（草）	侘びた	竿縁天井ほか	スギ角、小丸太、竹、自然材など	スギ杢・節あり、枌板、枌板網代など

❸ 古典的座敷の天井

建物名（建設年代）	部屋の大きさ	天井高	天井の形式	備考	部材のサイズ		
					廻り縁成	竿縁	柱
桂離宮新御殿上段の間（江戸時代初期）	3畳	6.63尺（2.00m）	格天井	数寄屋風の座敷に併設された小部屋。貴人が座すために設えている	1.3寸	1.3×1.3寸	4寸（面皮）
慈照寺（銀閣寺）東求堂同仁斎（室町時代）	4畳半	8.95尺（2.71m）	竿縁天井	将軍が使用した書斎。書院造りの古例。4畳半で書院と棚を併設している	1.65寸	1.65寸（猿頬面）	3.8寸
慈照寺（銀閣寺）東求堂仏間（室町時代）	8畳	9.17尺（2.77m）	格天井	上記建物内につくられた持仏堂。仏殿風に天井を折上格天井としている	折上	1.65×1.65寸	3.8寸
桂離宮古書院（江戸時代初期）	9畳	8.415尺（2.54m）	竿縁天井	江戸初期に貴族が営んだ瀟洒な別邸。数寄屋風座敷の古い例	1.15寸	1.0×1.3寸	4寸
三渓園臨春閣（天楽の間）（江戸、大正時代移築）	10畳	7.9尺（2.39m）	竿縁天井	江戸時代の有力大名の数寄屋風別邸を明治の豪商が移築した座敷	1.55寸	1.0×1.3寸	4.5寸
表千家残月亭（明治時代再建）	8+2（床）+2畳	8.3尺（2.51m）	竿縁天井	江戸初期の利休の流れをくむ広間の茶室	1.5寸	0.9×1.0寸	3.3寸（面皮）
園城寺光浄院客殿（桃山時代）	18畳	11.13尺（3.37m）	竿縁天井	桃山期の一般的な殿舎（主殿）の姿を伝える座敷	2寸	2寸（猿頬面）	5寸

6 和風は柱を露出した真壁

壁は建物を構成する主要な要素で、石やレンガ、木などいろいろな材料でつくられている。木造が主体の日本建築では、木の柱の間に下地を渡し土を塗り壁をつくり出す。柱は半間または1間ごとに立つのが基本で、その間に壁を入れる。木造建築の壁には真壁と大壁があり、真壁は柱を隠さずにその間に壁を入れたもの。大壁は柱を見せず下地としてその外面まで一面に覆った壁をいう［4］。

和風建築では柱や鴨居などを露出した真壁が基本である。逆に室内を和風に見せたい場合、半間あるいは1間ごとに立てた柱と、鴨居や長押といった水平材からなるグリットで壁を構成し、あるいは建具を入れ込めば、それなりに和風に見せることも可能である［写真6～8］。RC造や鉄骨造内部に和風の空間をつくりこむ場合も、付け柱や鴨居などで真壁のグリットをつくり、その間に和風の壁（たとえば聚楽壁）などを施して、和風に演出するのが一般的な方法である。

7 壁は土壁が基本

和風建築を代表するのは土壁である。この土壁には「漆喰壁」と「聚楽壁」がある。漆喰壁は主に寺院や神社、住居系では書院に使われ、白色の清楚な壁面である。これに対して聚楽壁とは自然の土を露出し仕上げとしたものの一種である。このような壁はもともと農家やバックヤードなどに使われていたが、侘びた表現を好む茶室の壁に採用されるとともに、数寄屋風書院の壁面にも取り入れられ、和風建築の主要な壁面仕上げとなった。

土壁のほかには、紙を張った「張付け壁」があり、これは格式のある書院に使われる。また、板を張った壁も和風建築では用いられていて、主に水のかかる外壁や室内では水廻りに使用されることが多い［写真9］。

建物用途と壁仕上げなどの関係を5に示す。

4 真壁と大壁

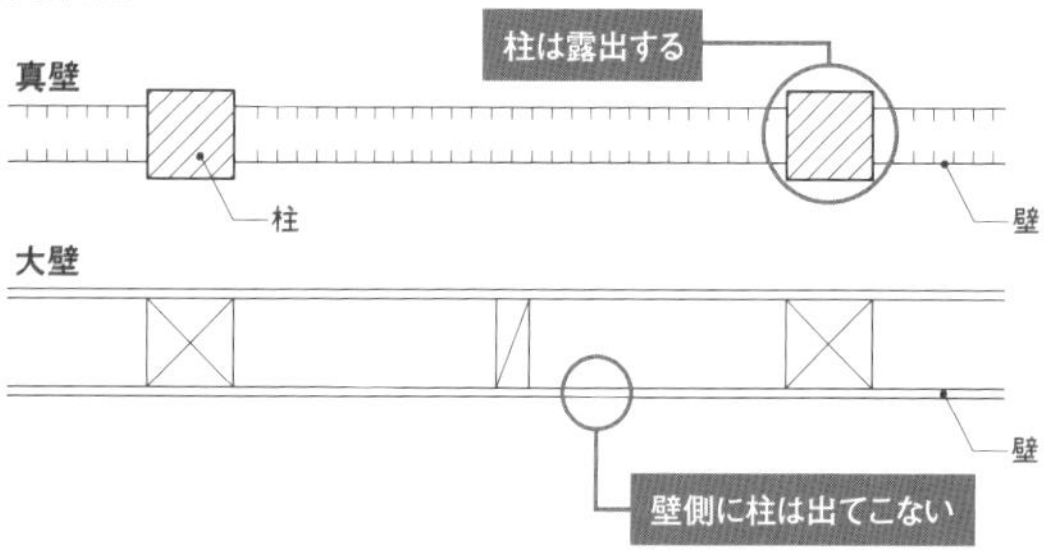

真壁
柱は露出する
柱
壁
大壁
壁
壁側に柱は出てこない

写真6　柱・貫などの縦横グリッドと壁

写真7　半間ごとに柱が立てられた蔵造りの例

写真8　洋間だが縦横の枠があると和の雰囲気が出る

写真9　外壁に板を張った例

5 建物用途と壁仕上げ

用途	壁仕上げ	仕上げの特徴	格式
寺院、神社など	漆喰	白色、清楚、緻密	－
	板	白木を好む（禅宗寺院）	－
書院	紙張り（張付け壁）	障壁画など	最高
	漆喰	白色、清楚、緻密	高
数寄屋風書院・一般和室	聚楽壁、土壁風左官壁（漆喰もあり）	自然素材	やや高から瀟洒なものまで
	板	彩色しない	水廻りなど
茶屋・茶室	聚楽壁、土壁	自然素材、スサ入りなど特に素材感あり	草（茶室など）

第2章

外部仕上げ

瓦葺きは端部を軽く見せる

1 | 瓦葺き屋根のしくみ

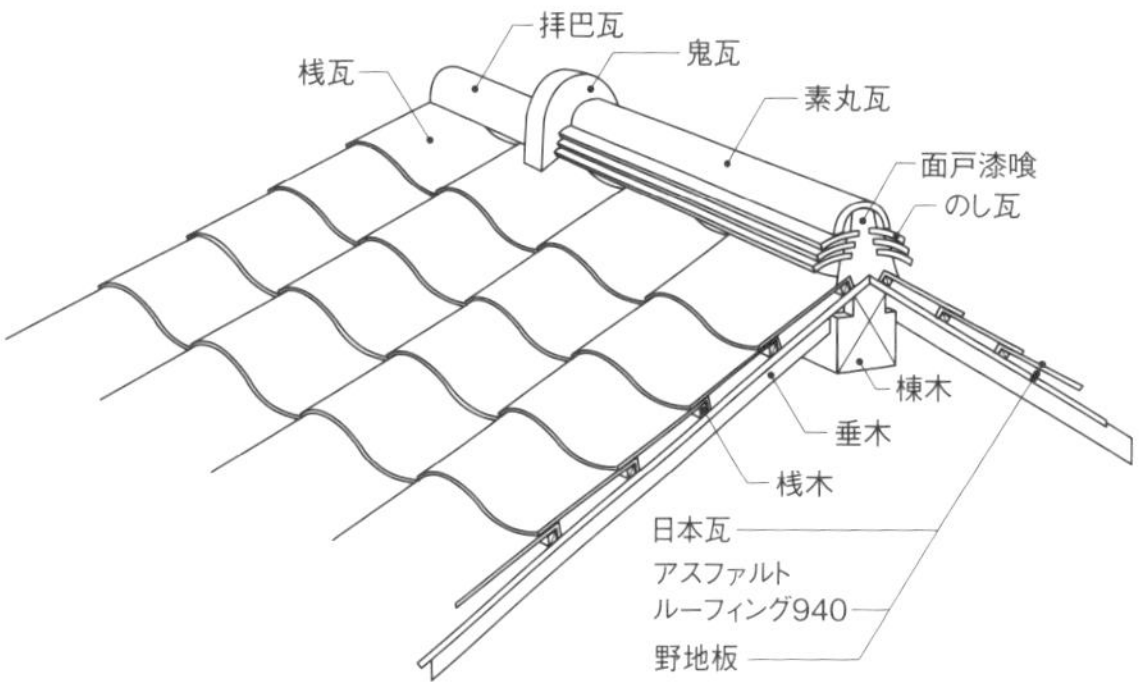
拝巴瓦
桟瓦
鬼瓦
素丸瓦
面戸漆喰
のし瓦
棟木
垂木
桟木
日本瓦
アスファルト
ルーフィング940
野地板

一文字葺きの瓦屋根

2 | 瓦葺きの納まり

❶ 軒先詳細図［S＝1：12］

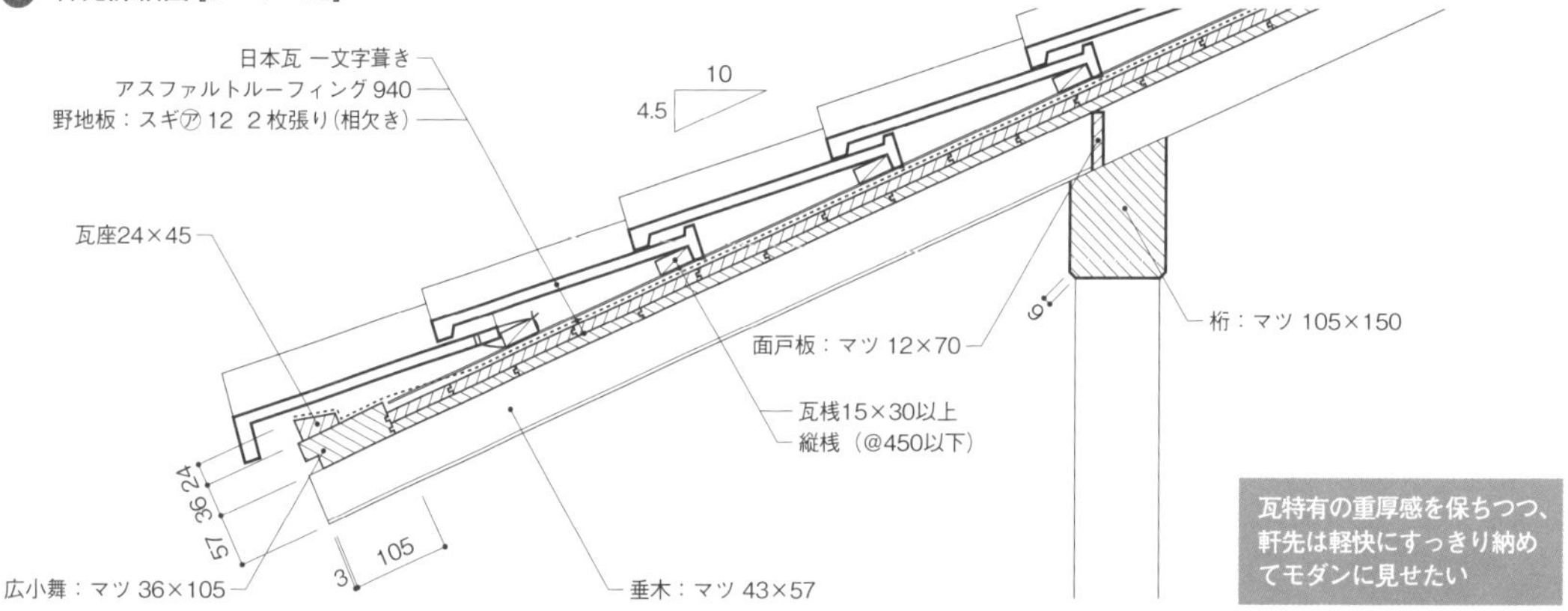
日本瓦 一文字葺き
アスファルトルーフィング940
野地板：スギ㋐12 2枚張り（相欠き）
10
4.5
瓦座24×45
面戸板：マツ 12×70
桁：マツ 105×150
瓦桟15×30以上
縦桟（@450以下）
24
36
57
105
3
広小舞：マツ 36×105
垂木：マツ 43×57
瓦特有の重厚感を保ちつつ、軒先は軽快にすっきり納めてモダンに見せたい

瓦の種類

瓦は伝統的に、本瓦や桟瓦といった和瓦が主流であったが、最近ではこれに加えて、S（型）瓦や、平板瓦も用いられるようになった。数寄屋建築に使われる瓦は桟瓦で、釉薬などをかけないいぶし瓦が主であるが、平板瓦でもいぶし銀色のものは和風のデザインに合うので、うまく使えば、今までにない和風建築をつくり出すこともできるだろう。

瓦の選び方と納まり

瓦は粘土を焼いてつくるため、1枚1枚の形態が微妙に異なることはやむを得ない。しかし大きさは、しっかりそろっていることが必要である。そのほか、ねじれやひずみ、反りなどがないことも重要である。瓦の産地は各地にあるが、京都の数寄屋建築では、三州（三河）、泉州（和泉）、淡路の瓦を多く使う。地方によっては耐寒性を考慮して決める必要がある。

また桟瓦の形状には2種類ある。瓦の先端を直角に切った「切り落とし」、丸く切り落とした「面取り」である。切り落としに比べ面取りは穏やかな印象を与える。軒先に使う軒

❷ けらば詳細図［S＝1：12］

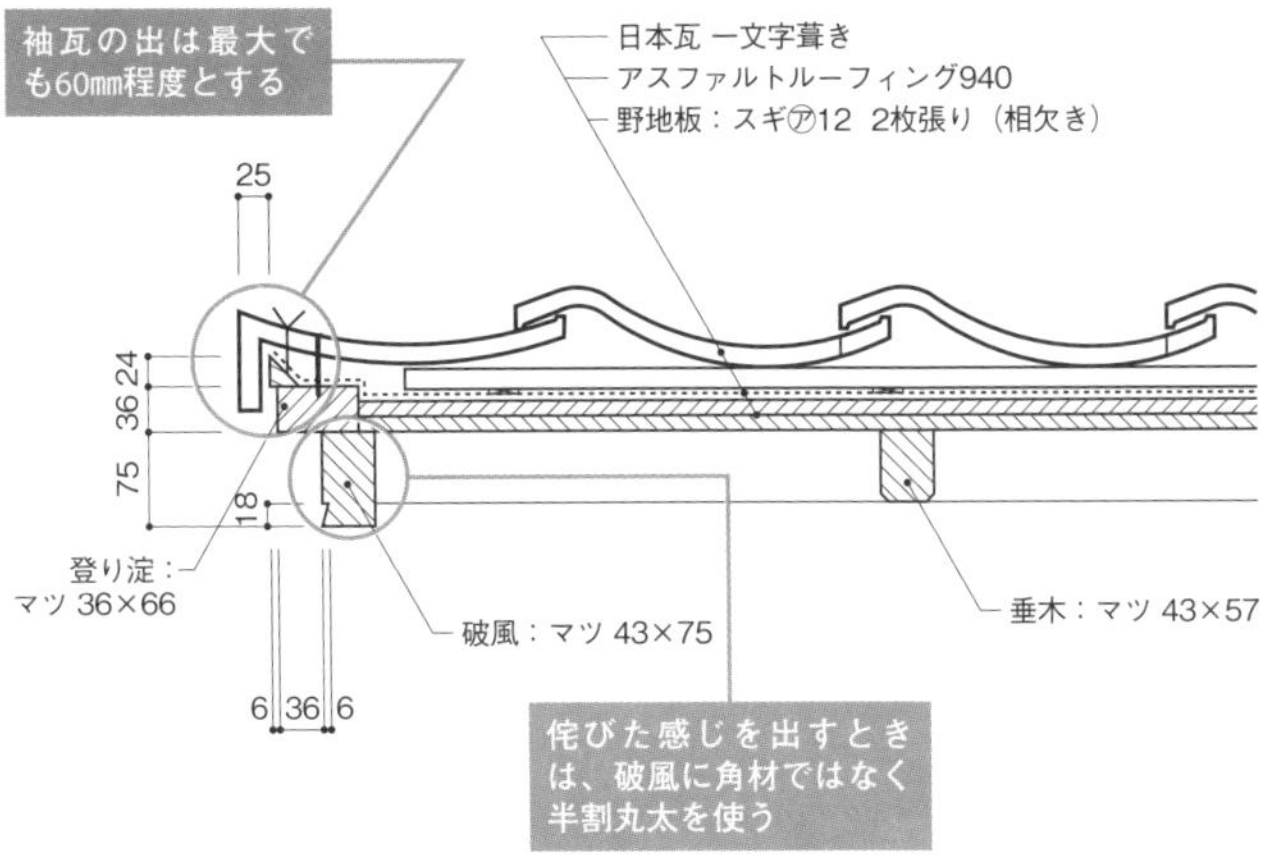
袖瓦の出は最大でも60mm程度とする
日本瓦 一文字葺き
アスファルトルーフィング940
野地板：スギ㋐12 2枚張り（相欠き）
25
24
36
75
18
登り淀：マツ 36×66
破風：マツ 43×75
垂木：マツ 43×57
6 36 6
侘びた感じを出すときは、破風に角材ではなく半割丸太を使う

一文字葺きの瓦屋根。簾を掛けるための横桟が軒先に見える

❸ 棟詳細図［S＝1：12］

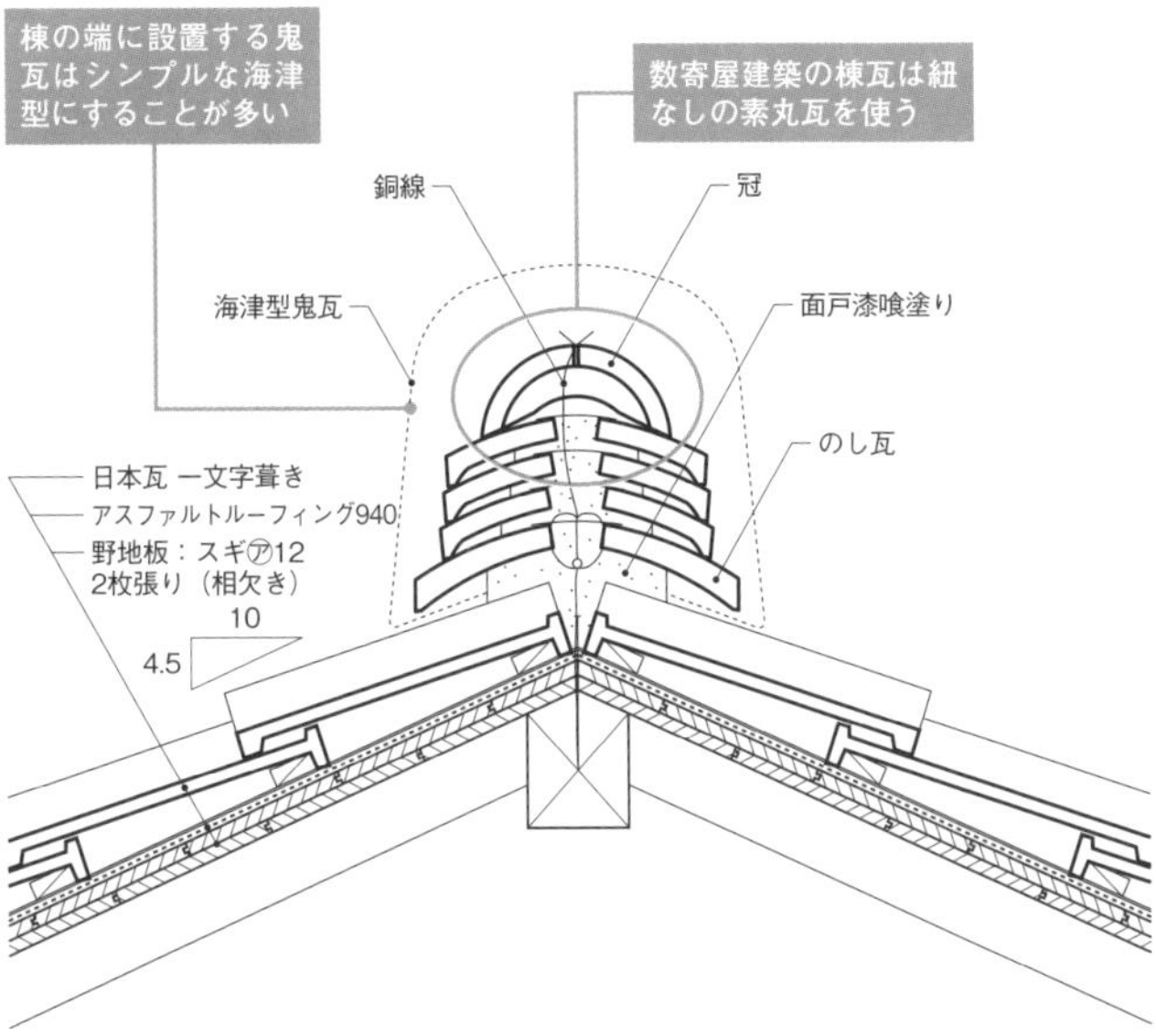
棟の端に設置する鬼瓦はシンプルな海津型にすることが多い
数寄屋建築の棟瓦は紐なしの素丸瓦を使う
銅線
冠
海津型鬼瓦
面戸漆喰塗り
のし瓦
日本瓦 一文字葺き
アスファルトルーフィング940
野地板：スギ㋐12
2枚張り（相欠き）
10
4.5

瓦葺きの切妻屋根。外壁の左官下地が見える

瓦も種類は豊富だ。瓦の下端が直線になった一文字瓦を使うと、いかにも端正で品のある建物となるが、施工にはそれなりの手間がかかる。高さのばらつきや隙間があると見苦しいので、使用する瓦を同一寸法にそろえておく必要があるのだ。ところが、瓦には必ずわずかな反りや曲がりがある。そのため、屋根にいきなり瓦を葺くのではなく、事前に建物と同勾配の長い台をつくり、そこへ瓦を並べて調整する。さらに瓦を1枚ずつタガネで加工し、大きさや角度などを一定にして、隙間がない状態にする。そのうえで屋根に葺くのである。この作業を合端《あいば》あわせという。けらば瓦にも同様の作業を行う必要がある。

瓦屋根の勾配

瓦屋根は通常4寸5分勾配を一つの目安とするが、4寸や3寸5分といった少し緩い勾配も使われる。勾配が緩い場合は特に雨漏りに注意する。勾配を決めるには、屋根の長さなども考慮に入れる必要がある。数寄屋建築で急勾配を使うことはあまりない。急勾配にすると数寄屋建築のはんなりとしたやさしさが失われてしまうからである。

金属葺きでも棟は高く

1 | 銅板葺きの納まり

❶ 軒先詳細図［S＝1：12］

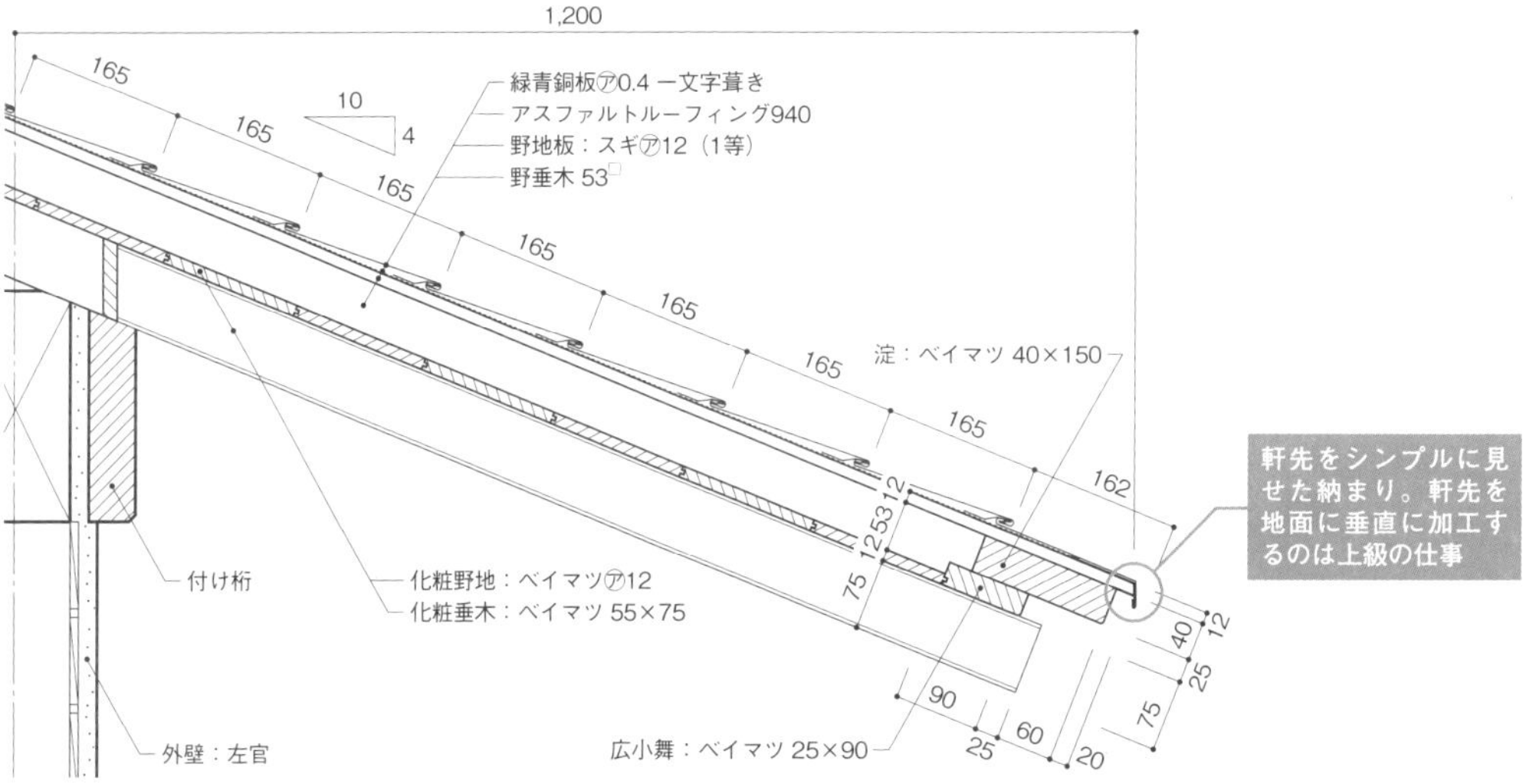
1,200
165
165
165
165
165
165
165
162
10
4
緑青銅板㋐0.4 一文字葺き
アスファルトルーフィング940
野地板：スギ㋐12（1等）
野垂木 53□
淀：ベイマツ 40×150
12
12
53
75
付け桁
化粧野地：ベイマツ㋐12
化粧垂木：ベイマツ 55×75
外壁：左官
90
60
25
20
広小舞：ベイマツ 25×90
12
40
25
75
軒先をシンプルに見せた納まり。軒先を地面に垂直に加工するのは上級の仕事

❷ けらば詳細図［S＝1：10］

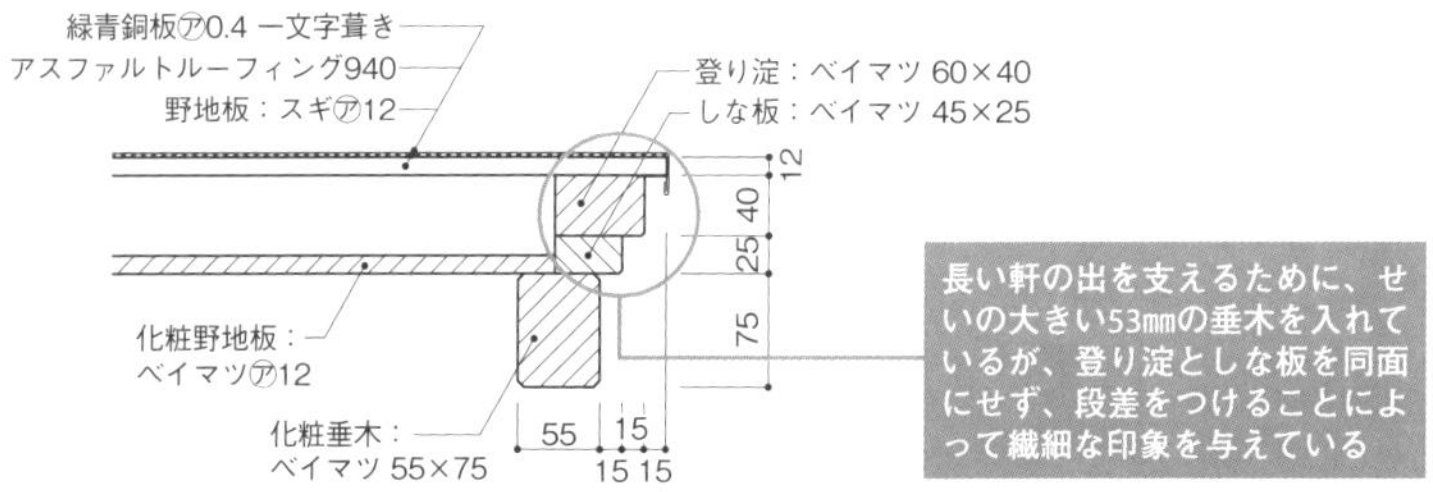
緑青銅板㋐0.4 一文字葺き
アスファルトルーフィング940
野地板：スギ㋐12
登り淀：ベイマツ 60×40
しな板：ベイマツ 45×25
12
40
25
75
化粧野地板：
ベイマツ㋐12
化粧垂木：
ベイマツ 55×75
55
15
15 15
長い軒の出を支えるために、せいの大きい53㎜の垂木を入れているが、登り淀としな板を同面にせず、段差をつけることによって繊細な印象を与えている

色から選ぶ屋根材

屋根材として使用する金属板の厚みは3～4㎜程度。これを裁断し、つなぎ合わせて施工する。その種類は多く、大きく分けて以下のようなものがある。

(1)銅を主材としたもの（銅板、緑青銅板、硫化銅板）…表面塗装が不要

(2)鉄を主材としたもの（亜鉛鉄板、フッ素鋼板、ガルバリウム鋼板、カラーステンレス）…ステンレスを除き、耐久処理が必要。主として塗装が行われる

(3)その他（カラーアルミ、チタンなど）

和風建築においては、(1)の銅板が基本である。価格などさまざまな理由で(2)の鉄板・鋼板類を使うことも多い。豊富な種類から選ぶのも一苦労だが、色彩の観点から選択するとよい。ベースは銅板の色である。銅板は酸化すると緑青色になるが、この緑青色が基本となる。材料メーカーの色見本の中に緑青色がなければ候補から外す。緑青色があれば、色艶を比較検討したうえで採用する。ただし、屋根材の種類を問わず、和

③ 棟詳細図［S＝1：10］

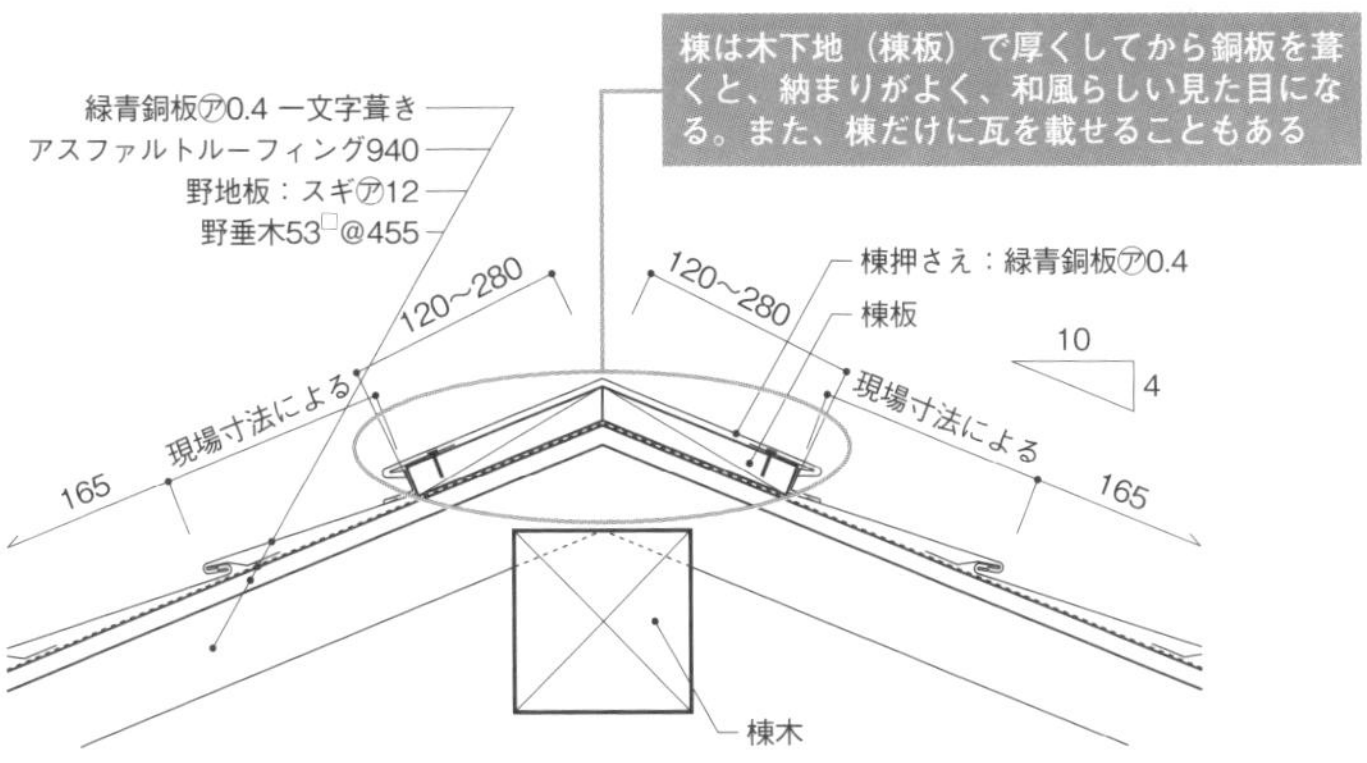
棟は木下地（棟板）で厚くしてから銅板を葺くと、納まりがよく、和風らしい見た目になる。また、棟だけに瓦を載せることもある
緑青銅板㋐0.4 一文字葺き
アスファルトルーフィング940
野地板：スギ㋐12
野垂木53□@455
120～280
120～280
棟押さえ：緑青銅板㋐0.4
棟板
10
4
現場寸法による
現場寸法による
165
165
棟木

銅板一文字葺きの屋根。写真左手には樋の代用となる雨落ち溝が見える

2｜銅板屋根の棟に瓦を載せる

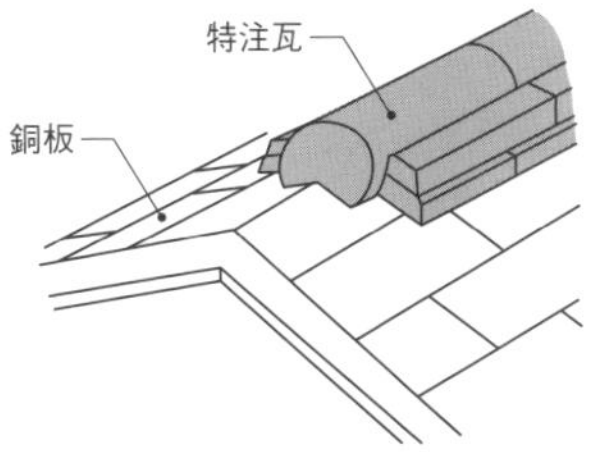
特注瓦
銅板

A：銅板の上に小島のように瓦が載る控えめな棟

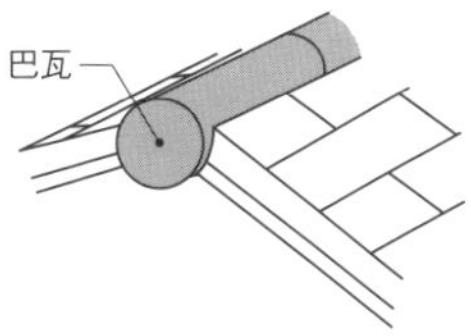
巴瓦

C：棟の端まで素直に瓦を載せた形態の棟

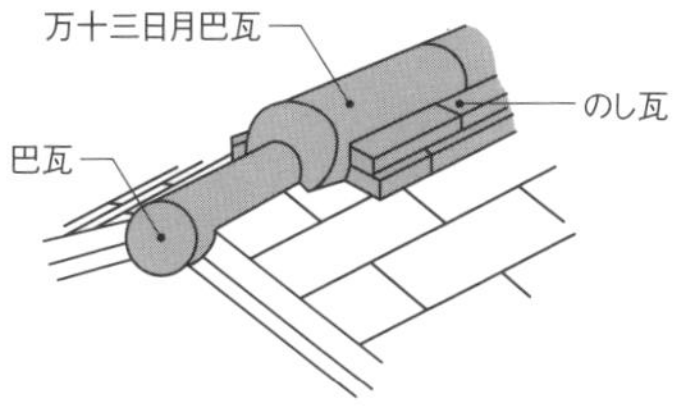
万十三日月巴瓦
のし瓦
巴瓦

B：Aの状態からけらばの先まで瓦が2段に伸びた状態の棟

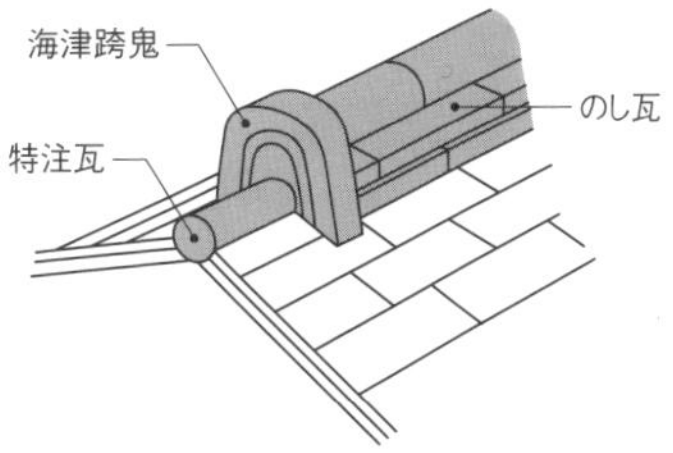
海津跨鬼
のし瓦
特注瓦

D：鬼瓦が載る時の基本的な形態

風の基本は艶消しである。そのため、(2)のカラーステンレスや(3)のカラーアルミはあまり適さない。また、緑青色と称していても本物の緑青の色と大きく異なる場合があるので注意する。そのため、昔からある近代建築を見てその色を確かめておくことを勧める。和風の色にはもう1つ、瓦屋根のいぶし銀色がある。ただし、この色を出せる塗装はないと考えたほうがよい。そのため、金属板の塗装品でいぶし銀色を使う場合には慎重な色選びが必要である。

一方、チタンは無塗装で艶消しのいぶし銀色が出せる唯一の存在で、お勧めの金属板だ。また、和風といっても民家や民芸調は、数寄屋とはまったく異なるので注意されたい。

銅板採用時の注意点

銅板は酸性雨などで腐食するため、必ずしも緑青が付くとは限らない。酸性雨の多い地域では緑青色にならず、真っ黒になってしまうおそれがある。特に都市部の建物では注意が必要だ。その対策として、あらかじめ緑青をふかせた緑青銅板がある。ただし、これはコスト的に高くつくので予算との兼ね合い次第となる。

瓦と銅板で葺く腰屋根

1 | 基本の腰葺き

❶ 軒先の納まり［S＝1：15］

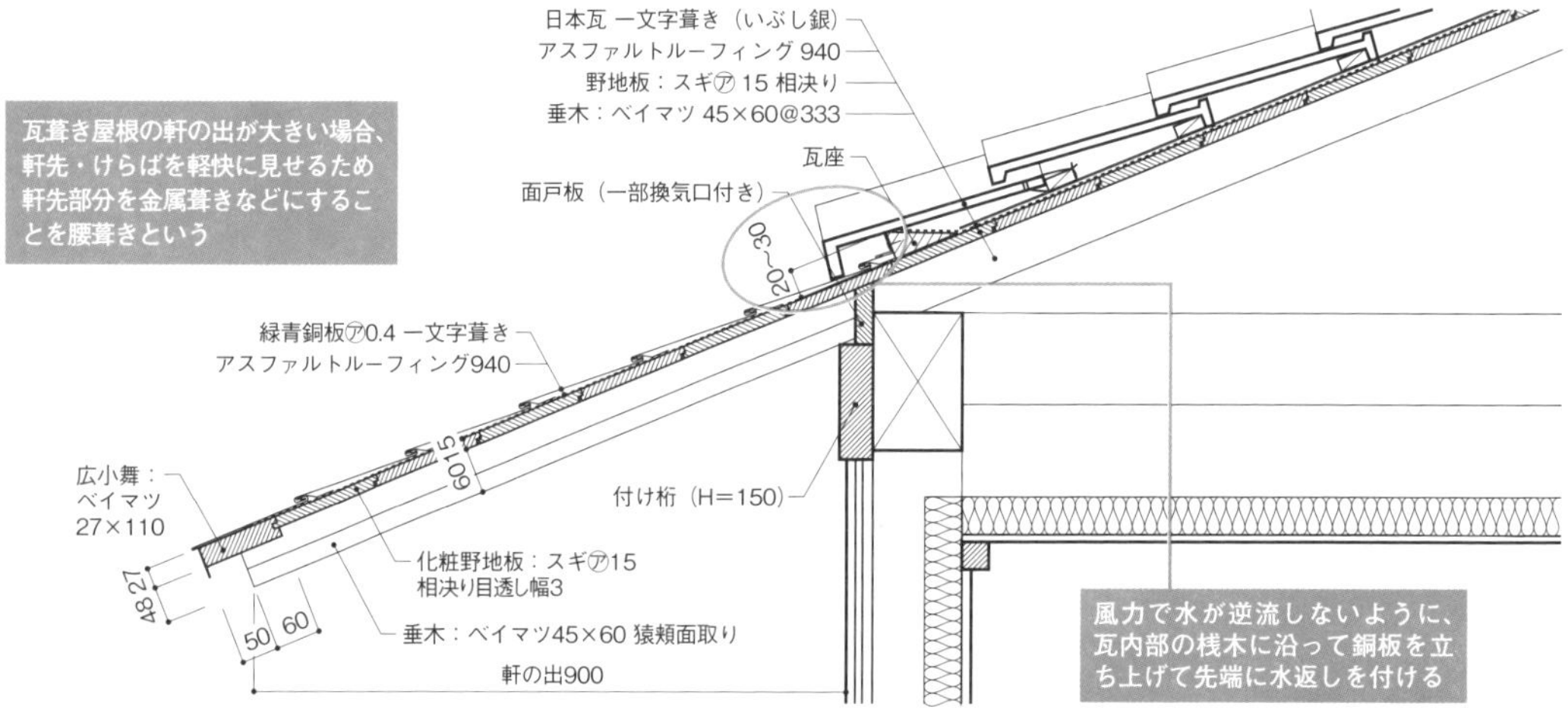
日本瓦 一文字葺き（いぶし銀）
アスファルトルーフィング 940
野地板：スギ㋐15 相決り
垂木：ベイマツ 45×60@333
瓦座
面戸板（一部換気口付き）
20〜30
瓦葺き屋根の軒の出が大きい場合、軒先・けらばを軽快に見せるため軒先部分を金属葺きなどにすることを腰葺きという
緑青銅板㋐0.4 一文字葺き
アスファルトルーフィング940
広小舞：ベイマツ 27×110
6015
付け桁（H＝150）
化粧野地板：スギ㋐15 相決り目透し幅3
48 27
50 60
垂木：ベイマツ45×60 猿頬面取り
軒の出900
風力で水が逆流しないように、瓦内部の桟木に沿って銅板を立ち上げて先端に水返しを付ける

軒の出と垂木寸法

軒の出（mm）	垂木寸法（mm）
700 以下	45×45
900 内外	45×75
1,100 以下	45×90［※］
1,200 以上	桔木使用

※軒先まで瓦の場合は桔木使用

瓦屋根の軒先を軽く見せるため、軒先部分を銅板葺きとしている

腰葺きのメリット

瓦葺きの屋根において、先端まで瓦を伸ばさず少し手前で止め、残りを銅板葺きとすることがある。これを「腰葺き」あるいは「腰屋根」という。瓦の複雑な部分が目から遠ざかり、建物がすっきり見える効果がある。これは平側だけではなくけらば側にも同様に行う。すっきり見えることに加え、瓦の黒っぽい色の中に対して緑青色がほどよいアクセントとなり、きれいである。

軒先のみを銅板葺きとするのにはもう1つ大きな理由がある。和風建築の特徴である軒の出の深さとのかかわりである。通常の住宅の軒の出はせいぜい45〜60cm程度だが、数寄屋建築ともなると90〜120cmほどにもなることがある。軒先にかかる荷重を考えると、瓦を銅板に換えるだけで構造的にかなり楽になる。このように腰屋根は、デザイン的な理由よりもむしろ、屋根を軽くするために行われるようになったと考えるほうがよいだろう。

深い軒を支える工夫

瓦葺きの場合、軒の出が110cmまでなら通常の垂木で対処できるが、110cmを超えると垂木ではもたず、桔木《はね》を使用

❷ けらばの納まり［S＝1：10］

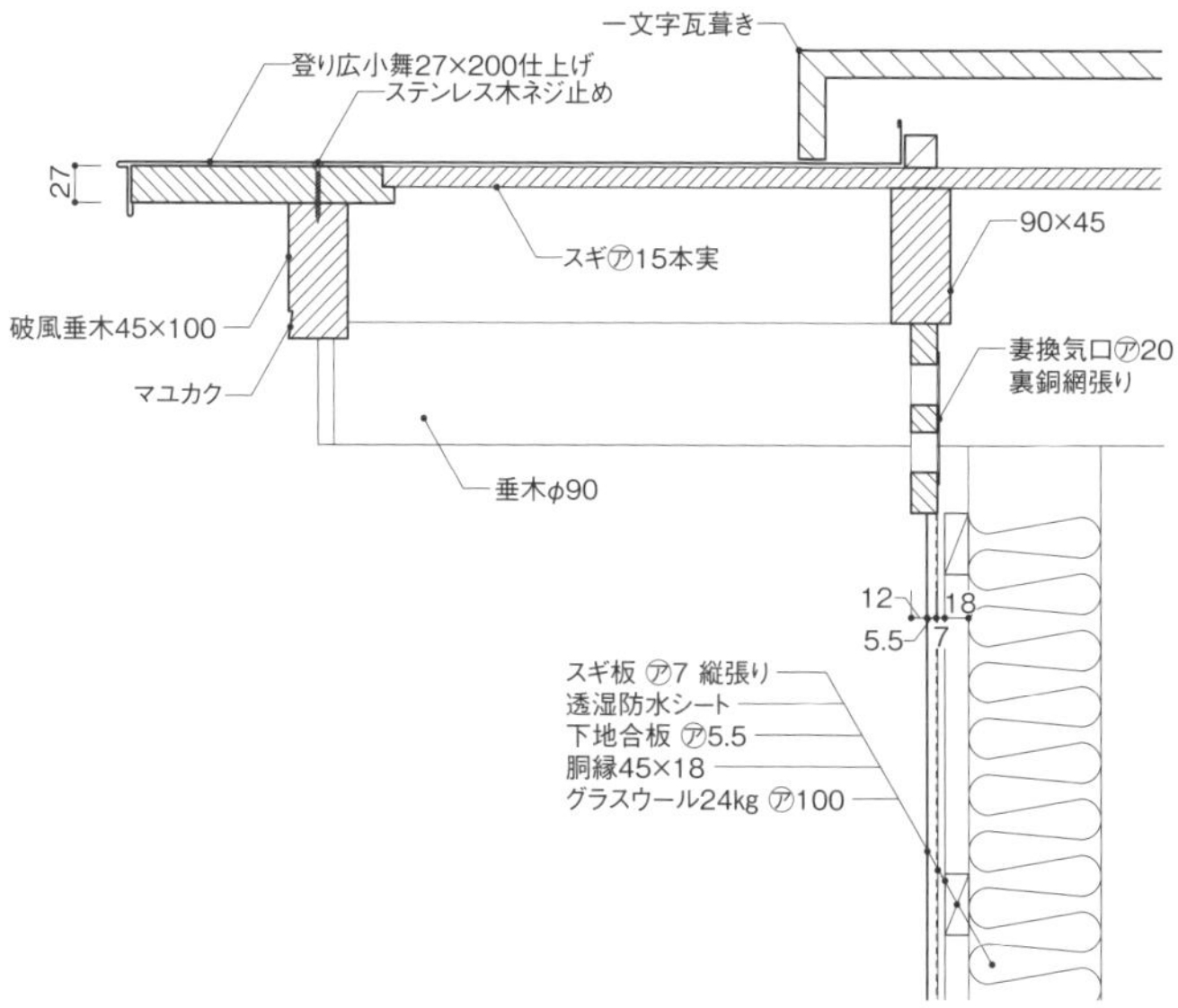

一文字瓦葺き
登り広小舞27×200仕上げ
ステンレス木ネジ止め
27
スギ㋐15本実
90×45
破風垂木45×100
妻換気口㋐20
裏銅網張り
マユカク
垂木φ90
12
18
5.5
7
スギ板 ㋐7 縦張り
透湿防水シート
下地合板 ㋐5.5
胴縁45×18
グラスウール24kg ㋐100

腰葺きの例

2｜軒先の処理だけで軽く見せる［S＝1：8］

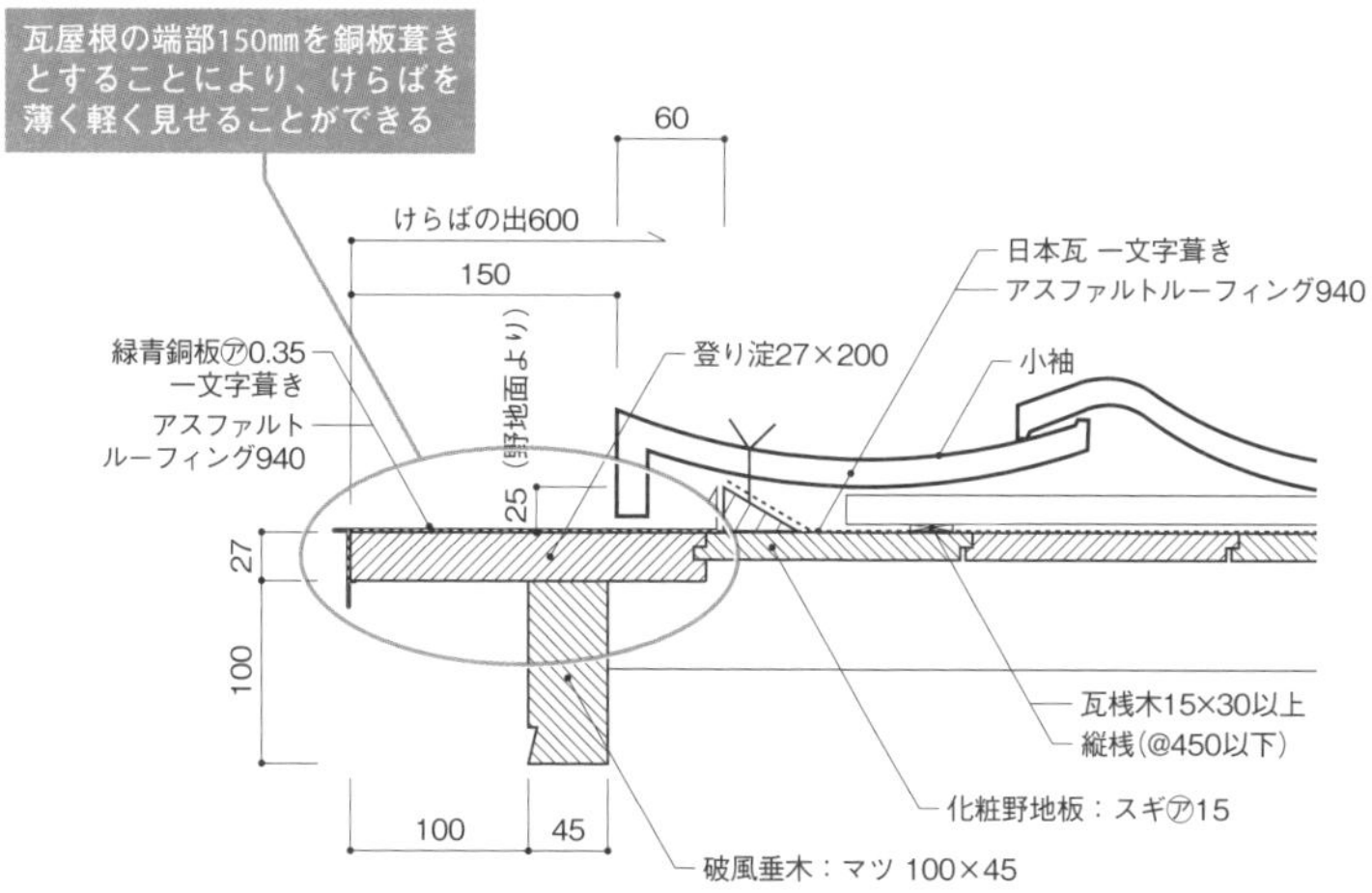

瓦屋根の端部150㎜を銅板葺きとすることにより、けらばを薄く軽く見せることができる
60
けらばの出600
150
日本瓦 一文字葺き
アスファルトルーフィング940
緑青銅板㋐0.35
一文字葺き
アスファルト
ルーフィング940
(野地面より)
25
登り淀27×200
小袖
27
100
瓦桟木15×30以上
縦桟(@450以下)
化粧野地板：スギ㋐15
100
45
破風垂木：マツ 100×45

屋根端部の施工は通常の銅板屋根と同じである。全体を瓦葺き屋根とした場合に比べてコストは高くなる

する必要が生ずる。銅板葺きの場合は、120㎝の出まで垂木でもつとされる。桔木を入れるということは相当大掛りな工事となるので、瓦と銅板の差は大きい。桔木は天秤の原理を利用するもので、軒桁を支点として丸太を仕込み、小屋裏側で押さえ込むことにより、反対側の軒先部分を跳ね上げるという構造である。また、桔木にはいささか太い丸太を使うので、無骨な印象を与えてしまいがちだ。屋根も単層ではなく、2重屋根とせざるを得なくなるので、大変手間が掛かる。このように、見えない部分で苦労しているということも、和風建築のもう1つの特徴である。

桔木を用いる・用いないにかかわらず、勾配を緩く見せるために軒先を二重にすることも多い。二重にする場合、下から見上げて外部に見える垂木を化粧棰《だるき》、小屋裏に隠れて見えない垂木を野《の》棰《だるき》と呼ぶ。そして垂木が二重になっていることを二軒《ふたのき》と呼ぶ。二軒とした場合の利点は、野棰が荷重を支えるため、化粧棰を小さな寸法にできることである。そのほか、軒裏に垂木と直角方向に21×15㎜程度の小さな小舞《こまい》をデザイン上入れることも多い。和風建築には、華奢なつくりに見せるための並々ならぬ工夫が、そこかしこに潜んでいるのである。

RC造に和風屋根を葺く

1 | RC躯体で勾配をとる [S＝1：15]

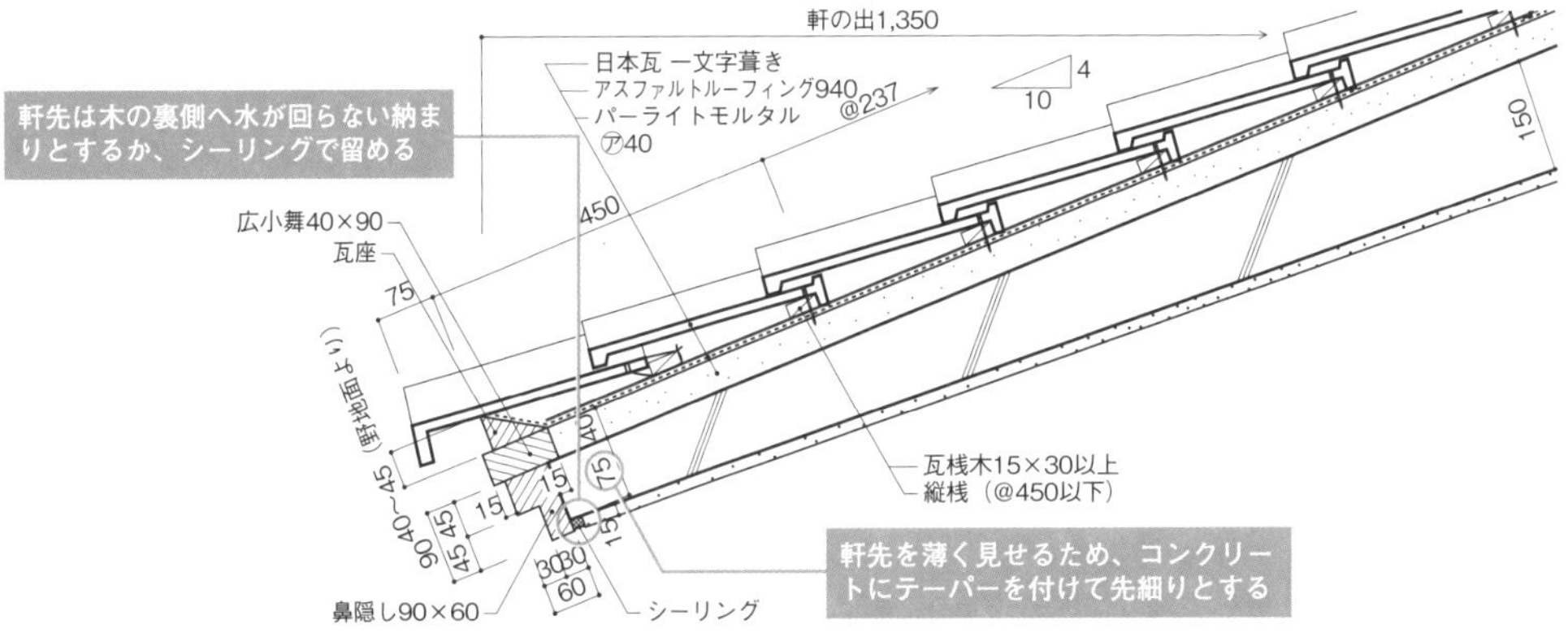

軒の出1,350
日本瓦 一文字葺き
アスファルトルーフィング940
パーライトモルタル
㋐40
@237
4
10
150
軒先は木の裏側へ水が回らない納まりとするか、シーリングで留める
広小舞40×90
瓦座
450
75
(野地面より)
40〜45
90
45
45
15
15
40
75
15
30
30
60
瓦桟木15×30以上
縦桟（@450以下）
軒先を薄く見せるため、コンクリートにテーパーを付けて先細りとする
鼻隠し90×60
シーリング

2 | RCの腕木を出す [S＝1：25]

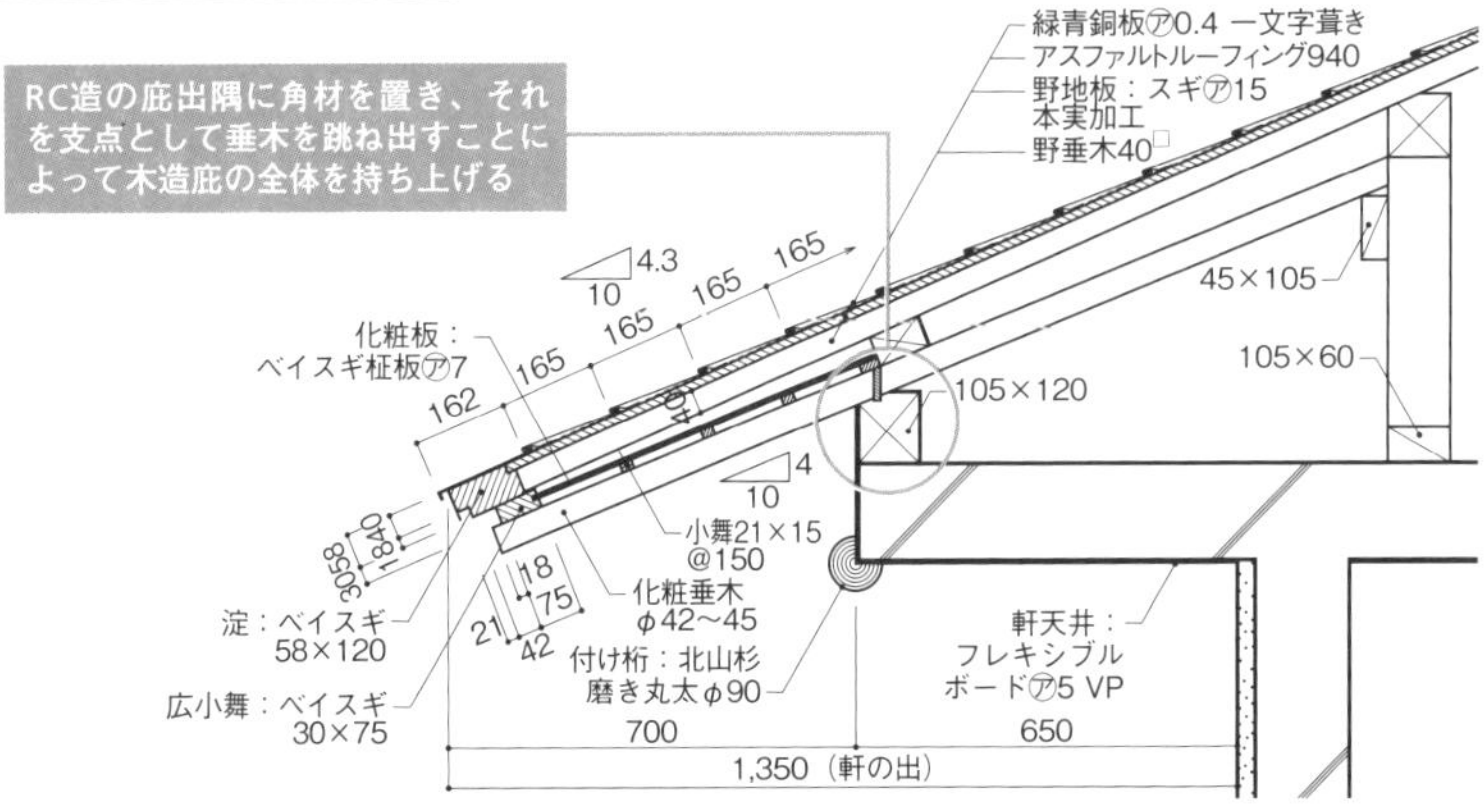

緑青銅板㋐0.4 一文字葺き
アスファルトルーフィング940
野地板：スギ㋐15
本実加工
野垂木40□
RC造の庇出隅に角材を置き、それを支点として垂木を跳ね出すことによって木造庇の全体を持ち上げる
4.3
10
165
165
165
165
162
45×105
105×60
105×120
化粧板：
ベイスギ柾板㋐7
40
4
10
小舞21×15
@150
化粧垂木
φ42〜45
付け桁：北山杉
磨き丸太φ90
軒天井：
フレキシブル
ボード㋐5 VP
淀：ベイスギ
58×120
広小舞：ベイスギ
30×75
30
58
18
40
18
75
21
42
700
650
1,350（軒の出）

屋根は和風の見せ場

屋根の勾配は、一般に2寸5分〜3寸5分を緩勾配、3寸5分〜5寸5分を普通勾配、5寸5分〜7寸5分を急勾配、45度を矩勾配という。瓦葺きの場合、軒の長さにもよるが、瓦と瓦の間から雨が吹き込まないようにするため、最低でも3寸8分から4寸程度とする。緩勾配にしなければ納まらない場合は、一般には銅板葺きとする。どうしても緩勾配の瓦葺きとしたい場合は、下地にゴムアスファルトなどの強力な防水シートを用い、瓦は意匠的なものとして施工すれば問題ない。

建物全体を数寄屋風に見せるには、屋根を軽快に見せることが重要である。そのためには、太い材は外から見えないように配置したり、軒先の部材の先端を切り欠いたりすると見た目が華奢になる。

また、屋根にむくりを付けるだけでも和風の雰囲気となる。むくりはあまり大きくすると上品さに欠けてしまう。好みにもよるが、住宅の場合には一般的に1／100〜1.4／100と考えるとよい。

▶屋根・庇5

見せる桁は小さくしたい

1｜補強金物を使った納まり［S＝1：10］

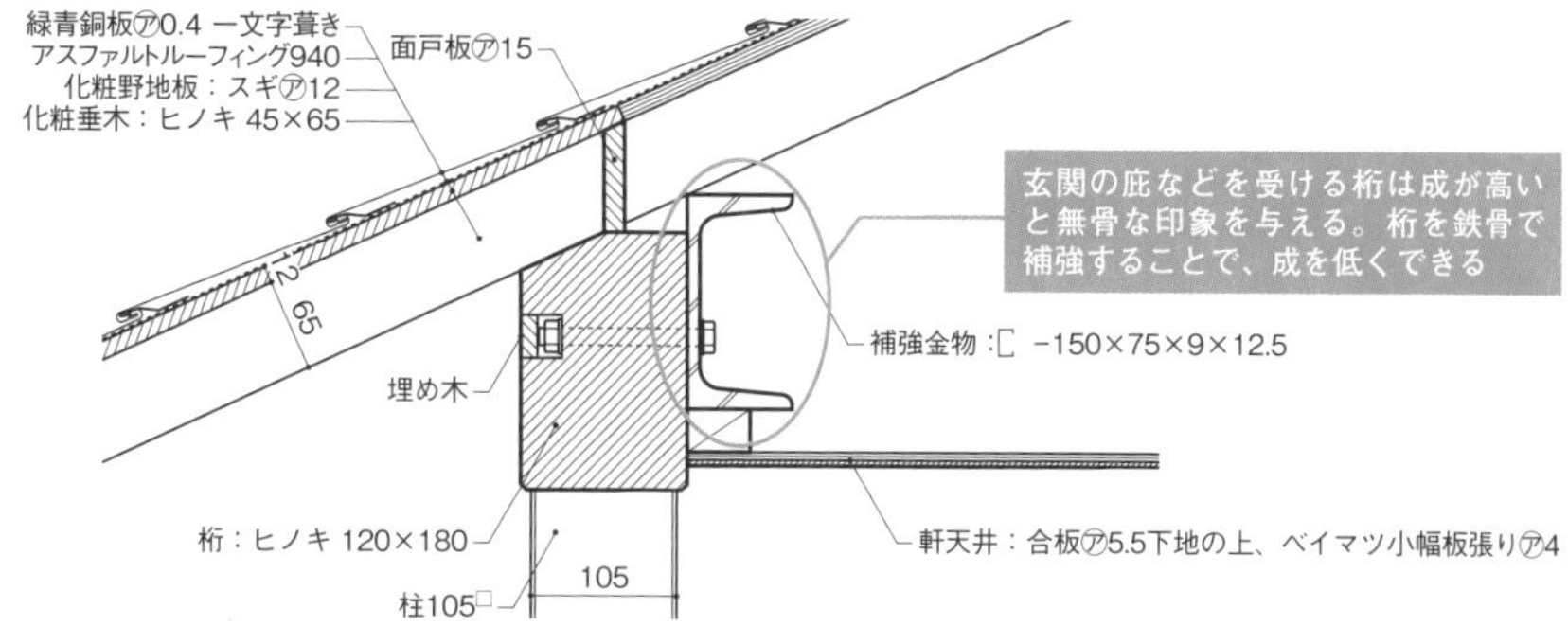
緑青銅板㋐0.4 一文字葺き
アスファルトルーフィング940
化粧野地板：スギ㋐12
化粧垂木：ヒノキ 45×65
面戸板㋐15
12
65
埋め木
桁：ヒノキ 120×180
柱105□
105
玄関の庇などを受ける桁は成が高いと無骨な印象を与える。桁を鉄骨で補強することで、成を低くできる
補強金物：[−150×75×9×12.5
軒天井：合板㋐5.5下地の上、ベイマツ小幅板張り㋐4

2｜付け桁を使った納まり［S＝1：15］

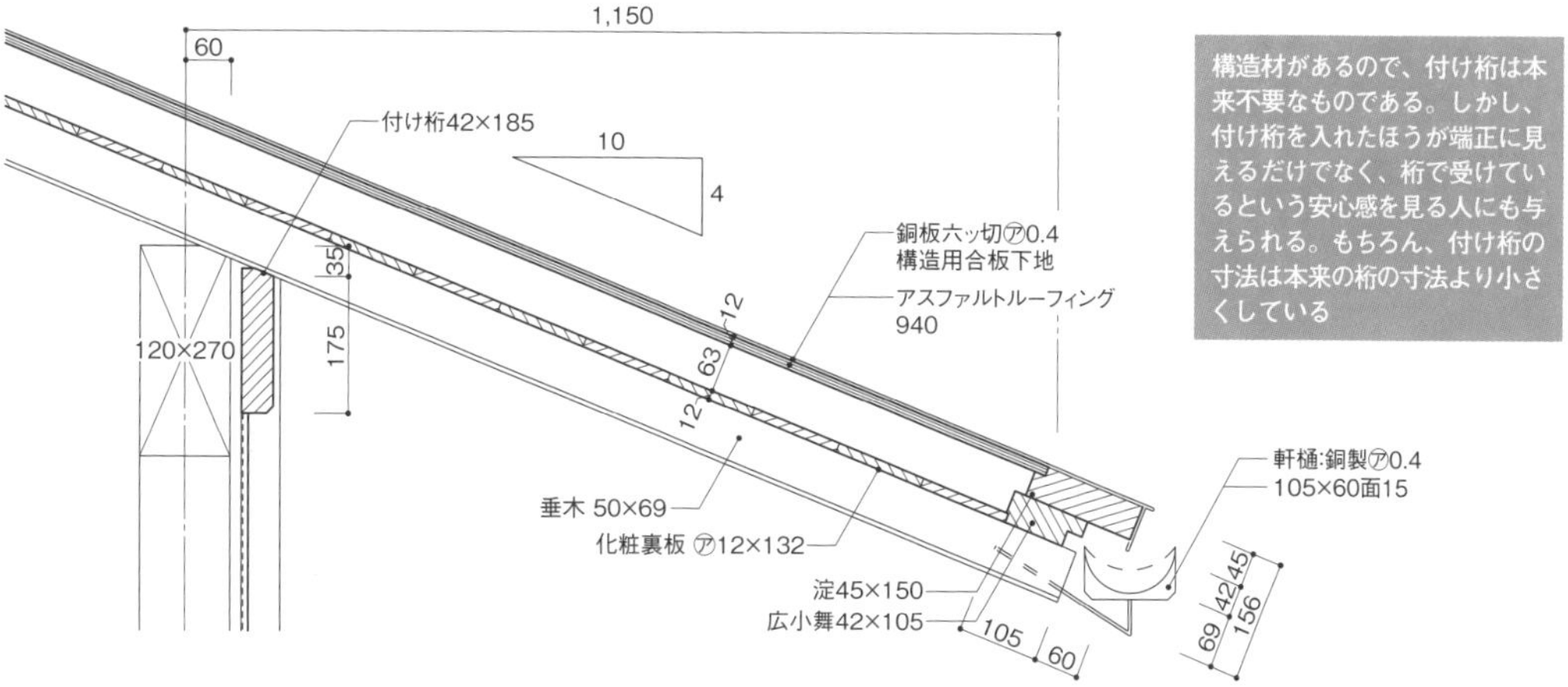
1,150
60
付け桁42×185
10
4
120×270
35
175
銅板六ッ切㋐0.4
構造用合板下地
アスファルトルーフィング
940
12
63
12
垂木 50×69
化粧裏板 ㋐12×132
淀45×150
広小舞42×105
105
60
軒樋：銅製㋐0.4
105×60面15
45
42
69
156
構造材があるので、付け桁は本来不要なものである。しかし、付け桁を入れたほうが端正に見えるだけでなく、桁で受けているという安心感を見る人にも与えられる。もちろん、付け桁の寸法は本来の桁の寸法より小さくしている

和風の飲食店舗を民家風に仕上げるために大きな梁を使い、どうやって迫力を感じさせるかに苦心することがある。特に、意匠上木を組み合わせて梁らしきものをつくる場合には大変苦労するものである。もちろん柱についても同様に、薄っぺらい板材のような柱を壁に付けて、いかにも本物の柱に見せるには一定の技量が求められる。RC造やS造の店舗などではこのように、柱・梁という木造の軸組をあくまでも飾りとして演出しなくてはならない場合がよくあるものだ。

これとは逆に、数寄屋建築ではいかにして部材を細く見せるかに苦労する。大きな建物であっても、それを大きいと感じさせてはいけない。棟が大きければ棟の向きを変えたり、庇を出したり、場合によっては坪庭を設けて屋根を落とすなどしてでも、屋根の高さを抑える。特に目の高さに近い部分には繊細さが必要だ。そのため、成の高い桁は見えないように隠し、化粧の付け桁を付ける**【図2】**、あるいは見えない所に金物を入れて小さい部材ながら強度を確保する**【図1】**、などといった工夫が必要となる。

▶屋根・庇6

和風の庇を究める

1 | 出が大きい [S＝1：12]

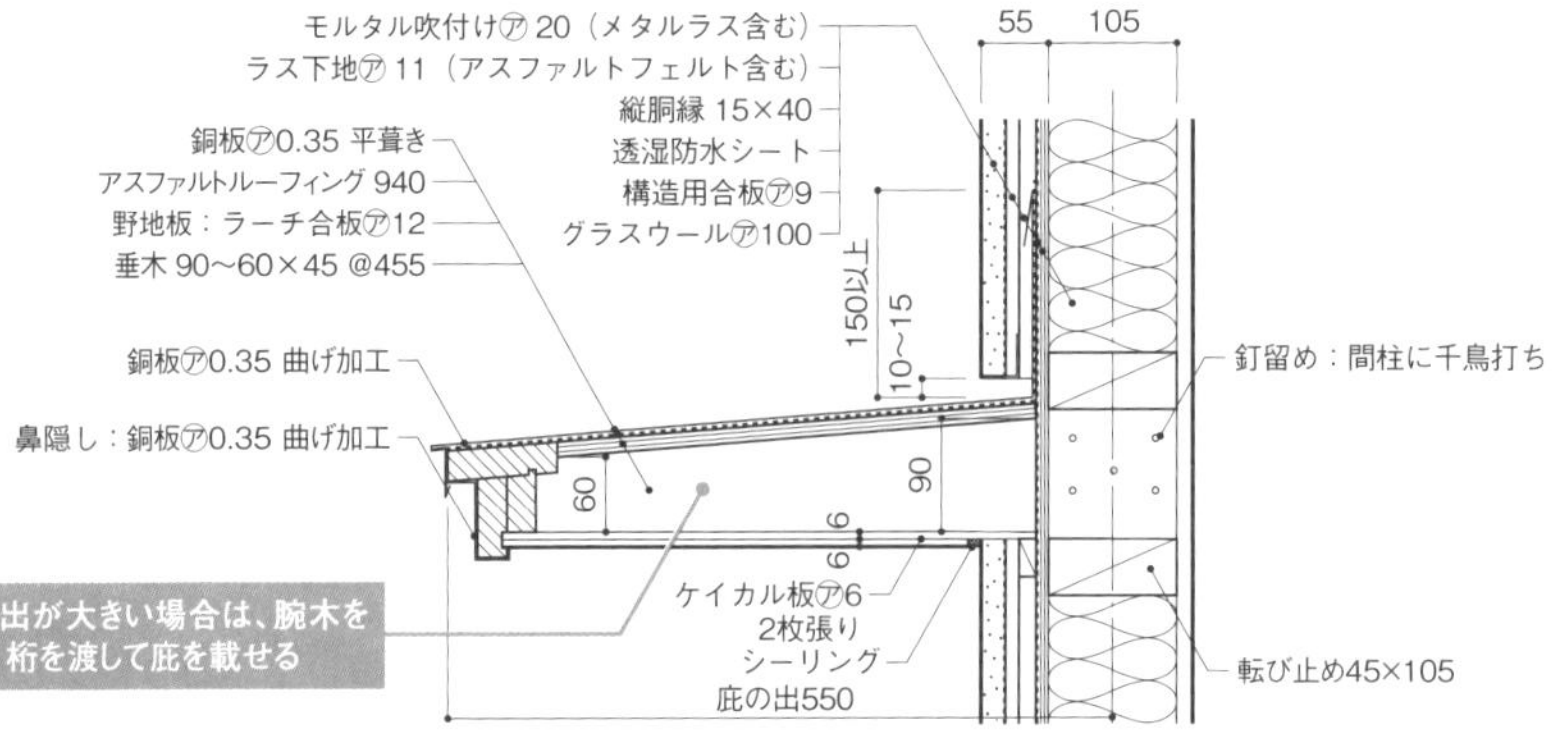
モルタル吹付け㋐20（メタルラス含む）
ラス下地㋐11（アスファルトフェルト含む）
縦胴縁 15×40
透湿防水シート
構造用合板㋐9
グラスウール㋐100
55
105
銅板㋐0.35 平葺き
アスファルトルーフィング 940
野地板：ラーチ合板㋐12
垂木 90～60×45 @455
銅板㋐0.35 曲げ加工
鼻隠し：銅板㋐0.35 曲げ加工
150以上
10～15
60
90
6
6
釘留め：間柱に千鳥打ち
庇の出が大きい場合は、腕木を出し、桁を渡して庇を載せる
ケイカル板㋐6
2枚張り
シーリング
庇の出550
転び止め45×105

2 | 出が小さい [S＝1：12]

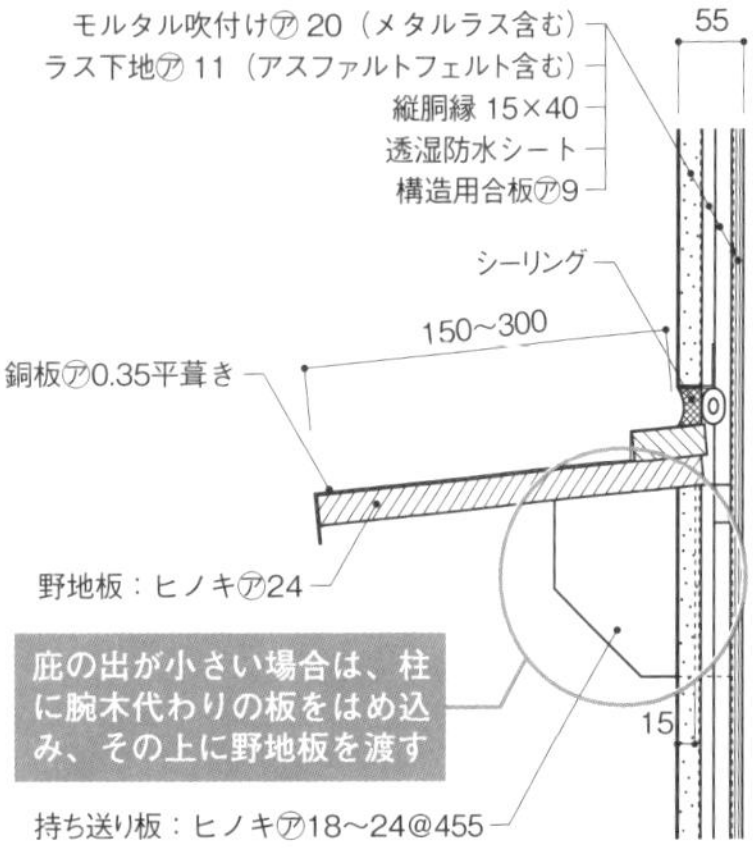
モルタル吹付け㋐20（メタルラス含む）
ラス下地㋐11（アスファルトフェルト含む）
縦胴縁 15×40
透湿防水シート
構造用合板㋐9
55
シーリング
150～300
銅板㋐0.35平葺き
野地板：ヒノキ㋐24
庇の出が小さい場合は、柱に腕木代わりの板をはめ込み、その上に野地板を渡す
15
持ち送り板：ヒノキ㋐18～24@455

左手に茶室に設けた霧除け庇

掃出しの窓の上に銅板葺きの庇

庇の種類

庇には主として2つの形態がある。1つは屋根をそのまま延ばしたかたち、もう1つは腕木を出してその上に垂木を差し掛けたかたちである。

屋根庇と土庇

軒を深く取ってできた前者の庇(屋根庇)には、構造的な問題はなく、庇のなかでは丈夫なものといえる。ただし庇のせり出しは約110cmが限度。これ以上出す場合には、柱を立てる必要がある。壁から90～120cmほどのところに独立柱を建て、桁を載せ、庇屋根を支える。この柱は捨て柱と呼ばれ、捨て柱の支える庇屋根やその庇下の空間を土庇という。正式には「つちびさし」だが、「どびさし」でも十分通用する。和風建築では建物の内と外をつなぐ空間が大変重要であり、土庇はその代表であろう。土庇の軒裏には、丸太や竹などを使い、小舞などで化粧屋根裏とすることが多い。

土庇は、軒裏天井が下方へ降りてくることでほどよく光が遮断され、穏やかな日影の空間をつくり出

3 | 茶室風霧除け庇 [S＝1：12]

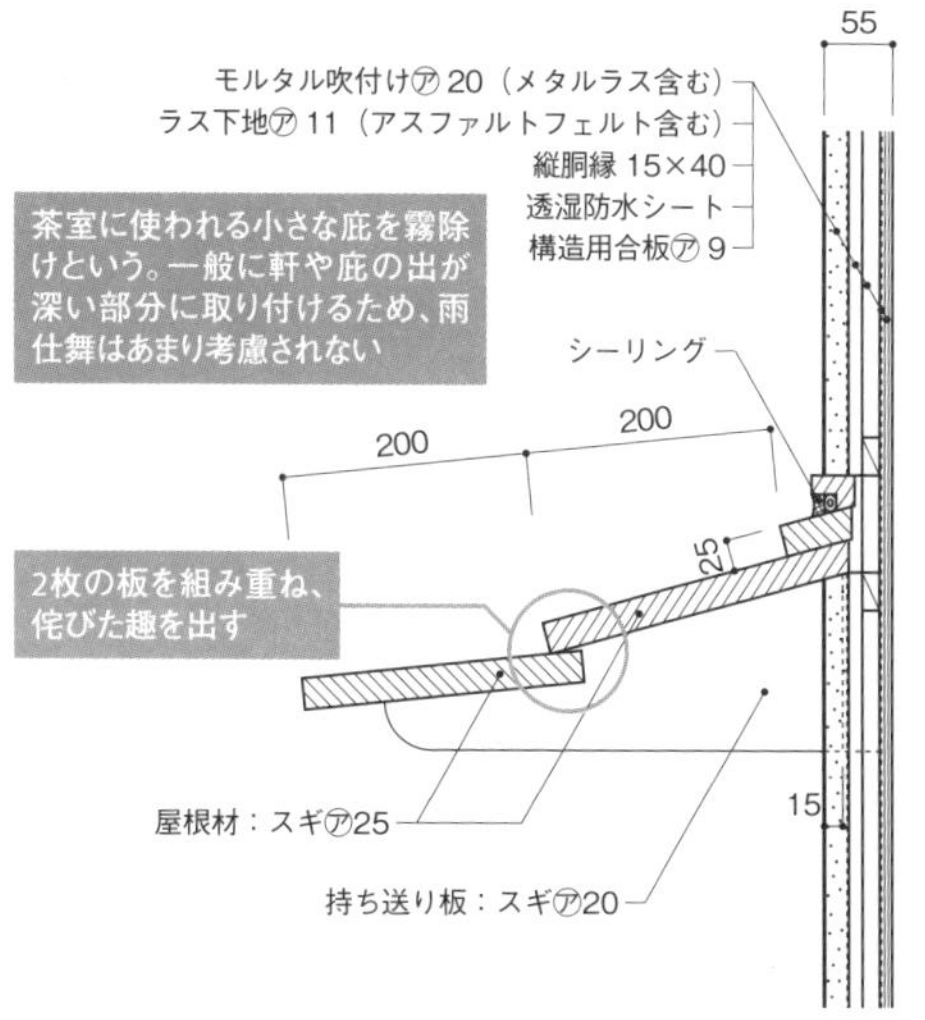
55
モルタル吹付け㋐20（メタルラス含む）
ラス下地㋐11（アスファルトフェルト含む）
縦胴縁 15×40
透湿防水シート
構造用合板㋐9
茶室に使われる小さな庇を霧除けという。一般に軒や庇の出が深い部分に取り付けるため、雨仕舞はあまり考慮されない
シーリング
200
200
25
2枚の板を組み重ね、侘びた趣を出す
屋根材：スギ㋐25
持ち送り板：スギ㋐20
15

4 | 腕木付き霧除け庇 [S＝1：12]

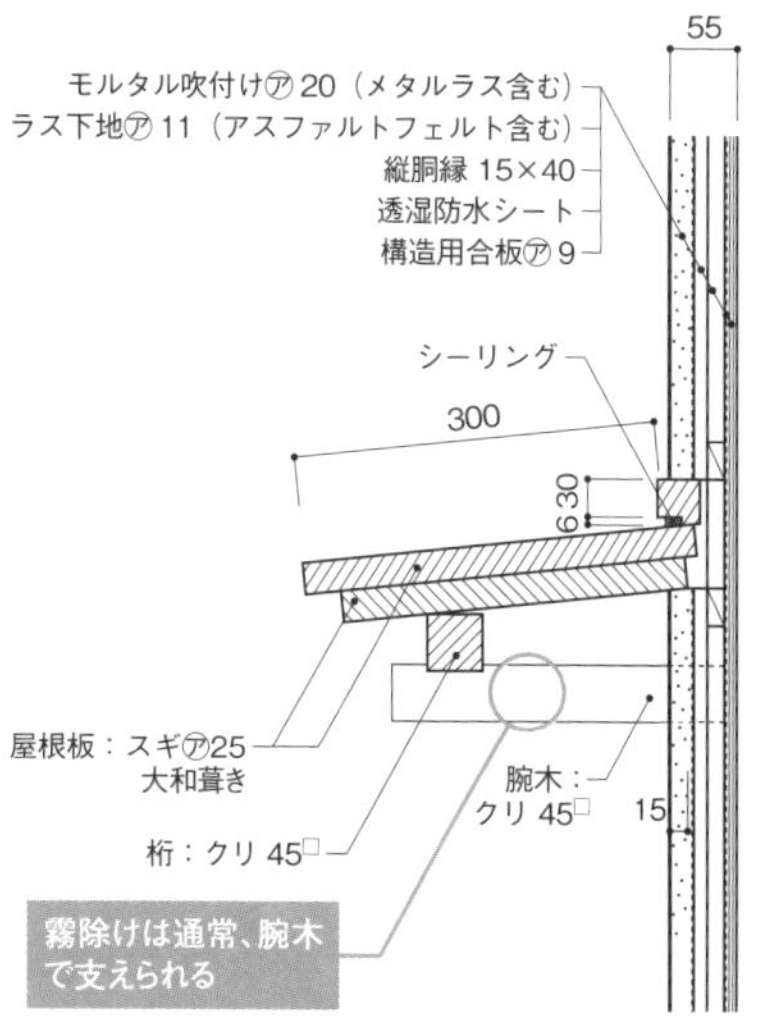
55
モルタル吹付け㋐20（メタルラス含む）
ラス下地㋐11（アスファルトフェルト含む）
縦胴縁 15×40
透湿防水シート
構造用合板㋐9
シーリング
300
630
屋根板：スギ㋐25
大和葺き
腕木：
クリ 45□
桁：クリ 45□
15
霧除けは通常、腕木で支えられる

5 | 茶室の庇 [S＝1：15]

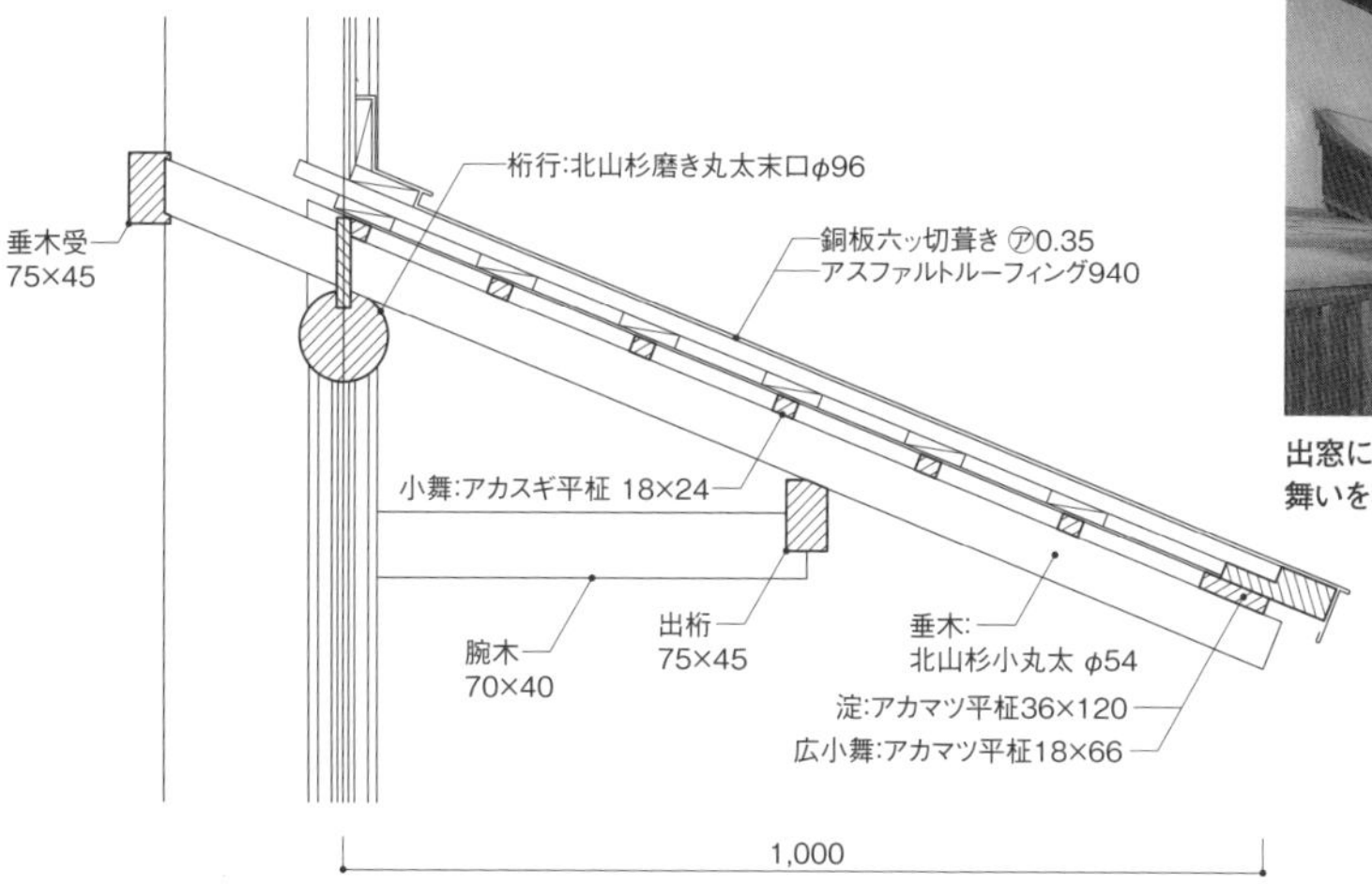
桁行:北山杉磨き丸太末口φ96
垂木受
75×45
銅板六ッ切葺き ㋐0.35
アスファルトルーフィング940
小舞:アカスギ平柾 18×24
腕木
70×40
出桁
75×45
垂木:
北山杉小丸太 φ54
淀:アカマツ平柾36×120
広小舞:アカマツ平柾18×66
1,000
柱から大きく腕木を出して屋根を支える庇の基本的な形

出窓に付けられた庇は大きく反ったデザイン。雨仕舞いを考え、全体に銅板を巻いて保護している

す。金沢の兼六園の成巽閣では、この土庇の空間へ遣り水が流れ込み、また流れ出ていくという侘びた演出がなされている。

腕木で受ける小さな庇

腕木を出して支える庇［図1、4・5］では、いずれも庇用の柱を設けず、屋根庇に比べ出も大きくない。腕木のほか、図2・3のように持ち送り板で庇を支えるものもある。基本的には、柱に腕木を差し込み、その腕木に桁を載せ、さらにその上に垂木を架けて庇を設ける。庇は板材を銅板などで葺いて仕上げることが多い。

この形態の庇で最も小さいものが霧除け（庇）である。霧除けは主として茶室で使われる。窓などの開口上部に取り付ける板庇だが、小さいのでほとんど屋根庇の空間に納まってしまう。そのため雨除けに使うというよりも、外観の意匠上、重要な役目を果す。霧除けは、庇板を1枚にするのか2枚にするか、材料に何を使うかなど、小さいながらもさまざまなデザインが可能である［図3・4］。なお、霧除けのなかでもっとも小さいものは眉庇と呼ばれる。

▶屋根・庇7

軒先に簾を掛けたい

1 軒簾を掛ける

❶ 断面図［S＝1：50］

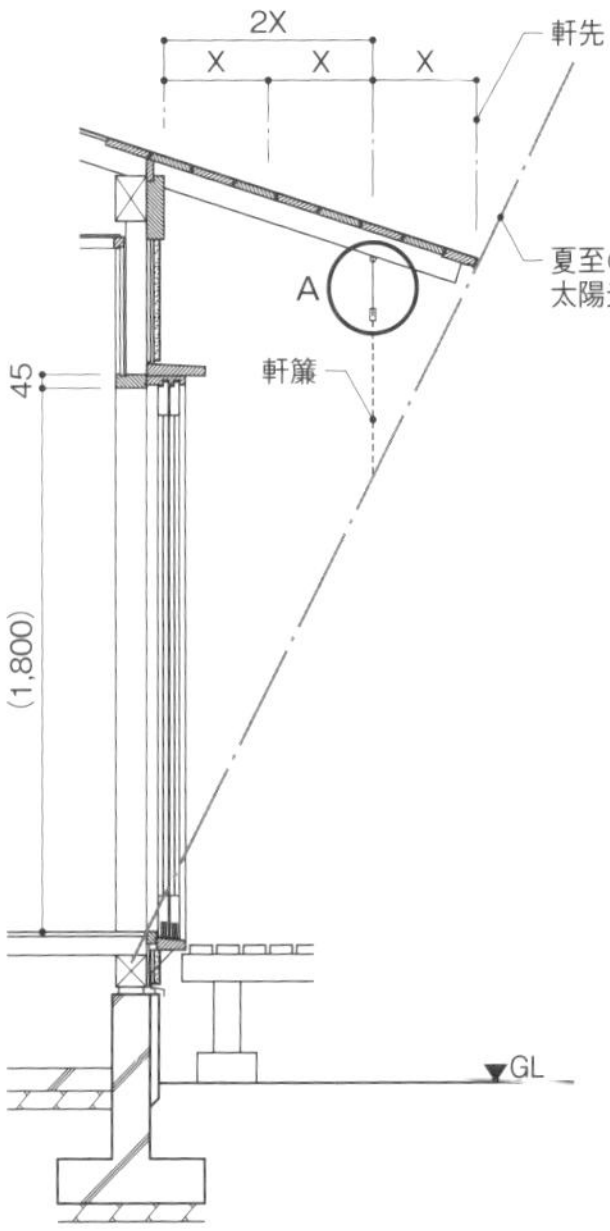
2X
X
X
X
軒先
夏至の
太陽光線
A
軒簾
45
(1,800)
GL

軒の出が910〜1,200mmほどの場合、簾は軒の出寸法の約2/3の位置に取り付ける。取付け高さは縁側に立ったときの視点を基準にする。簾下端は視点から60〜90mm下の位置にし、上端は鴨居下端と軒先を結んだ線より空を隠す程度に少し高くしておく

❷ 姿図［S＝1：50］

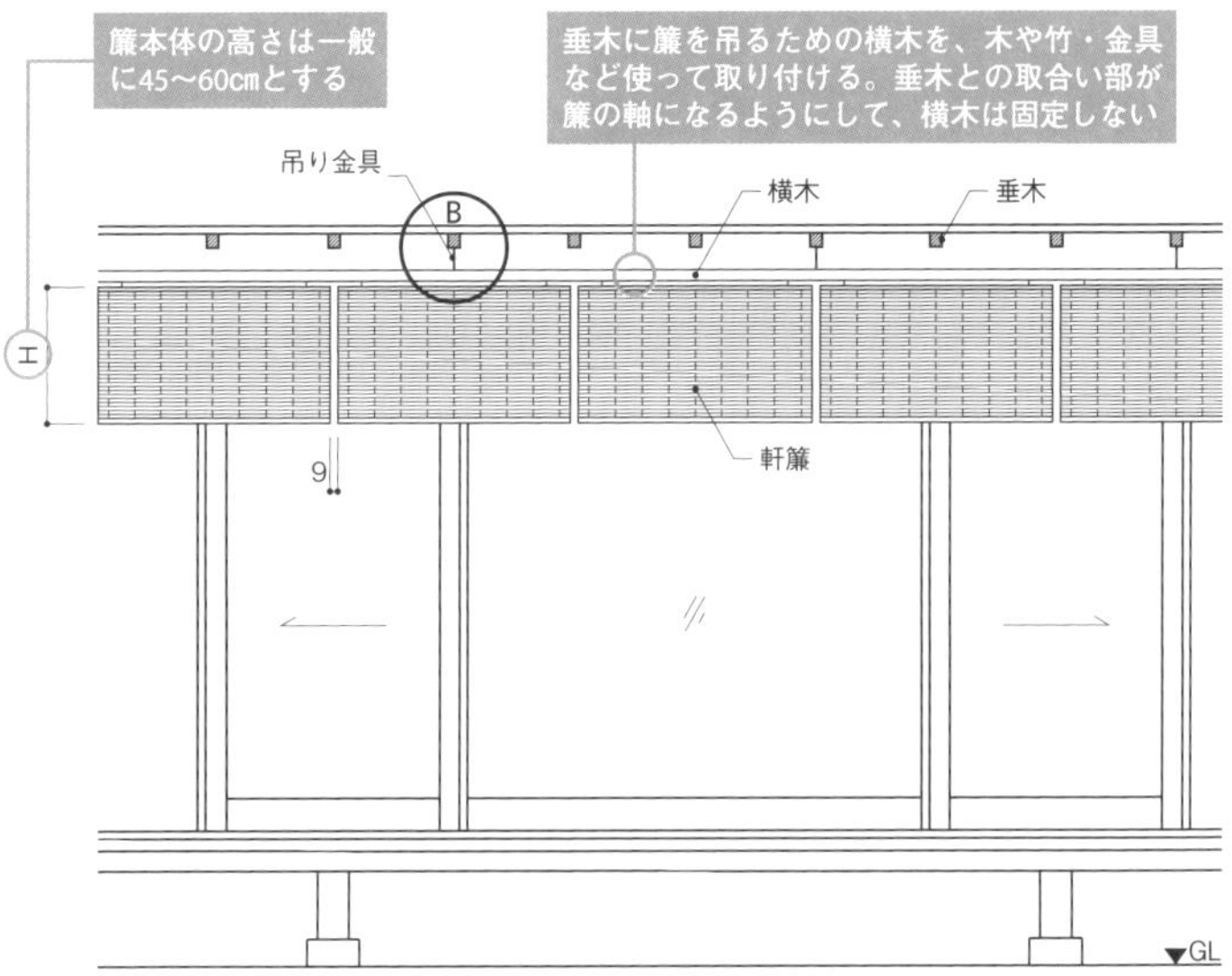
簾本体の高さは一般に45〜60cmとする
垂木に簾を吊るための横木を、木や竹・金具など使って取り付ける。垂木との取合い部が簾の軸になるようにして、横木は固定しない
吊り金具
B
横木
垂木
H
軒簾
9
GL

簾を掛けるための金物を取り付けた横桟を垂木から吊る

簾を掛けた様子

簾《すだれ》は飛鳥時代から存在し、和風建築にとって、なくてはならないものである。主な材料は葭《よし》で、各地方に多く産する。関西では琵琶湖の大神葭が有名で、関東では利根川沿岸の葦がよく使用される。大神葭には赤と白の2種類があり、簾の意匠にも生かされる。そのほか中国産の天津《てんしん》葭もある。葭以外の材料としては、女萩や大萩などの萩や、晒竹、伊予竹、丸肥後竹などの竹がある。最近は萩も不足がちなため代用品として五形や野キリン（キリン草）を使うことも多く、野キリンは代用萩と呼ばれる。これらのうち一番の高級品は萩である。上品な味わいを出すために、1本ずつ炭火であぶって延ばすという手間を掛ける。

簾は、葭の場合は白糸や黒糸で編んで留めるが、萩や竹の場合は針金を通して留める。1本ずつそろえて編む1本編みが基本であるが、2本ずつそろえる2本編みや、隙間の部分を広く開けるもじり編み、編み糸を2本ずつ組み分けて編んでいく組み編みなどがある。既製品の寸法は182×91cmであるが、特注品でつくられる場合が多く、茶室などで使う簾はすべて特注品となる。

❸ A部分詳細［S＝1：5］

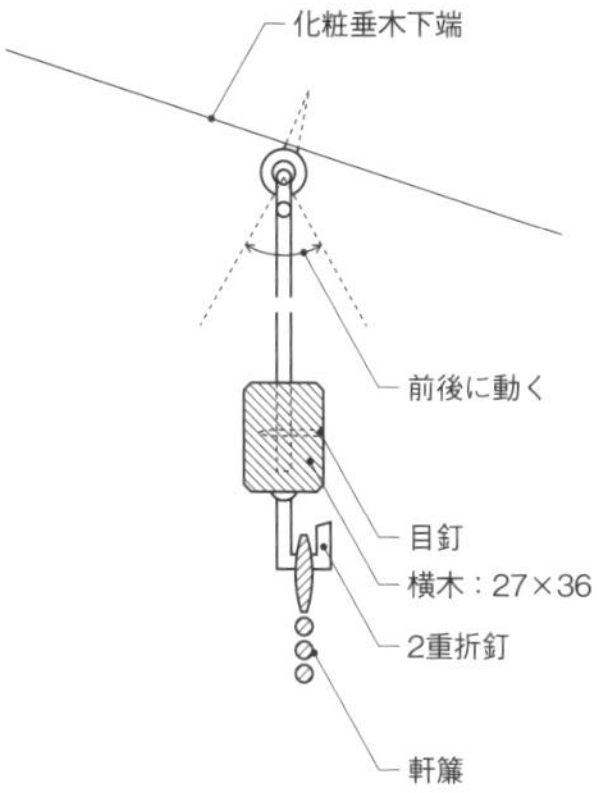
化粧垂木下端
前後に動く
目釘
横木：27×36
2重折釘
軒簾

金物を軸に簾が横木ごと風になびく。簾だけが動くようにすると吊元の糸が早く劣化する

❹ B部分詳細［S＝1：5］

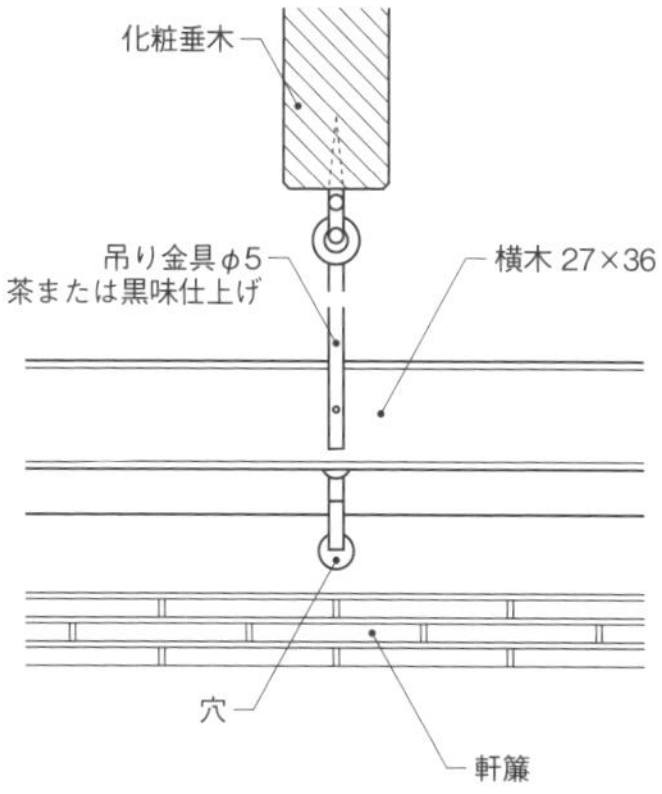
化粧垂木
吊り金具φ5
茶または黒味仕上げ
横木 27×36
穴
軒簾

2｜簾に使う葭の種類

材料	部材の直径
地葭	8厘～1分5厘
薩摩葭（蒲芯）	2分～3分
皮付葭	2分～3分
大神葭	3分
天津葭	1分
磨き葭	2分5厘

葭どうしにランク差はあまりなく、本文中に示した程度である

手摺上部に垂らされた簾、既製品を折り返すことでほどよい寸法としている

茶室の連子窓に掛けられた特注品の簾

和風は丸樋

樋には角樋、丸樋などさまざまな種類があるが、和風建築と一番相性がよいのは丸樋。樋の材質は塩ビ製が一般的だが、上質のものだと銅板製となる。まれに見かけるチタン製の樋は腐食しないという長所をもつうえ、日本瓦のいぶし銀と同系色かつ艶消しであるため、和風建築にも最適だ。ただし、材料費だけでも銅板の3倍はかかり、加工もしにくい。一方、竹樋は、毎年取替えが必要なほど劣化が激しいが、安価である。

竪樋は建物の外観に大きく影響するため、設置位置について計画当初から入念に検討しておく。代用として鎖を垂らしてもよい。一方、軒樋は屋根の勾配によりその取付け位置が変わることに注意したい。

そのほか、和風建築の周囲には樹木が多く、木の葉が樋を詰まらせることもある。あらかじめ軒樋の上に網をかぶせておくとよいだろう。

■屋根勾配と軒樋の位置

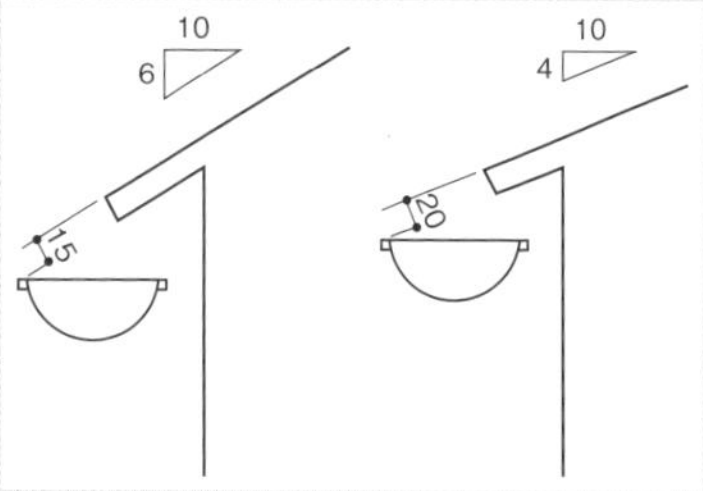
10
6
15
10
4
20

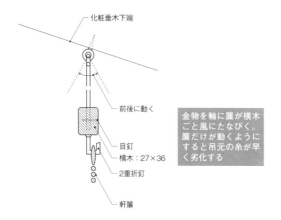

左官壁はチリ廻りに注意

1 現代の一般的な左官壁

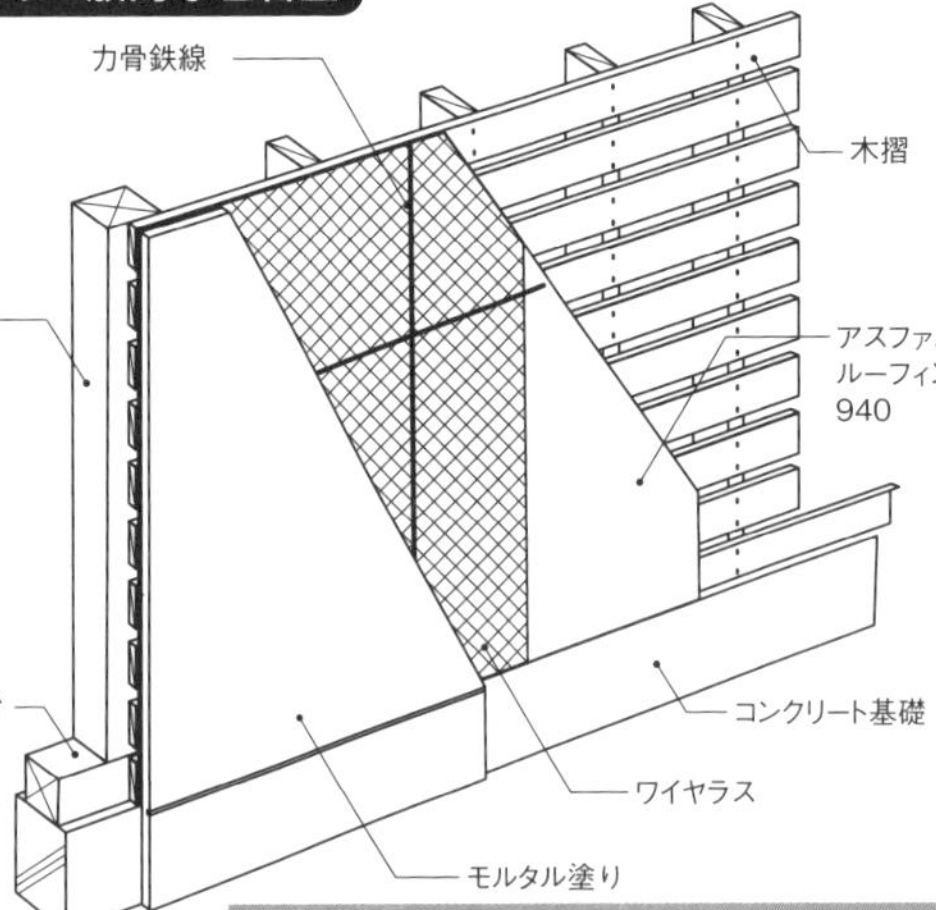
力骨鉄線
木摺
柱
アスファルト
ルーフィング
940
土台
コンクリート基礎
ワイヤラス
モルタル塗り

外壁の仕上げは、左官では聚楽色のモルタル掻落としにするなど、現代風にアレンジしたい。RC造では付け幅木や沓石を設けることで格式のある和風仕上げとなる

2 チリ廻りの処理

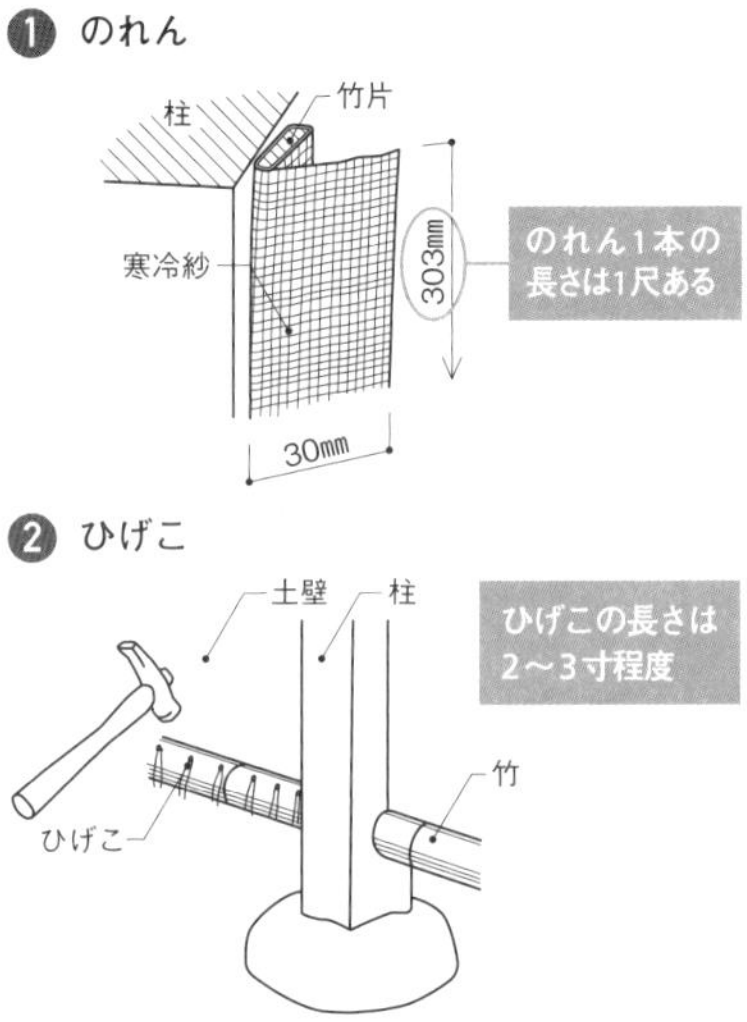
❶ のれん
柱
竹片
寒冷紗
303㎜
30㎜
のれん1本の長さは1尺ある
❷ ひげこ
土壁
柱
ひげこの長さは2〜3寸程度
竹
ひげこ

3 漆喰仕上げ［S＝1：15］

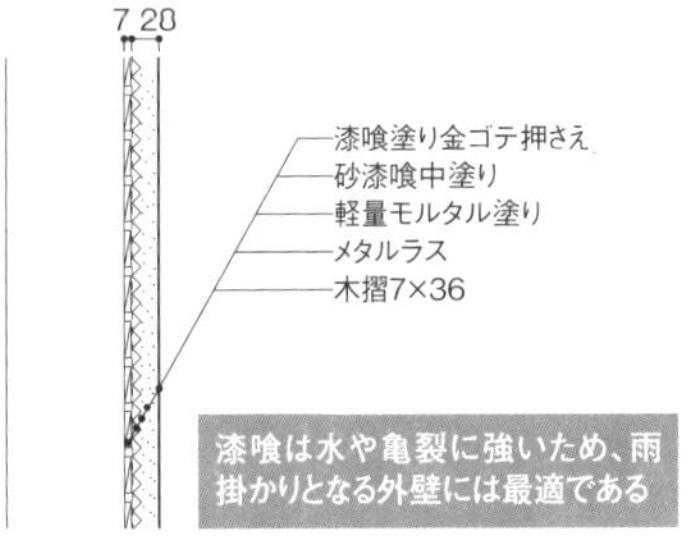
7 28
漆喰塗り金ゴテ押さえ
砂漆喰中塗り
軽量モルタル塗り
メタルラス
木摺7×36

漆喰は水や亀裂に強いため、雨掛かりとなる外壁には最適である

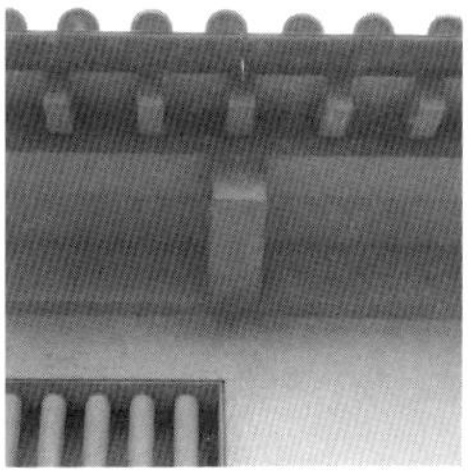

漆喰壁と瓦屋根は相性がよい

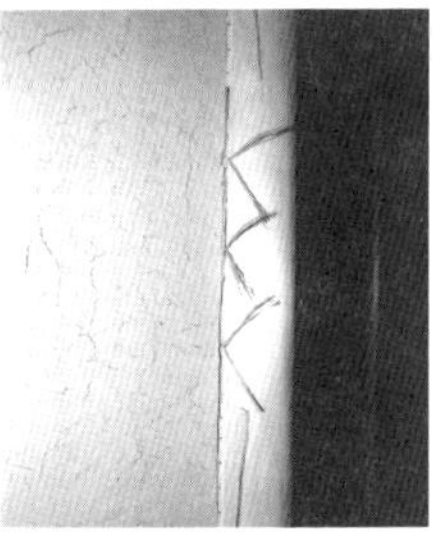

ひげこを打ち付けた様子

建物グレードで異なる施工法

　左官壁［図1・3〜5］は、建物のグレードによる施工方法の違いが大きい。たとえば壁土と柱などが接するチリ廻りの処理方法にもランクがある。大半の場合、木と壁土とが接するままにしておく一番簡単な方法がとられる。

　しかし、弾性のない聚楽土のような材料では、壁土が乾燥すると痩せてきて、必ずといっていいほど壁と木の間に隙間があく（チリ切れ）。あまり手間をかけずにチリ切れを防ぐには、チリ際の木部などを切り欠き、その部分へ壁土を押し込みながら壁を塗るとよい。これならば乾燥しても完全にチリ切れすることはない。ただし実際は、見えない部分ではチリ切れが生じている。

最高級の左官壁

　そこで、最高級の仕事が要求される茶室や数寄屋建築では、チリ廻りの処理に「のれん」や「ひげこ」を使う［図2］。のれんは、竹でつくった芯に寒冷紗を亜鉛釘で留めたもの。これをチリ際ぎりぎりに打ち付

4 | モルタル掻落とし仕上げ [S＝1：15]

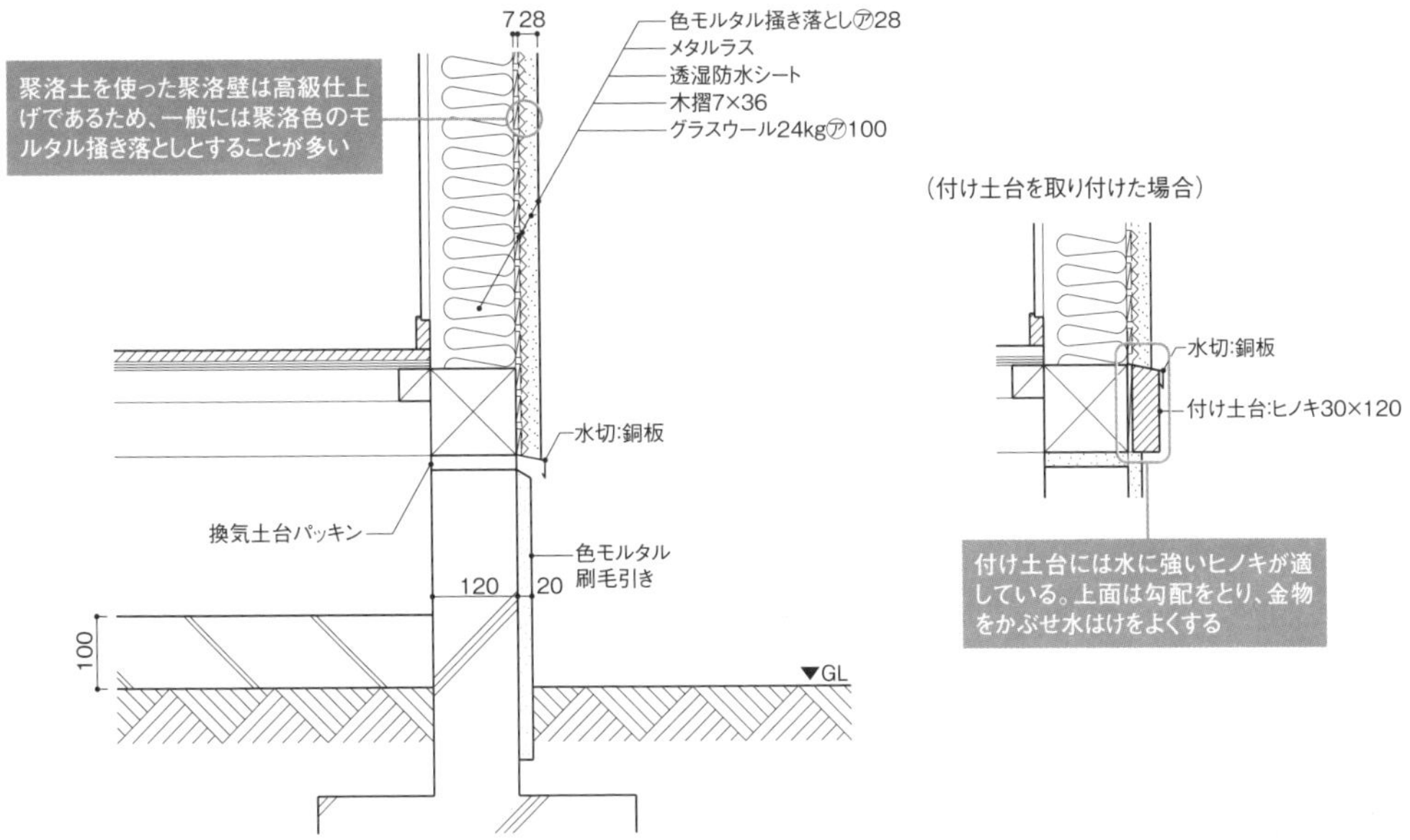

7 28
色モルタル掻き落とし㋐28
メタルラス
透湿防水シート
木摺7×36
グラスウール24kg㋐100
聚落土を使った聚落壁は高級仕上げであるため、一般には聚落色のモルタル掻き落としとすることが多い
水切:銅板
換気土台パッキン
色モルタル
刷毛引き
120
20
100
▼GL
（付け土台を取り付けた場合）
水切:銅板
付け土台:ヒノキ30×120
付け土台には水に強いヒノキが適している。上面は勾配をとり、金物をかぶせ水はけをよくする

5 | 床下換気口 [S＝1：15]

❶ さらし竹を使う

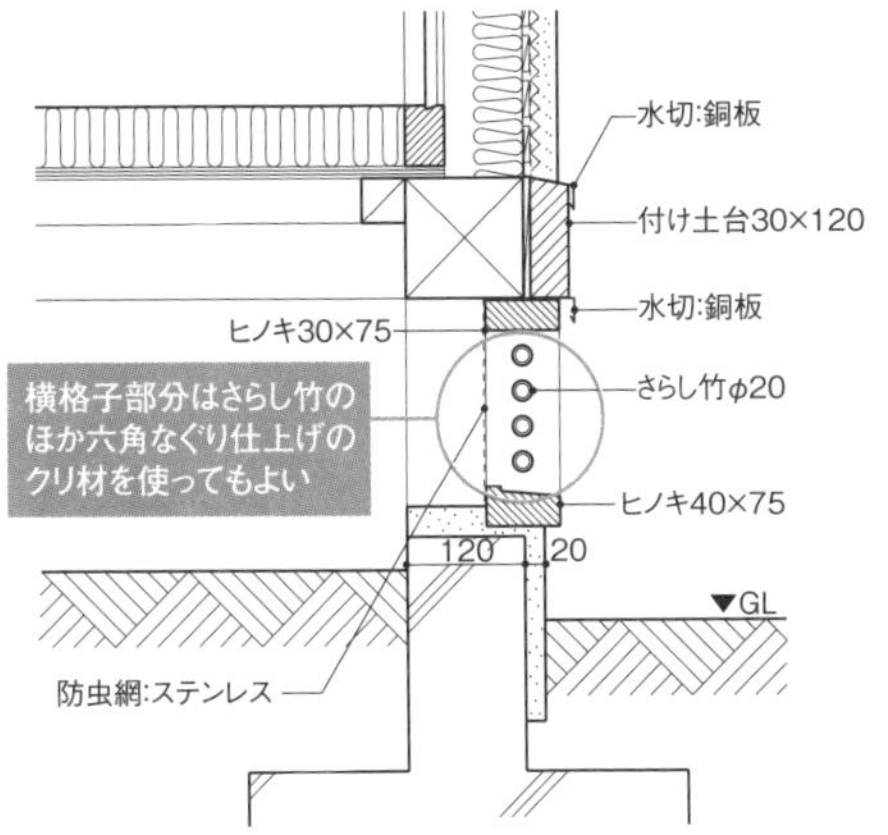

水切:銅板
付け土台30×120
水切:銅板
ヒノキ30×75
さらし竹φ20
横格子部分はさらし竹のほか六角なぐり仕上げのクリ材を使ってもよい
ヒノキ40×75
120
20
▼GL
防虫網:ステンレス

❷ 耐久性を重視する

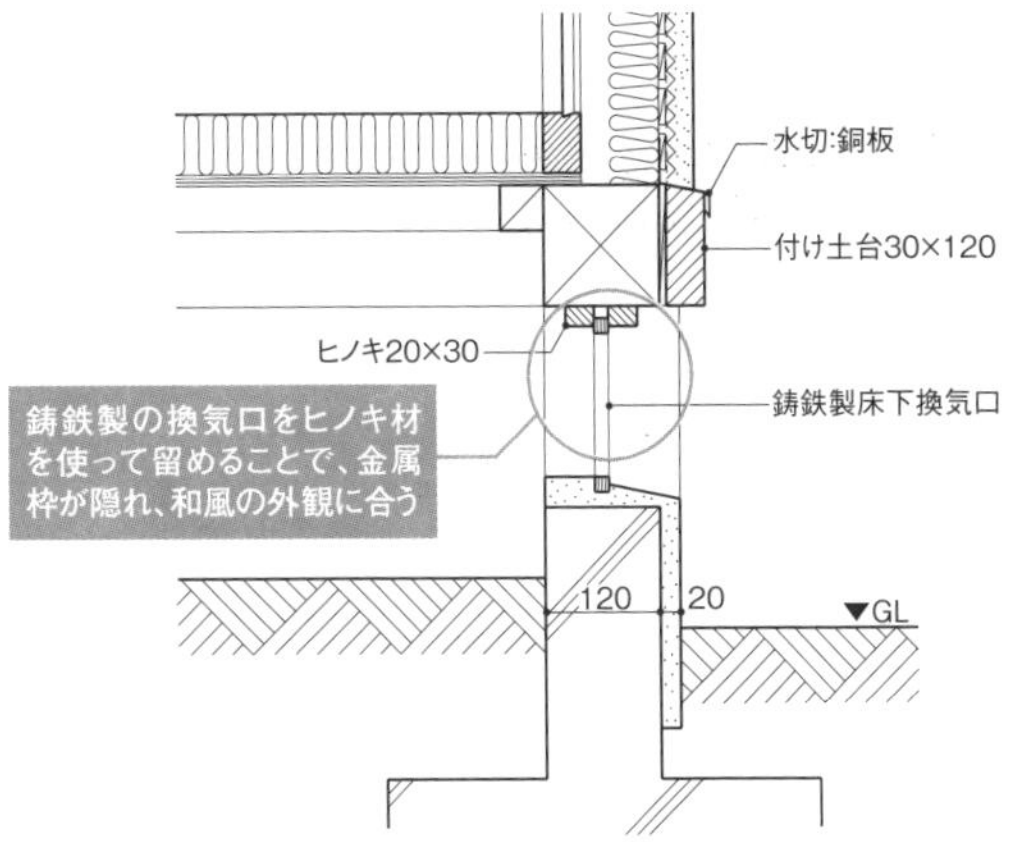

水切:銅板
付け土台30×120
ヒノキ20×30
鋳鉄製床下換気口
鋳鉄製の換気口をヒノキ材を使って留めることで、金属枠が隠れ、和風の外観に合う
120
20
▼GL

け、寒冷紗を延ばして強い土か漆喰で伏せ込む。一方、のれんでは施工できない曲線部分で使われるのがひげこ。「チリとんぼ」ともいい、ほぐした麻を2つ折りにして小さな釘に結んだものである。ほとんどは竹と壁土が接する部分で使用される。曲線部が多い竹にはのれんを留められないが、ひげこなら自由に留められる。竹に打ち付けるときは、竹が割れてしまわないよう1カ所ずつ、まず竹に錐で孔をあけて、さらに1本ずつ釘を打つようにする。その後、のれんと同様に強い土で伏せ込む。このようにのれんやひげこを使用すれば、長時間経ってもチリ切れは起きない。手間を掛けるだけの価値は十分にある。

　最高級の建物においては、このようにチリ廻りを補強するばかりではなく、貫の部分にも補強を入れる。貫の部分はほかの部分と材料が異なるので亀裂を生じやすい。そこで補強のために貫の上に寒冷紗を張る。これは壁の中塗りをするときに行う。材料としては寒冷紗のほかに、麻布や棕《しゅ》櫚《ろ》毛《げ》などが使われる。また、貫にもグレードがあり、上等なものほど分厚く、さらに長くなる。

和風の板壁は材料選びから

1 縦張り

❶ 断面図（スギ板張り）[S＝1：15]

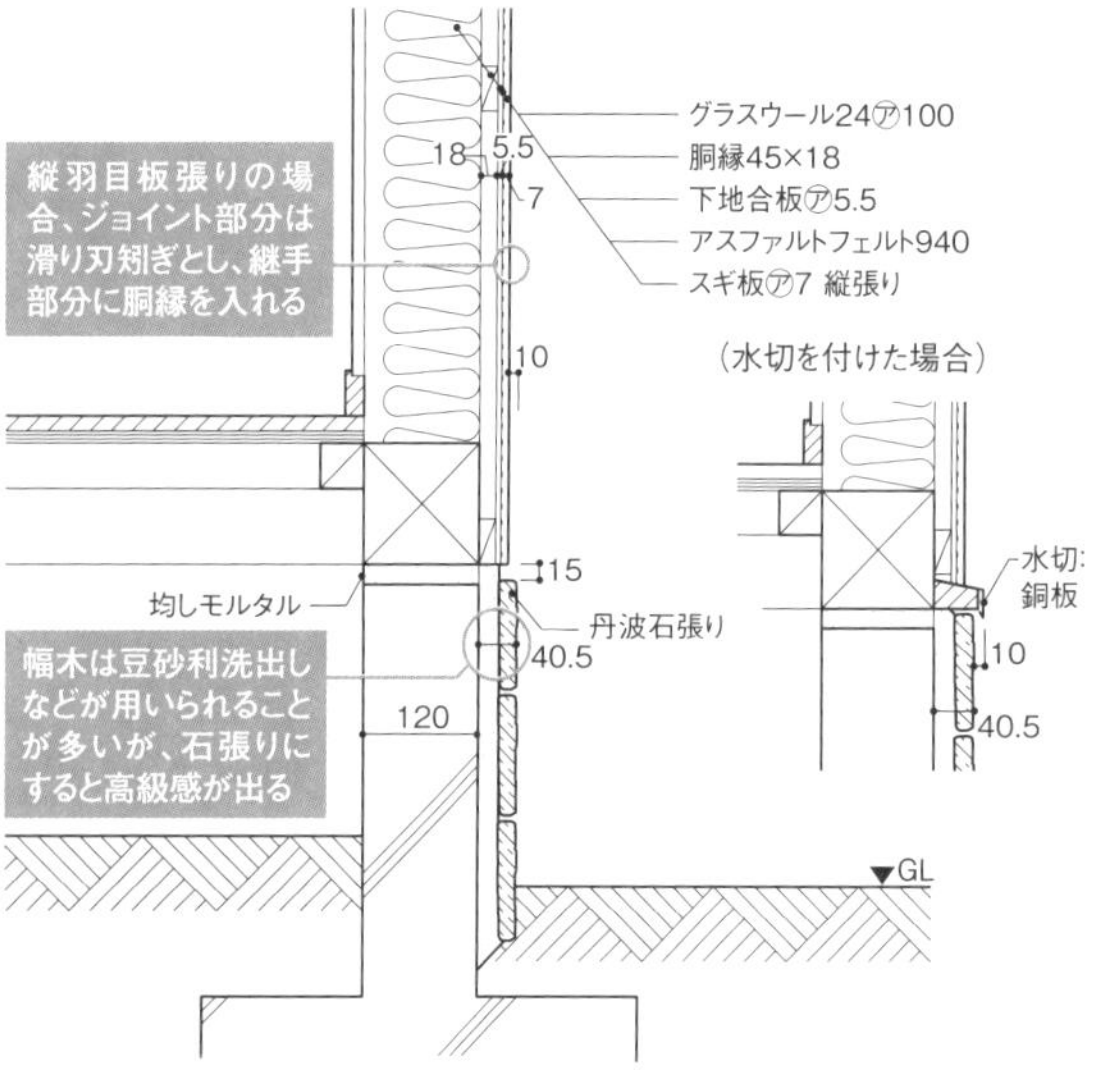
縦羽目板張りの場合、ジョイント部分は滑り刃矧ぎとし、継手部分に胴縁を入れる
グラスウール24㋐100
胴縁45×18
下地合板㋐5.5
アスファルトフェルト940
スギ板㋐7 縦張り
18
5.5
7
10
（水切を付けた場合）
均しモルタル
15
丹波石張り
40.5
水切：銅板
10
40.5
幅木は豆砂利洗出しなどが用いられることが多いが、石張りにすると高級感が出る
120
GL

❷ 断面図（スギ皮張り）[S＝1：15]

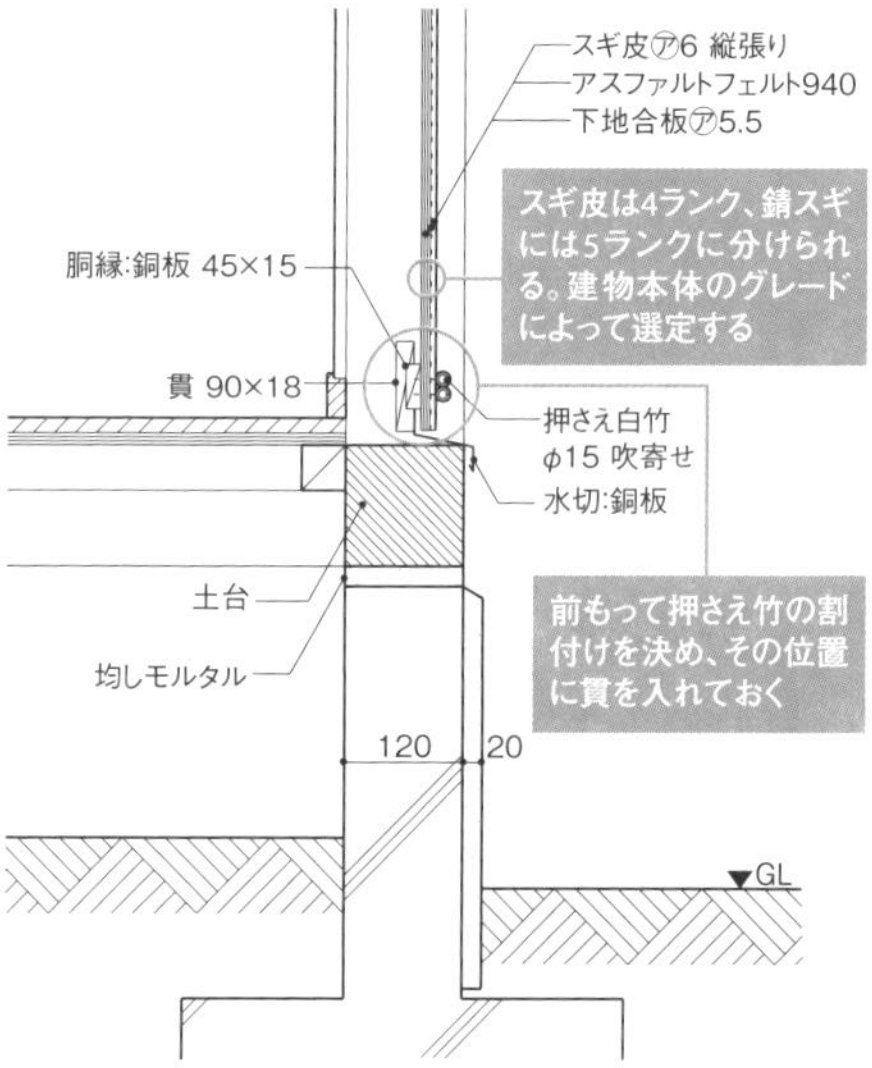
スギ皮㋐6 縦張り
アスファルトフェルト940
下地合板㋐5.5
スギ皮は4ランク、錆スギには5ランクに分けられる。建物本体のグレードによって選定する
胴縁：銅板 45×15
貫 90×18
押さえ白竹 φ15 吹寄せ
水切：銅板
土台
均しモルタル
前もって押さえ竹の割付けを決め、その位置に貫を入れておく
120
20
GL

❸ 平面図（左：相決り目透し張り、右：目板張り）[S＝1：12]

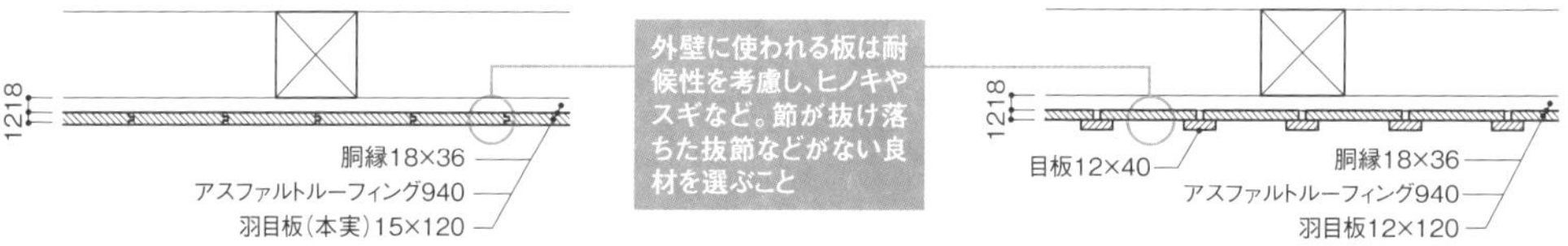
12
18
胴縁18×36
アスファルトルーフィング940
羽目板（本実）15×120
外壁に使われる板は耐候性を考慮し、ヒノキやスギなど。節が抜け落ちた抜節などがない良材を選ぶこと
12
18
目板12×40
胴縁18×36
アスファルトルーフィング940
羽目板12×120

板壁のデザイン

板壁【図1〜3】は建物を部分的に板張りする場合から、建物の妻面全体を板張りとするような仕様まで、さまざまである。ただし全面を板張りにすると建物全体が重苦しい感じになるので、土壁部分を残し、バランスよく用いるとよい。仕上げを上下で分ける場合は、下の部分だけを板張りとし、上部は土壁を残す例が多い。また、壁面の保護の目的で板張りとするのであれば、通常は庇があって雨掛かりしない上部には、実用上、板を張る必要がない。

板材の選び方

板壁に使う材料は、耐久性の観点から、水に強く腐りにくい材を選ぶ。ヒノキは長もちするが、デザイン性や予算の関係でスギや焼スギ、ヒバ、あるいはスギ皮といった材料が使われることも多い。なお、木目や木の色によっては洋風のイメージとなる材もあるので、選定には注意を要する。

数寄屋建築などの上級な仕事では、外壁にクリの平なぐりや、六角なぐりを半割にしたものを使い、相

2｜横張り［S＝1：15］

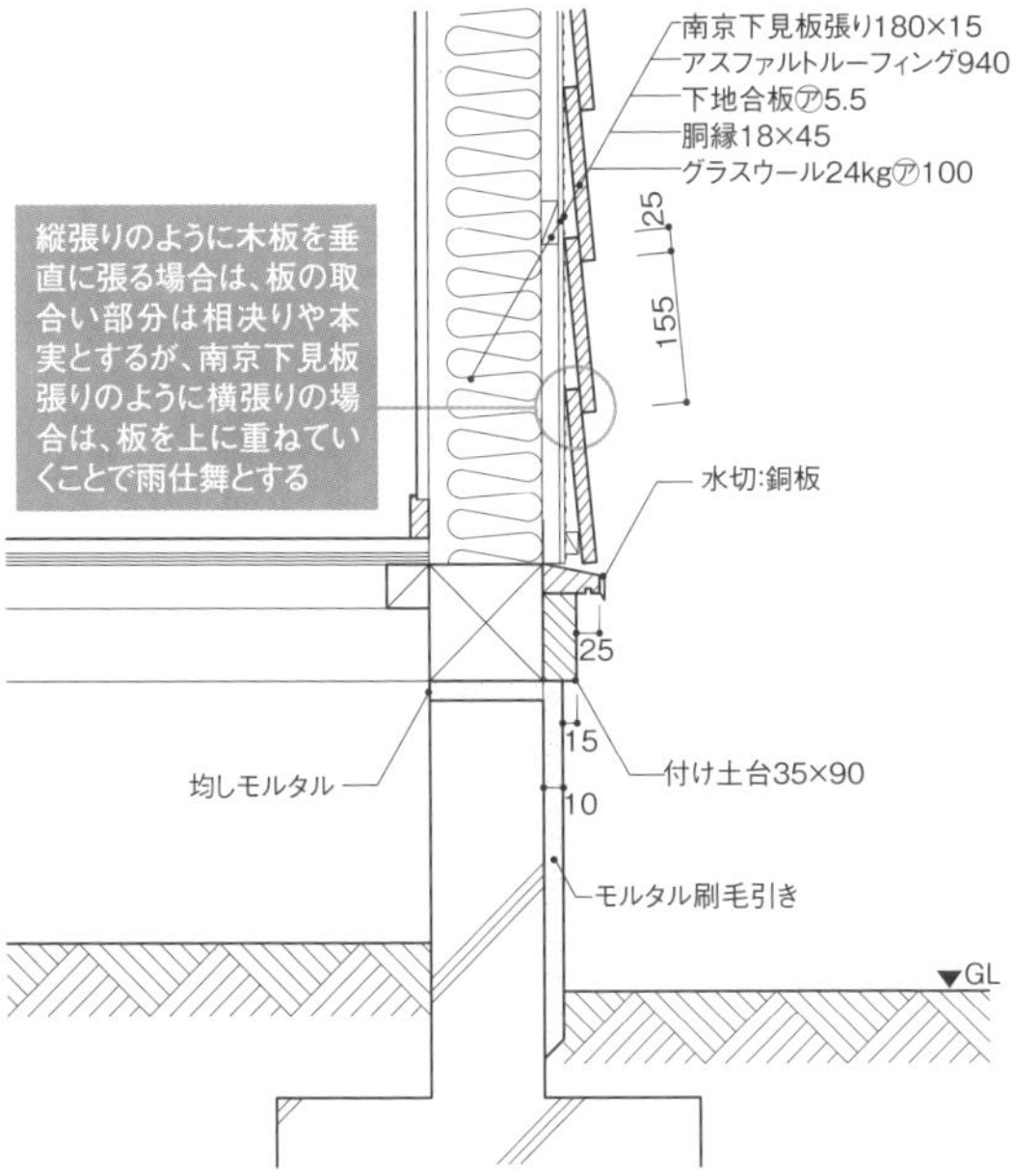

南京下見板張り180×15
アスファルトルーフィング940
下地合板㋐5.5
胴縁18×45
グラスウール24kg㋐100
縦張りのように木板を垂直に張る場合は、板の取合い部分は相決りや本実とするが、南京下見板張りのように横張りの場合は、板を上に重ねていくことで雨仕舞とする
25
155
水切:銅板
25
15
10
均しモルタル
付け土台35×90
モルタル刷毛引き
GL

板壁の建物が連なる

スギ皮張りの外壁

押し縁下見板張りの腰壁。上部は漆喰塗り

3｜板張りの種類

平断面	名称
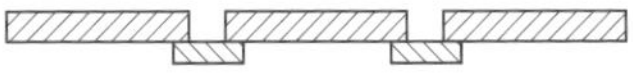	羽目板
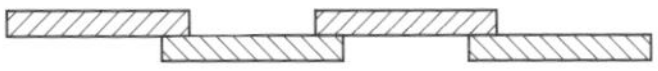	大和張り
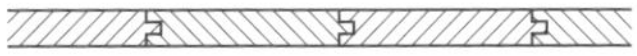	実矧《は》ぎ
	合決り
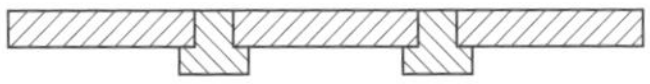	押し縁留め

注1　板厚は通常9～18㎜程度
注2　押縁は39㎜程度が標準

4｜スギ錆皮の種類

錆皮	錆皮（ランクは1.5）			
スギ皮ケズリ	特選	極稀	上稀	稀
特選を1.0とした時のランク	1.0	0.9	0.8	0.6

注1　錆皮は1束で2坪入り
注2　スギ皮は1束で3坪入り

決りで留めていくといった、大変に手間と費用のかかるものも見られる。そのほか茶室や数寄屋建築と相性がよいのが、スギ皮【図4】だ。スギ皮はスギの巨木によじ登り皮を剥いで整形したもので、これを使えば大変に侘びた感じが出る。皮を剥いだ後には新しい皮が再生するので、木を枯らしてしまうこともない。

板材はさまざまな木からつくられるが、一般的な「良材の見極め方」を紹介する。基本的にはよく乾燥した材で、割れたり反ったりしていない物がよい。また、木目のはっきりした材料の場合、並べてみて目が極端に変わらない物が良材である。柾目を使う場合は、目の間隔が均等であることのほか、寄せ集めの材料ではなく1本の木から取られたものであるかなども確認する。もちろん材料自体のもつ色合いや光沢、木に含まれる樹脂の状態なども重要である。

木材につきものの欠点も知っておく必要がある。欠点には、「ヤニつぼ」や虫が入って穴があく「虫穴」、表面の傷などにより皮を巻き込んだ「入皮」、細かい穴のあく「葉節」、きつい斜面に生えた木にできる「あて」などがある。

▶ 外壁 3

付け柱・幅木で和を演出

1 | 付け柱 [S＝1：12]

❶ 出隅部分

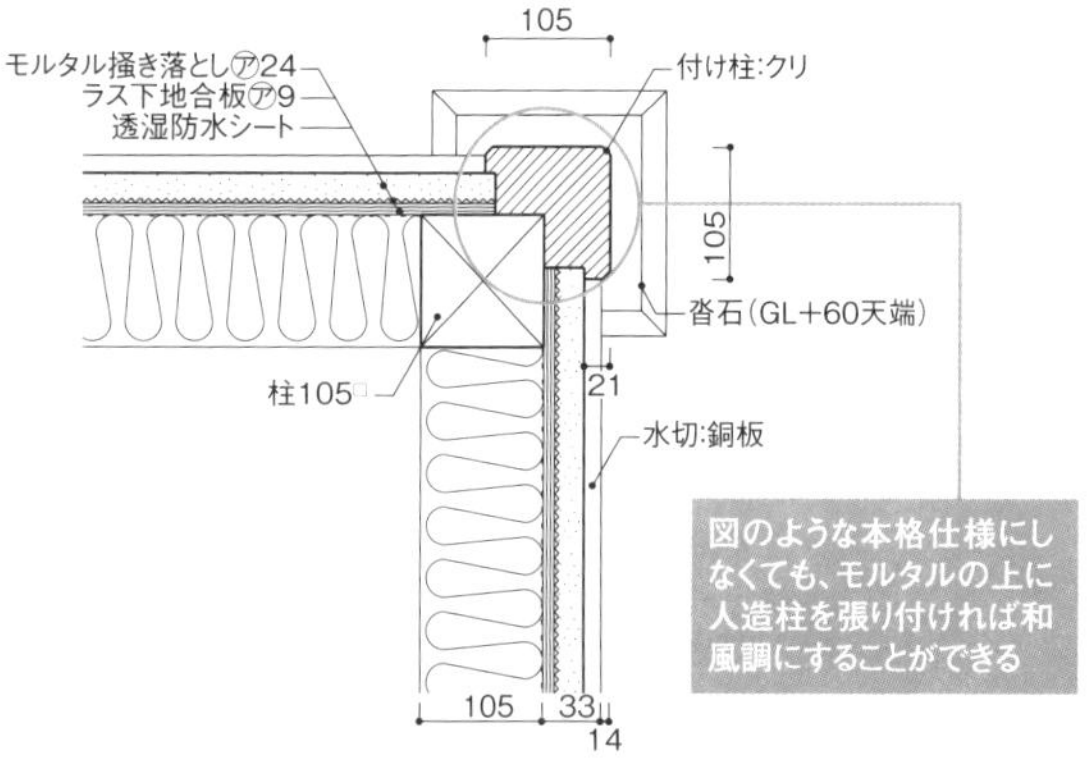
105
モルタル掻き落とし㋐24
ラス下地合板㋐9
透湿防水シート
付け柱:クリ
105
沓石(GL+60天端)
柱105□
21
水切:銅板
図のような本格仕様にしなくても、モルタルの上に人造柱を張り付ければ和風調にすることができる
105
33
14

❷ 入隅部分

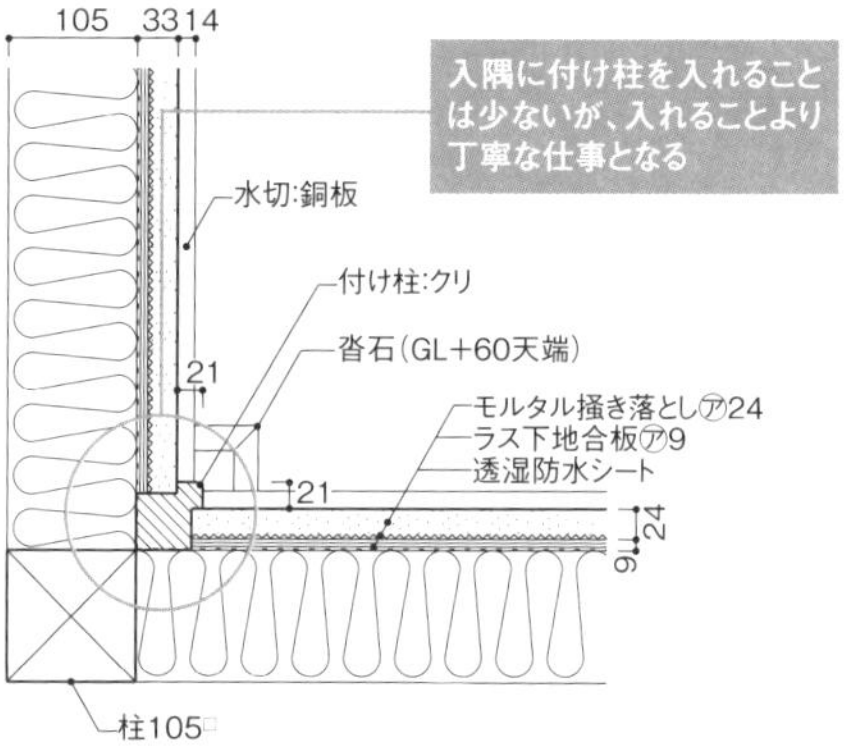
105 3314
入隅に付け柱を入れることは少ないが、入れることより丁寧な仕事となる
水切:銅板
付け柱:クリ
沓石(GL+60天端)
21
モルタル掻き落とし㋐24
ラス下地合板㋐9
透湿防水シート
21
24
9
柱105□

2 | 付け幅木 [S＝1：12]

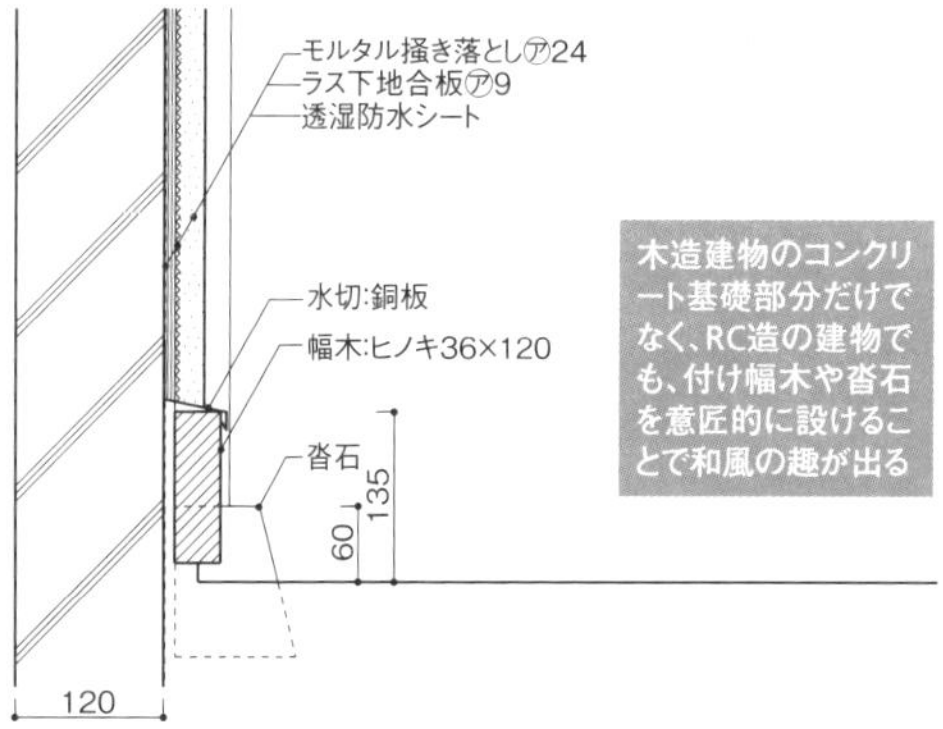
モルタル掻き落とし㋐24
ラス下地合板㋐9
透湿防水シート
木造建物のコンクリート基礎部分だけでなく、RC造の建物でも、付け幅木や沓石を意匠的に設けることで和風の趣が出る
水切:銅板
幅木:ヒノキ36×120
沓石
135
60
120

小屋束を化粧で見せる

本来、日本の建物は真壁造りが基本であった。真壁造りにおいては、柱と梁でできたマス目の中に壁か建具のいずれかが入るかたちとなり、建物のコーナー部分には必ず柱か梁が存在する。この柱や梁があるからこそ和風の建物は、端正で折り目正しい印象を与えるのである。ところが現代では防火上の問題から、市街地に真壁造りの建物をつくることは難しい。また、断熱・遮音などを優先すると、建物を包むように柱や梁の上から壁を取り付けることが主流となる。これが大壁の建物である。そこで大壁の外壁の上から、さらに柱幅や梁幅の薄い板を取り付けることで、真壁造りのように見せる技法が生まれた。これが、付け梁、付け柱である。

現在、京都などの伝統的な町屋の景観を守る方法が模索され、わずかながらも真壁造りについても考慮されつつある。だが現実的には、真壁造りとするのはほとんど不可能といえる。そのため付け柱などを活用し、うまく演出をしたい。付け梁、付け柱は建物のコーナー部すべてに取り付けるのが基本であるが、目立つ部分にのみ付けるだけでも効果がある。

▶ 外壁 4

和風は足元から

1 独立柱 [S＝1：20]

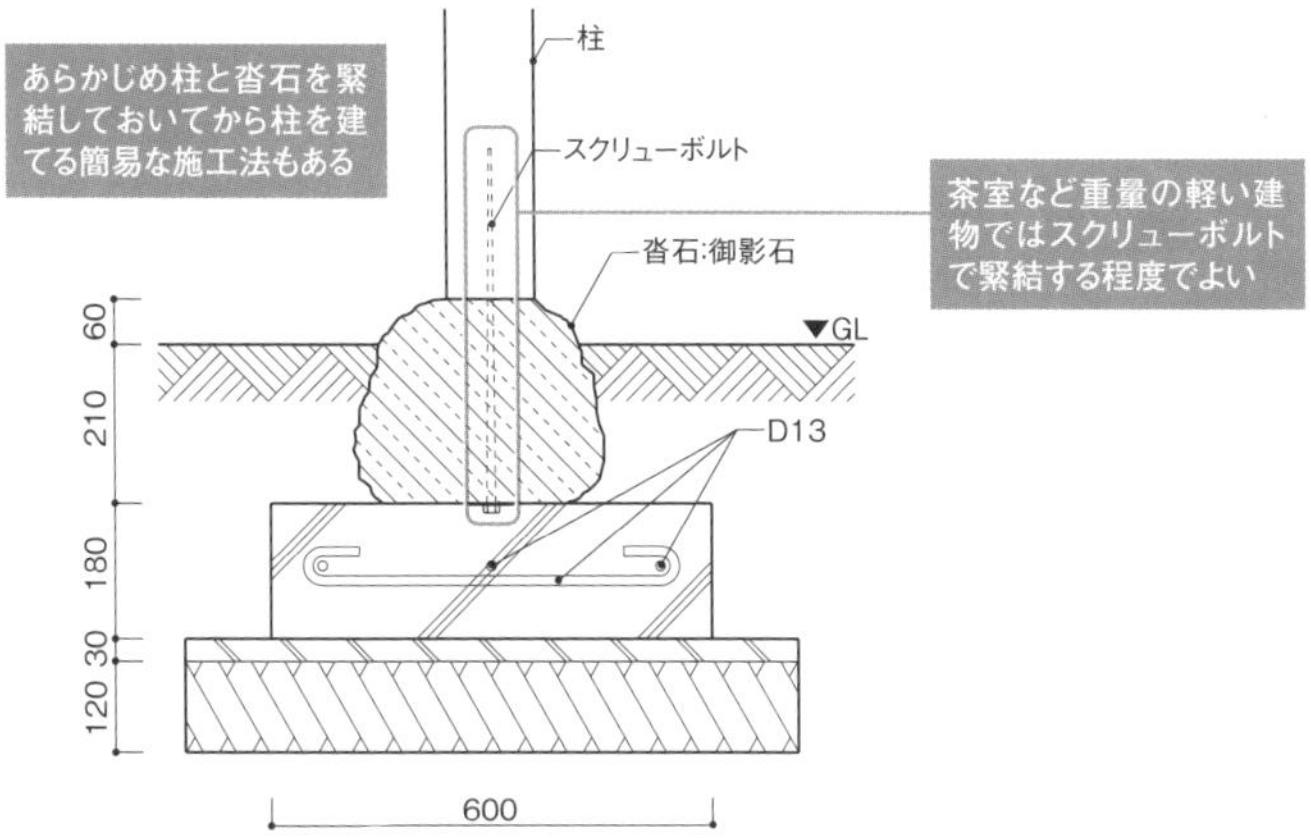

あらかじめ柱と沓石を緊結しておいてから柱を建てる簡易な施工法もある
柱
スクリューボルト
茶室など重量の軽い建物ではスクリューボルトで緊結する程度でよい
沓石:御影石
GL
D13
60
210
180
30
120
600

自然石の上に土庇の丸太を立てる

2 竹簾をつるす [S＝1：12]

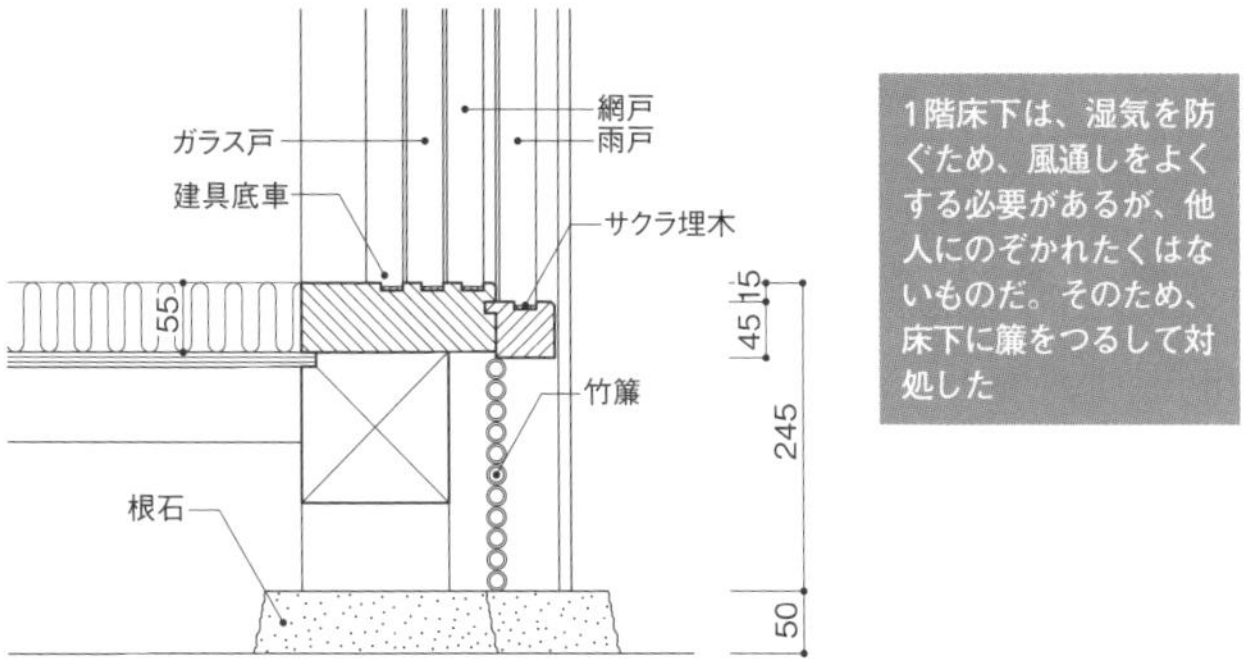

網戸
雨戸
ガラス戸
建具底車
サクラ埋木
1階床下は、湿気を防ぐため、風通しをよくする必要があるが、他人にのぞかれたくはないものだ。そのため、床下に簾をつるして対処した
55
15
45
245
50
竹簾
根石

延石の代わりに平らな丸石を使った玄関

通常、基礎廻りでの柱の固定は、前もってアンカーボルトを基礎配筋に差し込み、コンクリートが固まってから土台を留め付け、その上に柱を載せ、金物で留める。ところが独立柱の場合は、土台がない。そのため直接、沓石の上に柱を載せることになる。地中に布基礎がある場合にはアンカーボルトを埋めこんでおき、沓石に貫通させて固定する。こうすることで、基礎から柱まで一体となった、しっかりした基礎が出来上がる。ただし、この場合には柱の側面に穴をあけナットを締める必要がある。この穴は埋木をしてふさぐが、柱に四角い埋木の跡が残ってしまう。

そこで施工する前に沓石に孔をあけ、石の下部よりスクリューボルト(コーチボルト)を柱にねじ込んで、石から柱までを一体のものとしておき、そのうえで柱などの組み立てを行う。こうすれば、柱に埋木する手間がかからず、したがって跡も残らずにすむのだ。ただしこの方法は、下部の基礎と完全な一体化ができないので、茶室のような軽い建物にのみ適することに注意していただきたい。

軒下空間を石張りで仕上げる

1｜軒内のつくり

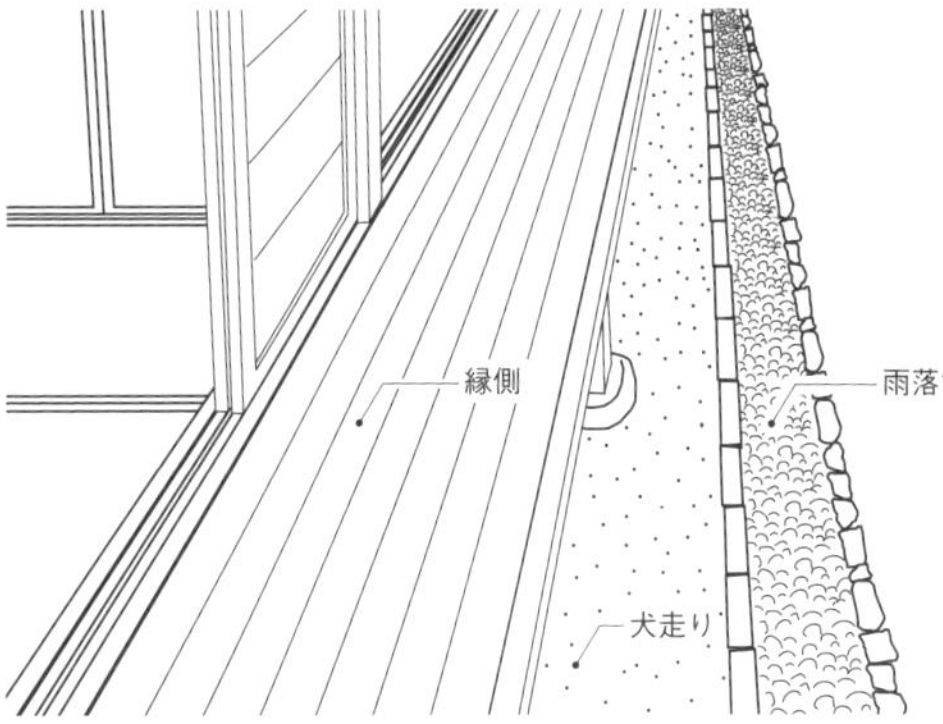
縁側
雨落ち溝
犬走り

軒先から雨が落ちる雨落ち線から外壁までの軒下の空間を軒内という。軒の出のある和風建築独特の空間といえる

2｜那智石洗出し［S＝1：20］

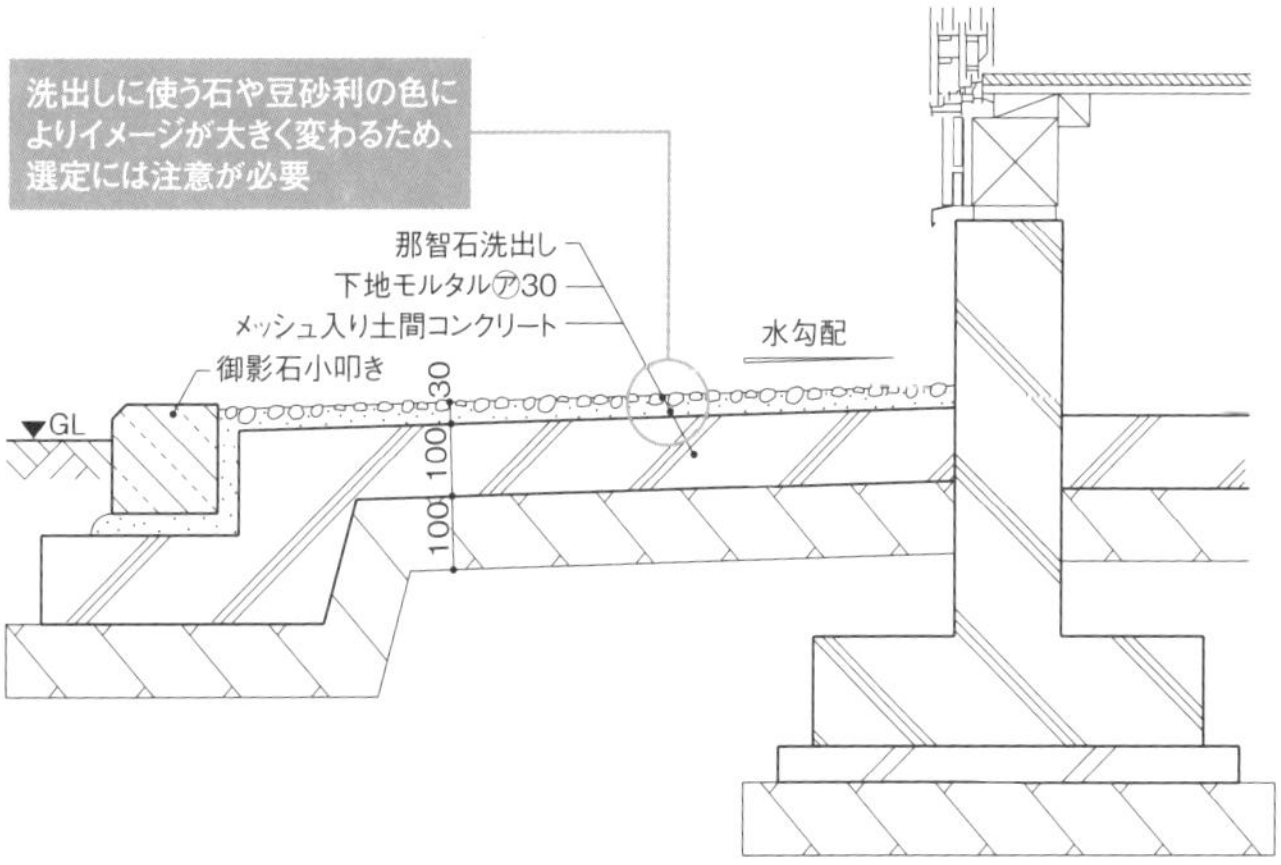
洗出しに使う石や豆砂利の色によりイメージが大きく変わるため、選定には注意が必要
那智石洗出し
下地モルタル㋐30
メッシュ入り土間コンクリート
御影石小叩き
水勾配
GL
30
100
100
100

豆砂利洗出し仕上げ

和風建築に独特な軒下空間（軒内）［図１］やアプローチの床仕上げは十分に吟味したい。モルタル金ゴテ押さえは最も安価だが、砂利や石を混ぜて仕上げた洗い出し［図2］にするだけでも雰囲気が変わる。

石材の選択ポイント

なかでも御影石は、落ち着いた色合いと高級感からよく使われる素材である。御影石の板石の大きさは300×600㎜が中心で、色はねずみ色のほか、ややピンクがかった色のさくら御影や、ややオレンジ色を帯びたさび御影などがある。石は粗面のときと磨いた後とでは色味や光沢が違うので注意する。仕上げは粗いものから、割肌、ビシャン仕上げ、小叩き、バーナー仕上げ、本磨きがある。このうち割肌は、割ったままで成形していない状態をいう。視線の届かない場所に石を使う場合、成形すると高くつくので、割肌のままで使うとよい。本来、石は安価なもの。仕上材としての石が高価なのは、加工に手間がかかるからだ。

　ビシャン仕上げは成形されたものだが、かなり粗面が残る。小叩きは、ビシャン仕上げにさらに小叩き用の

3 | 鉄平石張り [S = 1 : 20]

鉄平石はさまざまなかたちをしているので、施工前に割付けを考えておく。そのほか和風の犬走りには三和土で仕上げる例もある

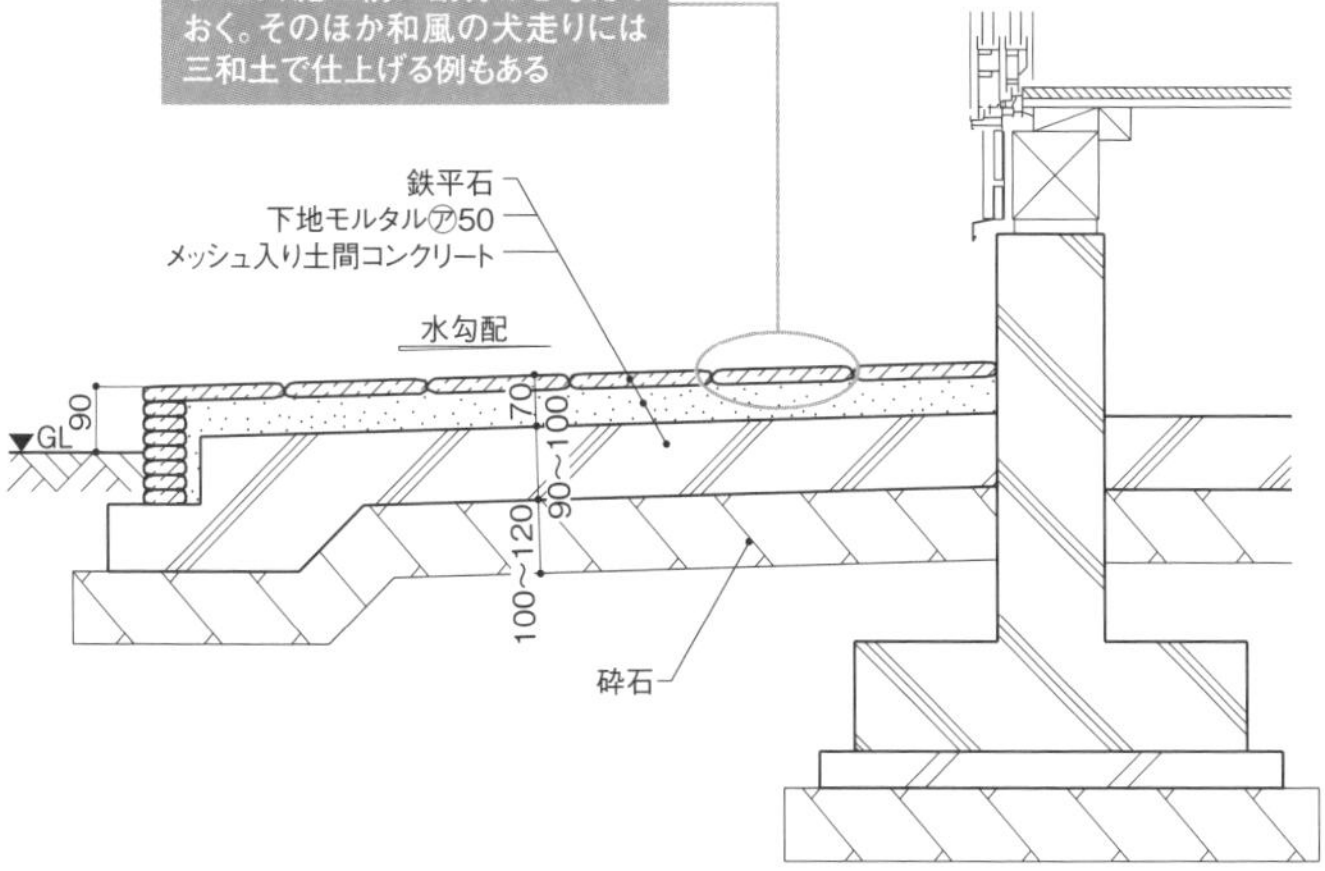

鉄平石
下地モルタル㋐50
メッシュ入り土間コンクリート
水勾配
GL
90
70
90～100
100～120
砕石

三和土で仕上げた犬走り

4 | ピンコロ仕上げ [S = 1 : 10]

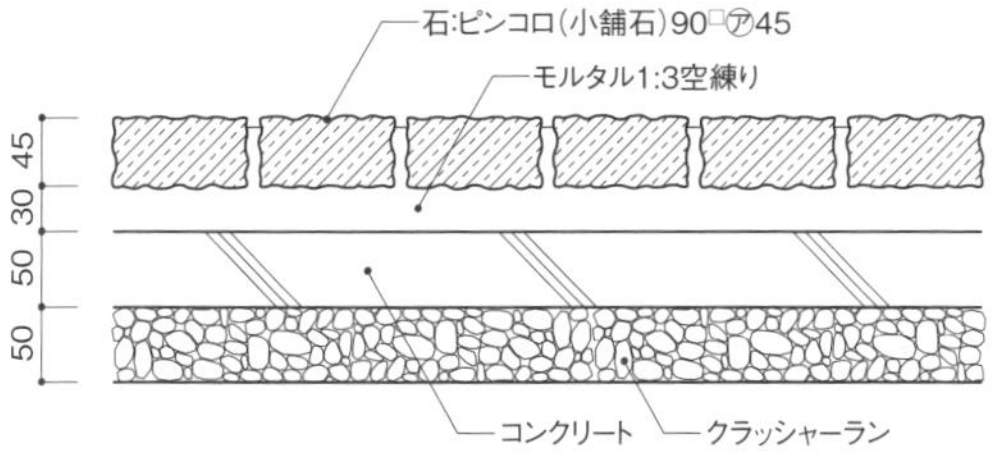

石:ピンコロ(小舗石)90□㋐45
モルタル1:3空練り
45
30
50
50
コンクリート
クラッシャーラン

ピンコロは90㎜角あるいは90㎜×190㎜の御影石で、厚さは45㎜または90㎜。図は一般的な施工方法である

5 | 縁石の納まり [S = 1 : 10]

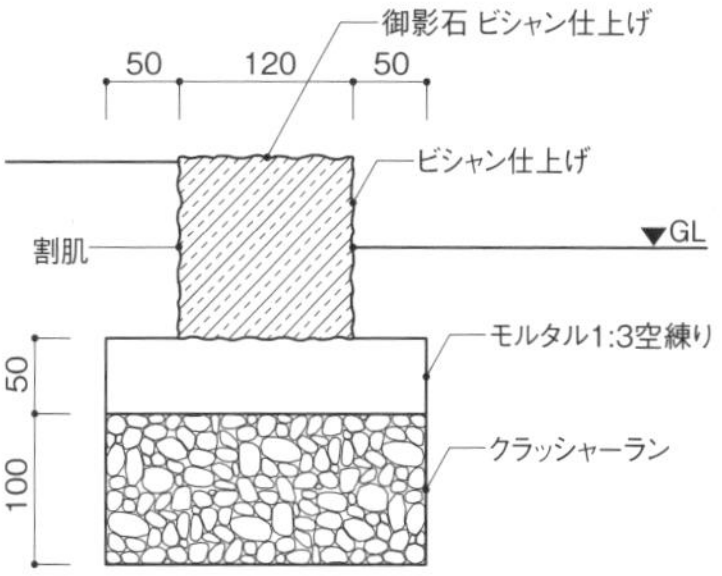

御影石 ビシャン仕上げ
50
120
50
ビシャン仕上げ
GL
割肌
モルタル1:3空練り
クラッシャーラン
50
100

御影石1本の長さは900㎜を標準とする。縁石の御影石どうしは10㎜あける

鑿《のみ》で仕上げたもので、かなり滑らかな面となる。ただし、小叩きよりもやや凹凸面の残ったビシャン仕上げの粗面を好む人も多い。一方、御影石は熱に弱く、バーナーであぶると表面がはじけ飛ぶ。均一とならず、ビシャンや小叩きとは異なる仕上げとなる。本磨きは、表面を鏡のように磨き上げたもので、手間がかかる分、大変高価なものになる。和風では、磨いたものをあまり使うことはないが、アクセントで使うと効果がある。

また、鉄平石【図3】や大谷石もまれに使われる。大谷石は栃木県の大谷を中心に産出され、軟らかく加工しやすい。一般には淡緑褐色で、硬さの程度により、被り、白目、青目の3種類がある。滑らかな優しい印象をもつ石で、柔らかな色合いが和風とマッチする。塀などによく使われるが、うまく使えば一風変わった和風建築が生まれるかもしれない。

ピンコロ【図4】は公園などでよく使われ、洋風のイメージもあるが、御影石を加工したものなので、和風の演出も可能である。同じ面積の御影石の板石と比べると、約半分の価格であることも大きな魅力である。

▶ 軒内 2

雨落ち溝や飛び石で演出する

1 | 基本の納まり

❶ 断面図［S＝1：30］

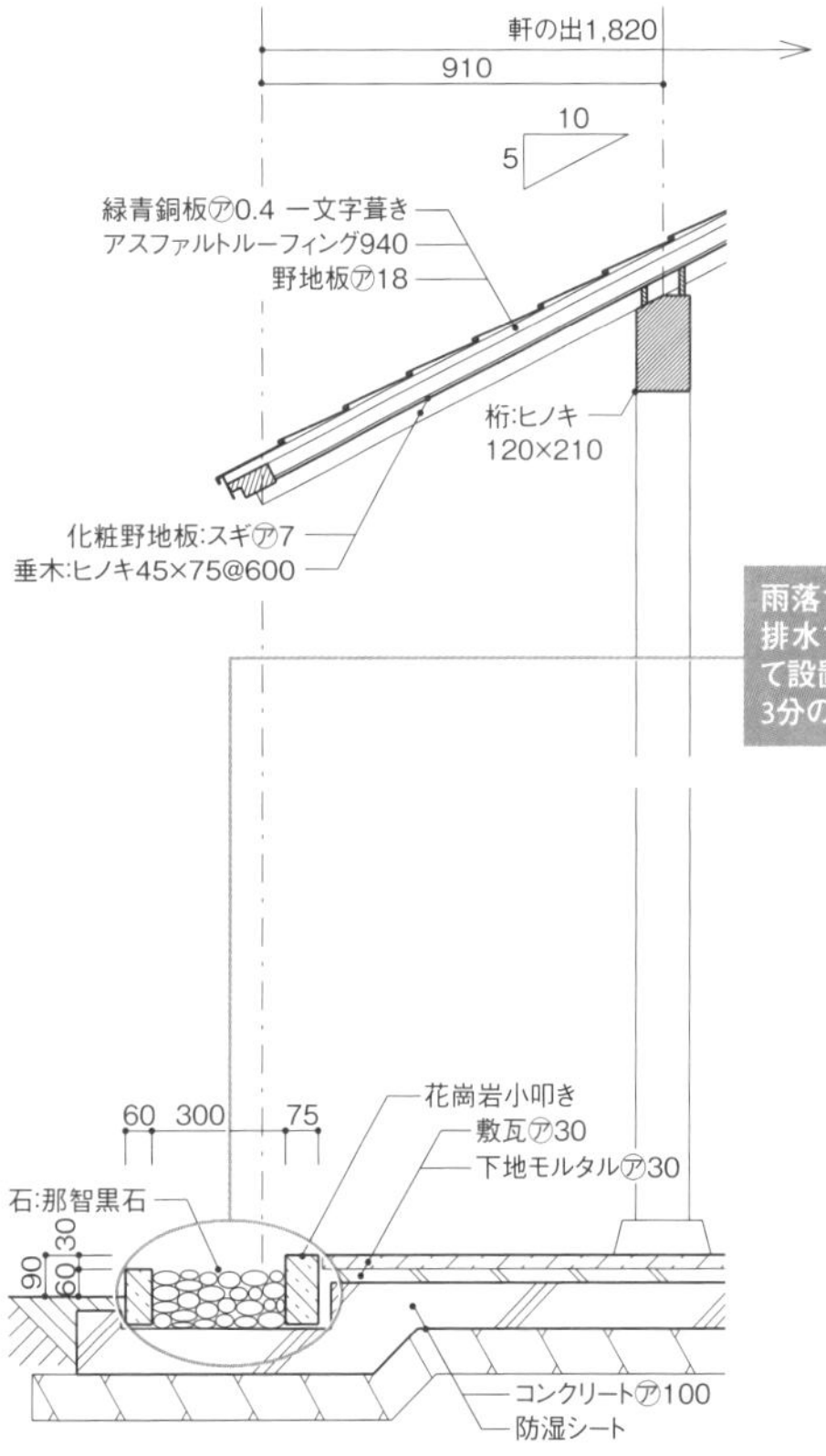
軒の出1,820
910
10
5
緑青銅板㋐0.4 一文字葺き
アスファルトルーフィング940
野地板㋐18
桁:ヒノキ
120×210
化粧野地板:スギ㋐7
垂木:ヒノキ45×75@600
60 300 75
花崗岩小叩き
敷瓦㋐30
下地モルタル㋐30
石:那智黒石
30
60
90
コンクリート㋐100
防湿シート

雨水が軒先の真下の雨落ち溝に落ちる

玉砂利を敷いた雨落ち溝

雨落ち溝は、軒先の真下に落ちる雨水を導き、排水するための溝。美観上、軒樋の代わりとして設置することが多い。雨落ち溝の幅の建物側3分の1程度の位置に軒先がくるようにする

❷ 建物側に見切を入れない場合［S＝1：10］

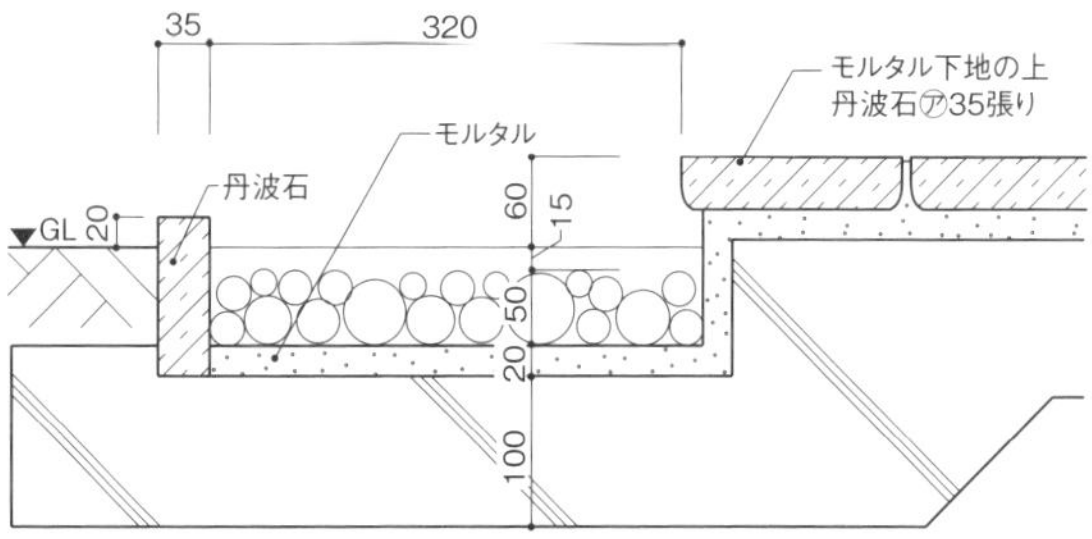
35
320
モルタル下地の上
丹波石㋐35張り
モルタル
丹波石
GL
20
60
15
50
20
100

和風建築の長い軒先に雨樋を付けるのも無粋である。そこで軒先の雨水処理のため、真下に設ける溝のことを雨落ち溝という【図1・2】。

美観上の理由から雨落ち溝を設けるような邸宅の庭は、歩行のための飛び石や敷石などにまで気を配ってつくりたい。茶庭と書院庭とでは、当然作法も異なる。

茶庭の場合、飛び石には丸みを帯びた小振りのものを用いる。石の上面がなるべく平らなものを使うのが定石。歩きながら庭の景色を楽しむためにも、ストレスなく歩けるような石の配置を行うことが最も重要だ。その上で、2連打ちなどといった技法を凝らす。2連打ちとは、大小2つの石を1組として考えるものである【図3❶】。一方、書院庭の場合はすべて大きめの石を使うのが基本だ。また、石を細長く切った短冊石を使うのも特徴である。短冊石は1本使いの場合と左右に1本ずつ置き2本使いとする場合とがある。この場合は特に筏石と呼ぶ【図3❷】。

一方、敷石には切り石敷きと、寄せ石敷きと、玉石敷きの3種類がある。ただし、茶庭では玉石敷きのみを使うことに注意したい。

2 | U字溝を使った雨落ち溝 [S = 1 : 20]

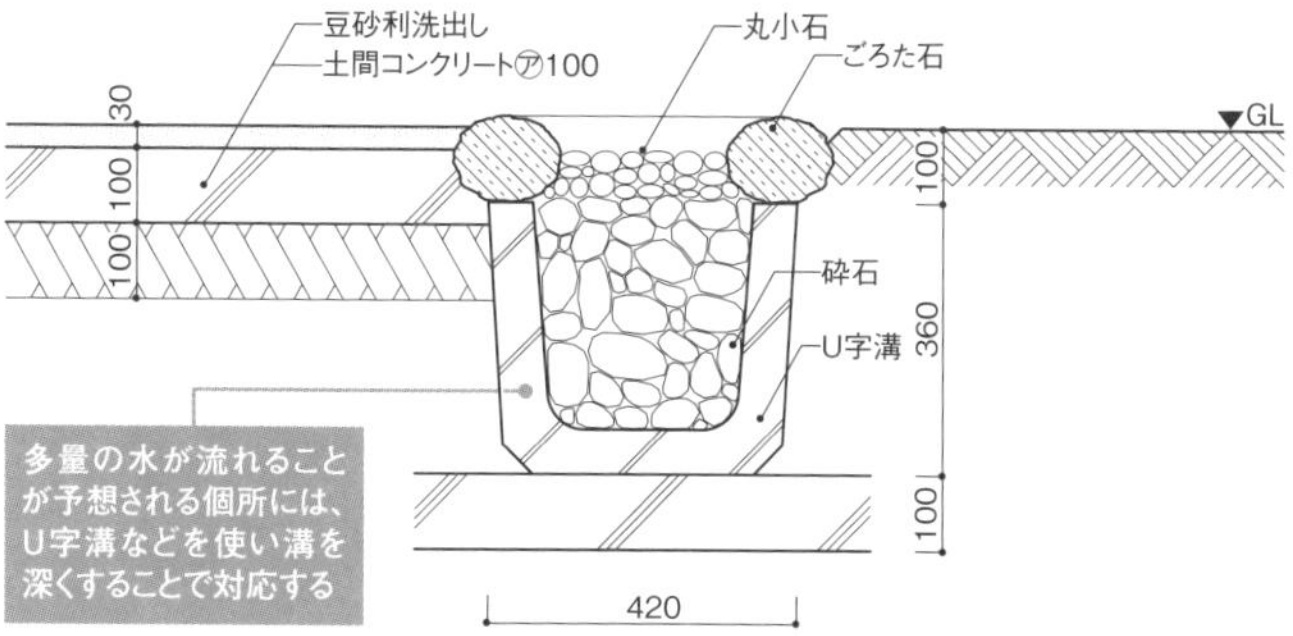
豆砂利洗出し
土間コンクリート㋐100
丸小石
ごろた石
GL
30
100
100
100
360
100
砕石
U字溝
420
多量の水が流れることが予想される個所には、U字溝などを使い溝を深くすることで対応する

樋を設けず雨落ち溝を建物外周に廻す

3 | 飛び石の種類

❶ 茶庭の場合

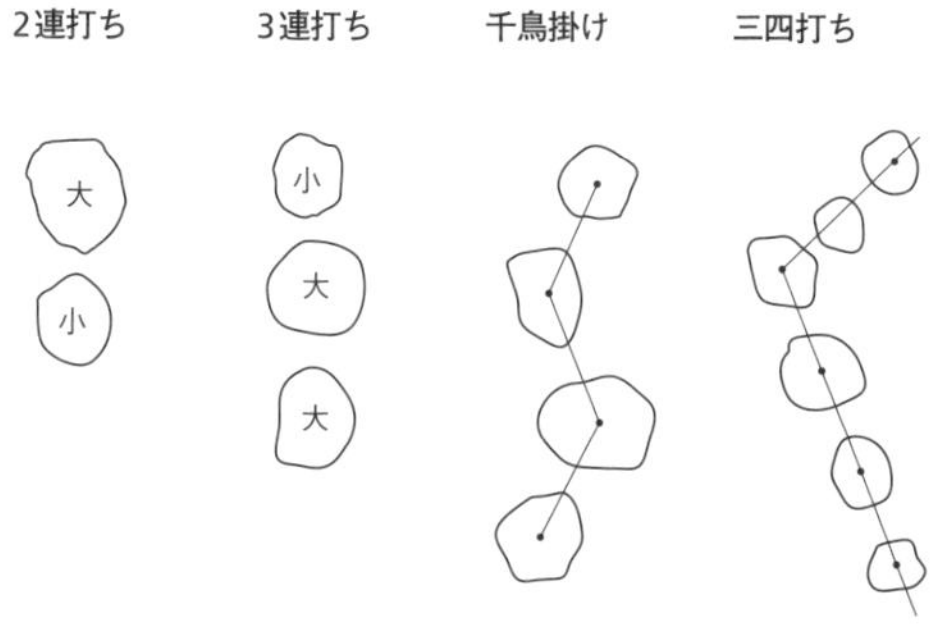
2連打ち
3連打ち
千鳥掛け
三四打ち
大
小
小
大
大

3連打ちとは大小3つの石を1組として考えるもの。3連打ちの大小は、大が多くても小が多くてもどちらでも構わない。そのほか、4連打ちや、2連打ちと3連打ちを合わせて1つの組とした5連打ちなどもある

❷ 書院庭の場合

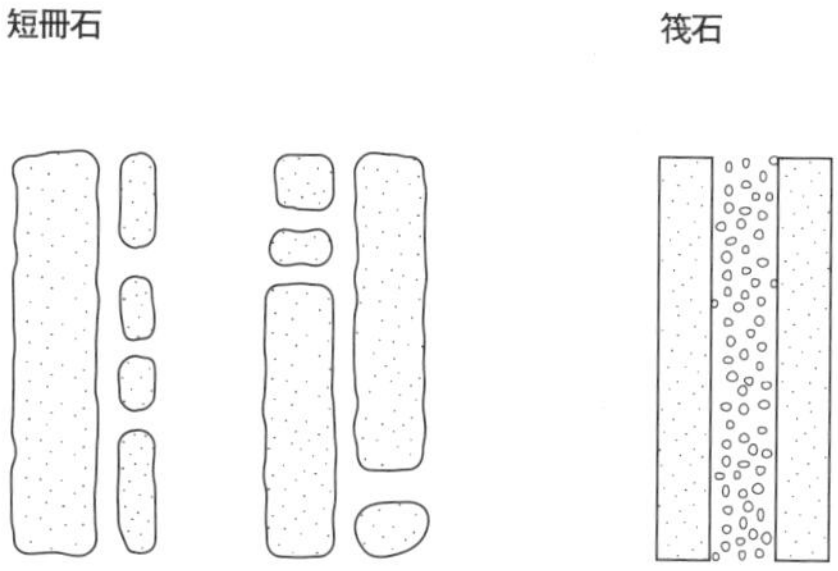
短冊石
筏石

和風の土間床

純和風建築の場合、玄関ポーチの軒内は、三州土や深草（ふかくさ）土に石灰を混ぜて練ったものを塗った後、全体をよく叩いて仕上げた「三和土（たたき）」といわれる土間にすることが多い。その場合、全体がほんのりと肌色がかった白となるが、そこにまばらに石を散らすと、和風独特の風情がさらに出る。これを一二三（ひふみ）石という。

また、洗出しは建物の腰壁のほか、床材としても使われる。洗出しに使う種石には玉石や豆砂利などさまざまなものがあり、種石によって仕上がりの色や雰囲気を変えることができる。

たとえば、店舗のアプローチなどでは、茶色の豆砂利で入口から奥へ誘うように蛇行するラインを敷き、その周囲を青色の種石で施工すると、和の雰囲気を演出できる。

このほか、和風に見せる土間床としては、瓦や陶板を敷く手法がある。瓦などを壁面に対して45°になるように斜めに敷く四半敷きなどは代表的な例である。

■犬走りの縁取り

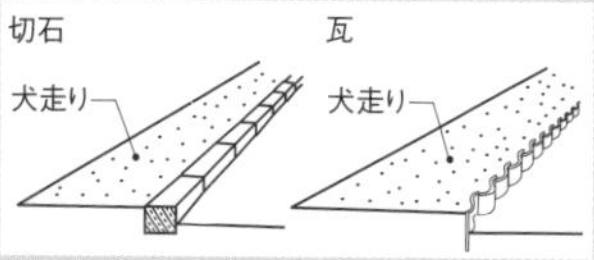
切石
犬走り
瓦
犬走り

一二三石で仕上げた玄関土間。奥に沓脱ぎ石が見える

▶ 軒内3

濡れ縁はデザインできる

1 | 切目縁 [S = 1 : 15]

❶ 断面図

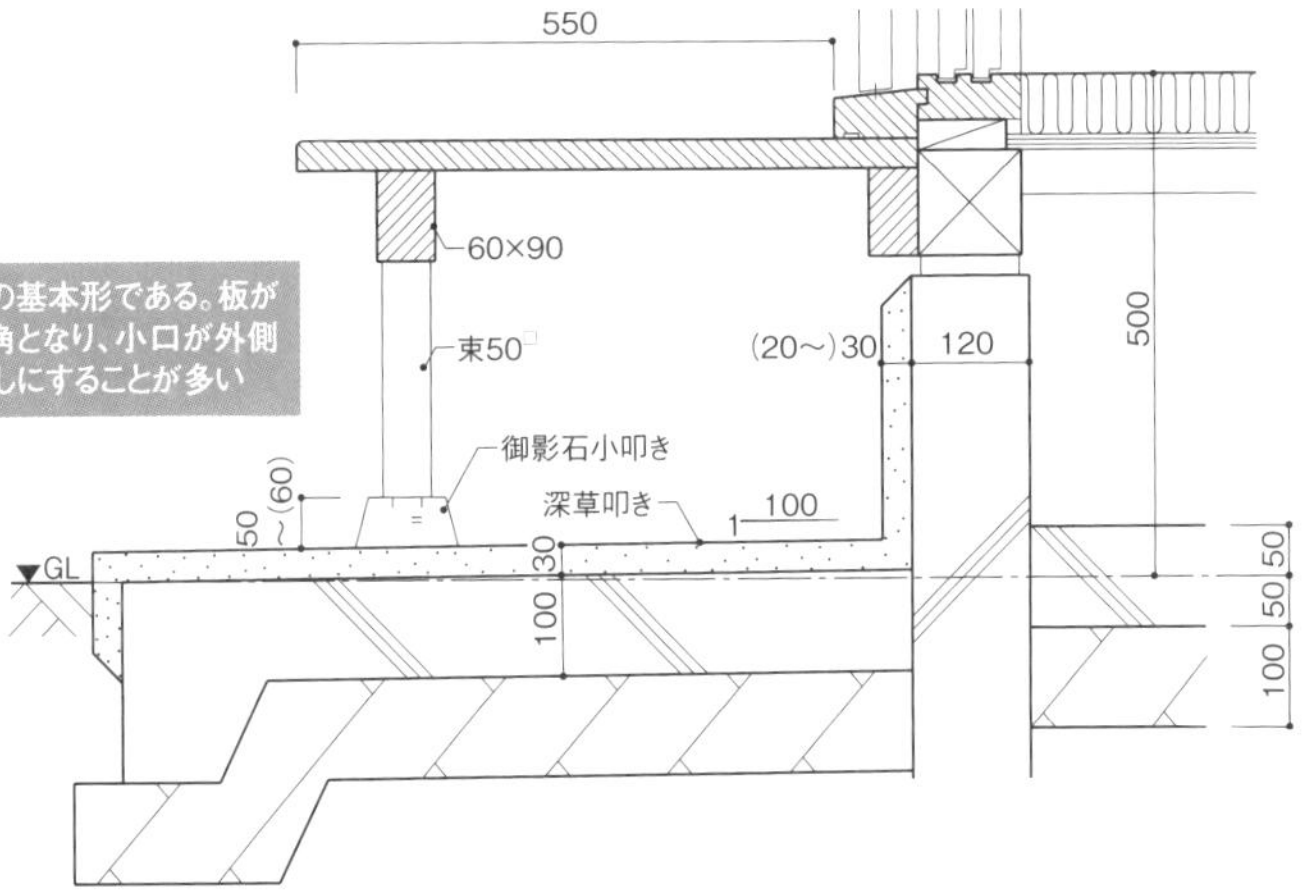
550
60×90
束50□
(20〜)30
120
500
御影石小叩き
深草叩き
1
100
50〜(60)
30
GL
100
50
50
100

切目縁は濡れ縁の基本形である。板が建物に対して直角となり、小口が外側に表われる。目透しにすることが多い

❷ しくみとバリエーション

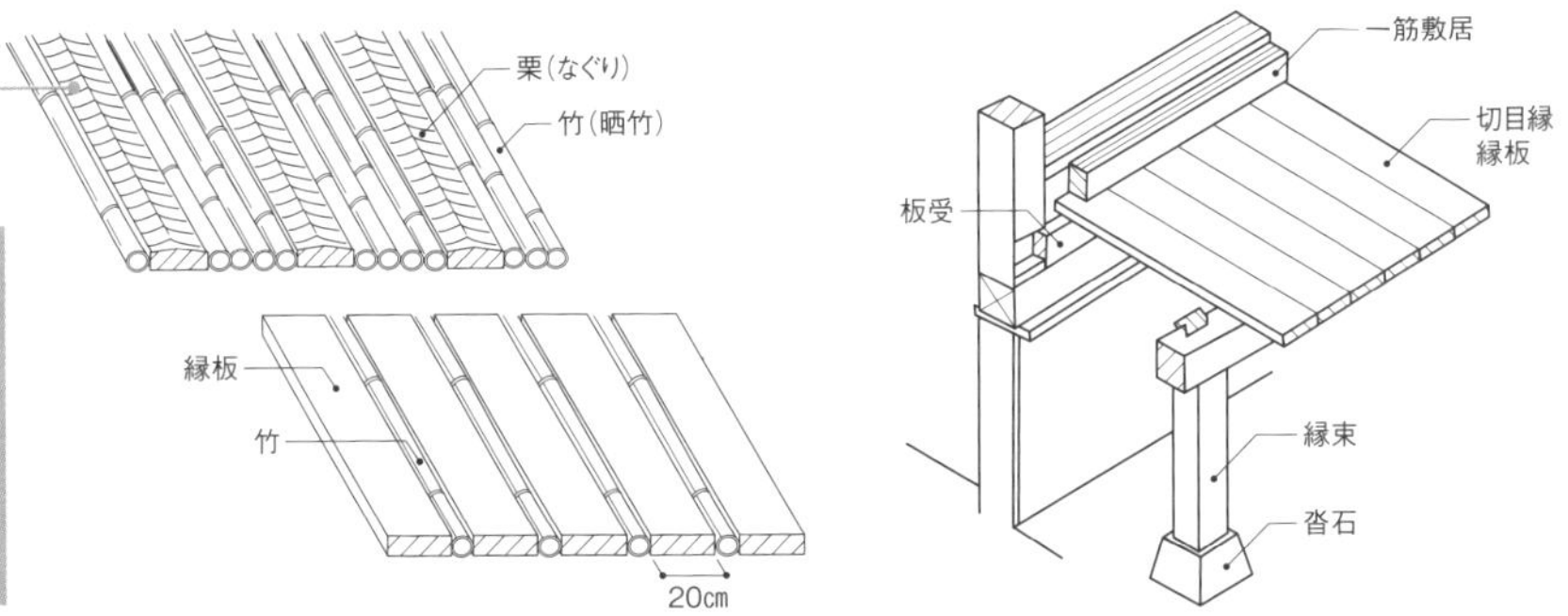
栗(なぐり)
竹(晒竹)
縁板
竹
20㎝
一筋敷居
切目縁
縁板
板受
縁束
沓石

クリは、手斧で六角形断面になるようにはつり、小さいものはそのまま、大きいものは半割にして使うのが普通。図のようにいくつかの材料を組み合わせて使うこともよく行われるが、見栄えだけではなく、足触りなど歩きやすさも考慮する

濡れ縁の種類と材料

濡れ縁は建物の内と外をつなぐ軒内空間を構成する重要な要素であり、和風建築にとってなくてはならないものである。それだけにさまざまな工夫が重ねられてきた。一般には雨戸の外に濡れ縁を取り付けるが、ガラス戸のない障子のみの建物の場合などでは、濡れ縁の外側に雨戸敷居と雨戸を設けることもある。

濡れ縁は本体建物よりも一段下げて取り付け、軒先よりも外側に出すことが多い。こうすることで軒内空間にゆとりが生まれるが、先端部は雨掛かりとなる。そのため、それを考慮した構造にする必要があり、材料や工法に工夫が必要である。

濡れ縁は縁板の張り方により大きく2種類に分かれる。1つは切目縁と呼ばれ、建物に直交する方向に縁板を張る方法。もう1つはくれ縁と呼び、建物に対して平行に縁板を張る。切目縁は、縁板は短いものでよいが、くれ縁は長い縁板を必要とする。したがって、くれ縁のほうが材料的にコストが高くつく場合が多い。一方、茶室などでは景を重んじ、厳選された材料を使い切目縁とする

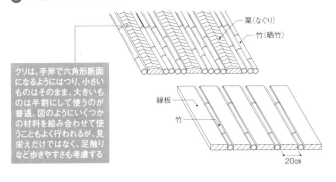

2 | くれ縁 [S = 1 : 15]

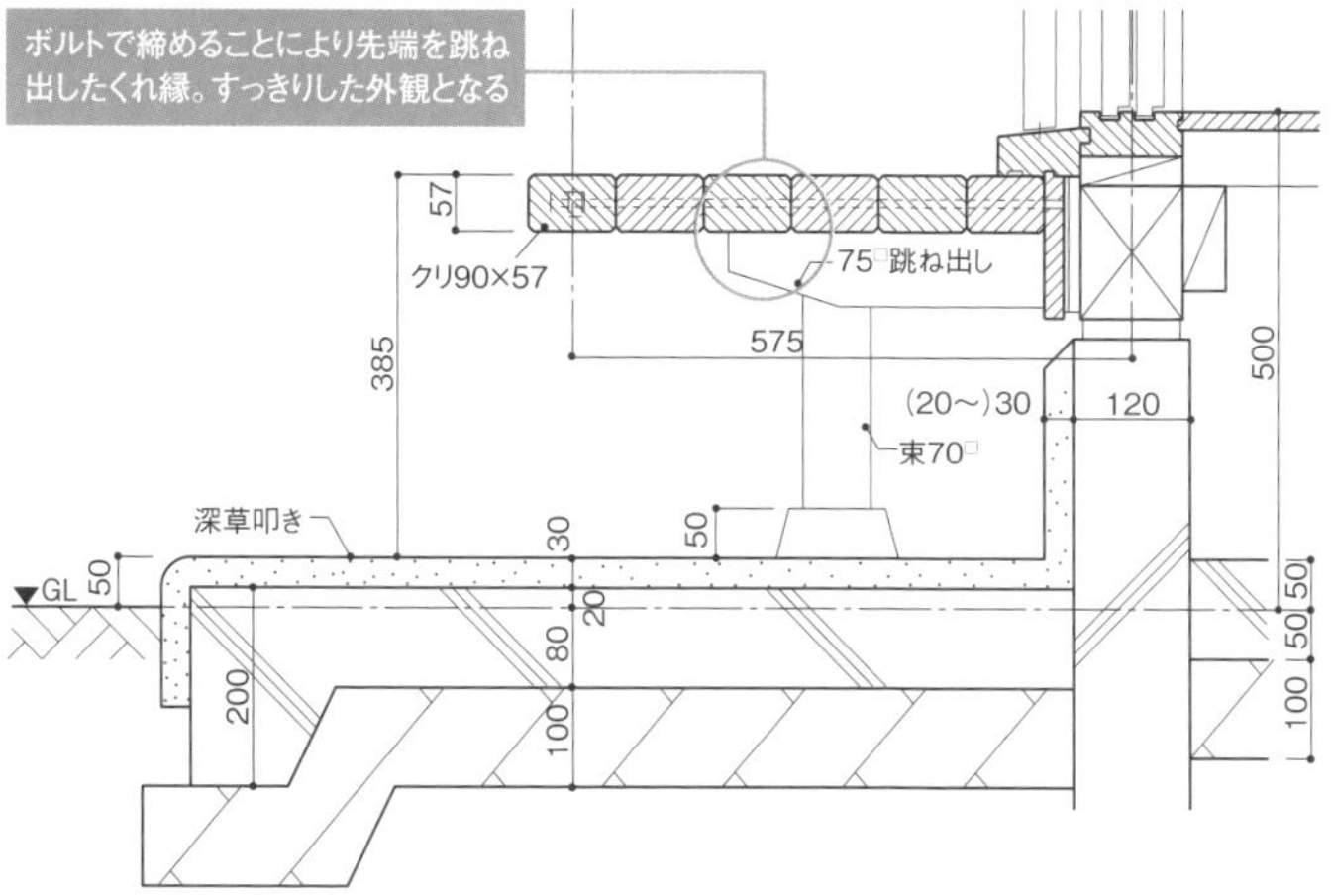
ボルトで締めることにより先端を跳ね出したくれ縁。すっきりした外観となる
57
クリ90×57
75□跳ね出し
575
385
500
(20〜)30
120
束70□
深草叩き
GL
50
30
50
20
80
100
200
50
50
100

手摺付きのL型廊下のくれ縁(濡れ縁)。外側の敷居に雨戸を立て、軒内空間を屋内化する

六角なぐり半割のくれ板の濡れ縁。地面の玉砂利との対比が美しい

3 | 軒内の造作：袖垣

❶ 竹穂垣

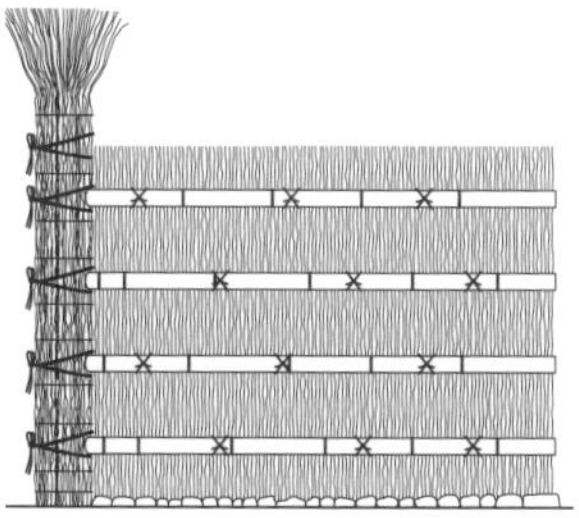
竹の枝や穂を用いた垣の総称であり、桂垣なども含まれる

❷ 建仁寺垣

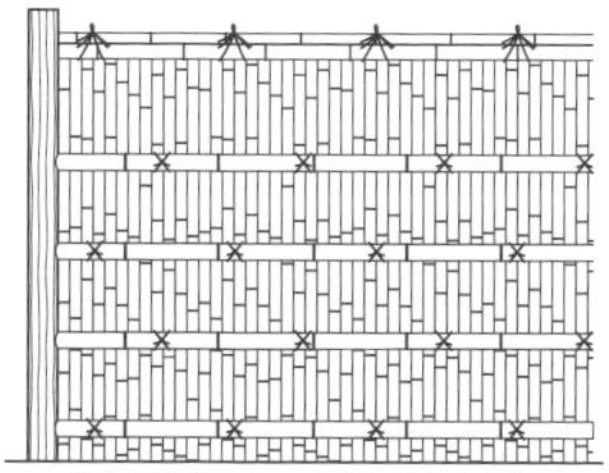
完全に遮蔽したいときに使われる垣で、最も一般的な竹垣である

❸ 四つ目垣

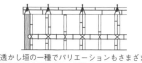

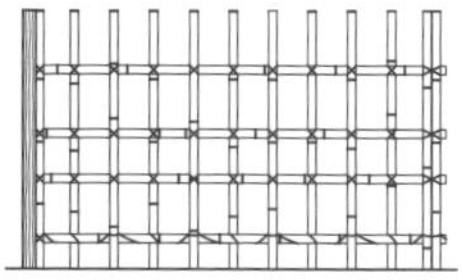
透かし垣のなかでは最も一般的なもので、シンプルな構造

❹ 金閣寺垣

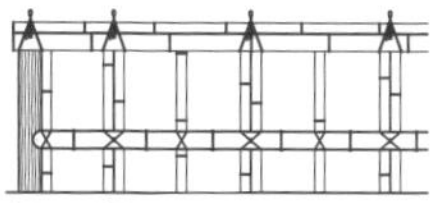
透かし垣の一種でバリエーションもさまざま。高さは最大でも80㎝未満

建物に付属する目隠しのための垣を袖垣という。これはそのうちの茶筅垣。茶筅のかたちをしていることからこう呼ばれる。竹穂垣の一種

ことも少なくない。

くれ縁の縁板には、長尺の取れる針葉樹がよく使われる。茶室などには晒竹などもよく使う。一方、切目縁の場合は短い材料で足るので、竹やクリなど水に強い材を使うことが多い。また、水はけに配慮し、板と板との間に少し隙間を開けて施工することも重要。さらに、水が前方へ流れるように傾斜をつけておく必要もある。

垣根で「和」を演出

敷地の周囲や庭などを植木などで仕切る垣根。特に竹でつくった竹垣は和風のイメージが強い。実際、数寄屋建築では垣根に竹を使うことが多い。玄関廻りに竹を使った袖垣を設けるだけでも、ぐんとよい雰囲気になるものだ。

竹垣は種類が多く分類は難しいが、垣根の向こう側が透けて見えるかどうかという透過性で分けてみると次のようになる。向こう側が見えない遮蔽垣は、建仁寺垣、銀閣寺垣、大津垣、桂垣、清水垣など。透けて見える透かし垣には、四つ目垣、金閣寺垣、光悦垣、龍安寺垣、矢来垣、鉄砲垣などがある。

［和風］を知る6のキーワード

ここでは、屋根・外壁など建物外部の仕上げを中心に紹介する

❶ 外観は屋根で決まる

日本は雨が多く、夏季には湿度が高い。この対策として、勾配屋根で雨水をしっかり流し、張り出した庇と大きな開口で通風を確保してきた。そのため、建物のエレベーションで屋根の占める割合は大きく、外観を左右する大きな要素になっている。

屋根の意匠を決定する大きなポイントは次の3点である。

(1) 勾配
(2) 稜線（直線か曲線か）
(3) 形状（切妻、寄棟、入母屋など）

和風建築には、おおよそ用途に合った、屋根形状が存在する［❶］。プランによっては2つ以上の屋根形状を組み合わせることもある。住居系の建物では、各部屋、棟が機能に合わせて有機的に連なり、それぞれの屋根が一群となって美を表現することも多い。ここも屋根デザインの見せどころである。

また、屋根の勾配が緩やかだと建物全体の印象がおおらかになり、急な勾配であれば峻厳な印象になる［写真1・2］。

❶ 建物用途と屋根

用途	形状			稜線
	入母屋	寄棟	切妻	
神社	○		○	反り、直線
寺院	○	○		反り
書院	○			反り
数寄屋風書院	○	○		むくり
町屋			○	直線、むくり
民家		○	○	直線、むくり
茶室			○	直線、むくり

写真1　法隆寺講堂。勾配の緩いおおらかな屋根

写真2　正福寺地蔵堂。反りのきつい峻厳な屋根

❷ 屋根は瓦か金属葺き

屋根材には風雨に耐え、複雑な屋根形態にも追従する素材を使用する。日本建築では、用途に合わせて❷のような屋根材が使われてきた。ただし現代では、屋根材に不燃性能も求められるため、実際に使うのは瓦と金属である。たとえば、神社や御殿など日本独自の建物では、屋根に桧皮《ひわだ》や柿《こけら》板などを使い優美な曲線を表現してきたが、現代ではこれを銅板で代用している。この場合は、長方形に切断された銅板を折込んでいく一文字葺きが使われることが多い［写真3］。

一部の座敷や町屋の屋根は桟瓦で葺かれている。特に数寄屋風意匠の建物では軒先が一直線となる一文字瓦が使用されることが多い［写真4］。

屋根を納めるということは、実は建物の意匠をほぼ決定するほどのデリケートな作業で

❷ 建物用途と屋根材

用途	屋根葺き材の種類
神社	茅、桧皮、銅板
寺院	本瓦、桧皮、銅板
書院	桧皮、銅板、桟瓦
数寄屋風書院	杮板、銅板、桟瓦（一文字瓦）
町屋	桟瓦（一文字瓦）、銅板
民家	茅、桟瓦
茶室	茅、杮板、銅板、桟瓦（一文字瓦）

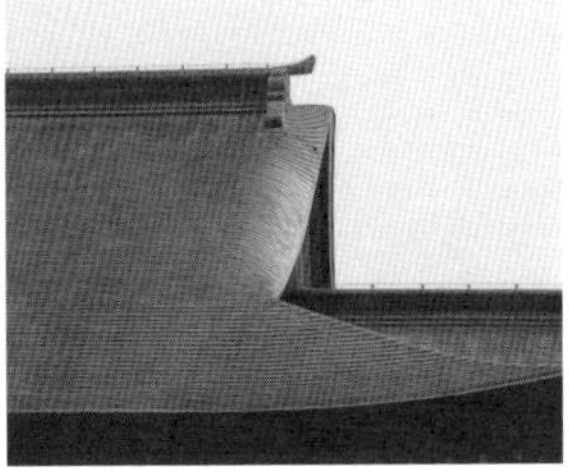
写真3　銅板葺きの屋根

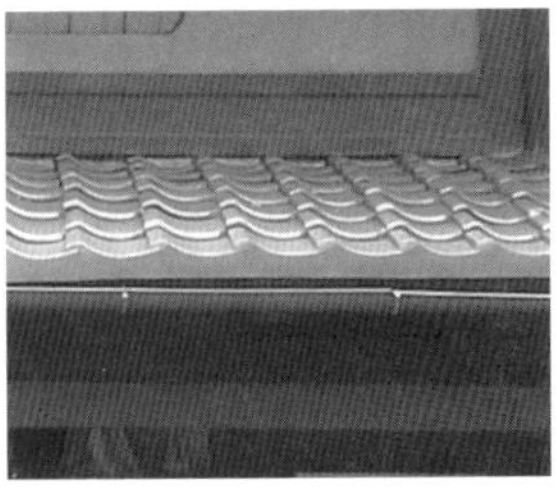
写真4　桟瓦。数寄屋では軒に一文字瓦を使う

ある。軒先、けらば、棟といった端部はデザインを決める大きな要素で、そこには独自の納まりがある。そのため実例などを参考に、詳細まで入念に検討することが必要である［③］。

3 屋根の先端部はデザインの要

建築意匠では端部（エッジ）をいかに納めるかが勝負である。屋根においても同様で、その端部とは、軒先とけらばである。

③ 屋根の各部分の名称

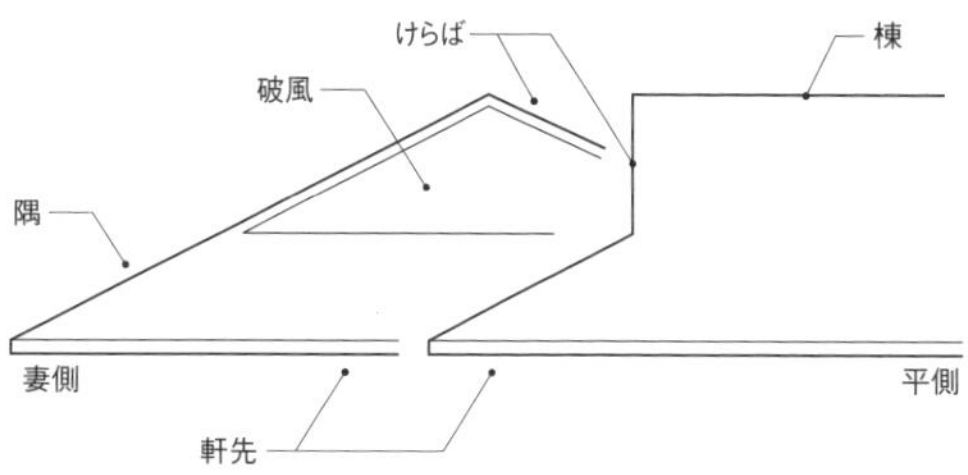
けらば
棟
破風
隅
妻側
平側
軒先

軒は外観上重要な輪郭線を形成する。その先端にはラインを安定させる横材を打つ。この材は書院では茅負《かやおい》と呼ばれるが、数寄屋座敷や一般住宅では広小舞という。広小舞の上にさらに横材（淀）を載せることも多い。

一方、けらばでは軒先の材が破風のラインにそって棟まで登っていく。この材をしな板あるいは登り淀などと呼ぶ。下部は端部の垂木（垂木形）をそのまま見せる方法と、破風板を取付ける方法とがある［写真5・6］。これら軒先やけらばの先端材にはヒノキなど水に強いものを使用する。

また、破風は建物で最も目立つ部分である。数寄屋普請では破風板を省略し軽快に納めることもある。逆に格式のある書院では破風板に眉《まゆ》と呼ぶ化粧削りを施したり、棟木、母屋の小口に懸魚《げぎょ》という装飾を付け、意匠を凝らすことも多い。いずれにしてもこの部分の納まりは建物の印象を左右することになるので、十分に吟味する必要がある。

写真5　けらば。垂木で留めた上部を広小舞、しな板で納めたもの

写真6　破風板や垂木型のないけらばの納まり。小舞の断面を見せる

4 軒裏の意匠がポイント

座敷から庭を望むと、上部を軒裏で切取られた横長の景色が見える。このように、軒裏は屋根や庇の裏面というだけでなく、その納まりが室内外の景を左右する重要な意匠的要素である。

伝統的な軒裏は垂木上部直角に小舞を打ちその上に化粧裏板を張ったものであるが、小舞を略し裏板のみとして近代的に納める場合も多い。また、数寄屋風建物では垂木を小丸太に、裏板を枌板にするほか、茶室では垂木や小舞に竹を使うなど、手法は室内の化粧屋根裏と同じである。ただし風雨に当たるため、張り物は使わない。

軒裏の意匠を第一に左右するのは垂木である。一般に、垂木は幅より成が長い矩形の断面で、屋根に一定の間隔で割り付けられる。この垂木芯々の基本間隔を一枝《いっし》とよび、その割付を枝割《しわり》という。

書院造りを基本とした住居系建物の垂木割は1間を4分割とする。この枝割を基本として屋根や軒の平面寸法を決めていくと垂木の割付が軒先まで納まりがよい。たとえば、入母屋や寄棟で隅木がある場合、軒の出もこの枝割りの倍数にすると隅木部分に取り付いた垂木（配付垂木《はいつけたるき》）のピッチがすっきりと納まる［④］。

一方、隅のない切妻の場合は、垂木と平行する妻壁と軒裏と

④ 垂木割りと軒裏隅（寄棟などの場合）（伏図）

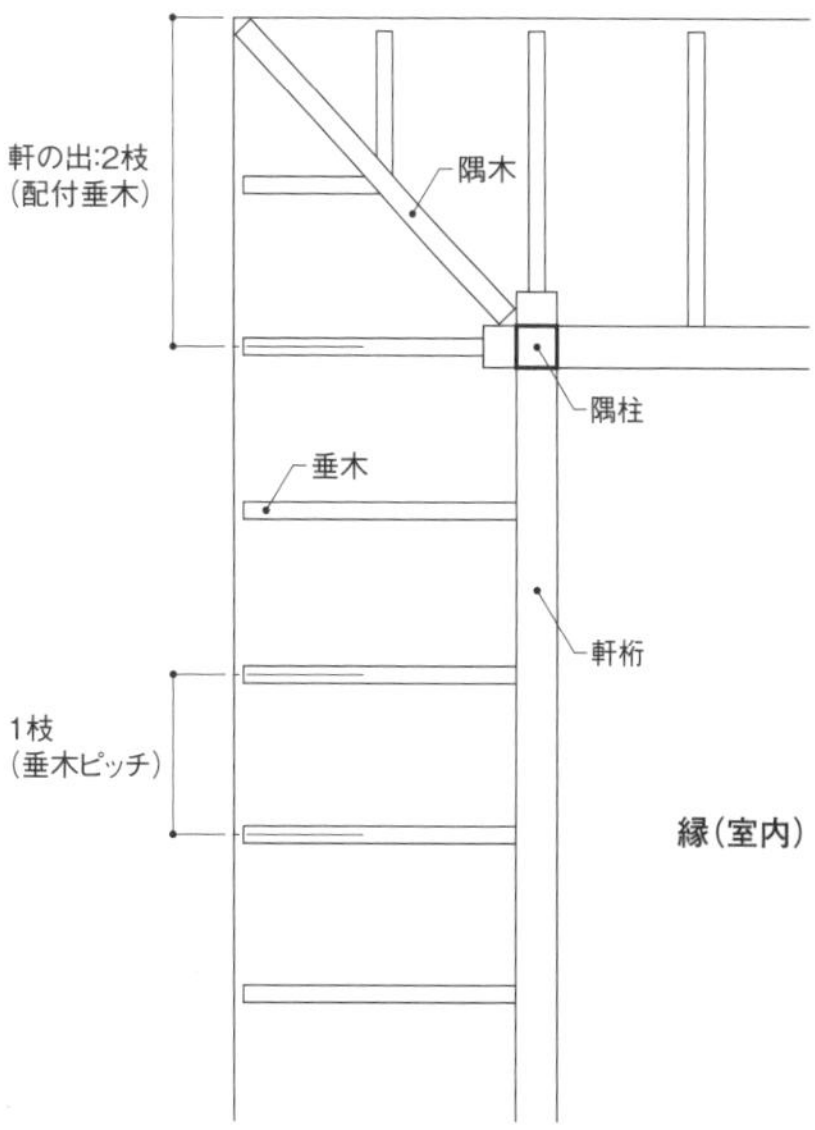
軒の出:2枝
（配付垂木）
隅木
隅柱
垂木
軒桁
1枝
（垂木ピッチ）
縁（室内）

の接点に縁材となる垂木を入れて納めるため、妻壁内外で取り付く垂木が2本になる。そこで内側の垂木を桁の芯で止め、外側の垂木からピッチを決定するとよい。けらばの出は、この割を基本に設定すると見栄えがよい［⑤］。

⑤ 妻壁廻りの垂木割付け（切妻の場合）（伏図）

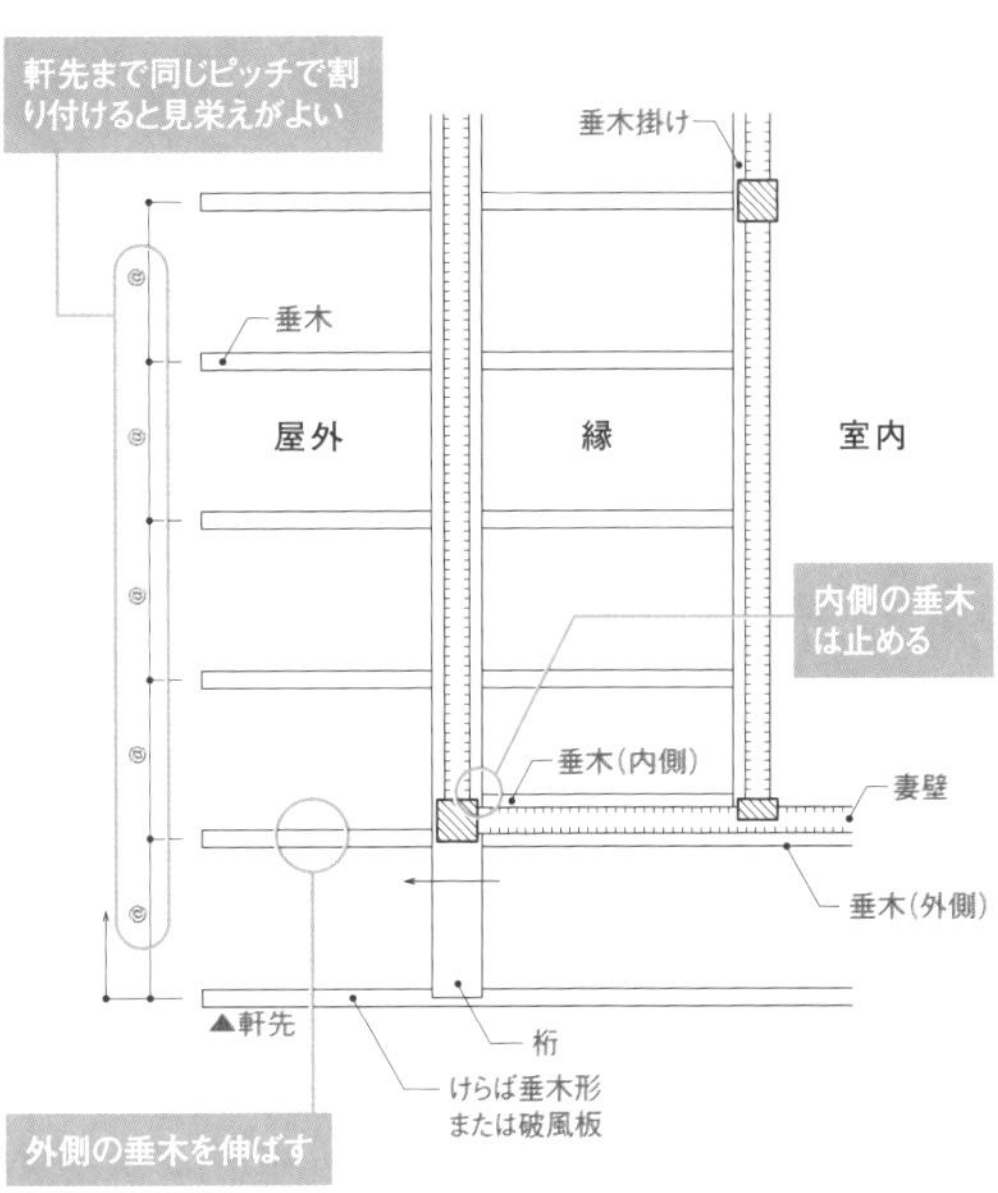

軒先まで同じピッチで割り付けると見栄えがよい
垂木掛け
垂木
屋外
縁
室内
内側の垂木は止める
垂木（内側）
妻壁
垂木（外側）
▲軒先
桁
けらば垂木形または破風板
外側の垂木を伸ばす

5 和風は土壁と真壁で

和風建築では土が壁の主な材料である。この土に漆喰を塗ることもあれば、聚楽などの化粧土で仕上げることも多い。また、塗り壁のほか外壁保護のために板などを張ることもよく行われる［写真8・9］。

現代では壁面で和風を表現する場合、昔ながらの土か類似の材料で仕上げるのが一般的である。伝統的な工法では、小舞を下地に荒壁を塗り、仕上げを施すが、これには一定の手間と時間、費用を必要とする。現代ではラスモルタルを下地として仕上げに漆喰や聚楽壁風の左官材料を施工することが多い［写真7］。さらに簡易な方法としてラスモルタルに樹脂系仕上材を吹き付け、聚楽壁風に見せることも行われる。

写真7　メタルラスは外壁左官下地の1つ。その下には防水紙が見える

和風建築は真壁が基本であるので、簡易な工法の壁でも真壁であればそのまま和風に仕上がる。もちろん、大壁のまま、土壁風仕上げなどを施し、全体のシルエットで和風に見せる方法も可能である。ただし、防火上の規制により、付け柱などを張り付け、軸材で真壁に見せる場合には、面を取り、壁とのチリを確保できるくらいの厚みの材を使用しないと、浅薄な仕上がりとなるので、注意が必要である。

写真8　和風建築では雨掛かり部分の壁保護に板を張る場合も多い

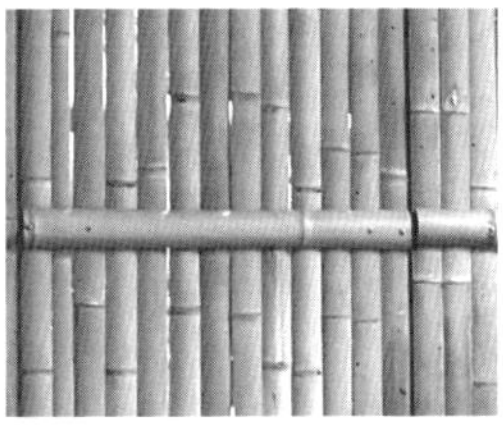

写真9　板の代わりに丸太や竹を詰打ちにして張り付けた木賊（とくさ）張り

6 茶室に学ぶ開口部

日本建築は城郭、蔵などを除き、壁を堅固にめぐらすことがほとんどない。外壁面の多くは開口部で、建具によって仕切られている。これは夏季の湿度対策に、通風を必要とするためであった。

その中で茶室は、壁と窓を主要なデザイン言語に採用した最初の建築といえる。茶室では作為をもって幾何学的に開口部を配置・構成して1つの美学を表現している。壁面に一定の法則性や装飾を用いず、窓を独自の感覚で開けていく手法は明らかにモダンデザインそのもので、これは和風建築のもつ近代性の一例である［写真10］。

写真10　茶室の窓の構成。幾何学的、抽象的な美学で窓を配置している

第3章

建具・開口

襖の基本

1 | 襖の基本

❶ 襖の成り立ち

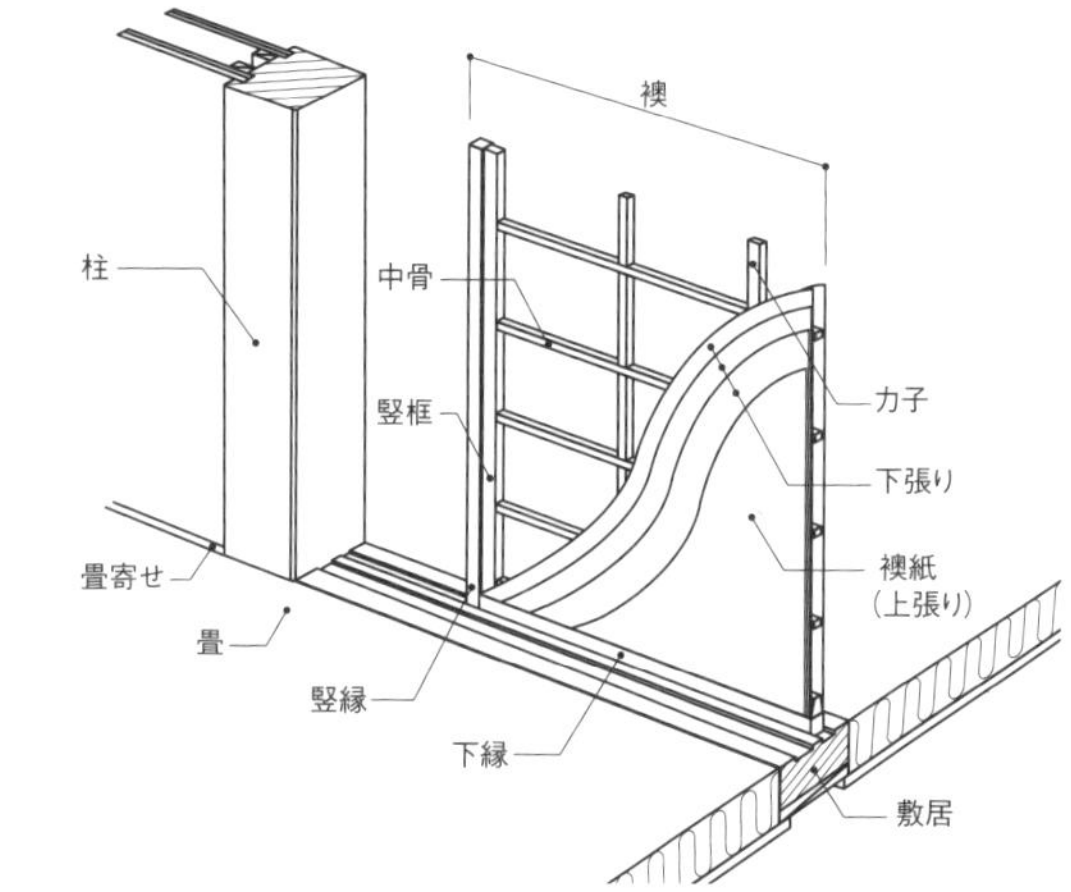
襖
柱
中骨
竪框
力子
下張り
襖紙
（上張り）
畳寄せ
畳
竪縁
下縁
敷居

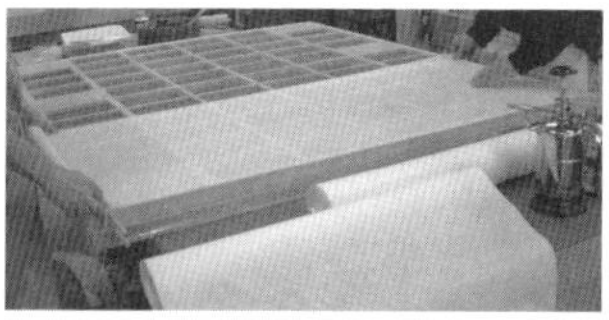

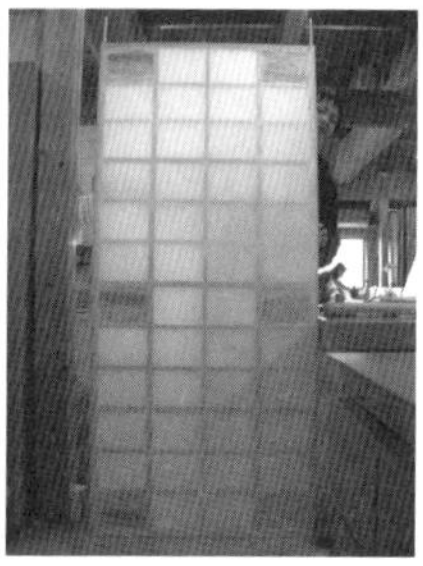

襖をつくるには、まず下地骨を組み、下張りをする（写真上）。下の写真は下張りを終えた段階。この上に上張りをし完成させる

❷ 上張りの主な張り方

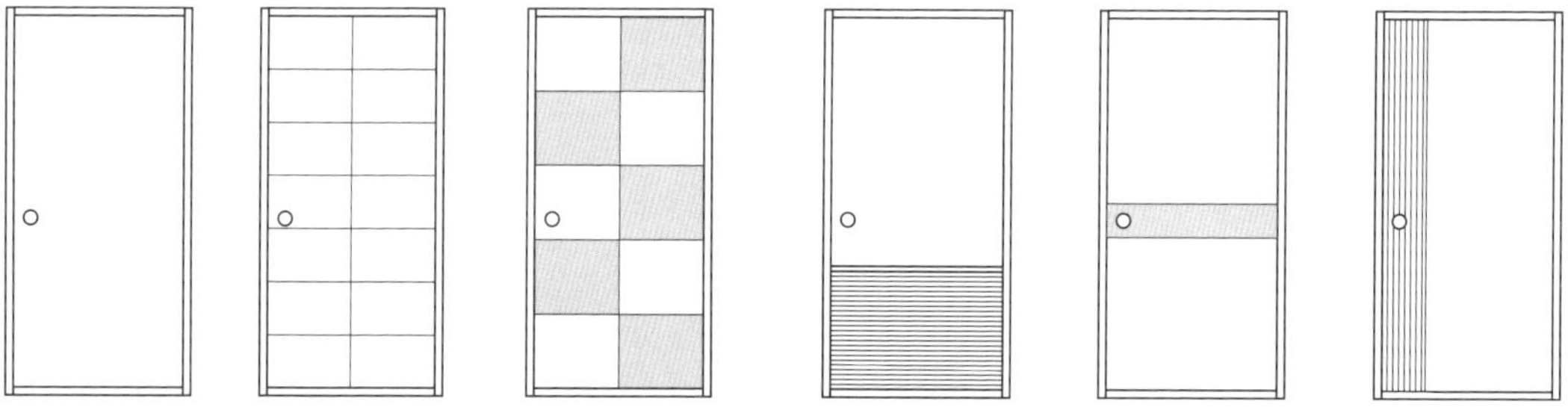
①1枚張り
②小版12枚張り
③細工張り（市松模様）
④腰張り
⑤帯張り
⑥袖張り

①1枚張り：襖全体に1枚の紙を上張り

②小版12枚張り：古い時代の継ぎ張りの名残のデザイン

③細工張り（市松模様）：桂離宮の松琴亭が有名

④腰張り：襖の1／3ほどの高さで2枚の紙を張り分け

⑤帯張り：引手廻りの汚れを防ぐデザイン

⑥袖張り：引手廻りの汚れを防ぐデザイン

襖は障子とともに代表的な和の建具である。縁付き襖［図2］と縁なし襖（太鼓襖）［図3］に大別される。

襖は、下地材に襖紙を張り重ねて仕上げる［図1❶］。上張りに使う襖紙には、鳥の子と呼ばれる和紙を使うことが多い。また、上張りは襖全体に1枚の紙を張る1枚張りが一般的だが、複数枚で張る方法（継ぎ張り）もある［図1❷］。なかでも「小版12枚張り」は、大きな襖紙が漉けなかった古い時代の「継ぎ張り」の名残ともいえる張り方である。高価なので、一般住宅ではなかなか見られないが、数寄屋や茶室の襖は今でもこの方法で張られることに注意したい。

そのほか襖の新しいデザイン・使い方にも注目したい。上張りに唐紙を使った襖を現代建築に採用するのはもちろんのこと、唐紙などを参考に自分でデザインしたオリジナルプリントの襖紙に使えば、多様な表情を生み出せる。たとえば、伝統的な建物には唐長の唐紙、モダンな建物にはオリジナルデザインの襖紙を使うなどといったように、さまざまな襖にチャレンジするのもお勧めである。

2 | 襖 [S＝1：3]

❶ 平面図

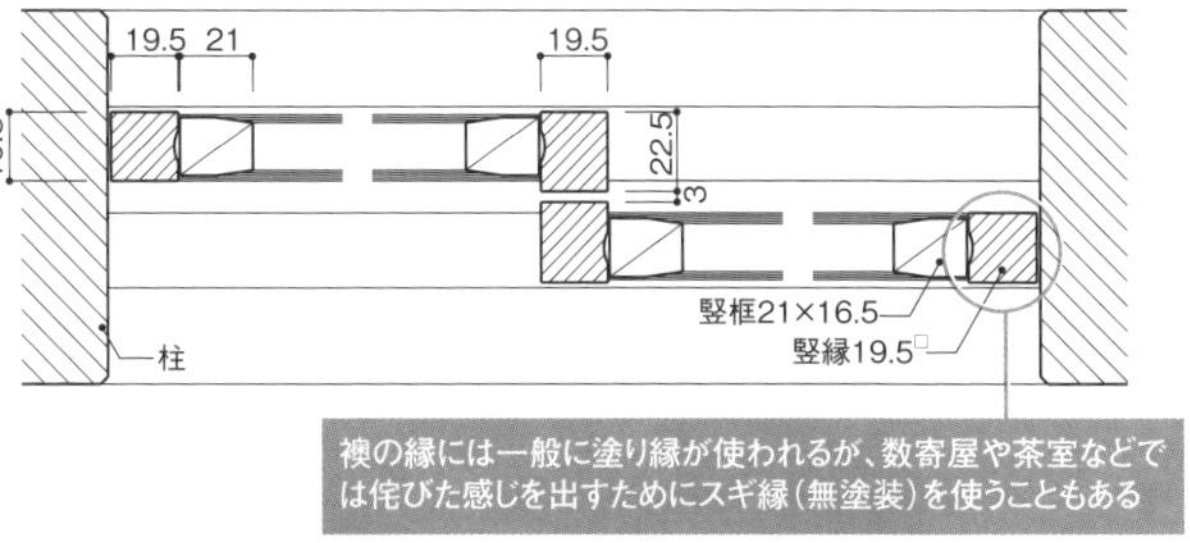
19.5
21
19.5
19.5
22.5
3
竪框21×16.5
竪縁19.5□
柱
襖の縁には一般に塗り縁が使われるが、数寄屋や茶室などでは侘びた感じを出すためにスギ縁（無塗装）を使うこともある

❷ 断面図

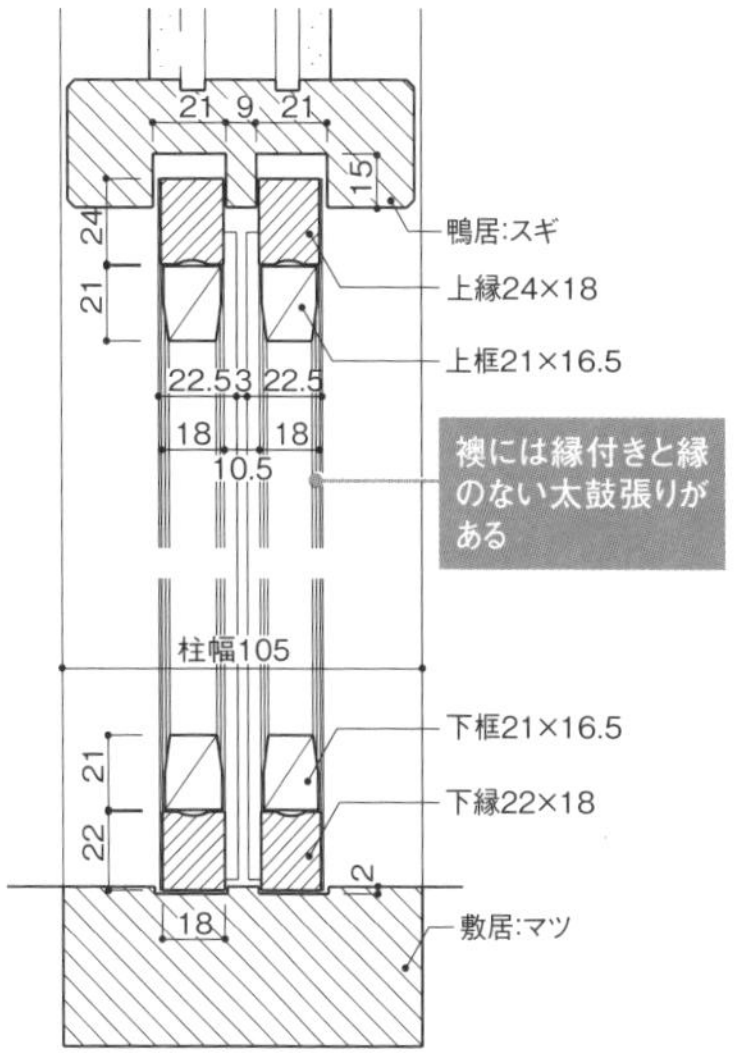
21
9
21
15
24
21
鴨居：スギ
上縁24×18
上框21×16.5
22.5
3
22.5
18
18
10.5
襖には縁付きと縁のない太鼓張りがある
柱幅105
下框21×16.5
下縁22×18
21
22
2
18
敷居：マツ

4枚引分け襖。上部は櫛型透かし彫欄間

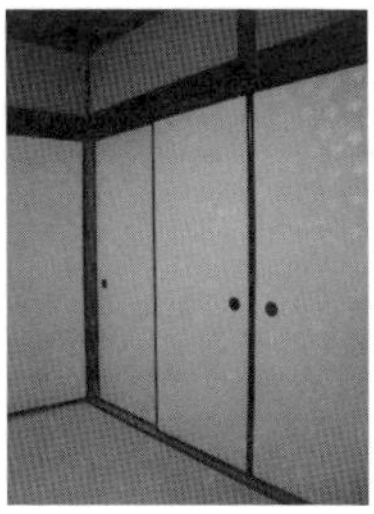

塗り縁の襖。唐紙（布袋桐）を襖紙に使う

3 | 太鼓襖 [S＝1：3]

❶ 建具平面図

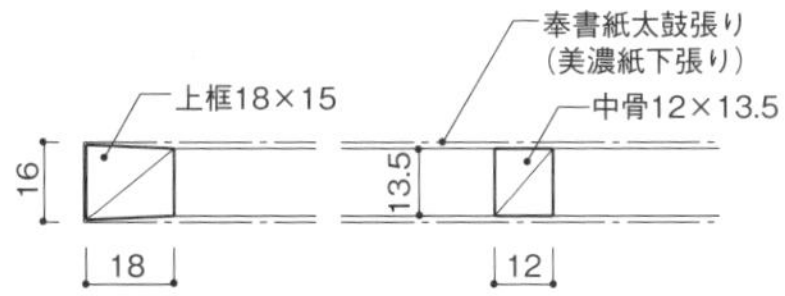
奉書紙太鼓張り
（美濃紙下張り）
上框18×15
中骨12×13.5
16
13.5
18
12

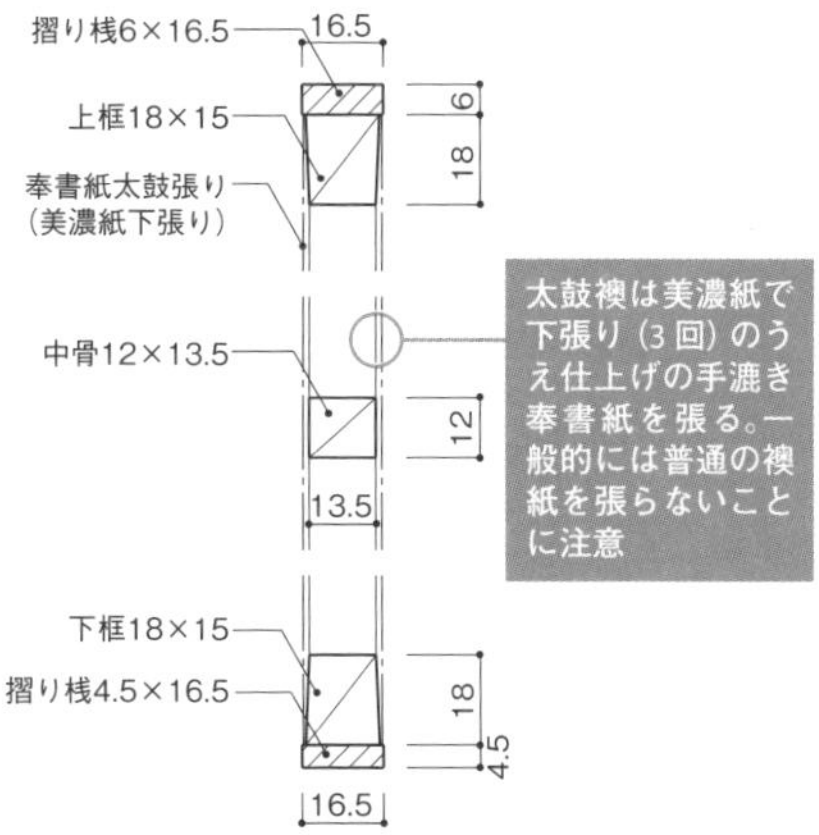
摺り桟6×16.5
16.5
6
上框18×15
18
奉書紙太鼓張り
（美濃紙下張り）
中骨12×13.5
12
13.5
太鼓襖は美濃紙で下張り（3回）のうえ仕上げの手漉き奉書紙を張る。一般的には普通の襖紙を張らないことに注意
下框18×15
摺り桟4.5×16.5
18
4.5
16.5

❷ 切り引手部分詳細図

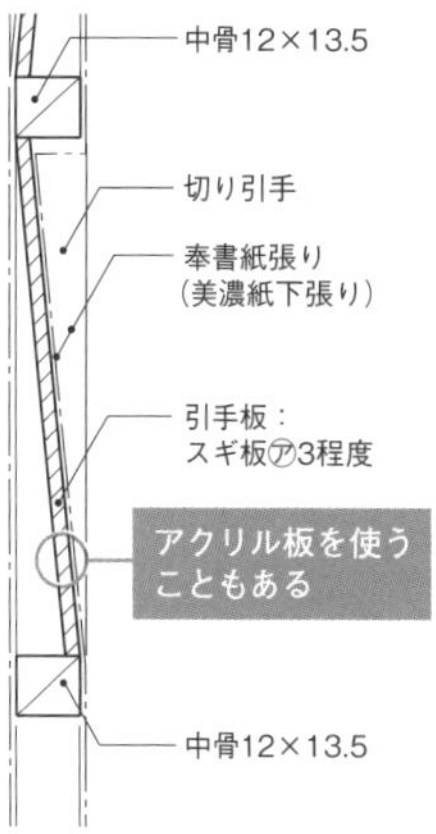
中骨12×13.5
切り引手
奉書紙張り
（美濃紙下張り）
引手板：
スギ板㋐3程度
アクリル板を使うこともある
中骨12×13.5

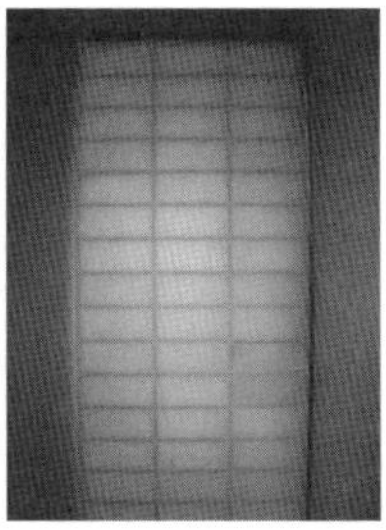

太鼓襖。襖の下地骨が見える。切り引手は組子の1マスを使って設ける

引手はどこにどう付ける？

一般的な和室の場合、襖引手は襖縁から60㎜、床上から750㎜の位置に取り付けるのが使い勝手にも見た目にもよい。ただし、内法高さが高い場合には建具全体とのバランスを見て調整が必要である。

引手の形状は丸形、正方形などさまざまだが、茶室の広間などには卵形が多く用いられる。茶室において卵形引手は、横使いが基本である。数寄屋や茶室の建具金物の取扱いが少ない施工者だと、誤って縦使いすることもあるので注意する。

引手はカタログから選ぶことも多いが、伝統的な建物であれば京都の室金物で探すのがお勧めだ。モダンな建物に使う引手なら、あえて骨董品店などで深したり、オリジナルの引手をつくるのも手だ。引手や襖紙でチャレンジするのはいかがだろう。

■卵形引手の取り付け方

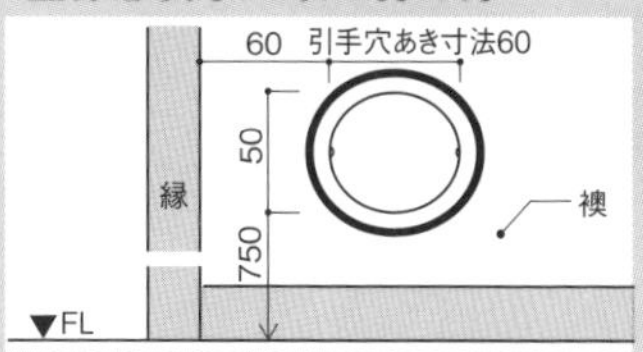
60
引手穴あき寸法60
50
縁
750
襖
▼FL

▶ 内部開口 2

障子の基本

1 | 障子の基本

❶ 障子の基本（水腰障子）

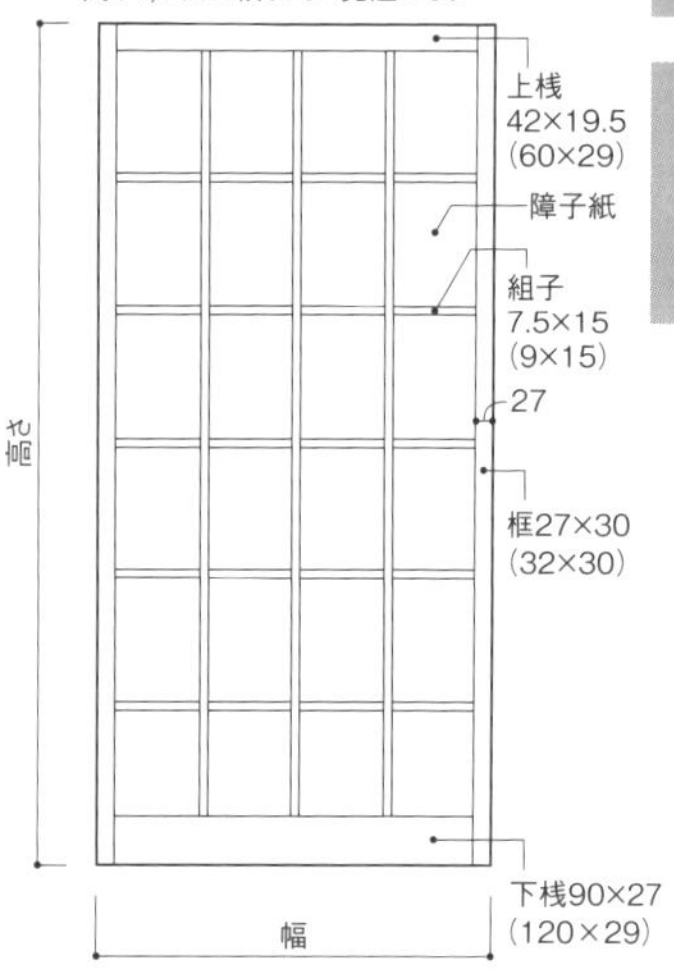

高さ1,760×幅870×見込み30
上桟
42×19.5
（60×29）
障子紙
組子
7.5×15
（9×15）
27
框27×30
（32×30）
高さ
下桟90×27
（120×29）
幅

上桟の寸法を記入する際は、見え掛かりか上桟そのものの寸法かを明確にする

上桟の見込みは30㎜ではなく、28.5㎜。障子の表側は上桟を竪框の面内で納め、裏側（紙を張る側）は上桟を竪框と同面で納めるため

引分け障子の奥には丸窓がある

腰付きの引違い障子

❷ 組子

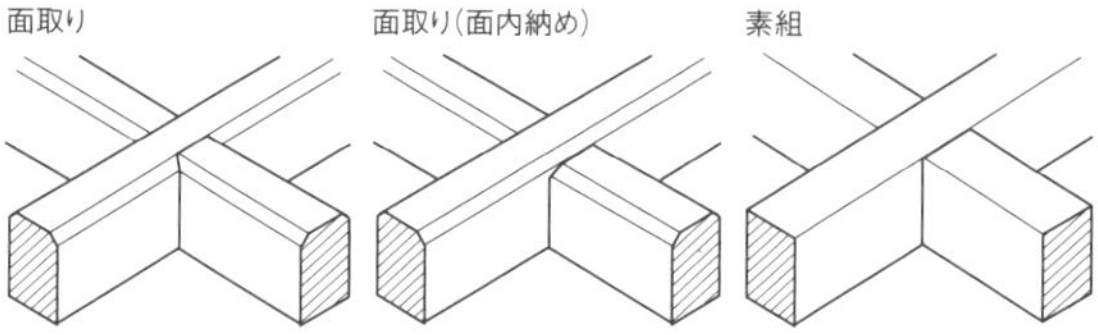

面取り
面取り（面内納め）
素組

竪・横の組子に面をとり面を合わせる。非常に手間がかかるが、細く繊細に見える

面を取る方法でも簡略な納まり。逃げがきくので面をそろえる方法より手間があまり掛からない

組子に面をとらずにそれぞれを切り欠きかみ合わせる方法

組子の主な組手としては、面取り、面取り（面内納め）、素組がある

2 | 引違い戸の基本

❶ 基本（上：2枚、下：3枚）

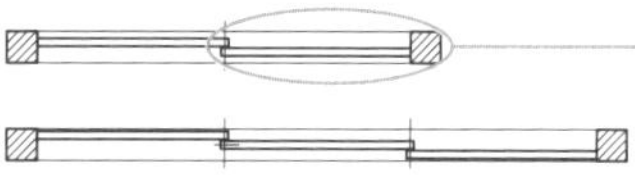

引違い戸は右側の建具が手前に来る

❷ 4枚の場合（基本）

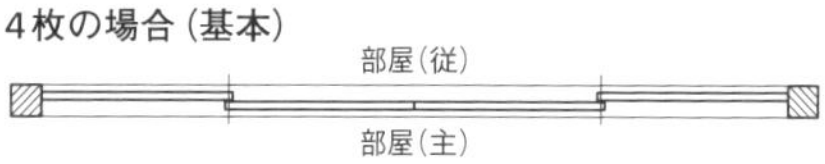

部屋（従）
部屋（主）

❸ 4枚の場合（柱が入る場合）

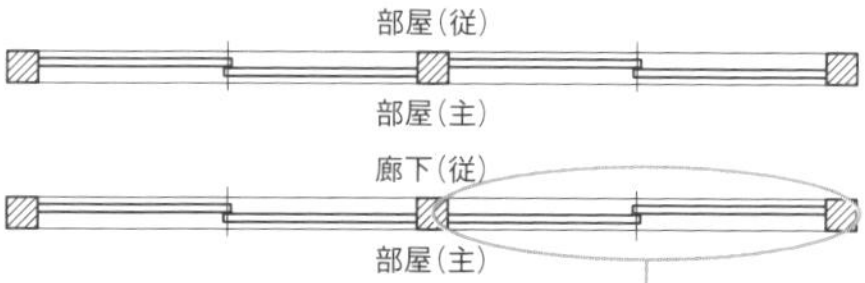

部屋（従）
部屋（主）
廊下（従）
部屋（主）

左右対称を重視して、例外的に建具を左前にした例

引違い障子の基本

障子は上下桟と框の四方枠に内部桟（組子）を入れ、和紙などを張る。和紙には機械漉きのものと伝統的な手漉きの高級品がある。障子は引違いで使うことが多いが、引違い建具には、どちらが前にくるかの約束事がある。向かって右側の建具が前にくるのが基本である［図1・2］。

鴨居・敷居の納まり

建具を納めるのに必要なのが鴨居と敷居だが、材料選びが意匠面・機能面の両方に大きく影響する。一般に鴨居にはスギ、敷居には摩擦による減りの少ないマツ材を使う。戸を滑りやすくするため、溝に埋木（樫）などを施すが、数寄屋や茶室では控えたい。ただし、窓敷居（スギ材）の場合は、数寄屋や茶室でも、ガラス障子など重い建具を入れる場合は、埋木（サクラなどの堅木）することもある。

敷鴨居の溝幅は、建具の見込みによって決まる。障子の見込みは一般に30㎜だが（書院障子や窓障子はもう少し薄い）、建具どうしの隙間を3㎜とるようにしたものが、「四《し》七《しち》の溝」である。文字通り七分の溝

3 | 腰付き障子

❶ 姿図［S＝1：30］

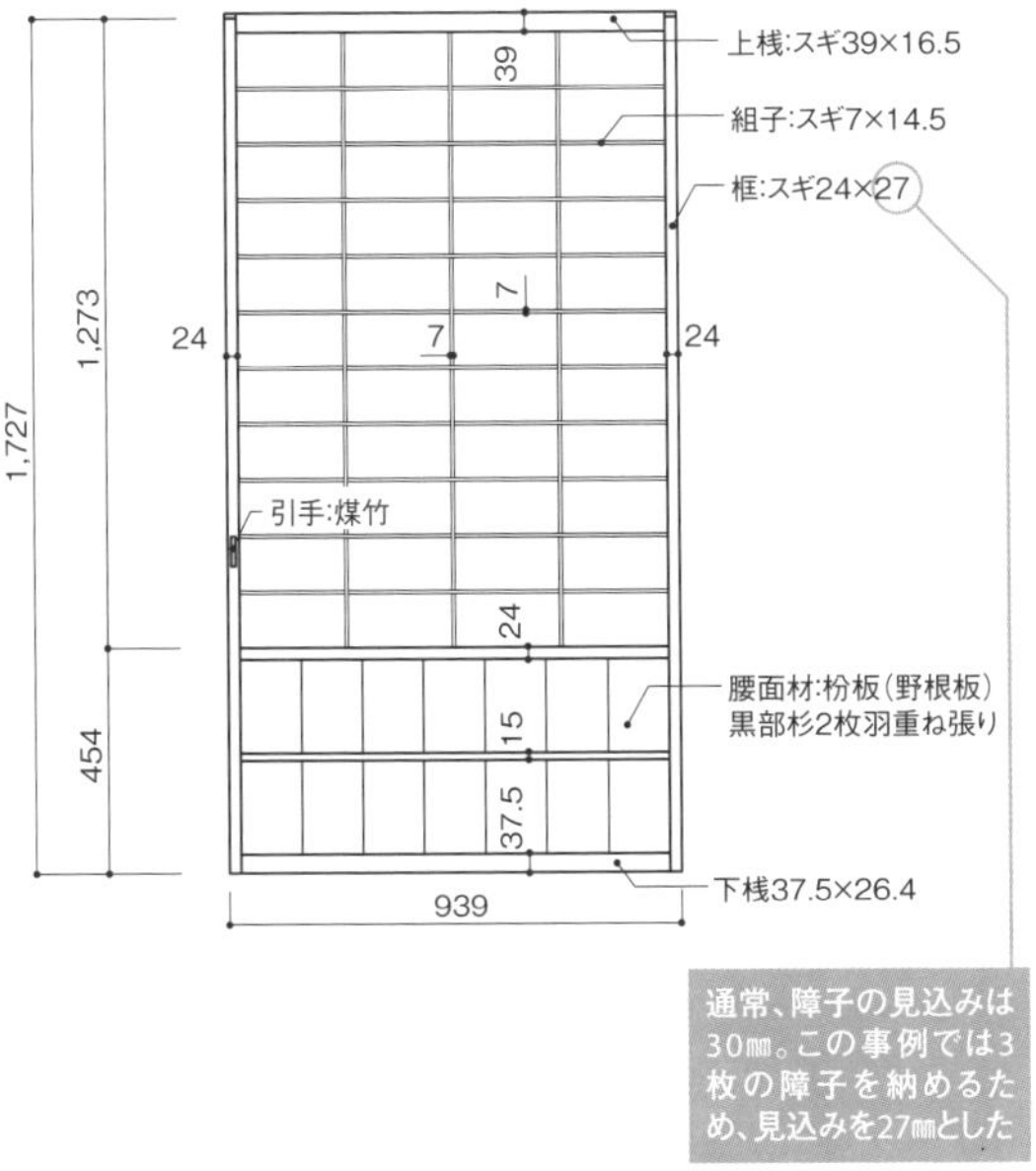

上桟:スギ39×16.5
組子:スギ7×14.5
框:スギ24×27
引手:煤竹
腰面材:粉板(野根板)
黒部杉2枚羽重ね張り
下桟37.5×26.4
1,727
1,273
454
939
24
7
39
15
37.5
通常、障子の見込みは30㎜。この事例では3枚の障子を納めるため、見込みを27㎜とした

❷ 断面図［S＝1：4］

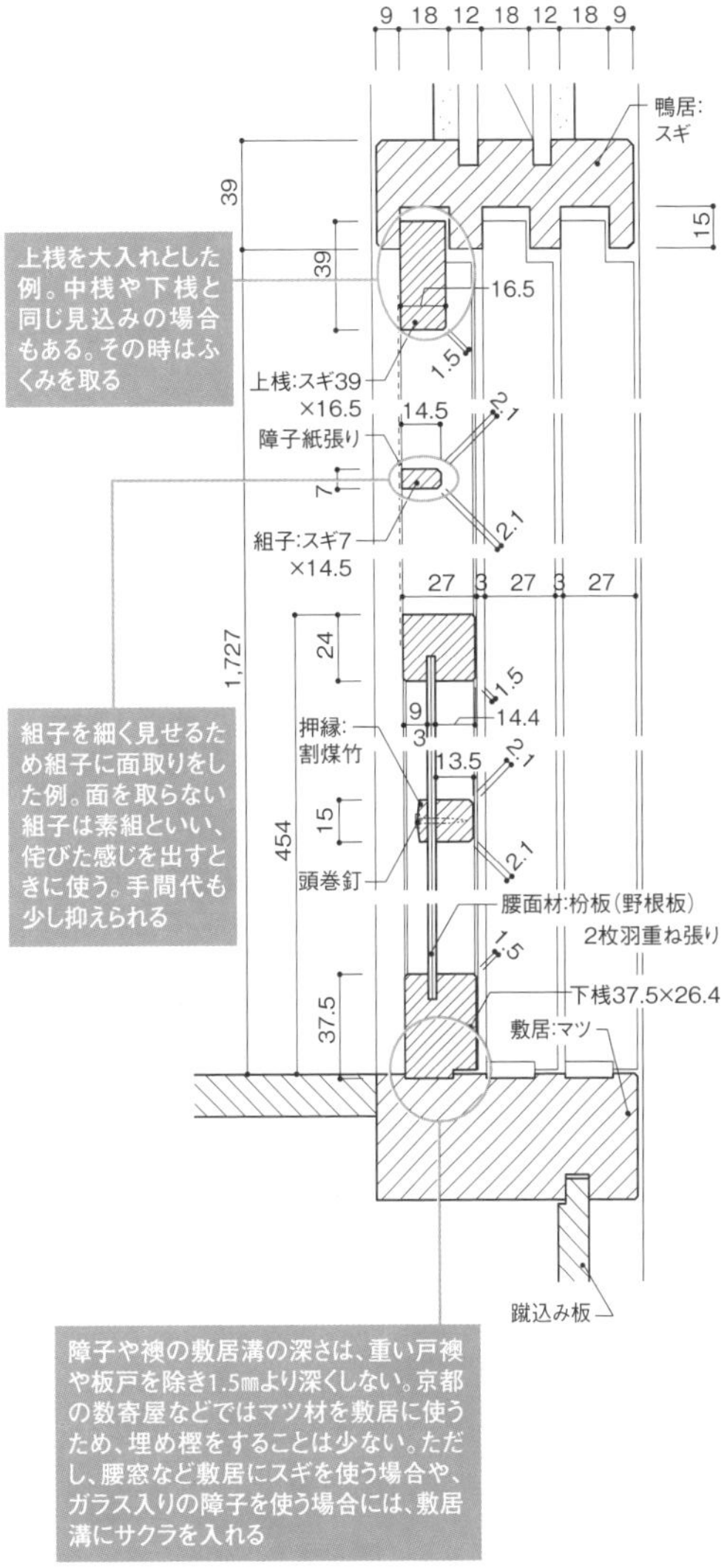

9 18 12 18 12 18 9
鴨居:スギ
上桟を大入れとした例。中桟や下桟と同じ見込みの場合もある。その時はふくみを取る
上桟:スギ39×16.5
障子紙張り
組子:スギ7×14.5
押縁:割煤竹
頭巻釘
腰面材:粉板(野根板)
2枚羽重ね張り
下桟37.5×26.4
敷居:マツ
蹴込み板
27 3 27 3 27
16.5
14.5
14.4
13.5
1,727
454
組子を細く見せるため組子に面取りをした例。面を取らない組子は素組といい、侘びた感じを出すときに使う。手間代も少し抑えられる
障子や襖の敷居溝の深さは、重い戸襖や板戸を除き1.5㎜より深くしない。京都の数寄屋などではマツ材を敷居に使うため、埋め樫をすることは少ない。ただし、腰窓など敷居にスギを使う場合や、ガラス入りの障子を使う場合には、敷居溝にサクラを入れる

❸ 建具詳細図（上：上部障子部分、下：下部腰板部）［S＝1：4］

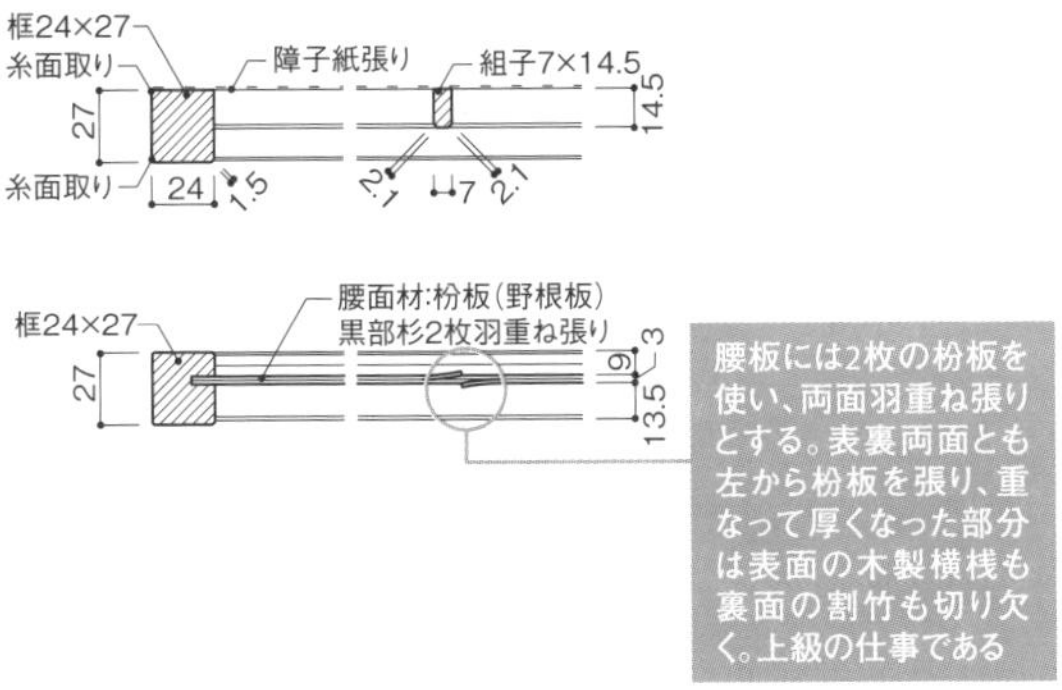

框24×27
糸面取り
障子紙張り
組子7×14.5
糸面取り
24
框24×27
腰面材:粉板(野根板)
黒部杉2枚羽重ね張り
腰板には2枚の粉板を使い、両面羽重ね張りとする。表裏両面とも左から粉板を張り、重なって厚くなった部分は表面の木製横桟も裏面の割竹も切り欠く。上級の仕事である

写真　鴨居溝（上）と敷居溝（下）

（21㎜）をつき、溝と溝との間（中樋端）を四分（12㎜）とる。関西地方では五六の溝とすることもあったが、現在では四七の溝が慣用される。また、襖（見込み27㎜）の場合は「三七《さんしち》の溝（中樋端9㎜、溝21㎜）」だが、近年では襖、障子、板戸のいずれにも変更できるように四七の溝とすることが多い【写真】。書院障子や窓障子など建具の見込み寸法が小さくなれば、それに応じて「六四の溝」や「五三の溝」となる。いずれにせよ、建具どうしの隙間は必ず3㎜あける。

鴨居溝の深さは、通常15㎜。小障子の場合は12㎜と少し浅くなる。一方、敷居の溝の深さには注意が必要だ。一般的な住宅では溝の深さが割と深く、3㎜弱ほどつかれているが、数寄屋・茶室建築では1.5㎜ついただけでも少し深すぎるといわれる。

雪見障子のつくり方

1｜腰付き雪見障子

❶ 姿図（左：小障子を上げた状態、中：下げた状態、右：小障子）［S＝1：20］

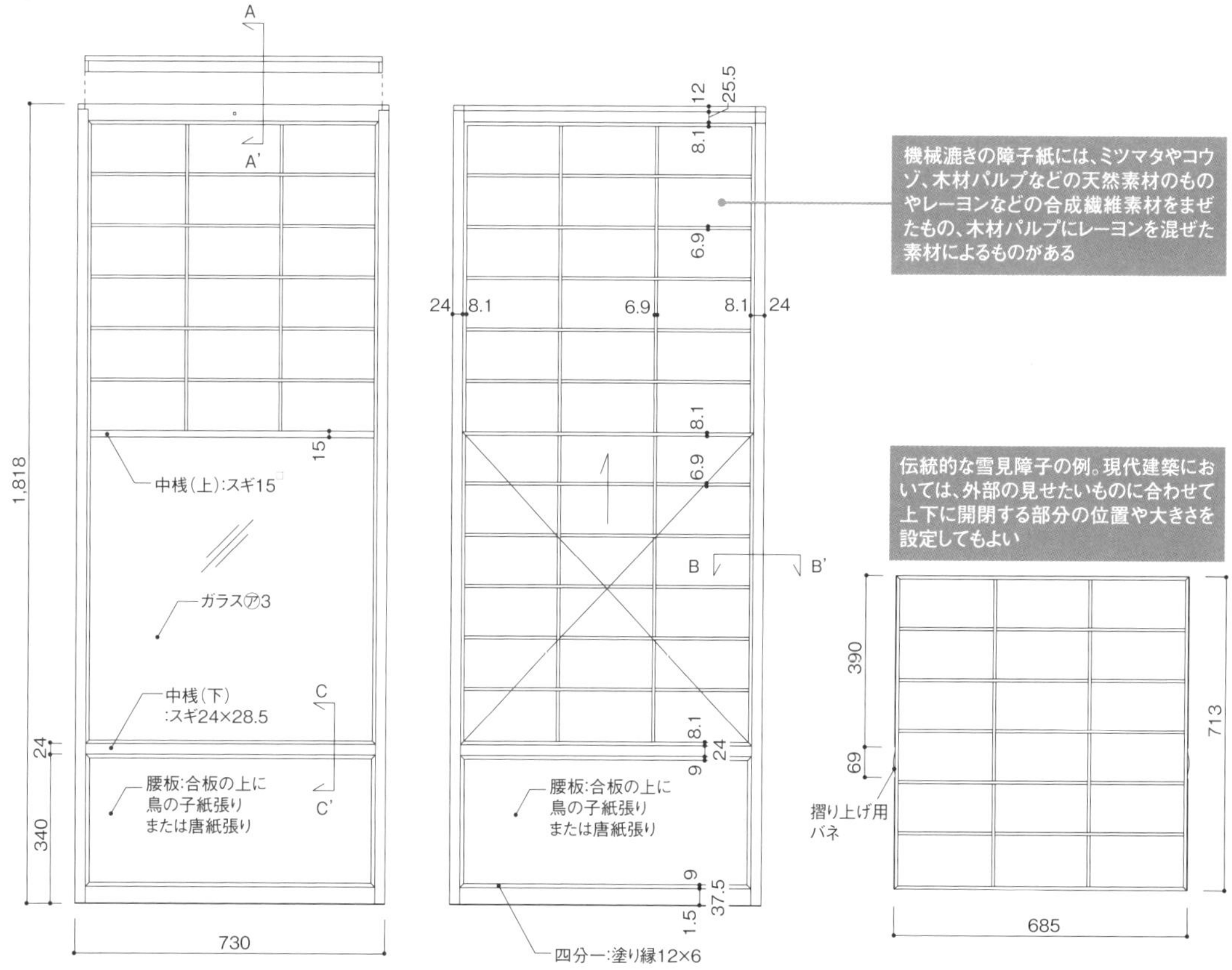
A
A'
1,818
中桟（上）:スギ15
15
ガラス㋐3
中桟（下）
:スギ24×28.5
C
C'
24
腰板:合板の上に
鳥の子紙張り
または唐紙張り
340
730
12
25.5
8.1
6.9
24
8.1
6.9
8.1
24
8.1
6.9
B
B'
8.1
24
9
腰板:合板の上に
鳥の子紙張り
または唐紙張り
9
37.5
1.5
四分一:塗り縁12×6
機械漉きの障子紙には、ミツマタやコウゾ、木材パルプなどの天然素材のものやレーヨンなどの合成繊維素材をまぜたもの、木材パルプにレーヨンを混ぜた素材によるものがある
伝統的な雪見障子の例。現代建築においては、外部の見せたい物に合わせて上下に開閉する部分の位置や大きさを設定してもよい
390
69
713
摺り上げ用
バネ
685

障子の種類は豊富で、組子の組み方で千差万別である。形状の違いでは、腰を付けた腰付き障子と腰の付かない水腰障子［写真］に大別される。

ここでは、腰付き障子の一部に透明ガラスを組み込み、ガラスの室内側で上げ下げできる小障子を入れた伝統的な「雪見障子」を紹介する。かなり手の込んだ仕口などがあり、巧妙なしくみが図面からも読み取れる［図1］。

雪見障子のガラス部分は、窓の外にある見せたい景色を切り取るように、自由に大きさや位置を決めていくなど、伝統を理解したうえでいろいろとチャレンジしてみたい。そうすることで、思ってもみなかった和モダンの世界が広がるだろう［図2］。

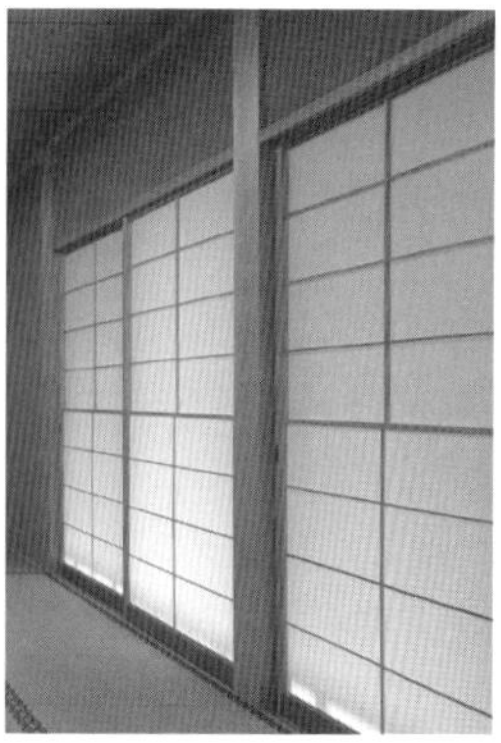

写真　雪見障子。下部の障子を摺り上げる

❷ 上桟詳細図（A—A' 断面、姿図）［S＝1：3］

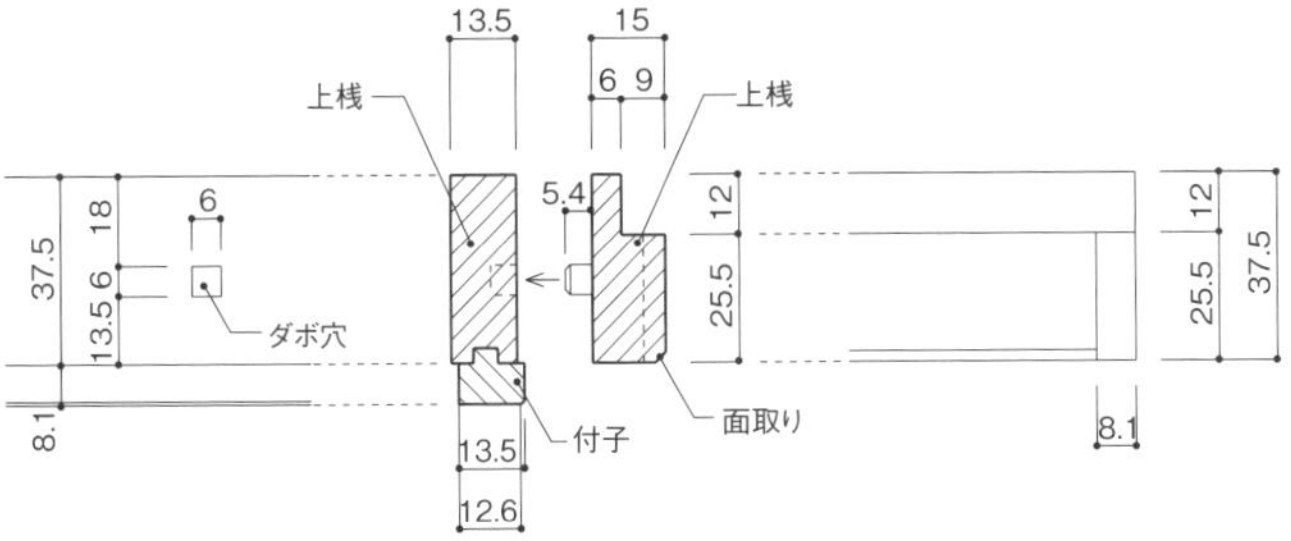
13.5
15
6 9
上桟
上桟
6
5.4
12
12
37.5
18
6
13.5
25.5
25.5
37.5
ダボ穴
8.1
13.5
付子
面取り
8.1
12.6

❸ 框詳細図（B—B' 断面）［S＝1：3］

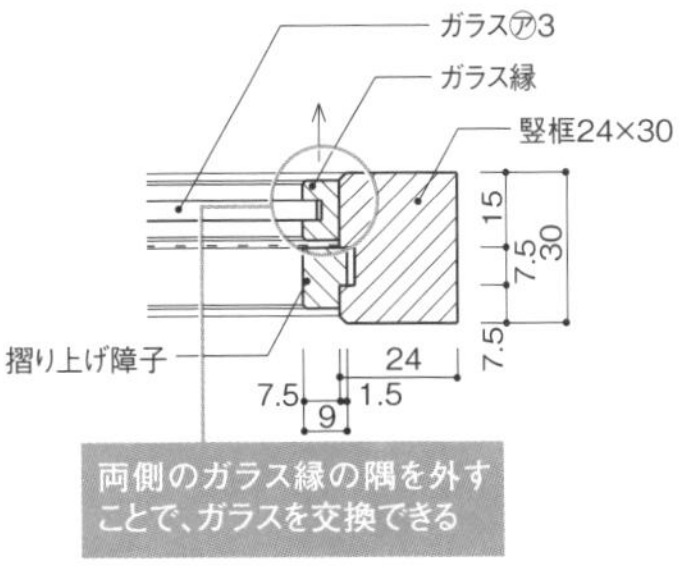
ガラス㋐3
ガラス縁
竪框24×30
15
7.5
30
7.5
摺り上げ障子
24
7.5
1.5
9
両側のガラス縁の隅を外すことで、ガラスを交換できる

❹ 中桟詳細図（C－C' 断面）［S＝1：3］

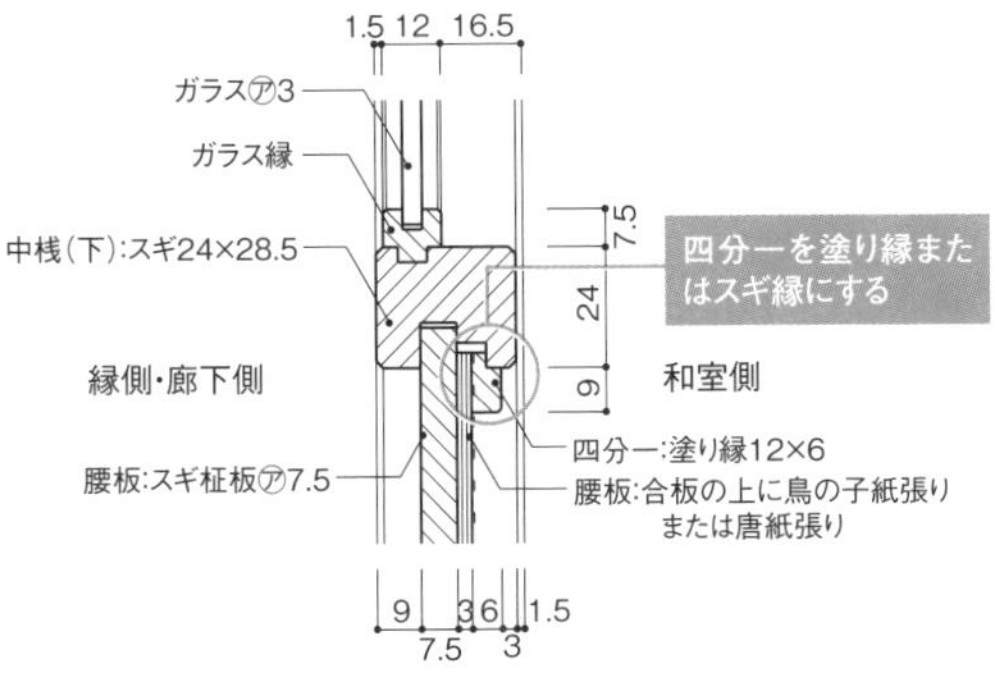
1.5 12 16.5
ガラス㋐3
ガラス縁
中桟（下）：スギ24×28.5
7.5
四分一を塗り縁またはスギ縁にする
24
縁側・廊下側
9
和室側
四分一：塗り縁12×6
腰板：スギ柾板㋐7.5
腰板：合板の上に鳥の子紙張りまたは唐紙張り
9
3 6
1.5
7.5
3

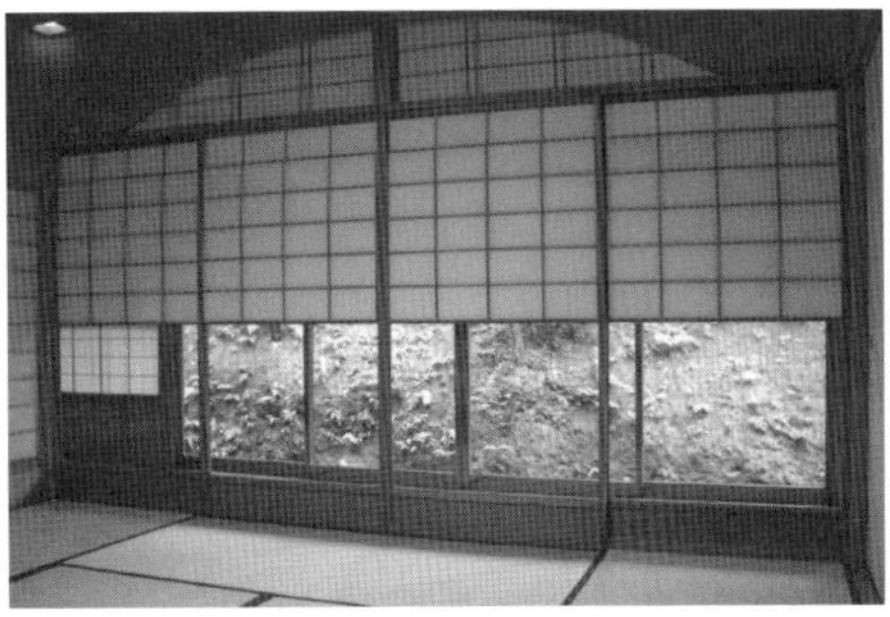

小障子を上げ、庭を見る

2 | 雪見障子の種類

❶ 伝統的な雪見障子

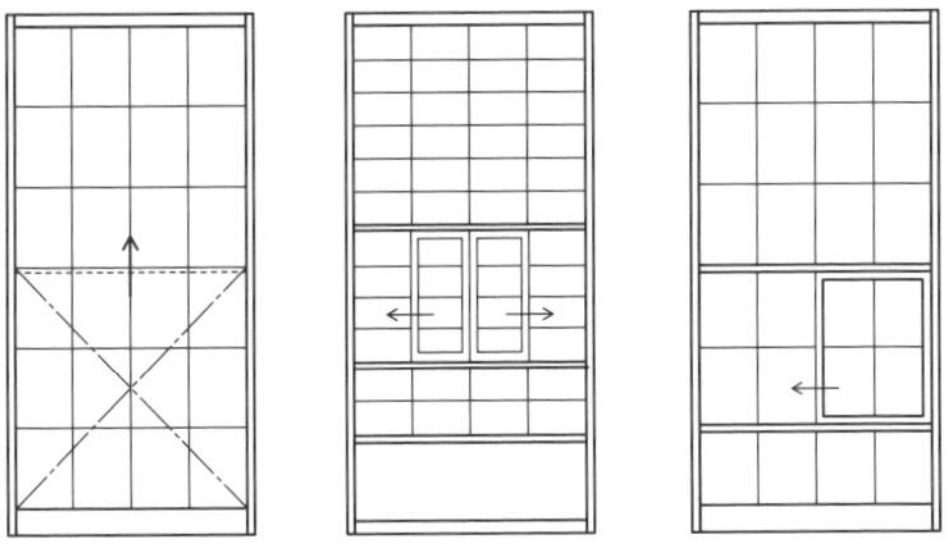

摺上げ方式　　引分け方式　　片引き方式

❷ 雪見障子の新しいチャレンジ

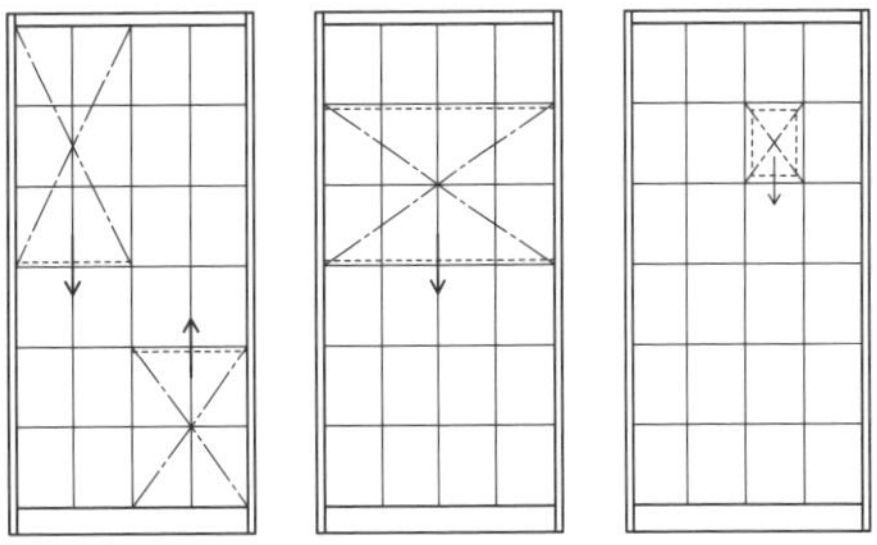

開口できる部分の高さ・大きさは自由に設定できる

上桟はココを押える

障子の上桟の形状は、丸桟、薄桟、長押桟（あまり見ない）がある。なかでも、丸桟は見栄えがするため上物の障子に使われ、薄桟は仕事の逃げがきくためよく使われるが、障子を安っぽく見せるともいわれてきた。しかし、現在一般に使われる形状はむしろ丸桟で、数寄屋や茶室建築では薄桟を使うのが通例である。茶室などで、見栄えがするという理由だけで丸桟を採用すると、かえって滑稽に見え、雰囲気を壊してしまう場合があるので要注意である。

また、建具の打ち合わせでは「ふくみ」という言葉が出てくる。これは図下にある部分のことで、どちら側の部屋に対してふくみを見せるかがポイントになる。障子でいうと主な部屋側にはふくみを見せるように考える。数寄屋や茶室によく見られる薄桟の場合、図のようにふくみは必ず主な部屋側にくるようにする。注意すべきは、板戸の場合はこの逆となる点である。ただし雨戸は、障子と同様、屋内側にふくみを見せる。

■上桟の種類とふくみ

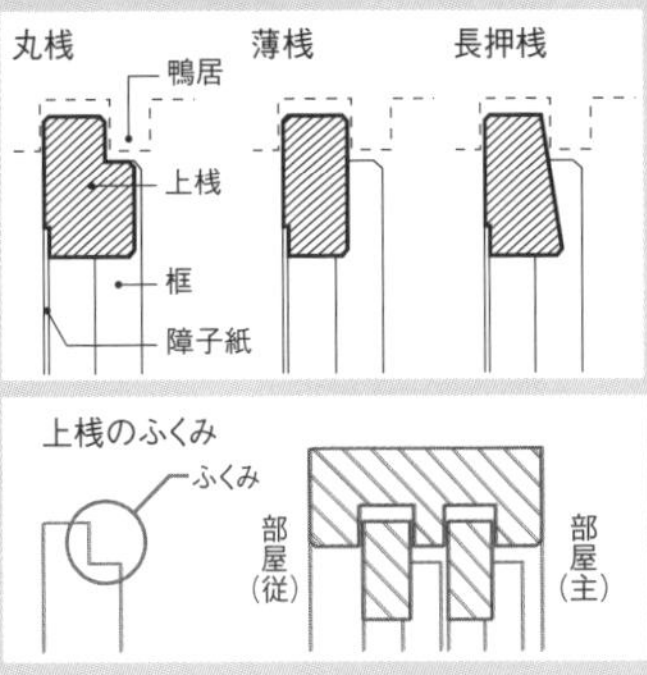
丸桟
薄桟
長押桟
鴨居
上桟
框
障子紙
上桟のふくみ
ふくみ
部屋（従）
部屋（主）

部屋の格を決める板戸

1 框戸の主な種類

鏡板戸

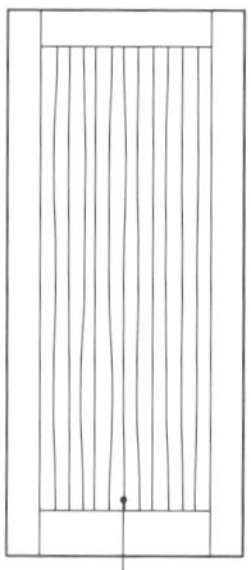
鏡板(柾目、杢目)

鏡板が杢か柾目かで外観が異なる。柾は数枚接ぎで使う。中杢は1枚板を使えない場合、3枚接ぎ(両端:柾、中:杢)とする

帯戸

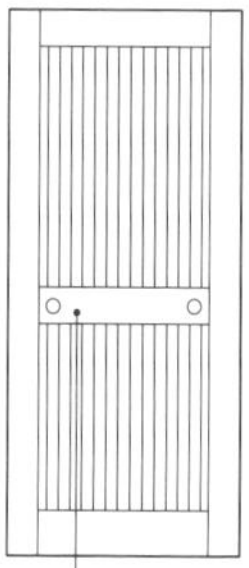
中帯

中帯は意匠のバリエーションが豊富。図は引手兼用の中帯。中帯を入れる位置は建具高さの1/2より下

ガラス戸

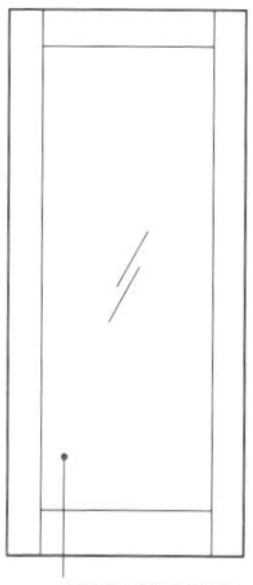
ガラス㋐5程度

大きなガラス戸の場合は、ガラスを厚めにしたり、強化ガラスとする。飛散防止フィルムを張ることもある

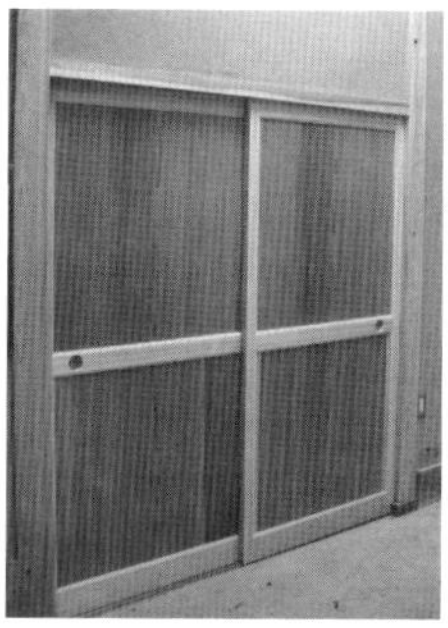

2枚引違いの中帯板戸

2 桟戸の主な種類

舞良戸

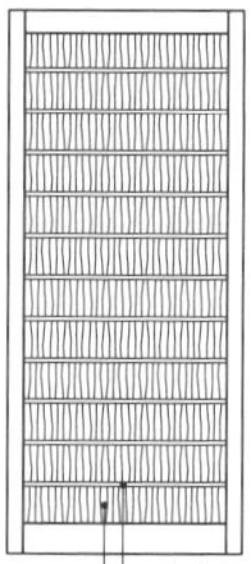
舞良子
鏡板

鏡板を縦張りにし、舞良子を必ず奇数本入れた横舞良戸が基本形である

格子戸

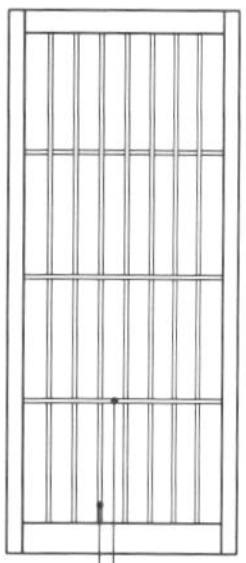
貫
格子子

戸幅が3尺弱の場合は、見付け24mm程度の格子子を縦に7本程度入れる

腰付きガラス戸

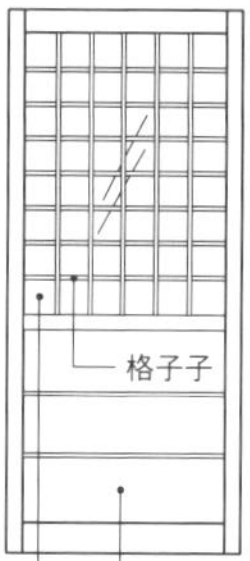
格子子
腰板
ガラス㋐5程度

ガラスを入れる場合は、3mm厚のガラスを落とし込みで納めることが多い

雨戸(無双付き)

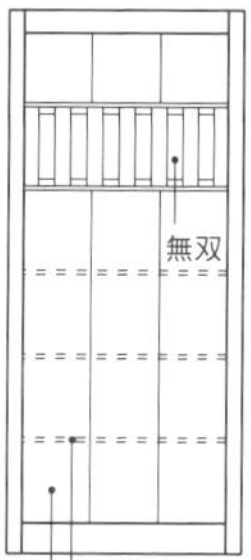
無双
裏桟
鏡板

無双板は見付け75mm、厚さ7mm程度。戸幅が3尺ほどでは11枚になる

簀戸

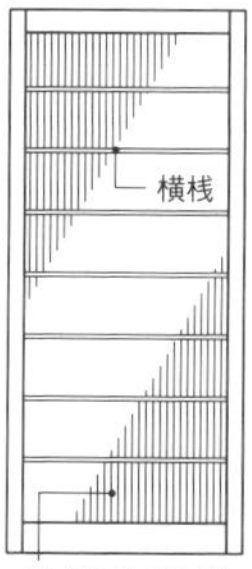
横桟
簀(葭、竹、萩などを編んだもの)

夏場に紙張り障子と入れ替えて使われることから、夏障子とも呼ばれる

引違いの中障子板戸。漆の塗り縁

框戸や桟戸の設計をする際には、框や桟の見付け寸法に注意。見付けを細くし過ぎると、錠やレバーハンドルのバックセット寸法が取れないこともあるので、事前にカタログなどで確認しておく

板戸は框戸、桟戸、フラッシュ戸に大別される。建具の四周に化粧の枠を回す框戸、四周に廻す枠を細くし補強のために細い桟を入れた桟戸、下地の骨組に面材を張ったフラッシュ戸と、それぞれ構造が異なる。デザインもさまざまで、選択の幅が広いのも特徴である【図1・2、写真】。

数寄屋の設計では、建物のグレードを決める重要なポイントの1つにこの板戸がある。同じ板戸でも中帯を入れた帯戸と、桟戸の一種である舞良戸《まいらど》【図3】ではまったく趣が異なり、面材に網代を使った網代戸を使うと部屋の雰囲気がぐっと上がるものである。建物をモダンに仕上げる場合には、筆者は竪舞良戸を採用することが多い。伝統のなかに新しさを感じさせるデザインであり、各部材も伝統的な寸法にとらわれず、大きく大胆に扱うことで、和モダンの新しい世界が生まれる。

写真　ガラス入り格子戸

3 | 横舞良戸の納まり

❶ 姿図［S＝1：40］

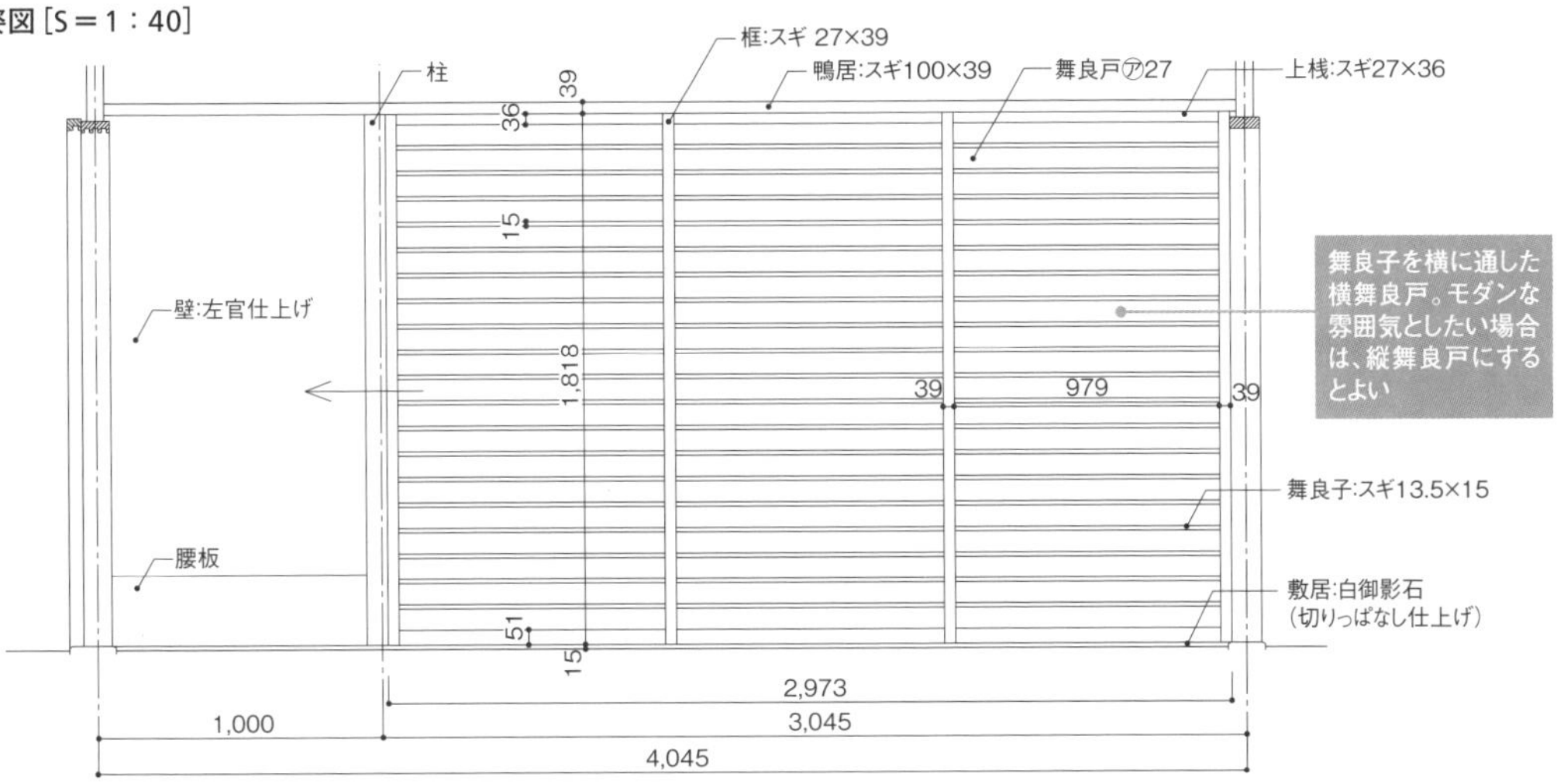

框:スギ 27×39
柱
鴨居:スギ100×39
舞良戸㋐27
上桟:スギ27×36
39
36
15
壁:左官仕上げ
1,818
39
979
39
舞良子を横に通した横舞良戸。モダンな雰囲気としたい場合は、縦舞良戸にするとよい
舞良子:スギ13.5×15
腰板
敷居:白御影石
(切りっぱなし仕上げ)
51
15
2,973
1,000
3,045
4,045

❷ 平面図［S＝1：40］

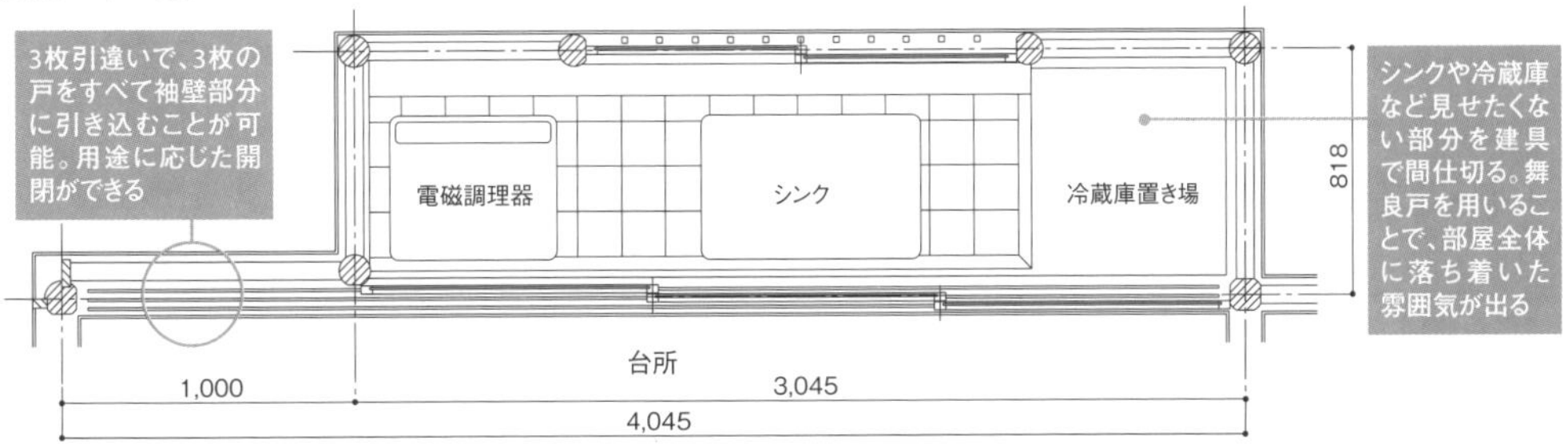

3枚引違いで、3枚の戸をすべて袖壁部分に引き込むことが可能。用途に応じた開閉ができる
電磁調理器
シンク
冷蔵庫置き場
818
シンクや冷蔵庫など見せたくない部分を建具で間仕切る。舞良戸を用いることで、部屋全体に落ち着いた雰囲気が出る
台所
1,000
3,045
4,045

❸ 断面図［S＝1：4］

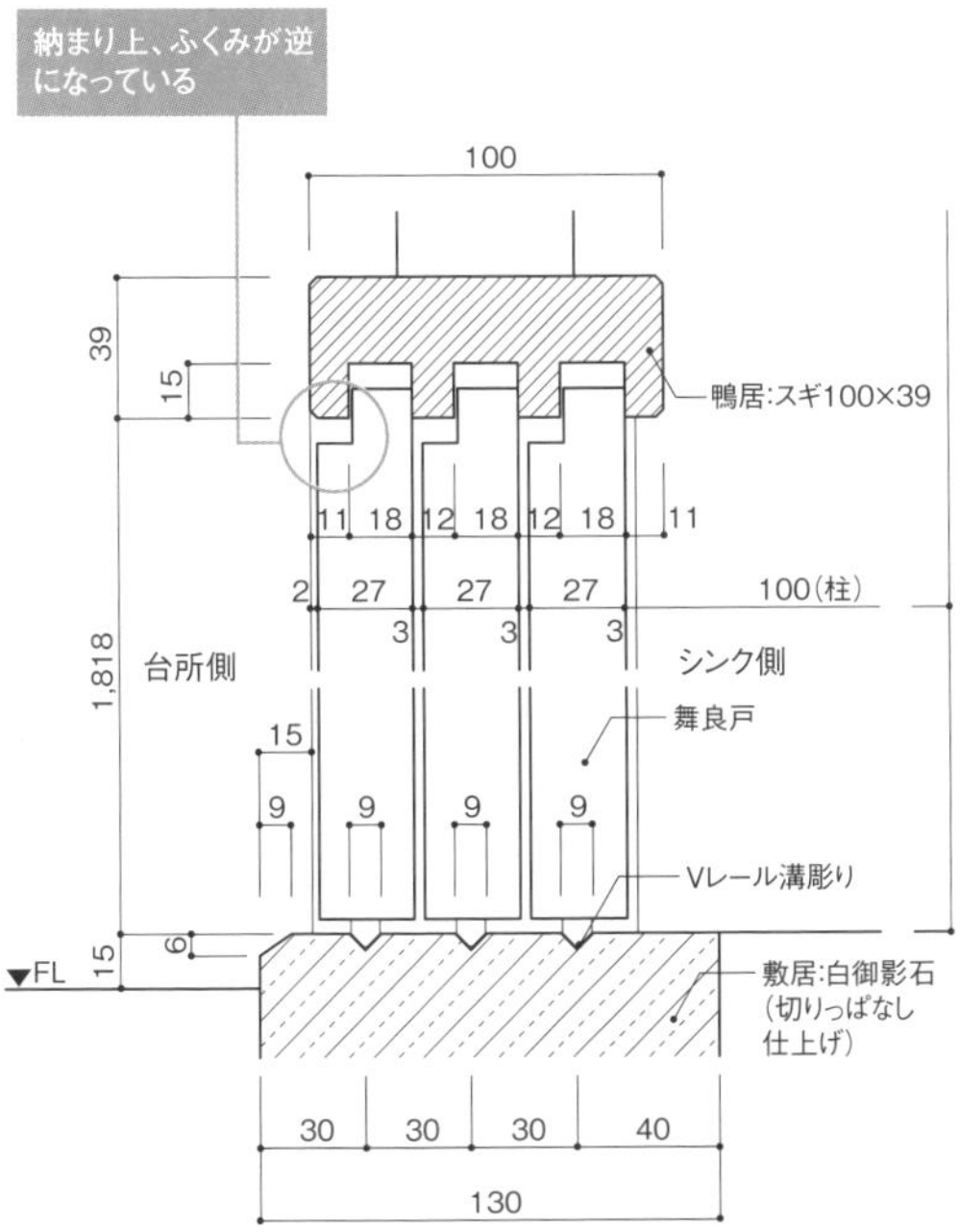

納まり上、ふくみが逆になっている
100
39
15
鴨居:スギ100×39
11 18 12 18 12 18 11
2 27 27 27
3 3 3
100(柱)
1,818
台所側
シンク側
舞良戸
15
9 9 9 9
Vレール溝彫り
FL
15
6
敷居:白御影石
(切りっぱなし仕上げ)
30 30 30 40
130

❹ 横桟詳細図（左：簡易な納まり　右：上級の納まり）［S＝1：2］

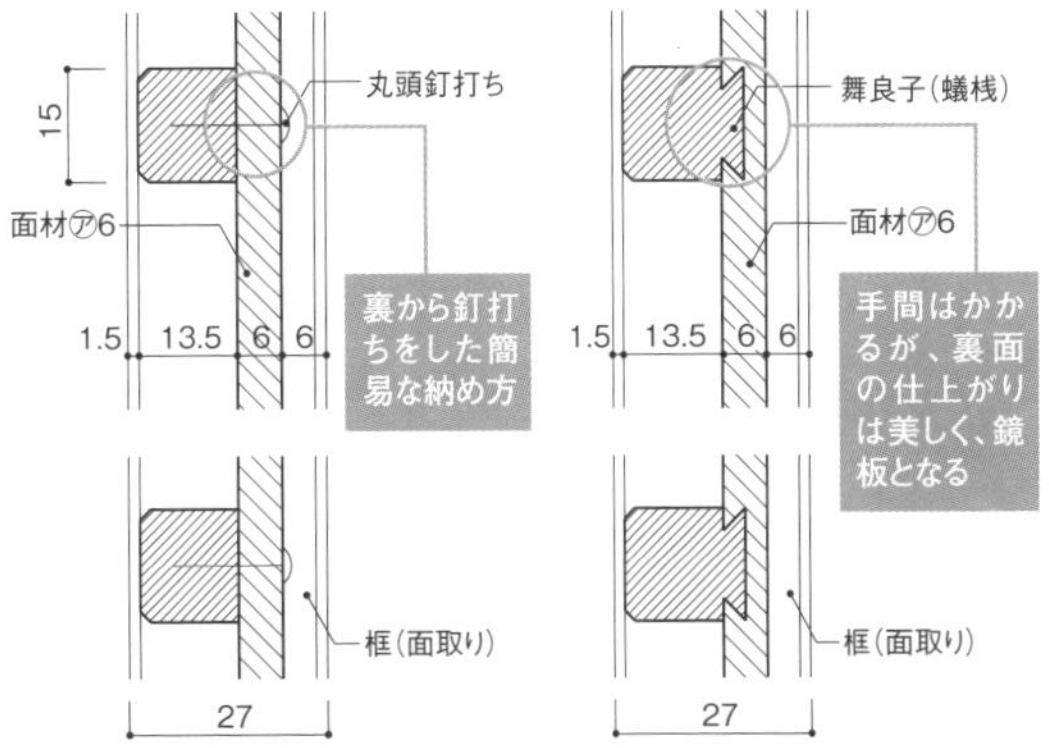

15
丸頭釘打ち
面材㋐6
裏から釘打ちをした簡易な納め方
1.5 13.5 6 6
框(面取り)
27
舞良子(蟻桟)
面材㋐6
手間はかかるが、裏面の仕上がりは美しく、鏡板となる
1.5 13.5 6 6
框(面取り)
27

手前が3枚引込みの横舞良戸。奥は同じデザインの開き戸。握り玉は目立たないよう小さいものを選ぶ

板戸にはさまざまなデザインがある。奥の板戸は杉板を建具の面材に使い、割竹の押縁で留めている

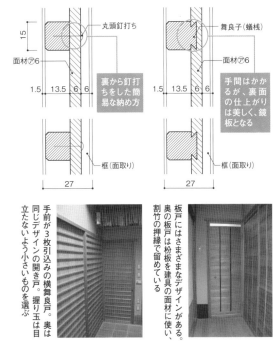

引戸のチェックポイント

1 | 引戸と開き戸

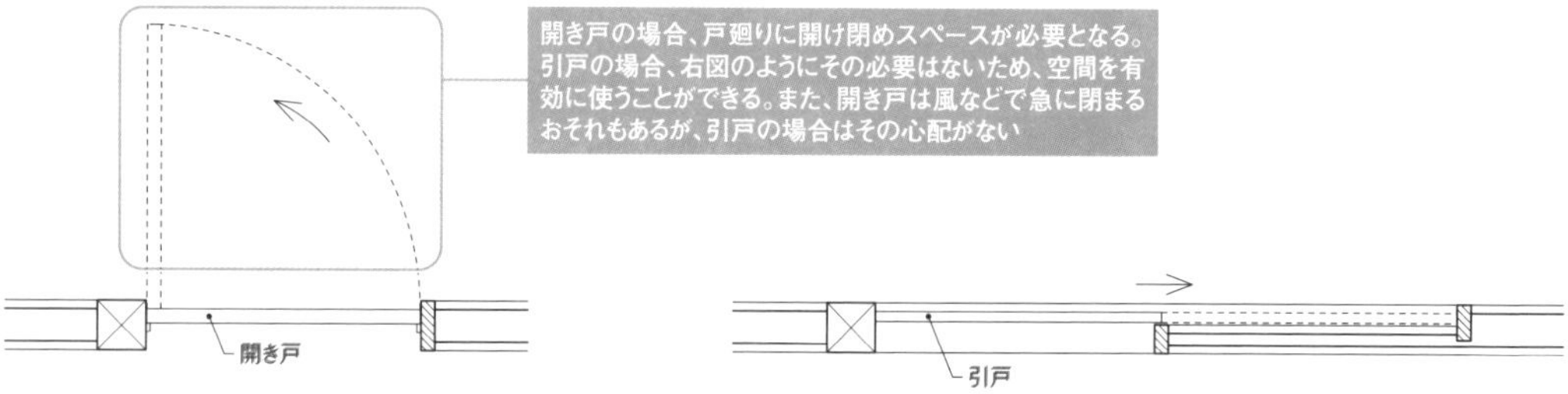
開き戸の場合、戸廻りに開け閉めスペースが必要となる。引戸の場合、右図のようにその必要はないため、空間を有効に使うことができる。また、開き戸は風などで急に閉まるおそれもあるが、引戸の場合はその心配がない
開き戸
引戸

2 | 片引戸

❶ 姿図（左：表側 右：裏側）[S＝1：25]

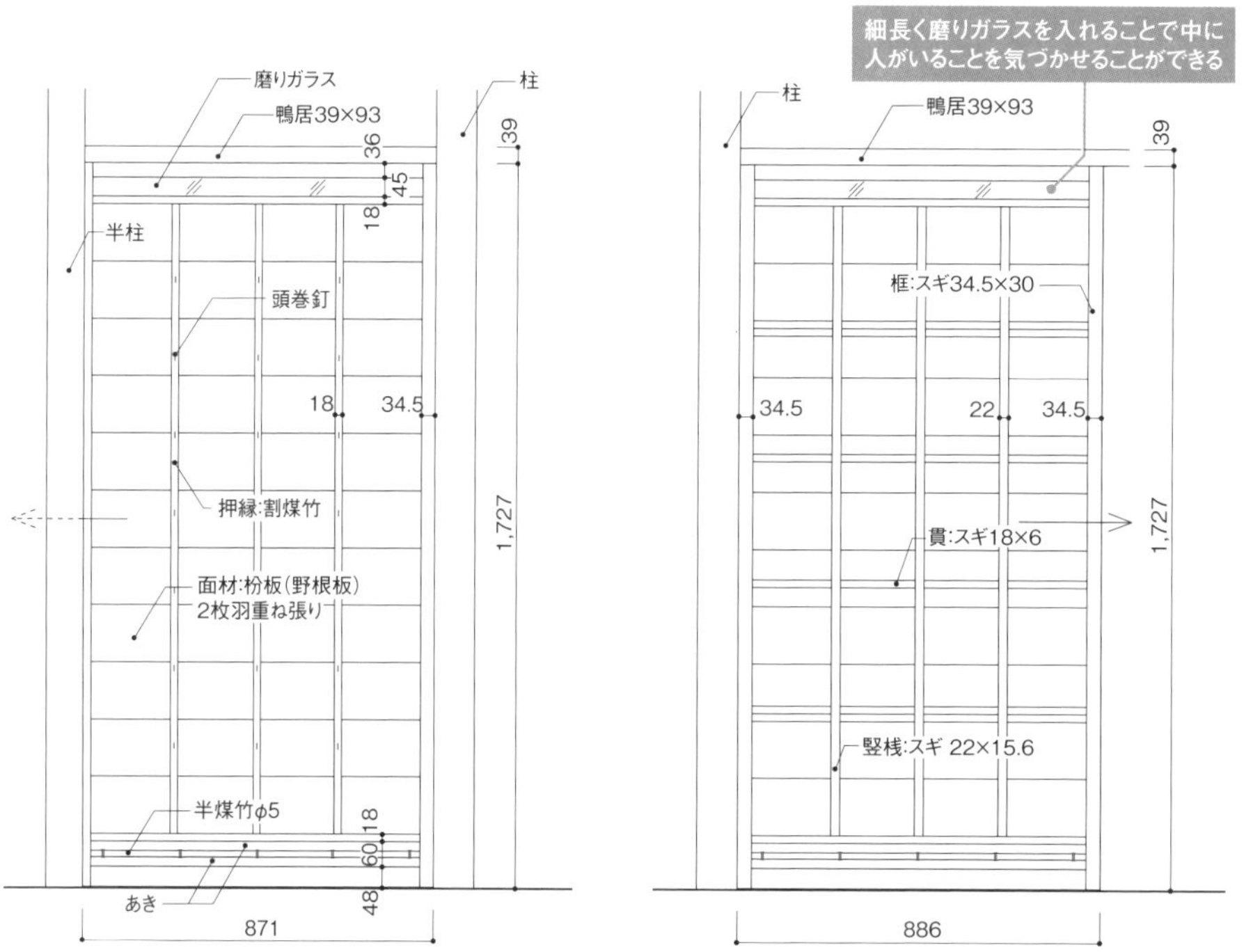
細長く磨りガラスを入れることで中に人がいることを気づかせることができる
磨りガラス
鴨居39×93
柱
36
45
18
39
半柱
頭巻釘
18
34.5
押縁:割煤竹
1,727
面材:桴板（野根板）
2枚羽重ね張り
半煤竹φ5
18
60
48
あき
871
柱
鴨居39×93
39
框:スギ34.5×30
34.5
22
34.5
貫:スギ18×6
1,727
竪桟:スギ 22×15.6
886

❷ 平面図 [S＝1：20]

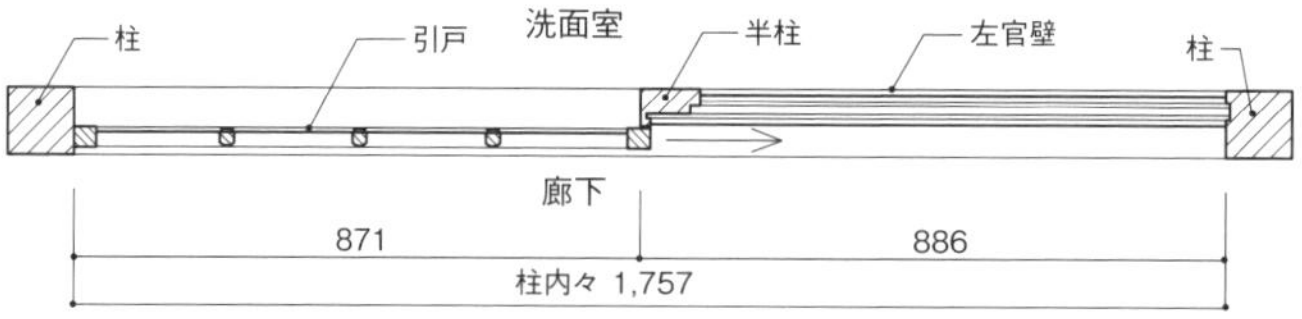
柱
引戸
洗面室
半柱
左官壁
柱
廊下
871
886
柱内々 1,757

❸ 平面詳細図［S＝1：4］

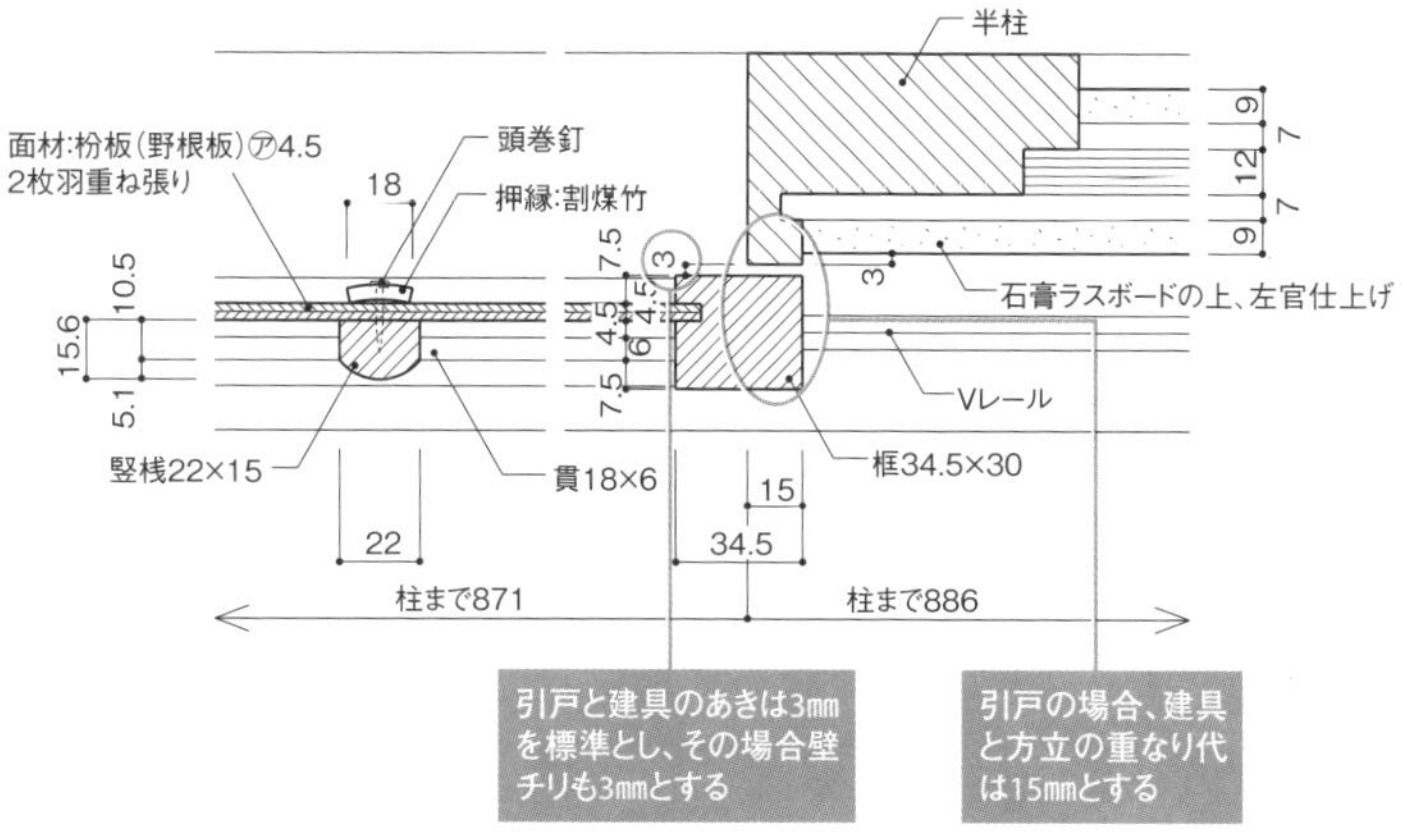
半柱
面材:椹板（野根板）㋐4.5
2枚羽重ね張り
頭巻釘
押縁:割煤竹
石膏ラスボードの上、左官仕上げ
Vレール
竪桟22×15
貫18×6
框34.5×30
柱まで871
柱まで886
引戸と建具のあきは3mmを標準とし、その場合壁チリも3mmとする
引戸の場合、建具と方立の重なり代は15mmとする

ガラスを入れることで、内部の人の存在を視覚的に知らせる。細長く磨りガラスを入れるのが、ここでのデザインのポイント

❹ 断面図［S＝1：4］

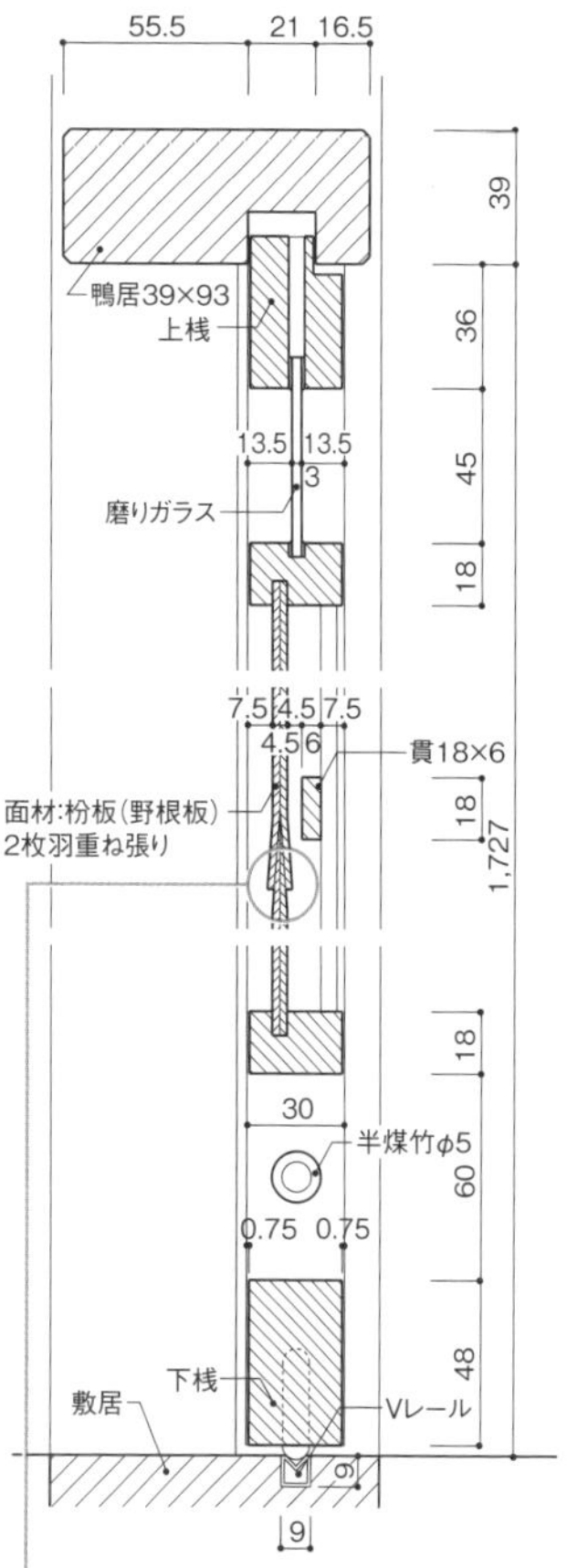
鴨居39×93
上桟
磨りガラス
貫18×6
面材:椹板（野根板）
2枚羽重ね張り
半煤竹φ5
下桟
敷居
Vレール

建具の面材には椹板を2枚羽重ねしたものを使う。建具の表裏両面とも羽重ねするが、物入れなどに使う建具の場合などは片面のみでよい

（左）羽重ね張りした椹板を使った引戸（裏側）
（上）網代（あじろ）を面材に使った引込み戸。枠は、表側から見て鴨居が横に延びる角かつぎとした例

写真　外部の木製ガラス戸、葭戸、障子。引戸で部屋の雰囲気を変えている例。すべて戸袋にしまえるので、建具の入れ換えが簡単

現代建築では開き戸が主流であるが、引戸にはさまざまな利点**［図1］**があるので、もっと積極的に採用したいものだ。引戸は風が吹いても急に閉まることがなく、また、必要な分だけ開けることもできる。そのほか、開き戸であれば扉を開けるスペースが必要だが、引戸は開閉スペースをとらない**［図2］**。

引戸の場合、**写真**のように必要な時（季節）に必要な建具を出して、部屋の雰囲気を簡単に変えることができるのも長所の1つだ。

▶ 内部開口 6

欄間は機能で意匠を変える

1 部屋境の透かし彫入り櫛型欄間

❶ 姿図［S＝1：40］

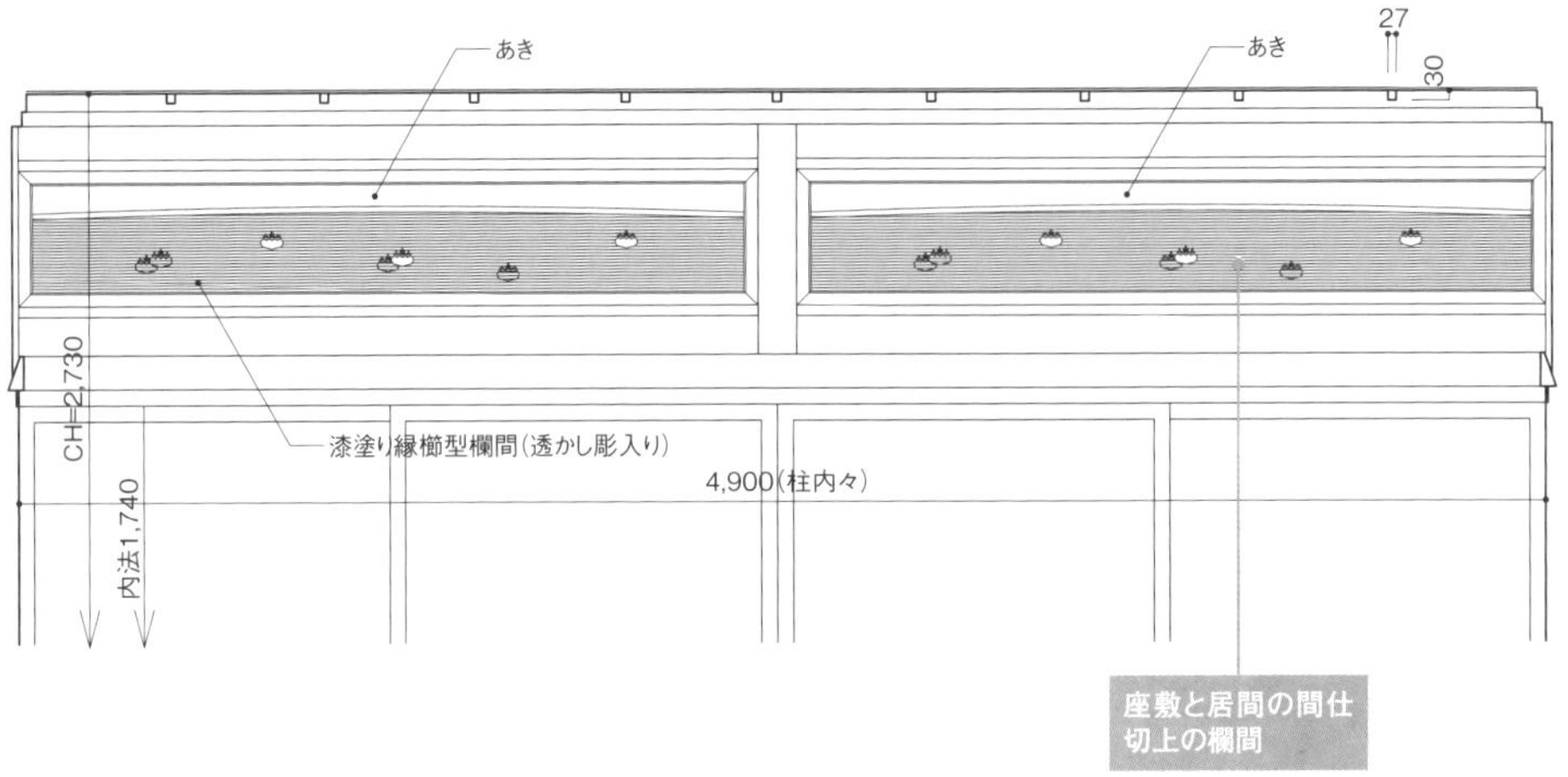
あき
あき
27
30
漆塗り縁櫛型欄間（透かし彫入り）
4,900（柱内々）
CH=2,730
内法1,740
座敷と居間の間仕切上の欄間

❷ 欄間廻り部分詳細図［S＝1：12］

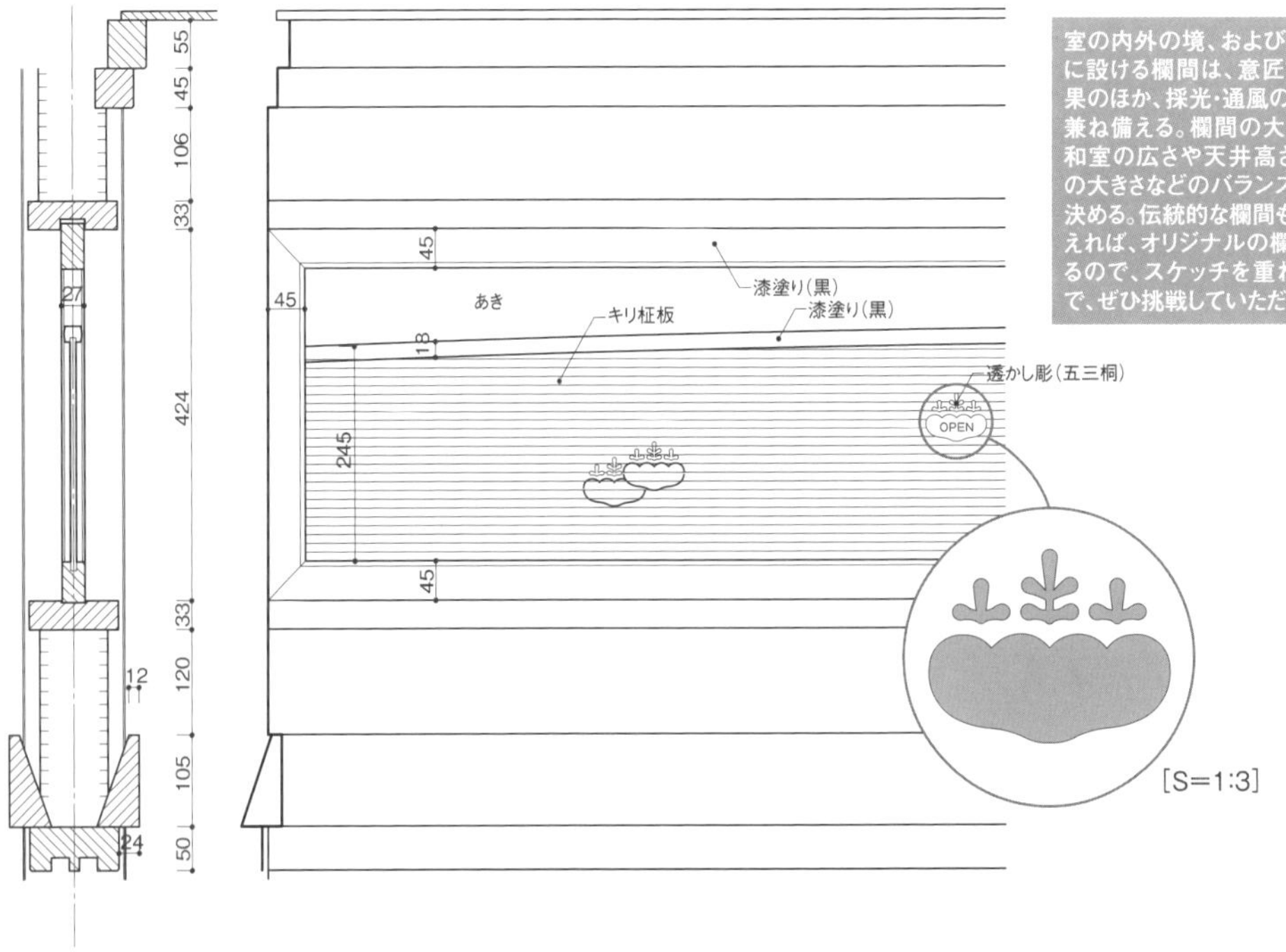
55
45
106
33
27
424
33
120
12
105
50
24
45
45
あき
漆塗り（黒）
キリ柾板
漆塗り（黒）
18
245
45
透かし彫（五三桐）
OPEN
[S=1:3]

室の内外の境、および部屋境に設ける欄間は、意匠上の効果のほか、採光・通風の機能も兼ね備える。欄間の大きさは、和室の広さや天井高さ、小壁の大きさなどのバランスをみて決める。伝統的な欄間も少し変えれば、オリジナルの欄間になるので、スケッチを重ねたうえで、ぜひ挑戦していただきたい

2 | 縁側からの光を楽しむ櫛型欄間

❶ 姿図（上：縁側・廊下側、下：和室側）［S＝1：40］

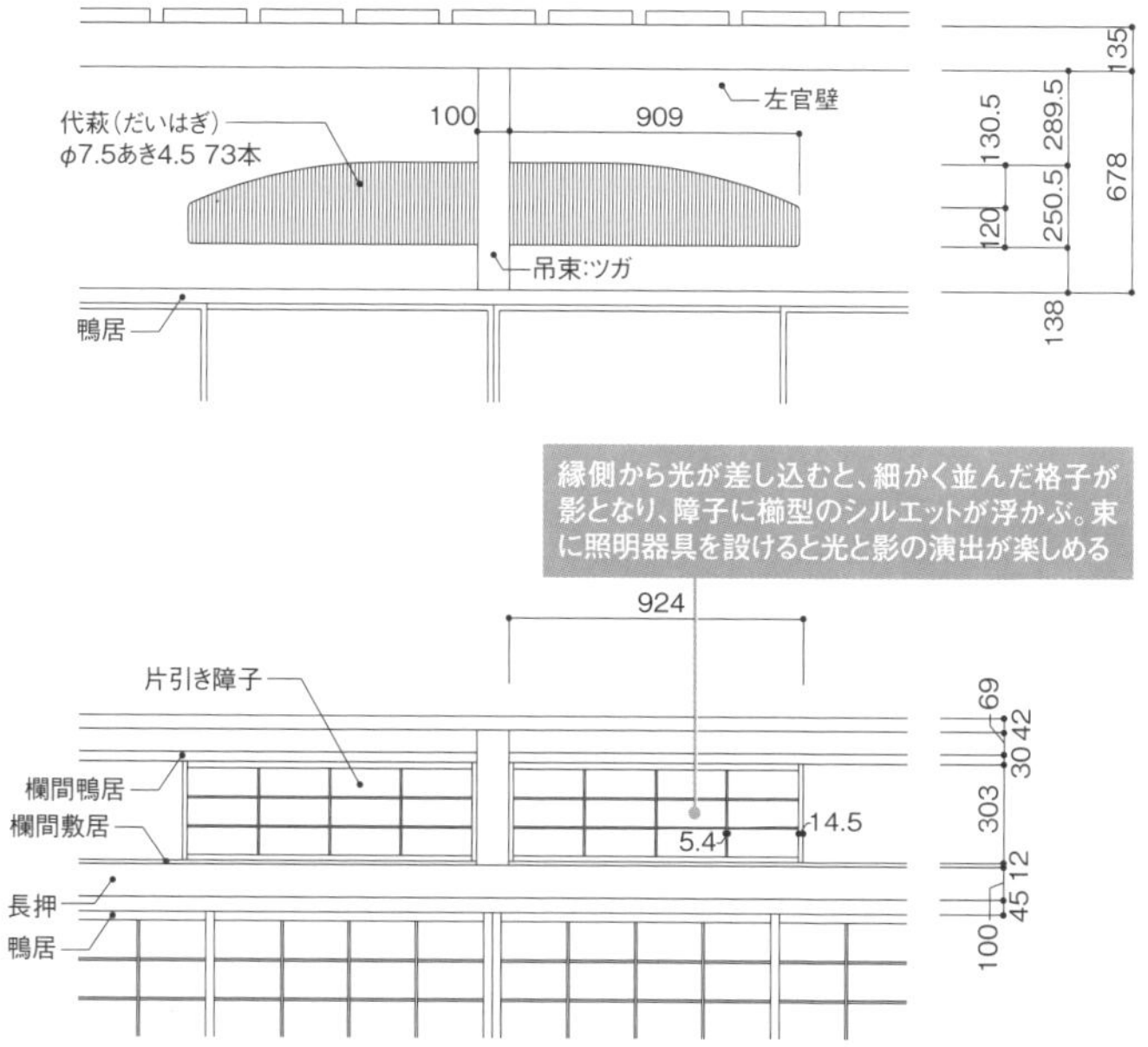

代萩（だいはぎ）
φ7.5あき4.5 73本
100
909
左官壁
吊束:ツガ
鴨居
135
289.5
130.5
250.5
678
120
138
縁側から光が差し込むと、細かく並んだ格子が影となり、障子に櫛型のシルエットが浮かぶ。束に照明器具を設けると光と影の演出が楽しめる
924
片引き障子
欄間鴨居
欄間敷居
長押
鴨居
14.5
5.4
69
42
30
303
12
45
100

❷ 断面図［S＝1：6］

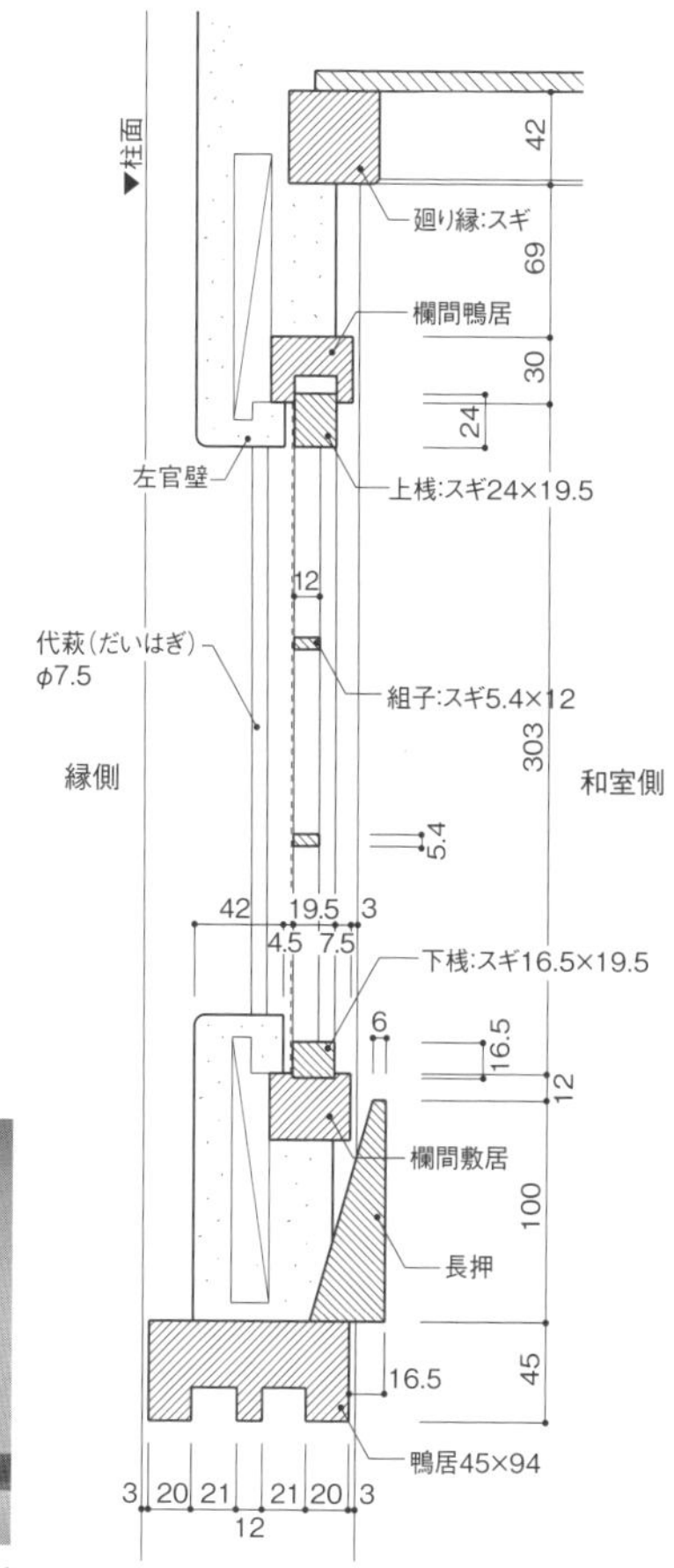

▼柱面
42
廻り縁:スギ
69
欄間鴨居
30
24
左官壁
上桟:スギ24×19.5
12
代萩（だいはぎ）
φ7.5
組子:スギ5.4×12
縁側
303
和室側
5.4
42
19.5
3
4.5
7.5
下桟:スギ16.5×19.5
6
16.5
12
欄間敷居
100
長押
16.5
45
鴨居45×94
3
20
21
21
20
3
12

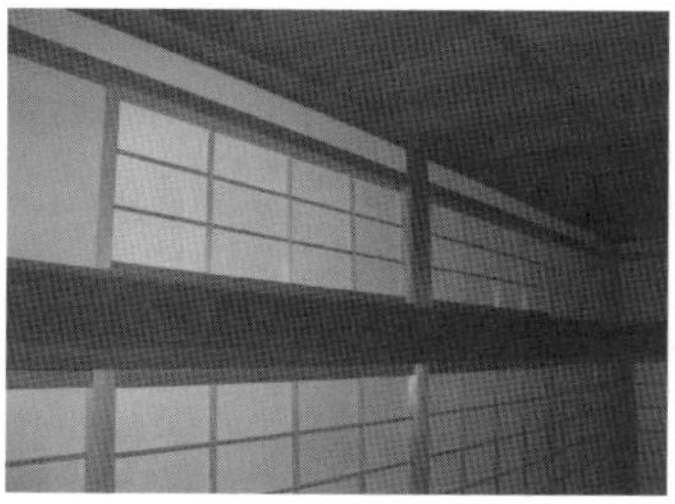

和室内から障子の入った欄間を見る。採光と換気のための欄間

同じ欄間を縁側部分から見る。ここから光が差し込み、障子に影を落とすことで櫛型のシルエットが浮かぶ

ちょっとした遊びごころをプラスした欄間

欄間は本来「換気と採光」という役割を担ってきたが、加工道具の発達とともに、デザイン性に富んだ複雑なものの造作が可能となった。

このような流れのなかでつくられた数寄屋建築などに見られる欄間は、簡略化された図案の透かし彫りがあったり、千本格子風であっても素材を吟味し侘びたものにつくり変えられたりするなど、建築に新しい感覚を吹き込んだ。

上記図面で取り上げた櫛型の欄間は、部屋を明るくするための採光というよりも、光が欄間に差すとそのシルエットが障子に浮かび上がるという、光と影の視覚的効果をうまく狙ったものである。少し遊びごころを取り入れたこのようなデザインが、これからの現代和風建築では重要視されるだろう。

キリの透かし模様を入れた「見せる欄間」

外部との境に欄間を設けた例。採光と換気のための欄間と、見せる欄間を両立した

▶ 外部開口 1

玄関には裏も表も美しい格子戸

1 白竹の格子戸

❶ 姿図［S＝1：20］

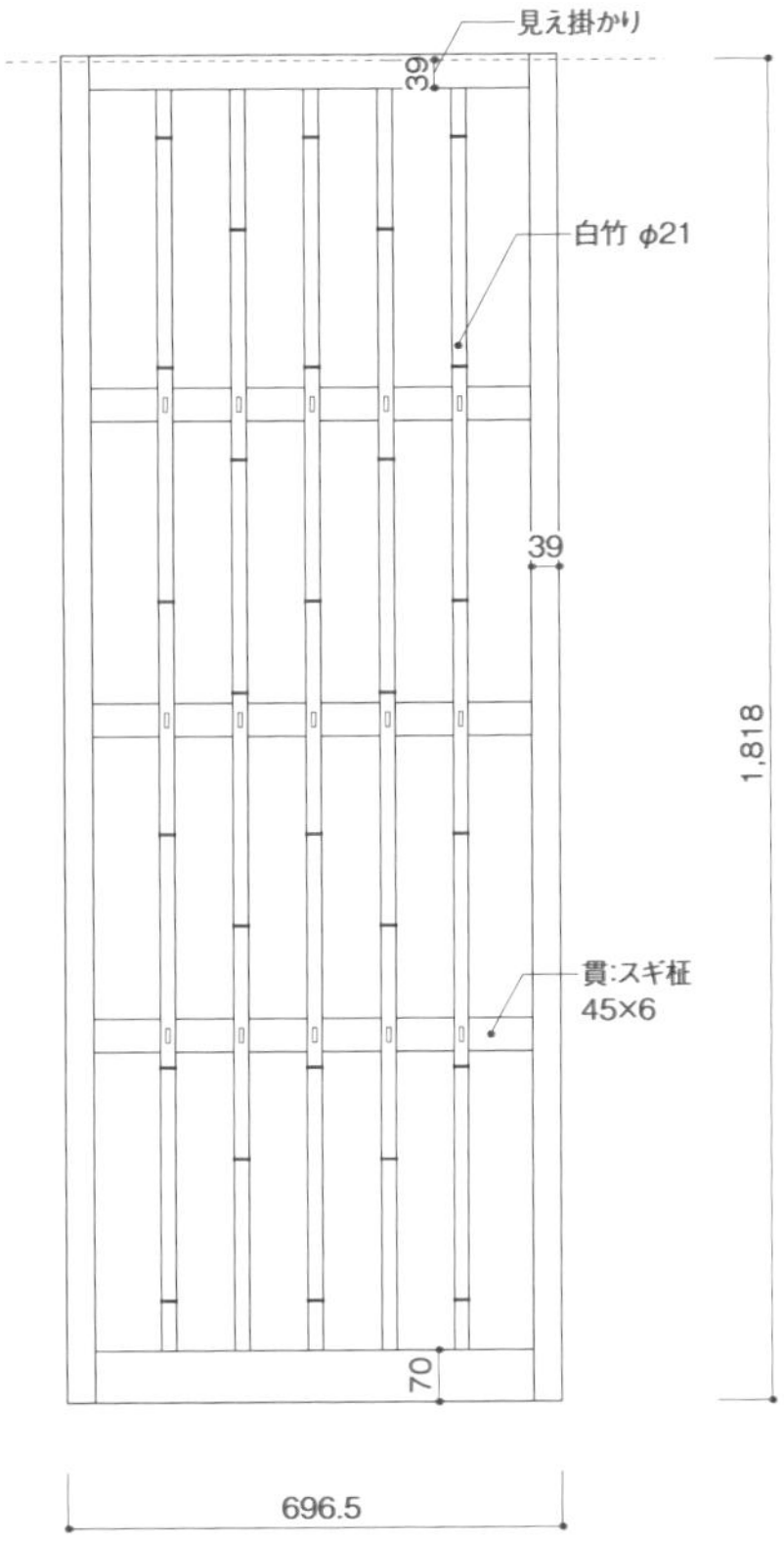
見え掛かり
39
白竹 φ21
39
1,818
貫:スギ柾
45×6
70
696.5

❷ 部分詳細図［S＝1：5］

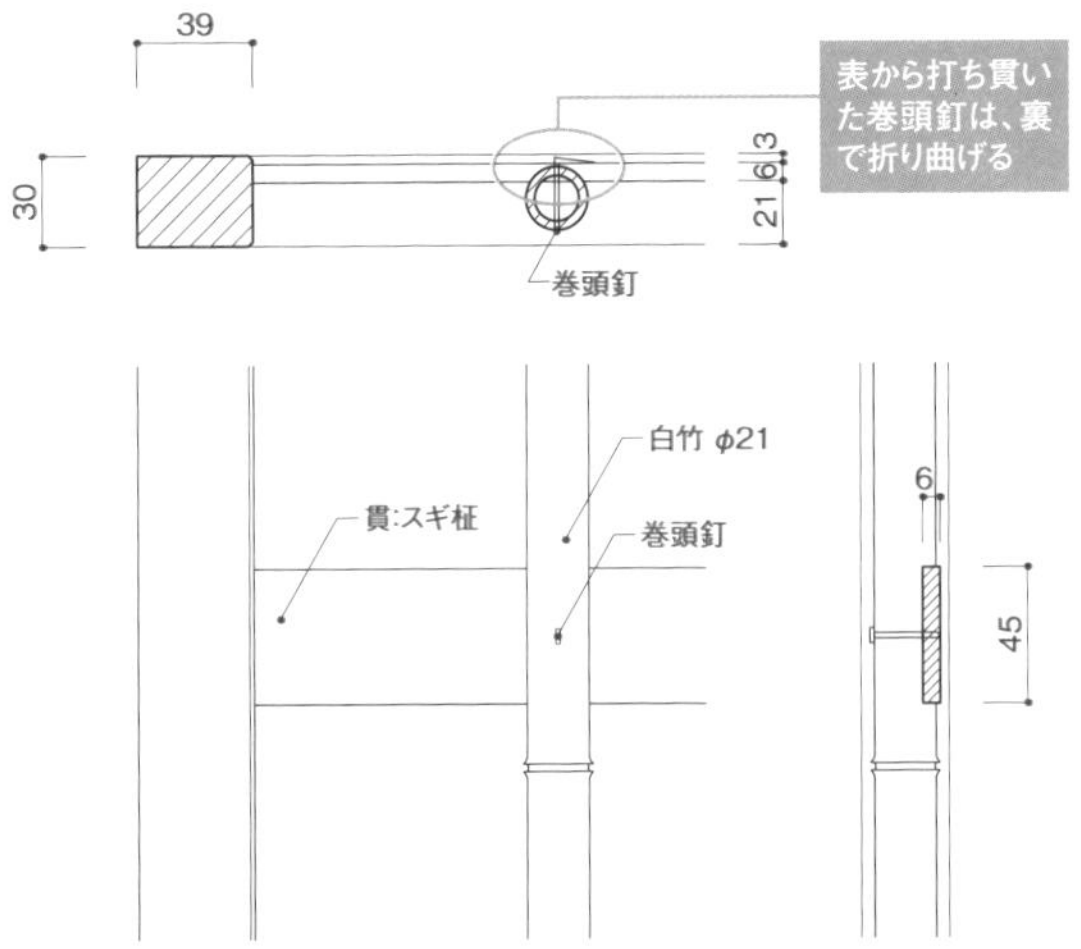
39
30
表から打ち貫いた巻頭釘は、裏で折り曲げる
3
6
21
巻頭釘
白竹 φ21
貫:スギ柾
巻頭釘
6
45

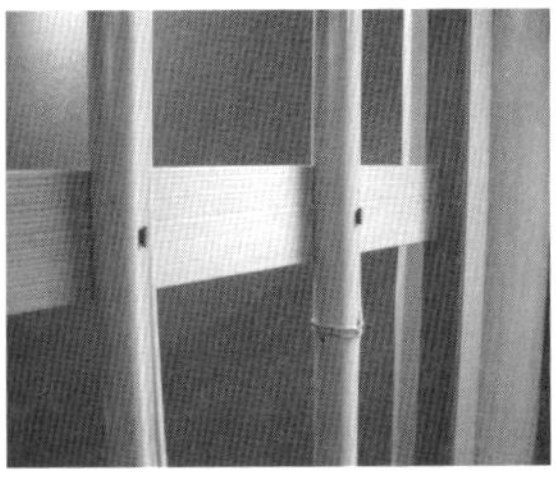

（左）玄関に設けた白竹の格子戸
（上）表側から見る白竹と貫の納まり

玄関は、来訪者が最初に足を踏み入れる空間である。そのため玄関の設計には特に気を使いたい（99頁参照）。同様に、来訪者にとって最初に目に付くのは玄関戸である。建物内に入らない場合などは、玄関戸はより大きな印象を残すものである。そのためほかの建具よりも、細心の気を使いたいものだ。

京都の古い町家などで、ガラスの入っていない白竹の格子戸を玄関戸に使っているのを見かけることがある。外部とも内部ともいえる玄関の空間は奥行きを生み出し、その奥行きが心地さを醸し出している。**図1**の事例では、防犯上は、内部側の4枚引違い舞良戸で戸締まりをし、表門もあるので問題ない。このような白竹の格子戸の場合、設置には建て主の理解が必要となるが、一工夫ほしい玄関にだからこそ、設置したい建具ともいえる。

一方、**図2**は、クリの八角なぐりを使ったガラス入りの格子戸である、格子と格子の間に細長いガラスを1枚1枚入れている。施工に手間が掛かるが、美しいなぐりが内外両方から眺められ、玄関にふさわしい建具といえる。

2 ガラス入り格子戸

❶ 姿図［S＝1：20］

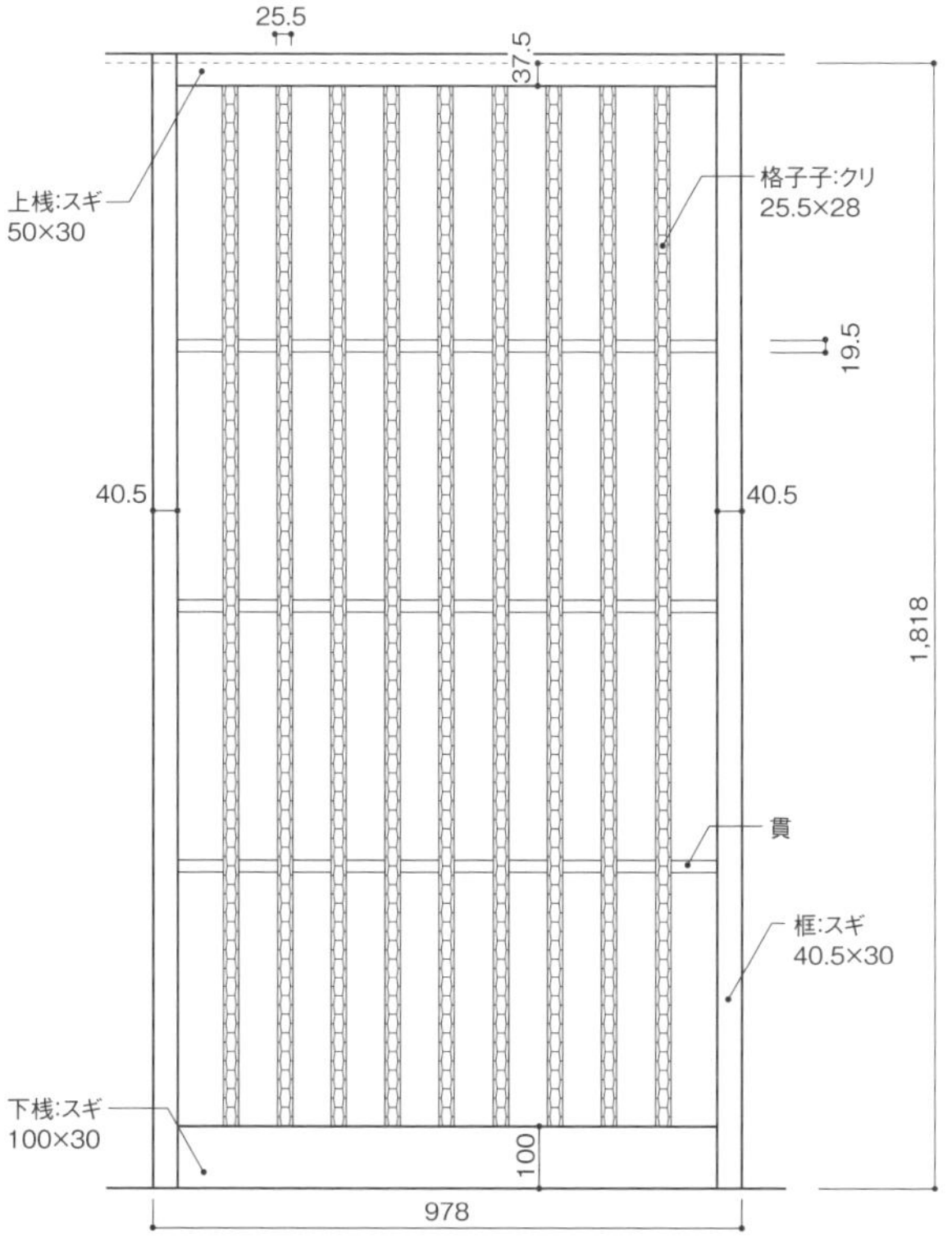
25.5
37.5
上桟:スギ
50×30
格子子:クリ
25.5×28
19.5
40.5
40.5
1,818
貫
框:スギ
40.5×30
下桟:スギ
100×30
100
978

❷ 断面詳細図［S＝1：3］

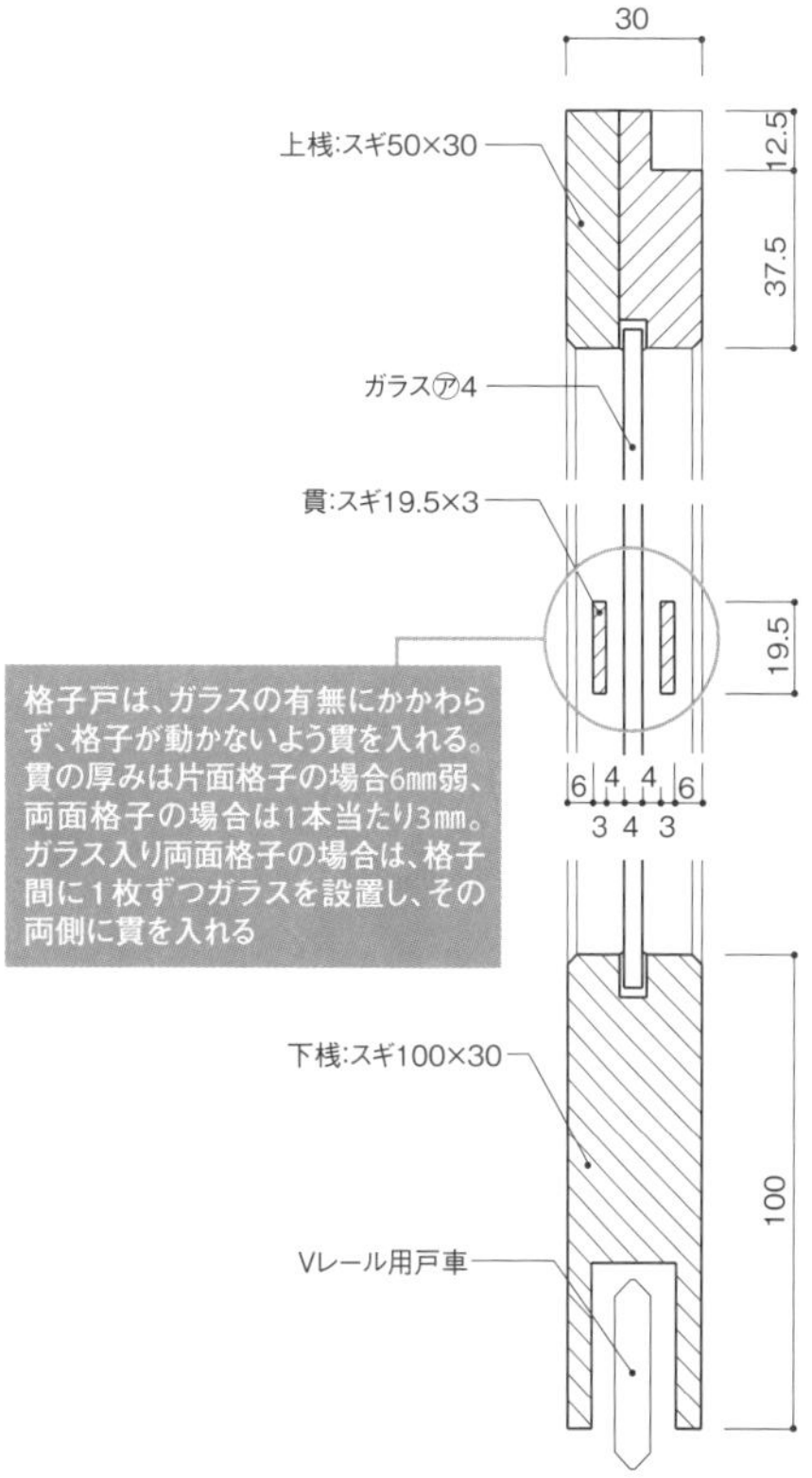
30
上桟:スギ50×30
12.5
37.5
ガラス㋐4
貫:スギ19.5×3
19.5
格子戸は、ガラスの有無にかかわらず、格子が動かないよう貫を入れる。貫の厚みは片面格子の場合6㎜弱、両面格子の場合は1本当たり3㎜。ガラス入り両面格子の場合は、格子間に1枚ずつガラスを設置し、その両側に貫を入れる
6 4 4 6
3 4 3
下桟:スギ100×30
100
Vレール用戸車

❸ 部分詳細図［S＝1：3］

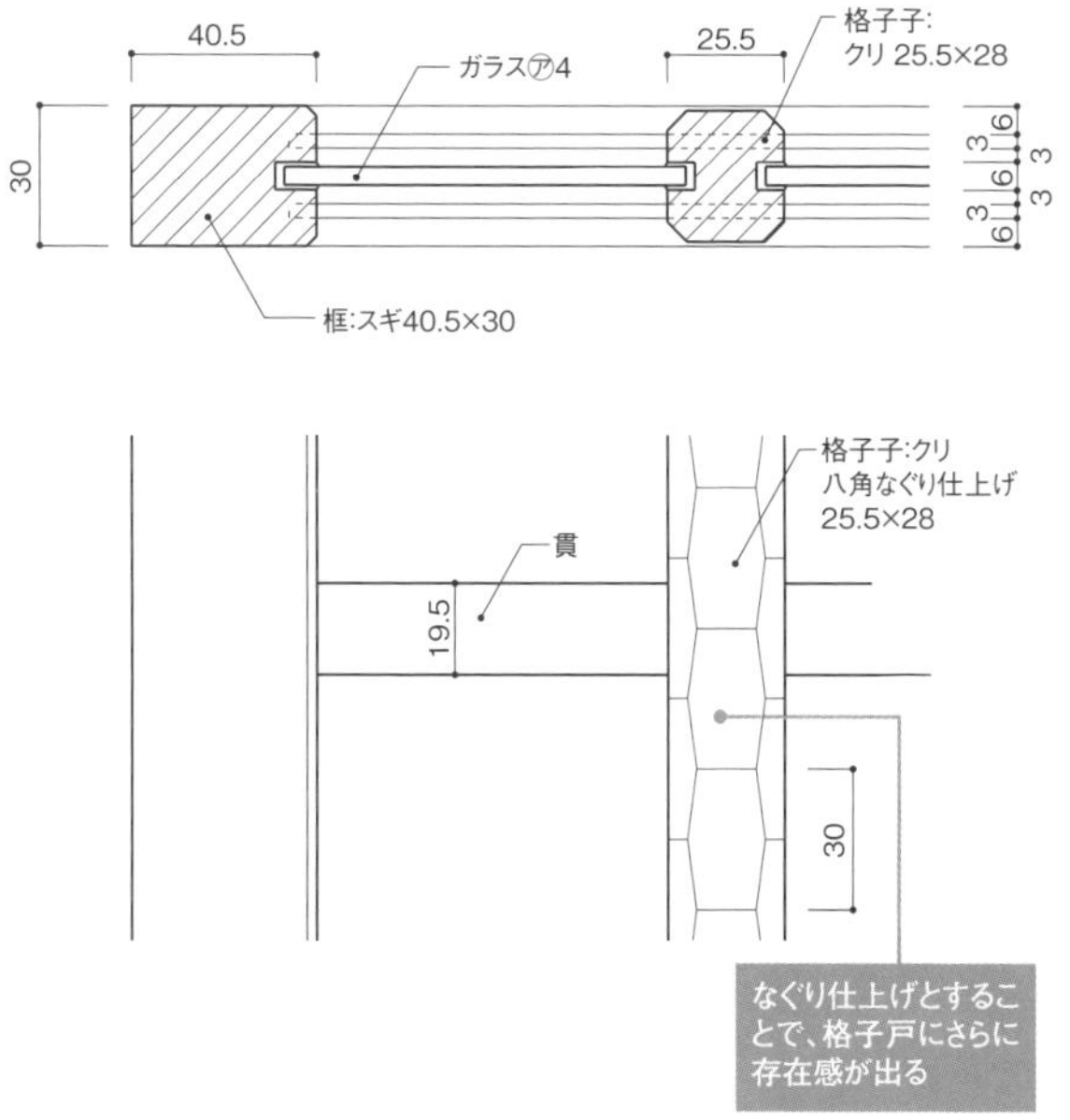
40.5
ガラス㋐4
25.5
格子子:
クリ 25.5×28
30
6
3
6
3
6
3
3
框:スギ40.5×30
格子子:クリ
八角なぐり仕上げ
25.5×28
貫
19.5
30
なぐり仕上げとすることで、格子戸にさらに存在感が出る

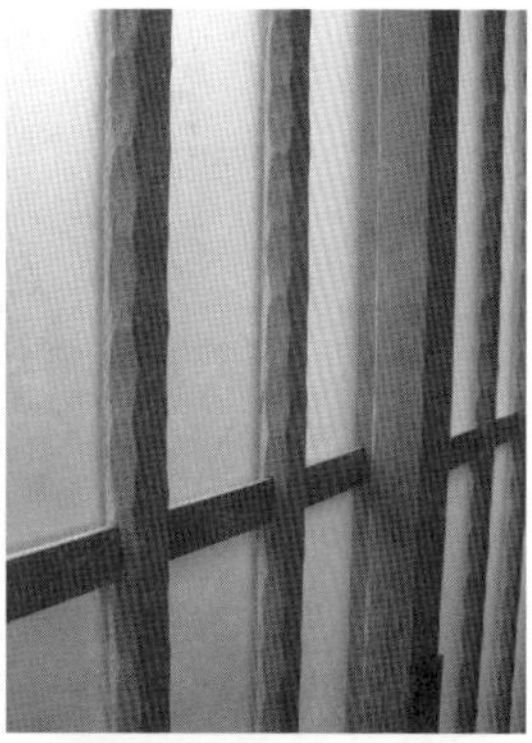

八角なぐり仕上げに加工したクリ材の格子

ガラスの両側に格子を設けた両面格子戸

軽快な雰囲気のある出窓

❶ 平面図 [S＝1：30]

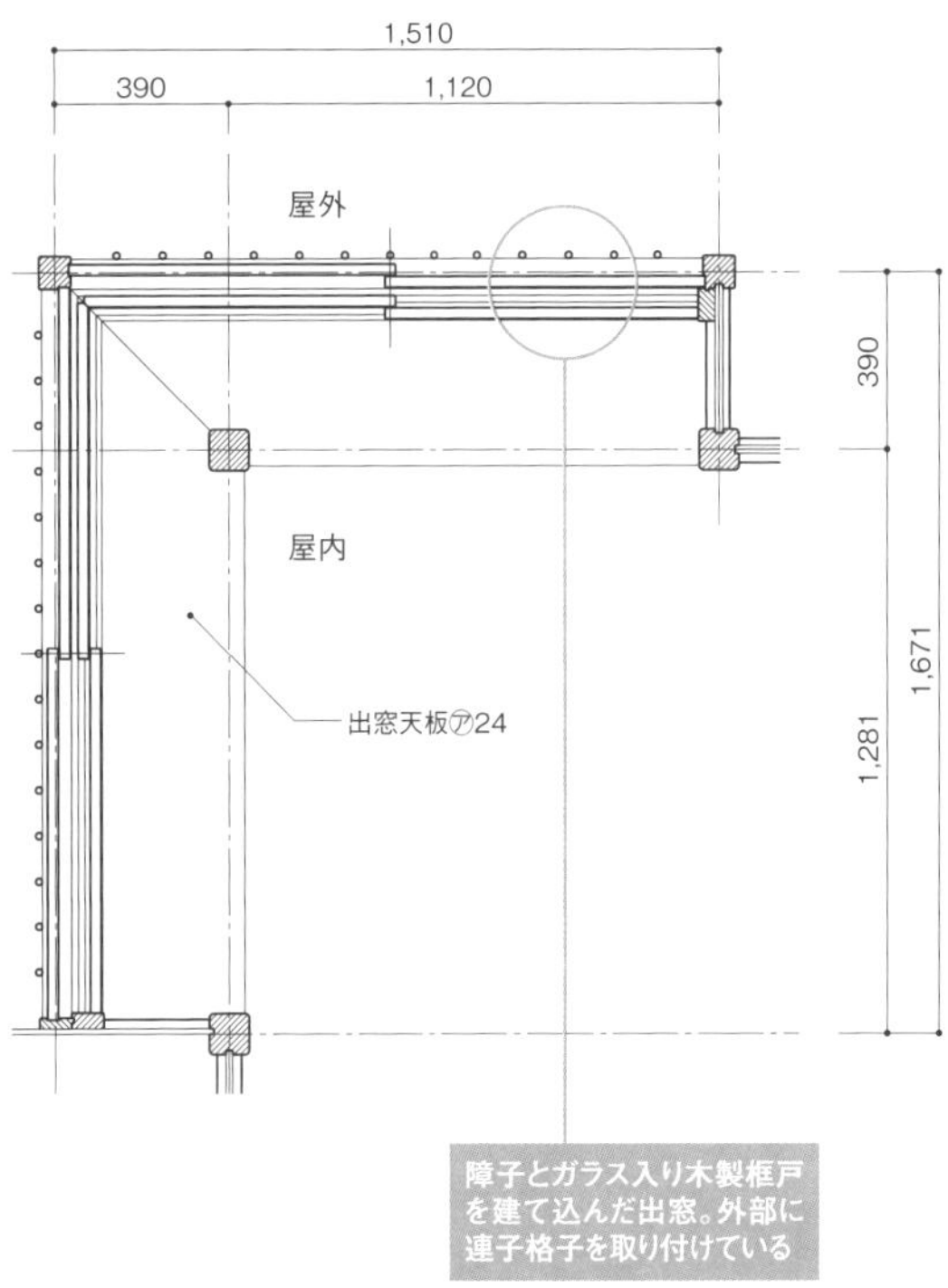
1,510
390
1,120
屋外
屋内
390
1,671
1,281
出窓天板㋐24
障子とガラス入り木製框戸を建て込んだ出窓。外部に連子格子を取り付けている

❷ 断面図 [S＝1：25]

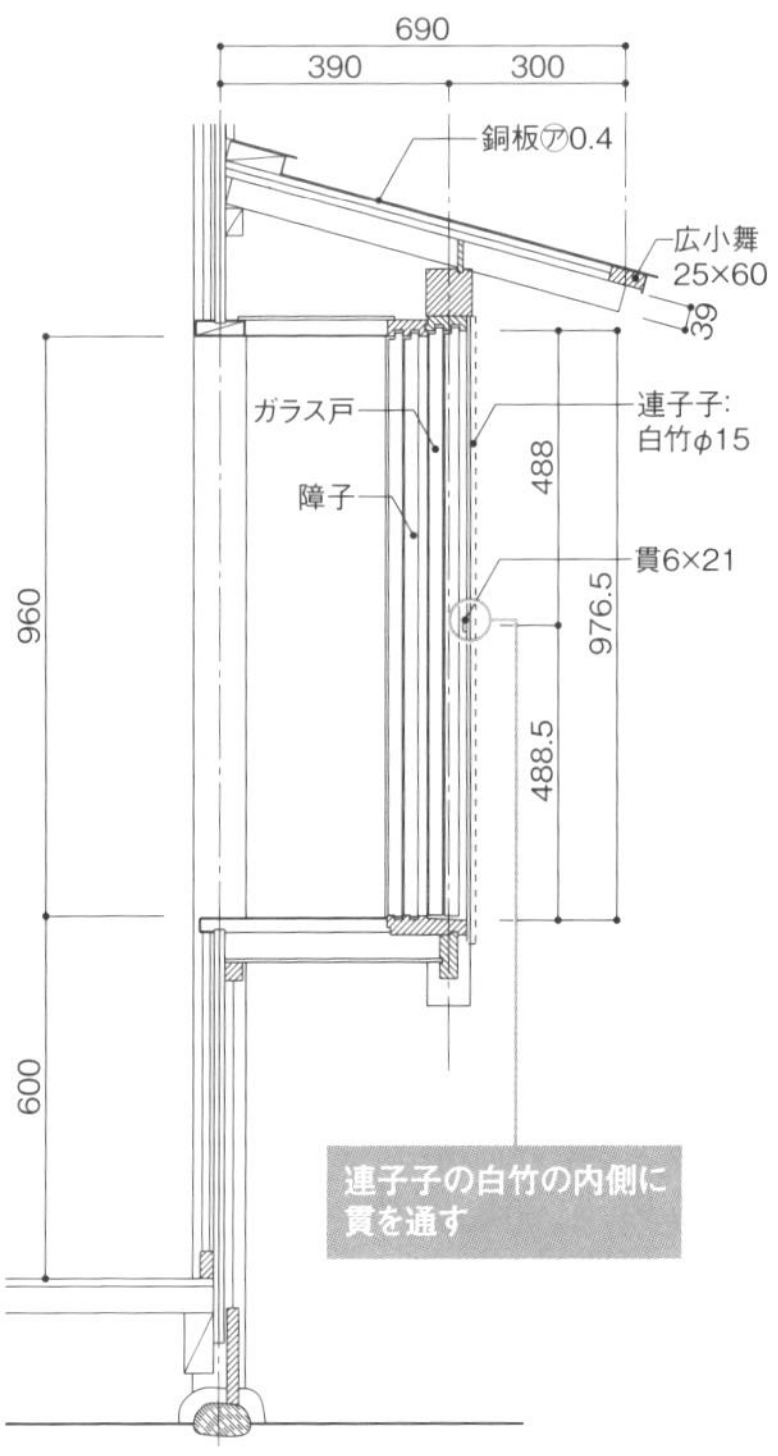
690
390
300
銅板㋐0.4
広小舞 25×60
39
ガラス戸
障子
連子子: 白竹φ15
488
貫6×21
976.5
488.5
960
600
連子子の白竹の内側に貫を通す

出窓の効果

出窓は、建物の外部から見ても内部から見ても、デザインや空間にほどよい変化を与える。特に建物コーナー部を出窓で開放することは、空間に大きな変化をもたらす。これは近代・現代建築で多く使われる手法である。

数寄屋に出窓を設ける

和風建築における造作出窓は、障子、ガラス戸、格子などのさまざまな要素を、コンパクトに納めるための工夫が必要である。特に数寄屋の場合は、数寄屋のもつ軽やかさを失わないよう細心の注意を払いたい。ここでは、数寄屋に設けたコーナー出窓[図]を例に、その注意点を解説する。

本例のようにサイズが大きい出窓は、外部出隅に柱が必要になるが、内部出隅の柱と同様にうるさくなりがちである。そこで、外部の出隅柱を72㎜角と小さくし、内部の障子を突付けにして柱を見せないように納める。こういった工夫をすることで、内外部とも数寄屋のもつ軽やかなイメージを壊さずに済むのである。

そのほか、造作する出窓で気をつ

❸ 平面詳細図［S＝1：6］

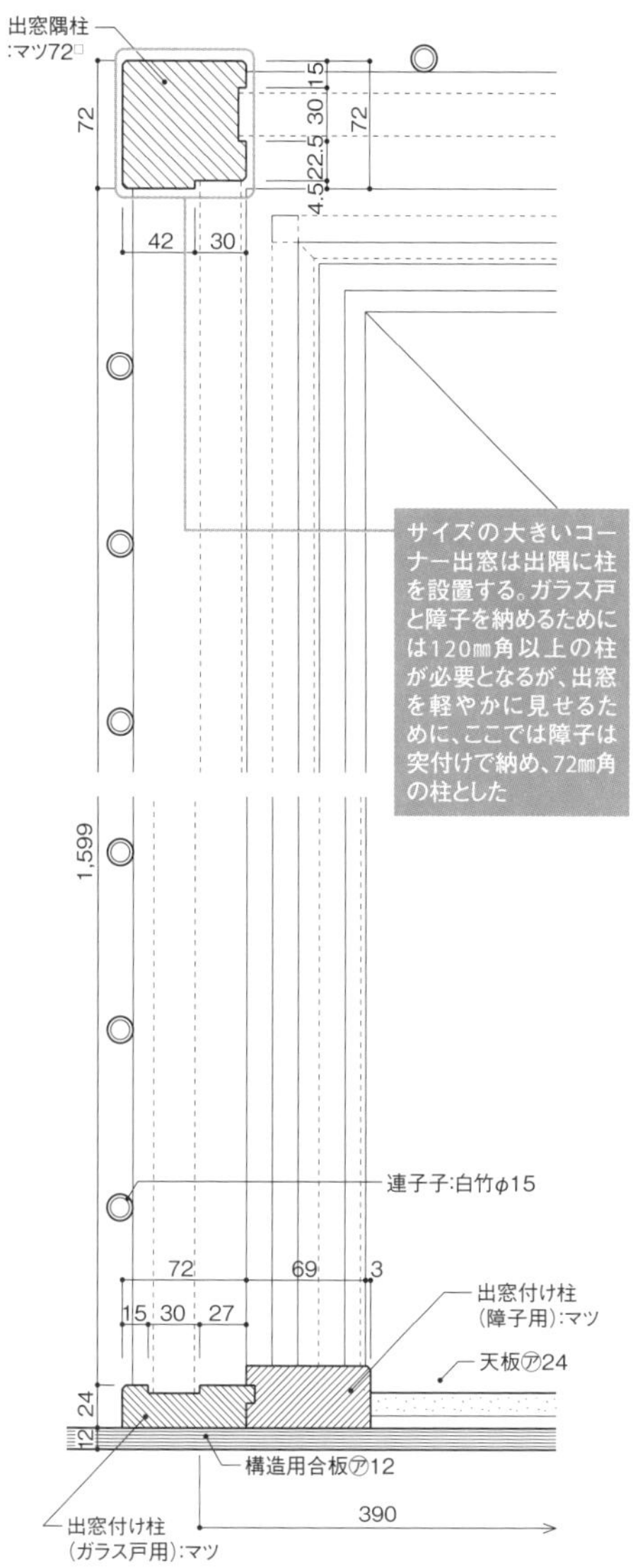
出窓隅柱
:マツ72□
サイズの大きいコーナー出窓は出隅に柱を設置する。ガラス戸と障子を納めるためには120㎜角以上の柱が必要となるが、出窓を軽やかに見せるために、ここでは障子は突付けで納め、72㎜角の柱とした
連子子:白竹φ15
出窓付け柱
(障子用):マツ
天板㋐24
構造用合板㋐12
出窓付け柱
(ガラス戸用):マツ

❹ 断面詳細図［S＝1：6］

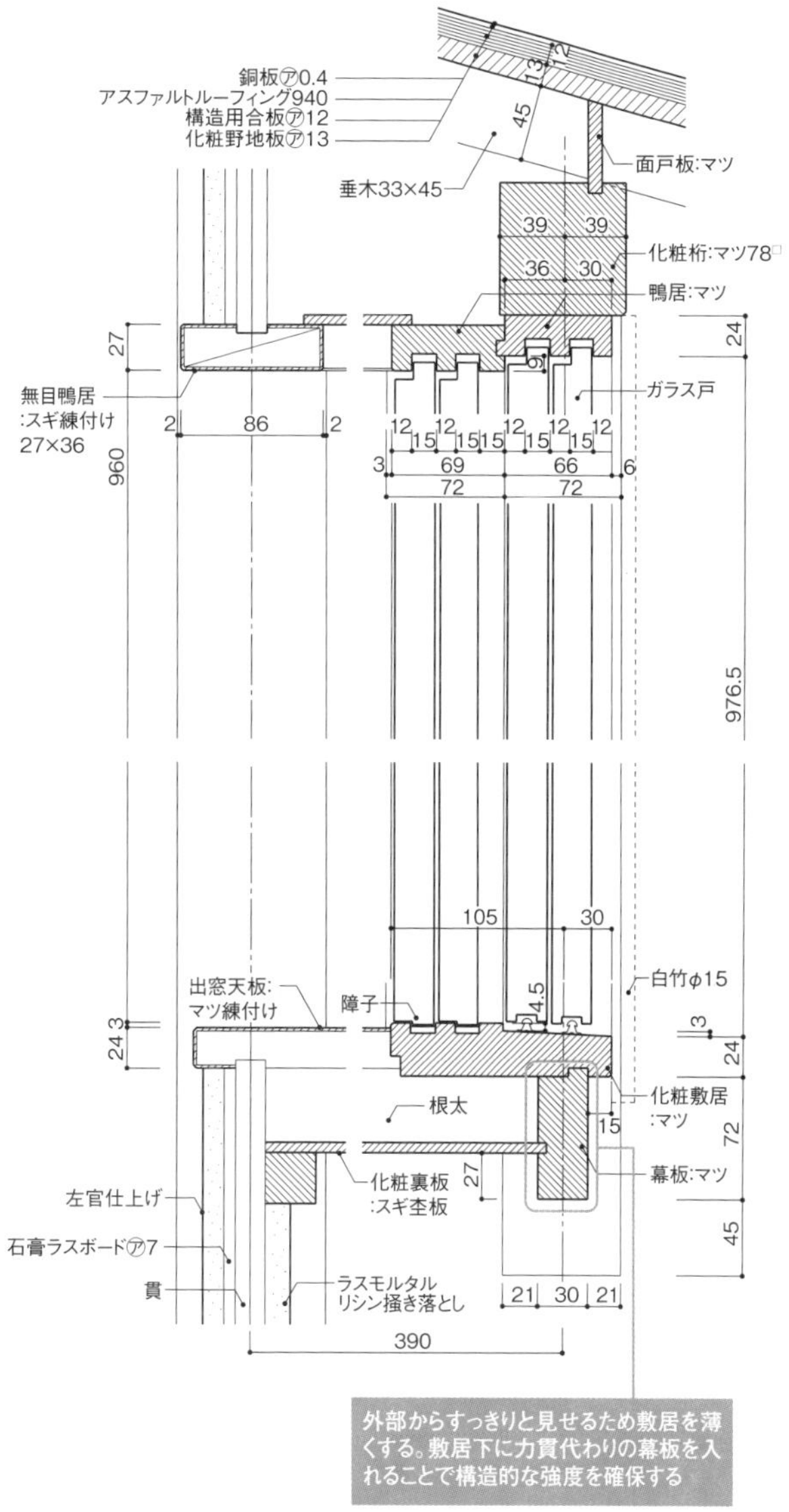
銅板㋐0.4
アスファルトルーフィング940
構造用合板㋐12
化粧野地板㋐13
垂木33×45
面戸板:マツ
化粧桁:マツ78□
鴨居:マツ
ガラス戸
無目鴨居
:スギ練付け
27×36
出窓天板:
マツ練付け
障子
白竹φ15
化粧敷居
:マツ
根太
幕板:マツ
化粧裏板
:スギ杢板
左官仕上げ
石膏ラスボード㋐7
貫
ラスモルタル
リシン掻き落とし
外部からすっきりと見せるため敷居を薄くする。敷居下に力貫代わりの幕板を入れることで構造的な強度を確保する

けるべき点は、持ち出した出窓を水平に保つ、ということである。根太や敷居などを大きな断面のものにするという方法があるが、それでは武骨になる。繊細な軽い出窓をつくる場合は、本例のように敷居は薄いままで、幕板を30㎜の厚さにして力貫のように敷居を受け、その幕板に根太を差し込むなどする。これだけでは心配な場合には、鉄の平板で補強するとよい。鉄板をL形に溶接し、根太と壁に沿わせるよう持ち出して金物として使い、出窓の垂れを防ぐ方法である。

　建物の「軽快さ」を生むためには、その陰に工夫あり。数寄屋を数寄屋たらしめているのは、このような見えない工夫の積み重ねともいえるだろう。

写真　銅板葺き霧除け下の連子窓。連子子はスギを使う。このような出の少ないシンプルな出窓でも、屋根板・持ち送り板・格子や貫に少し気を使いたいもの。ちょっとした工夫で、窓も美しく見える

見せる框戸

❶ ガラス框戸姿図［S＝1：30］

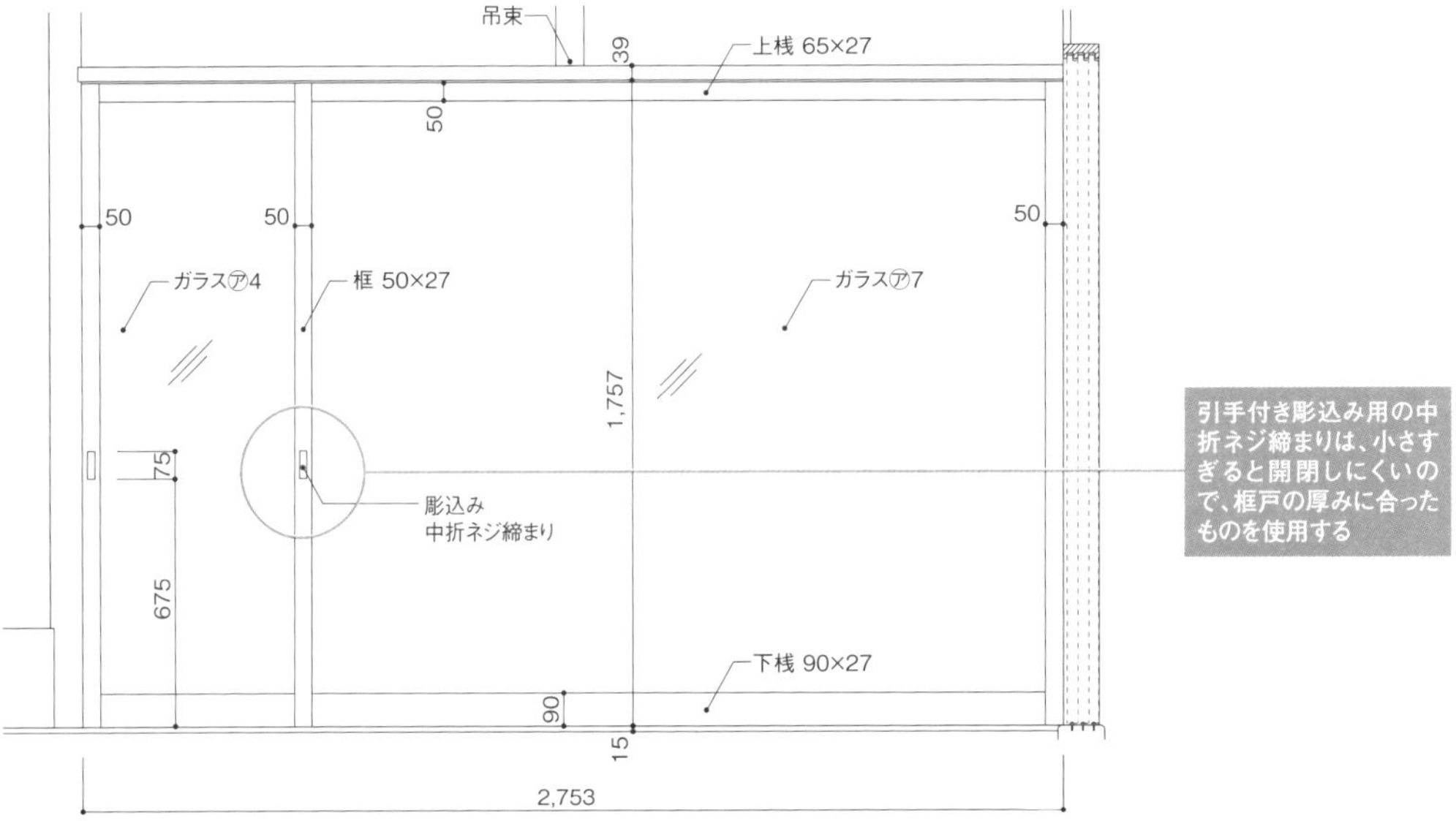
吊束
上桟 65×27
39
50
50
50
50
ガラス㋐4
框 50×27
ガラス㋐7
1,757
75
彫込み
中折ネジ締まり
675
下桟 90×27
90
15
2,753
引手付き彫込み用の中折ネジ締まりは、小さすぎると開閉しにくいので、框戸の厚みに合ったものを使用する

❷ 平面図［S＝1：30］

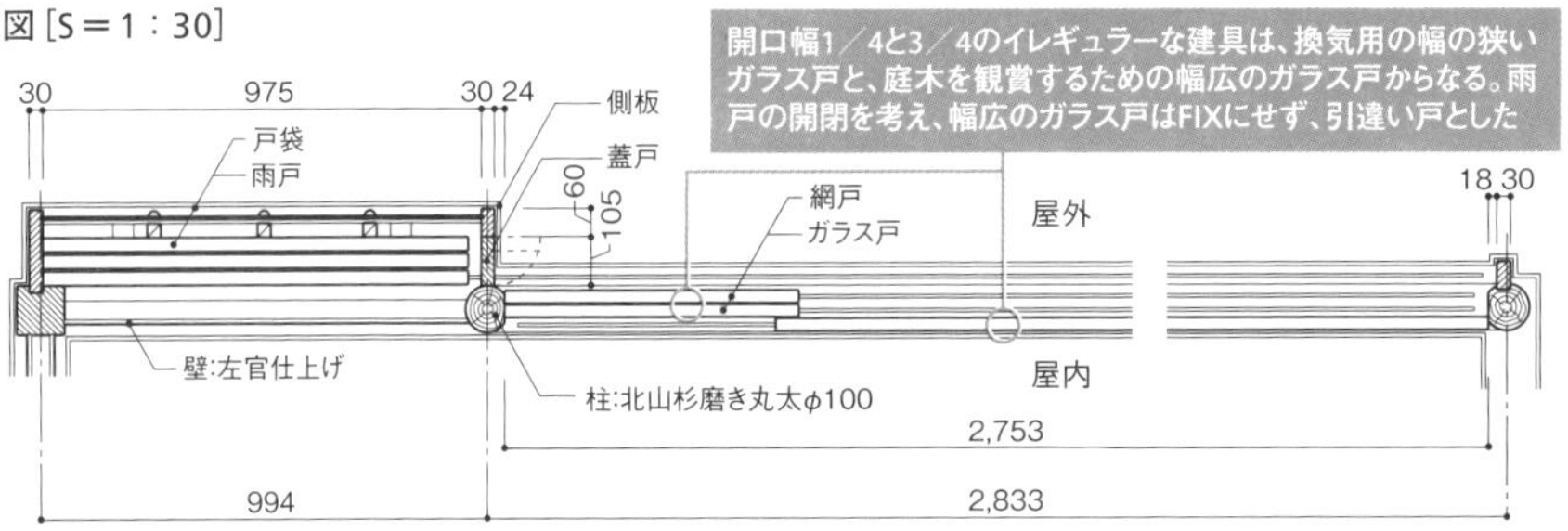
開口幅1／4と3／4のイレギュラーな建具は、換気用の幅の狭いガラス戸と、庭木を観賞するための幅広のガラス戸からなる。雨戸の開閉を考え、幅広のガラス戸はFIXにせず、引違い戸とした
30
975
30 24
側板
戸袋
雨戸
蓋戸
60
105
網戸
ガラス戸
屋外
18 30
壁:左官仕上げ
柱:北山杉磨き丸太φ100
屋内
2,753
994
2,833

外部で使われる建具は主要材料の違いで、金属製、木製、樹脂製に大別される。数寄屋など雰囲気のある建物には、趣のある木製建具が似合う。ここでは外部木製建具による開口部の設計手法を紹介する。

外部の開口部のうち掃出し窓には、ガラス戸（ガラス入り框戸）のほかに、網戸、雨戸、戸袋を付けるのが基本だ。大きな開口部分に引違いの掃出し窓を設ける場合、考えなしに数枚に割り付けることが多い。**図**の例では、大小幅の異なる2枚の引違い窓としている。庭の景色を室内に取り込むには効果的で、応接間の窓などに向く。庭は、奥に行けば行くほど狭くした。遠近法と目の錯覚を利用し、小さな庭を大きく見せる手法である。大開口には外部からの視線対策も必要だ。本例では前面道路との高低差をうまく利用したため、視線が気にならなくなった。

また、このような框戸を計画するなら、雨戸にも気を使いたい。特に戸袋は建物外観に大きく影響するので、気を抜かず仕上げたい。**図**の事例では、黒部杉枌板を羽重ね張りし、割煤竹《わりすすだけ》を押縁に使って、数寄屋の雰囲気を徹底的に追求した。

❸ 断面詳細図［S＝1：4］

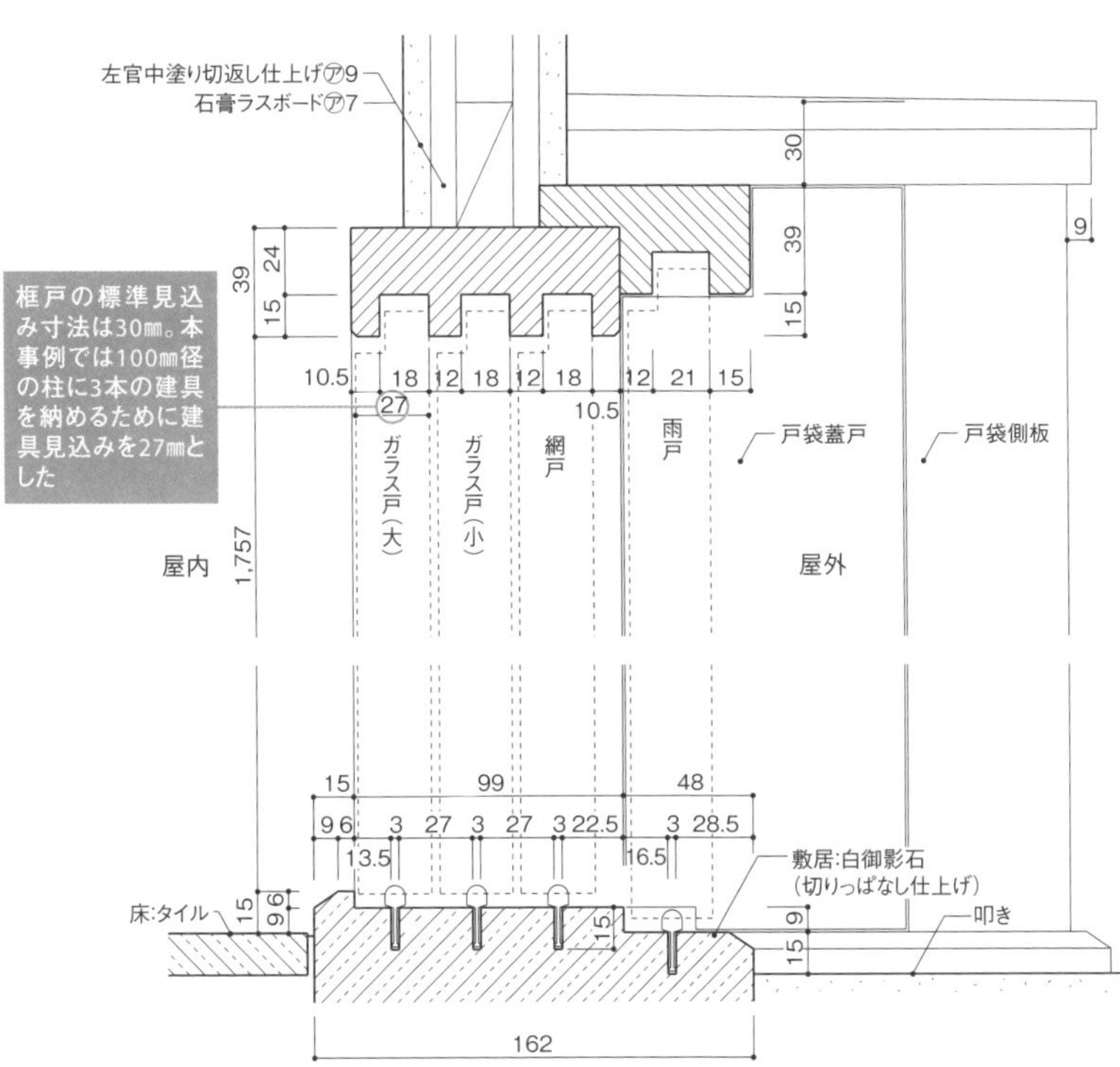
左官中塗り切返し仕上げ㋐9
石膏ラスボード㋐7
框戸の標準見込み寸法は30㎜。本事例では100㎜径の柱に3本の建具を納めるために建具見込みを27㎜とした
ガラス戸（大）
ガラス戸（小）
網戸
雨戸
戸袋蓋戸
戸袋側板
屋内
屋外
敷居:白御影石
（切りっぱなし仕上げ）
床:タイル
叩き
1,757
162
10.5 18 12 18 12 18 12 21 15
27
10.5
15 99 48
9 6 3 27 3 27 3 22.5 3 28.5
13.5 16.5
39 24 15
30 39 15
9
15 9 6
15
9 15

戸袋の蓋戸。ここから雨戸を取り出す

2枚引違い戸の戸幅は、外部の庭を楽しめることと、機能性を確保することを考慮して決められた

❹ 戸袋姿図［S＝1：30］

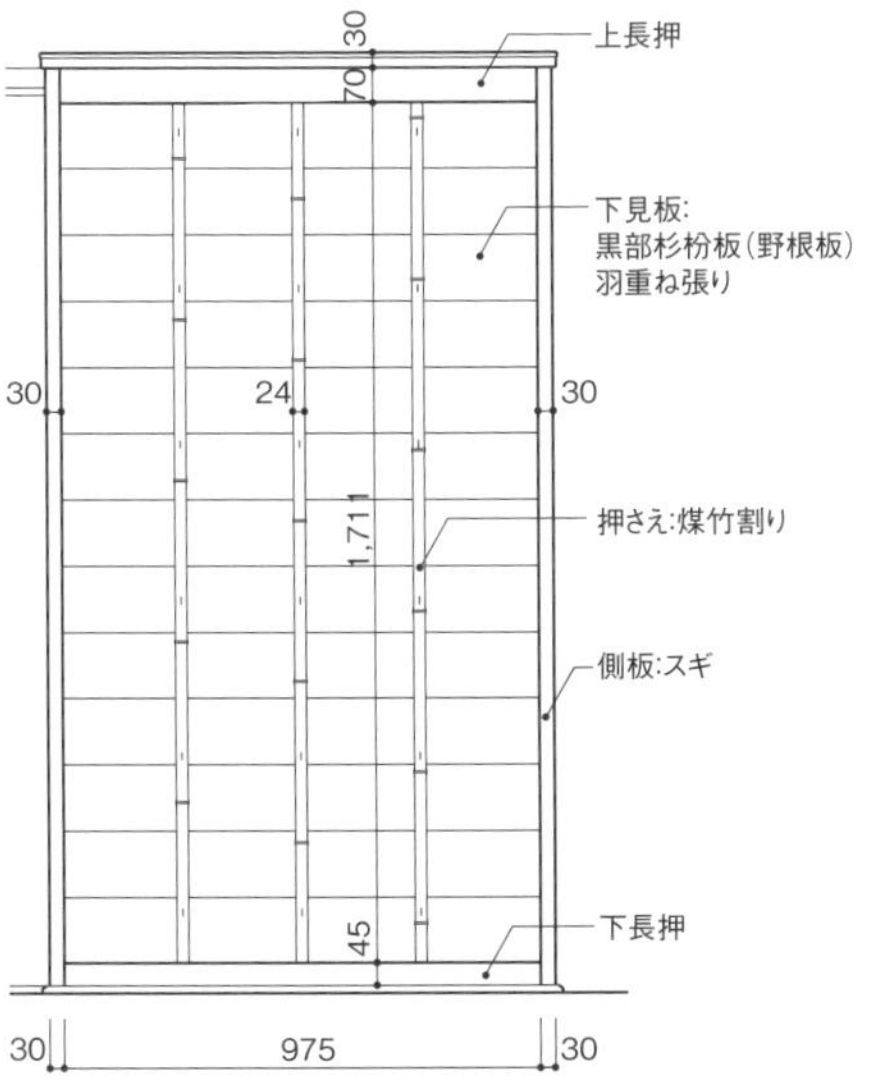
上長押
下見板:
黒部杉枌板（野根板）
羽重ね張り
押さえ:煤竹割り
側板:スギ
下長押
30
70
30
24
30
1,711
45
30
975
30

❺ 戸袋廻りの部位名称

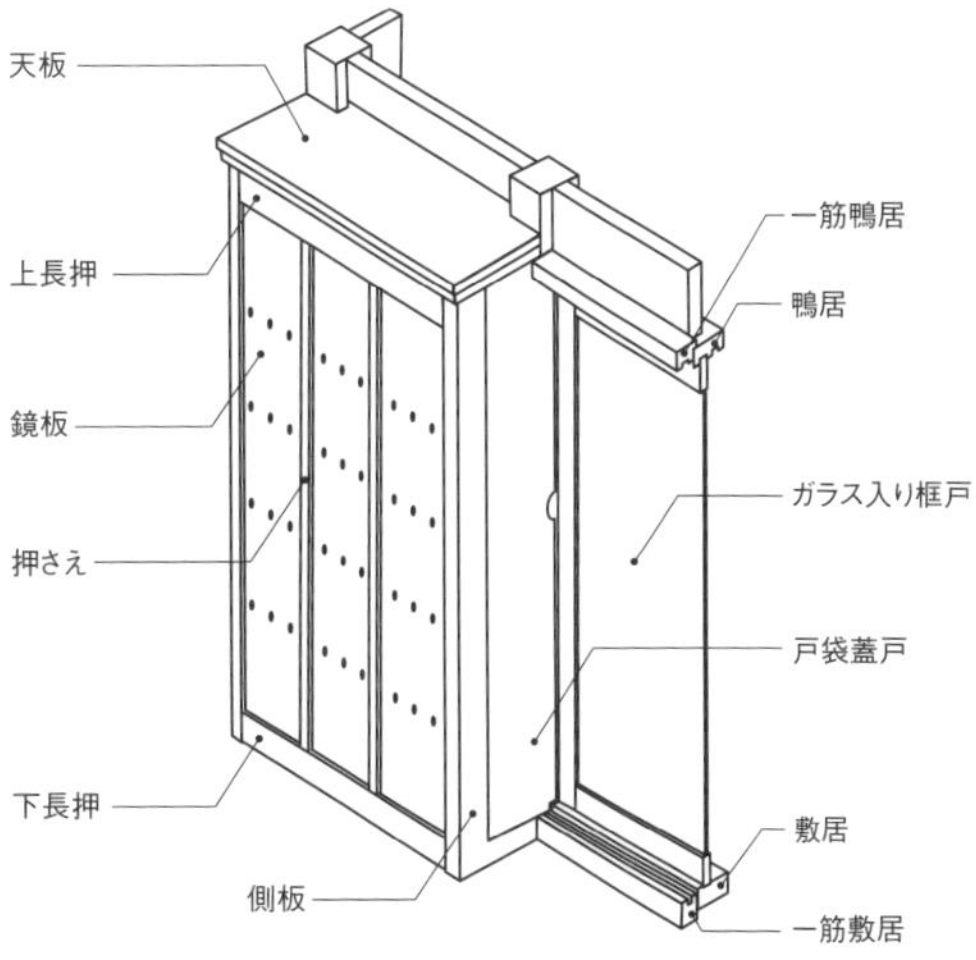
天板
上長押
鏡板
押さえ
下長押
側板
一筋鴨居
鴨居
ガラス入り框戸
戸袋蓋戸
敷居
一筋敷居

雨戸・戸袋にも気遣いを

1 戸袋付き雨戸

❶ 雨戸姿図［S＝1：30］

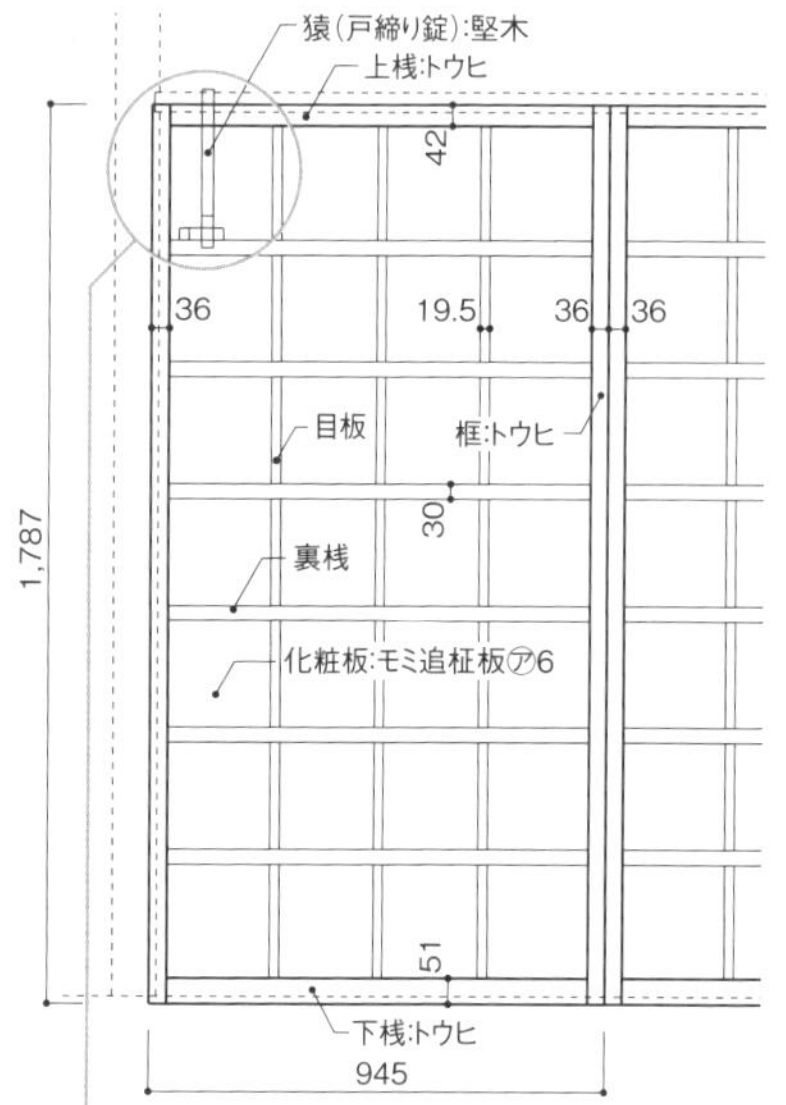

木製の戸締り錠を付ける。敷居が石のため下部には錠を設けず、錠は上部のみに取り付ける

❷ 戸締り錠部分詳細図［S＝1：8、S＝1：4］

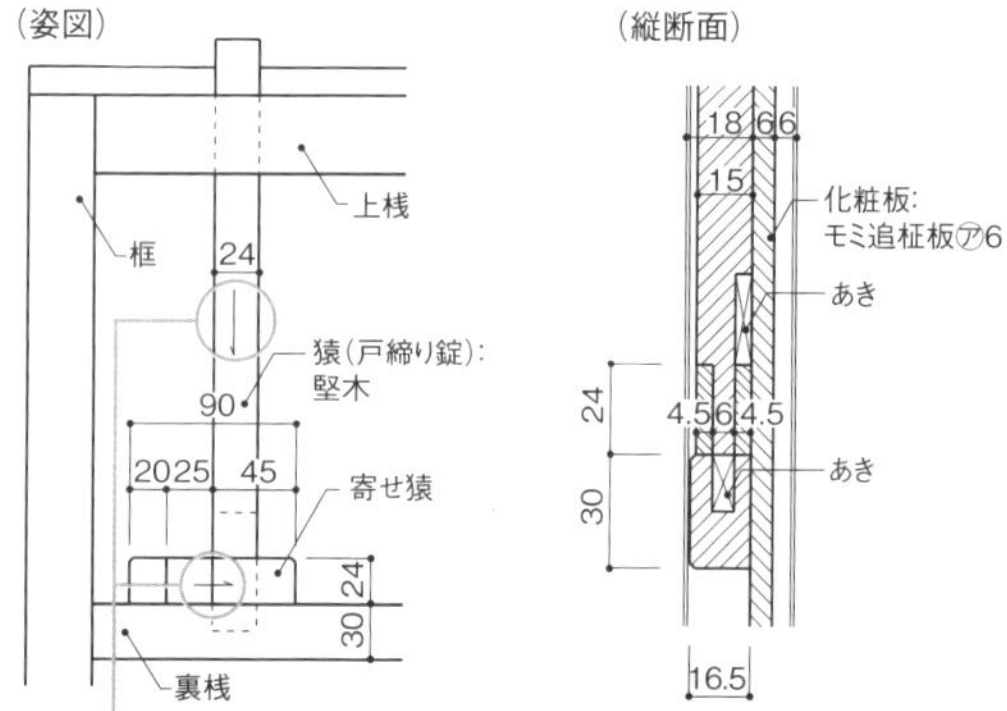

雨戸の横桟に取り付けた可動の木片（猿）を戸から突き出し、鴨居溝にあけた穴に差し込むことで戸締りする。木片が穴から抜けないよう、別の木片（寄せ猿）を直交させて留める。縁側などで下が木の場合は、そこにも戸締まり錠を設ける

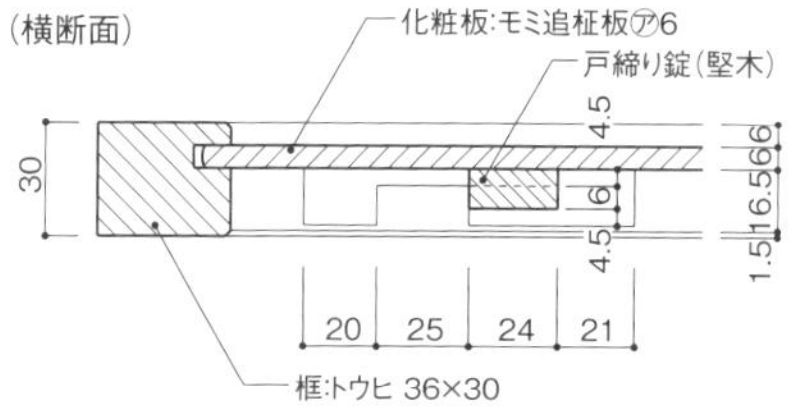

雨戸は、防犯や遮光、断熱あるいはその内側に建て込まれるガラス戸などの保護のための建具である。通常、桟（裏桟）を入れた四周の枠に面材を打ち付けてつくられる。最近では、軽くて開け閉めの容易なアルミ製の雨戸を使うことも多いが、数寄屋などでは雰囲気を重視し、なるべく木製の雨戸・戸袋を使いたいものだ。また、木製雨戸には、木片（猿）を使用した戸締まり錠を設ける［図1］。

雨戸は戸袋に収納する。雨戸を戸袋から出し入れするためには何らかの仕掛けが必要だ［図2］。室内側の壁に戸出し口を設けるか、戸袋の側板に蓋戸を付けるのが基本である。蓋戸の納め方は、雨戸をすべて納めてから蓋をする方法と、最後に納める雨戸の戸尻を蓋の面合わせとし、それ以外の雨戸に蓋をする方法がある。それぞれ雨戸を収納した状態（昼間など）と雨戸を使用している状態（夜間、雨天時など）のどちらの見栄えを優先するかで、納まりを決定する。筆者は、人の目につきやすい日中の見た目を考慮して、収納した状態がきれいになるよう図2❷の納まりを採用している。

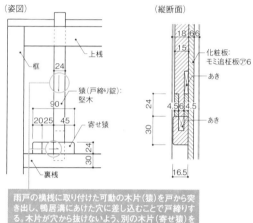

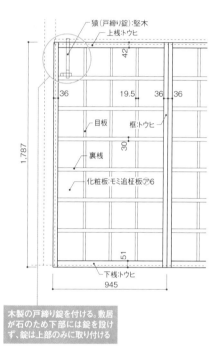

❸ 平面詳細図［S＝1：12］

戸袋に雨戸を納めるためには、室内側の壁に戸出し口を設けるか、戸袋の側板に蓋戸を付ける。この事例は雨戸をすべて納めてから蓋をする方法である。ここでは人の目につきやすい昼間の見た目を重視して、雨戸を収納している日中に戸袋がきれいに見える納まりとしている

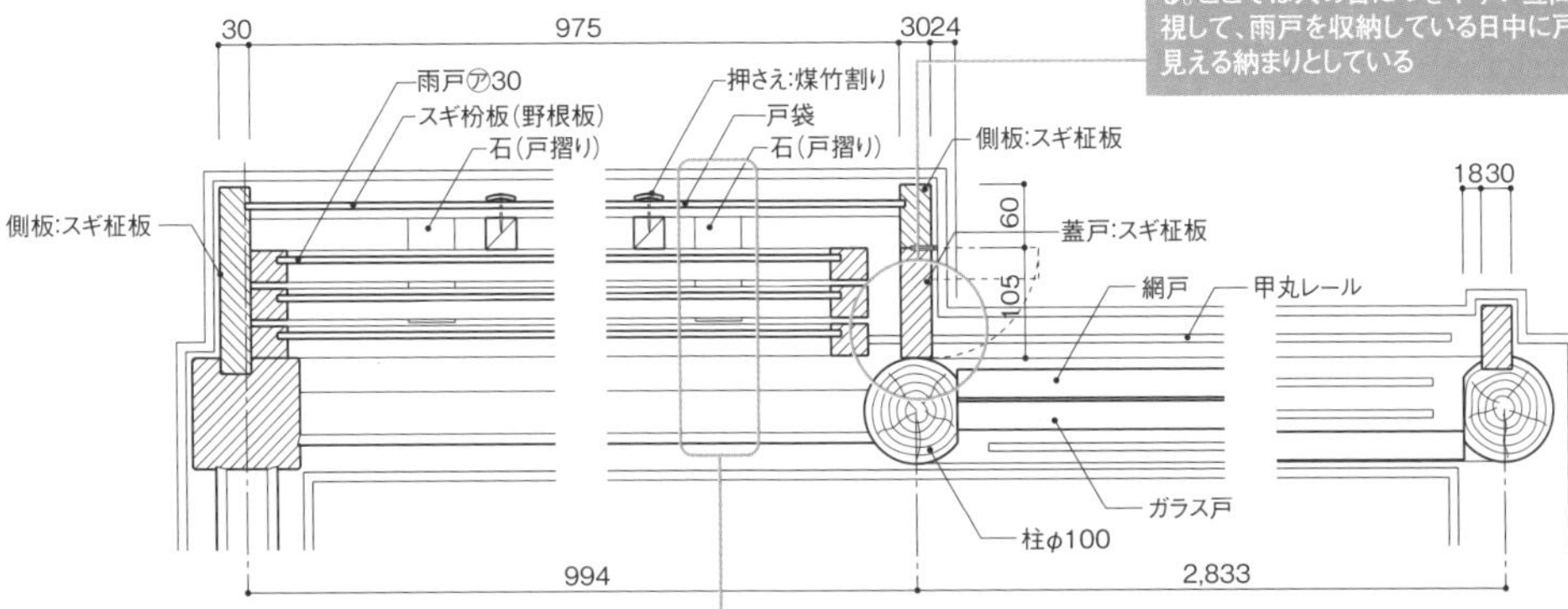
30
975
30
24
雨戸㋐30
スギ粉板（野根板）
石（戸摺り）
押さえ：煤竹割り
戸袋
石（戸摺り）
側板：スギ柾板
側板：スギ柾板
60
105
蓋戸：スギ柾板
網戸
甲丸レール
18
30
ガラス戸
柱φ100
994
2,833

戸袋内部で雨戸を前後に動かすと、戸車が底板に当たって早く磨耗してしまう。それを防ぐため、底板に2カ所、戸車が当たる部分を避けて、甲丸レールの高さ分の石を敷いておく。これを戸摺りという。下が石の場合は、戸摺りを石で敷いたり、ステンレスを取り付けたりする。縁側などの戸袋で下が木の場合は堅木を用いる

❹ 戸摺り部分詳細

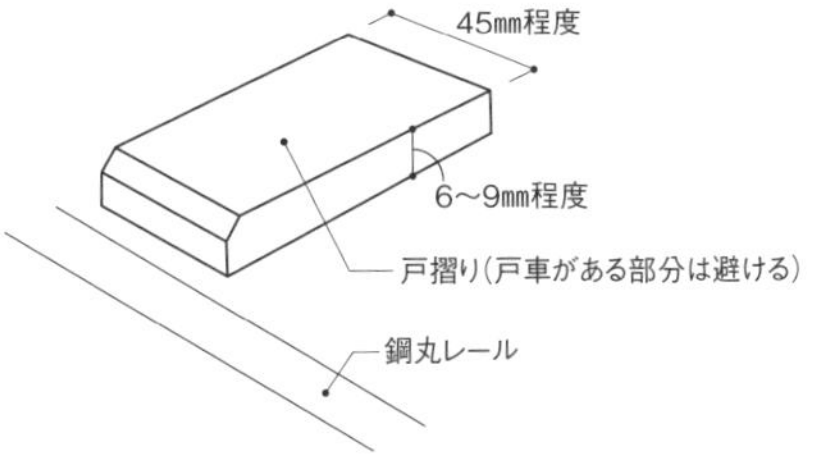
45㎜程度
6～9㎜程度
戸摺り（戸車がある部分は避ける）
鋼丸レール

❺ 雨戸召し合わせ部分詳細図［S＝1：4］

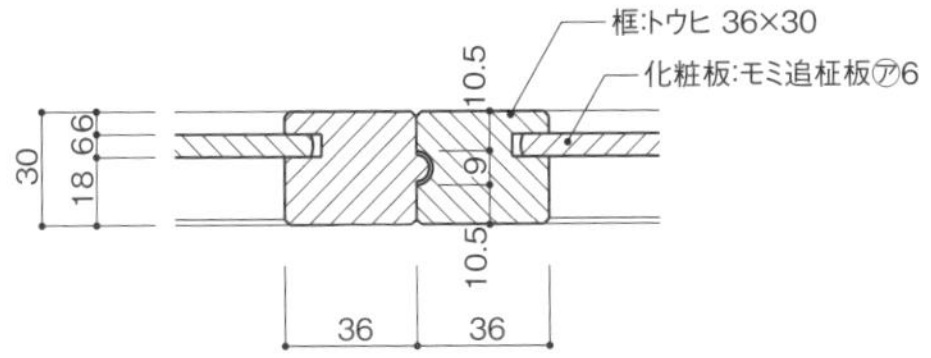
框：トウヒ 36×30
化粧板：モミ追柾板㋐6
10.5
9
10.5
30
6
6
18
36
36

雨戸は蓋戸を開けて戸袋にしまう

戸袋の屋内側を壁にせず障子を立て込んだ例

2｜蓋戸の種類

❶ 側板と最後にしまう雨戸が面合わせ

蓋戸を設けた場合　　蓋戸がない場合

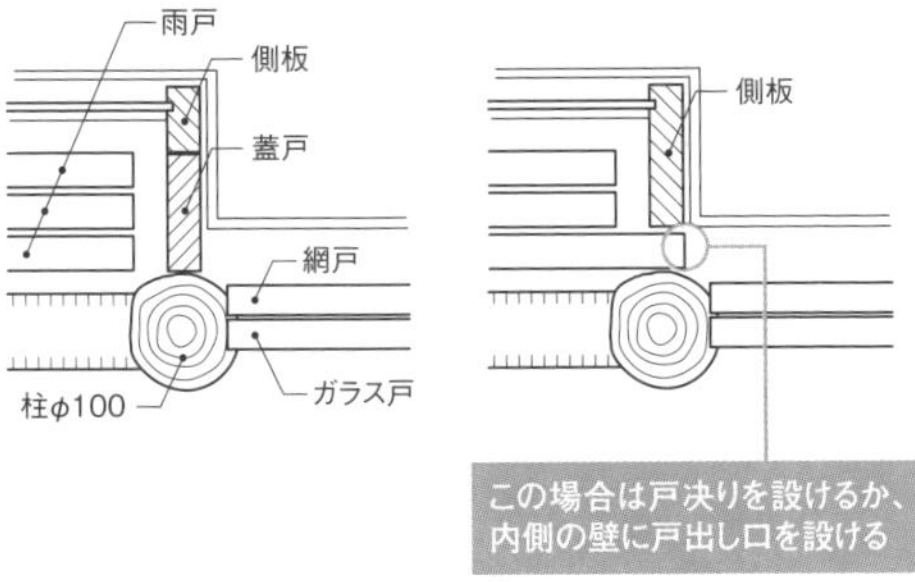
雨戸
側板
蓋戸
網戸
柱φ100
ガラス戸
側板

この場合は戸決りを設けるか、内側の壁に戸出し口を設ける

❷ 雨戸すべてを戸袋内に収納する（左：収納時、右：取出し後）

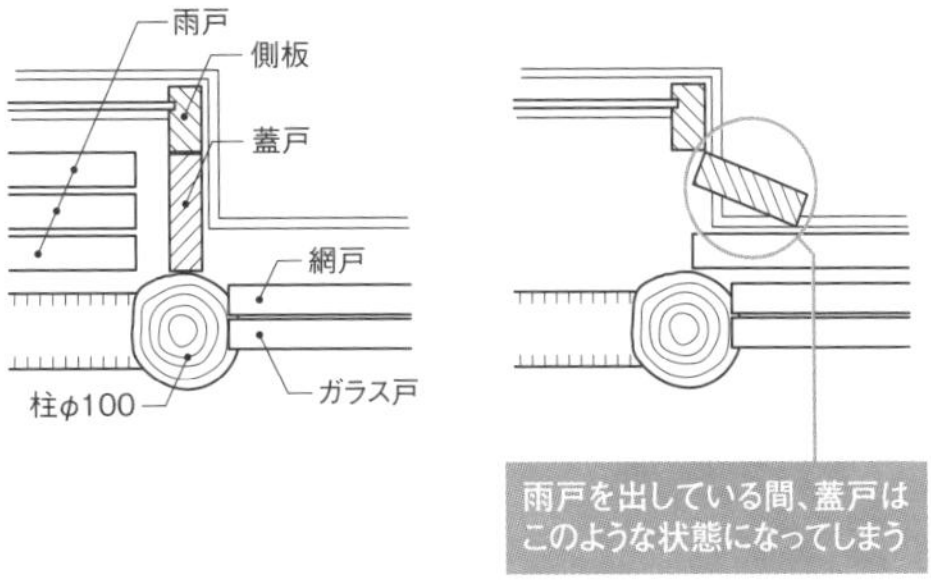
雨戸
側板
蓋戸
網戸
柱φ100
ガラス戸

雨戸を出している間、蓋戸はこのような状態になってしまう

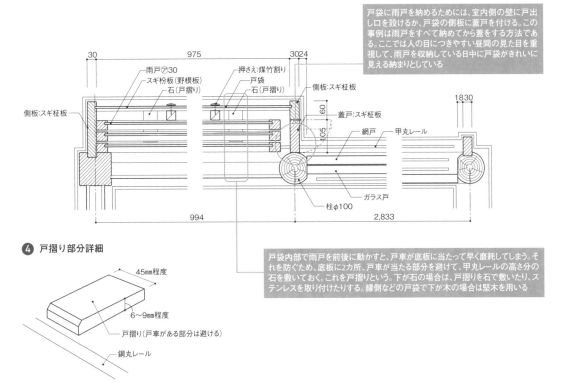

和風建築でアルミサッシを使う

1 | 木製格子でアルミサッシを消す

❶ 格子姿図［S＝1：20］

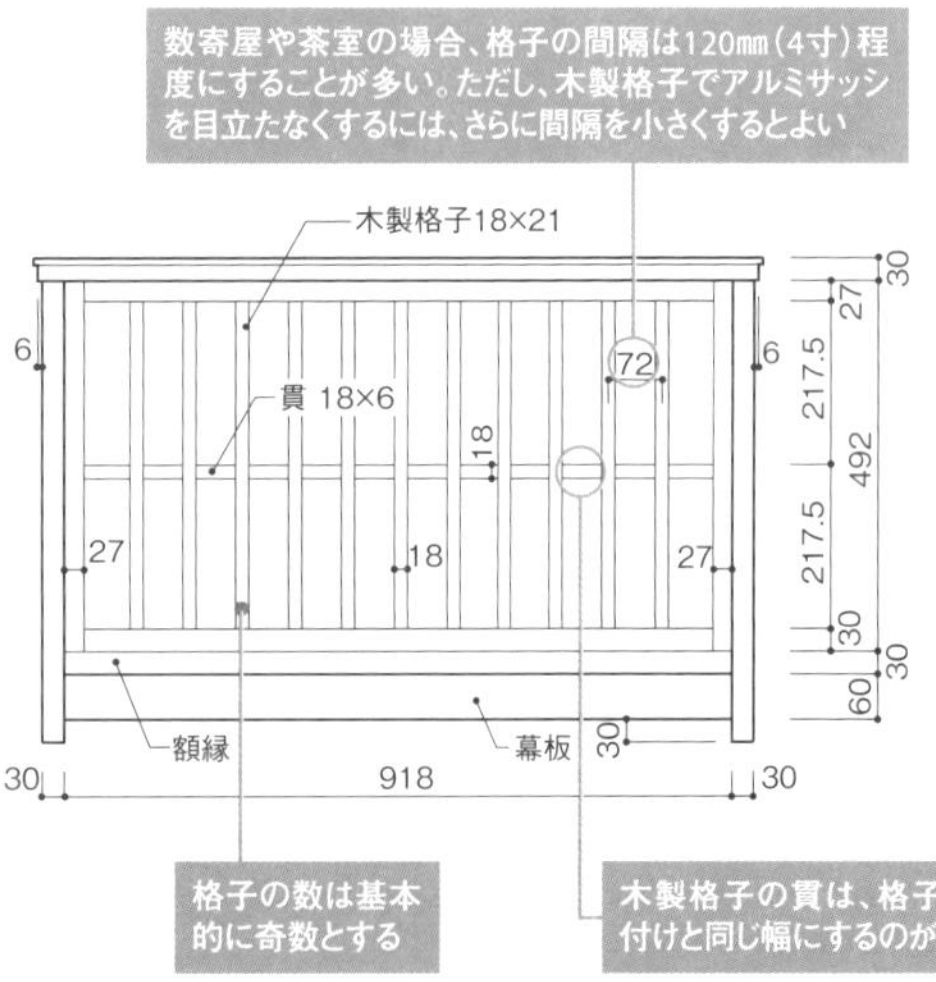
数寄屋や茶室の場合、格子の間隔は120㎜（4寸）程度にすることが多い。ただし、木製格子でアルミサッシを目立たなくするには、さらに間隔を小さくするとよい
木製格子18×21
貫 18×6
額縁
幕板
格子の数は基本的に奇数とする
木製格子の貫は、格子の見付けと同じ幅にするのが基本
30
918
30
27
217.5
492
217.5
30
60
72
18
27
6

アルミサッシと障子の間に竹の連子格子を設けた例

❷ 平面詳細図［S＝1：5］

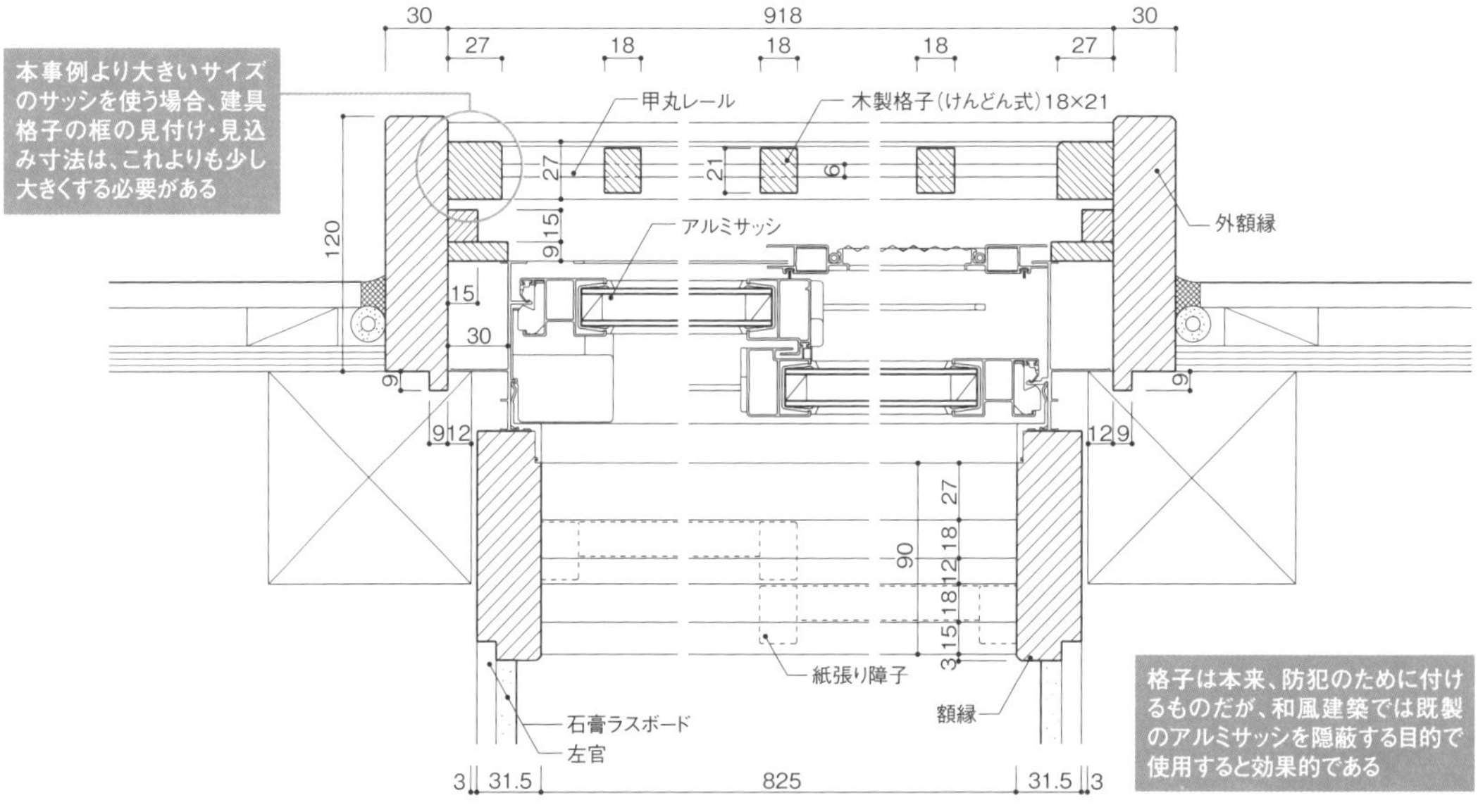
本事例より大きいサイズのサッシを使う場合、建具格子の框の見付け・見込み寸法は、これよりも少し大きくする必要がある
甲丸レール
木製格子（けんどん式）18×21
アルミサッシ
外額縁
紙張り障子
額縁
石膏ラスボード
左官
格子は本来、防犯のために付けるものだが、和風建築では既製のアルミサッシを隠蔽する目的で使用すると効果的である
30
918
30
27
18
27
120
3
31.5
825
31.5
3
90

木製の外部建具の外側に格子を設けた例。貫に透かし彫りを入れている

写真上の格子窓は夜になると、照明の灯りが外に漏れて、粋な格子窓になる

❸ 断面詳細図［S＝1：5］

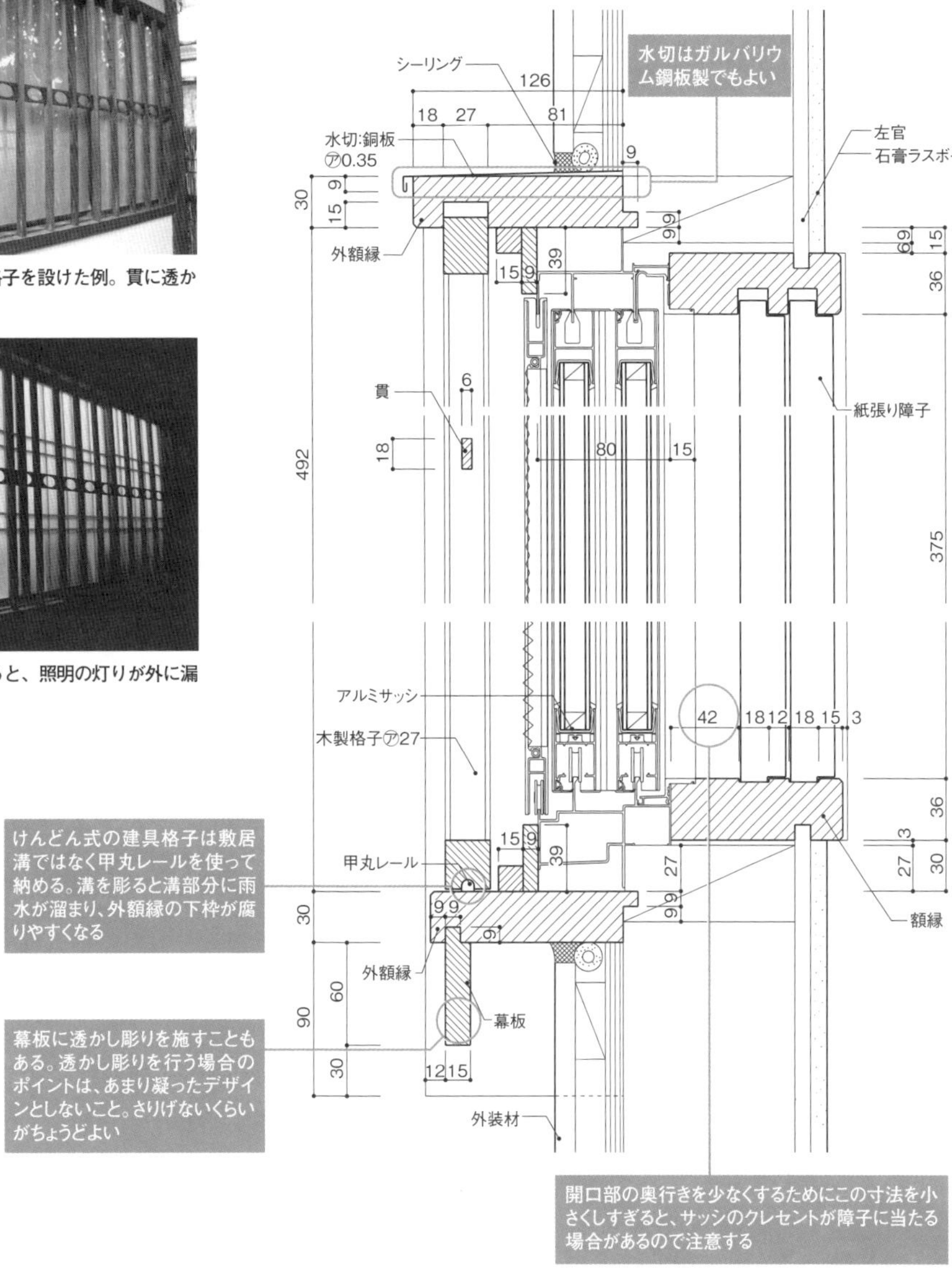

シーリング
水切はガルバリウム鋼板製でもよい
126
18 27
81
9
水切:銅板㋐0.35
左官
石膏ラスボード
外額縁
貫
紙張り障子
80
15
492
375
アルミサッシ
木製格子㋐27
42
18 12 18 15 3
けんどん式の建具格子は敷居溝ではなく甲丸レールを使って納める。溝を彫ると溝部分に雨水が溜まり、外額縁の下枠が腐りやすくなる
甲丸レール
額縁
外額縁
幕板
幕板に透かし彫りを施すこともある。透かし彫りを行う場合のポイントは、あまり凝ったデザインとしないこと。さりげないくらいがちょうどよい
外装材
開口部の奥行きを少なくするためにこの寸法を小さくしすぎると、サッシのクレセントが障子に当たる場合があるので注意する

外部の開口に使う住宅用アルミサッシには、枠形状により半外付け、内付け、外付けの別がある。サッシは、外壁側から柱に取り付けるが、サッシ枠が外壁面より突出するものを「外付け」、まったく突出しないものを「内付け」、その中間型が「半外付け」となる。開口部に障子を入れたり、壁を真壁で納めたりする場合は、外付けのサッシが適している。

数寄屋建築などでは、美観上なるべくアルミサッシなど金属製建具は使いたくない。もちろん、法規上の問題（延焼のおそれのある部分など）から、防火設備としてアルミサッシに網入りガラスを入れて使うこともある。そんな場合にはアルミサッシの外部に木製格子、内側に障子を入れるとアルミサッシの気配が消える［**図1・2**］。格子の内側に簾を垂らすとなおよいだろう。窓の前面に取り付けた木製の面格子はこのように、防犯用というよりも、和風の演出のために用いられることも多い。木製の面格子には**図1**のようなけんどん式の建具格子（建具工事）と、打ち付け格子（大工工事）がある。建具格子のほうが打ち付け格子より風情がでるのでお薦めだ。

2 | 小さな窓には華奢な障子

❶ 平面詳細図 [S＝1：5]

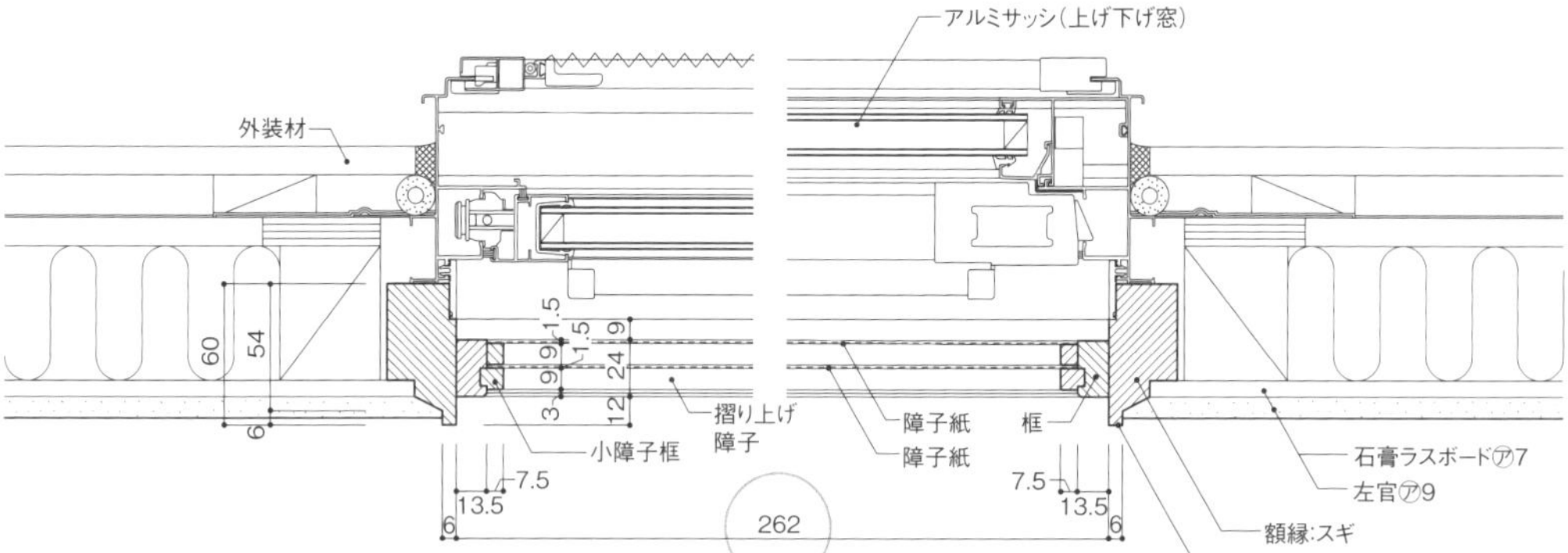
アルミサッシ(上げ下げ窓)
外装材
60
54
6
1.5
9
9
1.5
24
9
3
12
摺り上げ
障子
小障子框
障子紙
障子紙
框
石膏ラスボード⑦7
左官⑦9
額縁:スギ
はっかけ
7.5
13.5
6
262
7.5
13.5
6

開口寸法が小さく引違い窓が納まらない場合は、FIX窓と明かり障子にすることも多い。上げ下げ窓と摺り上げ障子を組み合わせることで、小さな開口部からも光と風を取り込むことができる

❷ 断面詳細図 [S＝1：5]

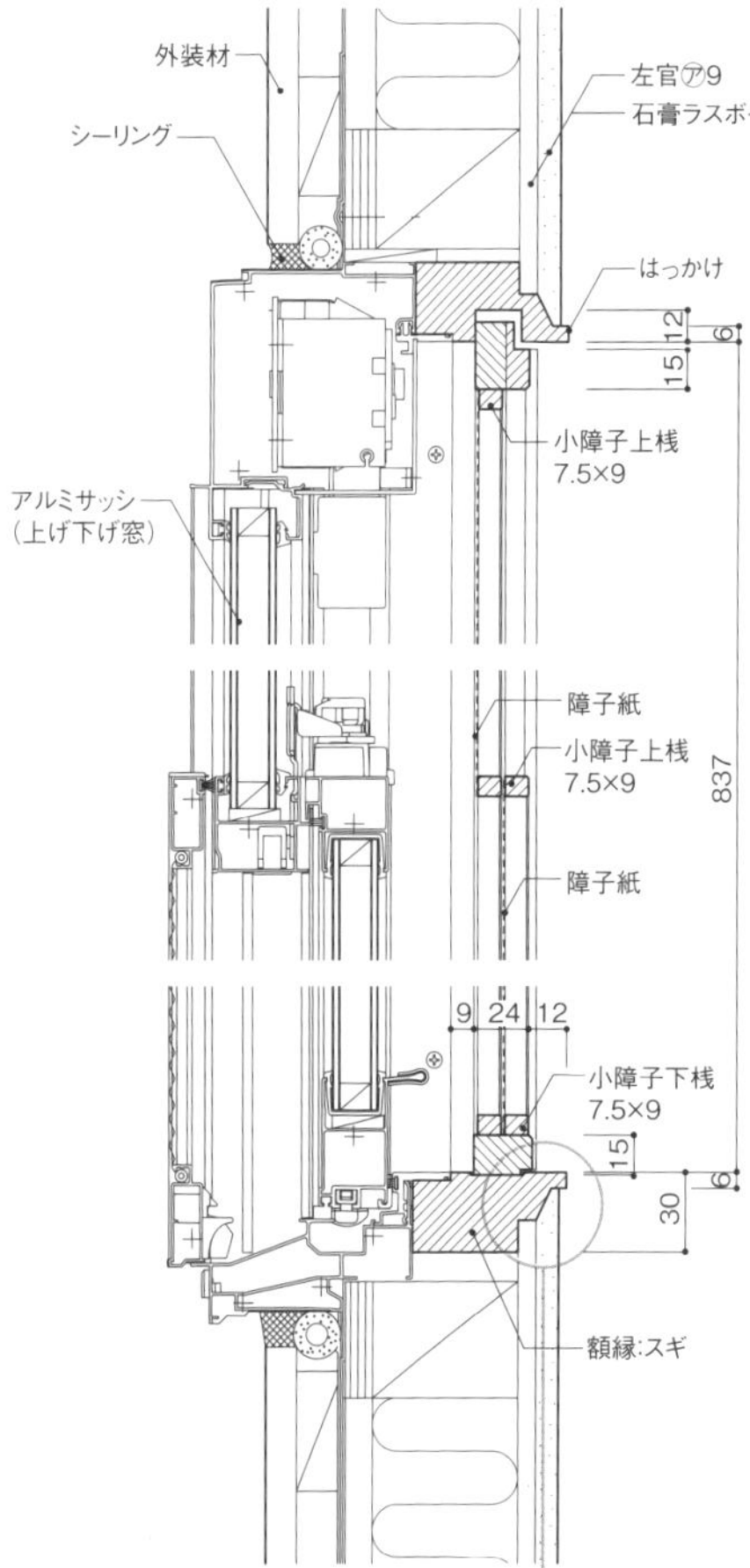
外装材
シーリング
左官⑦9
石膏ラスボード⑦7
はっかけ
12
6
15
小障子上桟
7.5×9
アルミサッシ
(上げ下げ窓)
障子紙
小障子上桟
7.5×9
837
障子紙
9
24
12
小障子下桟
7.5×9
15
6
30
額縁:スギ

小さい開口部は額縁が目立ってしまうので、はっかけにすることでバランスをとる

❸ 建具詳細図 [S＝1：2]

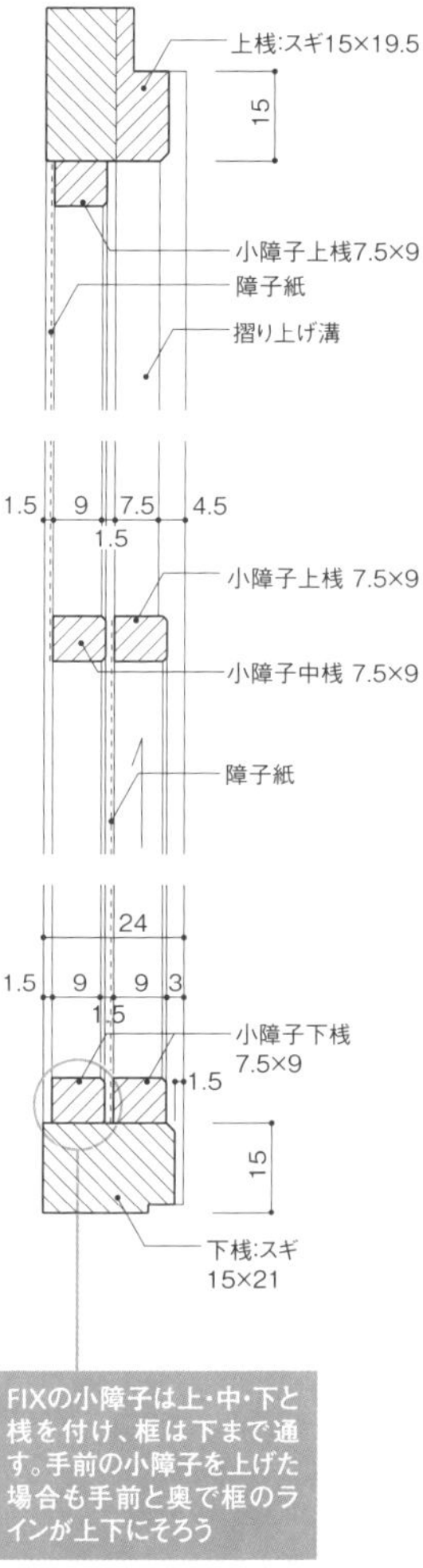
上桟:スギ15×19.5
15
小障子上桟7.5×9
障子紙
摺り上げ溝
1.5
9
7.5
4.5
1.5
小障子上桟 7.5×9
小障子中桟 7.5×9
障子紙
24
1.5
9
9
3
1.5
小障子下桟
7.5×9
1.5
15
下桟:スギ
15×21

FIXの小障子は上・中・下と桟を付け、框は下まで通す。手前の小障子を上げた場合も手前と奥で框のラインが上下にそろう

❹ 建具姿図 [S＝1：20]

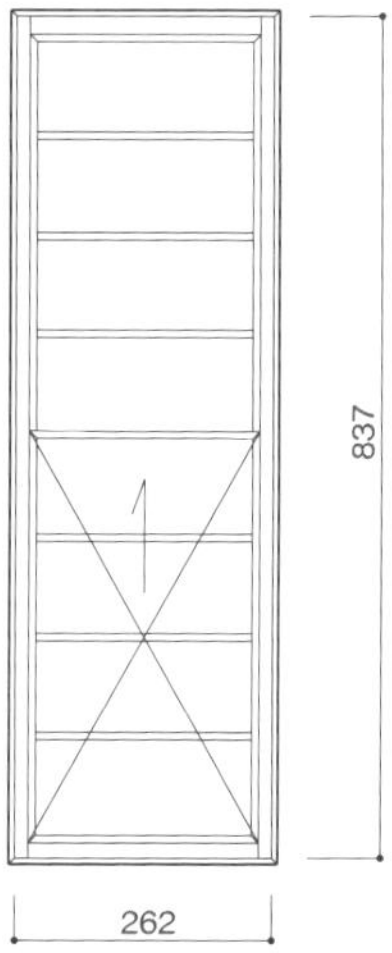
837
262

横幅が取れないときには、アルミサッシの上げ下げ窓と摺り上げ障子の組み合わせが適している

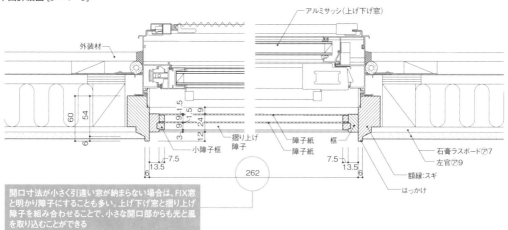

［和風］を知る3のキーワード

ここでは、玄関・水廻りなど
室の計画・仕上げを中心に紹介する

1 和風の玄関は控えめに演出

玄関とは、元来、禅宗寺院客殿の出入口の呼び名であった。現代では建物全般における主な出入口の名称となっている。つまり玄関は建物の主要な出入口のことで、客を出迎える場所でもある（バックヤードの出入口である勝手口を内玄関と呼ぶこともある）。居室のように常時人が使用するわけではないが、来訪者に建物の印象を最初に与える重要な部屋でもある。

一般に和風、特に数寄屋風の玄関は、威圧感や権威を示すのではなく、控えめで穏やかな表情につくられる。訪問者の多い施設などは別として、面積も大きくとらない。これは来訪者が、玄関から廊下、そして主座敷、庭園の眺望へと到達するつれて室内をドラマチックに盛り上げるための1つのテクニックなのである。

また和風建築では、玄関から建物の内部を容易に見通せるようなプランニングは行わない。アプローチから玄関内部へと連なる空間が、建物を演出する「序曲」として仕上がっていることが大切で、納め方やデザインは、実例をよく見て、参考にすることが大切である。

2 仕様は建物の格に合わせる

玄関は来訪者の目に最初に触れる部分である。許される範囲でよい材料を選びたい。

玄関内部の仕様は、主座敷の格式に準じてつくるのが基本である。ただしあくまでも座敷よりは控えめに、かつ来訪者に期待感をもたせるような空間に仕上げたい。

座敷の意匠は書院から数寄屋風書院、茶亭などと格式によって大別され、それぞれ真、行、草に相当する。玄関もおのおの格に合わせて使用材を選定するのがよい。書院には矩形に仕上げられた材を、数寄屋風には自然素材を多く取り入れるのはほかの部屋と同様である。

また、格式の高いものほど平面も大きく高さも増し、豪壮に仕立てる傾向がある。逆に瀟洒な小座敷には抑制のある意匠と構えがふさわしい。このあたりは建物全体のスケール感と合わせよく検討する必要がある［❶］。

❶ 座敷の格式と玄関各部位の仕上げ

部位／座敷の格式	天井	壁	床（土間部分）
書院（真）	格天井・竿縁天井 →竿縁：猿頬面など 化粧屋根裏（一部） →垂木・小舞：矩形	漆喰壁・張付け壁・聚楽壁	切石・敷瓦・三和土など
数寄屋風書院（行）	竿縁天井 →竿縁：矩形・吹寄せ・蒲鉾面など 化粧屋根裏（一部） →垂木：矩形・小丸太 小舞：女竹など	聚楽壁などの土壁	切石・自然石・三和土など
茶亭など（草）	化粧屋根裏 →垂木：小丸太・竹 小舞：女竹など 竿縁天井（一部） →竿縁：矩形・小丸太・女竹など	聚楽壁などの土壁	三和土・自然石など

3 水に強い和の素材を押さえる

水廻りの空間は水掛かりであるだけでなく、人がじかに触れることが前提となるので、素材の吟味から納まりまで、細部にわたり計画しなくてはならない。ここでは、和風建築における水廻り空間の仕上げと素材選びを中心に解説する［160頁❷・❸］。

1―木材・竹

木材は和風に欠かせない素材で、国内に産する針葉樹が適している。中でも水に強いヒノキやサワラ、ヒバを主に使いたい。ほかにはスギやマツも使用できる。ただし、いずれも直接水のかかる部位の使用は避けたい。塗装はしてもよいが、白木で使用すると竣工から数年間は独特の香気が得られる。そのほか、高級な塗装仕上げとして漆をかける方法もある。

竹には素材として清涼感があり、壁や天井などに使うと意匠上の効果が得られる。また葭などを天井に使っても竹と同様に涼しげである。

2ー左官材

土壁などの左官材料は、直接水のかかる部分には使えないが、壁の上部や天井などに使用すると和の空間を演出できる。またこれを代用する仕様として、コンクリートの壁面や耐水ボードを下地に、アクリル系の塗装を施すなどして、塗壁の質感を出す方法がある。

3ー石

石には耐水性があり、常時水のかかる場所にも使用できる。なかでも花崗岩は国内外で産出するため入手しやすく、国産では御影石、稲田石などが代表的で和風によくマッチする。

一方、大理石は地中海産のものがほとんどであるが、石の目が変化に富み、奥行きの深い清楚な質感が好まれる。ただし、洋風のイメージが強いので、使用にひと工夫が必要である。

石材の主な表面仕上げには、表面に凹凸があるバーナー仕上げ、凹凸のない水磨き、光を反射するほどに磨いた本磨きがある。床面は素足が触れることと、転倒を防ぐためバーナー仕上げがふさわしい。壁やカウンターはバーナー仕上げでもよいが、本磨きを使うとより重厚な空間を演出できる。

4ータイル

タイルは和洋を問わず水廻りで最もよく使われている材料である。耐水性があり、比較的安価で種類も多い。日本では陶磁器が古くからつくられていたこともあり、タイルも多種多様なものがある。室内意匠に合わせて適宜選定するとよい。

また、和の空間に適した仕上げを選ぶことに加え、便器や洗面ボウル・水栓・浴槽など主に西洋の生活様式から生まれた水廻り用の既製品のなかから、和空間に合うものを選び、うまく調和させることも演出のポイントである。

❷ 水廻り素材の仕上げ

使用部位／室用途	床	壁（腰壁）	壁	天井
浴室	石・タイル・スノコ敷き	石・タイル	板・塗り壁・吹付け塗装など	板・竹・塗り壁・化粧屋根裏・吹付け塗装など
洗面・脱衣室	板・ビニルシート・コルクなど	板・竹・塗り壁・クロス（和紙調）	板・塗り壁・クロス（和紙調）・吹付け塗装など	板・竹・塗り壁・化粧屋根裏・クロス（和紙調）、吹付け塗装など
便所	板、ビニルシート・石・タイル（土足）	板・竹・塗り壁・クロス（和紙調）	板・塗り壁・クロス（和紙調）・吹付け塗装など	板・竹・塗り壁・化粧屋根裏・クロス（和紙調）、吹付け塗装など

❸ 水廻りの和風空間に適した素材

材料		特徴	適する部位など
木	ヒノキ・サワラ・ヒバ	水に強く香気があり清楚。すのこや桶にも使う。常時冠水する場所には使わないほうがよい	浴室の壁上部や天井、便所・脱衣室の床・壁・天井
	スギ・マツ	ヒノキやサワラより耐水性に劣るが、清楚。スギには香気もある	便所・脱衣室の壁・天井
竹	真竹（苦竹、男竹）	径30〜45㎜程度のものを使う。清涼感がある。化粧の垂木や壁に使うほか、天井に詰打ちする	浴室の壁上部や天井、便所・脱衣室の壁・天井
	女竹（大和竹、篠竹）	径9〜21㎜程度のものを使う。化粧屋根裏の小舞のほか詰打ち、格子にも使う	浴室の天井、手洗い・脱衣室の壁・天井
石	花崗岩（御影石、稲田石など）	水に強い。産地は国内外さまざま。色目は黒から灰色、褐色まで。タイル状に加工された製品もある	浴室の床・壁。浴槽・洗面カウンターなど
	大理石	花崗岩に比べると水、汚れに弱いものが多い。ほとんどが外国産で、清楚だが洋風の印象	浴室の壁、種類によっては床にも使用可。洗面カウンターなど
タイル	陶器質・磁器質	石と同様、耐水性があり安価。陶器質のものは釉薬により多彩な表情がある。磁器質のものは耐水性は高いが冷たい印象	浴室の床・壁、便所の床・壁（特に土足の場合）。浴槽など

第4章

茶室

▶茶室・天井

掛込み天井が小間の基本

1 | 小間における天井の構成

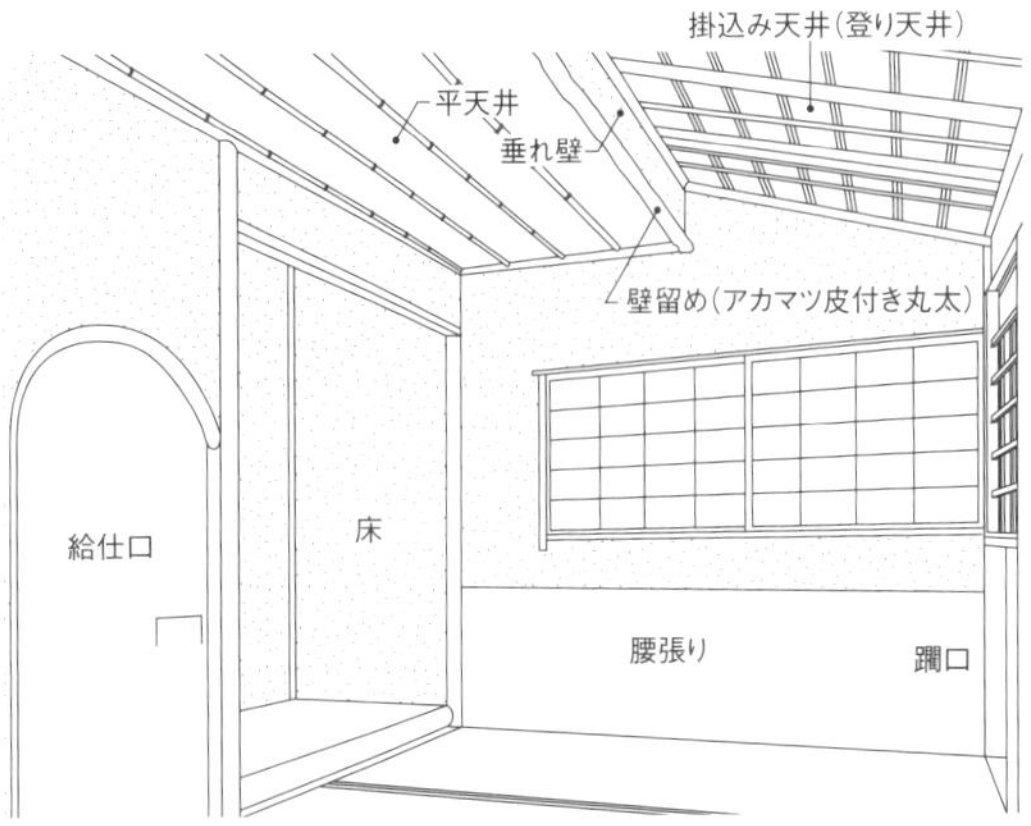
掛込み天井(登り天井)
平天井
垂れ壁
壁留め(アカマツ皮付き丸太)
給仕口
床
腰張り
躙口

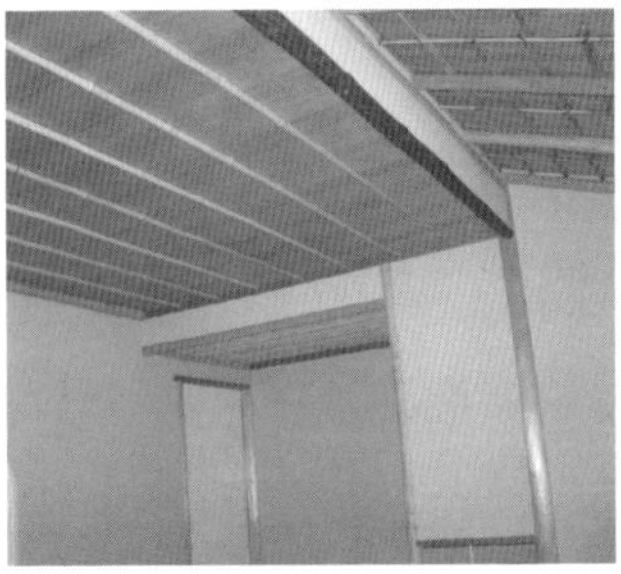

平天井と掛込み天井。奥に落ち天井。壁留めはアカマツ皮付き小丸太

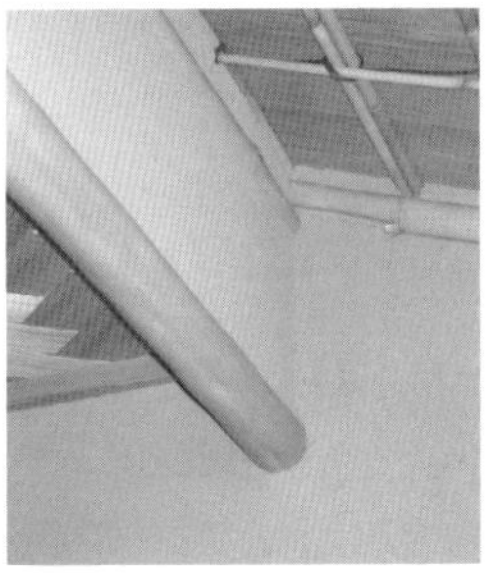

掛込み天井と小壁の取合い。藤蔓で小舞を尺八に留める。掛蔓の方向はおのおのを交互にする。2本の小舞竹は元末を組み合わせて使う。壁留めは北山杉磨き小丸太

2 | 客の入口付近は掛込み天井 [S = 1:6]

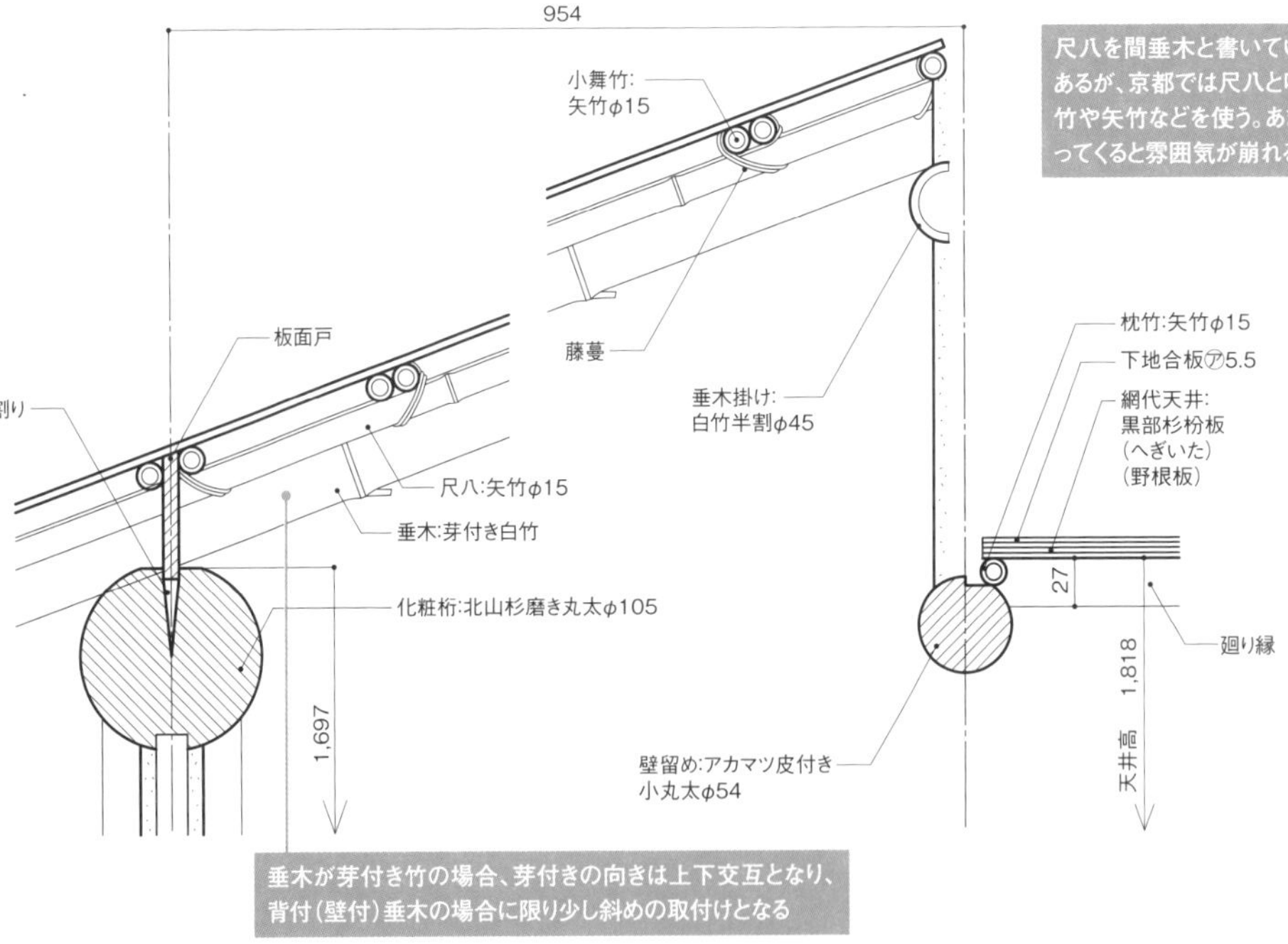
954
小舞竹:
矢竹φ15
藤蔓
垂木掛け:
白竹半割φ45
板面戸
背割り
尺八:矢竹φ15
垂木:芽付き白竹
化粧桁:北山杉磨き丸太φ105
1,697
枕竹:矢竹φ15
下地合板㋐5.5
網代天井:
黒部杉枌板
(へぎいた)
(野根板)
27
廻り縁
1,818
天井高
壁留め:アカマツ皮付き
小丸太φ54

尺八を間垂木と書いている書籍などもあるが、京都では尺八と呼ぶ。通常は女竹や矢竹などを使う。あまり雑木類をもってくると雰囲気が崩れるので要注意

垂木が芽付き竹の場合、芽付きの向きは上下交互となり、背付(壁付)垂木の場合に限り少し斜めの取付けとなる

3｜床の手前は平天井、点前畳上は落ち天井

❶ 天井～壁の取合い［S＝1：5］

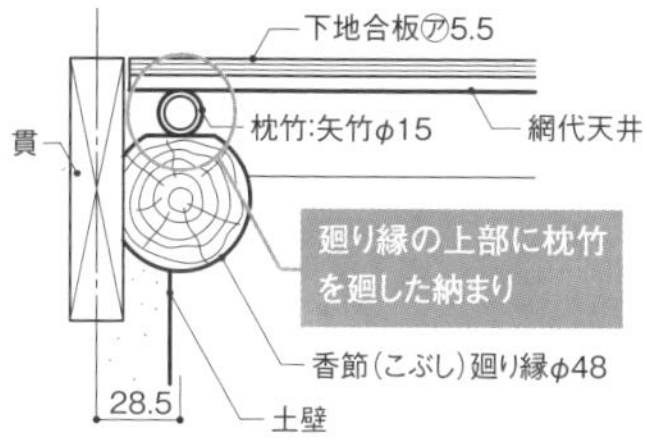

下地合板㋐5.5
貫
枕竹:矢竹φ15
網代天井
廻り縁の上部に枕竹を廻した納まり
香節(こぶし)廻り縁φ48
28.5
土壁

❷ 落ち天井部分網代の編み方（矢羽根）［S＝1：30］

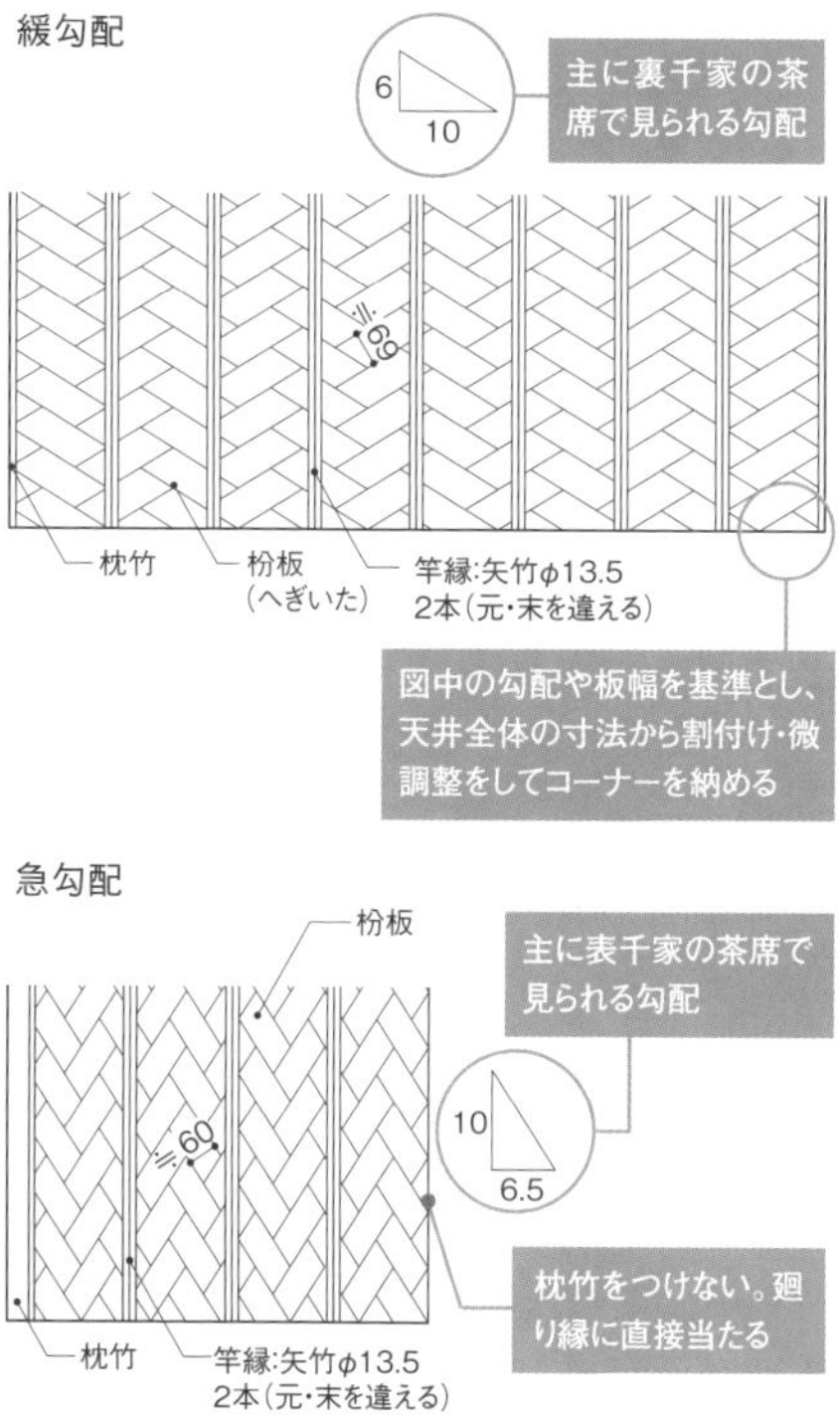

緩勾配
6
10
主に裏千家の茶席で見られる勾配
≒69
枕竹
枌板（へぎいた）
竿縁:矢竹φ13.5
2本(元・末を違える)
図中の勾配や板幅を基準とし、天井全体の寸法から割付け・微調整をしてコーナーを納める
急勾配
枌板
主に表千家の茶席で見られる勾配
10
6.5
≒60
枕竹をつけない。廻り縁に直接当たる
枕竹
竿縁:矢竹φ13.5
2本(元・末を違える)

❸ 落ち天井部分に空調設備を隠す納まり［S＝1：5］

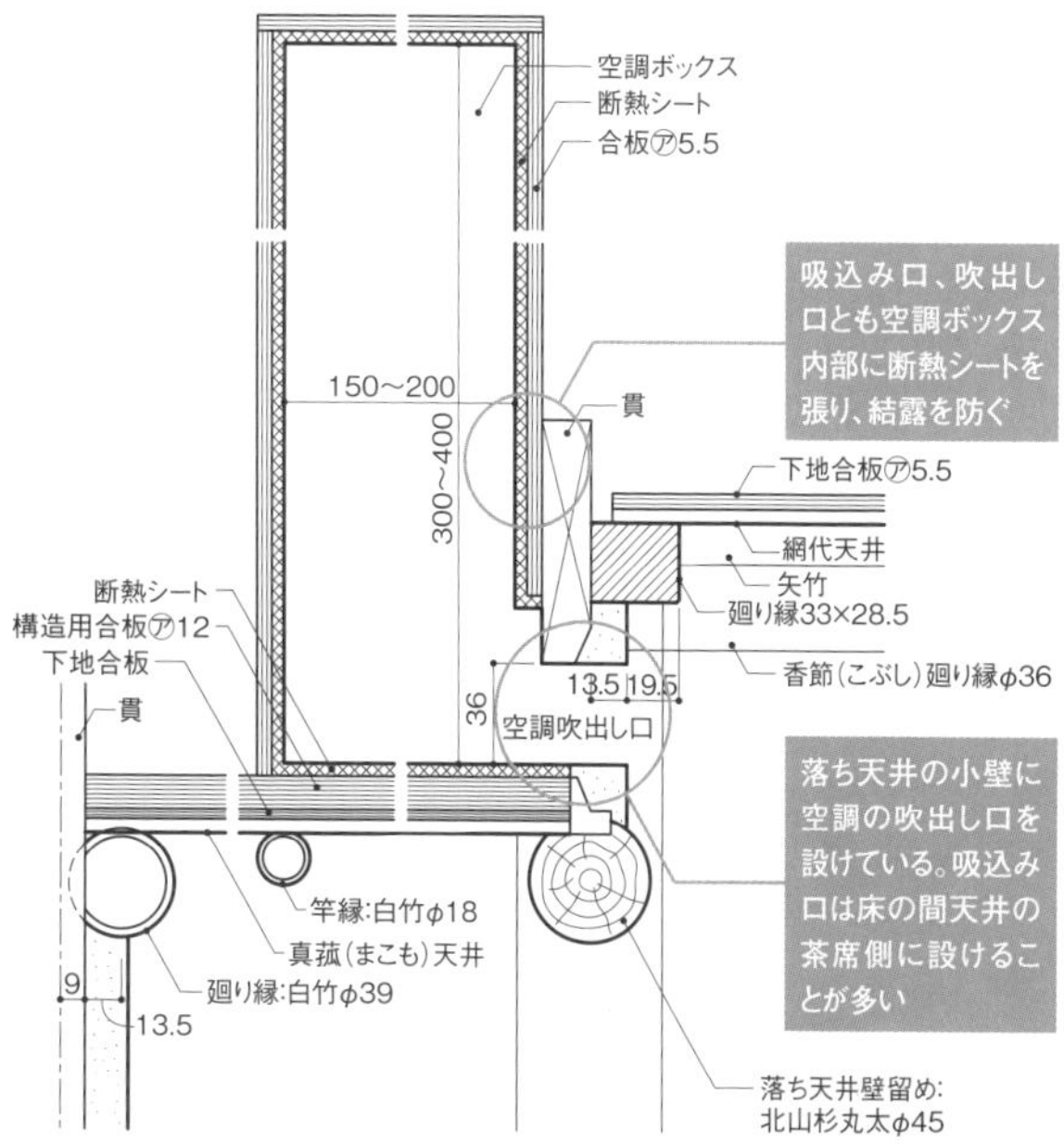

空調ボックス
断熱シート
合板㋐5.5
吸込み口、吹出し口とも空調ボックス内部に断熱シートを張り、結露を防ぐ
150～200
300～400
貫
下地合板㋐5.5
網代天井
矢竹
廻り縁33×28.5
香節(こぶし)廻り縁φ36
断熱シート
構造用合板㋐12
下地合板
貫
13.5
19.5
36
空調吹出し口
落ち天井の小壁に空調の吹出し口を設けている。吸込み口は床の間天井の茶席側に設けることが多い
竿縁:白竹φ18
真菰(まこも)天井
廻り縁:白竹φ39
9
13.5
落ち天井壁留め:北山杉丸太φ45

平天井と小壁の境は空調吹き出し口。平天井はスギの網代に矢竹の竿縁、掛込み天井の垂木は芽付き白竹

小間《こま》（187頁参照）の茶室の天井は、掛込《かけこ》み天井（登り天井）と平天井を組み合わせた形が基本だ【図1～3】。床前《とこまえ》は平天井、点前座は平天井より一段低い落ち天井、そのほかを掛込み天井とする。掛込み天井部分は化粧屋根裏で、平天井部分は野根板の羽重ね張りなどとするか、網代天井とした天井である。新しい試みとしては、村野藤吾氏による光天井がある。ただし、本格的な茶室では避けたほうがよいだろう。部屋全体が均一に明るくなり、道具の見栄えを損ねるためである。華やかな立礼席などで使うのにはよいだろう。

天井の高さは小間の場合、掛込み天井の最も低い場所で1700㎜程度。低すぎると思われがちだが、茶事などで使う場合には案外問題にならない。にじって動く（膝行）が多いこともその理由である。小間なのに天井が高い席に出くわすと、間が抜けていて、お茶席の間中どうも落ち着かないものである。

現代では、茶室にも空調設備を完備することが多い。その際、吹出し口は、既製の木製ガラリを使うのではなく、壁か天井の一部をスリット状に開けるなど、十分に考えたい。

▶茶室・壁

土壁が茶室の基本

1 | 壁［S＝1：6］

❶ 竹小舞下地の場合

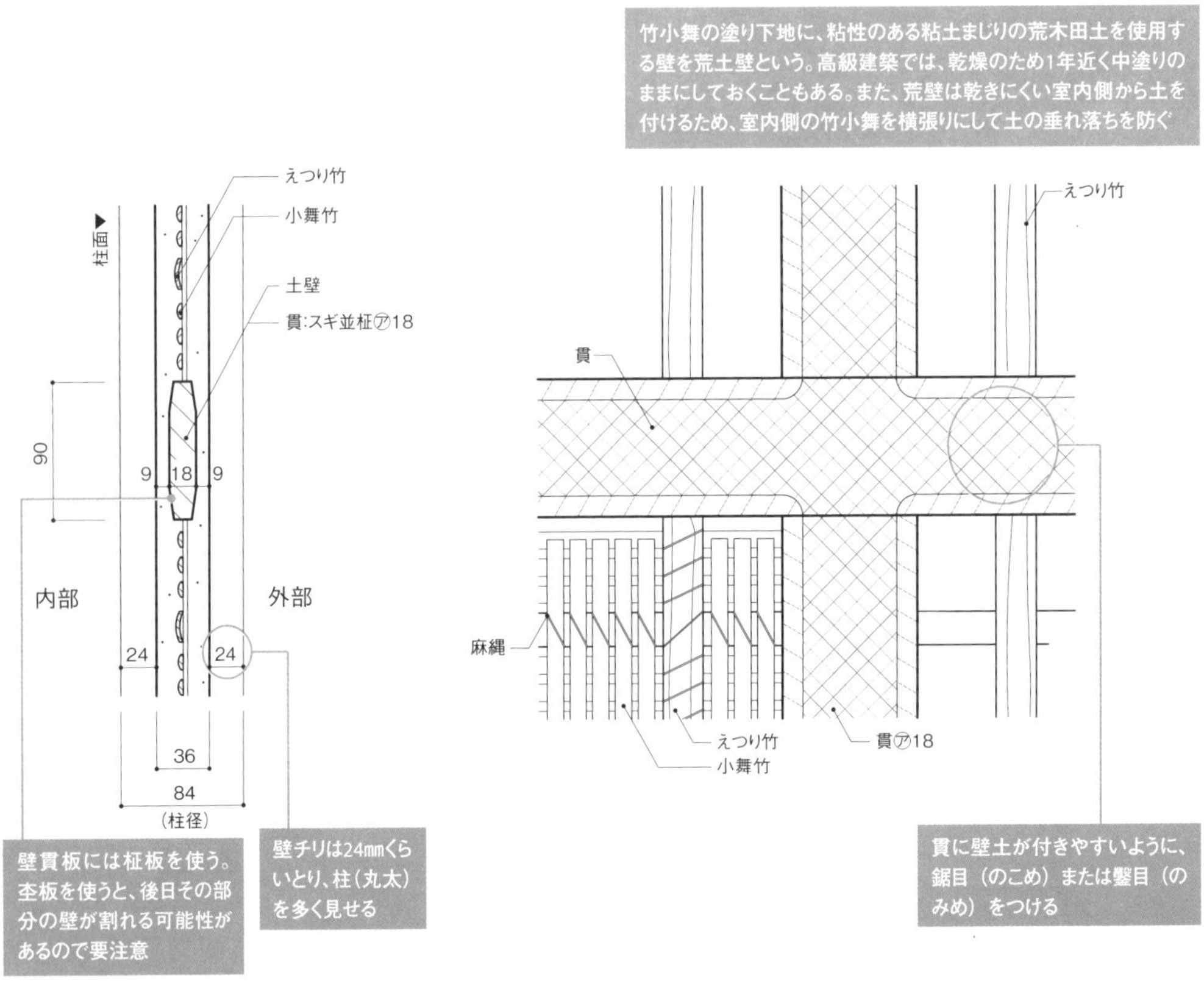
竹小舞の塗り下地に、粘性のある粘土まじりの荒木田土を使用する壁を荒土壁という。高級建築では、乾燥のため1年近く中塗りのままにしておくこともある。また、荒壁は乾きにくい室内側から土を付けるため、室内側の竹小舞を横張りにして土の垂れ落ちを防ぐ
えつり竹
小舞竹
土壁
貫：スギ並柾㋐18
柱面▶
90
9
18
9
内部
外部
24
24
36
84
（柱径）
壁貫板には柾板を使う。杢板を使うと、後日その部分の壁が割れる可能性があるので要注意
壁チリは24㎜くらいとり、柱（丸太）を多く見せる
貫
えつり竹
麻縄
えつり竹
小舞竹
貫㋐18
貫に壁土が付きやすいように、鋸目（のこめ）または鑿目（のみめ）をつける

土壁で仕上げ、腰張りする

茶室において壁とは、「土壁」のことを指す。土壁は荒壁（荒壁土を塗ったもの）のうえに中塗りを施し、さらに仕上げをするのが基本だ（小間の場合は上塗りをせず、中塗り土で仕上げる「切返し仕上げ」とすることが多い）。この場合、下地は竹小舞とするのが伝統的である。一方、現代では、荒壁・竹小舞の代わりにラスボードを用い、中塗り切返し仕上げとすることも行われている。そのほか、木摺に薄ラス地（縦横張）とフェルトラスを張り付け、モルタル下地のうえ仕上げる場合もある［図1］。

外壁の場合も同様の納まりとしていたが、昨今のゲリラ雷雨などで土壁が剥離することも少なくない。そのため、土を主成分とした聚楽調の外装材など既製品の左官材料を採用することも増えつつある。このような既製品の左官材は内壁にも、使われることがあるが、小間の席中（部屋の中）では、目線が近いため、土壁にすることがお勧めである。

また、土壁が人の立ち振る舞いで擦れないように腰張りをする。小間の場合、客座の壁は湊紙二段張り、

❷ 木摺下地の場合

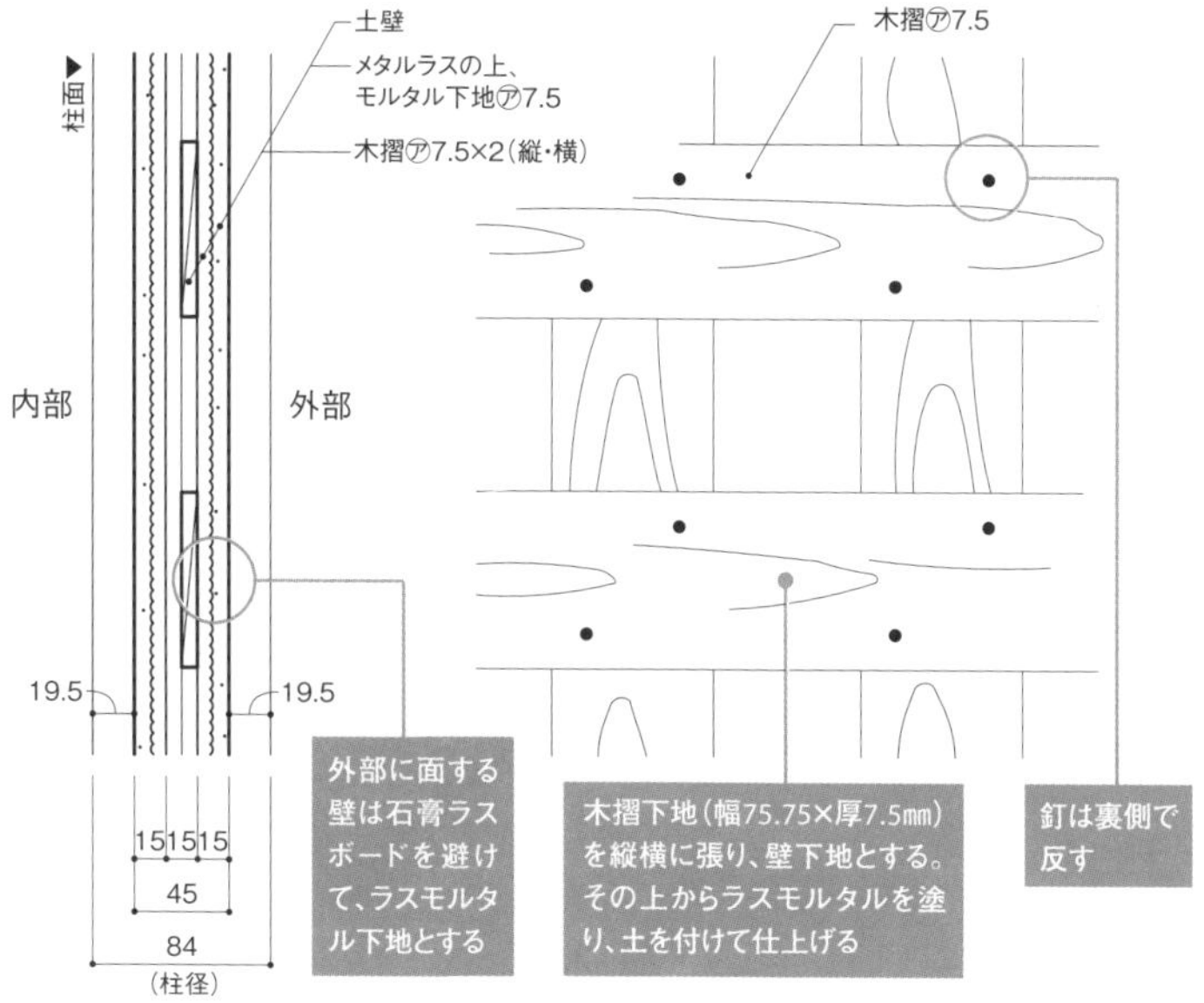

柱面▼
土壁
メタルラスの上、
モルタル下地㋐7.5
木摺㋐7.5×2（縦・横）
木摺㋐7.5
内部
外部
19.5
19.5
151515
45
84
（柱径）
外部に面する壁は石膏ラスボードを避けて、ラスモルタル下地とする
木摺下地（幅75.75×厚7.5㎜）を縦横に張り、壁下地とする。その上からラスモルタルを塗り、土を付けて仕上げる
釘は裏側で反す

❸ 石膏ラスボード下地の場合

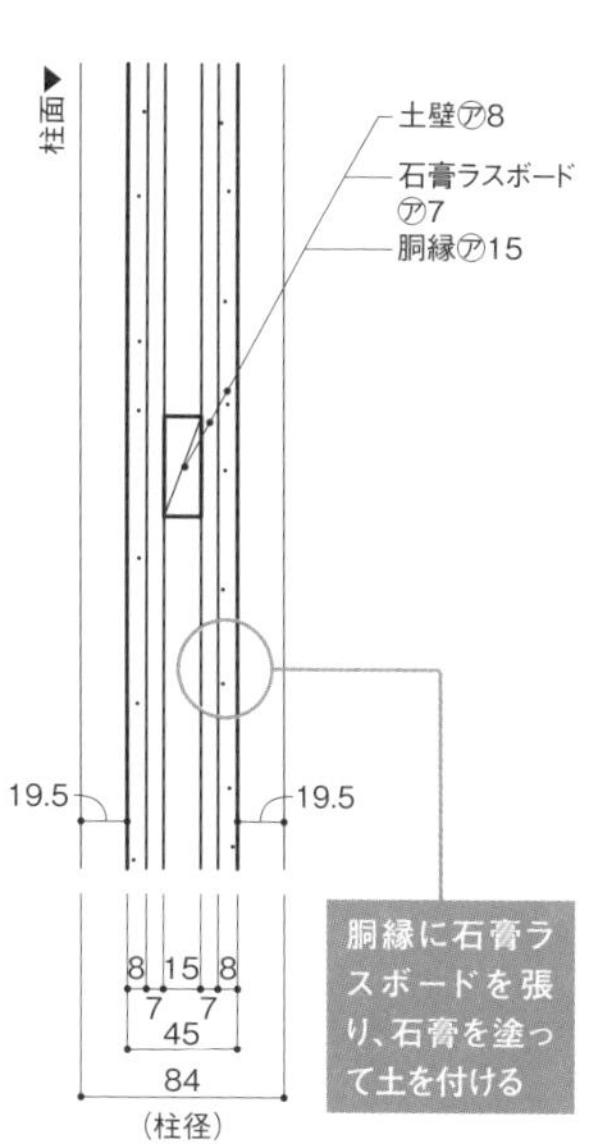

柱面▼
土壁㋐8
石膏ラスボード
㋐7
胴縁㋐15
19.5
19.5
8 15 8
7 7
45
84
（柱径）
胴縁に石膏ラスボードを張り、石膏を塗って土を付ける

2 | 中柱と壁の取合い ［S = 1：4］

❶ 平面図

中柱の引木（壁留め）にスギの削り木を用いた場合の例

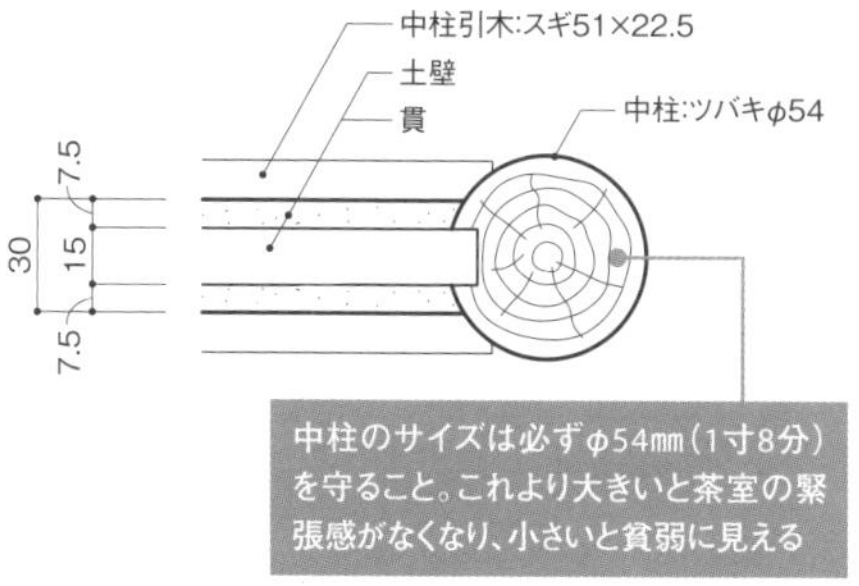

中柱引木：スギ51×22.5
土壁
貫
中柱：ツバキφ54
7.5
30
15
7.5
中柱のサイズは必ずφ54㎜（1寸8分）を守ること。これより大きいと茶室の緊張感がなくなり、小さいと貧弱に見える

❷ 断面図

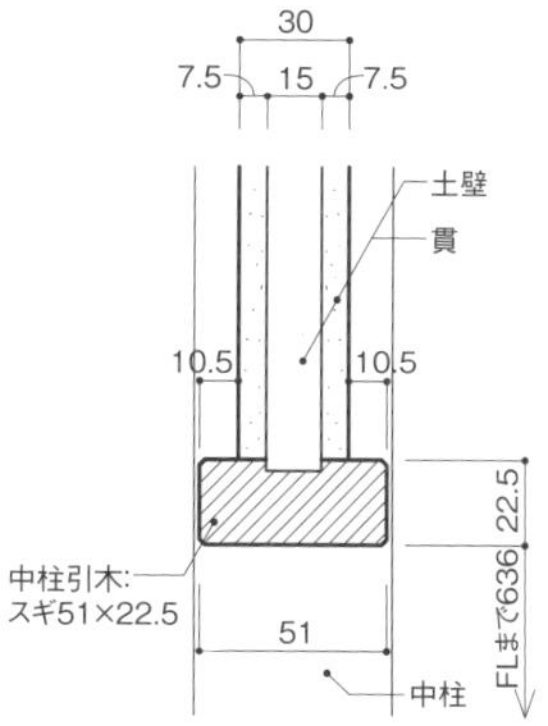

30
7.5
15
7.5
土壁
貫
10.5
10.5
22.5
中柱引木：
スギ51×22.5
FLまで636
51
中柱

香節（こぶし）小丸太の中柱と土壁、引木の納まり

点前座の壁は白紙（西の内紙）とする［**写真1・2**］。

席中では、視界に壁が占める割合が多いため、壁の仕上げが部屋全体の雰囲気を決めるといってもよい。こだわりたい部分である。一方、現代風の和モダンで統一した店舗の場合などは、デザインがシンプルなので、一つひとつの仕上げが要となる。クロスなどにせず、あえて本物を使うことで、一味違う表現ができることを知っておきたい。

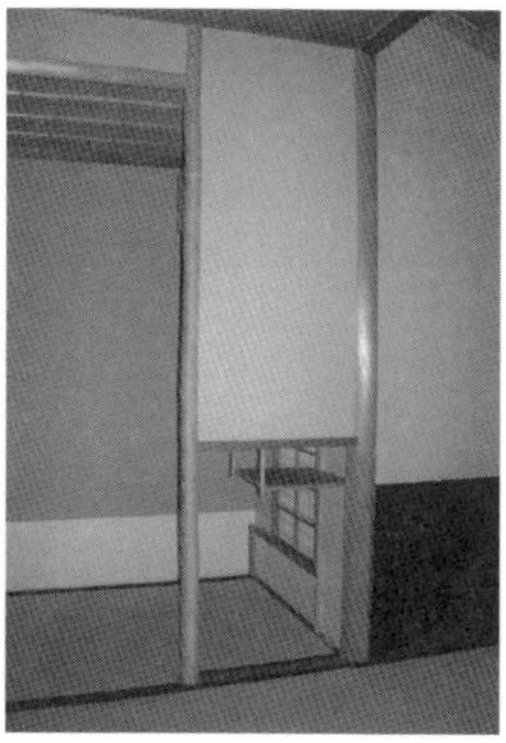

写真1　右側土壁の腰は湊紙張り。客座は点前座よりも動作が多いため、2段張りが基本

写真2　中柱廻り。土壁の腰には白紙（西の内紙）1段張り。中柱は無目敷居から立ち上がる

床は炉廻りが納まりのポイント

1｜床の納まり［S＝1：8］

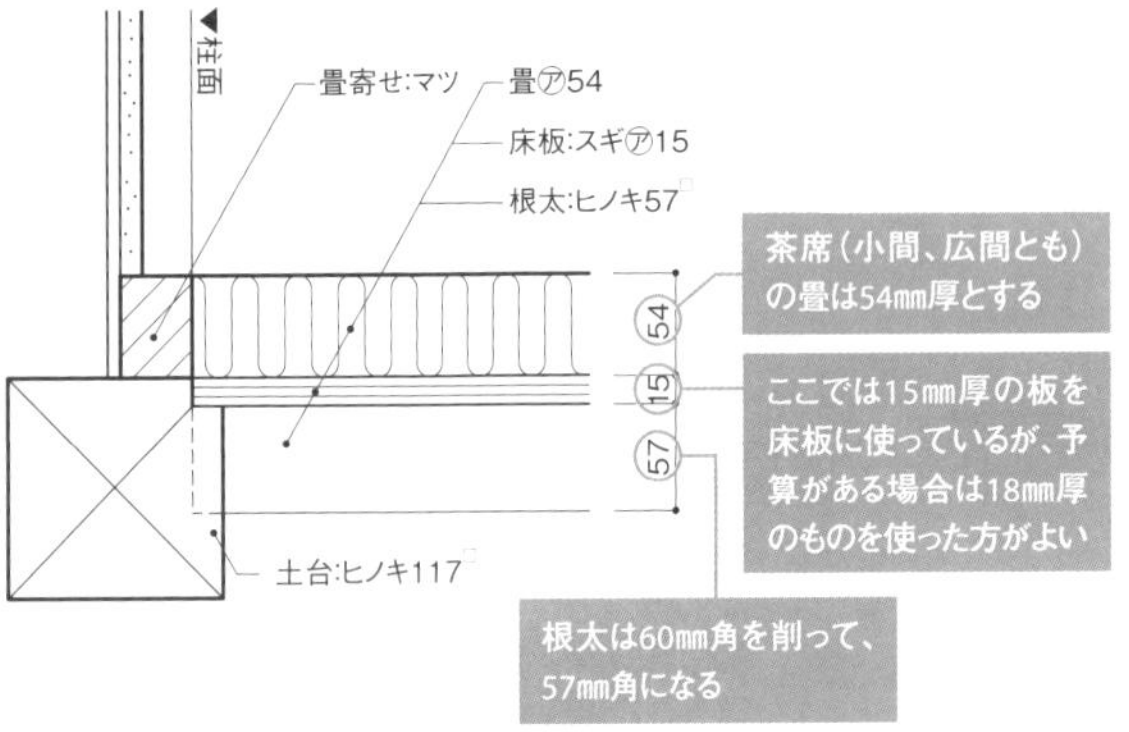
▼柱面
畳寄せ:マツ
畳㋐54
床板:スギ㋐15
根太:ヒノキ57
54
15
57
茶席（小間、広間とも）の畳は54㎜厚とする
ここでは15㎜厚の板を床板に使っているが、予算がある場合は18㎜厚のものを使った方がよい
土台:ヒノキ117
根太は60㎜角を削って、57㎜角になる

畳と畳寄せ、入隅柱の納まり。壁は湊紙張り

2｜床と炉の取合い［S＝1：8］

❶ 炉廻りの名称

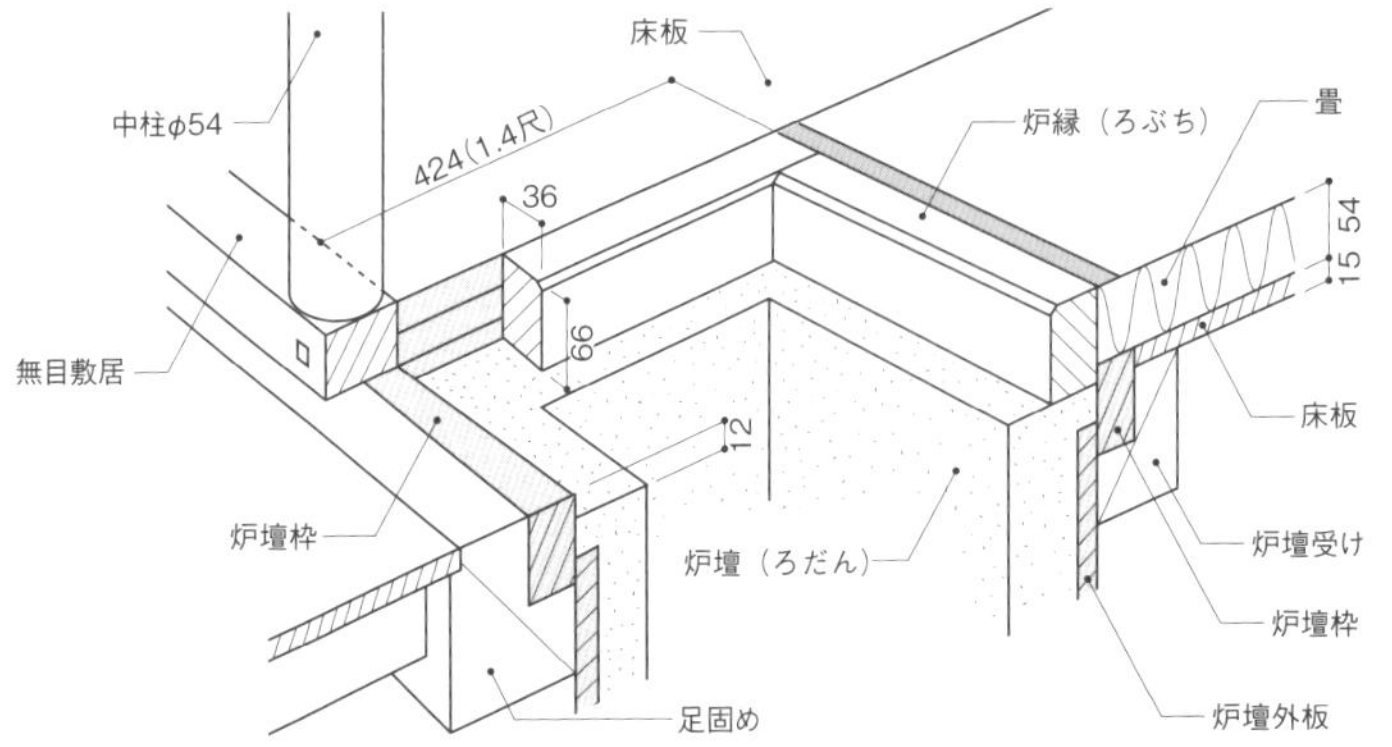
床板
中柱φ54
424（1.4尺）
36
炉縁（ろぶち）
畳
54
15
66
無目敷居
12
床板
炉壇枠
炉壇（ろだん）
炉壇受け
炉壇枠
足固め
炉壇外板

茶室の床の構成

茶室の床はさまざまな要素が集まる部分である。畳・畳寄せ・敷居はもちろん、床の間廻りでは床柱・床框、炉廻りには炉縁・中板（板畳）など。そのため、これらの納まりは入念に検討しておく必要がある【写真、図1・2】。

畳敷きの床は、畳、床板、根太、大引、根太掛け、床束で構成されるのが基本だ。通常、住宅の場合などでは床荷重を受けた大引を土台に連結する。古い茶室などでは、土台から大引を離して、床束だけで受けているケースも見られる。

炉廻りの納まり

一方、炉廻りは炉壇自体が重いので、地面にブロックなどを敷いて、炉壇を直接支えている例を見かけるが、これは本来の姿ではないだろう。炉壇受けをしっかり取り付け、ここで炉壇を受けることが重要なのである。

というのも、大勢の人が出入りし、長年の間に炉回りの床が下がることを考慮していただきたい。その場合、地面に据えたブロックで支えた炉では、床が下がると畳と段差が

❷ 炉と畳の取合い

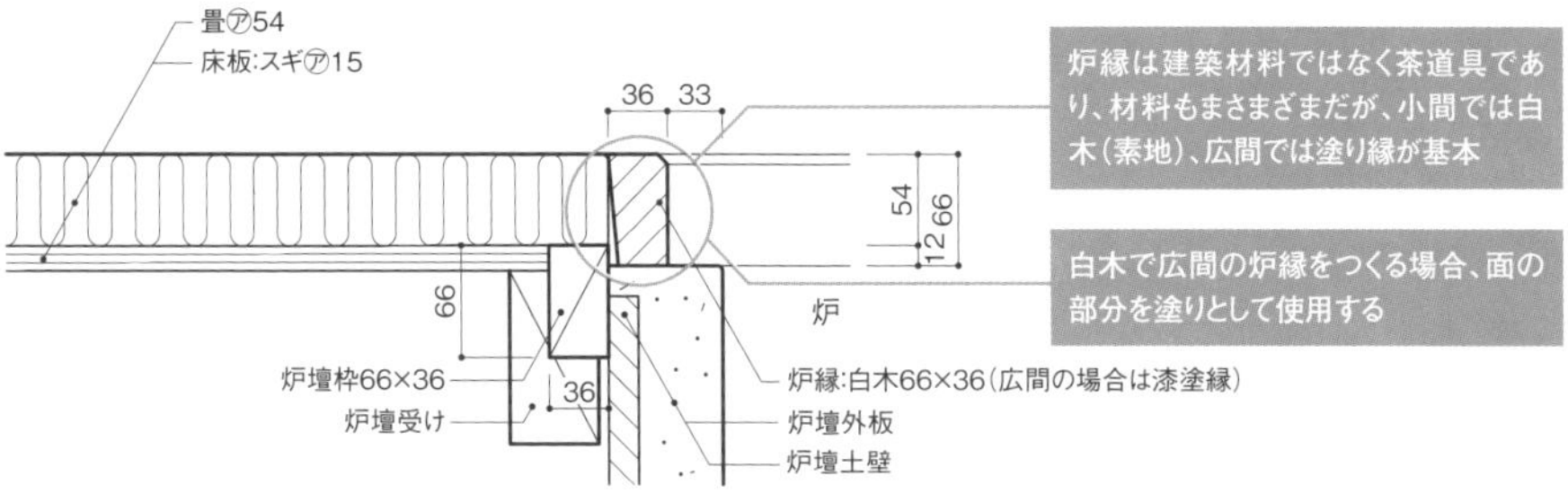
畳㋐54
床板:スギ㋐15
36
33
54
12
66
66
炉
36
炉壇枠66×36
炉壇受け
炉縁:白木66×36(広間の場合は漆塗縁)
炉壇外板
炉壇土壁
炉縁は建築材料ではなく茶道具であり、材料もさまざまだが、小間では白木(素地)、広間では塗り縁が基本
白木で広間の炉縁をつくる場合、面の部分を塗りとして使用する

❸ 炉縁をとって畳を敷いた場合

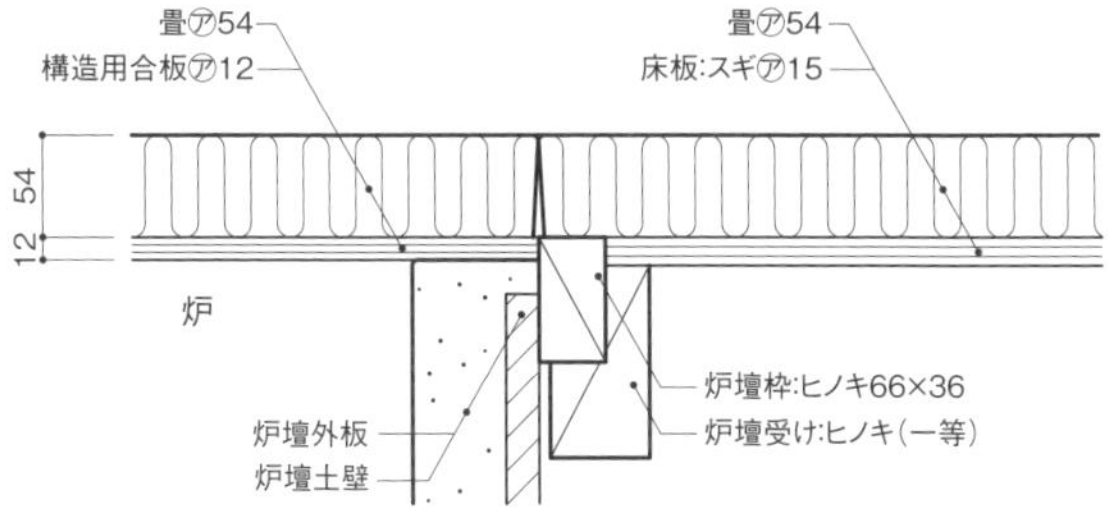
畳㋐54
構造用合板㋐12
畳㋐54
床板:スギ㋐15
54
12
炉
炉壇枠:ヒノキ66×36
炉壇受け:ヒノキ(一等)
炉壇外板
炉壇土壁

畳を上げて炉壇を見る。炉壇外箱に手掛け紐がついている。炉壇は外板に壁下地を組んで土を塗ったもの。後ろは香節(こぶし)の中柱

❹ 床暖房を入れた場合

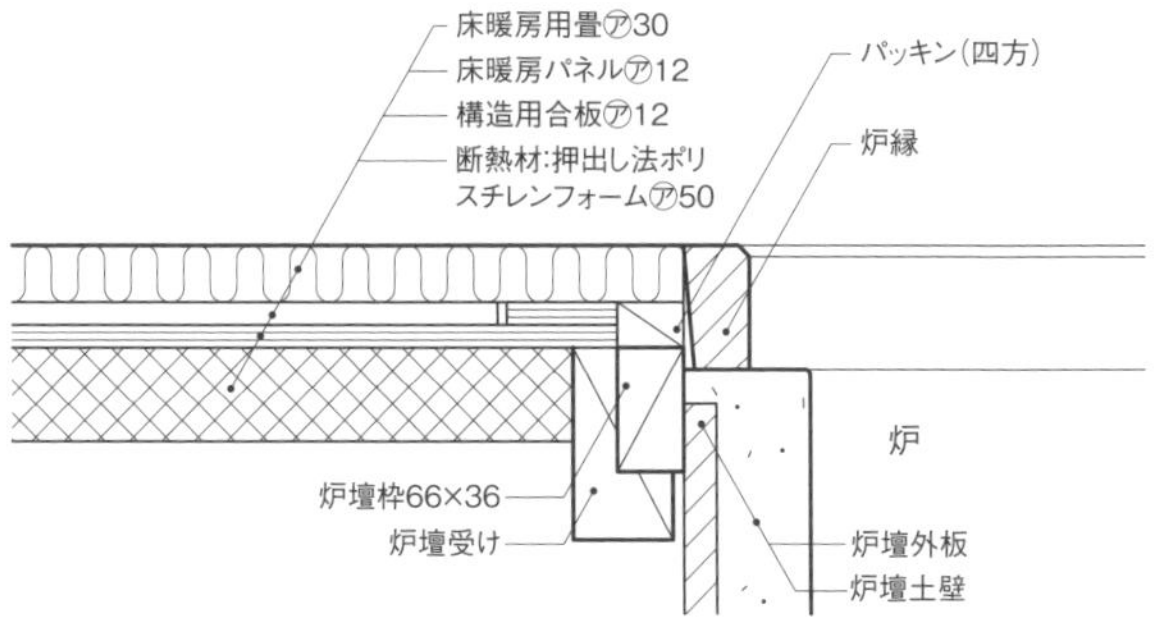
床暖房用畳㋐30
床暖房パネル㋐12
構造用合板㋐12
断熱材:押出し法ポリスチレンフォーム㋐50
パッキン(四方)
炉縁
炉
炉壇枠66×36
炉壇受け
炉壇外板
炉壇土壁

炉壇廻りの薄畳(30㎜厚)と床暖房パネル(右手前)の納まり。捨て張り合板の下には必ず断熱材を設ける

できる。小さな段差でも、炉の季節に炭点前を行う場合は、客は炉の廻りに集まってくるため、どうしても目に付いてしまうものなのだ。

次に、炉を構成する炉縁と炉壇、その両方ともが取り外しするものであることを、頭に置いておきたい。というのも、炉を塗り直しすることがあるからだ。たまに、レンガなどで積み上げ造り付けたものを目にすることがあるが、これは絶対に避けるべきである。やはり炉壇で炉縁受けを設け、炉縁・炉壇を取り外しできるように納めるのが基本である。

写真　点前座と客座の間に中板という板畳を入れる場合がある。通常炉壇は上から納めるが、中板がある場合は写真のように横からスライドさせて納める。写真は畳を入れる前の様子

風炉先窓で換気・採光

1 | 風炉先窓

❶ 断面図［S＝1：3］

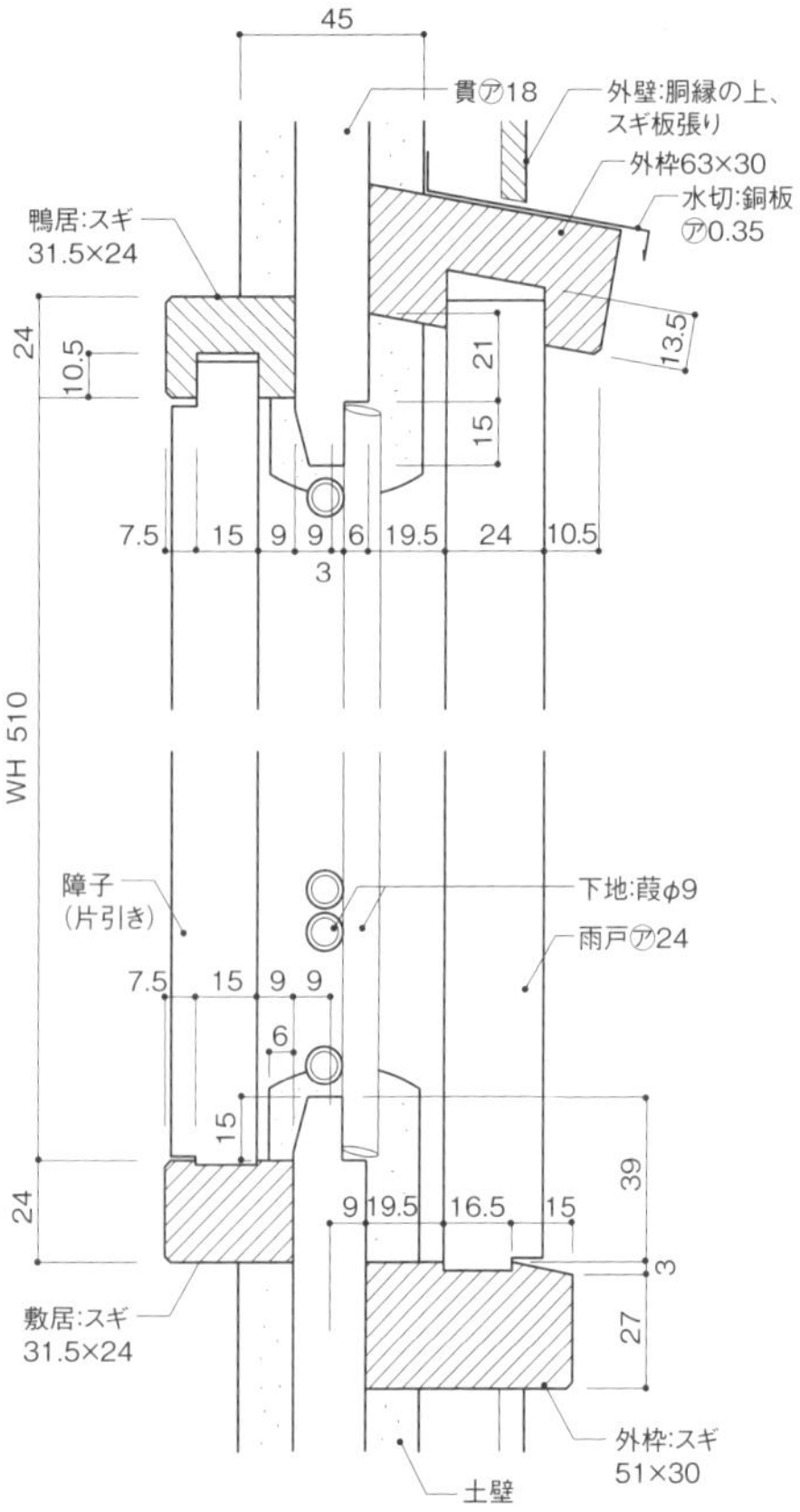
45
貫㋐18
外壁:胴縁の上、スギ板張り
外枠63×30
水切:銅板㋐0.35
鴨居:スギ 31.5×24
24
10.5
21
15
13.5
7.5 15 9 9 6 19.5 24 10.5
3
WH 510
障子（片引き）
下地:葭φ9
雨戸㋐24
7.5 15 9 9
6
15
39
24
9 19.5 16.5 15
3
27
敷居:スギ 31.5×24
外枠:スギ 51×30
土壁

風炉先窓を正面から見る。二重釣棚もある

❷ 姿図（上：障子を外した場合、下：障子がある場合）［S＝1：20］

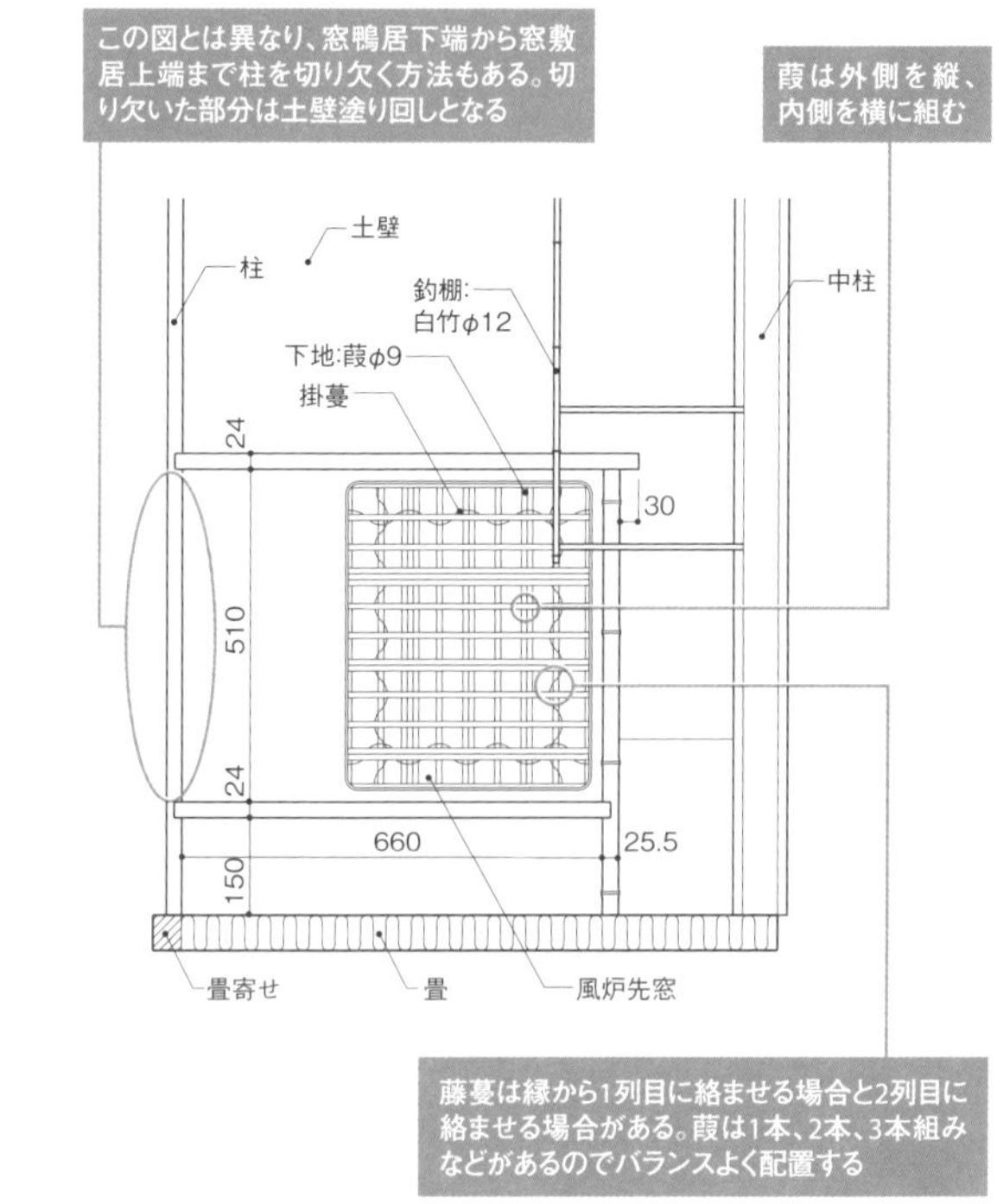
この図とは異なり、窓鴨居下端から窓敷居上端まで柱を切り欠く方法もある。切り欠いた部分は土壁塗り回しとなる
葭は外側を縦、内側を横に組む
土壁
柱
釣棚:白竹φ12
中柱
下地:葭φ9
掛蔓
24
30
510
24
660
25.5
150
畳寄せ
畳
風炉先窓
藤蔓は縁から1列目に絡ませる場合と2列目に絡ませる場合がある。葭は1本、2本、3本組みなどがあるのでバランスよく配置する

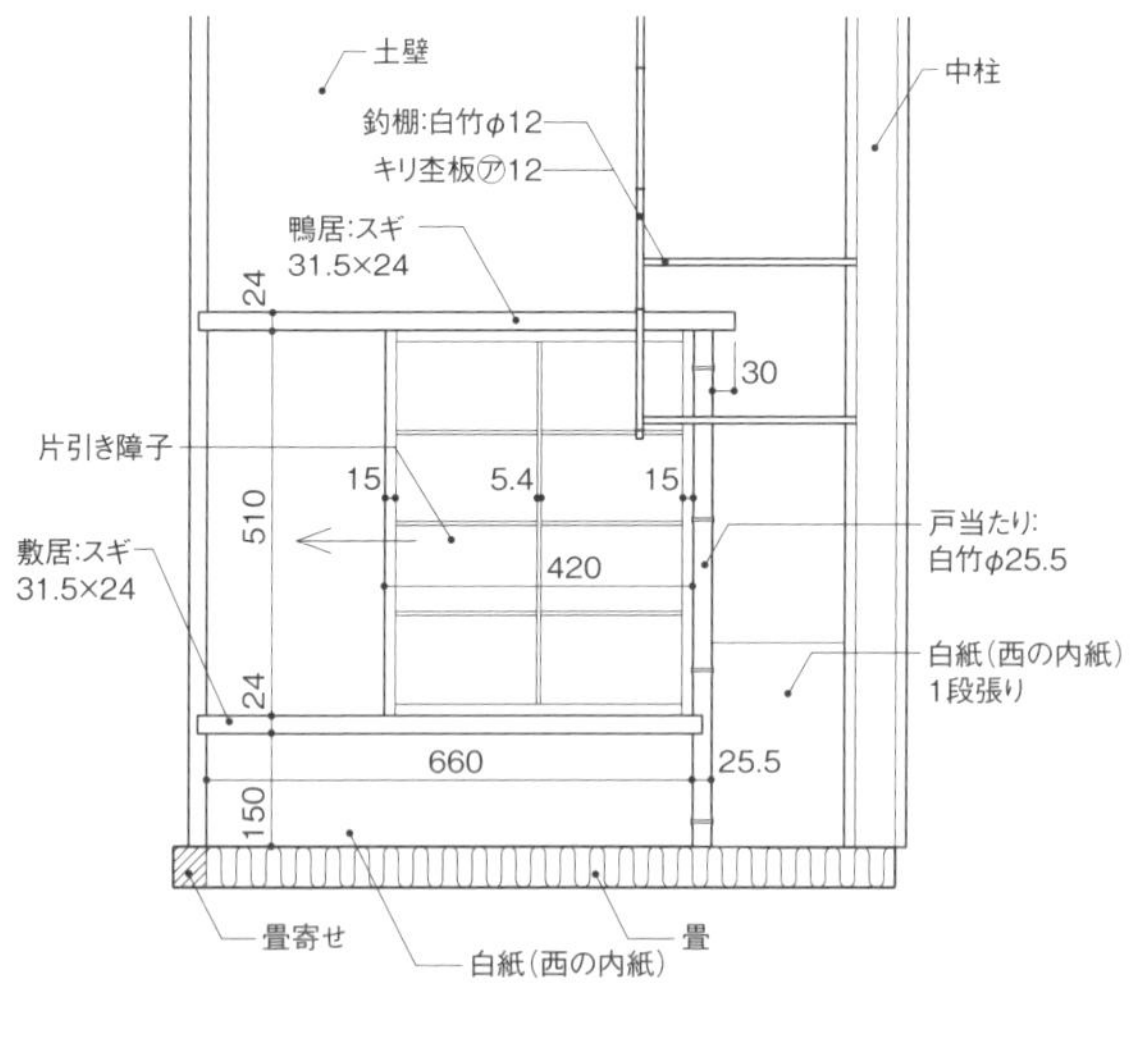
土壁
中柱
釣棚:白竹φ12
キリ杢板㋐12
鴨居:スギ 31.5×24
24
30
片引き障子
15 5.4 15
510
420
敷居:スギ 31.5×24
戸当たり:白竹φ25.5
白紙（西の内紙）1段張り
24
660
25.5
150
畳寄せ
畳
白紙（西の内紙）

2 | 隅棚（釣棚）[S＝1：30]

❶ 平面図（下段）

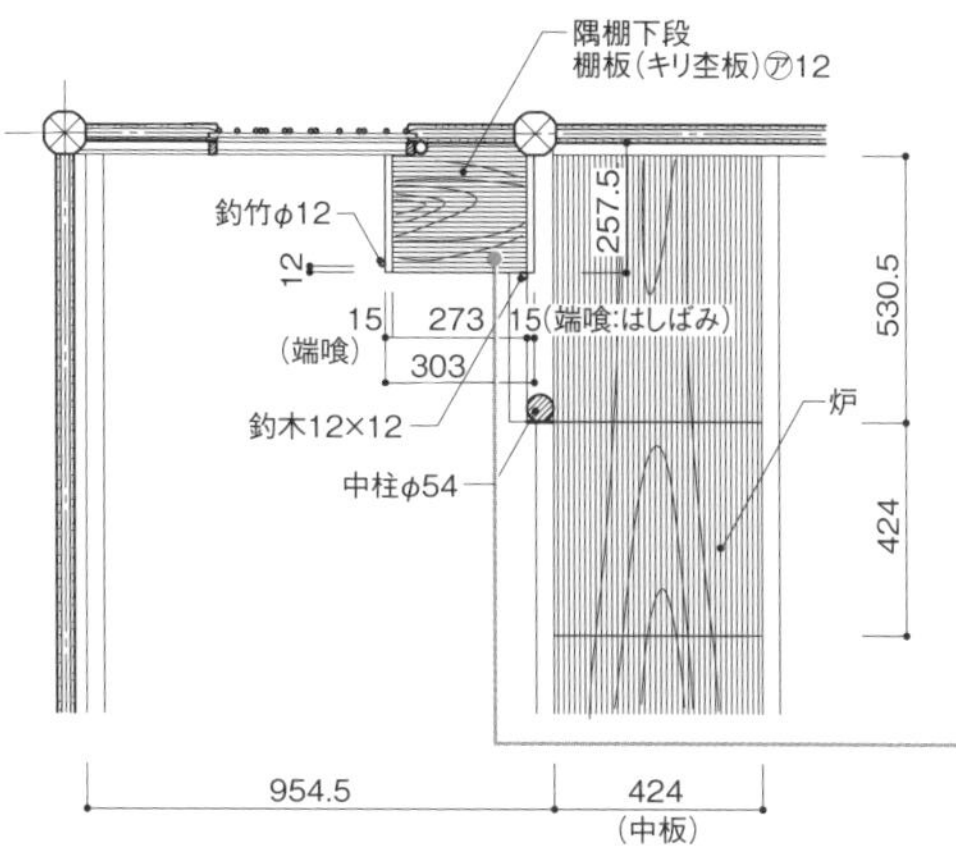

隅棚下段
棚板（キリ杢板）㋐12
釣竹φ12
12
15
273
15（端喰：はしばみ）
（端喰）
303
釣木12×12
中柱φ54
257.5
530.5
炉
424
954.5
424
（中板）

❷ 平面図（上段）

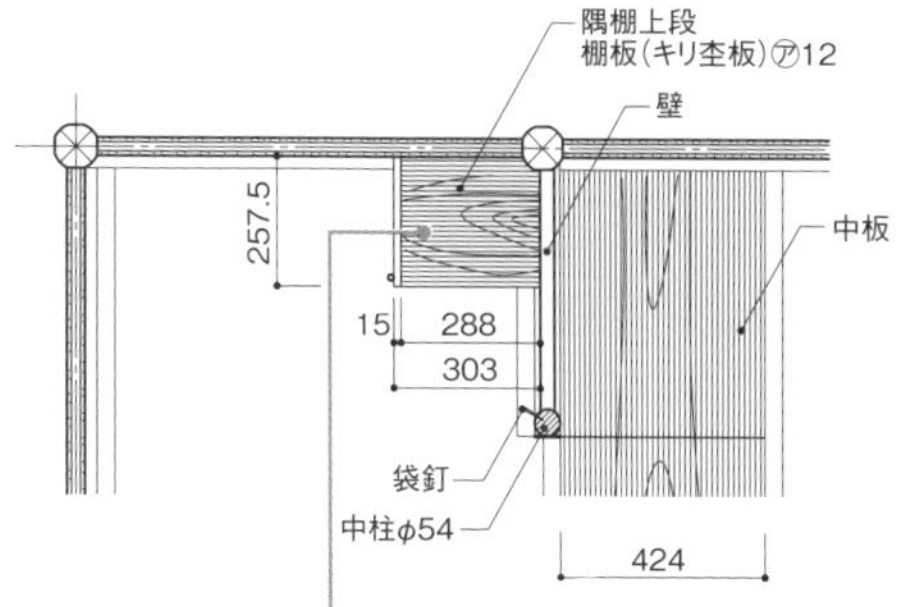

隅棚上段
棚板（キリ杢板）㋐12
壁
中板
257.5
15
288
303
袋釘
中柱φ54
424

隅棚（利休流）は、同じ大きさの上下2段の棚からなる。一般には上下で木目の方向が異なり、下段は末口を客に向け、上段は末口を勝手に向ける

障子を外した状態。風炉先窓は点前座の採光と換気の機能をもつ

点前座に設ける風炉先窓。障子の向こうに下地窓が見える。風炉先窓は障子を全部引ききらず、下地窓が全部現れないようにするのが基本

小間の隅棚

茶室に設ける窓は下地窓と連子《れんじ》窓が大半である。下地窓は壁を塗り残し、下地をそのまま見せたものである。とはいえ実際は葭《よし》を並べ、藤蔓《ふじづる》を掛けて下地をつくり、貫で固定し、四周は壁を塗り回して仕上げる。

風炉先窓の役割

風炉先窓はその名のとおり、風炉先（点前座の前方）にある下地窓である【図1・2】。

小間は狭く、暗い。閉めきって炭をおこし、湯を沸かしていると時々気分が悪くなることがある。軽い一酸化炭素中毒である。これを回避するために、そして点前座にほのかな明かりを取るために、風炉先窓が設けられた。点前の最中、正面下からの光が道具や亭主を照らす。よく考えられているものだ。これとは別に点前座には色紙《しきし》窓をあける場合があるが、これは亭主の脇から光が当たり、客側から見ると亭主の姿がシルエットとして映る。

風炉先窓の内側には敷居と鴨居を取り付け、障子を入れる。この障子は片引きで、完全には引ききれないことが特徴である。

▶茶室・開口2

茶室に光を！連子窓

❶ 断面図［S＝1：8］

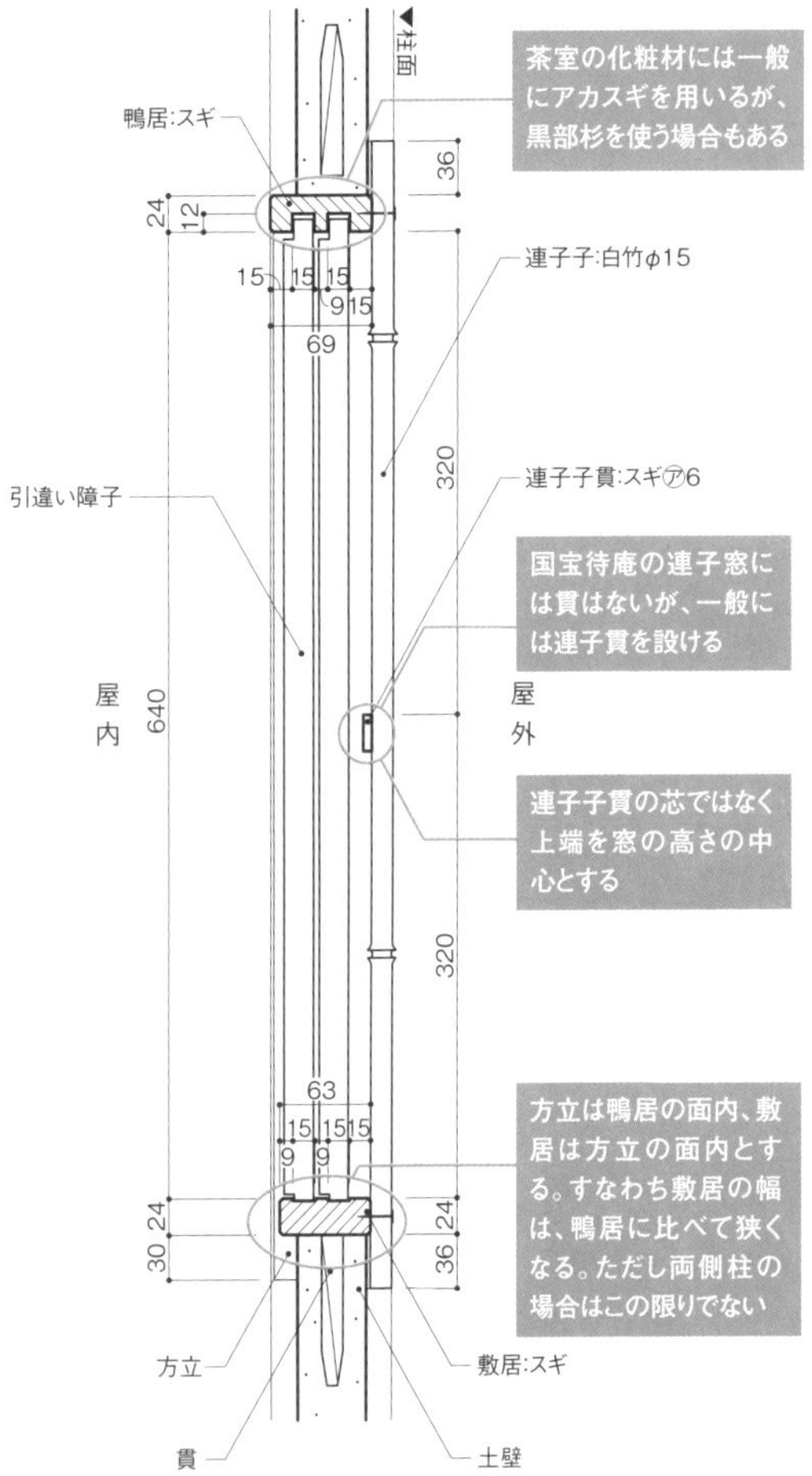
柱▼面
鴨居:スギ
茶室の化粧材には一般にアカスギを用いるが、黒部杉を使う場合もある
36
24
12
15
15
15
9
15
69
連子子:白竹φ15
320
連子子貫:スギ㋐6
引違い障子
国宝待庵の連子窓には貫はないが、一般には連子貫を設ける
屋内
640
屋外
連子子貫の芯ではなく上端を窓の高さの中心とする
320
63
15
15
15
9
9
方立は鴨居の面内、敷居は方立の面内とする。すなわち敷居の幅は、鴨居に比べて狭くなる。ただし両側柱の場合はこの限りでない
24
30
24
36
方立
敷居:スギ
貫
土壁

引違いの障子を開けた連子窓。連子子の内側に貫を通す

障子を取り外した状態。連子子と貫のバランスがよい

❷ 平面図［S＝1：8］

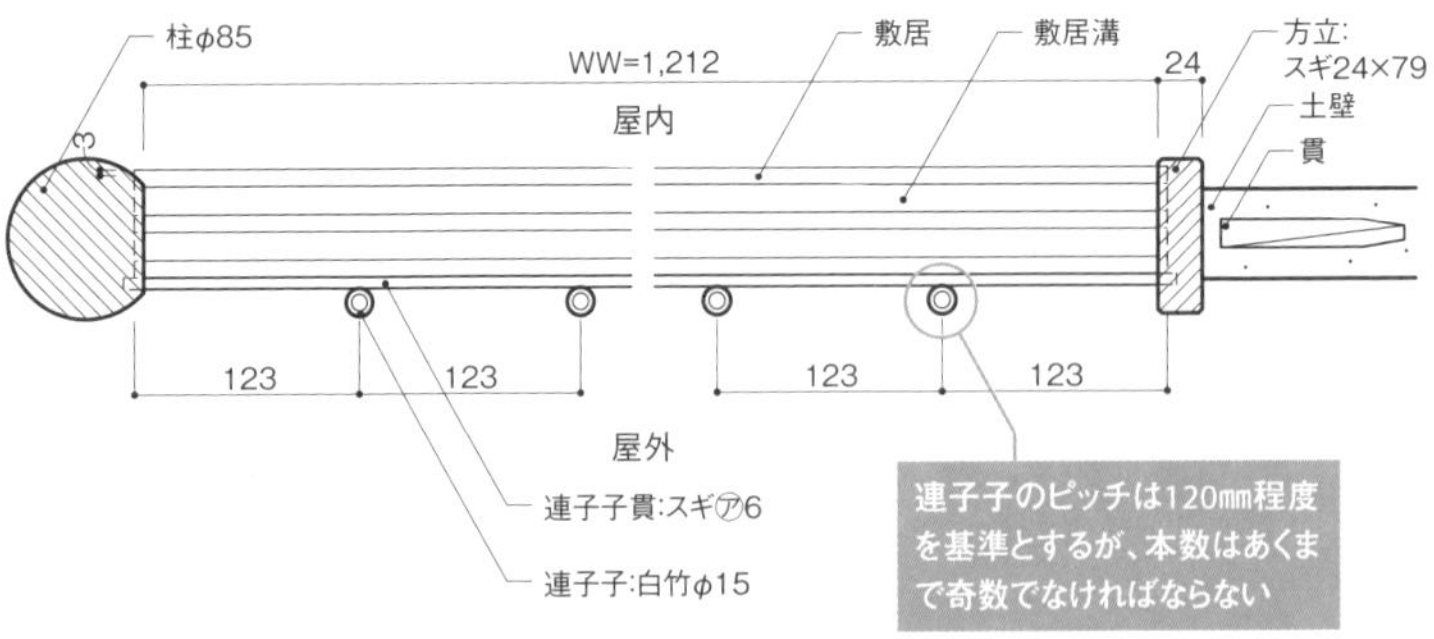
柱φ85
WW=1,212
敷居
敷居溝
24
方立:
スギ24×79
土壁
貫
屋内
3
123
123
123
123
屋外
連子子貫:スギ㋐6
連子子:白竹φ15
連子子のピッチは120㎜程度を基準とするが、本数はあくまで奇数でなければならない

屋外側。連子子の白竹は、外部から鴨居と敷居に巻頭釘で打ち付ける

❸ 姿図（左：屋外側、右：屋内側）［S＝1：12］

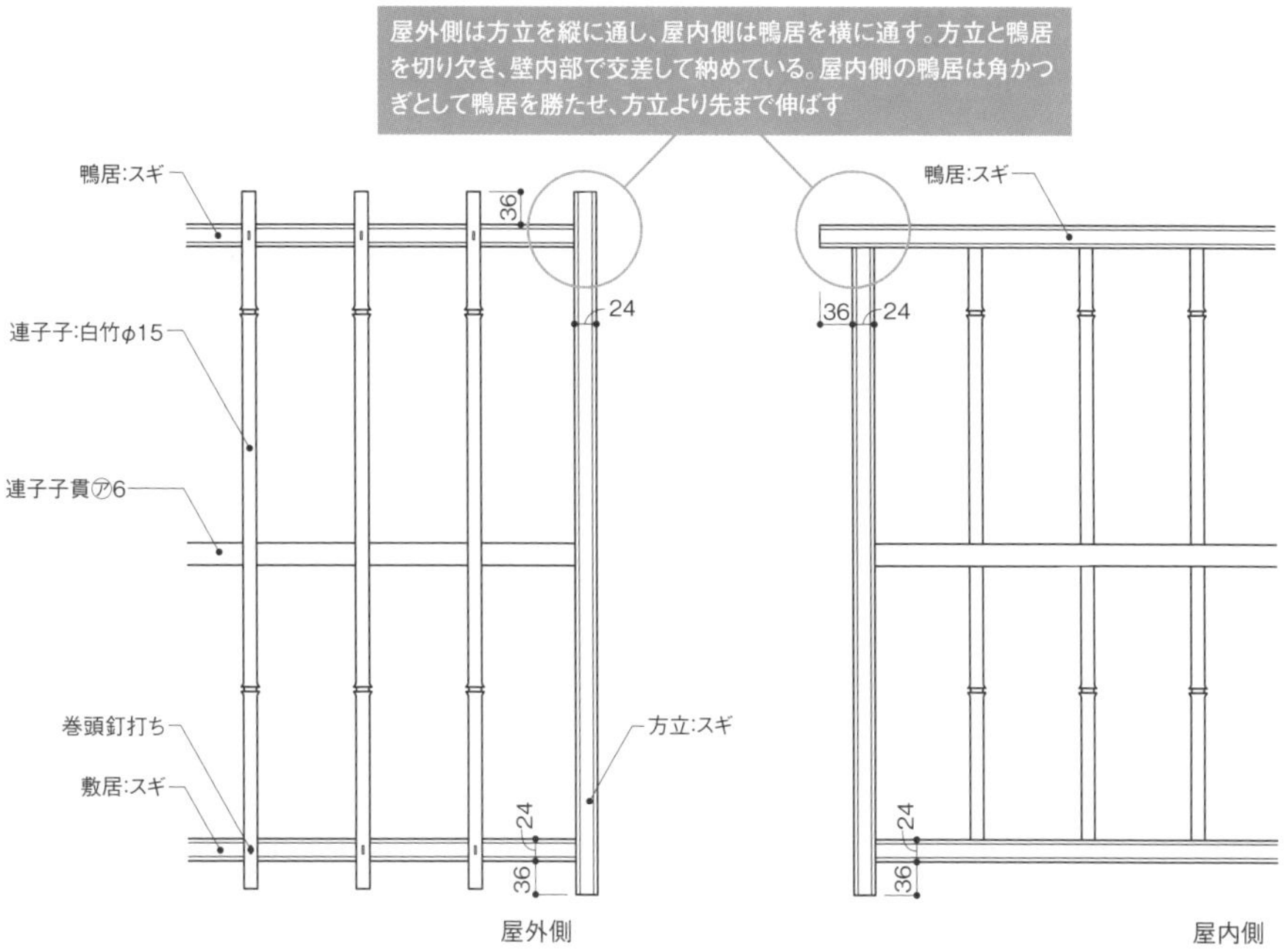
屋外側は方立を縦に通し、屋内側は鴨居を横に通す。方立と鴨居を切り欠き、壁内部で交差して納めている。屋内側の鴨居は角かつぎとして鴨居を勝たせ、方立より先まで伸ばす
鴨居:スギ
連子子:白竹φ15
連子子貫㋐6
巻頭釘打ち
敷居:スギ
方立:スギ
36
24
屋外側
鴨居:スギ
36
24
屋内側

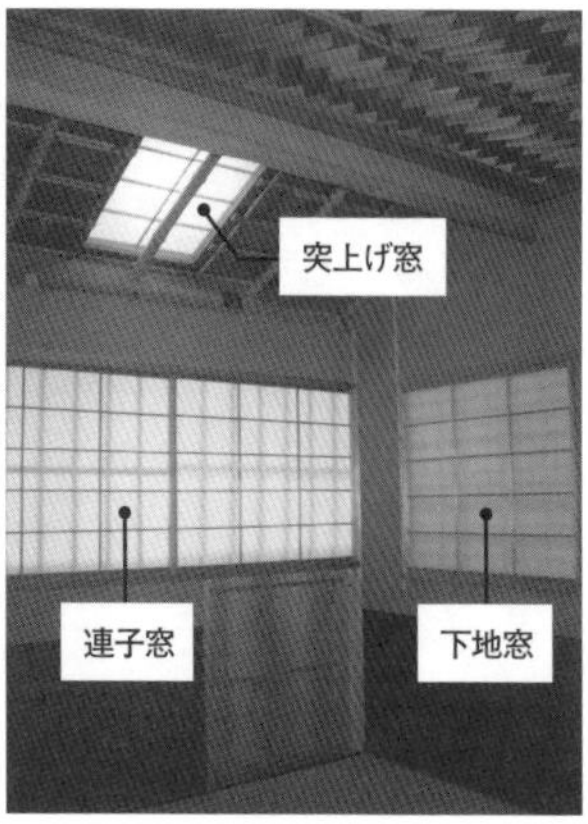
突上げ窓
連子窓
下地窓
茶室の窓は3種類。突上げ窓、連子窓、下地窓

白竹の上部は連子窓枠に打ち付け、下部は敷居に埋め込む

にじり口上部の連子窓の場合は、連子子を敷居に埋め込む

連子窓【図】は、スポットライト的な下地窓と異なり、席中に明るさを大胆に取り入れるベースライト的なものだといえる。連子窓は開口面積が大きく、窓そのものの見た目も明るい。同時に、客の背後から茶道具を照らす役割をもつ。

　連子窓は枠を組み、白竹や角材の連子子を等間隔（4寸程度）に取り付けたものである。使われる連子子は奇数本で、必ず間口の真ん中に1本入るのが特徴だ（サッシの面格子は、真ん中に格子がない場合が多い）。

　連子子の納め方には、鴨居、敷居の見付けに打ち付ける方法と、彫り込む方法がある。白竹の連子子は、虫が入ったり折れたりした場合の取替えを前提に、打ち付けるのが基本である。ただし、にじり口上部に設ける連子窓の場合は、敷居に彫り込んで取り付ける。一方、木格子の場合は打ち付けず、彫込みとするのが習わしである。一般に、白竹を使うのはにじり口上など席中から見える連子窓で、木格子の連子窓は水屋や洗面便所で使われることが多い。

　また、連子窓で貫を入れない例が見られる。間が抜けてしまうので、取り付けることをお勧めする。

客人を迎えるにじり口

❶ 姿図［S＝1：25］

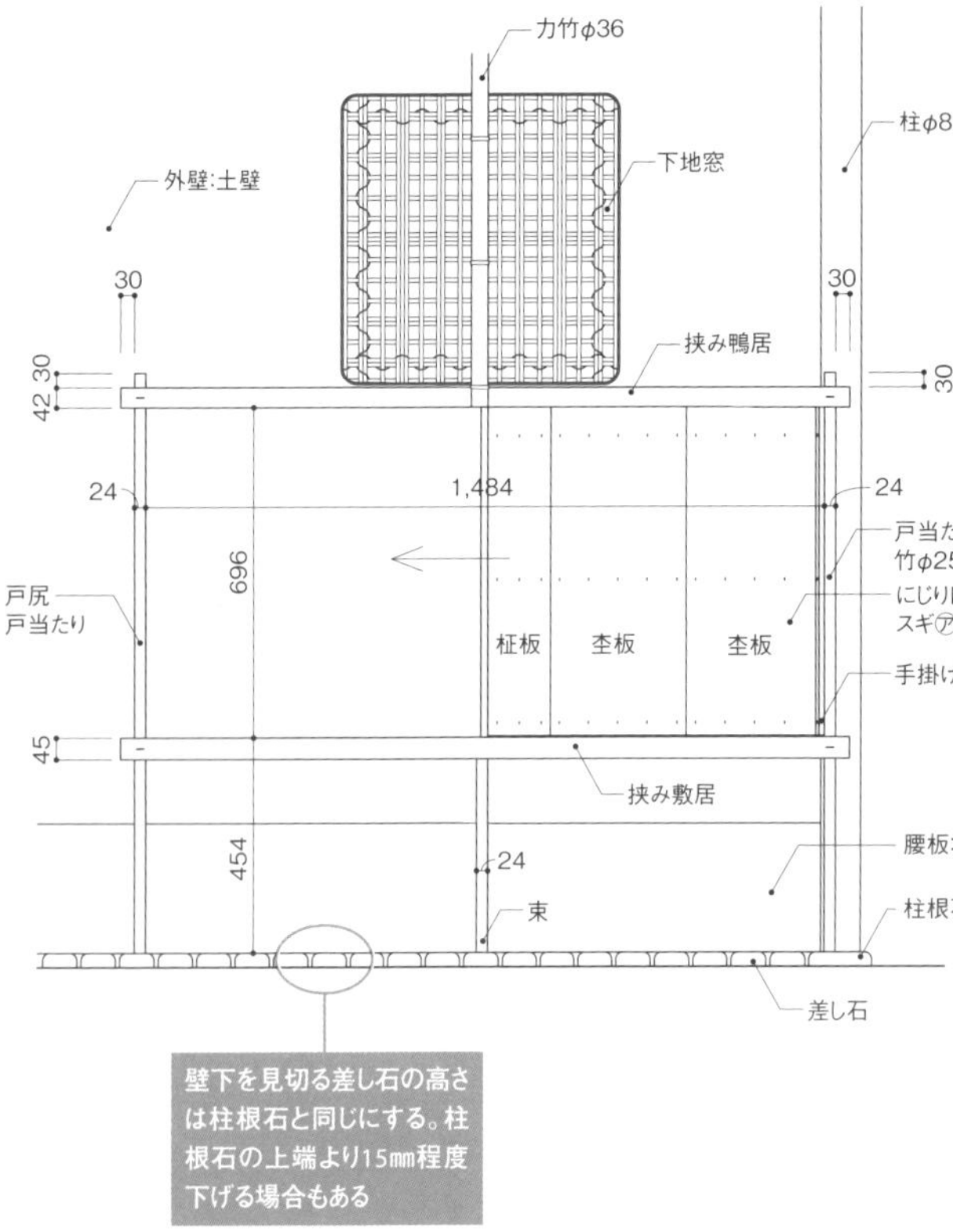
力竹φ36
柱φ84
下地窓
外壁:土壁
30
30
挟み鴨居
42 30
30
24
1,484
24
戸当たり:
竹φ25.5
696
にじり口板戸:
スギ㋐24
戸尻
戸当たり
框板
杢板
杢板
手掛け
45
挟み敷居
454
24
腰板:スギ杢板
束
柱根石
差し石
壁下を見切る差し石の高さは柱根石と同じにする。柱根石の上端より15㎜程度下げる場合もある

客が出入りに使うにじり口を屋外側から見る。上部に連子窓。挟み鴨居の上部の連子竹は中敷居で留める

外側から打ち付けた挟み敷居と挟み鴨居。敷居と挟み敷居の隙間が板戸を引く溝となる

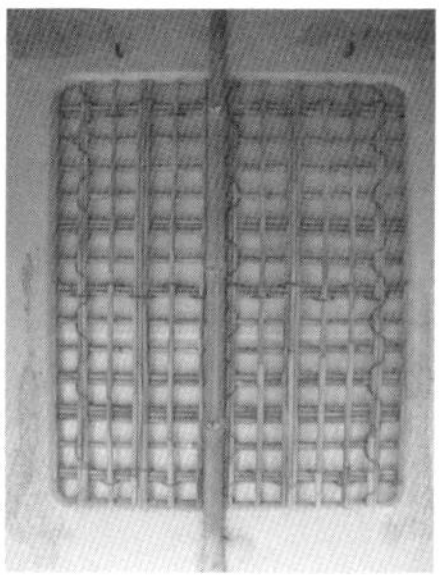

下地窓と力竹。下地窓の端部は土壁を塗り回して仕上げる

窓の大きさ、設置高さにより茶室の雰囲気はがらりと変わる。下地窓でスポット的に照らすのか、連子窓で全体を明るくするのかなど、茶室における窓には亭主の演出の思いが込められる。また、下地窓に風情を加えたいときなどには、図❶のように外壁側に竹を添えるが、これを力竹という（もともとは下地窓の補強として用いられたと思われる）。

一方、茶室における客の主たる出入口が、にじり口である。基本寸法は縦約2尺2寸、横約2尺5分と、極端に小さいのが特徴である。ここで取り上げた事例は、陶芸家の迎賓館の一部として建てた茶室のにじり口で、現代の日本人の体格を考慮し、少々大きめにしている。守るべき部分はそのままにしつつも、このように部屋の雰囲気が変わらない程度に出入口の大きさをアレンジすることは問題ないだろう。さまざまな茶室を訪問し感覚を磨けば、守るべき部分、変更してもよい部分が分かってくるものだ。

にじり口には板戸を立て、外側から挟み鴨居と挟み敷居で納めている。板戸は片引きで、無目敷居と挟み敷居の隙間が板戸を引く溝となる。

❷ 断面図 [S＝1：5]

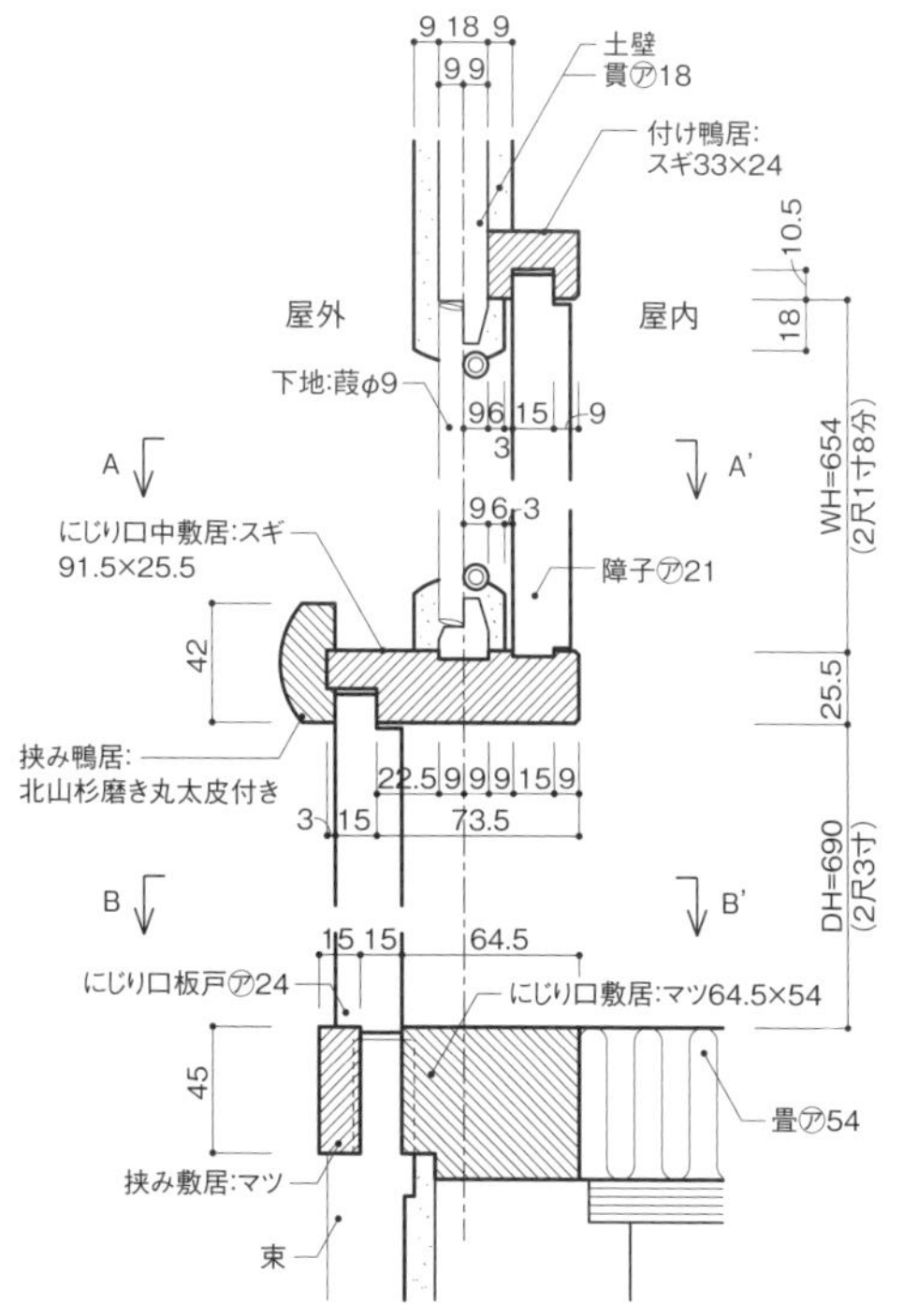

土壁
貫㋐18
付け鴨居:スギ33×24
屋外
屋内
下地:葭φ9
A
A'
にじり口中敷居:スギ91.5×25.5
障子㋐21
WH=654 (2尺1寸8分)
挟み鴨居:北山杉磨き丸太皮付き
B
B'
DH=690 (2尺3寸)
にじり口板戸㋐24
にじり口敷居:マツ64.5×54
畳㋐54
挟み敷居:マツ
束

屋内から見たにじり口板戸。板の継目に目板を張り、横桟を通す。上框は設けない

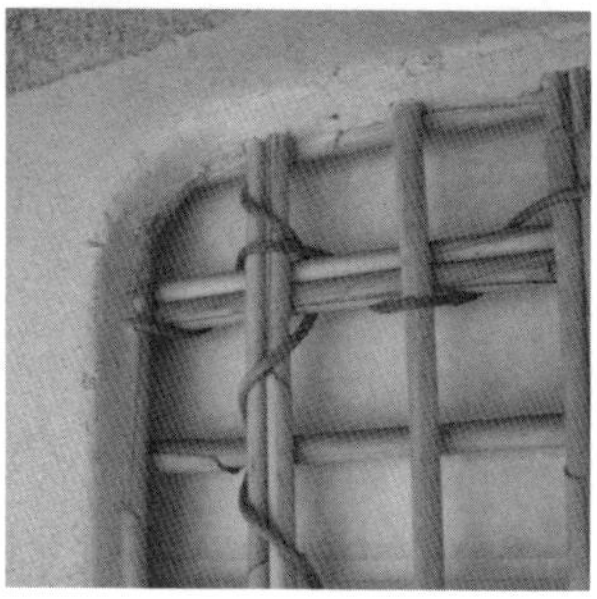

屋外から見た下地窓端部

❸ にじり口板戸断面 [S＝1：3]

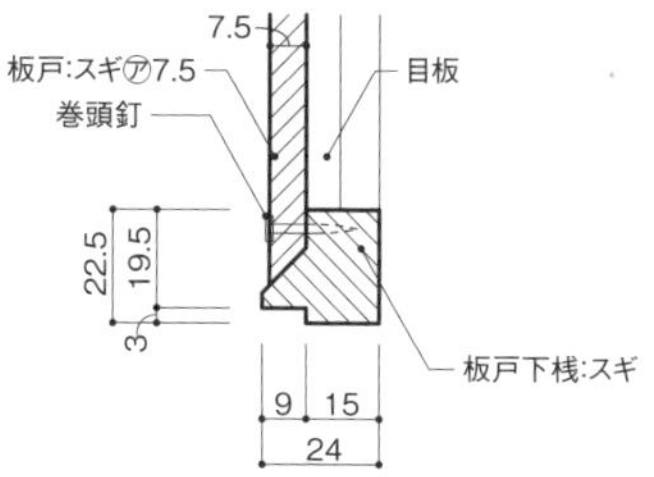

板戸:スギ㋐7.5
巻頭釘
目板
板戸下桟:スギ

❹ A－A' 平面図（下地窓）[S＝1：5]

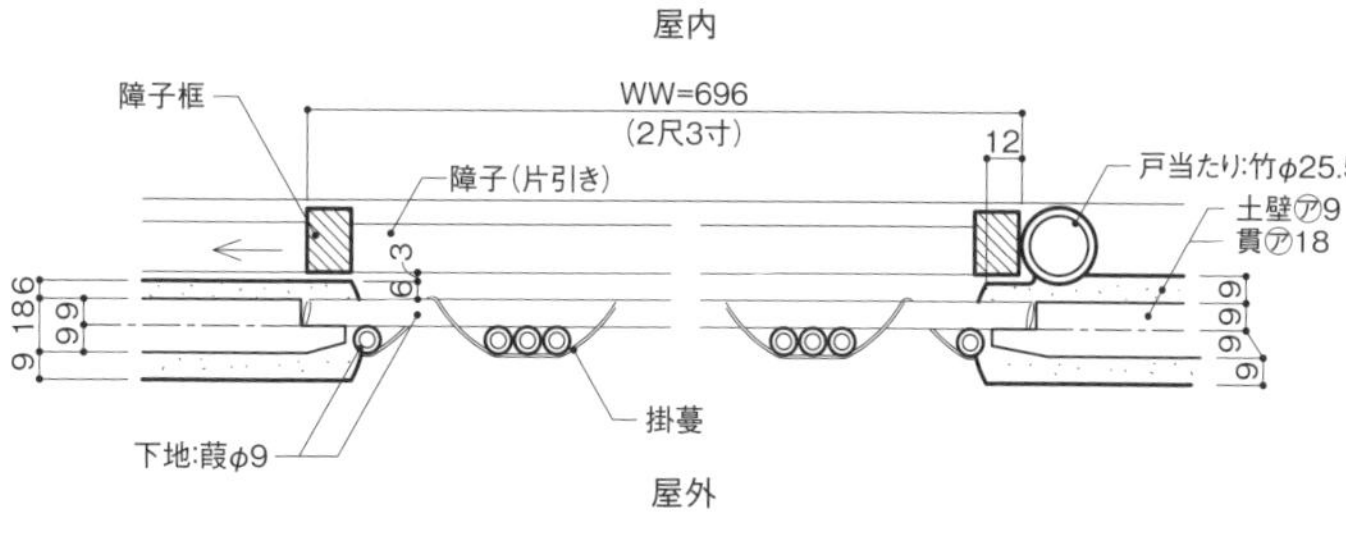

屋内
障子框
WW=696
(2尺3寸)
障子（片引き）
戸当たり:竹φ25.5
土壁㋐9
貫㋐18
掛蔓
下地:葭φ9
屋外

❺ B－B' 平面図（にじり口）[S＝1：5]

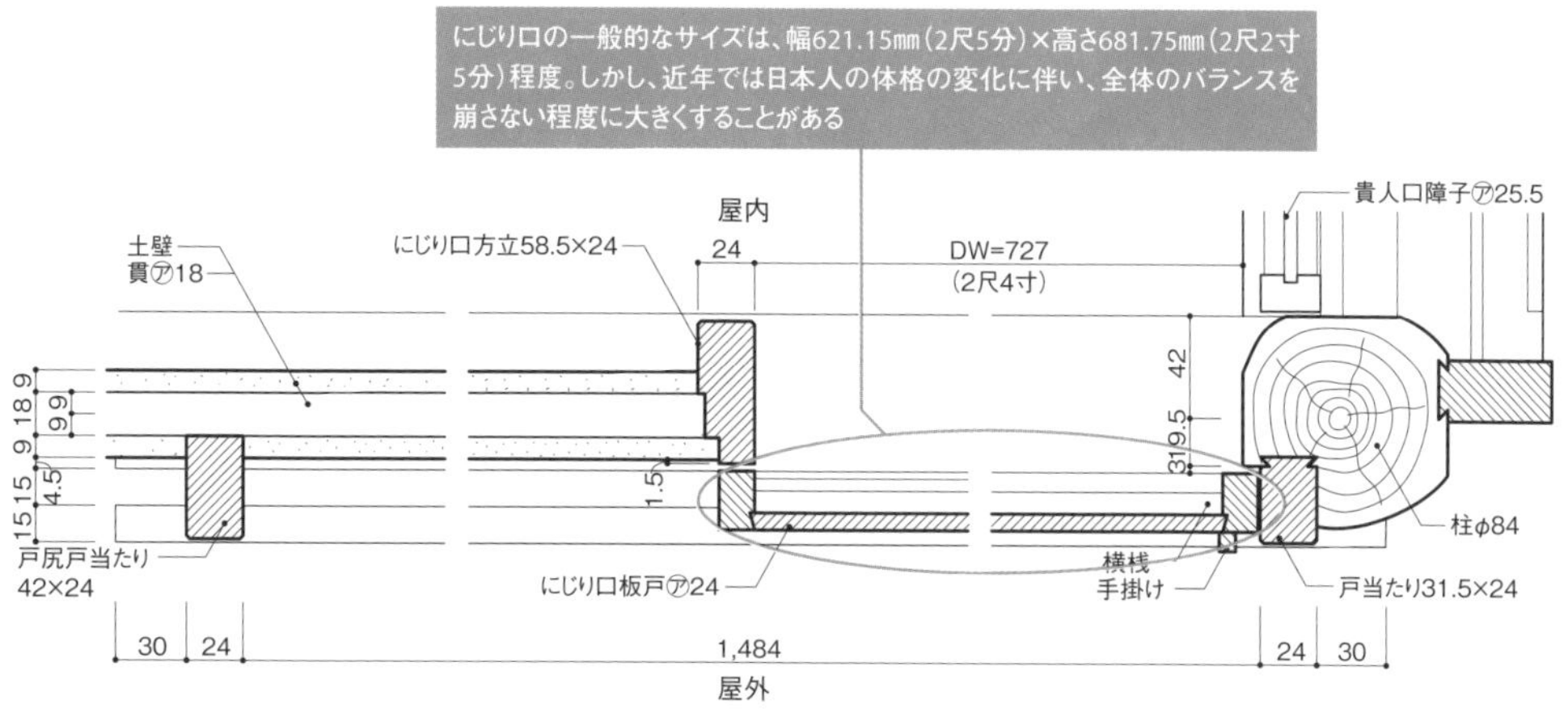

にじり口の一般的なサイズは、幅621.15㎜（2尺5分）×高さ681.75㎜（2尺2寸5分）程度。しかし、近年では日本人の体格の変化に伴い、全体のバランスを崩さない程度に大きくすることがある
屋内
貴人口障子㋐25.5
土壁
貫㋐18
にじり口方立58.5×24
DW=727
(2尺4寸)
柱φ84
戸尻戸当たり42×24
にじり口板戸㋐24
横桟
手掛け
戸当たり31.5×24
1,484
屋外

貴人口には腰付き障子

1 | 現代人の体格に合わせた貴人口

❶ 姿図［S＝1：25］

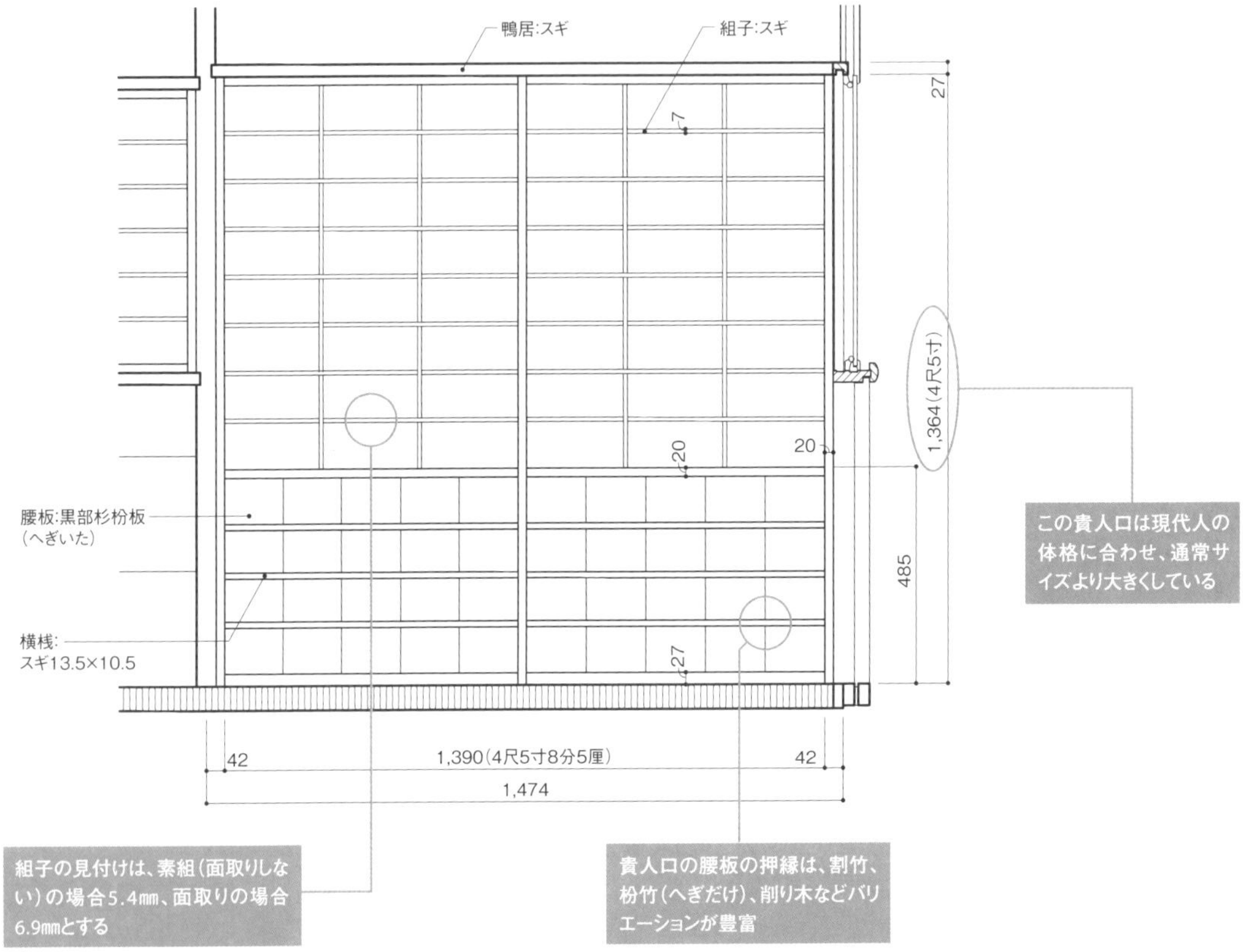

鴨居:スギ
組子:スギ
27
7
20
20
1,364(4尺5寸)
485
27
腰板:黒部杉枌板
(へぎいた)
横桟:
スギ13.5×10.5
42
1,390(4尺5寸8分5厘)
42
1,474
この貴人口は現代人の体格に合わせ、通常サイズより大きくしている
組子の見付けは、素組(面取りしない)の場合5.4mm、面取りの場合6.9mmとする
貴人口の腰板の押縁は、割竹、枌竹(へぎだけ)、削り木などバリエーションが豊富

❷ 腰板の押縁の種類 断面詳細図［S＝1：2］

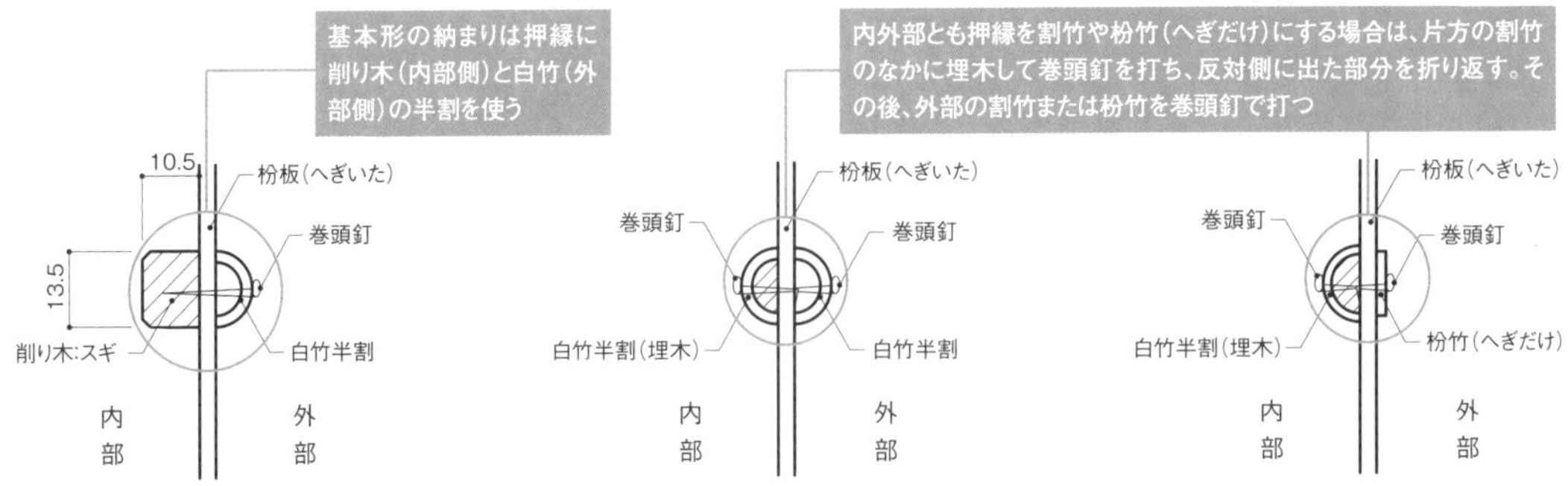

基本形の納まりは押縁に削り木(内部側)と白竹(外部側)の半割を使う
10.5
枌板(へぎいた)
巻頭釘
13.5
削り木:スギ
白竹半割
内部
外部
内外部とも押縁を割竹や枌竹(へぎだけ)にする場合は、片方の割竹のなかに埋木して巻頭釘を打ち、反対側に出た部分を折り返す。その後、外部の割竹または枌竹を巻頭釘で打つ
枌板(へぎいた)
巻頭釘
巻頭釘
白竹半割(埋木)
白竹半割
内部
外部
枌板(へぎいた)
巻頭釘
巻頭釘
白竹半割(埋木)
枌竹(へぎだけ)
内部
外部

2 | 小さな茶室には小さな貴人口 ［S＝1：20］

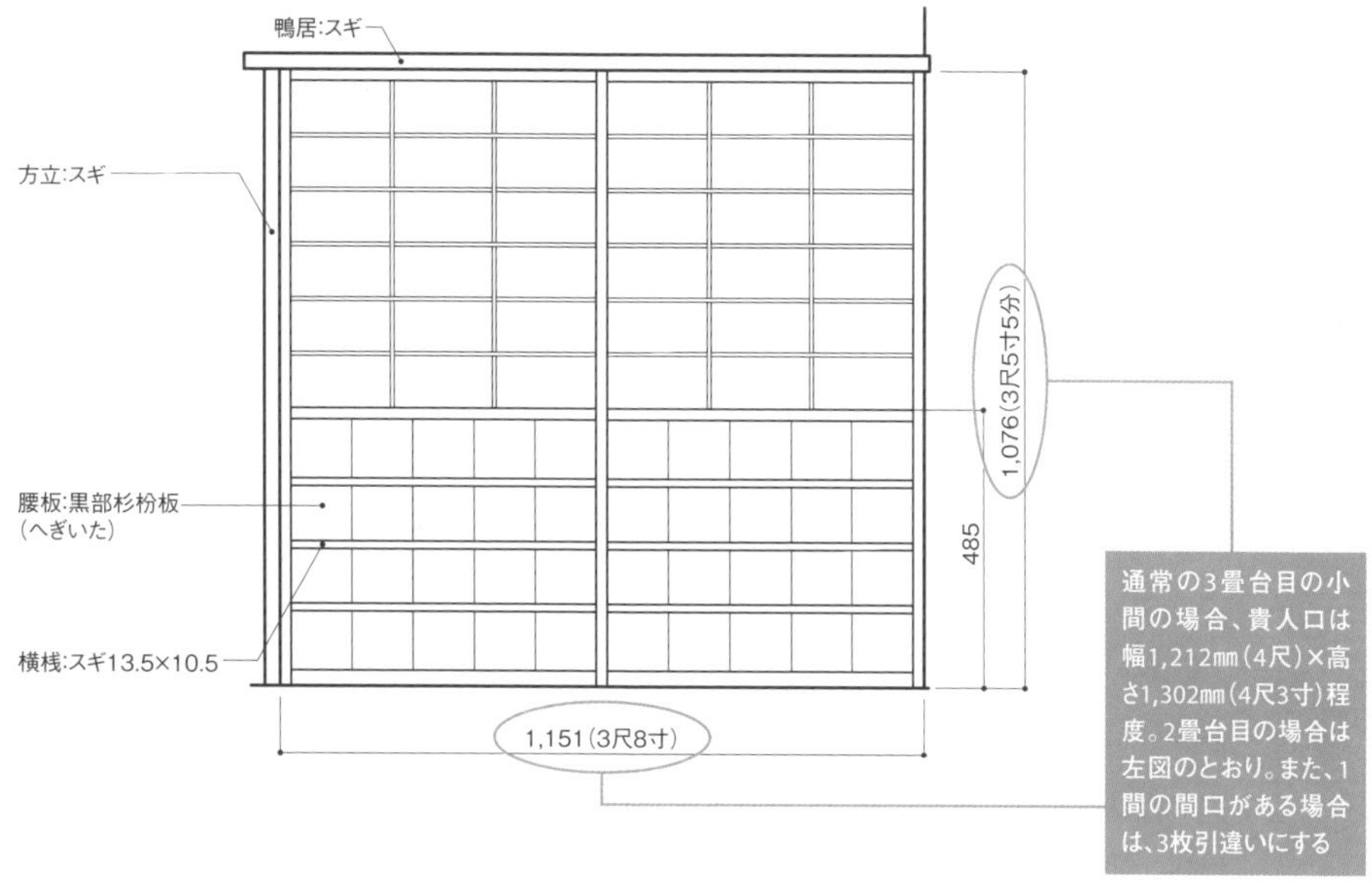
鴨居:スギ
方立:スギ
腰板:黒部杉枌板
（へぎいた）
横桟:スギ13.5×10.5
1,076（3尺5寸5分）
485
1,151（3尺8寸）
通常の3畳台目の小間の場合、貴人口は幅1,212㎜（4尺）×高さ1,302㎜（4尺3寸）程度。2畳台目の場合は左図のとおり。また、1間の間口がある場合は、3枚引違いにする

屋内側。客用に貴人口とにじり口を併設する場合は矩折れに配置する

貴人口を屋外側から見る。腰付きの障子を立てることが多い

貴人口の納まり

にじり口のほかに、客が出入りするのが貴人口《きにんぐち》である。貴人口の形式は、腰付きの引違い障子［図1・2］が一般的である。腰板は枌板《へぎいた》とすることが多く、押縁は外部・内部ともバリエーションが豊富である［図1❷］。

貴人口の内法高さは小さく、小間の場合、高くてもせいぜい1364㎜（4尺5寸）までであろう。

貴人口の必要性

近年、小間ににじり口と貴人口を併設する例を多く見かけるが、貴人口の採用には注意を要する。単に部屋の明かりとりや、出入りしやすさなどの目的だけで貴人口を設置するのは避けたほうがよい。というのは、小間の緊張が薄らぎ、道具が見栄えしなくなるためである。

それでも貴人口を採用する際には、大きさや形状などを十分に熟慮したうえで、設置したい。小間のように空間が小さくなればなるほど、一つひとつの開口部が重要になっていくことを頭に留めておいていただきたい。

▶茶室・開口5

茶道口には太鼓襖

❶ 姿図（上：茶室側、下：水屋側）[S＝1：25]

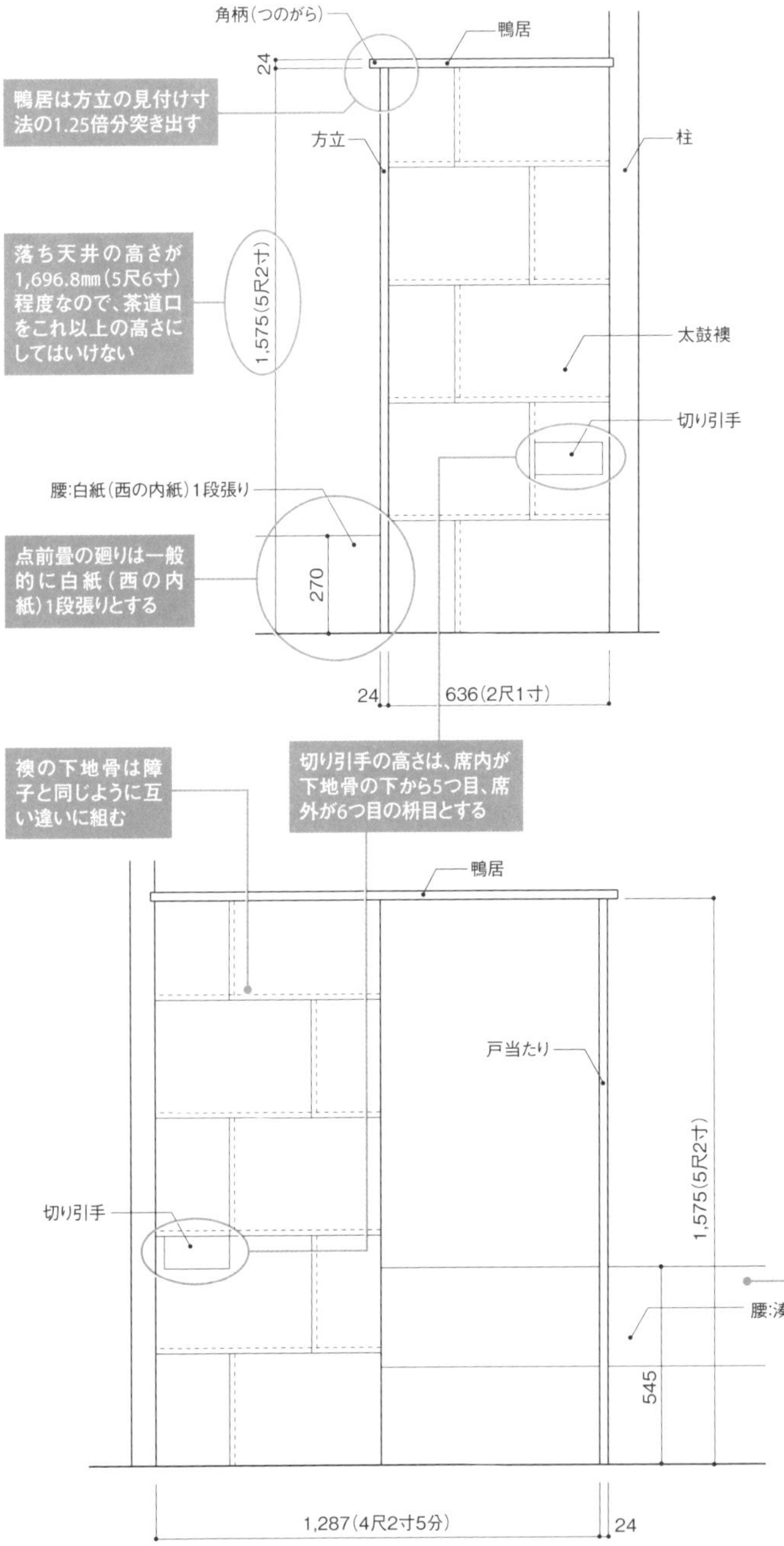
角柄（つのがら）
鴨居
24
鴨居は方立の見付け寸法の1.25倍分突き出す
方立
柱
落ち天井の高さが1,696.8㎜（5尺6寸）程度なので、茶道口をこれ以上の高さにしてはいけない
1,575（5尺2寸）
太鼓襖
切り引手
腰：白紙（西の内紙）1段張り
点前畳の廻りは一般的に白紙（西の内紙）1段張りとする
270
24
636（2尺1寸）
襖の下地骨は障子と同じように互い違いに組む
切り引手の高さは、席内が下地骨の下から5つ目、席外が6つ目の枡目とする
鴨居
戸当たり
切り引手
1,575（5尺2寸）
腰：湊紙2段張り
小間の席外（廊下）は湊紙2段張りとすることが多く、広間の席外は白紙（西の内紙）1段張りまたは湊紙1段張りが多い。水屋の間は湊紙2段張りとすることが多い
545
1,287（4尺2寸5分）
24

太鼓襖の引手。襖の下地となる組子1マスの3方を切り込んで襖紙を張り回す（チリ落し）

❷ 断面図［S＝1：4］

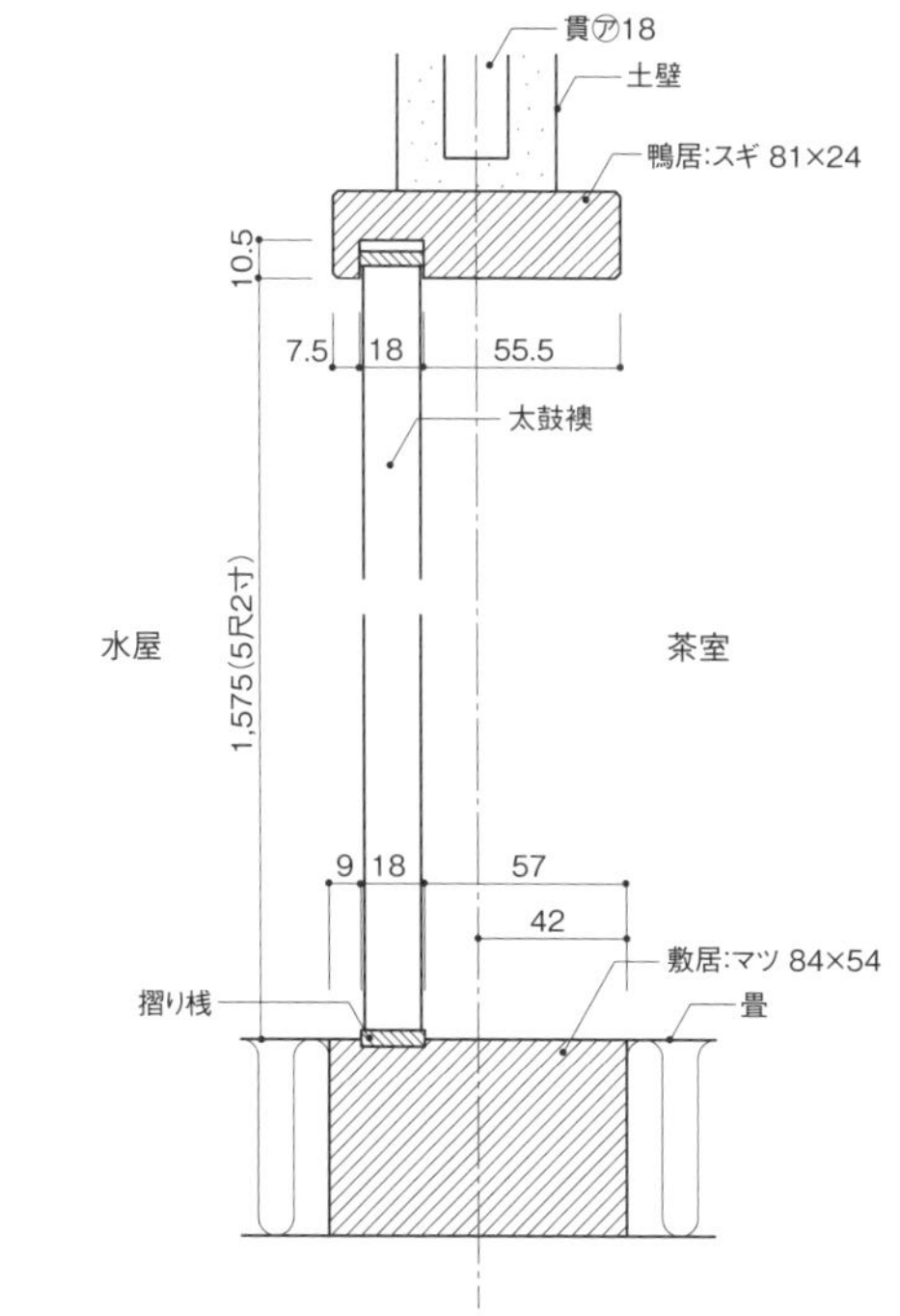
貫㋐18
土壁
鴨居：スギ 81×24
10.5
7.5
18
55.5
太鼓襖
1,575（5尺2寸）
水屋
茶室
9
18
57
42
敷居：マツ 84×54
摺り桟
畳

茶道口茶席側。点前畳廻りは通常白紙（西の内紙）1段張り

茶道口を茶席外から見る。席外は湊紙2段張りにすることが多い

❸ 平面図［S＝1：4］

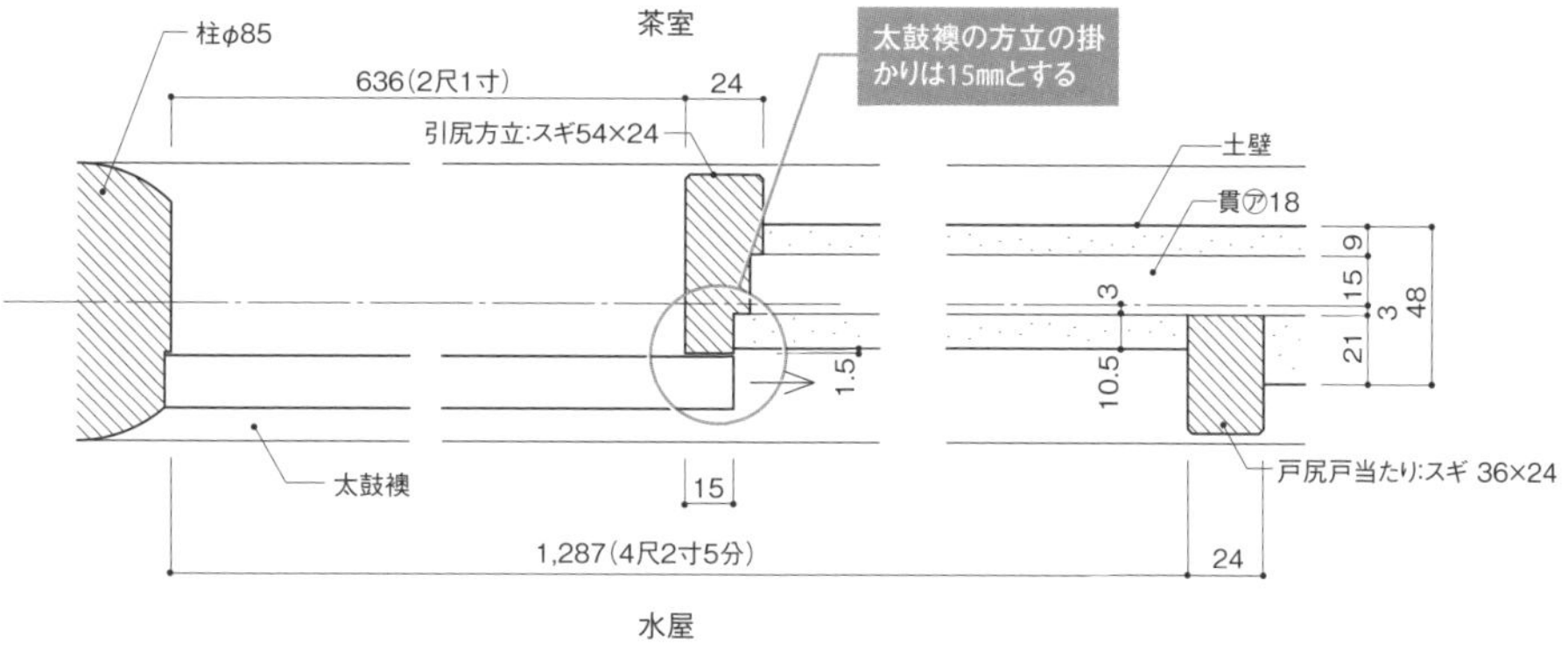
茶室
柱φ85
636（2尺1寸）
24
太鼓襖の方立の掛かりは15㎜とする
引尻方立：スギ54×24
土壁
貫㋐18
9
15
3
48
21
3
10.5
1.5
戸尻戸当たり：スギ 36×24
太鼓襖
15
1,287（4尺2寸5分）
24
水屋

亭主が使う茶道口

茶室への出入口は、亭主と客で異なる。ここでは亭主が点前をする際の出入口である茶道口を紹介する。茶道口は図のような形式で、片引き戸が基本。建具には太鼓襖を使う。大きさは幅636㎜（2尺1寸）×高さ1575㎜（5尺2寸）を上限と考える。

茶道口に使う襖

太鼓襖とは、奉書紙を段張りした縁のない襖で、茶道口や給仕口など亭主の出入口に使われる。引手は、下地骨を利用した切り引手（137頁参照）である。鳥の子紙などを張った縁付きの襖は広間向きで、一方、太鼓襖は小間の侘びた空間に調和する。

また、太鼓襖は下張りしないので軽く、下地骨が透けて見える。このため、夜の茶事では、ろうそくを手燭に灯した亭主の動きが茶道口に浮かぶといった、光による演出効果も味わうことができる。そのほか、音も伝わりやすいので、茶事の際、水屋から席中の様子をうかがうのにも都合がよいといえるだろう。

▶ 茶室・開口 6

給仕口の曲線で雰囲気が決まる

❶ 姿図（左：茶室内側、右：茶室外側）［S＝1：25］

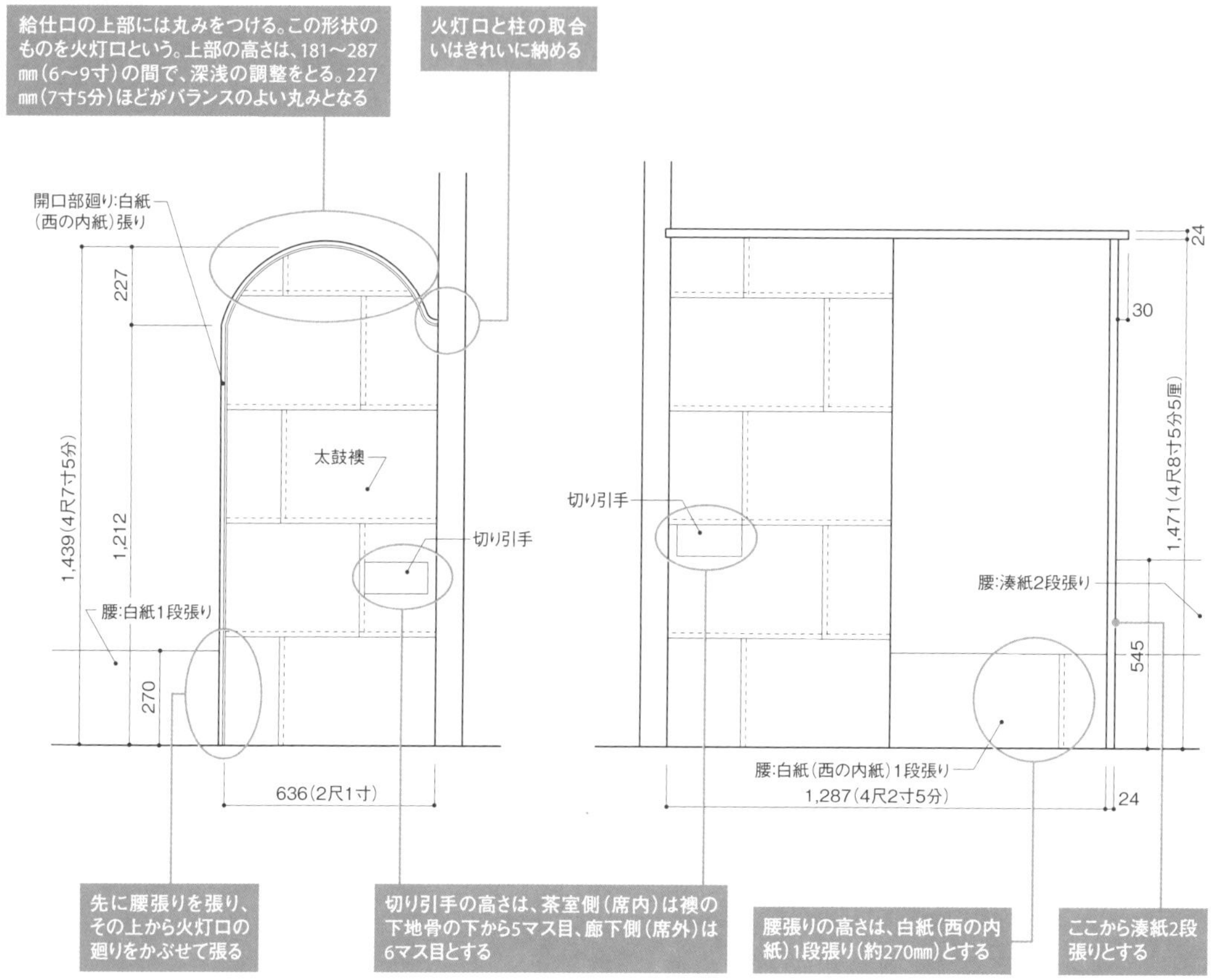
給仕口の上部には丸みをつける。この形状のものを火灯口という。上部の高さは、181～287㎜（6～9寸）の間で、深浅の調整をとる。227㎜（7寸5分）ほどがバランスのよい丸みとなる
火灯口と柱の取合いはきれいに納める
開口部廻り：白紙（西の内紙）張り
227
1,439（4尺7寸5分）
1,212
太鼓襖
切り引手
腰：白紙1段張り
270
636（2尺1寸）
24
30
1,471（4尺8寸5分5厘）
切り引手
腰：湊紙2段張り
545
腰：白紙（西の内紙）1段張り
1,287（4尺2寸5分）
24
先に腰張りを張り、その上から火灯口の廻りをかぶせて張る
切り引手の高さは、茶室側（席内）は襖の下地骨の下から5マス目、廊下側（席外）は6マス目とする
腰張りの高さは、白紙（西の内紙）1段張り（約270㎜）とする
ここから湊紙2段張りとする

亭主の出入りのために、茶道口のほかに給仕口を設ける場合がある。主に間取り上の必要から設けられ、点前座から客座へと移動できない場合や、懐石などを出す場合に使われる。

給仕口の納まり

給仕口のかたちは片引きで壁を塗り回した火灯口《かとうぐち》が多く見られる【図】。上部が丸くなっており、小口は貝の口のように丸く塗り、西の内紙と呼ばれる白紙を張り回す。火灯口の場合、上部の曲線が難しく、この曲線の出来不出来で茶室の雰囲気が変わってしまうこともあるので、施工・監理には十分に注意したい。

給仕口にはこのほか、2枚引違いで鴨居に方立を立てた方立口がある。こちらの場合は、鴨居を勝たせた角かつぎとするのが基本である。なお、給仕口には茶道口と同様、太鼓襖を立てる。

客の使うにじり口や貴人口と違い、茶道口や給仕口に大きさの可変性はない。現代人の体格に合わせて大きくしてしまうと、緊張感がなくなり、空間が台なしになるからだ。亭主の出入口には、バランスが優先されるのである。

❷ 断面図［S＝1：4］

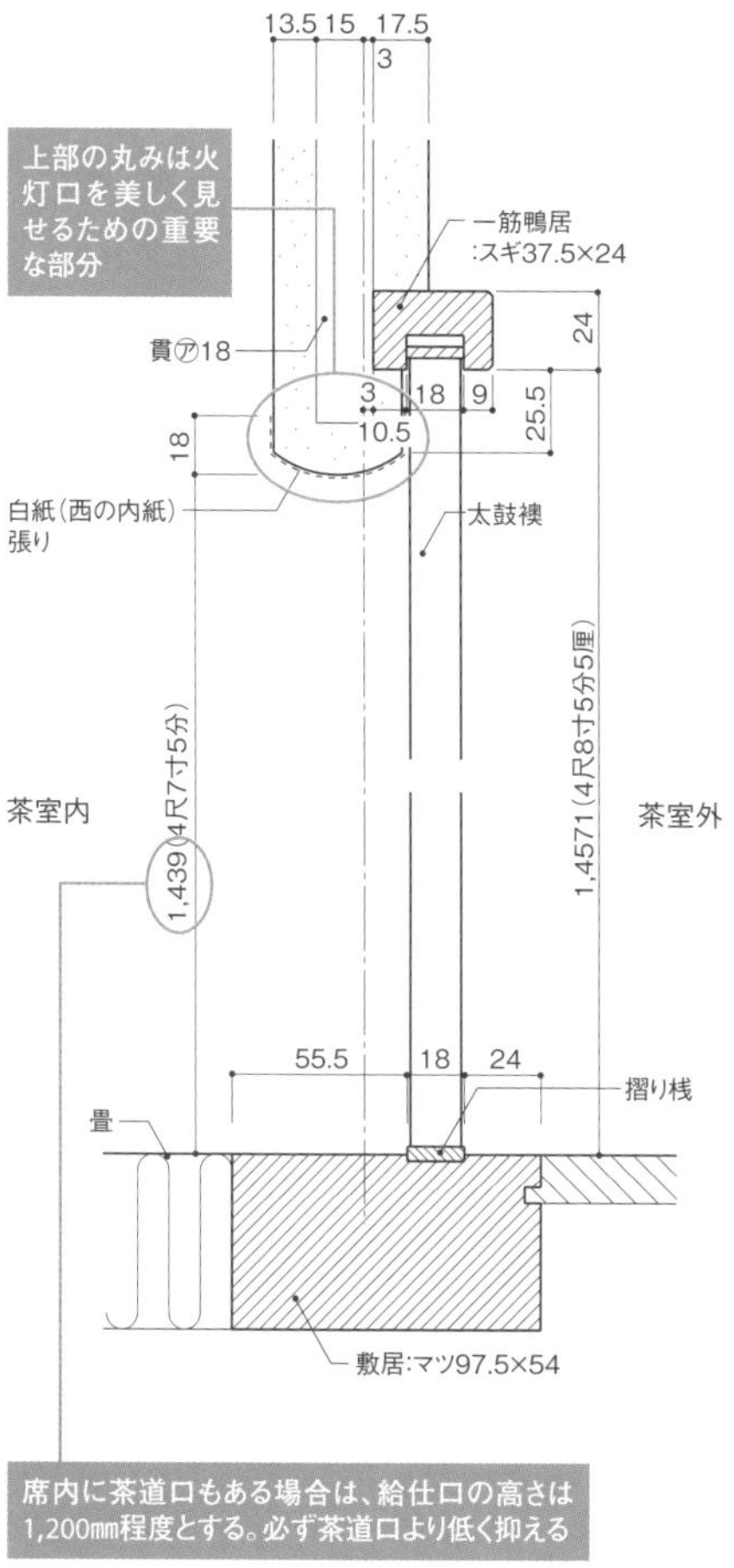
13.5 15 17.5
3
上部の丸みは火灯口を美しく見せるための重要な部分
一筋鴨居
:スギ37.5×24
貫㋐18
24
3 18 9
10.5
25.5
18
白紙（西の内紙）張り
太鼓襖
1,4571（4尺8寸5分5厘）
茶室内
1,439（4尺7寸5分）
茶室外
55.5 18 24
摺り桟
畳
敷居:マツ97.5×54
席内に茶道口もある場合は、給仕口の高さは1,200㎜程度とする。必ず茶道口より低く抑える

貝の口に塗り回した火灯口には白紙（西の内紙）を張る

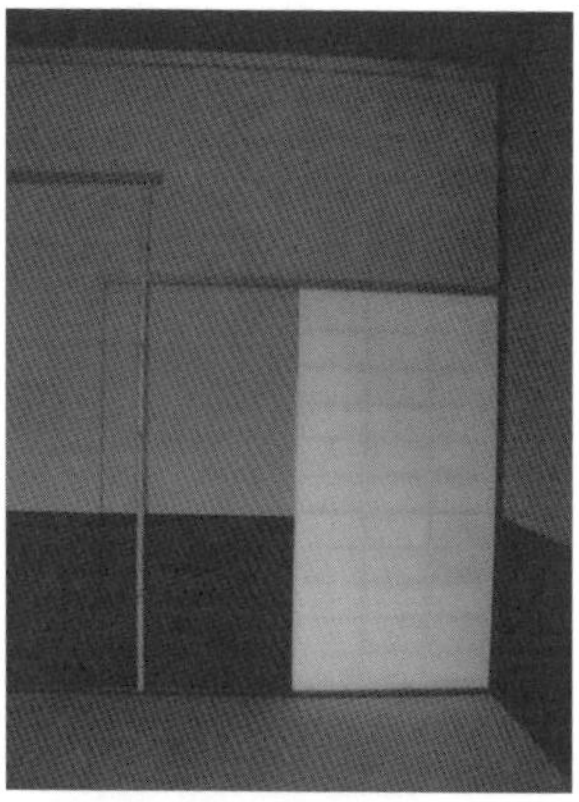

給仕口は茶菓子を運ぶなど屈んで動作をするため、高さが抑えられている

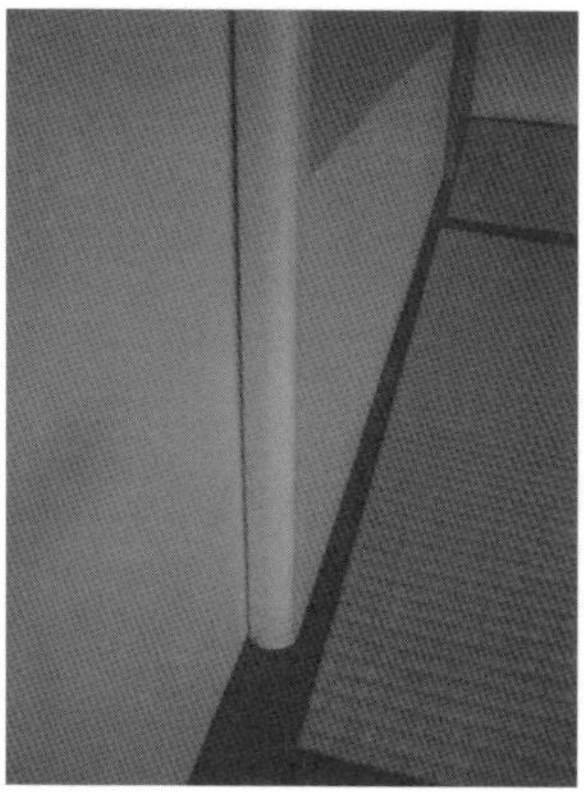

腰張りの上から火灯の小口に白紙（西の内紙）を張る

茶席側は壁を塗り回した火灯口とするのが一般的

❸ 平面図［S＝1：4］

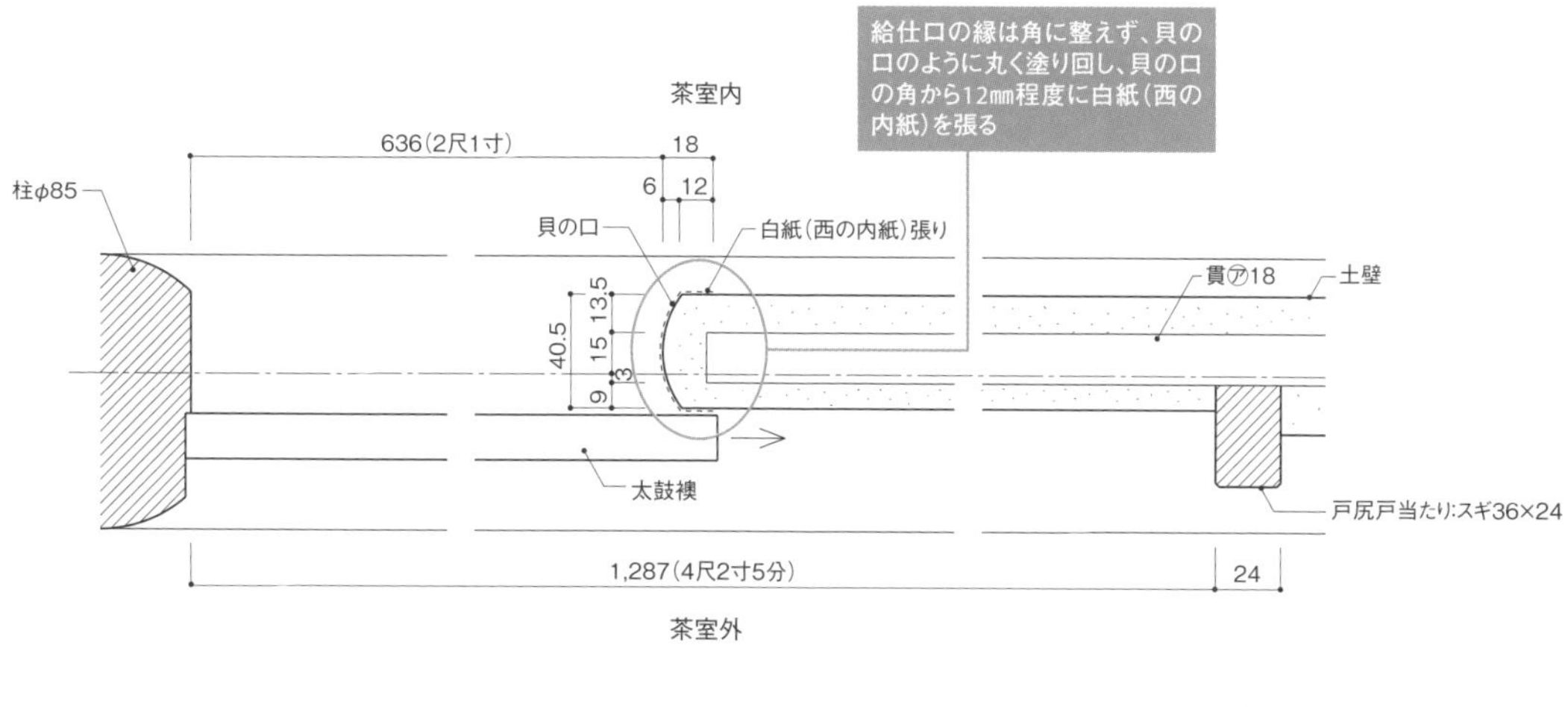
給仕口の縁は角に整えず、貝の口のように丸く塗り回し、貝の口の角から12㎜程度に白紙（西の内紙）を張る
茶室内
636（2尺1寸）
18
6 12
柱φ85
貝の口
白紙（西の内紙）張り
貫㋐18
土壁
40.5
13.5
15
3
9
太鼓襖
戸尻戸当たり:スギ36×24
1,287（4尺2寸5分）
24
茶室外

▶茶室・開口7

小間には必須の突上げ窓

❶ 断面図［S＝1：10］

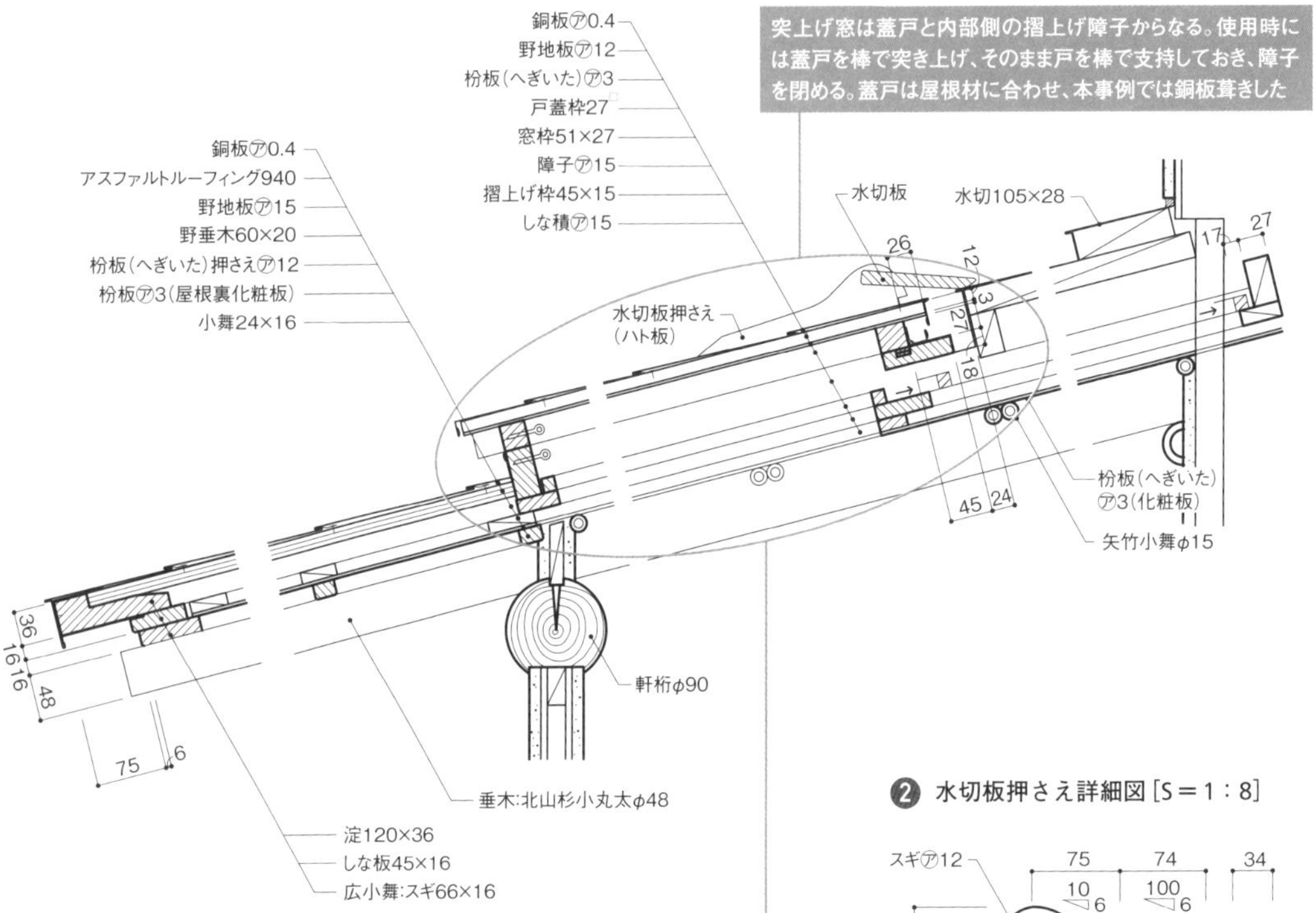
銅板⑦0.4
野地板⑦12
枌板（へぎいた）⑦3
戸蓋枠27
窓枠51×27
障子⑦15
摺上げ枠45×15
しな積⑦15
突上げ窓は蓋戸と内部側の摺上げ障子からなる。使用時には蓋戸を棒で突き上げ、そのまま戸を棒で支持しておき、障子を閉める。蓋戸は屋根材に合わせ、本事例では銅板葺きした
銅板⑦0.4
アスファルトルーフィング940
野地板⑦15
野垂木60×20
枌板（へぎいた）押さえ⑦12
枌板⑦3（屋根裏化粧板）
小舞24×16
水切板
水切105×28
水切板押さえ
（ハト板）
枌板（へぎいた）
⑦3（化粧板）
矢竹小舞φ15
軒桁φ90
垂木：北山杉小丸太φ48
淀120×36
しな板45×16
広小舞：スギ66×16
掛込み天井に突上げ窓を設ける必要は必ずしもないが、小間をかたちづくる大切な要素である

❷ 水切板押さえ詳細図［S＝1：8］

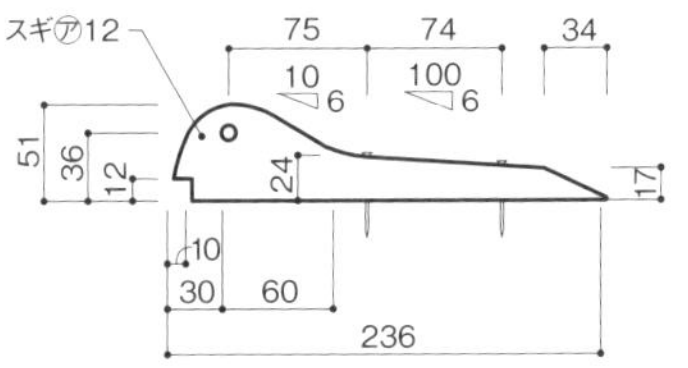
スギ⑦12
75
74
34
10
6
100
6
51
36
12
24
17
10
30
60
236

突上げ窓の納まり

茶室に設けるトップライトを突上げ窓という。突上げ窓には蓋戸が付いており、化粧屋根裏の掛込み天井に配置する。主に採光に使われるもので、蓋戸を棒で突き上げて開閉する。また、内側には摺上げ障子を設ける。蓋戸は屋根葺き材と同じもので葺かれた板戸（芽葺きの場合を除く）で、屋内側は化粧屋根裏天井の仕上げに合わせる。天井が枌板《へぎいた》のくず張りの場合は板戸もくず張りに、羽重ね天井の場合は板戸も羽重ねに、といった具合である。

突上げ窓の役割

小間の茶室における突上げ窓の役割は大きい。壁面に開ける連子窓や下地窓で光を調整するよりも何倍も効果がある。屋根の付いた小間の茶室をつくる場合には、やはり突上げ窓を設置したい。

ただし突上げ窓は雨仕舞などが大変である。内樋や水切板など特殊な納まりも多いので、十分に経験を積んだ設計者か、茶室の施工に慣れた工務店や棟梁に頼むのが最良の策といえるだろう。

❸ 戸蓋詳細図（右：屋外側、左：屋内側）[S＝1：15]

蓋戸を突き上げ、固定するための突上げ棒は白竹かスギ材。白竹は長さ15㎝か30㎝、スギは42㎝。棒を使い分けることで、採り入れる光の量を調整する

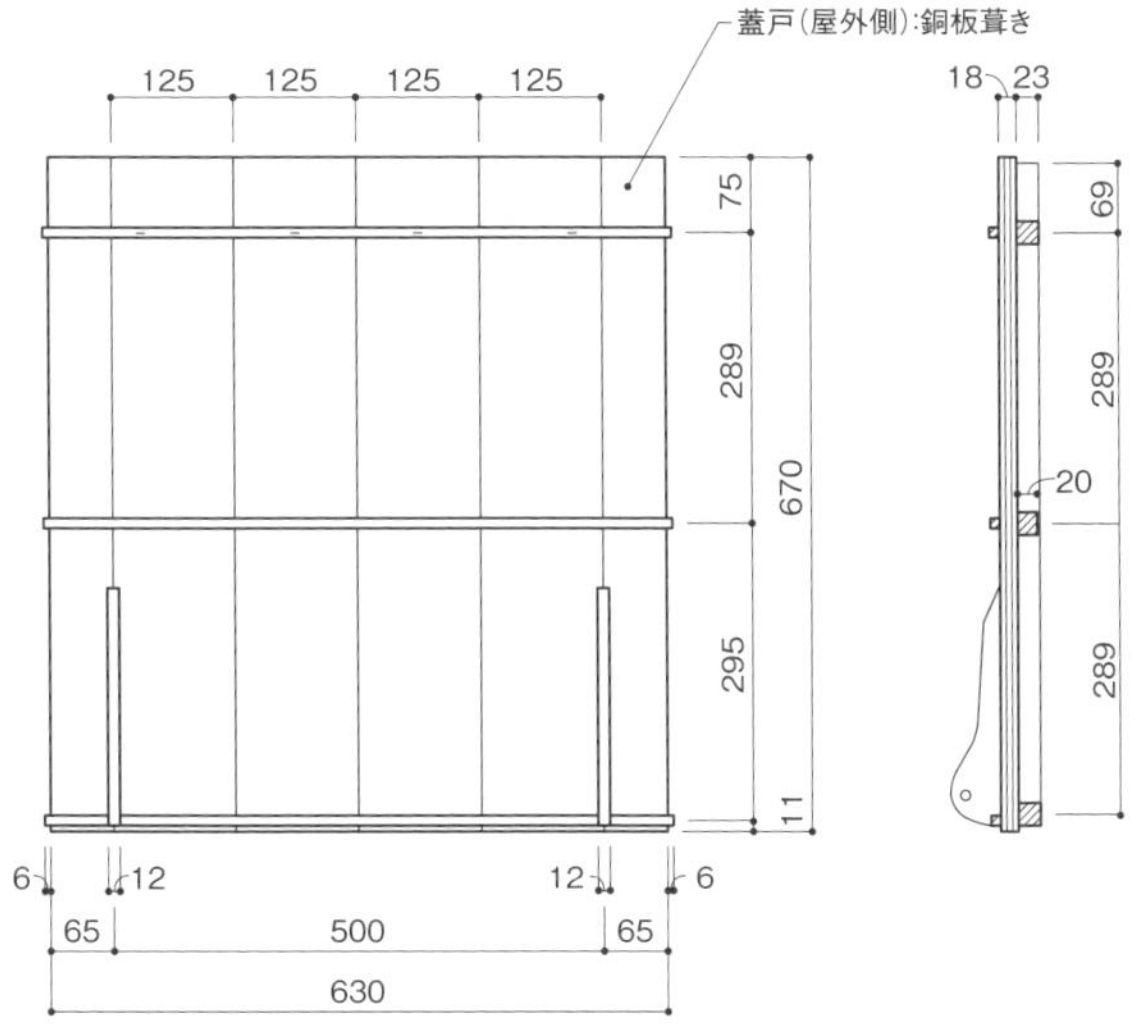

蓋戸（屋外側）:銅板葺き
125 125 125 125
75
289
670
295
11
6 12 12 6
65 500 65
630
18 23
69
289
20
289

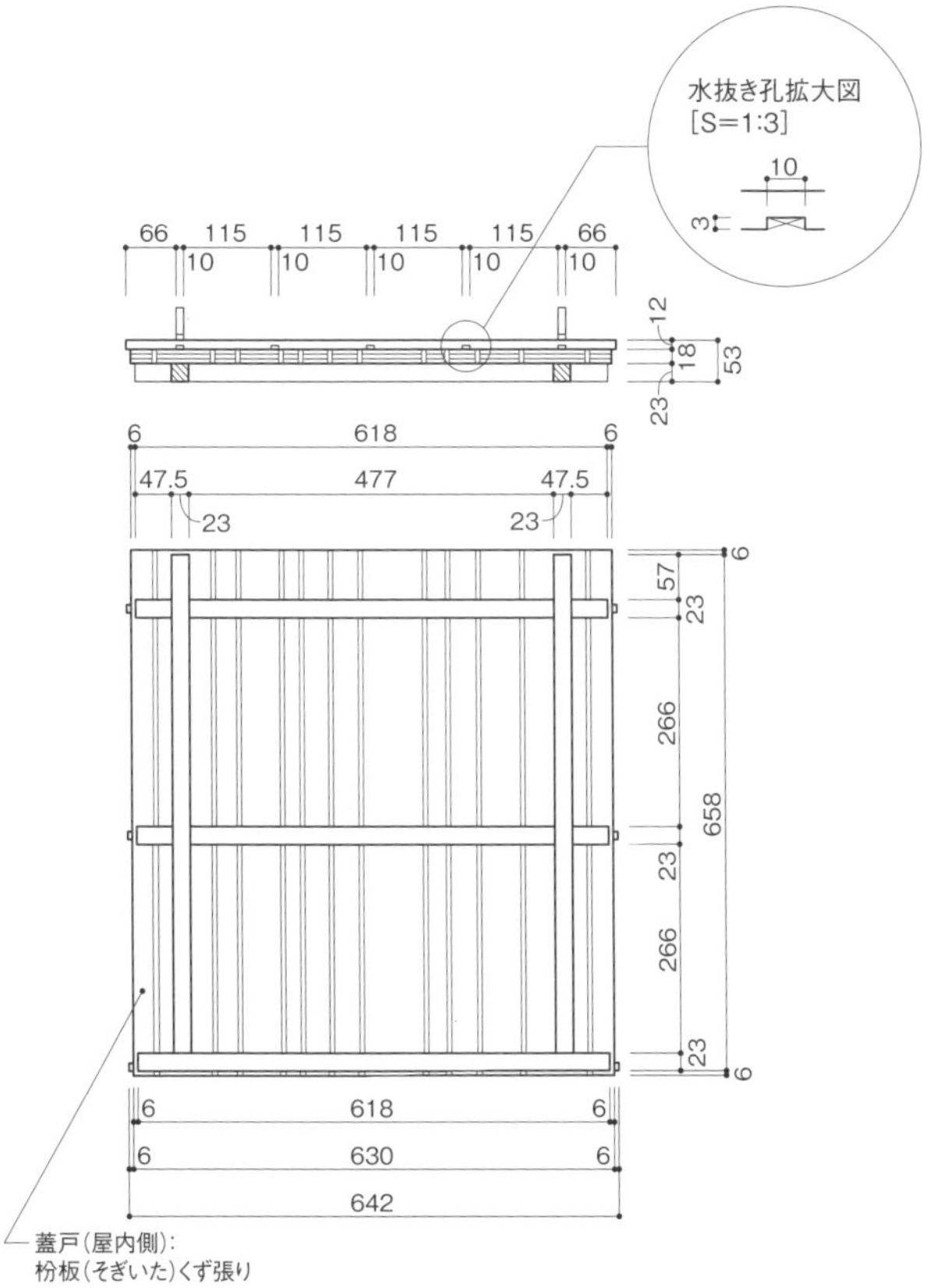

水抜き孔拡大図
[S=1:3]
10
3
66 115 115 115 115 66
10 10 10 10 10
12
18
53
23
6 618 6
47.5 477 47.5
23 23
6
57
23
266
658
23
266
23
6
6 618 6
6 630 6
642
蓋戸（屋内側）:
枌板（そぎいた）くず張り

銅板葺き屋根に設置した突上げ窓。同じく銅板で葺かれた蓋戸を内部から突き上げ、光を採り入れる

屋根裏天井に設けた突上げ窓を屋内から見上げる。摺上げ障子を上げて、蓋戸を開いたところ

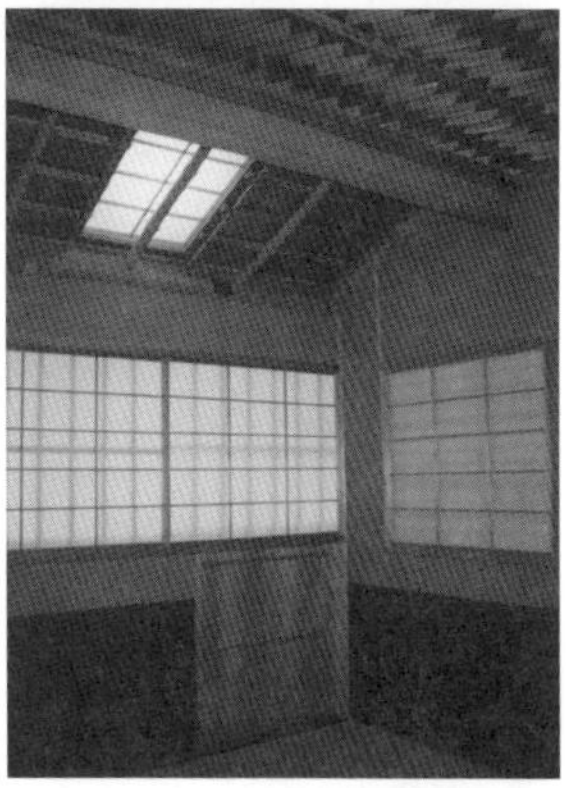

掛込み天井に設ける突上げ窓。手前に芽付き白竹の垂木が見える

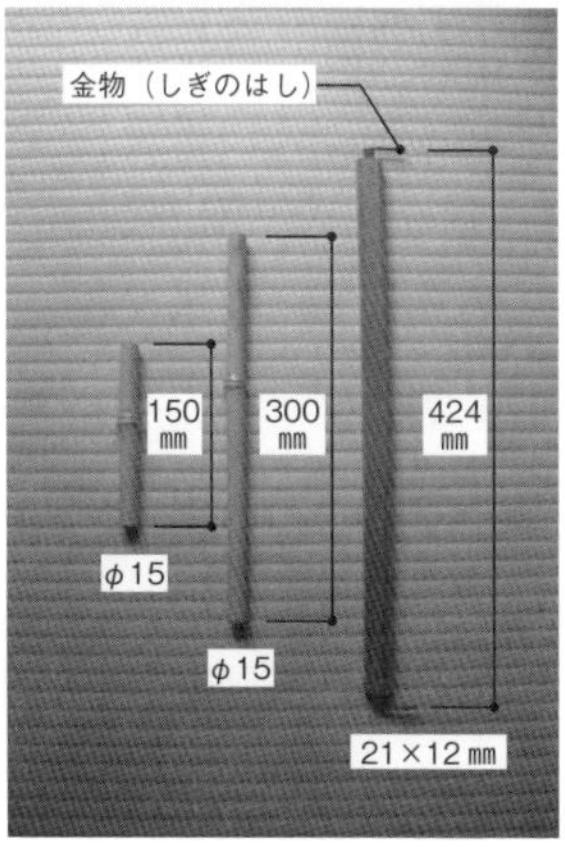

金物（しぎのはし）
150 ㎜
300 ㎜
424 ㎜
φ15
φ15
21×12㎜

蓋戸を突き上げ、支持しておくための突上げ棒は3種類。棒の長さで採光の量を調節する

▶茶室・水屋

基本の水屋2種

1 水屋

❶ 姿図［S＝1：25］

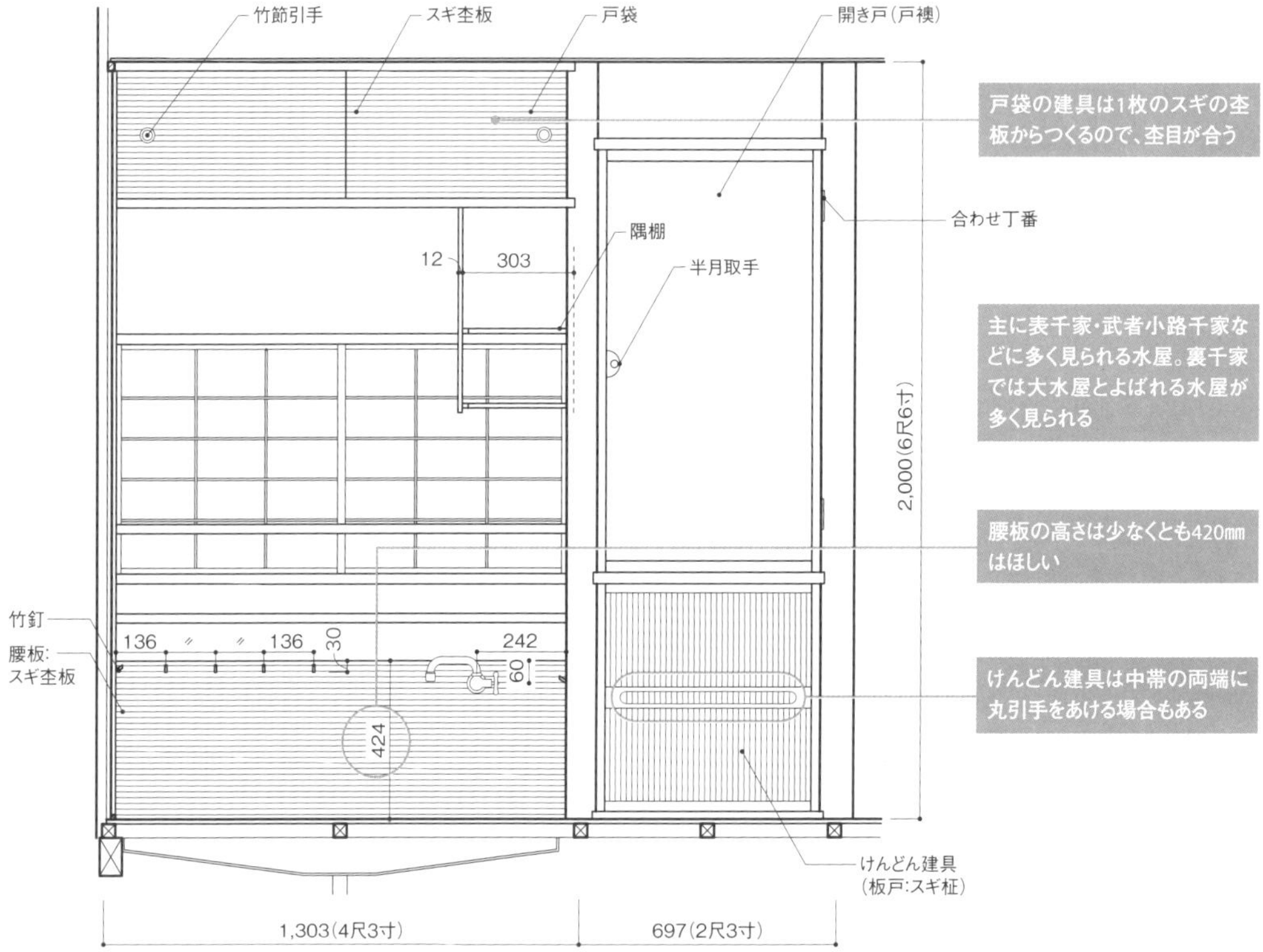
竹節引手
スギ杢板
戸袋
開き戸（戸襖）
戸袋の建具は1枚のスギの杢板からつくるので、杢目が合う
合わせ丁番
12
303
隅棚
半月取手
主に表千家・武者小路千家などに多く見られる水屋。裏千家では大水屋とよばれる水屋が多く見られる
2,000（6尺6寸）
腰板の高さは少なくとも420㎜はほしい
竹釘
腰板：
スギ杢板
136
136
30
242
60
424
けんどん建具は中帯の両端に丸引手をあける場合もある
けんどん建具
（板戸：スギ柾）
1,303（4尺3寸）
697（2尺3寸）

❷ 平面図［S＝1：25］

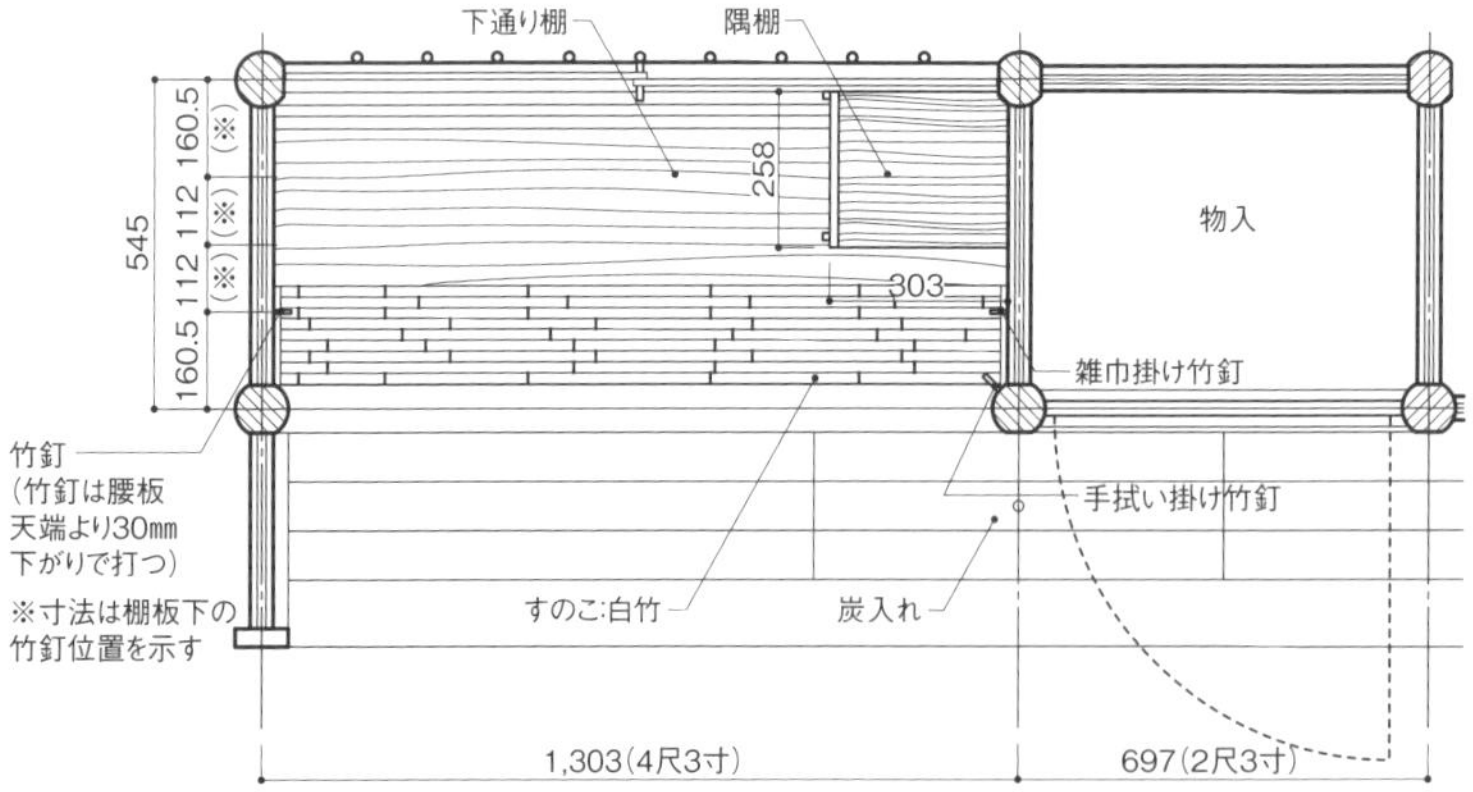
下通り棚
隅棚
545
160.5
112
112
160.5
（※）
（※）
（※）
258
303
物入
雑巾掛け竹釘
竹釘
（竹釘は腰板天端より30㎜下がりで打つ）
※寸法は棚板下の竹釘位置を示す
手拭い掛け竹釘
すのこ：白竹
炭入れ
1,303（4尺3寸）
697（2尺3寸）

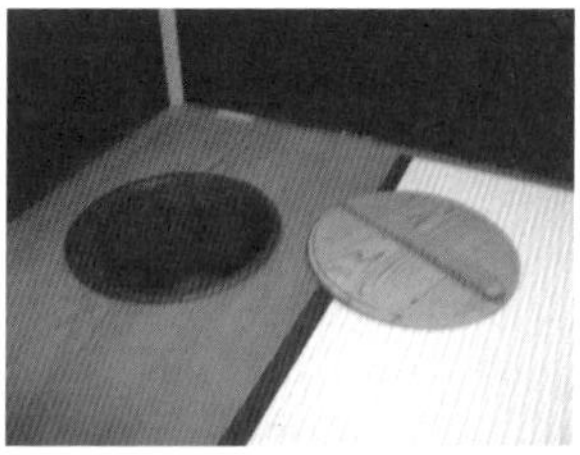

水屋に設けた丸炉。裏側が見える丸炉の蓋は蟻材を通している

❸ 水屋断面図［S＝1：30］

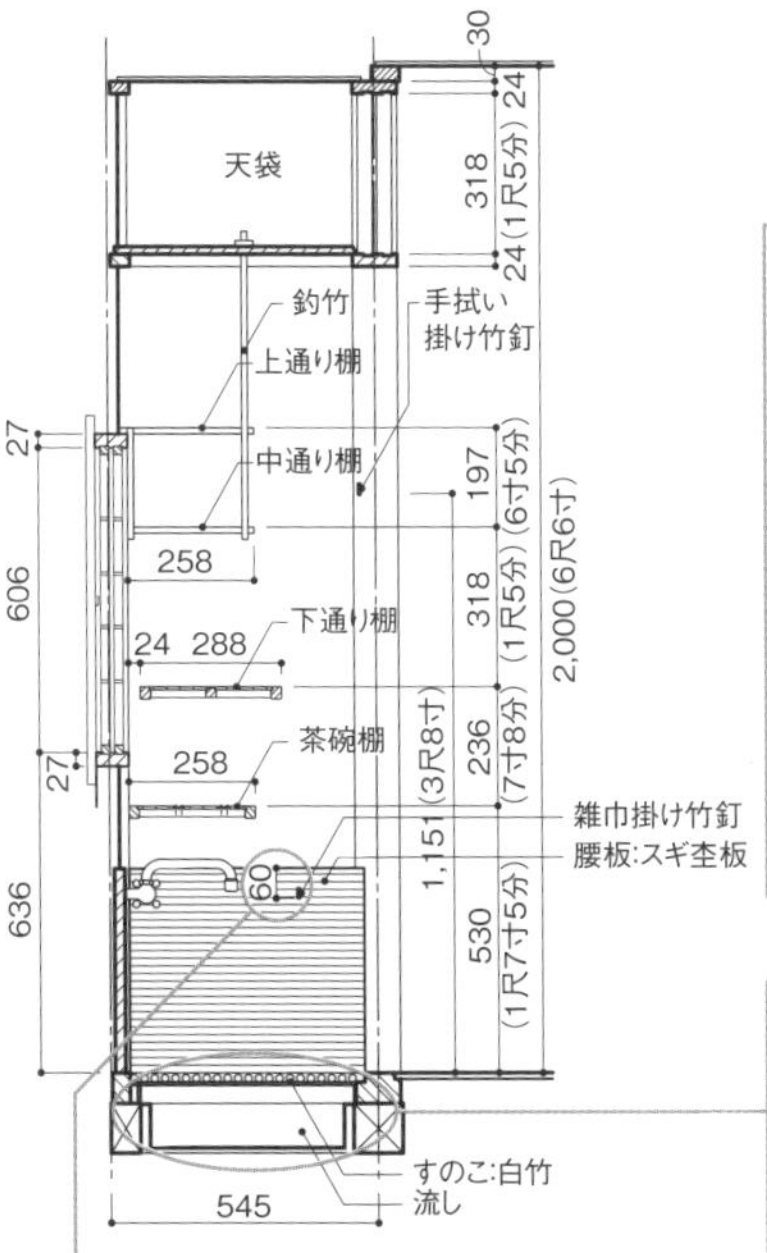
天袋
釣竹
上通り棚
中通り棚
手拭い掛け竹釘
下通り棚
茶碗棚
雑巾掛け竹釘
腰板：スギ杢板
すのこ：白竹
流し
30
24
318
24(1尺5分)
197
(6寸5分)
318
(1尺5分)
236
(7寸8分)
530
(1尺7寸5分)
1,151(3尺8寸)
2,000(6尺6寸)
27
606
27
636
258
24 288
258
60
545
表千家や武者小路千家の水屋では、向かって右側に雑巾を掛けるための竹釘を打つ。その場合腰板の天端より60㎜下がりの位置とする

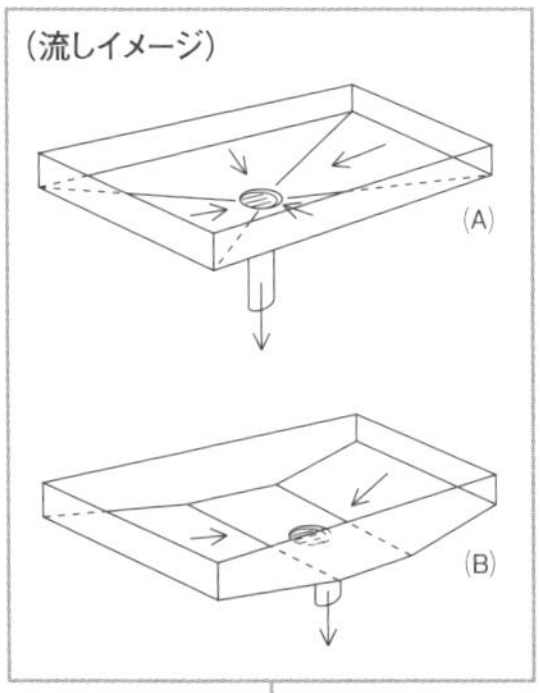
（流しイメージ）
(A)
(B)
竹すのこの下の銅板でつくられた流しは舟といい、(A)または(B)のようなものが多い。ポイントは水がたまることなく排水されるようにつくることである

❹ 物入れ断面図［S＝1：30］

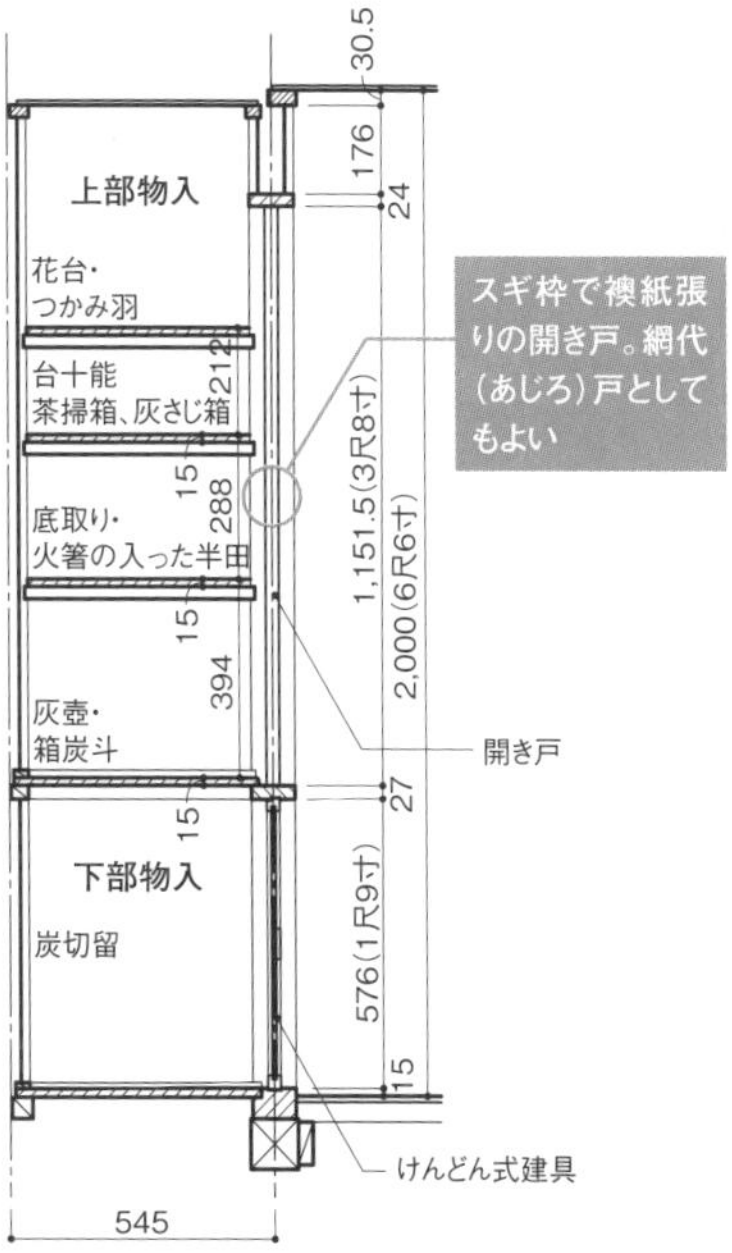
上部物入
花台・
つかみ羽
台十能
茶掃箱、灰さじ箱
底取り・
火箸の入った半田
灰壺・
箱炭斗
下部物入
炭切留
スギ枠で襖紙張りの開き戸。網代（あじろ）戸としてもよい
開き戸
けんどん式建具
30.5
176
24
212
15
288
15
394
1,151.5(3尺8寸)
2,000(6尺6寸)
27
15
576(1尺9寸)
15
545

❺ 茶碗棚詳細図［S＝1：5］

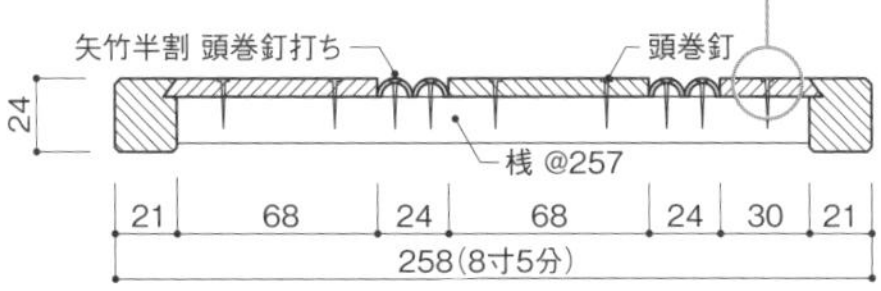
茶碗などを置くため、釘の頭が板から出ないように打つ
矢竹半割 頭巻釘打ち
頭巻釘
桟 @257
24
21
68
24
68
24
30
21
258(8寸5分)

水屋と物入れ。水屋の入隅には二重棚を設けている。奥には引違い障子（連子窓）

水屋は、茶事の準備をする場所で、茶道口や給仕口に接して設けられる。

水屋は茶室にとって重要な存在で、水屋の出来で茶室の評価が大きく左右される。そのため、茶室と同時に計画を始める。大きさは使い勝手から考える。4畳半の茶室＋2畳の水屋でも、上級者にとってはコンパクトで使いやすいが、初心者で手伝いを必要とする場合には手狭といえる。また、席中から水屋が見えないよう配置にも気を配る。間違っても茶室の残りのスペースで水屋を計画するようなことはないようにしたい。マンションなどで構造上の制限がある場合は、置き水屋（移動可能な水屋）を設けるなど、少ないスペースを使ってうまく水屋を設ける工夫が必要となる。

水屋の中心は水屋棚で、背後には主に採光・換気のための窓を設ける。水屋棚は流しと茶道具などを並べる棚で構成される。その茶道具の配置にはルールがあり、それを水屋飾りという。

図1の水屋は主に表千家などで使われ、脇に物入れを設けたもの。184頁**図2**は裏千家などで見られる大水屋である。

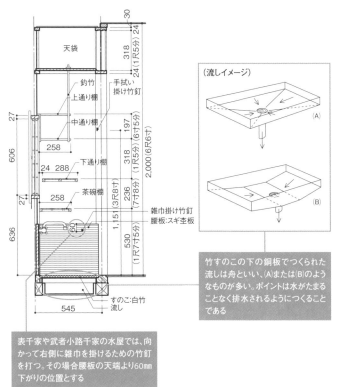

2 | 大水屋

❶ 姿図 [S＝1：30]

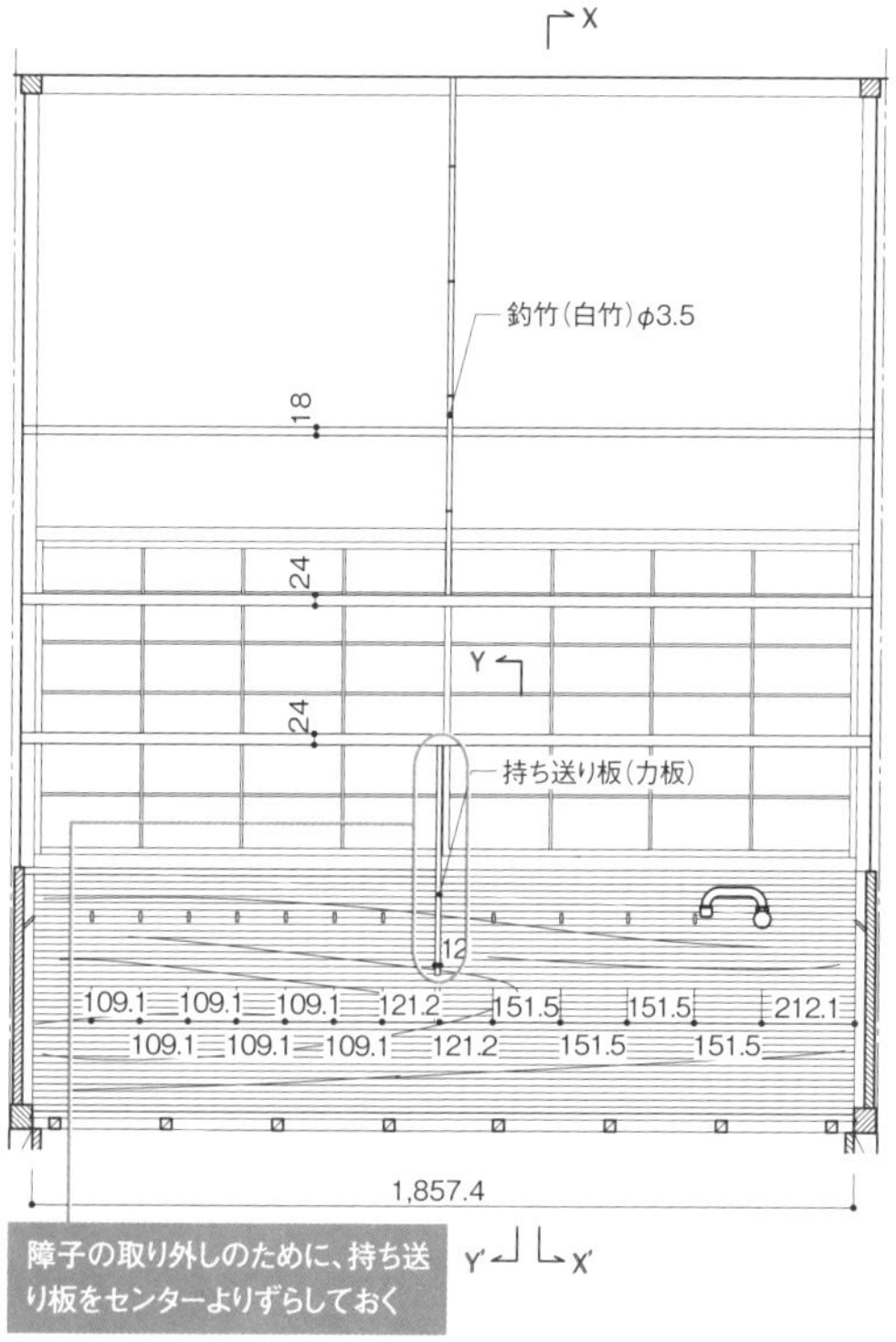
X
釣竹（白竹）φ3.5
18
24
24
Y
持ち送り板（力板）
12
109.1 109.1 109.1 121.2 151.5 151.5 212.1
109.1 109.1 109.1 121.2 151.5 151.5
1,857.4
Y' X'
障子の取り外しのために、持ち送り板をセンターよりずらしておく

❸ 断面図（X－X'）[S＝1：30]

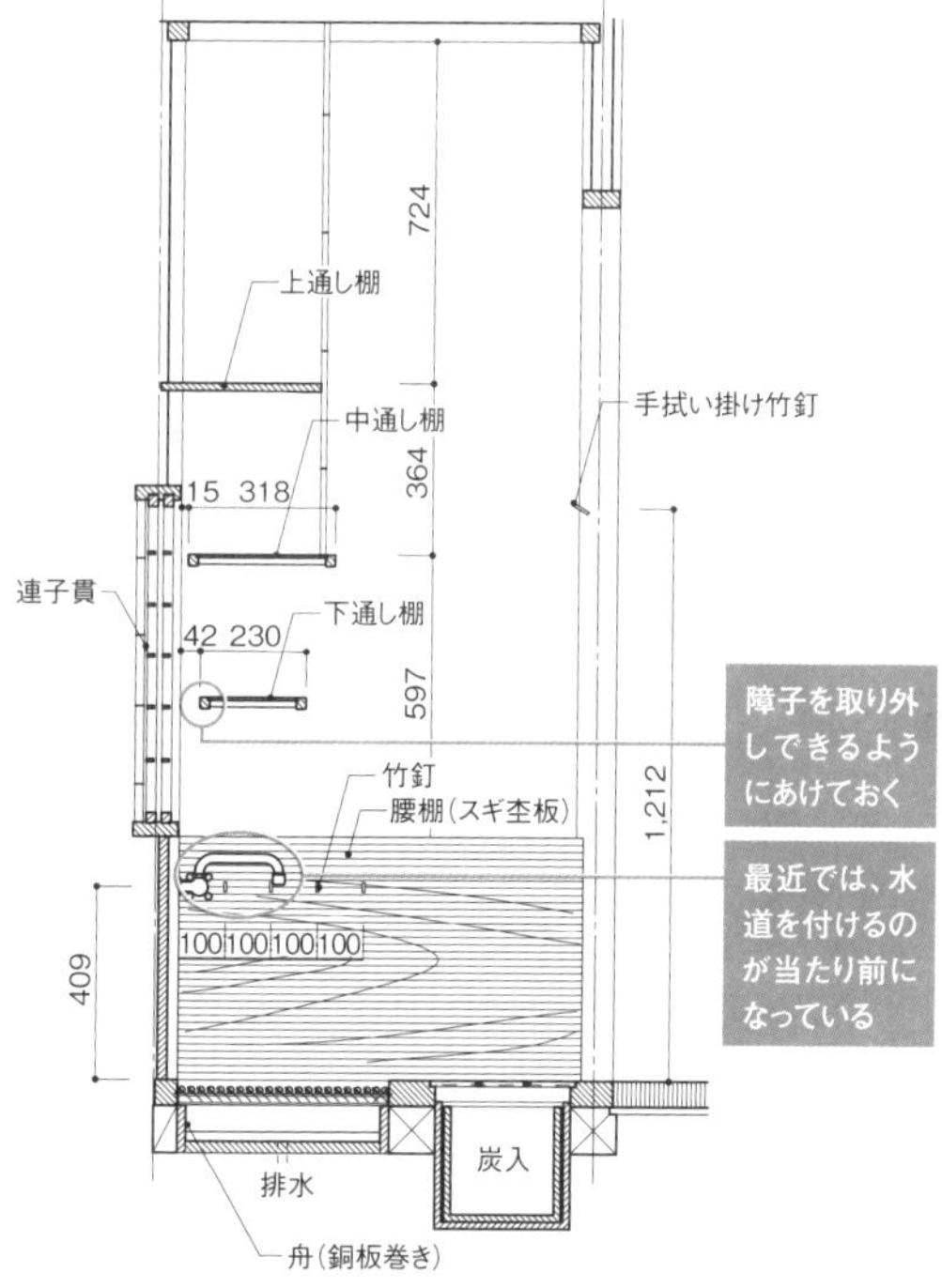
724
上通し棚
手拭い掛け竹釘
中通し棚
15 318
364
連子貫
42 230
下通し棚
597
障子を取り外しできるようにあけておく
竹釘
腰棚（スギ杢板）
1,212
最近では、水道を付けるのが当たり前になっている
100 100 100 100
409
炭入
排水
舟（銅板巻き）

❷ 平面図 [S＝1：30]

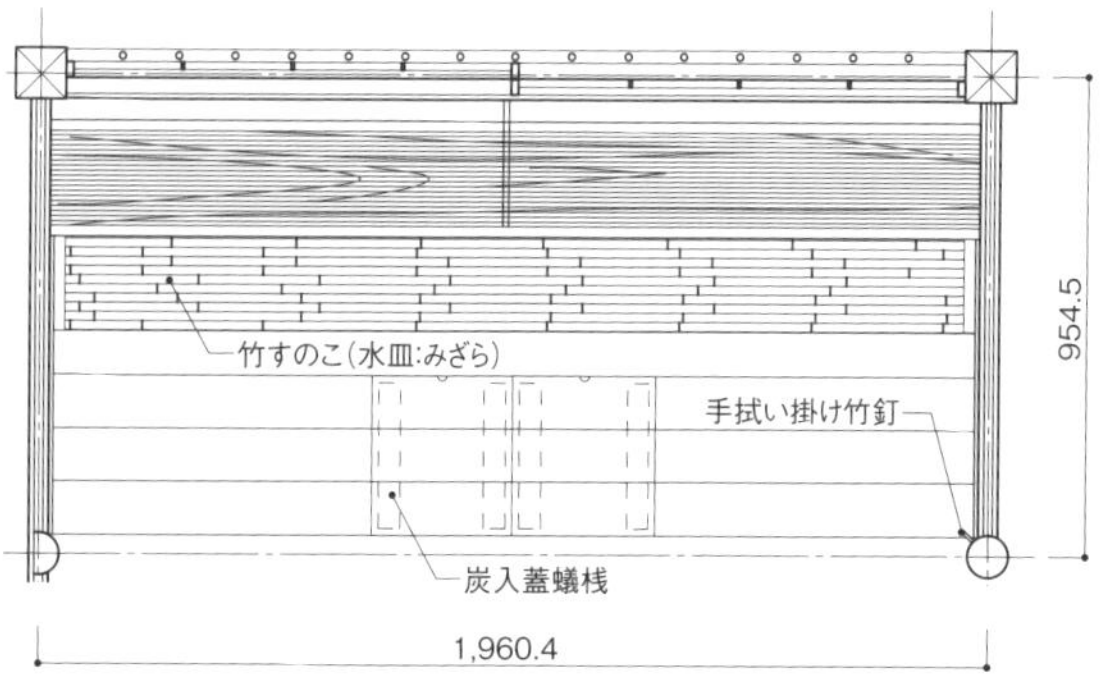
954.5
竹すのこ（水皿：みざら）
手拭い掛け竹釘
炭入蓋蟻桟
1,960.4

❹ 断面図（Y－Y'）[S＝1：30]

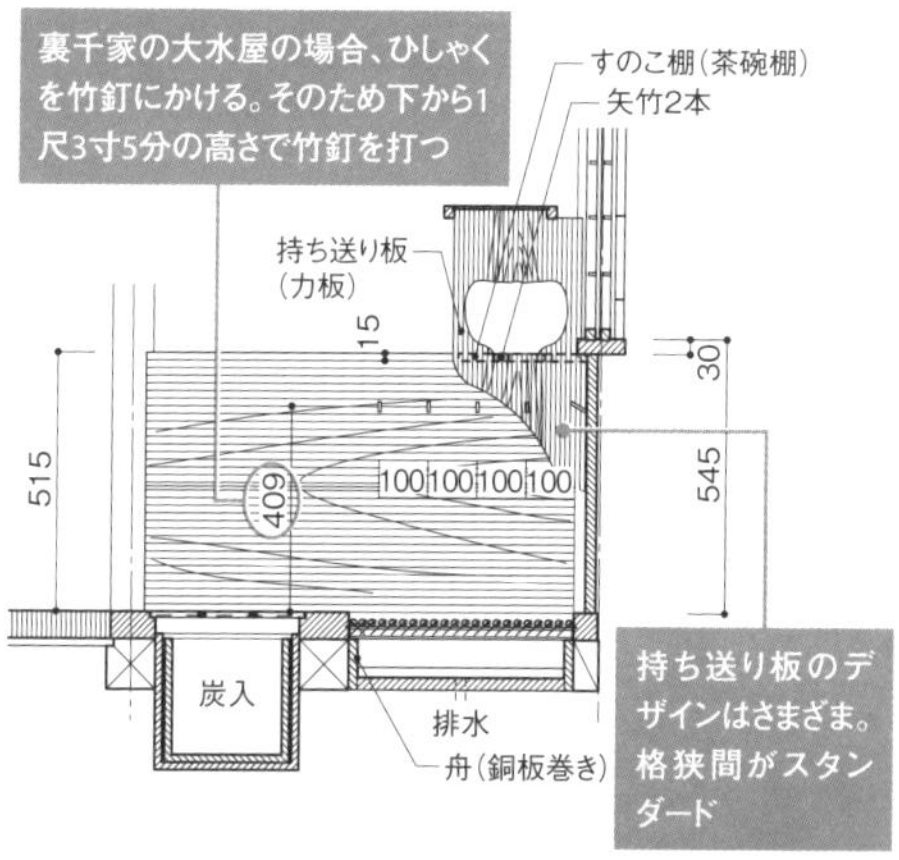
裏千家の大水屋の場合、ひしゃくを竹釘にかける。そのため下から1尺3寸5分の高さで竹釘を打つ
すのこ棚（茶碗棚）
矢竹2本
持ち送り板（力板）
15
30
515
409
100 100 100 100
545
炭入
排水
舟（銅板巻き）
持ち送り板のデザインはさまざま。格狭間がスタンダード

❺ 部分詳細 [S＝1：8]

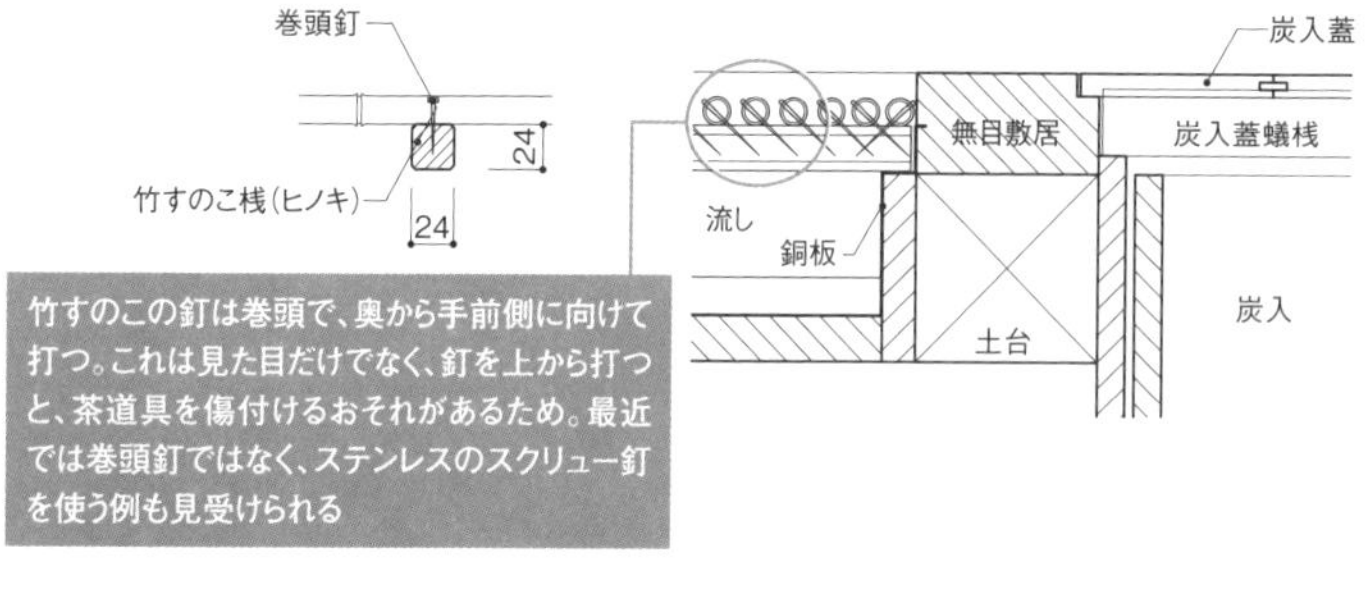
巻頭釘
24
竹すのこ桟（ヒノキ）
24
炭入蓋
無目敷居
炭入蓋蟻桟
流し
銅板
土台
炭入
竹すのこの釘は巻頭で、奥から手前側に向けて打つ。これは見た目だけでなく、釘を上から打つと、茶道具を傷付けるおそれがあるため。最近では巻頭釘ではなく、ステンレスのスクリュー釘を使う例も見受けられる

大水屋

▶ 茶室・屋根

屋根は軽快で素朴な佇まいを

1 基本の茶室の屋根

❶ 断面図［S＝1：12］

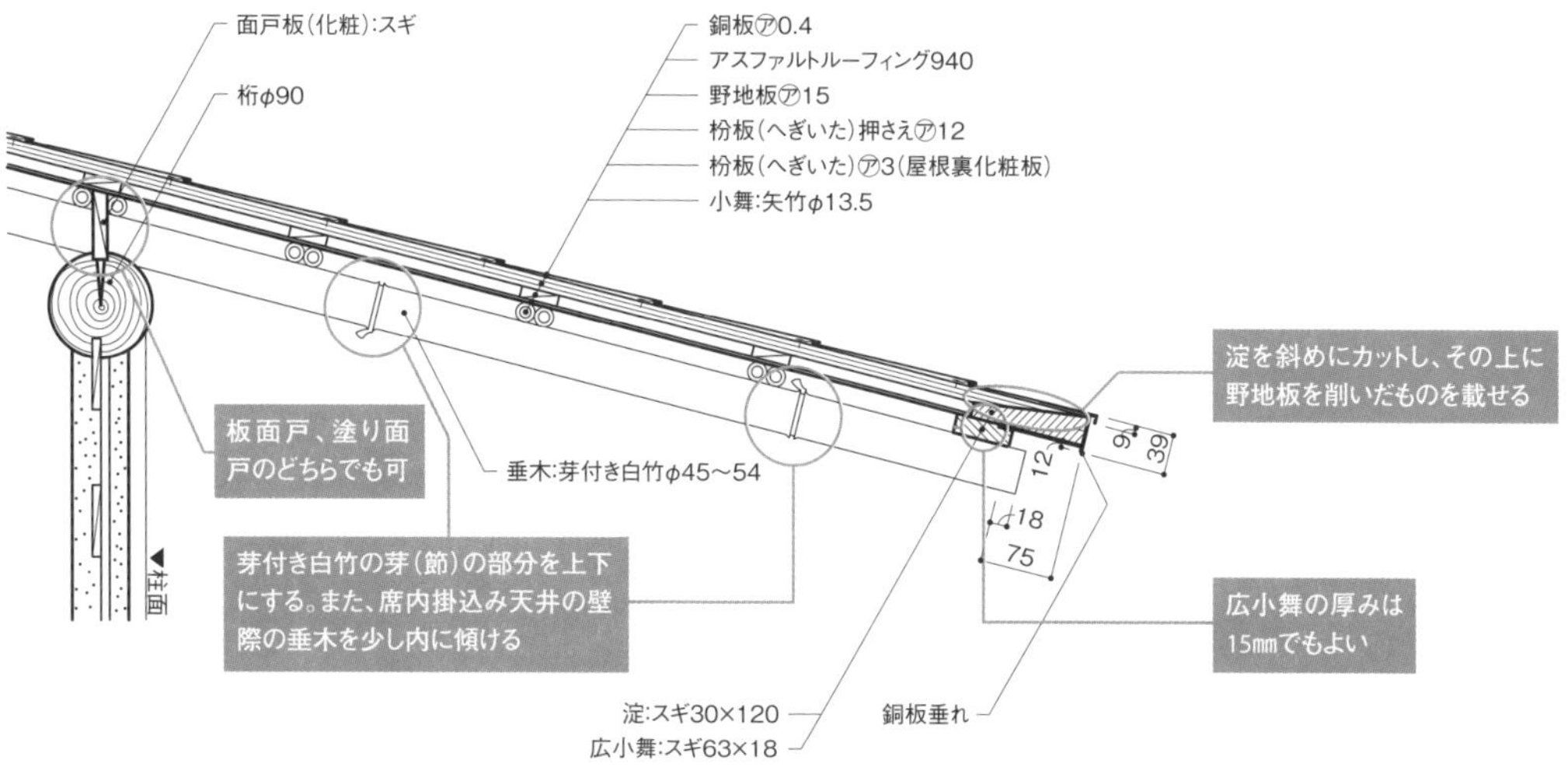

面戸板(化粧):スギ
桁φ90
銅板㋐0.4
アスファルトルーフィング940
野地板㋐15
枌板(へぎいた)押さえ㋐12
枌板(へぎいた)㋐3(屋根裏化粧板)
小舞:矢竹φ13.5
淀を斜めにカットし、その上に野地板を削いだものを載せる
9
39
12
18
75
板面戸、塗り面戸のどちらでも可
垂木:芽付き白竹φ45〜54
▼柱面
芽付き白竹の芽(節)の部分を上下にする。また、席内掛込み天井の壁際の垂木を少し内に傾ける
広小舞の厚みは15㎜でもよい
淀:スギ30×120
広小舞:スギ63×18
銅板垂れ

❷ 軒先拡大図

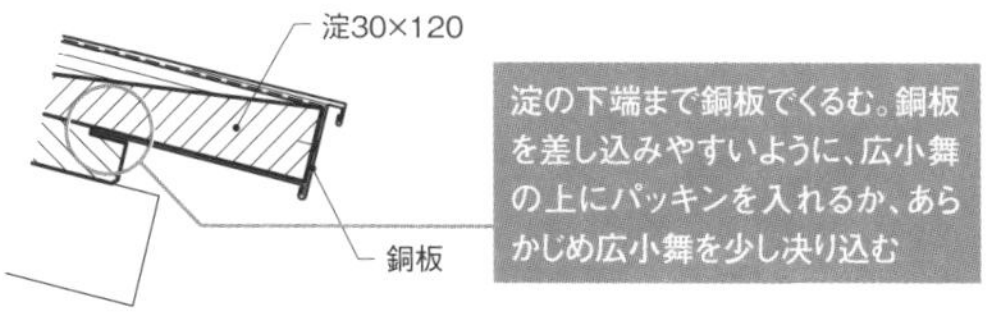

淀30×120
淀の下端まで銅板でくるむ。銅板を差し込みやすいように、広小舞の上にパッキンを入れるか、あらかじめ広小舞を少し決り込む
銅板

❸ 化粧淀の場合

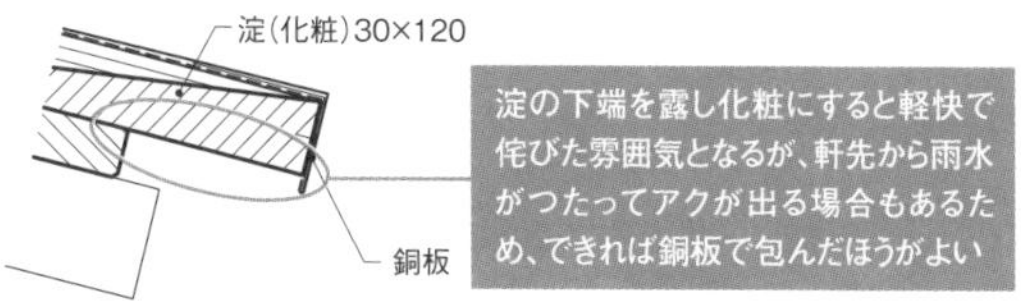

淀(化粧)30×120
淀の下端を露し化粧にすると軽快で侘びた雰囲気となるが、軒先から雨水がつたってアクが出る場合もあるため、できれば銅板で包んだほうがよい
銅板

茶室の屋根

茶室は、桧皮《ひわだ》葺きか柿《こけら》葺きの屋根とすると軽快に見え、最も好ましい。とはいえコストがかかるので、銅板の一文字葺きとするのが一般的だろう。銅板には六つ切り、八つ切り、九つ切り、2寸5尺足、2寸足といろいろあり、同じ一文字葺きでも小さな板で細かく葺くほうが屋根は軽快に見える【**図1**、186頁**図2**】。

瓦を使用する場合、銅板で腰葺きする。瓦には一文字軒瓦を使うが、選ぶ際には見付け部分の厚みのバランスをチェックするとよい。

数寄屋などでは銅板の代わりに、チタンを使うことがある。腐食しにくいという長所があるが、硬さが目立つので、侘びが持ち味である小間の茶室での使用はお勧めしない。ただし、茶室でも広間などではこの限りでない。

茶室の軒裏

軒裏は、垂木と化粧板、小舞の組み合わせだが、使う材料の選び方が重要となる。186頁**図3**では、各部材の組み合わせを、手間が掛かるものから、手間が比較的少なくてすむも

❹ 茶室の軒樋［S＝1：12］

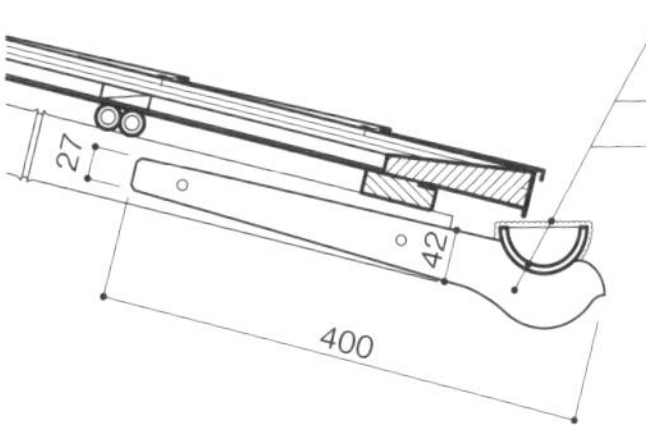
銅線（2本を束ねて巻いたもの）
青竹樋
木製樋受け㋐6
27
42
400

垂木に沿わせた木製の樋受けで軒樋を受ける

小丸太垂木と竹小舞の軒裏の例。小舞は尺八と共に藤蔓で編んで留める

2 | 耐久性を考慮した屋根［S＝1：12］

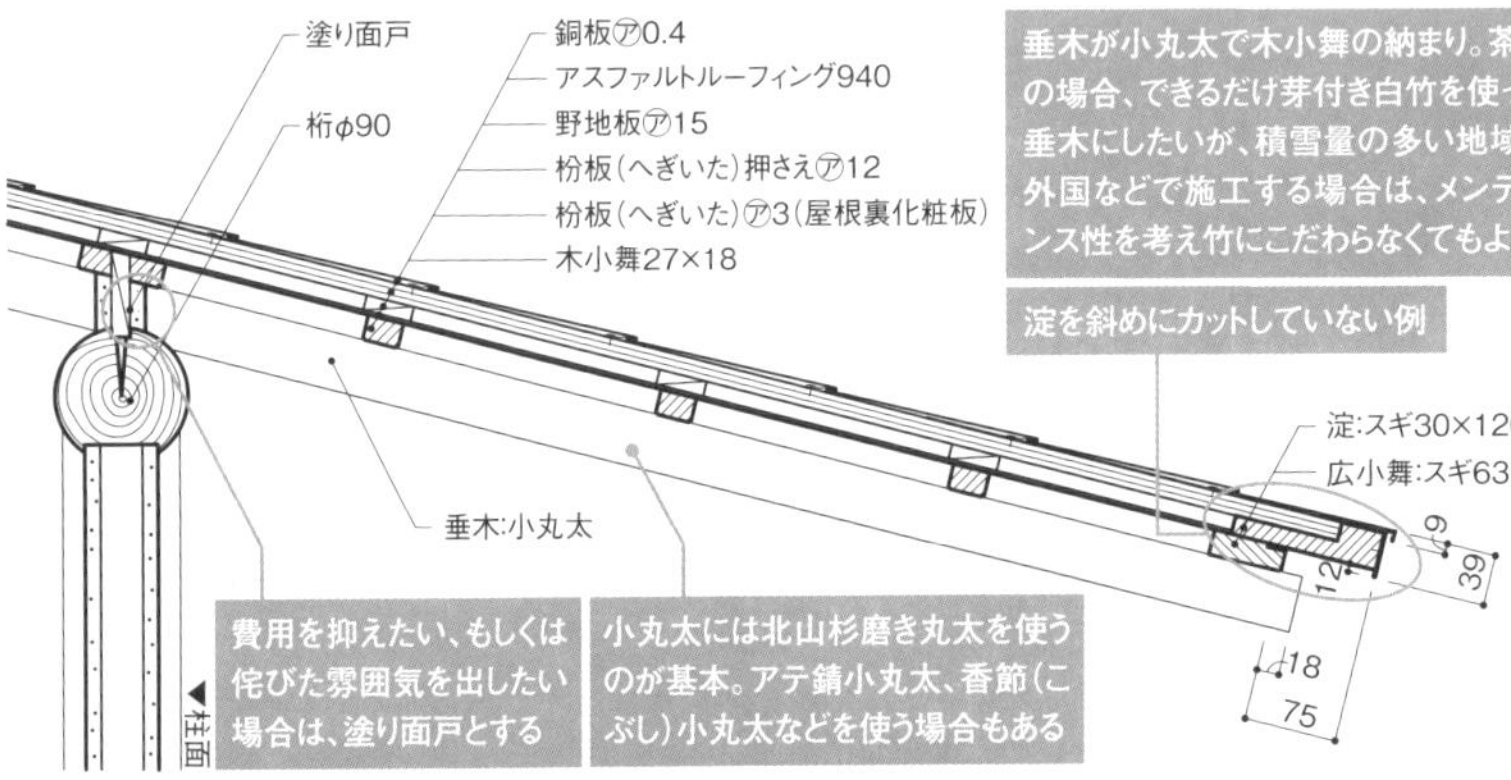
塗り面戸
桁φ90
銅板㋐0.4
アスファルトルーフィング940
野地板㋐15
枌板（へぎいた）押さえ㋐12
枌板（へぎいた）㋐3（屋根裏化粧板）
木小舞27×18
垂木が小丸太で木小舞の納まり。茶室の場合、できるだけ芽付き白竹を使った垂木にしたいが、積雪量の多い地域や外国などで施工する場合は、メンテナンス性を考え竹にこだわらなくてもよい
淀を斜めにカットしていない例
淀：スギ30×120
広小舞：スギ63×18
垂木：小丸太
9
39
12
18
75
費用を抑えたい、もしくは侘びた雰囲気を出したい場合は、塗り面戸とする
小丸太には北山杉磨き丸太を使うのが基本。アテ錆小丸太、香節（こぶし）小丸太などを使う場合もある
▼柱面

小丸太垂木と木小舞の軒裏の例

3 垂木・小舞・尺八・化粧板の組み合わせ

	1	2	3	4	5
垂木	芽付き白竹	芽付き白竹	北山杉 磨き小丸太	北山杉 磨き小丸太	北山杉 磨き小丸太
小舞	矢竹	木小舞	矢竹	木小舞	なし
尺八	矢竹	なし	矢竹	なし	割薄枌竹
化粧板	枌板	枌板	枌板	枌板	枌板

注　手間がかなり掛かるもの（1）から比較的掛からないもの（5）まで順に並べた

軒裏の部材名称

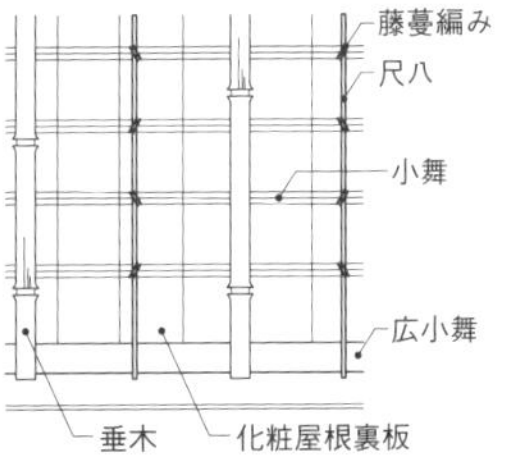
藤蔓編み
尺八
小舞
広小舞
垂木
化粧屋根裏板

のまで挙げている。

垂木には軽快で素朴な佇まいの竹（芽付き白竹）を使うことが多い。ただし竹は腐食しやすいので、割れて取換えが必要となる場合が多く、虫害も起きやすい。そのため、北山杉の磨きの小丸太を使うこともある。注意したいのは、いずれにせよ定期的なメンテナンスが必須になるということである。それが難しい場合や、予算の都合がつかない場合には、目線から遠い大屋根部分を角の大面取りの垂木とし、破風に北山杉の面皮丸太を使うとよい。目線から近い部分はせめて北山磨き小丸太を使うことで本式として、できるだけ手間が少なくなるよう緩急をつけた材料使いにするとよい。

化粧板には主にスギの枌板、小舞には竹や木を使うのが基本だ。これらの材料もメンテナンスが必須といえる。その手間を省く方法として、庚申《こうしん》張りという仕上げがある。竹小舞や木小舞を設けず、垂木と垂木の間に煤竹や胡麻《ごま》竹の割薄枌竹を用いるというもの。ただし、煤竹を外部に使うと紫外線で焼け、数年後には煤竹のこげ茶の色が飛び、白っぽくなることが多いので注意が必要だ。

［茶室］を知る7のキーワード

茶室の設計にはさまざまな決まり事がある。ここで紹介する7つのキーワードから基本を押さえ、使える茶室をつくりたい

1 茶室のキホンは4畳半

茶室の広さは4畳半以下を「小間《こま》」、4畳半以上を「広間《ひろま》」と称する。4畳半は小間、広間のいずれにも属す広さで、茶室の間取りを考えるうえで基本の大きさとなる。また茶室に欠くことができないものとして、茶の湯の準備をする水屋がある［❶］。

❶ 茶室の基本

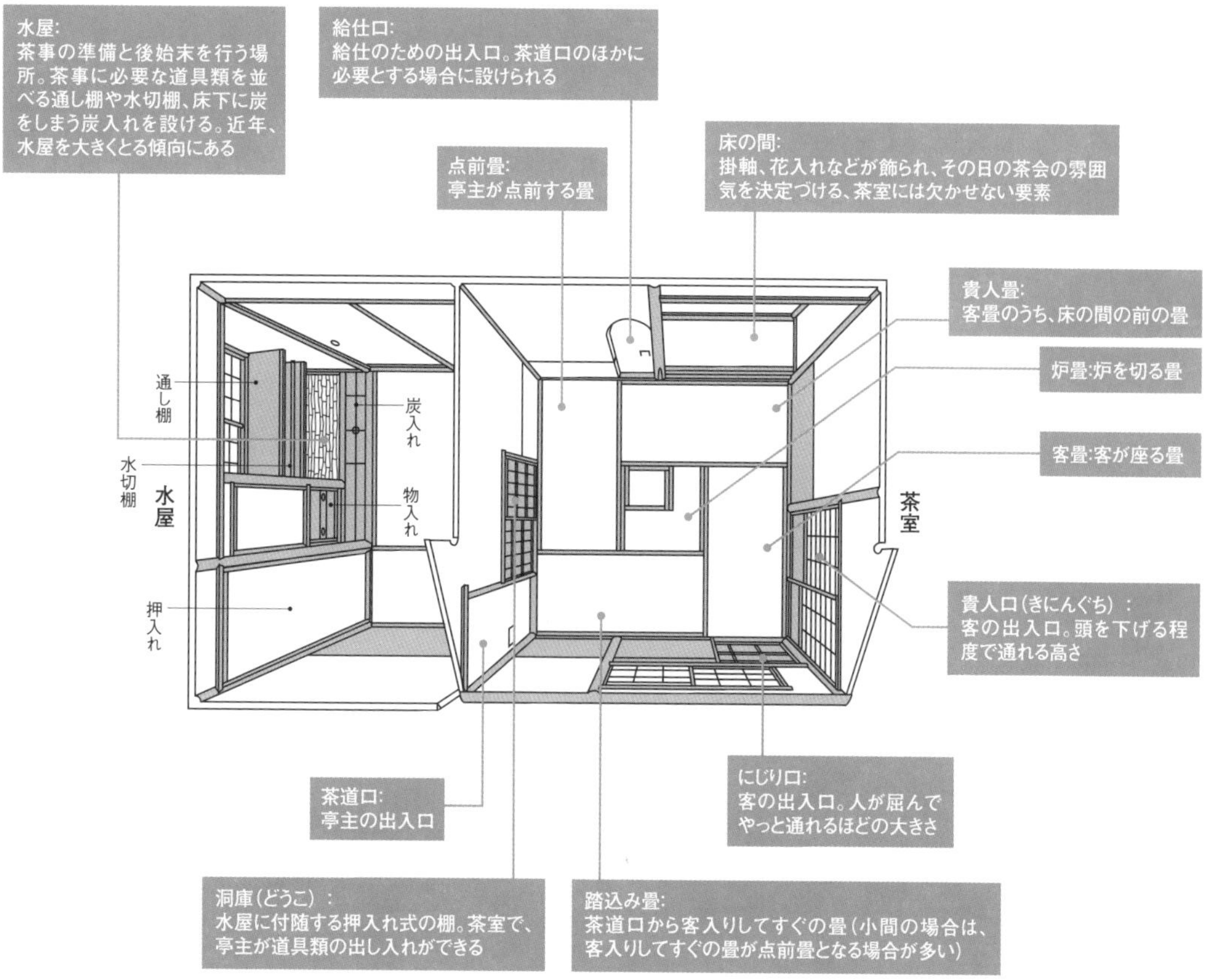

水屋:
茶事の準備と後始末を行う場所。茶事に必要な道具類を並べる通し棚や水切棚、床下に炭をしまう炭入れを設ける。近年、水屋を大きくとる傾向にある
給仕口:
給仕のための出入口。茶道口のほかに必要とする場合に設けられる
点前畳:
亭主が点前する畳
床の間:
掛軸、花入れなどが飾られ、その日の茶会の雰囲気を決定づける、茶室には欠かせない要素
貴人畳:
客畳のうち、床の間の前の畳
炉畳:炉を切る畳
客畳:客が座る畳
通し棚
炭入れ
水切棚
水屋
物入れ
押入れ
茶室
貴人口（きにんぐち）：
客の出入口。頭を下げる程度で通れる高さ
にじり口:
客の出入口。人が屈んでやっと通れるほどの大きさ
茶道口:
亭主の出入口
洞庫（どうこ）：
水屋に付随する押入れ式の棚。茶室で、亭主が道具類の出し入れができる
踏込み畳:
茶道口から客入りしてすぐの畳（小間の場合は、客入りしてすぐの畳が点前畳となる場合が多い）

2 畳の大きさを決める

茶室で使用される畳は、長辺寸法1910㎜（6尺3寸）、短辺寸法955㎜（3尺1寸5分）の京畳を基準とし、京畳の1畳分が「丸畳《まるだたみ》」、長辺が3／4のものを「台目畳《だいめだたみ》」、長辺半分のものを「半畳《はんだたみ》」とする［❷］。茶道において畳の大きさは非常に重要で決して軽んじてはならない。

まず、亭主が座って点前する点前畳《てまえだたみ》は、茶道具を飾る棚物を置ける丸畳が望ましい。

❷ 畳の大きさ

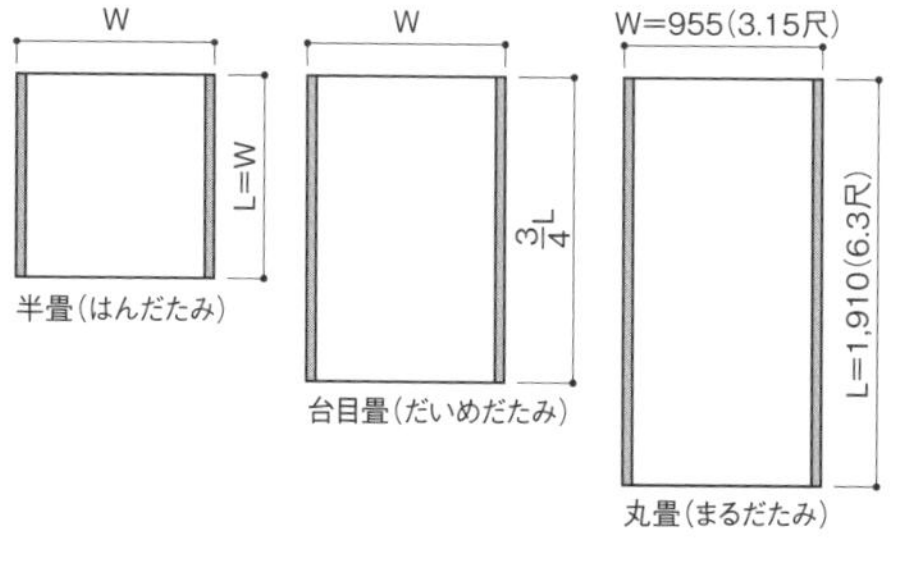

W
L=W
半畳（はんだたみ）
W
3/4L
台目畳（だいめだたみ）
W=955（3.15尺）
L=1,910（6.3尺）
丸畳（まるだたみ）

ただし、棚物を置かない侘び茶の点前では台目畳を用いることもある。また、客が座る客畳《きゃくだたみ》には原則として丸畳を用いる。点前畳と客畳の大きさが決まると、茶室全体の設計が開始される。

戸建てのリフォーム時やマンションなど、すでに部屋の大きさが決まっている場合は、全体的に畳を小さくするのではなく、点前畳は必ず長辺寸法1910㎜（6尺3寸）、短辺寸法955㎜（3尺1寸5分）を守り、そのほかの畳で調整する。

3 炉は本勝手で切る

茶室の間取りを決めるなかで最も重要なのが、炉の切り方である。炉の切り方を間違えると、せっかくつくった茶室も使いものにならないので気をつけたい。

炉の切り方は、亭主が茶をたてる点前座《てまえざ》に座ったとき、亭主の右手に客畳がくるのを「本勝手」、反対側にくるのを「逆勝手」といい、炉は「本勝手」[3]に切るのが基本中の基本である。なぜなら、逆勝手になると、作法がすべて反転するので茶道上級者でも使いこなすことが難しくなるためである。すでに本勝手の席があり、もう1席設ける以外は、逆勝手はやめたほうがよい。

本勝手の炉の切り方には、4畳半切り、台目《だいめ》切り、向《むこう》切り、隅炉《すみろ》の4種類があり、炉の切り方によって茶室の雰囲気や機能性がまったく変わるので、事前に亭主または茶道の教授者との入念な相談が必要である。

4 炉の切り方は4種

炉の切り方は、4に挙げるように、4畳半切り（①）、台目切り（②）、向切り（③）、隅炉（④）の4種がある。4畳半切り、台目切りは、点前畳の右隣に接する畳に炉を切る「出炉《でろ》」、向切り、隅炉は、点前畳のなかに炉を切る「入《いり》炉《ろ》」に大別される。

①4畳半切り：

4つのなかで最も一般的な切り方。点前畳が丸畳で、炉の位置は畳の長辺を2等分した位置から下座側（居前）に切る

②ⓐ台目切り：

点前畳が台目畳で、炉の位置は丸畳の長辺を2等分した位置から上座側に切る。亭主の座は点前するために炉先の線まで進む

②ⓑ上げ台目切り：

台目切りと炉の位置は変わらないが、点前畳が丸畳となる

③向切り：

点前畳の右手向こうへ炉を切る方法。炉縁と正面の壁側の畳寄せとの間に小板を設ける

④隅炉：

点前畳の左手向こうへ炉を切る。向切りの場合と違って小板は設けないのが基本

3 炉の切り方（本勝手）

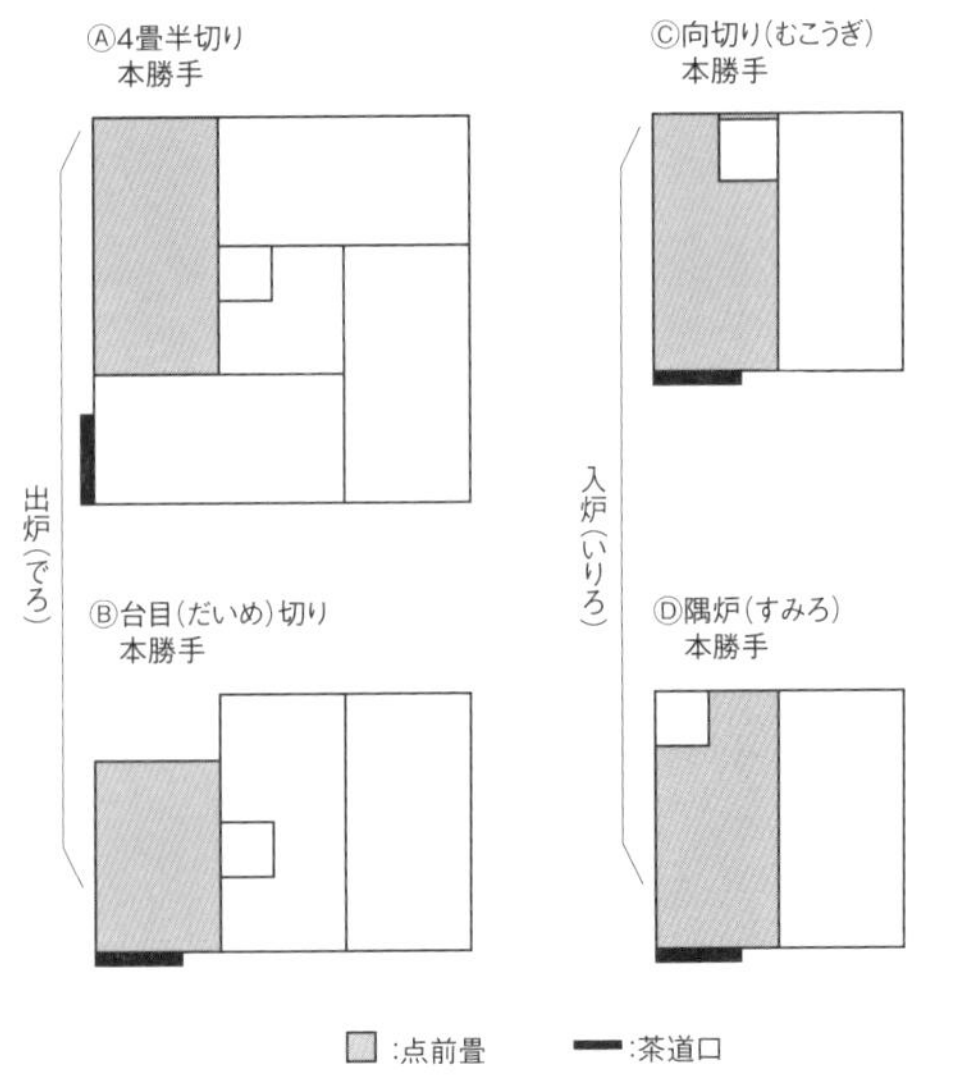

Ⓐ4畳半切り
本勝手
Ⓒ向切り（むこうぎ）
本勝手
出炉（でろ）
入炉（いりろ）
Ⓑ台目（だいめ）切り
本勝手
Ⓓ隅炉（すみろ）
本勝手
：点前畳
：茶道口

4 炉の切り方

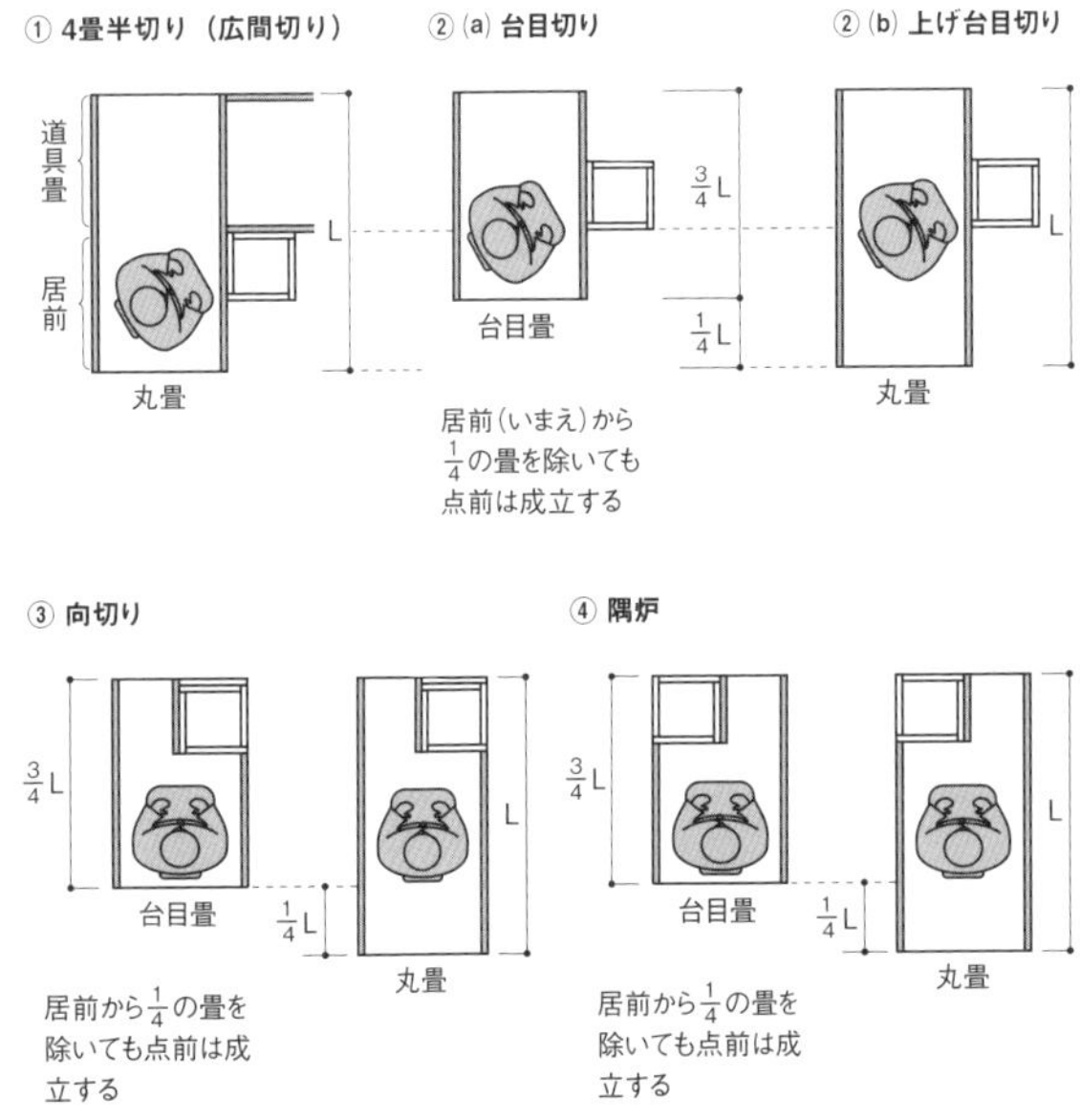

① 4畳半切り（広間切り）
② ⓐ 台目切り
② ⓑ 上げ台目切り
道具畳
居前
丸畳
台目畳
丸畳
L
3/4 L
1/4 L
居前（いまえ）から
1/4の畳を除いても
点前は成立する
③ 向切り
④ 隅炉
台目畳
丸畳
台目畳
丸畳
居前から1/4の畳を
除いても点前は成
立する
居前から1/4の畳を
除いても点前は成
立する

5 床の間はゲストのためのもの

茶室には必ず床の間を設ける。時代とともに床の間の寸法は変わってきているが、小間の場合、近年では幅1221㎜（4尺3寸）、奥行き727㎜（2尺4寸）ほどのものを目安とする。

床の間の設置場所は、亭主の位置と客の入口の位置より決まる。客が席入りして、正面に見える場所が一番よいとされているが、場合によっては首を90°回転して見える場所でもよい。ただし180°回転しなければ見えない場所にはつくってはならない。また、床前が上座となるのを原則とし、正客《しょうきゃく》が上座に座る。

また、亭主が点前畳に着座したときに亭主の前方に設けられる床を上座床《じょうざどこ》という。一方、亭主が点前畳に着座したときに亭主の後方に設けられる床については下座床《げざどこ》という［5］。

6 間取りによって出入口が決まる

茶室の出入口は、亭主用と客用が別々となる。亭主が水屋からの出入りに使う茶道口・給仕口と、客が出入りに使うにじり口・貴人口がある。

亭主は茶道口を通って、水屋から茶室に出入りするので、茶道口は建物内の水屋と茶室の間に設ける。亭主の出入口は、広い茶室の場合は茶道口のみでよいが、6のような間取りの場合は、給仕口を必要とする。亭主1人だけで点前給仕する場合はよいが、半東《はんとう》（給仕する人）がいると、手前畳が台目畳の場合、茶亭主のいる間、半東は席に入れなくなってしまうからだ。

また、小間の茶室では、客用の出入口としてにじり口だけ設けるのが本来であるが、現代では貴人口を設けることも多くなってきた。その場合は、対面や一列に並ぶことはなく、矩折れに配置する。

7 初夏は畳も衣替え

茶の湯では冬から春にかけては炉を使い、そのほかの時期は炉を閉じて、畳の上で釜を掛けて湯を沸かす風炉《ふろ》を使う。その際は畳の敷き替えをする。

また、炉畳の畳縁の向きと客畳の敷き方は流派によって異なる［7］。侘び茶の精神を基本とした千家のお茶では、炉畳の畳縁は、点前畳と平行とする（Ⓐ）。しかし、侘び茶に織部の武家茶の精神を加えた藪内流をはじめ、武家茶の流儀は多くの場合、点前畳の縁と直角とする（Ⓑ）。

5 床の間の設置場所

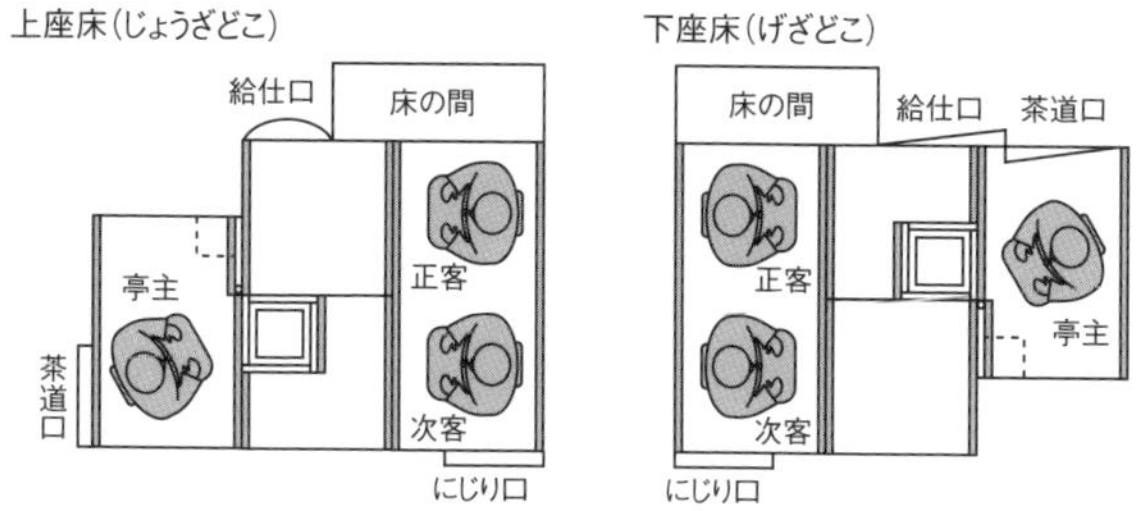

上座床（じょうざどこ）
給仕口
床の間
亭主
正客
次客
茶道口
にじり口
下座床（げざどこ）
床の間
給仕口
茶道口
正客
次客
亭主
にじり口

6 給仕口が必要になる場合

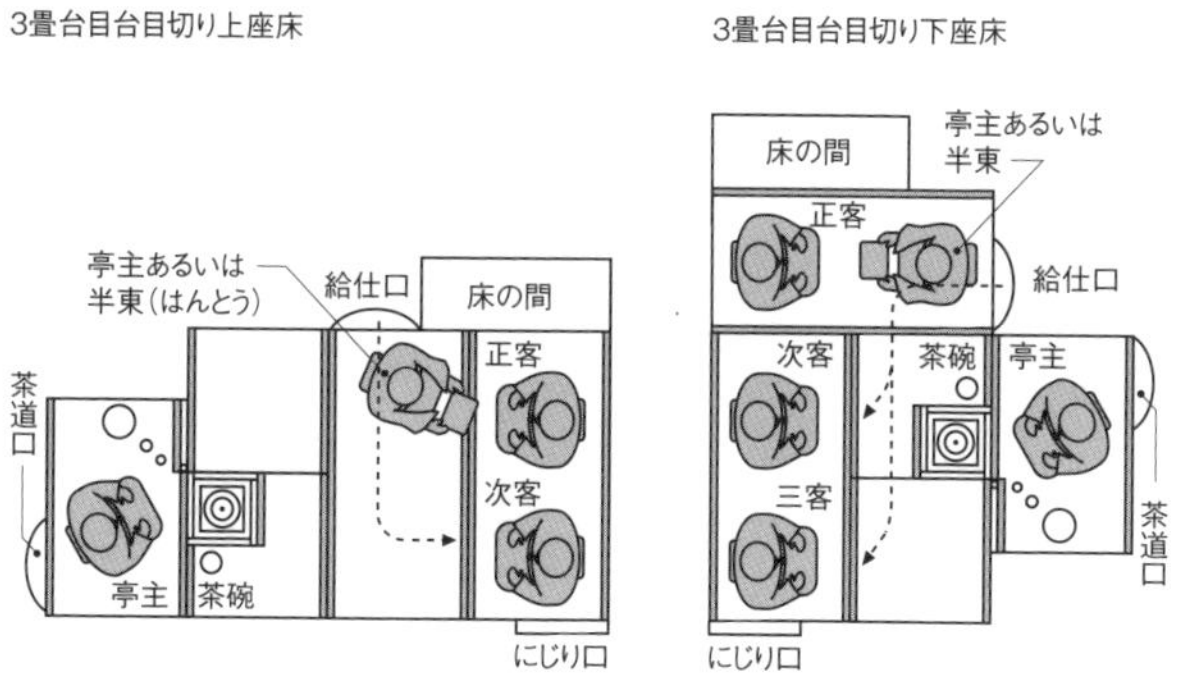

3畳台目台目切り上座床
亭主あるいは半東（はんとう）
給仕口
床の間
正客
次客
茶道口
亭主
茶碗
にじり口
3畳台目台目切り下座床
床の間
亭主あるいは半東
正客
給仕口
次客
茶碗
亭主
三客
茶道口
にじり口

7 炉畳の縁の向きと客畳の敷き方

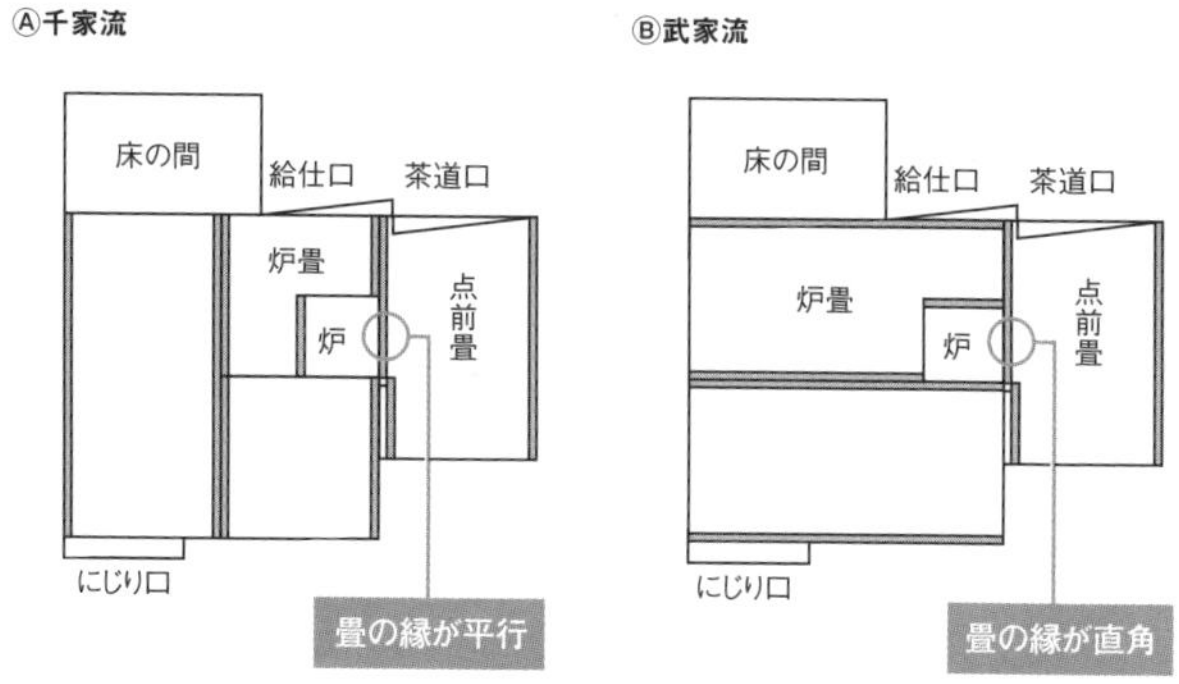

Ⓐ千家流
床の間
給仕口
茶道口
炉畳
炉
点前畳
にじり口
畳の縁が平行
Ⓑ武家流
床の間
給仕口
茶道口
炉畳
炉
点前畳
にじり口
畳の縁が直角

名茶室の写しを住宅に設けたい！

ハウスメーカーによる工業化住宅に、
大徳寺瑞峯院茶室の写しを設ける

住宅に名席といわれる茶室の写しをつくる。建築にあたり、大徳寺瑞峯院の余慶庵の実測を行った。この茶室の7畳の広間は表千家7畳の席の写しだが、まったくのコピーではない。変えるところは変え、守るところは守っている。

余慶庵同様、今回も敷地・プラン、現代の身体寸法に合わせ調整した［❶］。写しはそこに技量を必要とするのだ。

❶ 「本歌」となった茶室と「写し」の比較

大徳寺瑞峯院余慶庵　平面図（部分）［S＝1：150］

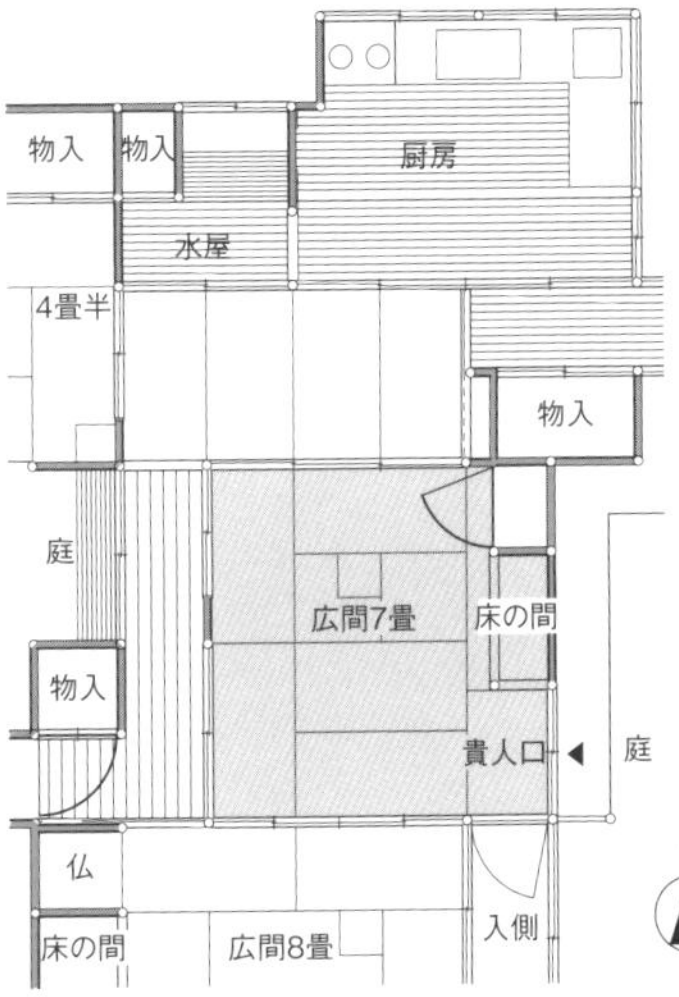

物入
物入
厨房
水屋
4畳半
物入
庭
広間7畳
床の間
物入
貴人口
庭
仏
N
床の間
広間8畳
入側

大徳寺瑞峯院余慶庵の7畳の広間は、表千家7畳の席の写しであるが、敷地に合わせたアレンジがなされている

昭和5年に寄進によって建てられた大徳寺瑞峯院余慶庵。8畳と7畳の広間と4畳半の小間をもった茶室

余慶庵床の間。写真左手に水屋との境になる腰高障子。床の間右隣の腰付き障子は、客の入り口となる貴人口

昨年竣工のH邸。積水ハウスによる重量鉄骨造の戸建住宅内に余慶庵の写しがつくられた

H邸茶室。建物プランに合わせ、写真左手の勝手付建具は襖、右手は雪見障子。床の間右隣は貴人口ではなく、1枚の摺上げ障子＋FIX窓とした

H邸　平面図（部分）［S＝1：150］

余慶庵を写した7畳の広間席。建物全体プランに合わせ、床の間右隣の開口には摺上げ障子、広縁側の開口に雪見障子を入れ、庭の景色を取り込めるようにした。床柱はアカマツ皮付き丸太、相手柱はアテ錆丸太、床框はアテ丸太、落し掛けはスギ、地板はマツ、柱はスギ磨き丸太を使用

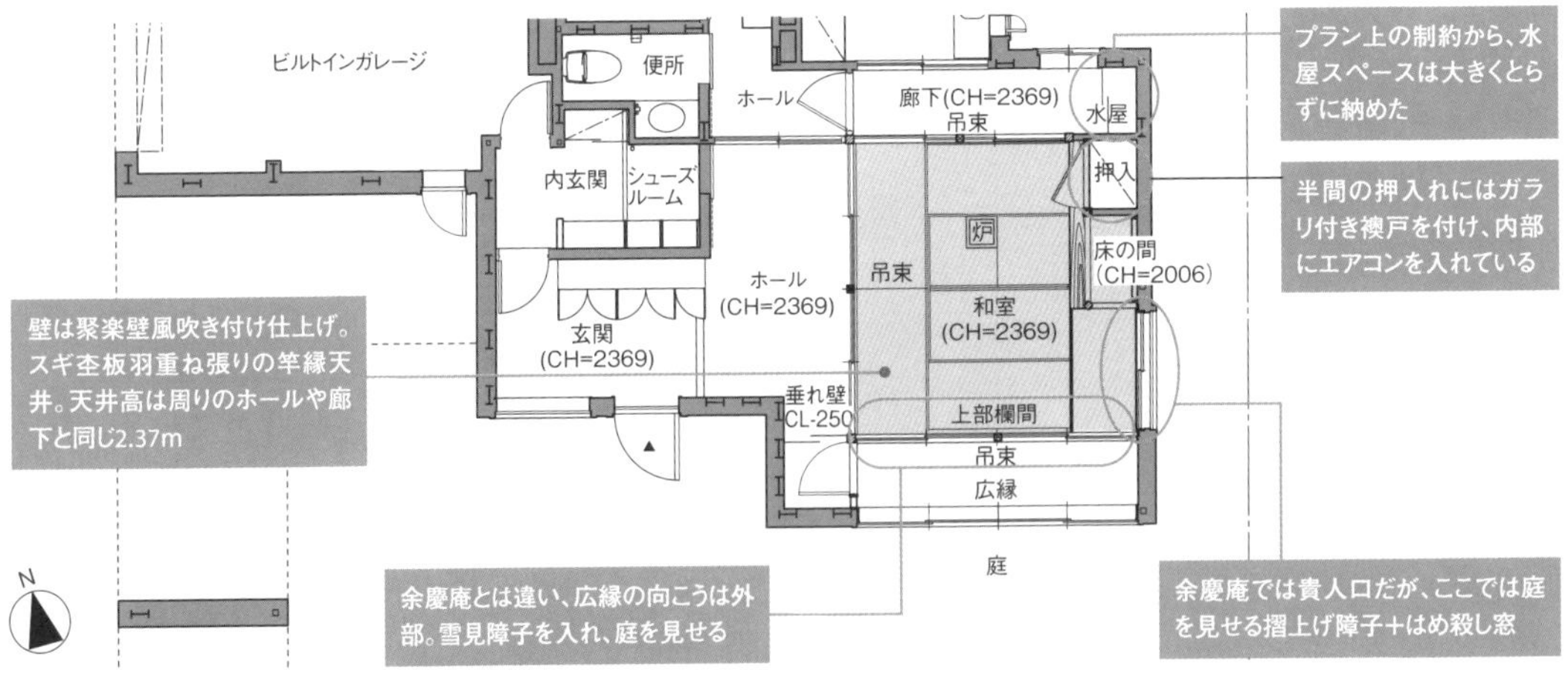

ビルトインガレージ
便所
ホール
廊下(CH=2369)
吊束
水屋
プラン上の制約から、水屋スペースは大きくとらずに納めた
内玄関
シューズルーム
押入
半間の押入れにはガラリ付き襖戸を付け、内部にエアコンを入れている
炉
床の間
(CH=2006)
ホール
(CH=2369)
吊束
和室
(CH=2369)
壁は聚楽壁風吹き付け仕上げ。スギ杢板羽重ね張りの竿縁天井。天井高は周りのホールや廊下と同じ2.37m
玄関
(CH=2369)
垂れ壁
CL-250
上部欄間
吊束
広縁
庭
N
余慶庵とは違い、広縁の向こうは外部。雪見障子を入れ、庭を見せる
余慶庵では貴人口だが、ここでは庭を見せる摺上げ障子＋はめ殺し窓

取材協力・写真：積水ハウス

執筆者プロフィール

西大路雅司／西大路建築設計室
（1、2、4〜10、58〜89頁）

1950年東京生まれ。千葉大学工学部建築学科卒業後、設計事務所勤務を経て、京都工芸繊維大学中村昌生研究室にて数寄屋建築の研究を行う。'84年に西大路建築設計室を設立。主に住宅、茶室、店舗の設計監理を行っている

ホームページ：http://www3.ocn.ne.jp/~nishi/

佐藤洋司／四天王寺大学
（108〜131頁）

1952年生まれ。四天王寺大学教授。建築の仕事に携わり建築作品を生み出すとともに、和風建築についての研究も進めている。主な著書に『茅葺茶室施工の全プロセス』（学芸出版社）『三養荘詳細図』（同朋社出版）『日本民家再生集成』（共著・毎日新聞社）などがある

照井春郎／照井春郎＋設計室
（27、32〜57、90〜106、132〜134、159、160頁）

1986年京都工芸繊維大学大学院修士課程終了。'86〜'88年同校建築史研究室研究生。'88〜'95年村野・森建築事務所。'95年から個人にて設計活動。'95〜2000年東京電機大学助手。'00〜'13年同校講師（非常勤）

才門俊文／才門俊文建築設計事務所
（136〜158、162〜190頁）

1961年大阪府生まれ。武蔵野美術大学造形学部建築学科卒業後、SCI - ARC（南カリフォルニア建築大学）大学院卒業。帰国後、京都の数寄屋・茶室の棟梁に師事。2006年、才門俊文建築設計事務所を設立。数寄屋、茶室建築および社寺建築の設計監理から住宅や店舗の設計監理と幅広く活動し、伝統建築だけではなく新しい日本建築にも挑戦している。京都精華大学非常勤講師（伝統建築工法）、公益社団法人 京都デザイン協会常務理事

撮影・写真協力（50音順）

熱田千秋氏［熱田邸］
小川長楽氏［玄匍庵］
小笹晃氏［小笹邸］
半田忠良氏［半田邸］
福永晃三氏［福永邸］
ウェスティン都ホテル京都
割烹 川島
大徳寺瑞峯院
竹森製作所
静好堂 中島
店蔵 絹甚
福清商店［生清庵］
室町 砂場
モダン亭 太陽軒
四日市鵜の森公園［泗翠庵］
横山竹材店

執筆協力（162〜186頁）

三宅劭棟梁（御数寄屋工舎　拙軒）

参考文献

『中村昌生が語る建築講座　古典に学ぶ茶室の設計』（中村昌生著、弊社刊）

新装版
納まり詳細図集
和風住宅・茶室編

2022年2月3日　　初版第1刷発行

著者　西大路雅司・佐藤洋司・照井春郎・才門俊文
発行者　澤井聖一
発行所　株式会社エクスナレッジ
〒106-0032
東京都港区六本木7-2-26
https://www.xknowledge.co.jp/
問合せ先 — 編集　Tel03-3403-1381
Fax03-3403-1345
info@xknowledge.co.jp
販売　Tel03-3403-1321
Fax03-3403-1829